Bergaust
Wernher von Braun

Erik Bergaust

Wernher von Braun

Ein unglaubliches Leben

Econ Verlag
Düsseldorf · Wien

Aus dem Amerikanischen übersetzt von Guy Montag
unter wissenschaftlicher Beratung von Werner Büdeler
Titel der im National Space Institute, Washington D.C.,
erschienenen Originalausgabe: INCREDIBLE VON BRAUN
Copyright © 1975 by Erik Bergaust

1. Auflage 1976
Copyright © 1976 by Econ Verlag GmbH, Düsseldorf und Wien
Alle Rechte der Verbreitung, auch durch Film, Funk, Fernsehen,
Tonträger jeder Art, fotomechanische Wiedergabe sowie auszugsweisen Nachdruck,
sind vorbehalten
Gesetzt aus der 10 Punkt Times der Linotype GmbH
Satz: Otto Gutfreund & Sohn, Darmstadt
Druck und Bindearbeit: Salzer - Ueberreuter, Wien
Printed in Austria
ISBN 3 430 11301 6

Für Maria und Jean

Inhalt

1. Der Griff nach den Sternen — 9
2. Das eingebaute Warnsystem — 28
3. Auch Großväter werden in der Raumfähre fliegen — 42
4. Wegen Mathe und Physik sitzengeblieben — 52
5. Max und Moritz kommen doch in den Himmel — 63
6. Hitler erhält Unterricht in Raketentechnik — 78
7. Himmler schlägt zurück — 89
8. »Vorhaben zur besonderen Verwendung« — 110
9. Das Ende vom Anfang — 122
10. Vorwärtstasten durch das Ewige Blau — 134
11. Der Sternenhimmel über mir — 147
12. Der »Friedensgefangene« — 161
13. Eine Flottille von Raumfahrzeugen — 180
14. Befreit Euch vom Joch der Sklaverei! — 195
15. Das Riesenrad im Weltraum — 213
16. Rocket City, U.S.A. — 230
17. *Stars fell on Alabama* — 245
18. Die Armee siegt mit Pauken und Raketen — 261
19. Der erste *Orbiter* wird »abgeschossen« — 284
20. Der *Sputnik* schreckt Amerika auf — 302
21. Grünes Licht für die NASA — 334
22. Von Braun präsentiert nüchterne Fakten — 360
23. Der Meeresboden lockt — 379
24. Liebesgrüße vom Südpol — 387
25. Ein Pferd mit Namen »Susie« — 409
26. Eine Riesenstartrakete wird gebaut — 428
27. Endlich betritt ein Mensch den Mond — 460

28. Von Braun verläßt enttäuscht die NASA	490
29. Die Raumfahrt im Dienst der Erde	517
30. Zwei Flaschen unverzollter Rum	532
31. Mit Leib und Seele Ingenieur	550
32. Steht es in den Sternen?	565
33. Gibt es wirklich fliegende Untertassen?	578
Nachwort	605
Danksagung	607
Genealogie der Familie von Braun	609
Dr. Wernher von Brauns Auszeichnungen, Ehrungen, Orden und Mitgliedschaften in Wissenschaftlichen Vereinigungen	612
Bibliographie	617
Register	623

1. Kapitel
Der Griff nach den Sternen

Ein scharfer Wind blies von der Arktis her; Vorbote kommender Stürme für den zu Ende gehenden Sommer auf diesem Hochplateau in Südnorwegen. Erst hatte es geregnet, dann war der Regen in Graupelschauer übergegangen. Nun schneite es, und heftige, scharfe Böen fegten über das Land.

Wernher von Braun und ich hatten nach einem Unterschlupf Ausschau gehalten. Das schlechte Wetter zwang uns schließlich, hinter einem großen Felsen Schutz zu suchen. Wir waren dort zwar windgeschützt, aber von Kopf bis Fuß naß und durchfroren, und alles, was wir anhatten, war klamm und kalt geworden. Die Ferngläser nützten uns jetzt nichts mehr, doch wir hatten vorsorglich die Plastikhüllen über den Zielfernrohren gelassen, um trockene, klare Linsen zu haben, wenn das Wild in Sicht kam – das scheue, schwer zu jagende wilde Rentier, der norwegische Verwandte des Karibus.

Die Hoffnung, überhaupt Wild zu sichten, wurde zusehends schwächer – gleichsam vom Regen ertränkt und im Wind erstarrt. Die anderen Mitglieder unserer Jagdgesellschaft, fünf amerikanische ›Rotjacken‹ und unser norwegischer Führer, waren in der Wildnis des Plateaus und dem unwirtlichen Wetter verschwunden. Doch im Augenblick dachten wir mehr an den Nebel und den Schnee und daran, wie wir zur Zivilisation zurückfinden könnten.

Während wir da saßen, einen Becher mit lauwarmem Kaffee aus meiner Thermosflasche umklammert, tauchte plötzlich einer der Jagdkameraden im Schnee auf. Jack Pruitt kam, gebückt gegen die Steigung und den Wind ankämpfend, auf unser Felsenasyl zu. Er rang nach Atem und hockte sich hin, ohne seinen Rucksack abzunehmen.

Nach einigen Augenblicken bemerkte von Braun: »So, da wären wir also – auf dem Weg ins 21. Jahrhundert!«

»Wunderschön sieht es hier aus«, gab Pruitt zur Antwort.

Von Braun stimmte ihm zu. Kälte und Schneetreiben machten diesem durchtrainierten, erfahrenen Jäger und Sportsmann nichts aus. Er wischte die eisigen Tropfen von seiner *Magnum Mark IV*-Büchse vom Kaliber 30, einem Geschenk Roy Weatherbys.

»Schaut Euch die Gegend hier an«, sagte er und wies mit der Rechten auf den Hallingskarven-Berg. »Habt Ihr jemals im Leben so etwas Großartiges gesehen?«

»Phantastisch!« meinte Pruitt. Er stand auf, nahm sein Gewehr und machte sich auf den Weg. »Ich werde mal nach einem Hirsch für mich sehen.« Von Braun und ich beschlossen, vorerst noch an unserem geschützten Platz zu bleiben.

Das Hardangervidda reicht über ganz Südnorwegen von der Nordseeküste bis in den Osten des Landes. Es erstreckt sich über zirka 10 000 Quadratkilometer, hat mal sanfte Wellen und Hügel und ist von plötzlich auftauchenden Tälern durchschnitten, hinter denen sich unerwartet höhere Berge erheben. Teiche und Flüsse verteilen sich über das Plateau, das oftmals wie ein wohlgepflegter Steingarten aussieht. Felsen und Geröll sind über diese bizarre Vegetation verstreut. Nichts wächst hier höher in den Wind als ein bis anderthalb Meter, selbst die weiße Zwergbirke nicht, die ein bißchen wie ein Bonsaibäumchen aussieht. Es gibt farbenprächtige Heide, Moose, Flechten, Blumen und Gräser – in der Tat ein riesiger Garten. Die Höhe liegt bei ungefähr tausend Meter; und die Natur ist hier lebendig. Diese kristallklaren Teiche und Flüsse sind voll der feinsten Forellen, die ich je gesehen, gefangen und gegessen habe. Es gibt darüber hinaus Schneehühner, Lemminge, Hermeline, Wildkatzen, Dachse, Füchse und Rens.

»Wenn man bedenkt, daß Leben unter den hier herrschenden Bedingungen möglich ist, muß man doch auch vernünftigerweise annehmen können, daß auf vielen anderen Planeten irgendeine Form von Leben herrscht«, sagte ich nachdenklich.

»Aller Wahrscheinlichkeit nach ja«, erwiderte er rasch. »Ob wir höhere Lebensformen in unserem eigenen Sonnensystem finden werden, ist zwar immer noch sehr sehr fraglich, aber im fernen Jenseits gibt es ja Milliarden von Sternen, von denen viele ihre eigenen Planeten haben werden.

Interstellarer Flug ist heute ohne Zweifel ein Konzept, für dessen Verwirklichung uns zur Zeit sowohl die wissenschaftlichen als die technischen Grundlagen fehlen. Aber,« sagte er mit einem Zwinkern seiner blauen Augen, »die letzten Jahrzehnte sollten uns eigentlich gelehrt haben, das Wörtchen ›unmöglich‹ mit größter Vorsicht zu verwenden. Immerhin sind doch unbemannte und bemannte Flüge über unser eigenes Sonnensystem hinaus auf der Suche nach Leben anderswo im All für unser Zeitalter undurchführbare Unternehmen. Selbst die Zuversichtlichsten unter uns glauben nicht an die Verwirklichung solcher Pläne während der nächsten Generationen. Vielleicht sind im kommenden Jahrhundert unbemannte Sonden möglich, die nicht zurückkommen; eine richtige Weltraumexpedition mit Männern, die imstande sind, zur Erde zurückzukehren, ist eine schwierige Aufgabe.«

Ich wollte unbedingt, daß er sich weiter über dieses Thema ausließ. Während ich die Wassertropfen von meinem Zielfernrohr abwischte, fragte ich vorsichtig: »Ich nehme an, Du willst jetzt über Flüge mit Lichtgeschwindigkeit sprechen?«

»Gerne. Um eine Rakete zu konstruieren, die Lichtgeschwindigkeit erreichen kann, muß man wirklich seine Phantasie anstrengen! Das Licht braucht bei einer Geschwindigkeit von 300 000 Kilometern pro Sekunde nur 8,3 Minuten, um die Entfernung von 150 Millionen Kilometern zwischen der Sonne und unserem Planeten zurückzulegen. Aber es benötigt 4,3 Jahre, um Alpha Centauri, den uns am nächsten stehenden Fixstern, zu erreichen, 470 Jahre bis zum Polarstern und 27 000 Jahre, um ins Zentrum unseres Milchstraßensystems zu gelangen – eine linsenförmige Insel im Weltall mit einem Durchmesser von knapp 100 000 Lichtjahren, die aus schätzungsweise 200 Milliarden Sonnen besteht.«

Er sah mich aufmerksam an, als er fortfuhr, den wichtigsten Teil seiner Vorstellungen zu erläutern:

»Wenn wir eine Rakete bauen wollen, die imstande ist, so weit zu fliegen, müssen wir eine vollkommen neue wissenschaftliche und technologische Basis schaffen. Wir müssen einem Objekt eine Geschwindigkeit von etwas mehr als 7,8 Kilometern pro Sekunde geben, um es in eine niedrige Umlaufbahn um die Erde zu bringen. Ungefähr 11,1 Kilometer pro Sekunde braucht man, um es auf den Mond zu tragen, der noch im Gravitationsfeld der Erde liegt, und nur ein Quentchen mehr, um es aus dem Bereich dieser Anziehungskraft völlig herauszubringen. Beschleunigen wir den Flugkörper dann auf eine weitere Geschwindigkeit von 16 800 Metern pro Sekunde – und zwar so, daß er die Erde in derselben Richtung verläßt, in der unser Planet sich mit einer Geschwindigkeit von 30 000 Metern pro Sekunde um die Sonne bewegt – so wird er mit der kombinierten Geschwindigkeit von 46 800 Metern pro Sekunde in eine parabolische Flugbahn eintreten und das Sonnensystem verlassen.

Vom Standpunkt des Energieaufwandes her gelingt die erforderliche zusätzliche Geschwindigkeit von 16 800 Metern pro Sekunde gar nicht so schlecht. Eine einzige Zusatzstufe auf der Spitze unserer Apollo-Mondrakete *Saturn V* könnte eine Nutzlast von etwa 3 600 Kilogramm auf diese Geschwindigkeit bringen. Würden wir dann noch den Zeitpunkt unseres Abschusses so abstimmen, daß die davonfliegende oberste Stufe eine brauchbare Antriebshilfe durch das starke Gravitationsfeld des Jupiter erhält, könnten wir diese Nutzlast sogar verdoppeln. Aber wenn das Objekt nach dem Ende der angetriebenen Flugphase auf seiner Aufwärtsbahn aus dem Gravitationsfeld der Sonne hinaus antriebslos dahinfliegt, wird es allmählich immer langsamer werden und zuletzt seine Geschwindigkeit fast den Wert Null erreichen. Jahrhunderte würden vergehen, bis es einen der nächstgelegenen Fixsterne erreicht.«

Nach diesen Ausführungen war ziemlich klar, daß er sich schon irgendwann einmal gründlich mit dem Problem befaßt haben mußte, und zwar als Vorbereitung auf die Verwendung seiner *Saturn*-Trägerraketen für interstellare Flüge. Ich kannte ihn zu gut, um irgendwelche Zweifel daran zu haben, daß die Zahlen, die er da scheinbar mühelos aus dem Ärmel schüttelte, exakt sein mußten.

»Um die Flugzeit zu anderen Fixsternen auf Zeitspannen zu verkürzen, die in einem vernünftigen Verhältnis zur Lebenszeit eines Menschen stehen, müßte die Reise annähernd mit Lichtgeschwindigkeit vor sich gehen. Noch nicht einmal die Kernspaltung oder Kernfusionsprozesse sind ausreichend, um solche Geschwindigkeiten zu erzeugen. Trotz ihres dramatischen Energieinhalts verwandeln sie doch nur einen Bruchteil der am Kernprozeß beteiligten Masse in Energie. Es wäre also erforderlich, einen Raketenmechanismus zu konstruieren, der die gesamte Masse M des zugeführten Treibstoffes in

Strahlungsenergie E umwandelt. Das entspräche dann Einsteins berühmter Gleichung: $E = M \cdot C^2$. Die Austrittsgeschwindigkeit des Strahlungsstroms einer solchen sogenannten Photonenrakete würde natürlich mit der Lichtgeschwindigkeit C identisch sein.

Das Problem besteht darin, daß – wenigstens bis jetzt – niemand weiß, wie eine nukleare Photonenrakete gebaut werden kann. Bestimmte subatomare Prozesse sind bekannt, wie etwa die Verschmelzung eines kleinen, negativ geladenen Partikels, des Elektrons, mit einem genauso kleinen, positiv geladenen Partikel, dem Positron, die nach Einsteins Formel zur direkten völligen Umwandlung der beiden Massen in Energie führen. Bis heute waren die Physiker jedoch noch nicht in der Lage, Prozesse zu erfinden, bei denen diese Umwandlung in großem Rahmen vor sich geht.

Es gibt auch ganz enorme technische Hindernisse. Definitionsgemäß verwandelt eine Photonenrakete ihren Treibstoffstrom in einen extrem starken Lichtstrahl. Um diesen zu bündeln, benötigt man eine Art Spiegel. Selbst wenn dieser eine Reflexionswirkung von 99 Prozent hätte, also besser wäre als alle die vorhandenen Spiegel, würde das eine Prozent absorbierter Strahlungsenergie den Spiegel sofort zum Schmelzen bringen, denn wir müssen ja berücksichtigen, daß es Milliarden Kilowatt sind, die in Energie verwandelt werden und als Lichtstrahl abgespiegelt werden müssen.«

»Nehmen wir einmal an, wir wären eines Tages in der Lage, die technischen Probleme zu lösen«, warf ich ein.

»Na schön«, fuhr von Braun ungeduldig fort, »angenommen, wir hätten eine Rakete, die imstande wäre, ihren Treibstoff hundertprozentig mit einer Ausströmgeschwindigkeit, die der Lichtgeschwindigkeit entspräche, ›abzustrahlen‹. Was könnten wir damit anfangen? Nun, wenn sie ein Massenverhältnis – das ist das Verhältnis zwischen dem Gewicht der Rakete in vollbetanktem Zustand und im Leerzustand – von 3 hätte, könnte sie 80 Prozent der Lichtgeschwindigkeit erreichen. Bei einem Massenverhältnis von 10 würde ihre Endgeschwindigkeit ungefähr 98 Prozent betragen und bei einem Massenverhältnis von 1000 – das entspricht etwa dem, was wir bei einigen mehrstufigen Raketen für interplanetare Flüge haben – könnten wir nahezu 99,9998 Prozent der Lichtgeschwindigkeit erzielen.«

»Wäre es denn möglich, schneller als mit Lichtgeschwindigkeit zu fliegen?«

»Nein, es ist unmöglich, die Lichtgeschwindigkeit zu übertreffen. Doch diese Aussage ist zum Teil eine Frage der Definition. Einsteins Relativitätstheorie, die vielen kritischen Experimenten standgehalten hat und von der Wissenschaft allgemein anerkannt ist, zeigt, daß die Massenträgheit eines Objektes mit der Annäherung an die Lichtgeschwindigkeit unendlich groß wird. Folglich bedürfte es einer unendlichen Energiemenge, um ein Objekt über die sogenannte Lichtmauer hinaus zu beschleunigen. Doch erstaunlicherweise behauptet dieselbe Theorie, daß ein erwachsener Astronaut innerhalb seines Lebens zu einem 1 000 Lichtjahre entfernten Stern fliegen und wieder zur Erde zurückkehren könnte.«

Das wollte ich von ihm erklärt haben – die Dehnung des Zeitbegriffs. Darauf kam er nun zu sprechen.

»Ja«, fuhr er fort, »so unwahrscheinlich es klingen mag, ein Astronaut könnte 2000 Lichtjahre während seines Lebens zurücklegen. Das Phänomen, das ihm dazu verhilft, jung zu bleiben, heißt ›Zeitdilation‹ oder Zeitdehnung. Für viele Leute ist diese Erscheinung eine Pille, an der sie schwer schlucken. Der Ablauf der Zeit scheint für uns völlig unbeeinflußt von physikalischen Bedingungen zu sein. Ob wir schlafen oder arbeiten, an einem Schreibtisch oder in einem dahinrasenden Düsenflugzeug sitzen, unsere Armbanduhr zeigt scheinbar immer denselben Zeitablauf an. Dasselbe trifft für unser Herz zu. Es ist jedoch eine Tatsache, daß diese vielgerühmte ›Alltagserfahrung‹ nur im Bereich relativ niedriger Geschwindigkeiten gilt, in dem wir Schlafmützen nun einmal leben.

Ein Meson – ein instabiles, subatomares Teilchen – hat, wenn es sich fast mit Lichtgeschwindigkeit bewegt, eindeutig eine längere Zerfallszeit als die 2,1 Mikrosekunde ›Halbwertzeit‹, die es bei niedrigeren Geschwindigkeiten lebt, sofern ein auf der Erde befindlicher Beobachter die Zeitmessung vornimmt. Flöge es aber mit dem Meson mit, so würde die Halbwertzeit von 2,1 Mikrosekunden scheinbar nicht durch die Geschwindigkeit des Partikels beeinflußt werden, da die Uhr des Beobachters derselben Zeitdehnung wie das Meson selbst ausgesetzt wäre.

Die Relativitätstheorie besagt, daß sich der Zeitablauf für ein Objekt, das sich der Lichtgeschwindigkeit nähert, gegenüber dem Zeitablauf für einen stationären Beobachter verlangsamt. Bei exakter Lichtgeschwindigkeit – ein oberes Limit, das kein Objekt jemals erreichen kann – käme die Zeit zum völligen Stillstand. Könnte ein Objekt so schnell fliegen, dann könnte es riesige Entfernungen zurücklegen, wobei für einen menschlichen Passagier die Zeit nicht vergehen würde – weder für seine Uhr noch für seinen Herzschlag, der ja seine Lebensspanne bestimmt.«

Die Schneeböen hatten nachgelassen. Ich wußte, daß wir eigentlich die Jagd hätten fortsetzen sollen, aber ich wollte ihn nicht unterbrechen.

»Also gut«, sagte ich, »angenommen, wir wollten einen Stellarastronauten zu einem 1000 Lichtjahre entfernten Sonnensystem entsenden...«

»Der Zeitdehnungseffekt würde es ermöglichen, von der Erde zu einem 1000 Lichtjahre entfernten Fixstern zu gelangen in einem Zeitraum, der dem Astronauten wie 13,2 Jahre vorkäme. Für die Rückreise würde er noch einmal 13,2 Jahre benötigen. Wenn er sich an seinem Bestimmungsort nicht aufhielte und also zusätzliche Zeit dort verbrächte, wäre er 26,4 Jahre lang an Bord seines Raumschiffes gewesen. Das Problem ist nur, daß während seiner Abwesenheit auf der Erde – man muß sich das einmal vorstellen – mehr als 2000 Jahre vergangen wären! Es könnte dem Astronauten bei seiner Rückkehr durchaus passieren, daß er in einen Zoo gesteckt oder doch zumindest wie ein Mensch aus grauer Vorzeit angestaunt würde.«

In diesem Augenblick drangen helle Sonnenstrahlen durch die aufreißenden Wolken, die schnell nach Südosten abzogen. Wir suchten mit den Zielfernrohren den Horizont ab. Ganz plötzlich hatten wir eine kilometerweite Sicht. Von Braun, Forscher durch und durch, hatte neuen Gesprächsstoff. Er war voll Enthusiasmus und wirkte fast wie ein Junge, als er immer wieder auf eine in der Ferne sichtbare Gletschergruppe und den schneebedeckten Hallingskarven, den Bergriesen von 2000 Metern Höhe, nördlich von uns deutete.

Das war Ende September 1971. Wir hatten unsere Hütte in dem Ferienort Geilo, die gewissermaßen unser Hauptquartier bildete, am zweiten Tage nach dem Frühstück verlassen und uns auch schon am Vortage der vorgeschriebenen Prüfung auf dem Schießstand des Ortes unterzogen. Es war das erste von vielen Ereignissen, die diesen Jagdausflug zu einem der ungewöhnlichsten machten, die von Braun und ich während der nahezu 25 Jahre unserer Jagdkameradschaft und Freundschaft erlebten. Von Braun bewunderte die Norweger für ihre

Verordnung, daß keine Jagdlizenz erteilt wird, bevor man nicht dem Ortspolizisten oder einer anderen Behörde bewiesen hat, daß man imstande ist, mit sechs Schuß 48 der möglichen 60 Punkte auf eine Entfernung von 90 Metern zu erzielen.

Unsere Gesellschaft war an diesem Morgen gut in Form gewesen. Jeder hatte mit seiner Punktzahl hoch in den Fünfzigern gelegen. Nach einer zweistündigen Autofahrt mitten in die Wildnis der Hochfläche hatten wir unsere Wagen geparkt. Am Ende der holprigen Schlammstraße schulterten wir dann unsere Jagdsachen und begannen einen langen, langen Marsch durch kleine Täler, tiefe Schluchten, über Hügel, Bäche und schwammige Moore. Die ganze Zeit über mußten wir gegen den Wind laufen, denn das Ren ist ein überaus scheues Wild mit großer Ausdauer und scharfen Augen, also Eigenschaften, die es ihm in Verbindung mit einem ausgezeichneten Gehör ermöglichten, Eiszeiten und mehr als 15 Millionen Jahre Urgeschichte zu überleben – von den paar Jahrtausenden der Jagd durch den Menschen ganz abgesehen.

Unser Führer hatte an diesem Morgen die Nachricht bekommen, daß zwei große Rentierherden mit ungefähr 5 000 Stück nördlich unseres Ausgangspunktes stehen sollten. Von Braun hatte schon alles gejagt, vom Weißwedelhirsch und Elch bis zum afrikanischen Großwild, aber er hatte noch nie von einer Jagd gehört, selbst in Afrika nicht, wo das Wild in derart gigantischen Herden zieht. Und nun konnten wir die Tiere nicht ausmachen, jedenfalls nicht an diesem Tag.

Es war sein erster Aufenthalt in meiner Heimat Norwegen. Er sollte vieles lernen und sich über manches wundern. Er war gleich in den allerersten Tagen von der atemberaubenden Landschaft der Fjorde an der Westküste beeindruckt, und die generöse Gastfreundschaft der Leute in Stavanger und im Hotel »*Atlantic*« hatte ihn in Verlegenheit gebracht. Er hatte es sich dann in einer schlichten Jagdhütte bequem gemacht, Lachse geangelt und mit Gleitbooten die Fjorde erkundet, in Bergen die mittelalterlichen Ruinen besichtigt und die Großartigkeit der zerklüfteten norwegischen Küste von dem Berggipfel aus auf sich wirken lassen, auf welchem Edvard Grieg zu seinen besten Werken inspiriert worden war. Dann hatten wir den Schnellzug durch die Berge nach Geilo genommen, wo der Höhepunkt unserer Reise sein sollte: die zweitägige Jagd auf Rentiere. Am ersten Tag hatten wir kein Jagdglück. Niemand von uns hatte auch nur ein Stück Wild gesehen. Am Abend kehrten wir naß und durchfroren zurück, hatten aber die Hoffnung noch nicht aufgegeben.

Unsere Jagdgesellschaft bestand aus Freunden und Mitgliedern des *American Vikings Rod & Gun Club* in der Bundeshauptstadt Washington. Die meisten Mitglieder waren Norweger oder Schweden oder naturalisierte Amerikaner aus diesen Ländern oder Amerikaner, deren Vorfahren aus Skandinavien eingewandert waren. Aus Spaß behaupteten wir, der deutschstämmige von Braun sei deswegen »qualifiziert«, weil in seinen Adern von der Familie seiner Mutter her – den von Quistorps – schwedisches Blut fließe. Viele Klubmitglieder haben indessen keinerlei Verbindungen zu Nordeuropa. Die Leute kommen aus allen Lebensbereichen. Das skandinavische Flair kommt eigentlich daher, daß ich als Gründer des Clubs und Norwegen-Amerikaner häufig Freunde zu Angel- oder Jagdexkursionen nach Norwegen mitgenommen hatte.

Von Braun war schon oft zum Fischen und Jagen in Alaska und Kanada gewesen und hatte dabei genügend Gelegenheit gehabt, sich von robusten Buschpiloten in jungfräuliches Territorium fliegen zu lassen. Immerhin gab er zu, daß die norwegischen Piloten die Bezeichnung »Superbuschflieger« verdienten. Und wir hätten sicher nicht so einzigartige Jagdtage dort verbracht, wenn unser glänzender Pilot mit seinem sechssitzigen Cessna-Wasserflugzeug nicht gewesen wäre. Kurz nach Sonnenaufgang des zweiten Tages hatte unser Führer die Maschine zu einem Erkundungsflug ausgeschickt. Als der Pilot mit der Meldung zurückkam, daß sich zwei große Renherden etwa 50 Kilometer südöstlich von uns auf dem Plateau befänden, sprangen wir in die Wagen und brausten nach Halne, einer kleinen Stadt, wo das Flugzeug auf uns wartete. Es mußte zweimal hin und her fliegen, um die passionierten Jäger an einen kleinen See zu bringen, in dessen Nähe der Pilot die größere der beiden Herden zuletzt gesichtet hatte.

Wir kämpften uns durch die kabbeligen Wellen des Halnefjord-Sees gegen den Westwind, gewannen an Höhe und flogen in einer flachen Schleife der Sonne entgegen. Von seinem Platz direkt neben dem Piloten hatte von Braun einen Rundblick über die ganze Hochfläche, die Gletscher und die Berge. Diese Aussicht kann er nie vergessen, kam mir in den Sinn. Es war kaum eine Wolke am Himmel. Die Sonne hatte den gestrigen Schnee schon fast ganz zum Schmelzen gebracht, aber das feuchte Moos und Heidekraut mit ihren zahllosen Wassertröpfchen leuchteten in unwirklichen Farben. Die Landschaft unter uns schimmerte und glitzerte, einfach zu phantastisch, um es in Worten auszudrücken. Das gesamte Plateau vor uns bot sich mit einer Üppigkeit dar, eigens geschaffen, die Sehnsucht des Menschen nach der unberührten Natur und seinen Durst nach Ursprünglichkeit zu stillen – ein Land, scheinbar ohne Zeit. Es gab kein Zeichen von Zivilisation unter uns, keine Straßen, keine Wege. Die Landschaft unter uns kam uns wie ein wilder Garten mit Teichen, Seen, Hügelketten und Berggipfeln vor, der sich mit seinen tausend Farben darbot. Das war etwas für ihn! Von Braun, der Naturfreund und Forscher, konnte es kaum erwarten, dort hinunterzukommen, um einen dieser Hügel zu besteigen, bei denen der Weg nach oben so einfach und problemlos schien. Die Unbilden von gestern waren vergessen. Das also war das Hardangervidda, von dem er schon so viel gehört und das er gestern den ganzen Tag durchstöbert hatte.

Plötzlich zog der Pilot die Maschine scharf nach links und zeigte mit seinem rechten Daumen auf ein Tal hinunter. Und da – direkt unter uns, vielleicht hundertfünfzig Meter entfernt, zogen Tausende von Rentieren langsam und ruhig in westlicher Richtung. Wir flogen eine große Schleife über dieser riesigen Tierherde und landeten sanft auf einem kleinen See, knapp zwanzig Kilometer entfernt. Es würde ein großes Erlebnis sein, dorthin zurückzupirschen und auf die Herde zu stoßen. Als erste Gruppe mußten wir sowieso eine runde Stunde auf die Rückkehr der Cessna mit dem Rest der Klubkameraden warten, so daß wir uns in Ruhe hinter einem kleinen Hügel niederließen, der sich als Mole in den See erstreckte.

Als wir bequem auf Heidekraut und Moos saßen, wollte ich mehr von unserem berühmten Gast über interstellare Flüge hören.

»Du sprachst gestern von der Photonenrakete«, eröffnete ich das Gespräch, »da hast Du doch sicher an eine bestimmte kontinuierliche Beschleunigung gedacht. Der menschliche Körper hält doch einen Blitzstart von Null auf Lichtgeschwindigkeit nicht aus.«

Von Braun nahm die Herausforderung sofort an. Jetzt sollte ich also den Rest der Geschichte hören.

»Gehen wir einmal davon aus, wir hätten eine Photonenrakete, die eine ständige Beschleunigung von 1 g aufbringen könnte. Nehmen wir weiter an, daß unser Massenverhältnis groß genug ist, um uns sehr nahe an die Lichtgeschwindigkeit heranzubringen, zu einem 1 000 Lichtjahre entfernten Fixstern zu transportieren und uns rechtzeitig wieder mit 1 g Verzögerung auf normale Geschwindigkeiten abzubremsen, so daß wir einen Planeten dieses Sterns besuchen können. Überdies muß die Rakete in der Lage sein, uns zur Erde zurückzubringen – möglicherweise durch Auftanken während des Aufenthaltes in jenem fernen Sonnensystem.

Beim Start auf der Erde haben die Sterne am Firmament für uns zunächst noch ihren gewohnten gelblichen Schimmer. Doch mit zunehmender Geschwindigkeit unseres Fahrzeugs auf dem Kurs zu unserem Zielstern wird der Dopplereffekt einen erstaunlichen Farbwechsel dieses Sterns verursachen. Das ursprünglich gelbe Licht verwandelt sich in unserer Flugrichtung in Grün, Blau, Violett und zum Ultravioletten hin – mit anderen Worten, in höhere Frequenzen. Gleichzeitig ändert sich die Farbe der zurückbleibenden Sonne langsam von Gelb über Orange und Rot zu Infrarot hin, das heißt in niedrigere Frequenzen.

Das ist leicht zu verstehen. Ein Schiff zum Beispiel, das *gegen* die Wellen fährt, wird von ihnen mit höherer Frequenz getroffen als ein festverankerter Pier. Dagegen wird ein Schiff, das *mit* den Wellen fährt, von ihnen mit verminderter Frequenz erreicht. Ist das soweit klar?«

»Ja«, sagte ich, »soweit habe ich alles verstanden.«

»Nach etwa dreieinhalb Monaten hätte unsere Photonenrakete ungefähr 30 Prozent der Lichtgeschwindigkeit erreicht. Die Strahlungsfrequenz, in der die Sonne das meiste Licht abgibt, rückt nun an die Grenze des sichtbaren Spektrums und verschiebt sich ins Infrarote. Das hat zur Folge, daß die Helligkeit der Sonne rapide abnimmt und schließlich die Sonne unsichtbar wird. Einen Monat später wird auch unser Zielstern genauso unsichtbar – sein Strahlungsmaximum hat sich ins Ultraviolette verschoben.

Während unsere Geschwindigkeit weiter zunimmt, bilden sich zwei kreisförmige, dunkle Flecken um den Zielstern und die Sonne, die im Durchmesser zunehmen. Zwischen diesen blinden ›Bug- und Heckflecken‹ bilden die Sterne des Firmaments eine vielfarbige Serie konzentrischer Kreise, die mit riesigen Regenbogen vergleichbar sind. In der Nähe des schwarzen Bugflecks überwiegt die violette Tönung. Weiter hinten überwiegen Blau und Grün. Wenn wir aus der Breitseite des Schiffes blicken, behalten sie ihren ursprünglichen gelben Schimmer. Noch weiter hinten sehen sie orange aus, und der dunkle Heckfleck ist von einem Ring roter Sterne umgeben. Infolge der sogenannten relativistischen Effekte wächst der dunkle Bugfleck nur bis zu einem Öffnungswinkel von 43 Grad an. Nachdem wir 74 Prozent der Lichtgeschwindigkeit überschritten haben – elf Monate nach unserem Abflug –, beginnt er sich wieder zusammenzuziehen. Aber der Heckfleck um die Sonne wächst kontinuierlich weiter. Während sich unsere Reisegeschwindigkeit der Lichtgeschwindigkeit nähert, wird deshalb der sichtbare Teil des Firmaments zu einem ständig kleiner werdenden Regenbogen, der unseren unsichtbaren Zielstern umgibt, zusammengepreßt. Der Öffnungswinkel des gelben Ringes in diesem Regenbogen ist ein idealer Maßstab für das Verhältnis zwischen unserer Reisegeschwindigkeit und der Lichtgeschwindigkeit. Analog zu der weithin bekannten Mach-Zahl – dem Verhältnis der Fluggeschwindigkeit zur Schallgeschwindigkeit – wird dieses Verhältnis zuweilen als Einstein-Zahl bezeichnet.

6,6 Jahre nach dem Abflug würde unsere dahinrasende Photonenrakete die Einstein-Zahl 0,999998 erreichen, und wir hätten genau die Hälfte unserer Reisestrecke zurückgelegt. Würden wir dann jedoch die restliche Entfernung zu unserem Zielstern zu messen versuchen – der jetzt hauptsächlich Röntgenstrahlen aussendet –, so würden wir feststellen, daß er nur noch ein Lichtjahr entfernt wäre. Tatsächlich würden wir ein Jahr später an ihm vorbeifliegen – 7,6 Jahre verzögerte Raumschiffzeit nach unserem Abflug –, wenn wir keine weitere Energie aufwenden und unseren Flug fortsetzen würden, ohne die Geschwindigkeit für die bevorstehende Landung abzubremsen.«

»Aber man muß doch die Rakete herumdrehen, um langsamer zu werden, nicht wahr?«

»Richtig, wir müßten unser Raumschiff drehen und den Schub unserer Photonenrakete als Bremseffekt benutzen. Natürlich bedeutet unser Bremsmanöver, daß wir unser Ziel nicht in einem weiteren Jahr, sondern erst in 6,6 Jahren – also 13,2 Jahre nach dem Abflug – erreichen würden. Dann allerdings mit einer relativen Anfluggeschwindigkeit, die dem Wert Null nahekommt. Während der zweiten 6,6 Jahre, das heißt während des Abbremsmanövers, würden sich alle himmlischen Regenbogenphänomene der Beschleunigungsphase in umgekehrter Reihenfolge noch einmal abspielen. Bei unserer Ankunft sähe das Firmament wieder wie der uns vertraute Himmel aus.«

»Wir wären, wenn ich es richtig mitbekommen habe, jetzt 1000 Lichtjahre von der Erde entfernt?«

»Das stimmt. Wenn wir ein Fernrohr zur Verfügung hätten, das stark genug wäre, um die Vorgänge auf der Erde von unserem neuen Aussichtsplatz aus beobachten zu können, so würden wir feststellen, daß sich unser Heimatplanet, seit wir vor 13,2 Schiffsjahren ihn verließen, nur wenig verändert hat. Da wir jedoch 1000 Lichtjahre von der Erde entfernt wären, würden wir tatsächlich Vorgänge beobachten, die sich dort unten vor etwa 1000 Jahren abgespielt hätten.«

»Dann wäre das demnach die nicht verzögerte Zeitspanne, die *auf der Erde* vergangen ist, seit wir sie verließen?«

»Genau – das Erstaunliche ist, daß wir selbst infolge der Zeitdehnung an Bord unserer durch den Weltraum jagenden Rakete nur 13,2 Jahre älter geworden sind«, erklärte er mit einem breiten Lächeln.

Ich mußte auch ein wenig lächeln. Aber ich wußte genau, daß ich das Ganze überdenken, mir mehrmals durch den Kopf gehen lassen mußte, um es vollständig zu verstehen.

»Und all das steht im Einklang mit den Erkenntnissen der Physik, mit den Gesetzen von Raum und Zeit?« wollte ich wissen.

»Ja, so unwahrscheinlich es auch klingen mag, es befindet sich tatsächlich in völliger Übereinstimmung mit den modernen Ideen über die Gesetze von Raum und Zeit. Du mußt das so sehen: Die Menschen unserer Zeit haben die gleichen Schwierigkeiten, den relativistischen Zeiteffekt anzuerkennen, die unsere Vorfahren mit dem Problem hatten, daß die Menschen dort unten in Australien mit den Köpfen nach unten herumlaufen konnten, ohne von der Erdkugel herunterzufallen. Aber diese Denkschwierigkeiten liegen nur darin, daß unser täglicher praktischer Erfahrungsbereich sehr große Entfernungen und extrem hohe Geschwindigkeiten nicht einschließt.

Obwohl uns die Erkenntnisse der modernen Physik erlauben, die Details eines interstellaren Fluges genau darzulegen, müssen wir uns vor voreiligen Schlüssen hüten, daß solche Flüge unmittelbar bevorstehen oder überhaupt durchführbar sind. Bisher ist uns noch nicht einmal eine ausreichende Energiequelle bekannt, mit der wir solche interstellaren Schiffe antreiben könnten. Hätten wir sie zur Verfügung, so gäbe es noch immer viele Probleme, die jenseits unserer Erkenntnisgrenzen liegen – denk zum Beispiel nur an die raumfahrtmedizinischen Aspekte. Andere Hindernisse könnten möglicherweise noch schwieriger zu überwinden sein. Was würde zum Beispiel mit einer interstellaren Rakete passieren, die mit einem auch nur kleinen Meteoriten zusammenstieße, wenn diese Kollision sich bei nahezu Lichtgeschwindigkeit ereignen sollte? Können wir geeignete lamellare Meteorpanzer bauen?«

»Ich finde es trotzdem tief beeindruckend, daß wir der Herausforderung der interstellaren Raumfahrt begegnen können, selbst wenn es nur mit intellektuellen Vorstellungen und einer rein hypothetischen Analyse geschieht. Es ist einfach phantastisch«, sagte ich.

»Du hast vollkommen recht, aber vergiß bitte um Gottes Willen nie, daß Lösungen für die Konstruktion des geeigneten interstellaren Fluggerätes noch völlig außerhalb unserer Möglichkeiten und in sehr sehr weiter Entfernung sind! Mit anderen Worten, behaupte bitte nicht, ich hätte Dir gesagt, wir seien soweit, eine interstellare Photonenrakete bauen zu können!«

Eine Weile saßen wir schweigend da. Endlich begann von Braun ein Gespräch über unterschiedliche Strategie bei der Jagd. Er versuchte sich all der guten Ratschläge zu erinnern, die er in den letzten Tagen für die Rentierjagd bekommen hatte. Viele Aspekte unterscheiden sie völlig von den Jagden, an denen er bisher teilgenommen hatte. So hatte er zum Beispiel in den Staaten und in Kanada seine zahlreichen Hirsche und Elche immer im Wald gejagt. Auf diesem Plateau bot jedoch kein einziger Baum Deckung. Außerdem gab es keinen Hochsitz, auf dem man das Wild abpassen konnte; Rentiere ziehen immer gegen den Wind, während sie äsen, und der Jäger muß sich an sein Wild von hinten oder von der Seite heranpirschen. Ist er dann nahe genug, so kann er nicht einfach in die Hauptherde hineinhalten, denn damit würde er wahrscheinlich mehrere Stücke waidwund schießen und keines waidgerecht erlegen. Außerdem darf er sowieso nur einen Hirsch abschießen. Sein Interesse muß sich auf die Tiere beschränken, die hinter der Hauptherde oder an ihren Flanken ziehen. Und selbst dann wird er sich noch schwer tun, auf seinen Hirsch zu Schuß zu kommen, denn bei Rentieren tragen beide Geschlechter Geweihe. Es gilt als beinahe ausgeschlossen, daß ein Rentierjäger näher als auf rund 100 Meter an sein Wild herankommt.

Als wir damals im März anfingen, diese Expedition zu planen, war von Braun zunächst nicht so ganz für die Idee zu haben, auf Rentierjagd zu gehen. Er meinte, er wüßte nicht, ob es der »Nikolauskomplex« seines Sohnes Peter sei oder ob einfach das Wort »Rentier« merkwürdige Assoziationen bei ihm auslöse.* Möglicherweise hätte er von Beginn an begeistert zugestimmt, wenn wir ihn zur Karibu-Jagd eingeladen hätten. Nun ist Karibu nur der im Englischen gebräuchliche Ausdruck für alle Rentierarten (lat. Bezeichnung Rangifer tarandus), die in den subarktischen Zonen von Nordamerika, Grönland, Spitzbergen, Sibirien, Schweden und Norwegen vorkommen. Nach Auskunft der norwegischen Naturschutzkommission gibt es allein in Norwegen 210 000 Stück. Etwa 170 000 davon sind zahm und werden von den Lappen in der Finnmark, dem nördlichsten Landesteil, gezüchtet. Die in freier Wildbahn lebenden Rentiere findet man dagegen im gebirgigen Süden des Landes. Wildbestandsexperten haben festgestellt, daß die Hochfläche keinen weiteren Zuwachs an Rentieren verträgt, und da die Vermehrung der Tiere konstant bei rund 25 Prozent liegt, hat man eine Abschußquote von 7 500 Stück Wild pro Jahr als wünschenswert freigegeben. Die Norweger betreiben eine sorgfältige Hege mit der Büchse zur Erhaltung des Wildbestandes. Das Resultat ist in zweifacher Hinsicht richtig: man bewahrt die Gattung vor dem Aussterben und erreicht darüber hinaus, daß kein Wild wegen Überstand verhungert, was in vielen anderen Gebieten der Erde an der Tagesordnung ist.

Das Ren hat etwa dieselbe Größe wie sein amerikanischer Vetter, der Virginiahirsch, nur sind seine Geweihstangen wesentlich größer. Ein 28-Ender-Hirsch ist hier nichts Außergewöhnliches, und wie gesagt, tragen beide Geschlechter Geweihe. Es gibt allerdings noch einen anderen Unterschied zum Virginiahirsch: das Ren ist ein »Arbeitstier«, das heißt, es ist ständig in Bewegung, von Sonnenauf- bis Sonnenuntergang und legt auf diese Weise bis zu 80 Kilometer täglich zurück. Virginiahirsche dagegen ziehen nur ein wenig während der Nacht, bei Tagesanbruch und in der Abenddämmerung herum und haben tagsüber eher die Neigung, sich auszuruhen. Viele Wildschüt-

---

* In Nordamerika kommt um die Weihnachtszeit der Nikolaus oder Weihnachtsmann mit einem von Rentieren gezogenen Schlitten zu den Kindern. (Anm. d. Ü.)

zen haben mir erklärt, sie hielten den Virginiahirsch für ein »faules« Wild, das sich selten weiter als einen bis zwei Kilometer im Umkreis von seinem Setzort entferne. Von Braun und ich hatten oftmals diese Tiere gejagt, und das bedeutete, daß wir um vier Uhr früh aufstehen mußten, um vor Tagesanbruch auf dem Hochsitz zu sein. Nach ein paar kalten, ungemütlichen Stunden auf einem Baumstumpf hieß es dann entweder zurück ins Jagdbiwak, oder die übrigen Jäger mußten sich als Treiber betätigen. Und in der Abenddämmerung ging's dann erneut auf den Anstand.

Im Gegensatz dazu ist man bei der Rentierjagd immer auf den Beinen. Man muß sehr viel marschieren, ein Umstand, an den von Braun sich sicherlich für alle Zeit erinnern wird. Man legt Kilometer um Kilometer zurück und rastet nur einen Moment, wenn einem die Knie zittern und man unbedingt einen heißen Kaffee braucht, um dann den Marsch fortzusetzen. Immerhin muß man dabei nicht schon vor Morgengrauen aufbrechen. Hat man das Wild einmal ausgemacht, so kann man ihm zu jeder Tageszeit folgen. Trotzdem bleibt es wichtig, beizeiten an den Rückweg zu denken. Man muß ständig die Zeit im Kopf haben, damit man rechtzeitig zur Gruppe zurückkehrt, weil man sonst Gefahr läuft, das Flugzeug zu verpassen und eine Nacht in scharfer Kälte zwischen Moos und Vulkanfelsen zu verbringen. Überflüssig zu sagen, daß es lebenswichtig ist, sich stets vor Augen zu halten, daß die körperliche Widerstandskraft beträchtlich geschwächt ist, weil man in dieser »Rentier-Höhe« oft nach Luft schnappen muß.

Nach einer langen Stunde voll solcher Gedanken über die Jägerei und über die interstellare Raumfahrt landete endlich die Cessna wieder auf dem See und setzte die restlichen Mitglieder der Jagdgesellschaft ab. Wir halfen ihnen beim Ausladen der Rucksäcke, Ferngläser und Gewehre. Der letzte, der herauskletterte, war unser Luftfahrtmann, George Bates von der U.S. Bundesluftfahrtbehörde (FAA), der mit einem Blick auf den ausladenden Berg von Gepäck meinte: »Ich weiß zwar nicht aus dem Kopf, wie unsere Ladebestimmungen für diesen Cessna-Typ sind, aber ich hoffe, daß der Pilot es wenigstens weiß.«

Nach etwa zwei Stunden strammen Marsches waren wir auf halber Höhe eines Bergrückens angelangt. Hier machte unser Führer halt und verkündete eine kurze Verschnaufpause. Die letzten unserer Gruppe brauchten einige Zeit, um uns einzuholen, und wir waren schon bei der zweiten Tasse Kaffee, ehe die ganze Gesellschaft wieder beisammen war. Da, ganz plötzlich, sahen wir ein Rentier langsam über den Grat ziehen, dann ein zweites und ein drittes. Gleich darauf wurde eine ganze Herde von mindestens hundert Tieren sichtbar, und das nur einen knappen Kilometer von unserem Rastplatz entfernt. Wir hatten uns alle flach auf den Bauch geworfen und beobachteten das Wild durch Fernglas und Zielfernrohr.

In diesem Augenblick zogen die Rentiere wieder auf die Seite des Bergrückens zurück, von der sie gekommen waren, und ich überlegte, ob sie uns wohl geäugt oder gewittert hatten und nun die Richtung ändern würden. Wir hatten uns inzwischen wieder in normaler Haltung am Berg entlang verteilt, waren aber dem Grat sehr viel näher als vorher. Da, bevor wir noch recht wußten, wie uns geschah, lief uns das erste Rudel einer riesigen Rentierherde über den Grat förmlich in die Arme.

Von Braun und ich standen ganz nahe bei Don Foxvog, einem Presseoffizier des US-Veteranenverbandes, der sich rechts von uns befand. Wir alle erstarrten beim Anblick der riesigen Herde und suchten Schutz hinter Felsbrocken oder den Stümpfen von Zwergbirken. Die Herde war gut 500 Meter entfernt, aber sie kam immer näher; offenbar hatte sie uns noch nicht gewittert. Ich schätzte die ersten Rudel auf rund 600 Stück Wild, war aber überzeugt, daß es sich nur um eine Art Vorhut der Hauptherde handeln könnte, die jeden Augenblick über den Berggrat hervorbrechen müßte. Dann hörten wir einen Schuß von ganz weit links, den wahrscheinlich Arne Ruud, der letzte unserer Gruppe, abgegeben hatte. Wir konnten sehen, wie die Rentiere vor uns sofort unruhig wurden. Sie verharrten, lauschten, witterten. Dann teilten sie sich in kleine Rudel von drei oder vier Stück auf und sprangen – zu meinem großen Erstaunen – in alle Richtungen davon, als seien sie völlig verstört. Wir hörten einen weiteren Schuß und noch einen. Dann hatten wir unseren großen Augenblick: Drei Rentiere kamen direkt auf uns zu, und ich mußte lächeln, als von Braun einen halben Meter nach vorn kroch, um sich in Schußposition zu bringen.

Dabei muß er einen Moment in Dankbarkeit an Mr. Weatherby gedacht und ihm für die Konstruktion eines so prachtvollen Zielfernrohrs gedankt haben. Sein Hirsch stand sehr schußgünstig, wenn er nur etwas nähergekommen wäre. Endlich setzte er sich wieder in Bewegung. Von Braun schoß, als sein Wild auf ungefähr 100 Meter Entfernung herangekommen war. Der Hirsch brach zusammen. Dann feuerte Don, danach ich. Sekunden später hörten wir hinter uns Schüsse, vielleicht zwölf insgesamt. Wir standen auf, luden unsere Gewehre nach und wischten uns den Schweiß von der Stirn. Von Braun lief bergab auf seinen Abschuß zu, und ich eilte zu meinem. Sie waren beide ganz ordentlich. Nicht übermäßig groß, aber jeder wog vermutlich seine 60 Kilogramm. Von Braun zog sein Waidmesser und begann, seinen ersten Rentierhirsch aufzubrechen. »Eine Menge verrückter Gedanken schossen mir durch den Kopf«, sagte er mir später, »hier war ich also, mitten in der kahlsten Wildnis von Norwegen, hoch über der Baumgrenze, umgeben von mehr als 6000 Quadratkilometern in Moos und Heide verpackten Gebirges – und waidete ein Ren aus. Ich habe sogar an meinen Sohn Peter gedacht und im Stillen gehofft, daß er nicht mehr an den Nikolaus glaubt. Wie soll auch ein Vater seinen Kindern erklären, daß er eines der Lieblingstiere vom Nikolaus totgeschossen hat? Ich vermute, daß es für einen Jungen schwer zu begreifen ist, was echte Jagdleidenschaft bedeutet, daß sie im Grunde ja Hege mit der Büchse ist und die meisten Jäger Schützer der Umwelt sind.«

»Mach Dir keine Gedanken, Wernher«, antwortete ich, »die Rentiere des Nikolaus kommen vom Nordpol, nicht aus Norwegen.«

Es war noch nicht 9.00 Uhr vormittags gewesen, als wir auf dem kleinen See gelandet waren, eine Gruppe hoffnungsvoller Möchtegern-Nimrods. Gegen Mittag hatten wir uns in hart arbeitende Jäger verwandelt. Wir mußten einander helfen, denn das Aufbrechen und Aus-der-Decke-Schlagen des Wildes ist in diesem Gelände mehr als schwierig, weil man das Wild ja nirgends aufhängen kann. Die einzige Möglichkeit, das Wildbret mitzunehmen, war, es in Stücke zu zerlegen und auf dem Rücken zum See zurückzutragen.

Von Braun war jetzt völlig in die Jagd vertieft; die dem Abschuß zuvorgegangene Vorfreude, die Ungeduld, der Wille, sein Bestes zu geben und seinen Jagdfreunden zu zeigen, daß er imstande war, mitzuhalten, trotz der Tatsache, daß er bei dieser Jagdart ein Neuling war, hatten dazu beigetragen, daß er gar nicht gemerkt hatte, daß es längst Mittag geworden war. Die Sonne schien warm, und es waren sicher um diese Zeit gut und gerne 10 Grad Celsius. Erst als wir den langen Zweistundenmarsch zurück zum See antraten, fand von Braun Zeit für die Gebirgsflora um uns herum und stellte fest, daß die blauen Blümchen und das purpurfarbene Heidekraut unbeschadet das gestrige Unwetter überstanden hatten und noch in vollster Blüte standen.

Die Cessna kam früh zurück. Diesmal waren vier Hin- und Rückflüge nötig, um müde und schmutzige Jäger, das Wildbret und die Geweihtrophäen, die ganzen Gewehre, Ferngläser und Rucksäcke von dem kleinen See in der südöstlichen Ecke des Hardangervidda zum Halnefjord-See zurückzubringen. Die kleine Maschine gab ihr Bestes und hob sich elegant vom Bergsee in die dünne Luft ab.

Die Sonne ging gerade unter, als wir in Halne landeten. Für von Braun war das Hardangervidda eine schöne Erinnerung. Die tiefen blauen Schluchten hatten sich jetzt in Gold verwandelt, wie mit Edelsteinen und Kristallen in mystischen Farben übersät.

»Ich werde diese Schönheit und die Weite nie vergessen«, sagte er mit seinem gewinnendsten Lächeln.

Wir anderen lächelten ebenfalls, angetan von dem berühmten Braunschen Charme, der vielleicht eine seiner hervorstechenden Eigenschaften ist.

2. Kapitel
Das eingebaute Warnsystem

Es mag merkwürdig erscheinen, daß ich Wernher von Brauns Charme so sehr als wichtigen Wesenszug hervorhebe, aber wenn hier mehr zu lesen sein soll als eine oberflächliche Charakterbeschreibung, dann muß ich mit Nachdruck darauf hinweisen, welch entscheidende Rolle seit jeher sein persönlicher Charme und seine überaus liebenswürdige Art gespielt haben – Merkmale, die wesentlich zu seinen großen Erfolgen beigetragen haben.

Mit von Braun zusammen zu sein, ist ein wahrhaft elektrisierendes Erlebnis. Seine bloße Gegenwart bei einer geschäftlichen Zusammenkunft, einer Raumfahrtkonferenz oder sogar bei Angel- und Jagdpartien läßt Funken sprühen. Er ist imstande, das Unausgesprochene klar verständlich zu machen, er kann einer Metapher den Klang einer Vertraulichkeit geben und bestimmte Nuancen in ganz alltägliche Themen bringen. Manchmal fängt er unverbindlich an, und man könnte ihn für den Durchschnittsbürger von Braun halten, einen Mann, der den Eindruck erweckt, weichherzig, vage und von eher sanftem Temperament zu sein. Allmählich wird er dann deutlich, prägnant und dynamisch.

Nostalgische Gefühle können einem einen Streich spielen – und tun es zuweilen auch. Man glaubt immer, daß die Vorbilder, die man sich in der Jugend wählte, den Mitmenschen weit überlegen waren – einem selbst natürlich erst recht. Es gibt gute, nachprüfbare Beweise dafür, daß in von Brauns Kindertagen und Jugendzeit Deutschland über hervorragende Köpfe verfügte, seinen eigenen Vater eingeschlossen. Und es ist nur zu verständlich, daß sie eine wichtige Rolle bei seiner Charakterprägung und Persönlichkeitsbildung gespielt haben. Immanuel Kant zitiert er ziemlich oft. Er wurde zu einer Zeit erzogen, als Klassiker wie Goethe, Schiller, Darwin und Freud noch großen Einfluß auf die Gesellschaft hatten.

Die Zeit wird erweisen, ob auch Wernher von Braun selbst eines Tages als einer der Großen in die Geschichte eingehen wird. Für die unzähligen Menschen, die für ihn gearbeitet und mit ihm zusammen um die Eroberung des Weltraums gekämpft haben, ist er sicher ein Gigant. Wichtigste Voraussetzung für seinen Erfolg war immer er selbst; schließlich leistete er in seinem Leben auf unterschiedlichen Gebieten Einzigartiges. Künftige Generationen werden zumindest von ihm sagen können: »Er überragte seine Umwelt!«

Während ich dies hier schreibe, ist er 63 und so vital, daß man ihm noch weitere Jahrzehnte voll wichtiger Meilensteine und Erfolge zutraut.

Wie sein erfolgreicher Kampf gegen alle Hindernisse bis in die vorderste Front der Weltraumtechnologen bewiesen hat, scheint er im großen Ganzen ziemlich richtig vorausgeahnt zu haben, was sich in der Zukunft als gut und richtig erweisen sollte. Dazu verfügte er, was noch nützlicher ist, über eine Art eingebautes Frühwarnsystem für das Überleben in Krisenzeiten. Natürlich weiß er, daß er eine Menge erreicht hat, doch er ist bezeichnenderweise seinen eigenen Erfolgen gegenüber gelassen geblieben und anscheinend unbeeindruckt von den abgebrochenen oder gestrichenen Projekten. Über seine Leistungen verliert er kein Wort.

Vor ein paar Jahren, als ich mit ihm nach einem langen Jagdtag in den Bergen von Virginia ein stilles Waldstück durchquerte, ging hinter einem Bergrücken der Vollmond auf. »Da, sehen Sie mal den Mond!« rief ich aus. Von Braun drehte sich um und brummte: »Ja, sicher, da waren wir schon!«

Zu einem Kongreßabgeordneten hätte er vermutlich gesagt: »Jawohl, Sir. Die erste Phase des Mondkapitels ist erfolgreich abgeschlossen. Wir müssen jetzt die Mittel auftreiben, um zum Mars zu fliegen!«

Er ist unglaublich jungenhaft in seiner Art. An einem schönen Septembertag im Jahre 1974 stieß er mich auf dem Flug durch ein zerklüftetes Tal westlich von Anchorage zum berühmten Clark-See in Alaska in die Rippen. Mir ging es sowieso nicht gut wegen des Sitzens auf engstem Raum in dem kleinen Amphibienflugzeug, in dem wir mit den Fairchild-Direktoren Edward G. Uhl und Irvin Singer, der Crew und dem Jagdgepäck eingepfercht waren.

»Sieh mal!« rief von Braun mir durch den Motorenlärm zu. »Da! Das ist der Mount McKinley, über 250 km entfernt! Und dort, schau Dir diesen Gletscher an!«

»Ja, Wernher«, erwiderte ich. »Sehr schön.«

Obwohl er mich verstanden haben mußte, schrie er wieder: »Erik, siehst Du denn nicht den Mount McKinley?« und gab mir einen neuen Rippenstoß.

»Ja doch, Wernher, ich sehe ihn ja.«

»Verdammt noch mal, dann schau auch hin!«

»Aber Wernher, ich schau doch hin!«

Er war Millionen von Kilometern von der Raumfähre, von Nachrichtensatelliten und allem, was mit Raumfahrt zu tun hat, entfernt. Und völlig hingerissen wie ein kleiner Junge. Mit Kopf und Herz dabei, ein echter Entdecker.

Im November 1956 gingen wir zusammen auf eine unvergeßliche Entenjagd bei Stuttgart im Bundesstaat Arkansas. Unsere kleine Hütte war für mehr als ein Dutzend Jäger natürlich nicht vorgesehen. Man kann sich das morgendliche Durcheinander vorstellen, als unser Gastgeber und Führer, Dan Maddox, ein bekannter Bankier aus Tennessee und großer Jäger vor dem Herrn, uns um vier Uhr früh weckte. Da wurden lange Unterhosen und wattierte Jacken gesucht, in aller Eile Frühstück gemacht und Gewehre und Ferngläser umgehängt. Das Schlimmste war das winzige Badezimmer. Es war bei Gott nicht einfach in dieser Enge, dazu noch bei nachtschlafener Zeit und bei der Eile, seine Morgentoilette zu besorgen.

Ein paar von uns standen Schlange vor besagtem Bad, das von Braun gerade mit Beschlag belegt hatte. »He, vorwärts, Wernher! Mach mal 'n bichen dalli!« rief einer der Wartenden. Von Braun kam nach einer Weile mit strahlendem Lächeln heraus und meinte: »Das einzige, was mir an diesen Jagden nicht gefällt, ist, daß sie immer meinen Verdauungsfahrplan durcheinanderbringen!« Alles lachte schallend, denn diese Binsenwahrheit stimmte. Für die kommenden Tage war sie Leitmotiv für alle Anspielungen.

Ich habe mich stets gewundert, und wahrscheinlich wird es mir immer ein Rätsel bleiben, wie er es fertigbringt, zugleich Genie, Wissenschaftler, ja sogar gelegentlich ein wirklich zerstreuter Professor zu sein und dabei noch alle Eigenschaften eines großen Jungen, eines Jägers und Anglers, eines liebenswerten Kumpels in sich zu vereinen, der handfeste Witze reißen und lebensnahe Geschichten von sich geben kann.

Bevor wir uns auf das »Abenteuer« der Rentierjagd in Norwegen einließen, holte ich ihn in Bergen am Flughafen ab. Er stieg aus der Londoner Maschine mit Sonnenbrille, einer dicken Sportjacke und seiner russischen Pelzmütze. Als »Mr. Brown« war er inkognito gereist. Wir umarmten uns in der Ankunftshalle, warteten auf sein Gepäck und sahen uns bei strahlendem Sonnenschein die Sehenswürdigkeiten der alten norwegischen Hauptstadt an.

Im März hatte er mir bei der Planung dieser Reise erzählt, daß er Bergen schon immer einmal hatte besuchen wollen, denn es sei der Geburtsort eines seiner Lieblingskomponisten: Edvard Grieg. Übrigens hört man klassische Musik oft aus der Stereoanlage im Hause Braun, besonders an den fast immer ruhigen, besinnlichen Sonntagen.

Und so beeilten wir uns dann, mit der Seilbahn auf den Flöyen, den Hausberg Griegs, zu kommen. Wir genossen die herrliche Aussicht auf die Stadt, den Vaagen-Fjord und die vielen kleinen vorgelagerten Schären, die wie dunkle Smaragde und Rubine auf dem Silbertablett des glasklaren Meeres ausgebreitet schienen. Oben blieb von Braun einen Augenblick vor einem großen Granitdenkmal stehen. Ich übersetzte ihm die Inschrift auf einer Bronzetafel, mit der all der jungen Leute aus Bergen gedacht wird, die vor über drei Jahrzehnten im Kampf gegen die deutsche Besatzungsmacht ihr Leben gelassen haben.

Er wandte sich langsam ab und schaute noch einmal auf die Stadt hinunter. Ganz erfüllt von diesem gewaltigen Panorama sagte er schlicht: »Wäre dies hier meine Heimat gewesen, hätte ich sie ebenso glühend gegen Eindringlinge verteidigt!« Seine Gedankensprünge sorgen für fortwährende Spannung im Gespräch mit ihm.

Seit wir uns 1950 kennenlernten, haben wir viel Zeit gemeinsam verbracht. Es ist wahrscheinlich nicht zuviel, wenn ich behaupte, daß wir uns auf Anhieb gut verstanden. Angefangen hatte es mit kurzen Gesprächen bei Konferenzen und Vorführungen, um sich dann zu nächtelangen, fruchtbaren Diskussionen auszuweiten. Wir tauschten Erfahrungen aus, ersannen Möglichkeiten, um Regierung und Öffentlichkeit zu interessieren, die nötigen Mittel und die erforderliche Unterstützung für ein realistisches Raumfahrtprogramm aufzubringen und sprachen über die beste Art, den Nörglern entgegenzutreten und die notorischen Nein-Sager zu widerlegen.

Von Braun ist körperlich und geistig ein großer Mann. Er hat dieses offene, ehrliche Gesicht mit der schnellen Bereitschaft zu kleinem Lächeln und breitem Grinsen. Spricht er mit jemandem, so sieht er ihm direkt in die Augen. Er ist darauf bedacht, seine Gedanken so gründlich und exakt wie möglich mitzuteilen. Aber er versteht auch mit derselben ungeteilten Aufmerksamkeit zuzuhören. Seine Augen suchen dann auf dem Gesicht seines Gegenübers nach einem Wechsel im Ausdruck. Er registriert jedes Wort. Er ist durch und durch Mann und hat viel Sinn für Herrenwitze. Alles, was von ihm kommt, ist gewürzt mit witzigen Aperçus und humorvollen Vergleichen. Er liebt und zitiert gern Anekdoten aus fünf Jahrzehnten, in deren Verlauf er über Raketen las, davon träumte und sie schließlich baute.

Von Braun nimmt Projekte mit Schwung in Angriff. Egal, worum es geht, er kommt selbstbewußt und gründlich zur Sache. Seine Ausgangspunkte sind immer dieselben: »Wie sind die Aussichten? Worin bestehen die Hauptprobleme? Wie kann man sie am logischsten lösen? Wie kann man die Arbeit am besten unter den Mitgliedern des Teams aufteilen? Welcher Entwicklungsplan und welche Zeiteinteilung sind am praktischsten?« Er ist ein Mann der Tat: zuversichtlich, dynamisch und unerschrocken – ein »Macher«. Trotzdem hat er ein Gespür für die politischen Probleme, die auftauchen – und in der Raketen- und Raumfahrtindustrie hat seit jeher die Politik eine Rolle gespielt, gab es Rivalitäten zwischen den Waffengattungen, den verschiedenen Behörden und seit kurzem auch zwischen den Parteien. Er ist ein brillanter Taktiker und kann seine technischen Pläne logisch und nachdrücklich vortragen.

Wenn Wernher von Braun einen Konferenzsaal betritt, dann gehen sein Enthusiasmus und seine Zuversicht auf den Teilnehmerkreis über. Sein gesunder Menschenverstand und Humor sind ansteckend und verfehlen nur selten ihre Wirkung als Eisbrecher. Sogar bei unerwarteten Schwierigkeiten im Entwicklungsstadium eines Projektes oder fehlgeschlagenen Tests gehen die Sitzungsteilnehmer meist optimistisch auseinander und sind mit Lösungsvorschlägen für die Behebung der Ursachen der Probleme ausgerüstet.

Im Laufe der Jahre hatte ich oft Gelegenheit, von Braun mit Repräsentanten der verschiedensten Kreise zusammenzubringen: mit

Verlegern, Physikern, Militärs, Leuten aus der Werbung und großen wie kleinen Unternehmern. Immer wieder konnte ich feststellen, wie von Brauns Persönlichkeit sich wie ein Zauber auf Voreingenommene auswirkte, die mit vorgefaßten Meinungen und falschen Eindrücken von seiner Person, seinen Projekten und seinen Leistungen gekommen waren. Ich glaube, es ist nur allzu menschlich, mißtrauisch und ein bißchen eifersüchtig gegenüber jemandem zu sein, der im Krieg auf der anderen Seite stand und sich inzwischen weltweit einen Namen auf einem so zukunftsträchtigen Gebiet wie der Raketentechnik und Raumfahrt gemacht hat. Einen solchen Meinungsumschwung habe ich zu wiederholten Malen bei den Menschen, die von Braun kennenlernten, schon nach den ersten Minuten des Gespräches beobachten können. Seine Warmherzigkeit, sein wacher Verstand, seine Bescheidenheit, gewinnende Art und spürbare intellektuelle Aufrichtigkeit teilen sich anderen wie durch einen sechsten Sinn mit.

Während des Neunten Kongresses der Internationalen Astronautischen Föderation (IAF) 1958 in Amsterdam gelang es mir, ein Treffen zwischen von Braun und Professor Leonid I. Sedow, dem Vorsitzenden der sowjetischen Raumfahrtkommission, zustandezubringen. Von Braun hatte von Beginn an den internationalen Kooperationsgedanken im Weltraum unterstützt. Nun war es ihm zum ersten Mal möglich, an einem IAF-Kongreß teilzunehmen. Es schien mir angebracht, die beiden Experten zunächst einander zu einem zwanglosen Gespräch zu überlassen. Durch ihre gemeinsamen Interessen kamen sie glänzend miteinander aus. Sedow sprach ausgezeichnetes Deutsch, und damit war die Sprachbarriere überwunden. Ich erinnere mich noch gut an ihre Diskussion über die Rechtmäßigkeit von Ansprüchen auf außerirdisches Territorium wie etwa den Mond und deren Kontrolle. Von Braun legte dabei Nachdruck auf die praktischen Aspekte. Er schlug vor – und Sedow stimmte ihm zu –, daß im Falle von in etwa in dem gleichen Zeitraum erfolgenden Mondlandungen der amerikanischen und der sowjetischen Raumfahrer diese ihre eigenen nationalen Mondbasen betreiben sollten. Die beiden Astronautenteams könnten sich dabei auf gemeinsame wissenschaftliche Programme einigen und sich in Notfällen zur Hilfe kommen, so wie das in der Antarktis seit Jahren gang und gäbe ist. Zum Zeitpunkt des Amsterdamer Kongresses hatte der Kalte

Krieg zwischen den USA und der UdSSR seinen Höhepunkt erreicht.

Von Brauns Charakter ist absolut integer. Deshalb sollte der Leser keine pikanten Enthüllungen, Skandalgeschichten, Berichte über Hintertreppenaffären, Trinkgelage oder Bestechungsgelder bei Regierungsaufträgen erwarten. Es gab da nichts Derartiges. Man hat verschiedentlich versucht, ihn zu verleumden – ich werde in späteren Kapiteln davon berichten –, aber all diese Gerüchte lösten sich am Ende in Luft auf.

Wenigen ist es vergönnt gewesen, die Aufregungen bei der Verwirklichung einer großen Aufgabe wie die des Raketenabschusses in den Weltraum, in andere Welten, mitzuerleben. Doch Wernher von Braun hat auch oft voll bitterer Enttäuschung und lähmender Ohnmacht seine Blicke auf den Mond und die Planeten gerichtet, weil er dort hinauf wollte und dazu in der Lage war und dann andere schneller waren. Oft hat er, unbewußt mit einer Art unglücklicher Faszination, die relativ geringe Entfernung zwischen Erde und Mond betrachtet und dabei über die unglaubliche Kurzsichtigkeit der Menschen, über die vielen engstirnigen Gesetze, Verordnungen und Beschränkungen in jeder Gesellschaftsordnung nachgedacht, die so oft Forscher bei ihrer Arbeit behindert haben.

Schon als Junge in seiner schlesischen Heimat träumte von Braun immer wieder voll Verlangen von einer Reise zum Mond. Wenn die Dämmerung in Dunkelheit überging und Sterne und Mond das Firmament erleuchteten, war das seine liebste Zeit zum Tüfteln und Planen. Und er nahm sich ganz fest vor, eines Tages diese Mondreise möglich zu machen. Im Kopf eines der hervorragendsten jungen Männer seiner Zeit nahmen diese Gedanken allmählich konkrete Formen an, und er war es schließlich auch, der mit 46 Jahren den ersten künstlichen Satelliten der freien Welt in den Weltraum startete und mit 57 Jahren die Flotte von Saturn V gebaut hatte, die unsere Astronauten zum Mond trugen.

Wernher von Braun ist immer vom Abenteuer des Entdeckertums geleitet worden. Daher waren seine Entscheidungen kühn, verrieten Weitsicht, waren manchmal auch gefährlich. Stets waren sie jedoch gut geplant und zeugten von großem technischem Ideenreichtum – und meist waren sie auch von Erfolg gekrönt.

Im Sommer 1955 sprachen wir bei einem Abendessen in seinem

Haus in Huntsville (Alabama) zum ersten Mal über sein berühmtes Marsprojekt. Als er in den vergilbten Seiten seines Originalmanuskriptes mit fast religiöser Andacht blätterte, sagte er: »Weißt Du, Erik, heute ist mir klar, warum die Leute 1947 glaubten, ich sei verrückt geworden, als ich von einem bemannten Flug zum Mars sprach. Was mich nur so ärgert, ist, daß sie es immer noch glauben! Ich wette mit Dir, daß wir bis 1960 Sonden in eine Bahn um die Sonne und zu den Planeten gebracht haben werden!«

Die Sowjetunion schickte am 2. Januar 1959 den ersten künstlichen Planetoiden *(Lunik I)* in eine Umlaufbahn um die Sonne, die Sonde *Pioneer 4* von Wernher von Braun folgte zwei Monate später, am 3. März 1959.

Für ihn betrachten die Sowjets den Weltraum mit den gleichen Augen wie die Engländer im 18. und 19. Jahrhundert die Weltmeere. »Um in der Welt die erste Geige zu spielen, müssen die Russen das Weltall so unter Kontrolle bringen wie seinerzeit die Engländer die Meere – in Moskau herrscht kein Zweifel hierüber. Wir haben keine andere Wahl als die Herausforderung anzunehmen oder die Segel zu streichen.«

Während der fünfziger Jahre stellten sich viele Leute Wernher von Braun als eine Art Science fiction-Held vor, der hauptsächlich von großen Weltraumexpeditionen träumte und im übrigen die meiste Zeit an Walt-Disney-Shows fürs Fernsehen arbeitete. Für seine Mitarbeiter ist von Braun wahrscheinlich der größte und erfahrenste Raumfahrtingenieur unserer Tage. In der Anfangszeit in Huntsville verstrich fast kein Tag, ohne daß sich von Braun die Zeit genommen hätte, einen Spaziergang hinüber zu den Entwicklungslabors und Versuchswerkstätten im Redstone-Arsenal zu machen, um sich auf dem laufenden zu halten und sich selbst davon zu überzeugen, wie die Arbeiten vorankamen. Ihm entging kein neues Gerät auf dem Prüfstand, über das er dann den Projektingenieur befragte. Dann stand er ein paar Sekunden schweigend da, bevor er sagte: »Ich hab das Gefühl, wir könnten Zeit und Geld sparen, wenn wir das Bauteil da abänderten, wie ich es neulich auf einer Industrieausstellung gesehen habe. Ich schick Ihnen ein paar Unterlagen rüber, sobald ich wieder in meinem Büro bin. Sehen Sie sich die Sachen mal durch und lassen Sie mich Ihre Meinung wissen.« Gewöhnlich erfolgte dann schon ein paar Tage darauf eine neue Bestellung.

Zuweilen ist sein technisches Know-how fast beängstigend. Ausgezeichnete Raketenfachleute gibt es mehr als genug, doch nur wenige haben außerdem noch derart umfangreiche Kenntnisse auf -zig anderen Gebieten.

»Bei von Braun«, erklärt der deutschstämmige Raketenspezialist Rolf Engel, »vereinigen sich technische Fähigkeiten mit leidenschaftlichem Optimismus, enormer Erfahrung und einem glänzenden Organisationstalent... Er ist die Seele der bis heute in der Raumfahrt errungenen Erfolge.« Ein anderes Mitglied des Braunschen Teams meint: »Wernher vermittelt uns ein Gefühl für die Ordnung der Dinge, für das, was der menschliche Geist erfassen und vollbringen kann. Aber es ist nicht der Ordnungssinn eines Buchhalters, sondern der eines großen Dichters!«

Es gibt natürlich auch Leute, die vom Braunschen Glanz weniger angetan sind. Manchen erschien seine Loyalitätsschwenkung vom nationalsozialistischen Deutschland zu den Vereinigten Staaten unnatürlich schnell und einfach. Von Dr. Paul Schröder, einem Peenemünder Mathematiker, der mit von Braun an der problematischen Steuerung der Vorläufer des V2-Projekts gearbeitet hatte, behauptet man, er beschuldige von Braun, ein Opportunist zu sein, der die Gedanken von ihm überlegenen Männern aufgreife und sich mit fremden Federn schmücke. Für Schröder und einige andere Wissenschaftler umgab von Braun zu wenig die Gloriole der Wissenschaft, kam zu sehr der Public Relations-Mann in eigener Sache zum Vorschein. In diesem Zusammenhang gibt von Braun offen zu: »Ich muß immer ein zweiköpfiges Monster sein – Wissenschaftler und Werbemanager zugleich.«

Einmal erzählte mir ein Radio- und Fernsehkommentator stolz von seinem gerade fertiggestellten Film über die Raketen- und Raumfahrtprojekte der USA. »Am meisten freut mich, daß es mir gelungen ist, eine einstündige Sendung zu machen, ohne auch nur ein einziges Mal den Namen von Brauns oder der anderen Deutschen in Huntsville zu erwähnen!« erklärte er.

Mehr oder weniger alle deutschen Ingenieure aus Peenemünde waren Raumfahrtenthusiasten – doch keiner so sehr wie von Braun. Als Chef dieser Gruppe von Wissenschaftlern war er natürlich auch die Zielscheibe aller Kritik. Die von den verschiedensten Minderheiten entgegenbrachten Widerstände machten sich direkt oder indirekt bemerkbar. Soweit sie emotionale oder Nachkriegsressentiments als Hintergründe hatten, waren sie bis zu einem gewissen Grad verständlich. Dazu gab es Neid, Dünkel, Eifersucht oder einfach engstirnige Ignoranz. Einige der stärksten Gegner von Brauns in seinem Kampf um die Anerkennung der Realisierbarkeit von Raumflügen waren von mehreren Motiven geleitet.

Eines davon war der Nationalismus um jeden Preis. »Warum soll ausgerechnet von Braun, ein ›US-Bürger zweiter Klasse‹, beim Raketenbau die erste Geige spielen?« – »Haben wir denn kein *amerikanisches* Raumfahrtprogramm?« – »Sind unsere eigenen Raketenspezialisten und Wissenschaftler nicht mindestens ebenso gut, wenn nicht noch besser ausgebildet und kompetenter?« – »Und überhaupt, *wer* hat denn den Krieg gewonnen?« Die einfache Antwort auf diese Frage war, daß die USA in den fünfziger Jahren *keine* gleichwertigen Raketenfachleute und Forscher aufzuweisen hatten. Jahrzehntelange harte Arbeit, unermüdliche Versuche trotz immer wiederkehrender Fehlschläge, die Erfahrung triumphaler Erfolge und deprimierender Niederlagen hatten dem Braunschen Team eine Urteilsfähigkeit und ein Fachwissen beschert, Dinge, die von der großen Mehrheit der amerikanischen Raumfahrtleute und den für die amerikanischen Raketenprojekte der Nachkriegszeit zuständigen militärischen Planern oft weder anerkannt noch verstanden wurden.

Ein ähnliches, nationales Vorurteil basierte auf der amerikanischen Vergangenheit, in der die Arbeit und die Leistungen von Dr. Robert H. Goddard, dem »Vater der amerikanischen Raketentechnik«, nie richtig gewürdigt worden waren. Der Vorwurf wurde erhoben, die Deutschen hätten einfach Goddards Ideen und Patente »gestohlen«, ohne deren Urheber zu nennen.

Und dann spielte auch eine Rolle, daß man sich gegen den Gedanken sträubte, die Erkundung des Weltraums könnte oder sollte ein ernstes Anliegen der Nation sein. Viele führende amerikanische Wissenschaftler machten sich hartnäckig diese Haltung zu eigen. Im großen und ganzen ist solch kurzsichtige Voreingenommenheit fast geschwunden, aber sie zählt immer noch Anhänger unter den Koryphäen der amerikanischen Wissenschaft. Alarmierend ist ihr hoher Prozentsatz bei staatlichen Forschungsinstituten und Universitäten. Doch inzwischen ist eine Reihe der erbittertsten Gegner in politische Positionen aufgerückt, die es ihnen heute leicht machen, ihre frühere phantasielose Obstruktion zu vergessen oder zumindest zu revidieren.

Wernher von Brauns Aufrichtigkeit ist auf das Heftigste unter Beschuß genommen worden. Einer seiner schärfsten Kritiker sagte einmal:»Schauen Sie sich diesen von Braun an! Er ist der Mann, der für Hitler den Krieg verloren hat! Seine V2 war eine große technische Leistung, aber sie hatte kaum militärischen Wert. Außerdem hat sie die Deutschen von der Entwicklung schlagkräftigerer Waffen abgehalten. Von Braun hat immer nur der Columbus des Weltraums sein wollen. Er träumte damals vom Raumflug, nicht von Waffen. Jetzt versucht er den Vereinigten Staaten ein Raumfahrtprogramm zu verkaufen, das ein verkapptes Mittel zur Gewinnung der Vormachtstellung in der Welt ist!«

Von Braun mußte jeden einzelnen dieser Vorwürfe zurückweisen, ob sie nun von einer Einzelperson oder einer größeren Opposition erhoben, direkt oder indirekt ausgesprochen wurden. In den ersten Jahren seines Aufenthaltes in den USA war er noch kein amerikanischer Staatsbürger, und seine Bewegungsfreiheit war bis zu einem gewissen Grade eingeschränkt. Die Mehrzahl seiner erbitterten Kritiker kannte ihn nicht persönlich. Ergab sich aber dann ein Kennenlernen, dann trugen von Brauns Charme und seine menschliche Wärme nicht nur zur Überzeugungskraft seiner technischen Argumente bei, sondern machten fast immer aus Gegnern Befürworter. Seit er 1955 die amerikanische Staatsbürgerschaft erhielt, hat er unzählige Reisen unternommen, bei jeder sich bietenden Gelegenheit vor Publikum gesprochen. Der Erfolg mit dem Erdsatelliten *Explorer 1* (1958) trug dazu bei, die ewig Gestrigen aufzuwecken. Es folgten die Groß- und Mittelstreckenraketen *Redstone, Jupiter, Pershing* und später die bemannten Raumprojekte im Rahmen des *Saturn*-Programms. Fairerweise muß man erwähnen, daß einige seiner früheren Kritiker von Braun heute, wenn sie auch nicht zu seinen glühenden Bewunderern geworden sind, doch zähneknirschend Anerkennung zollen.

Dr. Walter Dornberger, der Begründer des geheimen deutschen Raketenversuchsgeländes Peenemünde, versichert, von Brauns Phantasie habe in jenen Tagen keine Grenzen gekannt.»Bei ihm war oft der Wunsch der Vater des Gedankens. Er war immer Feuer und Flamme für Vorhaben, die riesige Ausmaße hatten und deren Verwirklichung in weiter Ferne lag. Ich mußte ihn dann wieder auf den Boden der Tatsachen und in den Alltag zurückholen. Was seine Konzentration anbetraf, so mußte ich ihn zu größerer Genauigkeit anhalten, besonders in Detailfragen.

Ich wußte damals schon, daß es für einen überragenden Kopf wie seinen genügte, sich intensiv technischen Problemen zu widmen, um die richtige Lösung zu finden. Er hatte ein geradezu unglaubliches Gedächtnis und behielt aus dem Wirrwarr von wissenschaftlichen Daten, Literatur und Diskussionsergebnissen sowie Informationsbesuchen in Fabriken immer nur das für unsere Arbeit Wesentliche, das er dann an der richtigen Stelle anwandte.

Zu Anfang war er sehr leicht abzulenken und nicht ausgesprochen beharrlich. Er war stets schon beim übernächsten Gedanken, wußte indessen genau, welches Ziel er verfolgte. Dann wurde er meist starrköpfig und duldete keinerlei Behinderung oder Einmischung mehr. Blind für alles übrige und mit voller Kraft voraus verfolgte er den Kurs, den er für den einzig richtigen hielt. Es bereitete mir eine nie endende Freude, zur Ausbildung dieses großen Raketenfachmanns von seinen jungen Jahren an während gemeinsamer Arbeit beizutragen.«

Anfang der fünfziger Jahre schrieb *The New Yorker* über von Braun, er sei mehr als nur ein Techniker, er habe vielmehr etwas Mystisches. Herkömmliche Raketenspezialisten betrachteten ihn mit einer Mischung aus Bewunderung und Mißtrauen. Ähnliche Gefühle müsse wohl der etablierte Klerus gegenüber dem Heiligen Franziscus von Assisi oder dem Heiligen Petrus, dem Ehrwürdigen gehegt haben. »Er verwirrt und erschreckt sie mit seinen technologischen Visionen. Wenn er vor Laien voll Zuversicht von seinen Raumflugplänen spricht, machen die Konventionellen ihm den Vorwurf, er predige vor Vögeln. Ist er umringt von kleinen Jungen in Spielzeug-Raumanzügen oder von begeisterten Teenagern mit Sehnsucht nach dem All in den Augen, dann heißt es sofort, er führe einen Kinderkreuzzug an, der mit Sicherheit enttäuschend ende.«

»Begeisterung und Zuversicht«, sagt Wernher von Braun dazu, »sind notwendige Bestandteile jedes großen Vorhabens. Propheten sind schon immer verlacht, entmutigt und kritisiert worden. Einige haben aber letztlich der Geschichte bewiesen, daß sie auf dem richtigen Wege waren.«

Oft ist die Frage aufgeworfen worden, ob von Braun Mitglied der NSDAP gewesen sei oder sich doch zumindest mit ihren Zielen identifiziert habe. Ersteres muß mit Ja, letzteres mit Nein beantwortet werden. Nachdem Hitler und Himmler im Herbst 1942 von den Forschern in Peenemünde verlangten, V 2-Raketen gewissermaßen am Fließband herzustellen, mußte unter dem Druck der SS die Führungsspitze von Peenemünde in die Partei eintreten. Bei der Verwirklichung des neuen Eilprogrammes hatten künftig die leitenden Wissenschaftler und Ingenieure mit der obersten Parteiführung in Berlin zu tun, und so konnte ein sanfter, aber ständiger Druck ausgeübt werden, der auf den Erwerb des Parteibuches abzielte. Für viele entwickelte sich die Situation so bedenklich, daß ein weiteres Zögern als offene Opposition ausgelegt worden wäre. Und eine solche Haltung war natürlich für einen Mann in einer Stellung, die so eng mit der Kriegsmaschinerie verknüpft war, nicht tragbar. Dies hätte Suspendierung vom Dienst bedeutet, und der Raketenforschung hatten sie sich nun einmal alle – ob Krieg oder nicht – mit Leib und Seele verschrieben. Unter diesen Umständen gaben viele nach, wie von Braun auch, und wurden Mitglied der Partei. Ihm selbst sollte dieser Schritt keinen besonderen Schutz bieten, denn kurze Zeit darauf ließ ihn Himmler vorübergehend verhaften.

Als er vierzehn Jahre alt war und sich für den Weltraum und die Astronomie zu interessieren begann, stand für Wernher von Braun fest, daß er Ingenieur werden wollte. Im selben Jahr – am 16. Mai 1926 – startete Dr. Robert H. Goddard das erste flüssigkeitsgetriebene Projektil der Welt auf einem Golfplatz in Auburn, einem Vorort von Worcester in Massachusetts. Bei einem Besuch im März 1957 bat von Braun Goddards Witwe Esther, die noch in Worcester lebte, ihm die Abschußstelle dieser ersten Flüssigkeitsrakete zu zeigen. Bei einer Rede auf einem Bankett anläßlich des dreißigsten Gründungstages der »Engineering Society« von Worcester sagte von Braun am gleichen Tag: »Als ich heute morgen auf dem Golfplatz an dem historischen Startplatz stand, fand ich zu meinem Erstaunen dort weder ein Denkmal noch einen Hinweis auf das große Ereignis. Hier in Worcester, an der Wiege der modernen Raketenforschung, sollte diesem großen Pionier eine Gedenkstätte errichtet werden!«

Schon in der darauffolgenden Woche brachte von Braun die Sache bei einer Vorstandssitzung der *American Rocket Society* zur Sprache.

Man beschloß sofort, einen Fonds zur Aufbringung der nötigen Mittel einzurichten. 1960 konnte dann das Denkmal enthüllt werden. Es ist paradox (einige halten es für beschämend), daß die Idee für das Denkmal für einen der größten amerikanischen Erfinder nicht von Amerikanern kam, sondern von Wernher von Braun.

3. Kapitel
Auch Großväter werden in der Raumfähre fliegen

»Fliegende Großväter gibt es schon in Mengen«, sagte Wernher von Braun kurz nach der erfolgreichen Landung von *Apollo 11* auf dem Mond am 20. Juli 1969, »warum sollte es nicht einmal ein Großvater sein, der die Erde in einer Raumfähre umkreist!«
Er meinte es ernst. Damals glaubte er, er könne in etwa fünf Jahren – mit 62 also – an Bord einer Raumfähre klettern und sich zu einer Weltraumstation transportieren lassen, die zwölf Passagiere aufnehmen könnte, und damit die Erde umkreisen. Während Amerika nach dem Mondflug von *Apollo 11* jubilierte und die US-Raumfahrtbehörde (NASA) bereits intensiv die nächsten Weltraumprojekte diskutierte, bestätigte von Braun, daß Forschung und Technik so weit vorangekommen seien, daß die nächste Raumschiffgeneration so bequem und sicher sein werde, daß auch Nichtastronauten als Experimentatoren mitfliegen könnten.
Andere Raumfahrtexperten bestätigten, daß von Brauns Traum gute Aussichten habe, verwirklicht zu werden. Wie kann man von ihm die Entwicklung unserer künftigen Raumschiffe erwarten, wenn er nicht weiß, wie man eines steuert? meinten sie. Natürlich dachte Wernher von Braun nicht daran, Kommandant eines Raumschiffes zu werden; er wollte sich mit der Rolle eines wissenschaftlichen Passagiers begnügen.
Der eigentliche Plan, Nichtastronauten beiderlei Geschlechts an Raumflügen teilnehmen zu lassen, beruhte auf den Bemühungen der NASA, einen Raumtransporter zu entwickeln, der, mit vier bis sechs für Spezialfunktionen ausgebildeten Wissenschaftspassagieren an Bord, wie eine Rakete gestartet wird und in eine Erdumlaufbahn einschwenkt, wo die Wissenschaftler ihre speziellen Aufgaben verrich-

ten. Nach einer Woche oder auch einem Monat kehrt der beflügelte Raumtransporter wieder auf die Erde zurück, um auf einer normalen Flughafenpiste wie ein motorloses Segelflugzeug zu landen. Von Braun hatte bereits Anfang der fünfziger Jahre Pläne für das Konzept eines solchen Fahrzeugs entworfen, als die Astronauten Armstrong und Aldrin noch das College besuchten. Auf die Realisierung konnte er erst Hoffnung setzen, als die NASA durch Apollo ihre Glaubhaftigkeit bewiesen hatte und das 2-Milliarden-Dollar-*Skylab*-Projekt erfolgreich verwirklicht hatte. Inzwischen sind in den USA Entwicklungsaufträge in Höhe von 5 Milliarden Dollar für die Raumfähre von der Regierung bewilligt und fundiert worden, und Westeuropa, mit der Bundesrepublik an der Spitze, hat sich zu einer finanziellen und technischen Beteiligung von vielen weiteren hunderten von Millionen Dollar beteiligt.

Dieses Nach-Apollo-Programm stellt für die Vereinigten Staaten den nächsten großen Schritt in der bemannten Raumfahrt dar. Träume, wie der vom bemannten Flug zum Mars noch in diesem Jahrhundert, müssen einstweilen weiter geträumt werden.

Seit Wernher von Braun in den frühen fünfziger Jahren einen detaillierten Vorschlag unterbreitet hatte, ein bemanntes, wiederverwendbares (aber nicht notwendigerweise optimales) Raumfahrzeug zu bauen, das Passagiere und Fracht mehrfach in die Umlaufbahn mitnehmen und zurückbringen konnte, hatten NASA und Raumfahrtindustrie eine Vielzahl von Studien in Auftrag gegeben, um aus dem Erfahrungsschatz der unendlich fruchtbaren Anfangskonzepte der *nicht* wiederverwendbaren Raumfahrzeuge der Typen *Merkur*, *Gemini* und *Apollo* mit ihren kostspieligen, ebenfalls nur einmal verwendbaren Verlust-Trägerraketen, ein Konzept einer ökonomischen, völlig wiederverwendbaren Raumfähre zu entwickeln. Daraus reiften die Pläne für den Raumtransporter, zu deren Verwirklichung sich die NASA 1971 dann ernsthaft entschloß.

Dieser Raumtransporter besteht aus einem sogenannten Orbiter, einem Doppeldelta-Fahrzeug von der Größe eines DC-9-Mittelstreckenjets, dessen Außenhaut mit einem neuartigen Hitzeschild überzogen ist. Dadurch ist ein mehrfacher Wiedereintritt in die Atmosphäre möglich. Neben der drei- bzw. vierköpfigen Besatzung kann der Orbiter zwei Geräte-Spezialisten und eine Reihe von wissenschaftlichen Beobachtern aufnehmen, die keine Astronautenausbildung benötigen. Der verfügbare Laderaum kann eine Nutzlast von der Größe eines Überlandomnibusses und einem Gewicht bis etwa 32 Tonnen befördern. Drei mit flüssigem Wasserstoff und Sauerstoff betriebene Raketenmotoren bilden das Heck des Orbiters. Die benötigten Treibstoffe werden nicht im Inneren transportiert, sondern in einem gewaltigen, abwerfbaren Aluminiumtank, auf dem der Orbiter huckepack sitzt. Kurz vor Erreichen der Umlaufgeschwindigkeit werden die drei Haupttriebwerke ausgeschaltet und der große Tank ausgeklinkt. Er verglüht beim Wiedereintritt in die Erdatmosphäre, während der Orbiter, von einem kleinen eigenen Manövriersystem mit hypergolen (d.h. auf Berührung selbstzündlichen) Treibstoffen beschleunigt, in die vorgesehene Umlaufbahn einmanövriert.

Zwei große Feststoffraketen, die links und rechts an dem großen Wegwerftank befestigt sind, geben der Raumfähre beim Start von der Rampe den nötigen Anfangsschub. Sie brennen, bis etwa fünffache Schallgeschwindigkeit erreicht ist, fallen dann ab, landen im Ozean, sind im Leerzustande schwimmfähig, werden von Hochseeschleppern geborgen und sind nach Wiederauffüllen mit Festtreibstoff erneut verwendbar.

Bei herkömmlichen Trägerraketen, deren einzelne Stufen abgestoßen werden, während die Rakete an Geschwindigkeit zunimmt, belaufen sich die Kosten, um ein Kilogramm Netto-Fracht in eine niedrige Umlaufbahn zu bringen, auf zirka 1000 Dollar. Will man die Nutzlast zur Erde zurückholen (bei bemannten Flügen etwa), machen der nötige Hitzeschild für den Wiedereintritt in die Erdatmosphäre und die Bremsfallschirme an Gewicht noch einmal soviel aus wie die Nutzlast des Orbiter. Das erhöht die Transportkosten je Kilogramm Nutzlast in die Umlaufbahn und zurück auf 2000 Dollar. Der Raumtransporter erzielt die gleiche Leistung (mit voller Rückkehr aller Nutzlast) für rund 320 Dollar. Das bedeutet für orbitalen Hin- und Rückflug eine Kostenersparnis um 84 Prozent.

Für einen Wissenschaftspassagier mit einem Gewicht von 90 Kilogramm würde ein Platz im Orbiter inklusive Verpflegung für eine Woche an die 40000 Dollar kosten. Dazu kommt natürlich der Preis für den Transport seines Forschungsgeräts, wobei aber zu berücksichtigen ist, daß er praktisch alle Versorgungshilfen, wie Elektrizität vielerlei Spannungen und Frequenzen, Antennenanschlüsse, Telekommunikation mit der Erde, elektronische Rechner usw. bereits an

Bord vorfindet. Für einen Geologen zum Beispiel, der mit raffinierten und wohlbewährten Instrumenten aus der Umlaufbahn Öl im Hindukusch sucht, sind solche Kosten leicht konkurrenzfähig mit erdgebundenen Methoden.

Dennoch wird die Erdumkreisung mit dem Orbiter in naher Zukunft noch keine alltägliche Sache für jedermann werden, aber nach der *Apollo*-Mondlandung sind Reisen durch den Weltraum nicht mehr ausschließlich Inhalt von Science-fiction-Romanen. Schon 1969 ersuchte die Fluggesellschaft *Trans World Airlines* die Zivile Luftfahrtbehörde der USA (CAB) um Genehmigung, einen Passagierdienst »zwischen Orten in den Vereinigten Staaten und Punkten auf dem Mond« einzurichten. *Pan American World Airways* nimmt schon seit Jahren Reservierungen für Mondflüge entgegen und erwägt die Aufnahme regelmäßiger Flugverbindungen zum Erdtrabanten, sobald die Kosten pro Passagiermeile auf 0,06 Dollar sinken. Dann würde der Preis für ein Rückflugticket bei rund 28000 Dollar liegen. Das Hayden-Planetarium in New York nahm schon vor 25 Jahren mit dem Slogan »Ein Flug zum Planeten Ihrer Wahl« Vormerkungen für Reisen innerhalb unseres Sonnensystems an und kann eine Warteliste vorweisen, die Tausende von Namen enthält. Was ursprünglich nur ein Werbegag war, kann für die genannten Unternehmen unerwartete Folgen haben, denn die führenden Leute der amerikanischen Raumfahrt meinen es durchaus ernst, wenn sie prophezeien, daß Raumflüge eines Tages nur eine Frage des Geldes sein werden.

Während ich dies hier schreibe, wartet Wernher von Braun noch auf seine Platzkarte für einen Flug mit dem Raumtransporter. Doch wer weiß, vielleicht kommt er noch dazu.

Das Schicksal hat ihm im Leben erstaunlich mitgespielt. Dazu gehört nicht zuletzt, daß er 1943 einen schweren britischen Luftangriff auf die deutsche Raketenversuchsanstalt Peenemünde an der Ostsee unverletzt überstand.

Die Royal Air Force erhielt 1943 den Auftrag, unter Einsatz von fast 600 Bombern Peenemünde zu zerstören, wo Wernher von Braun an der Entwicklung der V 2-Großrakete arbeitete, der Vorläuferin aller mit Flüssigtreibstoff angetriebenen modernen Langstreckenraketen, um »alle dort tätigen Wissenschaftler zu töten«, die, wie man erfahren hatte, Deutschlands Geheimwaffen schmiedeten. Bei dem großen Angriff am 18. August kamen mehrere hundert Ingenieure, Techniker und Arbeiter ums Leben. Wernher von Braun und seine engsten Mitarbeiter entkamen dem Inferno.

Verantwortlich für die Bombardierung war Sir Winston Churchills Schwiegersohn Duncan Sandys. Der spätere konservative Unterhausabgeordnete schickte von Braun am 21. Juli 1969 nach der Mondlandung von *Apollo 11* ein Telegramm mit den Worten: »Aufrichtigen Glückwunsch zu Ihrem großartigen Beitrag zu dieser historischen Leistung! Ich bin froh, daß Ihre glänzende Karriere nicht vor 26 Jahren beendet wurde!« 1974 trafen die beiden Männer in London zusammen und tauschten bei einem Essen Erinnerungen aus.

Bis zu diesem Feindflug hatten britische Bombergeschwader keine Angriffe auf zivile Ziele geflogen und nie den Befehl erhalten, Zivilpersonen wie Fabrikarbeiter zu töten. Bisher waren nur strategisch wichtige Anlagen wie Fabriken, Brücken und Werften zerstört worden. Jener 18. August 1943 war ein verlustreicher Tag für die RAF. Sie verlor 41 Bomber und 200 Flieger. In Peenemünde forderte der Angriff 735 Menschenleben. Die Entwicklung der berühmt-berüchtigten Überschallrakete V 2 war empfindlich gestört und fast zunichtegemacht worden. Viele Militärhistoriker halten diesen Luftangriff für einen der entscheidendsten des gesamten Zweiten Weltkrieges.

Der britische Geheimdienst hatte ermittelt, daß die Deutschen dabei waren, geheime Raketenwaffen zu konstruieren und zu erproben, die möglicherweise den Ausgang des Krieges zugunsten Hitlers ändern konnten. Die Alliierten sahen im Tod der rund um die Uhr an der Perfektionierung dieser Waffen arbeitenden Experten die einzige Möglichkeit, die Deutschen an der Ausführung ihrer Pläne zu hindern. Vize-Luftmarschall Bennett sagte bei der Einsatzbesprechung vor mehr als 4000 Fliegern: »Die deutschen Wissenschaftler müssen sterben! Wenn Ihr es heute nacht nicht schafft, müßt Ihr es morgen oder übermorgen erneut versuchen!«

In Peenemünde arbeiteten etwa 5000 Forscher und Techniker mit dem äußerst fähigen Wernher von Braun an der Spitze seit Ende der dreißiger Jahre unter strengster Geheimhaltung an der Entwicklung von Großraketen, die die Grundlagen der heutigen Interkontinentalraketen, Raketen-U-Boote, Weltraumsatelliten und der *Apollo-*Mondfähre bildeten. Unter der Leitung seines Kommandeurs Generalmajor Dr. Walter Dornberger hatte sich Peenemünde zum Nervenzentrum für den Bau der V2-Rakete entwickelt, die für Kriegszwecke einen Sprengkopf von einer Tonne Gewicht tragen konnte. Das Projekt war so geheim, daß nur die Spitzenfunktionäre des NS-Regimes davon wußten. Ein Teil des riesigen Komplexes von Peenemünde war Versuchsgelände der Luftwaffe und daher ideal geeignet für die Raketenherstellung durch das Heereswaffenamt.

Die Alliierten hatten durch reinen Zufall davon erfahren, daß hier etwas Verdächtiges im Gange war. Ein Spitfire-Aufklärer, der den »Militärflugplatz« fotografieren sollte, kam eines Tages mit Luftaufnahmen zurück, auf denen merkwürdige, zigarrenförmige Apparate in senkrechter Stellung auf offenbar betonierten Rampen zu sehen waren. Duncan Sandys, seinerzeit verantwortlich für die Erkundung des Entwicklungsstands der deutschen Geheimwaffen, setzte das Puzzle zusammen und kam zu dem Schluß, daß es sich um Raketen zur Bombardierung Londons handeln müsse. Er bestand gegenüber dem britischen Kriegsministerium auf sofortiger Zerstörung der Anlagen, aber es dauerte fast ein Jahr, bis er seine Vorgesetzten von der Notwendigkeit eines Großangriffes auf Peenemünde überzeugen konnte. Da bis dahin London noch nicht von Raketen getroffen worden war, machten sich einige ältere Politiker über Sandys' Überängstlichkeit lustig. Anfang Juli 1943 bekam er jedoch grünes Licht und setzte sich sofort mit Großbritanniens berühmten Bomber-Befehlshaber Sir Arthur Harris in Verbindung. Weitere Aufklärungsflüge wurden angeordnet, und die besten britischen Geheimdienstler bereiteten den Luftangriff auf Peenemünde bis in kleinste Details vor, indem sie Hunderte von Luftbildern studierten und Übersichtskarten von dem Versuchsgelände anfertigten.

In den frühen Morgenstunden des 17. August 1943 wird »Bomber Harris« darüber informiert, daß in der kommenden Nacht Peenemünde in Vollmondlicht getaucht und die Wolkendecke über ganz Norddeutschland nirgendwo niedriger als 500 Meter sein wird. Um 9.40 Uhr befiehlt Harris seinem Stellvertreter Sir Robert Soundby, die Operationen *Hydra* und *Whitebait* – Angriffe auf Peenemünde und Berlin – anlaufen zu lassen.

Die Strategie der RAF sieht als Ablenkungsmanöver einen Scheinangriff mit ein paar schnellen Mosquito-Kampfbombern auf Berlin vor *(Whitebait)*, während der Hauptangriff *(Hydra)* mit insgesamt

571 Sterling-, Halifax- und Lancaster-Bombern direkt auf die Raketenstation Peenemünde geflogen wird. Die Mosquitos sollen jede acht Leuchtbomben und ein paar Fliegerbomben abwerfen und eine Stunde vor Mitternacht deutscher Zeit durch irreführenden Funkverkehr eine falsche Fährte über Nordwest- und Norddeutschland legen.

In Gravely, dem Heimathorst der 35. RAF-Staffel, gibt der Abwehroffizier die Order, es liege »im Interesse der Verlangsamung der deutschen Rüstungsproduktion und der Aufrechterhaltung der eigenen Offensivkraft..., die Montagehallen und Laboratorien zu zerstören und das wissenschaftliche und technische Personal zu töten oder arbeitsunfähig zu machen«.

Um 21.00 Uhr werden an diesem warmen Sommerabend auf mehreren britischen Flugplätzen die ersten Bomber startklar gemacht. Um 22.00 Uhr überqueren acht Mosquito-Bomber in großer Höhe Dänemark in Richtung Berlin. Als sie gegen 22.30 Uhr Peenemünde überfliegen, steigen gerade die ersten deutschen Nachtjäger von ihren Stützpunkten im besetzten Nordeuropa auf. Aber die Mosquitos haben bereits die Außenbezirke von Berlin erreicht, als die deutschen Jagdverbände gerade erst in der Luft sind. Zu diesem Zeitpunkt glaubt die deutsche Luftabwehr noch, daß der Nachtangriff der Reichshauptstadt gilt, die in gleißendem Mondlicht liegt, und zieht alle verfügbaren Jäger – 203 insgesamt – im Luftraum über Berlin zusammen. Im Laufe des Tages haben die Amerikaner auf Schweinfurt einen der schwersten Luftangriffe des Krieges geflogen und beide Seiten schwere Verluste erlitten. Die deutschen Jagdflieger haben Blut geleckt und wollen sich um jeden Preis rächen. Der bisher massivste Einsatz von Nachtjägern der deutschen Luftwaffe läuft an.

Inzwischen befinden sich die 571 schweren britischen Bomber in relativ geringer Höhe im Anflug auf Peenemünde. Der raffinierte Einsatzplan scheint aufzugehen. Während sich heftige Luftkämpfe über Berlin entwickeln, legen die Briten den ersten Bombenteppich auf Wohnblöcke auf dem Gelände von Peenemünde, von denen man annimmt, daß dort die Raketenforscher mit ihren Familien wohnen. Die Uhren zeigen 0.17 Uhr früh am 18. August 1943.

»Ich hatte mit Wernher von Braun einen gemütlichen Abend in unserem holzgetäfelten Kaminzimmer verbracht«, erinnert sich Dr. Walter Dornberger. »Wir hatten die bekannte Fliegerin Hanna

Reitsch zu Gast. Über dem fröhlichen Lachen dieser optimistischen, mit allen technologischen Überraschungen spielend fertigwerdenden jungen Leute vergaß ich für eine Weile meine Sorgen.« Dr. Dornberger verabschiedet sich kurz vor Mitternacht und geht das kurze Stück zu seiner Unterkunft zu Fuß.

Dann heulen die Sirenen. Luftschutzalarm! Der General macht sich keine großen Sorgen, denn Peenemünde hat noch keinen Angriff erlebt. Man ist daran gewöhnt, daß fast jede Nacht die Bomberverbände der Alliierten das Gelände überfliegen, um Ziele weiter südlich zu bombardieren. Er legt sich also ruhig ins Bett und ist noch nicht richtig eingeschlafen, als die ersten Bomben krachen.

»Einige Fensterscheiben gingen schon zu Bruch, als ich mich eilig anzog«, berichtet Dornberger weiter über die Schreckensnacht. »Dachziegel rutschten klappernd vom Dach und zerbarsten am Boden. Jetzt war keine Zeit mehr zu verlieren! Im Augenblick mußte der Uniformrock über dem Schlafanzug reichen. Dann noch den Mantel angezogen, Mütze, Handschuhe und Zigarrenetui ergriffen, Licht aus und – päng!!! Ein ungeheurer Knall! Das mußte eine Luftmine ganz in der Nähe gewesen sein! Diesmal splitterten die restlichen Scheiben und der Ziegelregen wurde stärker. Der Rahmen der Eingangstür war durch den Luftdruck nach außen gebogen worden; die Tür klemmte. Ich konnte mich jedoch ins Freie zwängen und blieb wie angewurzelt stehen!«

Das Bild, das sich seinen Augen bietet, ist schaurig-schön. Durch eine Art rosa Gazeschleier sieht er alles ringsherum in seltsam verwischten Farben und Lichtern wie ein übertrieben kitschiges Bühnenbild. Überall fallen Bomben, rattern Flakbatterien, und über ihm will der monotone Motorenlärm der feindlichen Bomber kein Ende nehmen. Er sichtet Gestalten vor einem nahen Luftschutzbunker und erkennt neben anderen Wernher von Braun.

»Mich haben Sie wohl vollkommen vergessen?« ruft Dornberger ihm zu.

»Nein, wir wollten Sie gerade holen kommen!«

»Was zum Teufel ist bloß los?« fragte Dornberger.

»Diesmal sind wir dran!« gibt von Braun zur Antwort.

Plötzlich hören sie einen pfeifenden und zischenden Ton über ihren Köpfen, der immer lauter wird. Blitzschnell stürzen die Männer durch die Tür ins Innere des Bunkers. In dem hellerleuchteten Bunker drängen sich an die 300 aus dem Schlaf gerissene und nur notdürftig bekleidete Menschen.

Dornberger verbringt mehrere Stunden in relativer Sicherheit, während draußen der Angriff weitergeht. Als der Lärm abebbt, wendet er sich zu seinem Adjutanten Dr. Werner Magirius und stöhnt laut: »Mein schönes Peenemünde, mein schönes Peenemünde!«

Wernher von Brauns Sekretärin schrieb damals in ihr Tagebuch: »... Prüfstand I brennt völlig ab, auch Prüfstand V steht in Flammen. Überall explodieren noch Zeitbomben. Dachfirste brechen zusammen, Giebel stürzen ein. Ich bin beinahe in eine riesige Blutlache hineingelaufen, in der ein abgerissenes Bein in einem Stück Uniformhose lag... Der Professor (von Braun – Anm. d. Ü.) rief: ›Wir müssen die Geheimakten retten!‹ ... Unser Bürogebäude kann jeden Augenblick einstürzen. Brandbomben haben sich durch das Dach gefressen. Wir können es nur noch durch das Treppenhaus versuchen. Der Professor packt mich bei der Hand, und wir laufen vorsichtig hinauf. Überall knisternde Flammen. Wir tasten uns an den Wänden entlang und erreichen die zweite Etage... Ich trage Geheimpapiere nach unten, komme zurück, bringe weiteres Material in Sicherheit, bis ich nicht mehr kann. Oben wirft der Professor mit anderen Männern Möbel und Akten aus den Fenstern... Die Hitze ist erdrückend. Langsam wird es Tag. Ich kehre in den Bunker zurück. Wenigstens die Dokumente sind in Sicherheit.«

Die Taktik der Royal Air Force hatte sich als erfolgreich erwiesen. Als das Oberkommando der deutschen Luftwaffe endlich merkte, daß der Angriff auf Berlin nur ein Scheinmanöver gewesen war und den Nachtjägern den Befehl zum Auftanken und Abdrehen nach Peenemünde erteilte, hatten die meisten britischen Maschinen bereits ihre Bombenlast abgeworfen und den Rückflug angetreten. Ihre Nachhut wurde indessen noch von Messerschmitt-Jägern erreicht und verlor 40 Maschinen. Von den acht Mosquitos über Berlin war einer abgeschossen worden.

Die Verwüstungen in Peenemünde waren verheerend. 60 Prozent der Gebäude waren zerstört und 732 Menschen umgekommen. Aber nur zwei führende Wissenschaftler befanden sich darunter: Dr. Walter Thiel und Dr. Erich Walther. Die meisten Opfer waren polnische Zwangsarbeiter und russische Kriegsgefangene, die in einem Lager außerhalb des Versuchsgeländes wohnten und für den Straßenbau eingesetzt waren.

Labors und Montagehallen waren dem Erdboden gleichgemacht oder schwer beschädigt. Peenemünde war so schwer getroffen, daß Hitler selbst die Verlegung der gerade erst fertiggestellten Raketenproduktionsstätten anordnete und den Befehl gab, die Herstellung der V2-Wunderwaffe in unterirdischen Fabriken im Harz und in anderen Gegenden Deutschlands abseits der großen Städte fortzusetzen. Dadurch verzögerte sich das V2-Programm um fast ein Jahr. Als die Deutschen endlich soweit waren, daß die ersten Raketen nach England abgeschossen werden konnten, war bereits die Invasion der Alliierten in der Normandie erfolgt.

Großbritannien war zweifellos mit dem Luftangriff auf Peenemünde in jener Augustnacht des Jahres 1943 ein entscheidender Schlag gelungen, aber ihr eigentliches Ziel, von Braun und seine Leute, für immer auszuschalten, hatten die Engländer nicht erreicht. Man muß sich fragen, was aus der modernen Raketentechnik und der Raumfahrt geworden wäre, wenn sie Erfolg gehabt hätten. Wäre dann überhaupt eine V2 gebaut worden? Hätten die Russen ein Raumfahrtprogramm absolvieren können und die Amerikaner einen *Explorer*-Satelliten gestartet oder mit *Apollo* den Mond erreicht?

4. Kapitel
Wegen Mathe und Physik sitzengeblieben

Die Sehnsucht nach der Eroberung des Weltraums hat Wernher von Braun von seiner Mutter geerbt. Baronin Emmy von Braun, selbst eine ausgezeichnete Amateurastronomin, entstammte einem alten deutsch-schwedischen Adelsgeschlecht und war eine gebildete, kultivierte Frau, die sich für Literatur und Musik begeisterte und sich in einem halben Dutzend Sprachen unterhalten konnte. Sie verstand es, das Interesse des jungen Wernher zu wecken, ohne ihm Zwang aufzuerlegen. Zur Konfirmation bekam er von ihr anstelle der üblichen goldenen Uhr sein erstes Fernrohr. »So wurde ich Hobbyastronom und beschäftigte mich mit dem Weltall, was dann meine Neugier für das Fahrzeug wachsen ließ, das eines Tages einen Menschen auf den Mond bringen sollte«, berichtet von Braun.

Er war am 23. März 1912 in Wirsitz bei Bromberg in der Provinz Posen zur Welt gekommen. Nach dem Ersten Weltkrieg wurde diese alte preußische Provinz an Polen abgetreten. Sein Vater war damals Landrat. Baron Magnus von Braun war bekannt für seine Vorliebe für schnelle Entscheidungen und sein fundiertes Urteilsvermögen, vor allem in landwirtschaftlichen und Ernährungsproblemen. Für viele Jahre war er Präsident der Raiffeisenorganisation, des zweitgrößten Verbandes deutscher landwirtschaftlicher Genossenschaften. Er wurde später Reichslandwirtschaftsminister in einem Kabinett der Weimarer Republik und war einer der Gründer der deutschen Rentenbank. Im Jahre 1920 siedelte Magnus von Braun mit seiner Frau und seinen drei Söhnen – Sigismund, geboren 1911, Wernher und Magnus, geboren 1919 – nach Berlin über.

Wernhers erstes Raketenexperiment fand in einer Fußgänger- und Radfahrer-Allee im Tiergarten statt, einem Park, der sich an

Berlins elegantes Diplomatenviertel anschloß. In jenen Tagen war ganz Deutschland fasziniert von den Geschwindigkeitsrekorden von Max Valier und Fritz von Opel, zwei Draufgängern, die Rennwagen, schienengetragene Gestelle, Schlitten und Segelflugzeuge mit Raketen bestückten und damit experimentierten. Diese Triumphe regten den jungen Wernher an, einen eigenen unbemannten Raketenwagen zu bauen, was er für nicht allzu schwierig hielt, weil er schon ein großes, pedalgetriebenes Spielzeugauto besaß. Er nahm die Pedale und das Steuerrad heraus und blockierte die Steuerung in der Vorwärtsposition, sodann kaufte er sich sechs große Feuerwerksraketen, steckte sie in sein Auto und zündete sie auf jener stillen Park-Allee an.

»Ich war ganz außer mir«, erinnert sich von Braun. »Der Wagen lief, gefolgt von einem riesigen Kometenschweif, nach etwa hundert Metern geradem Lauf gegen die Bordschwelle, machte eine wilde Drehung, lief gegen die gegenüberliegende Schwelle und folgte für weitere vier Sekunden einem erratischen Kurs. Schließlich brannten die Raketen mit einem Donnerschlag aus und das Auto kam zum Stillstand. Das nächste, das ich sah, war ein Polizist, der mich sogleich in Gewahrsam nahm. Da glücklicherweise niemand verletzt worden war, wurde ich auf Fürsprache des Landwirtschaftsministers entlassen, und das war ja mein Vater.«

Dieser Zwischenfall hatte die Leidenschaft des jungen Wernher für Raketen nicht erschüttern können. Unter Assistenz seines älteren Bruders Sigismund wurde eine Reihe selbstgebauter Raketen gen Himmel geschossen. Vor einigen Jahren, als ein großes Familientreffen der von Brauns im Sommer in Oberaudorf in den bayerischen Alpen stattfand, betrachtete Claudia, Sigismunds Tochter, zuerst ihren Vater, seinerzeit noch Protokollchef im Bonner Auswärtigen Amt, und dann ihren Onkel, den »Raketenchef« der Amerikaner, und wollte wissen: »Vater, warum bist Du eigentlich nicht auch so berühmt wie Onkel Wernher?«

»Ich habe Dir das nie erzählt, Claudia«, antwortete er, »aber vor Jahren in Berlin steckten Dein Onkel und ich Feuerwerkskörper in Brand, die in einen Obststand flogen und eine Menge guter Äpfel ruinierten. Zur Strafe erhielten wir von Deinem Großvater zwei Tage Hausarrest. Am dritten Tag machte Wernher sich allein wieder ans Zündeln, und diesmal landete die Rakete in einer Bäckerei. Seither hat er viele Raketen abgeschossen. Ich hätte damals mitgehen sollen! Dann wäre ich vielleicht heute auch so berühmt.«

Für einen neugierigen Jungen von 13 Jahren mit Entdeckerflausen im Kopf gab es in Berlin viel zu untersuchen und zu erkunden, was meist nicht auf dem Stundenplan stand. Während er in den Sprachen auf der Schule gut war, besonders in Französisch, haperte es mit den anderen Fächern. Er ging auf das berühmte Französische Gymnasium, eine traditionsreiche Schule, die im Jahre 1689 von Friedrich I. für die Kinder der aus Frankreich geflüchteten Hugenotten gegründet worden war. Auch 1925 herrschten dort noch die alten Gepflogenheiten, und so übersetzte Wernher Cornelius Nepos und Caesars *De bello Gallico* nicht ins Deutsche, sondern ins Französische. Offensichtlich behagte ihm diese Art des Lernens nicht, denn seine Zeugnisse waren nicht immer eine Quelle der Freude für seine Eltern. Er war besonders schwach in Physik und ein geradezu hoffnungsloser Fall in Mathematik.

Mitten in einem wichtigen Schuljahr glaubte Wernher, er müsse unbedingt ein bequemeres Transportmittel als sein Fahrrad haben. Zusammen mit Beach Conger, einem Freund und Klassenkameraden aus der amerikanischen Stadt Grand Rapids in Michigan, fing er an, in der Garage seines Vaters ein Auto zu basteln. Aber ehe die beiden Jungkonstrukteure fertig waren, war von Braun wegen schlechter Leistungen in Mathematik und Physik sitzengeblieben. Baron Magnus von Braun sah sich am Ende seiner erzieherischen Weisheit und schickte seinen Sohn auf die Internatsschule Schloß Ettersburg bei Weimar. Dieses Institut gehörte zum Kreis der Hermann-Lietz-Oberrealschulen, die für ihre modernen pädagogischen Methoden und das enge Vertrauensverhältnis zwischen Lehrern und Schülern bekannt waren. In der Atmosphäre dieses Rokoko-Schlosses, in dem Goethe viele Wochen während der Arbeit an *Faust* und *Iphigenie* verbracht hatte, entwickelte Wernher sich zu einem passablen Schüler. Nach einem sechsstündigen Vormittagsunterricht verbrachten die Hermann-Lietz-Schüler den Nachmittag mit handwerklicher Betätigung wie Zimmern und Mauern oder Hilfe in der Landwirtschaft. Das kam der Autobastelei näher als das Übersetzen lateinischer Texte ins Französische, und Wernher fühlte sich wohl. Vor dem Zubettgehen durfte er sein kleines Teleskop eine Stunde lang oder auch zwei auf den Sternenhimmel richten.

1925 entdeckte er in einer astronomischen Zeitschrift eine Anzeige für ein Werk des Raketenforschers Hermann Oberth mit dem Titel *Wege zur Raumschiffahrt.* Er bestellte es sofort. Ohne Zögern entschied er sich für seine spätere Karriere. Wenn der Weltraum erobert werden sollte, wollte er dabei sein.

»Als das kostbare Buch dann kam, trug ich es auf mein Zimmer«, erzählt Wernher von Braun. »Ich schlug es auf und war entsetzt. Seitenweise mathematische Formeln! Für mich also böhmische Dörfer! Ich lief sofort zu meinem Mathematiklehrer und wollte wissen, wovon da die Rede war. Er riet mir, mich in Mathematik und Physik, meinen beiden schlechtesten Fächern, auf den Hosenboden zu setzen und zu pauken.«

Von Braun war zu allem entschlossen. Er büffelte diesen bisher so gehaßten Stoff wie verrückt, und langsam wurden seine Zensuren besser. 1928 wechselte er zur Hermann-Lietz-Schule auf der Nordseeinsel Spiekeroog über, und bald hatte er alle Klassenkameraden überflügelt – angespornt von den Darstellungen in Oberths Raumfahrtbuch. Sein altes Interesse an der Astronomie wurde auch durch den verlockenden Aspekt einer womöglich in gar nicht so weiter Ferne liegenden Reise ins All vertieft.

Das Fernrohr, das ihm die Mutter zur Konfirmation geschenkt hatte, reichte für seinen erweiterten Horizont, bildlich gesprochen und wörtlich genommen, nicht mehr aus. Deshalb beschloß er, ein richtiges Observatorium für die Schule zu errichten.

Man kann seine Leistung, den Direktor der Schule zum Kauf eines kostspieligen 12,69-cm-Refraktors zu überreden, als ersten Hinweis auf sein Talent für die spätere Beschaffung von Mitteln für seine umfangreichen wissenschaftlichen Experimente werten. Und bei der Zusammenstellung einer Gruppe von Klassenkameraden, die etwas vom Maurer- und Zimmermannshandwerk verstanden, um die Sternwarte selbst zu bauen, zeigte sich bereits sein Geschick als Teamleiter. Eines Tages erklärte ihm der Schulleiter, er könne sogar ein Jahr früher das Abitur machen, wenn er sich zutraue, die regulären Prüfungen zu bestehen. Wernher erwiderte, er wolle es zumindest versuchen. Bald darauf wurde der Mathematiklehrer der neuen Klasse krank und man beauftragte ihn mit dessen Vertretung. Er legte seinen Stolz darein, zu erreichen, daß keiner seiner Mitschüler wegen Mathematik sitzenblieb. Tagsüber erteilte er nun Mathematikunterricht, gab abends Nachhilfestunden und mußte sich in der Zwischenzeit auch selbst auf das Abitur vorbereiten.

Als dann schließlich ein externer Prüfer vom Festland kam, fiel trotz strenger Prüfungsaufgaben in Mathematik keiner durch. Wernher von Braun selbst bestand – erschöpfter als alle anderen – im Frühjahr 1930 mit Glanz und Gloria sein Abitur.

Der Achtzehnjährige immatrikulierte sich dann an der Technischen Hochschule in Berlin-Charlottenburg. Nach den strengen und praxis-orientierten Studienrichtlinien dieses Instituts mußte er sein erstes Semester 8 Stunden am Tag als Lehrling in einer großen Maschinenfabrik arbeiten. Er ging zu der Maschinenfabrik August Borsig in Berlin-Tegel, die sich neben anderen schweren Produkten auf Dampfturbinen für Großkraftwerke und auf Dampflokomotiven spezialisierte. Von Braun betrat die Fabrik mit großer Erwartung, aber sein erster Tag war eine riesige Enttäuschung. Er wurde in die Schlosserlehrlingswerkstatt gesteckt, wo ihm ein alter Vorarbeiter mit langem Schnauzbart ein kindskopfgroßes Stück Eisen in die Hand drückte. »Machen Sie daraus einen perfekten Würfel. Mit exakten rechten Winkeln, tadellosen, glatten Flächen und genau gleichen Seiten!« Der Alte gab von Braun eine Feile und deutete auf einen Schraubstock. »Hier ist Ihr Werkzeug!«

»Ich war wütend«, berichtet von Braun über dieses Erlebnis. »Warum sollte ich meine Zeit vergeuden mit dem Herumfeilen an einem Eisenblock? Ich wollte praktische Erfahrungen sammeln an den komplizierten Maschinen, die da herumstanden. Einige Tage später gab ich meinen Würfel ab. Ernst wie ein Pfarrer im Beichtstuhl maß der Vorarbeiter ihn nach. Ein paar Ecken waren abgebröckelt. ›Feilen Sie weiter!‹ befahl er. Voller Ungeduld machte ich weiter. Nach vierzehn Tagen legte ich meinen zweiten Versuch vor. Er maß wieder und sagte: ›Feilen Sie weiter!‹ Tag für Tag wurde mein Werkstück kleiner. Fünf Wochen vergingen. Meine Hände waren voller Schwielen. Aber ich war entschlossen, ihm einen Würfel vorzulegen, an dem er nichts aussetzen konnte. Endlich übergab ich ihm meinen letzten Versuch. Jetzt war der Würfel nur noch etwas größer als eine Walnuß. Er besah sich mein Werk über seine staubige Brille und maß noch einmal nach. Mein Herz klopfte. Sein Urteil bestand nur aus einem Wort: ›Gut!‹«

Nach dieser rauhen, aber nachhaltigen Einführung in die Geheimnisse der Metallverarbeitung verbrachte der Schlosserlehrling von Braun, inzwischen eingeschriebenes Mitglied der Metallarbeitergewerkschaft, einige Wochen an Drehbank und Fräsmaschine. Dann ging er für drei Monate in die Gießerei und die Gesellenschmiede. In den letzten Wochen seiner Lehrzeit arbeitete er noch in den Montagehallen für Dampfturbinen und Lokomotiven. Wernher von Braun versichert, daß ihm diese sechs Monate als Fabrikarbeiter mehr Einblick in die praktischen Probleme des Maschinenbaus vermittelt haben als jedes spätere Semester an der Hochschule.

Um diese Zeit – 1930 – widmeten die Zeitungen der Berichterstattung über Robert H. Goddards Projekt des Starts einer Stratosphärenrakete in seiner Heimat Amerika breiten Raum. Selbst aus Rußland kamen Studien und Daten über Raketenantriebe. In aller Welt unterhielten die Spezialisten auf diesem Gebiet freimütige Kontakte; jeder hatte die Möglichkeit der Realisierung eines Weltraumfluges vor Augen und war bereit, andere zu unterstützen, die Ähnliches vorhatten.

Die Götterdämmerung des Raumfahrtzeitalters hatte in den Köpfen der Theoretiker bereits um die Jahrhundertwende begonnen. Erste theoretische Funken sprangen in Form von Büchern mit Zukunftsvisionen über. Zum Beispiel hatte 1903 der russische Mathematiklehrer Konstantin E. Ziolkowski ein Buch mit dem Titel *Die Rakete in den kosmischen Raum* veröffentlicht. Er schlug darin die Verwendung von flüssigen Treibstoffen, einschließlich flüssigem Wasserstoff, anstelle der herkömmlichen Feststoffe wie Pulver vor, um der Rakete mehr Antriebskraft zu geben.

Robert H. Goddard, der amerikanische Physikprofessor, nahm 1909 seine Forschungsarbeit auf dem Raketensektor auf. Die Ergebnisse seiner Arbeit veröffentlichte er 1919 unter dem Titel: *Ein Verfahren zur Erreichung extremer Höhen.*

Ein Großteil der Raketenforschung begann sich jedoch bereits in Deutschland zu konzentrieren. Um 1900 hatte der Feuerwerksfabrikant Müller mit Pulverraketen Höhen von über 1 500 Meter erreicht. Zwischen 1904 und 1908 gelang es einem anderen Deutschen, Alfred Maul, Fotoapparate mit Hilfe von Feststoffraketen auf große Höhen zu bringen und am Fallschirm zu landen.

Trotz des wachsenden Interesses spielten Raketen im Ersten Weltkrieg keine große Rolle. Dieser Krieg war hauptsächlich ein Stellungskrieg, der eine massierte und möglichst präzise Artilleriewaffe erforderte. Raketen waren zur damaligen Zeit noch eine relativ ungenaue und unzuverlässige Sache. Immerhin – das Eis war gebrochen. 1915 hatten die englischen Jagdflugzeuge für den Abschuß von Zeppelinen Feststoffraketen an Bord. Die Franzosen rüsteten ihre *Farman-* und *Newport*-Jäger mit Pulverraketen aus.

Von 1914–18 entwickelte die deutsche Firma Siemens unbemannte Raketen (kleine ferngelenkte Geschosse – sogenannte Drohnen-Flugzeuge – und Lufttorpedos). Zum Beispiel führte der Zeppelin L-35, der am 25. Januar 1918 von den Engländern abgeschossen wurde, ein eine Tonne schweres Torpedo-Gleitflugzeug mit.

In Amerika arbeitete Goddard an einer Infanterierakete, die der späteren *Bazooka* ähnelte, die im Zweiten Weltkrieg zu einer schultergefeuerten Waffe entwickelt und mit großem Erfolg eingesetzt wurde. Das Kriegsende 1918 setzte Goddards Arbeit auf dem Gebiet der Feststoffraketen ein Ende.

Nach dem Ersten Weltkrieg entzündete sich das Interesse an Raketen wieder von neuem. Am meisten wohl in Deutschland, wo Ingenieure und Wissenschaftler endlich eine praktische Methode zur Verwirklichung des Raumfluges sahen. Das wahrscheinlich einflußreichste Werk war wohl das Buch von Professor Hermann Oberth *Die Rakete zu den Planetenräumen,* das sich mit theoretischen Grundlagen und Analysen ebenso beschäftigte wie mit Methoden und praktischen Vorschlägen. Oberth, oft als »Vater der Rakete« bezeichnet, veröffentlichte seine Arbeit im Jahr 1923. Das Buch war sofort ein großer Erfolg bei den begeisterten und erfindungsreichen Deutschen. Bis 1929 experimentierten nicht nur Oberth, sondern auch Leute wie Valier, Winkler und von Opel.

Ein regelrechtes Raketenfieber breitete sich aus. 1928 brachte der Ingenieur Max Valier unter dem Titel *Vorstoß in den Weltraum* eine populärwissenschaftliche Schrift über den Raketenantrieb heraus und unternahm im darauffolgenden Winter seine ersten Versuche mit raketengetriebenen Schlitten und Automobilen. Damit erregte er großes Interesse in der Öffentlichkeit, und jedermann erhielt eine Ahnung von den Geschwindigkeiten, die sich mit Raketen erreichen ließen. Valier sah auch schon Raketenflugzeuge und Raumschiffe voraus und beschrieb ihre Konstruktion. Fritz von Opel baute seinen Raketenrennwagen *Opel-Sander-Rak I,* der am 12. April

1928 eine Geschwindigkeit von fast 100 Kilometern in der Stunde erreichte. Später brachte es ein verbessertes Modell, das von 24 massiven Raketen angetrieben wurde, auf 230 km/h. (Rund 25 Jahre später unternahm der amerikanische Oberst Stapp eine Fahrt in einem ähnlichen Fahrzeug und erzielte in einem raketengetriebenen Schlitten die Rekordgeschwindigkeit von 1011 Kilometer pro Stunde.) Ungefähr 1929 begannen deutsche Forscher, Flüssigkeitsraketentriebwerke zu bauen und zu testen. Johannes Winkler versuchte beispielsweise mehrmals – allerdings ohne Erfolg –, eine kleine Flüssigkeitsrakete von der Greifswalder Oie aus abzuschießen, die mit einem Sauerstoff-Methan-Gemisch angetrieben wurde. Fast ein Jahrzehnt später wurde diese Insel in der Ostsee Schauplatz der ersten Experimente Wernher von Brauns.

Eine andere Pioniertat folgte: der erste bemannte Raketenflug. 1928 steuerte der Pilot Friedrich Stamer ein Segelflugzeug fast anderthalb Kilometer weit, das mit Feststoffraketen angetrieben wurde. Das war der bescheidene Anfang einer Reihe von Versuchen, den Raketenantrieb für Flugzeuge zu verwenden. 1939 unternahm Erich Warsitz, ein enger Freund Wernher von Brauns, verschiedene erfolgreiche Probeflüge mit einem propellergetriebenen Jagdflugzeug, der Heinkel 112, in das von Brauns Team ein zusätzliches Flüssigkeitsraketentriebwerk eingebaut hatte, und mit einer He 176, die für 1939 ein absolut revolutionärer Entwurf war und ausschließlich ein Raketentriebwerk hatte. Im Zweiten Weltkrieg war die deutsche Me 163 das erste operationell eingesetzte Jagdflugzeug mit Raketenantrieb.

Im Frühjahr 1930 hatte von Braun das Glück, durch die Vermittlung eines Freundes, Willy Ley, der selbst ein Raketenenthusiast war und am Anfang seiner erfolgreichen Laufbahn als Raumfahrtjournalist stand, Professor Oberth kennenzulernen. Von Braun fragte den Gelehrten: »Ich bin zwar noch im ersten Semester an der TH und kann Ihnen außer meiner bescheidenen Freizeit und meiner Begeisterung nicht viel bieten, aber vielleicht gibt es doch eine Möglichkeit der Mitarbeit?«

»Kommen Sie nur!« war die Antwort. Oberth bereitete gerade eine Ausstellung in dem Berliner KdW-Warenhaus vor, und nun half von Braun ihm in seiner Freizeit dabei und betreute die Ausstellung dann auch; er beantwortete Fragen aus dem Publikum mit wortreichen Versprechungen, daß ein Flug zum Mond schon in naher Zukunft möglich sei. Von Braun fühlte sich bereits als Weltraumexperte.

Als Oberth dann auf dem Versuchsgelände der Chemisch-Technischen-Reichsanstalt in Plötzensee experimentieren durfte, wurde von Braun einer seiner Assistenten. Der Professor wollte beweisen, daß flüssige Treibstoffe zum Raketenantrieb sehr viel effektiver waren als Pulver. Außer von Braun zählten Rudolf Nebel und Klaus Riedel zu den Assistenten. Sie alle waren Mitglieder eines neugegründeten *Vereins für Raumschiffahrt.*

Oberth wollte eine Kegeldüse aus Stahl – einen konischen Flüssigkeitsraketenmotor – erproben. Die Apparaturen waren denkbar einfach. Sie bestanden zur Hauptsache aus einer Gemüsehändlerwaage, auf der ein Eimer Wasser stand, aus dessen Wasserspiegel der Schlund einer Düse von etwa 5 cm Durchmesser senkrecht herausragte. Ein doppelwandiges Bewahrgefäß (im wesentlichen eine große Thermosflasche) für den flüssigen Stickstoff, ein Stahlzylinder mit komprimiertem Stickstoff, der einen Druckregler besaß, ein Benzintank und Kupferleitungen, die Tank und Sauerstoffflasche mit dem Motor verbanden, vervollständigten die Versuchsanordnung. Riedel übernahm die nicht ungefährliche Aufgabe, die kleine Kegeldüse im gefüllten Wassereimer zu zünden. Man hatte einen Schutzschild in einiger Entfernung von der Schubwaage aufgestellt, und der Zweizentnermann Riedel mußte das Kunststück fertigbringen, einen brennenden benzingetränkten Lappen über die fauchende Kegeldüse zu werfen und in Deckung zu gehen, bevor der Motor mit ohrenbetäubendem Knall ansprang. Oberth überwachte die Vorgänge mit zusammengepreßten Lippen und professoraler Würde, und sparte nicht mit sarkastischen Bemerkungen, die durch sein hartes Siebenbürger Deutsch noch besser saßen.

Im Sommer 1930 wurden seine Mühen endlich belohnt. Nach weiteren Prüfstandtests konnte er sich vom Leiter der Reichsanstalt, Dr. Ritter, bescheinigen lassen, daß die Kegeldüse über 90 Sekunden bei einer Verbrennung von 4,9 kg flüssigem Sauerstoff und Benzin einen Schub von 7,0 Kilogramm produziert hatte. Die erfolgreiche Vorführung eines Flüssigkeitsraketenmotors in Deutschland hatte zur Folge, daß er offizielle Anerkennung fand und nun neben den bekannten Verbrennungsmotoren seinen Platz einnahm.

Finanzielle Erwägungen veranlaßten Oberth kurz nach dieser guten Nachricht zu seinem Lehrstuhl nach Siebenbürgen zurückzukehren. Doch die Besessenheit für die Raumfahrtsidee ließ seine Schüler nicht mehr los. Rudolf Nebel, der älteste der drei Assistenten, machte sich zum Sprecher. Im Spätsommer 1930 ging er auf die Suche nach einem ständigen Raketenprüfgelände, auf dem die jungen Leute ihre Arbeit in größerer Ruhe fortsetzen konnten als auf dem Gelände der Reichsanstalt, wo man sie doch eher als lästige Gäste betrachtete. Er fand schließlich einen unbenutzten alten Schießplatz in Berlin-Reinickendorf, und es gelang ihm, die Stadtverwaltung zu überreden, ihm das Terrain gratis auf unbestimmte Zeit zu überlassen. Es war ein Grundstück von rund 120 Hektar Größe in verwahrlostem Zustand, auf dem noch mehrere Gebäude, Schuppen und Bunker standen. Die Raketenforscher richteten sich in einem Schuppen ein und begannen im September 1930 mit der Arbeit. Draußen hatten sie ein imposantes Schild angebracht, auf dem man lesen konnte, dies sei der *Raketenflugplatz Berlin*. Ihre finanziellen Mittel waren fast gleich Null, aber die Begeisterung der »Himmelsstürmer« machte alles wett.

Einen Beweis seiner Überredungskunst lieferte Nebel, als er einen Direktor von Siemens & Halske dazu bewegen konnte, ihnen eine größere Menge Schweißdraht zu überlassen – einfach dadurch, daß er ihm eloquent unmittelbar bevorstehende Raumflüge schilderte. Die jungen Bastler konnten soviel Schweißdraht gar nicht gebrauchen, aber sie tauschten ihn in einer Klempnerei gegen die Arbeit eines dringend benötigten Aluminium-Spezialschweißers ein.

Ansonsten profitierten sie von der großen Wirtschaftsflaute. Denn viele arbeitslose Handwerker, ob Elektriker, Blechstanzer oder Mechaniker, waren glücklich, in einem der alten Schuppen auf dem Raketenflugplatz umsonst wohnen zu können und stellten dafür gratis ihre Kenntnisse und Arbeitskraft zur Verfügung. Bald hatten sie etwa fünfzehn Mann zusammen, die in den notdürftig ausgebesserten Gebäuden hausten und mit Eifer an ihre Aufgaben gingen. Werkzeuge, Maschinen, Rohmaterial und die Büroeinrichtung zauberte Nebel mit einem Werbefeldzug herbei. Meist wußte er genau, wer was entbehren konnte und obendrein noch für die Raumfahrt zu begeistern war. Diese Beschaffungstechnik ging so weit, daß Nebel es sich zum Prinzip machte, nie etwas zu kaufen, auch wenn Geld dafür vorhanden war. Da sie ihre eigenen Mitarbeiter nicht bezahlen konnten, sorgten sie für deren unentgeltliche Verköstigung aus einer Suppenküche in der Nachbarschaft, die von einigen wohltätigen Damen betrieben wurde. Nebel besaß ein Auto, und tatsächlich war der Mineralökonzern Royal Dutch Shell so freigebig, das nötige Benzin und Öl zur Verfügung zu stellen, nachdem Nebel glaubhaft versichert hatte, der Raketenbau werde die Nachfrage nach ihren Produkten ganz wesentlich steigern.

Wernher von Braun sagt von dieser Zeit: »Wenn ich zurückblicke, dann gibt es keinen Zweifel daran, daß unser Unternehmen weitgehend auf Optimismus und Wunschdenken begründet war. Trotzdem machten wir spürbare Fortschritte bei der Konstruktion von Raketenmotoren. Doch unser erster Raketenabschuß stand noch aus. Und ohne Freiflüge konnten wir kaum hoffen, mit unserem prätentiösen Raketenflugplatz wirtschaftlich über die Runden zu kommen.«

Aus diesem Grund entwarf Klaus Riedel in aller Eile einen Flugkörper, den Nebel die *Minimumrakete* nannte, eine Bezeichnung, die er mit *Mirak* abkürzte, wobei er scherzhaft meinte, diese Abkürzung könne auch für »Minimumeinsatz mit Mirakeleffekt« stehen. Mehrere Monate brauchte das Team, um ein flugtaugliches Triebwerk herzustellen. Riedel hatte ein Ventil- und Zündungssystem entwickelt, das die Öffnung der Benzin- und Sauerstoffzufuhr für die Brennkammer aus sicherer Entfernung erlaubte. Die *Mirak I* war so konstruiert, daß der Kopf als Sauerstoffbehälter diente und die Kegeldüse den Raketenboden bildete. Das lag weniger am festen Glauben an die Wirksamkeit dieser Anordnung als vielmehr an der Notwendigkeit, das Material zu verwenden, das Nebel gerade aufgetrieben hatte. Nichtsdestoweniger diskutierten die Fachzeitschriften später ausführlich den Einfluß des Frontalantriebs auf die Flugstabilität von Raketen, denn sie gingen davon aus, daß diese Konstruktion das Ergebnis langer Versuche und raffinierter Überlegungen sein müsse. In Wirklichkeit hatte Nebel eine ganze Wagenladung Aluminiumrohre »erworben«, natürlich kostenlos wie üblich, deren Durchmesser es erforderlich machte, daß die Behälter für flüssigen Sauerstoff und Benzin an Zufuhrleitungen unterhalb der Verbrennungskammer anzuordnen waren.

5. Kapitel
Max und Moritz
kommen doch in den Himmel

Im Sommer 1931 verließ Wernher von Braun Berlin und den Raketenflugplatz für einige Zeit, um an der Eidgenössischen Technischen Hochschule in Zürich seine Studien fortzusetzen. Dort lernte er Constantine D. Generales, einen Medizinstudenten aus Amerika, kennen, der ein Freund fürs Leben werden sollte. Als Wernher, der Raketenbastler, ihm von den hohen Beschleunigungen erzählte, die künftige Raumfahrer ertragen müßten, meinte »Ntino«, man könnte doch einen Tierversuch in der Zentrifuge unternehmen. Daraufhin bereiteten die beiden Studenten den wahrscheinlich ersten raumfahrtmedizinischen Versuch der Geschichte vor. Die Nabe des Hinterrades von Wernhers Fahrrad wurde waagerecht an einen Tisch geschraubt und die Treibkette mit dem großen Pedalrad verbunden, so daß die Nabe und das Rad mit einer Handkurbel auf relativ hohe Geschwindigkeit gebracht werden konnte. Auf der Außenseite der Felge war eine halbe Konservendose angebracht, in die das Versuchstier, eine weiße Maus, angeschnallt wurde. Wernher, der Ingenieur, brachte das Rad auf eine hohe Umdrehungszahl, die gemessen wurde. Ntino, der Arzt, tötete sodann die Maus mit einer Injektion und sezierte sie, um physiologische Veränderungen festzustellen. Auf diese Weise ermittelte Generales 1931, daß Gehirnblutungen unter den Todesursachen vorherrschten, die durch die hohe Beschleunigung bewirkt wurden. Zwanzig Jahre später wurde diese Entdeckung durch luftfahrtmedizinische Untersuchungen der US-Air Force bestätigt. Wer weiß, welche anderen Entdeckungen die jungen Forscher noch gemacht hätten, wäre nicht die Hauswirtin von Brauns mit der Drohung einer fristlosen Kündigung dazwischengetreten. Sie hatte nämlich auch eine Entdeckung gemacht: Ein verräterischer Ring von Mäuseblutspritzern bedeckte die frisch tapezierten Wände.

Im Oktober 1931 kam von Braun gerade noch rechtzeitig zur ersten öffentlichen Vorführung der *Mirak I* nach Berlin zurück. Nebel hatte ein paar wichtige einheimische Industrielle überredet, dem Start beizuwohnen und von jedem die bescheidene Summe von einer Mark Eintrittsgeld kassiert. Wegen defekter Druckregler an den Treibstofftanks reichte der Schub nicht aus, um die etwa 2 Meter lange *Mirak I* auf mehr als die halbe Höhe der Startschienen zu heben. Nachdem der Treibstoff verbraucht war, sank die Rakete zum verständlichen Mißvergnügen ihrer Hersteller friedlich in ihre Ausgangsposition zurück. Obwohl die Zuschauer mit einigen Zweifeln an der Rechtfertigung des Eintrittspreises wieder gingen, war der unermüdliche Nebel nicht im mindesten entmutigt, und nach ein paar Wochen waren störungsfreie Raketenabschüsse an der Tagesordnung.

Es folgte die *Mirak II,* etwa 3 Meter lang, bei der der wassergekühlte Raketenmotor die im Tandem angeordneten Benzin- und Flüssigsauerstofftanks zog. Nach einigen Fehlversuchen stieg Mirak II regelmäßig aus ihren Startschienen auf 300 bis 360 Meter Höhe. Dann löste sich aus ihrem Heck ein kleiner Fallschirm, der den Abstieg so stark verlangsamte, daß Klaus Riedel manchmal die voraussichtliche Aufschlagstelle erreichen und rechtzeitig aus dem Auto springen konnte, um die herunterkommende Rakete aufzufangen und ihre Beschädigung zu verhüten. In solchen Fällen konnte die *Mirak* gleich nach dem Auffüllen der Tanks erneut abgeschossen werden.

Im Frühjahr 1932 machte von Braun sein Staatsexamen als Luftfahrtingenieur an der TH Berlin-Charlottenburg. Doch inzwischen hatte er eingesehen, daß zur Eroberung des Weltraums mehr nötig war als die Kenntnis gewöhnlicher technischer Zusammenhänge. Um alle Aspekte der Kunst, der er sein Leben verschrieben hatte, zu begreifen, mußte er noch viel mehr von der Physik, der Chemie und Astronomie wissen. Daher beschloß er im Sommer 1932, sich an der Universität Berlin einzuschreiben, an deren naturwissenschaftlicher Fakultät damals die berühmten Physiker und Nobelpreisträger Walter Nernst, Max von Laue und Erwin Schrödinger lehrten. Prof. Dr.-Ing. Karl Becker, Inhaber des Lehrstuhls für Ballistik und gleichzeitig Chef für Forschung und Entwicklung im Heereswaffenamt, arrangierte ein bescheidenes Forschungsstipendium, mit dessen Hilfe es von Braun möglich wurde, den experimentellen Teil seiner Doktorarbeit auf dem Schießplatz zu finanzieren. Prof. Dr. Erich Schumann, Beckers Forschungschef, wurde sein »Doktorvater«.

1934 promovierte der 22jährige Jungwissenschaftler in Berlin zum Doktor der Physik. Seine Dissertation beschäftigte sich mit den vielfältigen theoretischen und experimentellen Problemen des Verbrennungsprozesses in einer Flüssigkeitsrakete, erhielt aber aus Gründen der militärischen Geheimhaltung den nichtssagenden Titel: »Über Verbrennungsversuche«. Die Fakultät gab dieser Doktorarbeit das höchste akademische Lob – *eximium* –, aber erst nach 1945, als die militärischen Geheimhaltungsbestimmungen weggefallen waren, wurde sie gedruckt und veröffentlicht. Die Arbeit vermittelt ein plastisches Bild der Probleme, mit denen der junge von Braun zu kämpfen hatte, als er versuchte, die Mechanik und die komplizierten Vorgänge in einem Raketentriebwerk zu analysieren und zu messen: Einspritzdüsen, Brennraumform, Kühlung, lokale Gaszusammensetzung, Auspuffdüsen. Über dreißig Jahre später entschloß sich die Deutsche Gesellschaft für Raketentechnik und Raumfahrt, diese grundlegende Dissertation als Sondernummer ihres offiziellen Organs herauszubringen, um sie Raketenfachleuten in aller Welt zugänglich zu machen. Wernher von Braun hat mein Exemplar des 48seitigen Nachdrucks eigenhändig signiert, und ich bin sehr stolz auf dieses unschätzbare Dokument.

Feststoffraketen waren seit Jahrhunderten bekannt, aber Flüssigkeitsraketen waren relativ neu. Wegbereitende Theoretiker wie Ziolkowski und Oberth hatten auf die Bedeutung flüssiger Treibstoffe für stärkere Leistung hingewiesen, und der Zweck der Versuche auf dem Raketenflugplatz Berlin war es, diese Ideen in die Praxis umzusetzen. Flüssiger Sauerstoff als Oxydator und Benzin oder eine Mischung aus Alkohol und Wasser als Brennstoff waren die Flüssigtreibstoffe jener Zeit. Und in der Tat finden ähnliche Gemische noch heute Verwendung zum Antrieb der riesigen IRBM- und ICBM-Fernraketen. Die Arbeit auf den kleinen Prüfständen der damaligen Zeit erbrachte, obwohl meist nur kleine Raketen mit einer Schubkraft von wenigen Kilogramm erprobt wurden, weitgehende Aufschlüsse über Fragen der Zündung, des Treibstoffgemischs, der Kühlung und der Kontrolle der Brennkammer; oft wurden neue Probleme aufgeworfen. Wie konnte eine solche Maschine mit den dazugehörigen Treibstofftanks am besten zusammengebaut werden, um zum Flugobjekt zu werden? All diese Fragen wurden nach und nach durch praktisches Experimentieren beantwortet, das immer wieder mit Fehlschlägen und Enttäuschungen verbunden war.

Die Entwicklung der Pulverrakete ging weiter, wenn auch in langsamerem Tempo. Der Raketenpionier Reinhold Tiling baute Feststoffraketen, mit denen er im Jahre 1931 Höhen von über drei Kilometer erreichte. Zwei Jahre darauf erzielte Gerhard Zucker Reichweiten von vier Kilometer und Höhen von zweieinhalb Kilometer mit den von ihm konstruierten Pulverraketen. Obwohl diese Ergebnisse erstaunlich waren, war die Technologie der Festtreibstoffe noch nicht in ein Stadium getreten, in dem sie praktische Anregungen für Verbesserungen und Vergrößerungen der Flugkörper vermitteln konnte.

Im Frühjahr 1932 machte Nebel mit seinem nimmerruhenden kaufmännischen Talent einige Angehörige des Heereswaffenamtes auf den Raketenflugplatz aufmerksam. Raketen boten den Zugang zu einer Langstreckenwaffe, die nicht durch den Versailler Vertrag verboten war, weil seine Urheber bei seiner Abfassung nicht an die Entwicklung von Raketen gedacht hatten. Daher war es nicht weiter verwunderlich, daß eines Tages drei unverdächtige Zivilisten, die sich als Mitarbeiter einer anderen interessierten Versuchsgruppe registrierten, die in Wirklichkeit aber vom Heereswaffenamt kamen und später wichtige Rollen bei der Weiterentwicklung der Flüssigkeitsraketen spielen sollten. Es waren Oberst Professor Karl Becker, Chef der Abteilung für Ballistik und Munition, Major von Horstig, sein Munitionsexperte und Hauptmann Dr. Walter Dornberger, verantwortlich für Pulverraketenentwicklung für das Heer. Dornberger zufolge hatte das Heereswaffenamt ein klares Ziel: Eine Flüssigkeitsrakete sollte entwickelt und zur industriellen Serienreife gebracht werden unter der Voraussetzung, daß eine solche Rakete eine größere Reichweite als ein Geschütz hatte. Heute noch einmal dieselben Spezifikationen festzulegen, würde, wie Dornberger einmal witzig bemerkte, mindestens ein Militärhandbuch von 500 Seiten Umfang nötig machen.

Die unaufdringlichen, aber sachkundigen Besucher hatten keinerlei Interesse daran, die *Mirak I* im Fluge zu sehen. Sie konzentrierten sich auf die Schubmessungen bei stationärer Verbrennung und die kümmerlichen Diagramme und Daten, die ihnen die jungen Raketenfachleute vorlegen konnten. An der noch unerprobten *Mirak II* (einer vergrößerten Version der *Mirak I*) waren die Herren indessen einigermaßen interessiert. Und als Nebel mit ihnen eine Vereinbarung unterzeichnete, die den jungen Männern im Falle eines erfolgreichen Abschusses der *Mirak II* auf dem Schießplatz Kummersdorf 1000 Mark einbringen sollte, waren sie sehr zufrieden.

Früh an einem schönen Sommermorgen des Jahres 1932 beluden dann Riedel, Nebel, von Braun und ihre Leute zwei verfügbare Autos und fuhren nach dem 100 Kilometer südlich von Berlin gelegenen Kummersdorf. Als die Uhr fünf schlug, trafen die beiden Wagen mit der silbern gestrichenen *Mirak II,* einem Startgerüst, Behältern mit flüssigem Sauerstoff und Benzin sowie Werkzeugen am vereinbarten Treffpunkt in den Wäldern südlich Berlins mit Dornberger zusammen. Dieser führte dann die Gäste zu einer abgelegenen Stelle des Artillerieschießplatzes, wo eine eindrucksvolle Sammlung von Fototheodoliten, ballistischen Kameras und Zeitschreibern aufgebaut war – Instrumente, von deren Existenz von Braun bisher nichts geahnt hatte. Gegen zwei Uhr nachmittags war die Abschußrampe aufgebaut und die Rakete betankt. Als das Zeichen gegeben wurde, stieg die *Mirak II* gute 70 Meter hoch. Hier war die Flugbahn schon fast waagerecht, und die Rakete schlug in zwei oder drei Kilometer Entfernung auf, bevor sich der Fallschirm öffnen konnte.

Die Rüstungsexperten stellten fest, die *Mirak II* sei offenbar noch zu unberechenbar, um ihren Anforderungen zu genügen. Diesmal nützte auch Nebels unverwüstlicher Optimismus nichts, um sie zum Weitermachen zu überreden. Wiederholte Besuche beim Heereswaffenamt änderten nichts an dieser Haltung. Nebel klagte immer wieder darüber, daß die zuständigen Leute es ablehnten, den Wert eines neuen und revolutionären Antriebsmittels anzuerkennen, bevor es nicht mit konkreten Daten über Lenkmethoden, Flugbahnen, Treibstoffverbrauch und dergleichen vorgeführt wurde. Mit dem Mut der Verzweiflung entschloß sich dann Wernher von Braun zum Gang in die Höhle des Löwen. Bewaffnet mit den vorliegenden kärglichen wissenschaftlichen Unterlagen bat er um eine Unterredung bei Oberst Becker. Dieser machte auf ihn keineswegs den Eindruck eines Menschenfressers, als den ihn Nebel immer geschildert hatte. Trotz seiner Uniform fand er ihn aufgeschlossen, warmherzig und durch und durch Wissenschaftler.

»Wir sind sehr an Raketen interessiert«, sagte er, »aber Sie gehen falsch vor bei ihrer Entwicklung. Für unsere Zwecke machen Sie zuviel Theater von der Sache. Sie sollten sich auf die wissenschaftliche Forschung konzentrieren statt Spielzeugraketen abzufeuern!«

Von Braun antwortete darauf, er würde gern die erforderlichen Informationen liefern, wenn er die dazu notwendigen Meßgeräte hätte. Daß das »Schaugeschäft« wichtig sei, um ihre chronische Finanzmisere zu beheben, versuchte er dem Oberst eindringlich zu schildern. Becker seinerseits zögerte nicht, dem jungen Mann klarzumachen, wie unvereinbar das Rühren der Werbetrommel mit der Entwicklung einer Langstreckenwaffe im Deutschland von 1932 war. Schließlich sagte er von Braun eine namhafte finanzielle Unterstützung zu, falls dieser und seine Kameraden bereit wären, in Zukunft ihre Arbeit in der durch die Mauern einer militärischen Enklave gesicherten Abgeschiedenheit weiterzuführen. In Reinickendorf dürfe es keine militärischen Raketen geben.

Als von Braun mit dieser Neuigkeit zum Raketenflugplatz zurückkam, war Nebel, der Kampfflieger im Ersten Weltkrieg gewesen war, alles andere als begeistert darüber, sich von neuem den strengen Regeln militärischer Disziplin zu unterwerfen. Seine eingefleischte Furcht vor »Ignoranten in Uniform, die die freie Entwicklung unseres Geisteskindes behindern würden«, war Anlaß zu langen und heftigen Auseinandersetzungen innerhalb der Gruppe. Klaus Riedel war auch nicht darauf erpicht, das einschränkende Angebot der Reichswehr mit offenen Armen willkommen zu heißen. Nach seiner Überzeugung konnte privater Unternehmungsgeist mit der Raumfahrt als Ziel die erforderlichen Mittel für eine so wertvolle Sache aufbringen. Wie er es sich im einzelnen vorstellte, die Kluft von der kleinen spuckenden Rakete bis zu einem großen bemannten Raumschiff zu überbrücken, war den anderen nicht ganz klar und ihm selbst wahrscheinlich auch nicht. Er muß aber sehr wohl gewußt haben, daß wahrhaft ungeheure Ausgaben nötig waren.

Von Braun erkannte klar, daß die spielzeugähnliche *Mirak II* weit von einer richtigen Flüssigkeitsrakete entfernt war. Probleme wie Kreiselsteuerung, Strahlruder, Hilfsantriebe, Abschaltregelung, Speisepumpen und Magnetventile gingen ihm im Kopf herum. Er sah ein, daß Reinickendorf selbst für die Vorarbeiten des großen Versuchsprogrammes, das dem Erfolg vorangehen mußte, nicht der geeignete Ort war. Ihm schienen unter den gegebenen Umständen die Mittel und Einrichtungen des Heeres der einzige praktische Zugang zur Verwirklichung der Raumfahrt zu sein.

Es muß vielleicht an dieser Stelle gesagt werden, daß damals keiner der jungen Forscher vom Raketenflugplatz an die Verwüstungen dachte, die Raketen schließlich als Kriegswaffen anrichten sollten. Es ist auch völlig aus der Luft gegriffen, zu behaupten, die Nationalsozialisten hätten den Raketenflugplatz gekauft. Hitler war zu diesem Zeitpunkt noch nicht an der Macht, und für die meisten der Raketenenthusiasten war er noch ein politischer Phantast mit einem Charlie-Chaplin-Bärtchen. Sie waren in der gleichen Situation wie seinerzeit die Pioniere der Luftfahrt, denn auch das Flugzeug konnte erst wegen seines militärischen Wertes mit der entsprechenden finanziellen und technischen Unterstützung entwickelt werden. Nach verständlichem Widerstreben gaben sie schließlich zu, daß sie Oberst Beckers Offerte nicht völlig zurückweisen konnten. Nebel und Riedel gaben nur zögernd ihr Einverständnis, daß von Braun das Forschungsangebot des Heereswaffenamtes akzeptierte und damit Mitglied der Raketenabteilung des Heeres wurde. Sie setzten auf die Möglichkeit seiner Unterstützung aus dieser neuen sicheren Stellung heraus, besonders für den Fall einer Schließung des Raketenflugplatzes wegen finanzieller Schwierigkeiten.

Am 1. November 1932 sah sich Wernher von Braun dann als Zivilangestellter der Reichswehr, wo man ihm, dem gerade Zwanzigjährigen, die Leitung der neueingerichteten Heeresversuchsstelle für Flüssigkeitsraketen übertrug. Er blieb aber nebenher an der Universität immatrikuliert. Sein Labor war die eine Hälfte einer ausgemauerten Grube mit schrägem Dach. Die andere Hälfte diente als Labor für die Pulverraketenentwicklung. Sein Personal bestand aus einem einzigen Mechaniker, Heinrich Grünow, und seine Arbeitsaufträge blieben in einer Artilleriewerkstatt hängen, die mit Arbeiten von größerer Dringlichkeit überhäuft war. Die Materialanforderungen schmorten eine Ewigkeit auf den Schreibtischen von Bürokraten in einem abgelegenen Olymp auf dem riesigen Kummersdorfer Versuchsgelände. So war dann erst im Januar 1933 der erste kleine wassergekühlte Motor für Standversuche fertig. Zum Erstaunen der Vorgesetzten entwickelte dieser beim ersten Versuch einen Schub von 140 Kilogramm für die Dauer von 60 Sekunden. Dann fingen aber die Schwierigkeiten an: Zündexplosionen, eingefrorene Ventile, Feuer in Kabelschächten und zahlreiche andere Störungen traten auf, und von Braun hatte alle Hände voll zu tun, sie zu beheben.

In diesem Augenblick war Nebels nachdrücklich vertretene Ansicht, daß moderne Erfindungen hauptsächlich auf der Kombination von Wissen und fabrizierten Bauteilen beruhten, seine Rettung. Da das Heer für die Kosten aufkam, konnte er Schweißexperten, Ventilfabrikanten, Instrumentenbauer und Pyrotechniker anfordern. Unter ihrer Mitarbeit wurde ein regenerationsgekühlter Motor mit Flüssigsauerstoff und Alkohol als Brennstoff, der 300 Kilogramm Schub besaß, im Stand getestet und für den Flug in der A1-Rakete fertig gemacht, deren Bau sechs Monate gedauert hatte. Eine halbe Sekunde nach der Zündung zerbarst sie in tausend Stücke. Spätzündung hatte ein Explosivgemisch zur Detonation gebracht, das sich in der Brennkammer angesammelt hatte. Eine zweite A1 mit verbesserter Zündung wäre vielleicht gut geflogen, aber eine Reihe anderer Faktoren machten eine Neukonstruktion nötig. Bei dieser Version, der A2, war das große Schwungrad, das bei der A1 im Bug untergebracht war, zwischen die Brennstofftanks verlegt worden, fast an den Schwerpunkt. Die rohe Kraft dieses Kreisels sollte die Stabilisierung bewirken, da er keine Flügel oder Ruder durch Hilfsmechanismen in Betrieb setzte. Erst im Dezember 1934 war ein Zwillingsraketenpaar vom Typ A2, *Max* und *Moritz* genannt, für den Start auf der Nordseeinsel Borkum bereit. Beide Raketen erreichten kurz vor Weihnachten Höhen von etwa zwei Kilometer und wurden von den Militärs als erfolgreich betrachtet.

Max Valier hatte in der Zwischenzeit seine Versuche mit Raketenschlitten und Raketenwagen unter der Assistenz einiger Fachleute fortgesetzt, zu denen auch der Ingenieur Walter Riedel gehörte. In dessen Armen starb Valier dann 1930. Splitter eines explodierenden Raketenmotors hatten seine Halsschlagader getroffen. Unter strengster Geheimhaltung und im Auftrag der Reichswehr setzte die Spezialistengruppe unter Riedels Leitung auf dem Gelände der AG für Industriegasverwertung in Britz bei Berlin ihre Arbeit fort. Das wissenschaftliche Niveau dieser Versuche war wesentlich höher als das auf dem Raketenflugplatz, und von Braun war sehr beglückt, als die Reichswehr beschloß, diese Versuchsgruppe mit seinem kleinen Team in Kummersdorf zusammenzulegen. Dadurch konnten sich

Riedels Geschick und Erfahrung in der Konstruktion und von Brauns Talent für die Berechnung der Daten und das Abstecken von Forschungsbereichen ergänzen. Riedel wurde später Chefkonstrukteur in Peenemünde und hatte Hunderte von Konstrukteuren und technischen Zeichnern unter sich. Kaum eine Niete oder ein Dichtungsring der Versuchsraketen A3, A5 und A9 und besonders der A4 (der späteren V2) entging seiner persönlichen Kontrolle. Er war für seine Kollegen zugleich Freund und Mitarbeiter und hatte bei seinen Untergebenen wegen seiner väterlichen, aber strengen Art den Spitznamen »Papa Riedel«. Nach Kriegsende ging er nach England und arbeitete hier am britischen Raketenprogramm mit.

Arthur Rudolph, ein weiterer Valier-Mitarbeiter, stieß ebenfalls bald zu den Wissenschaftlern in Kummersdorf. In seiner Freizeit hatte der Versuchsingenieur ein komplettes Raketentriebwerk auf Alkohol-Sauerstoffbasis gebaut, das auf Anhieb zwei Standversuche bestand. In Peenemünde übernahm Rudolph Bau und Leitung der großen Versuchsanlage und legte damit den Grundstein zur Serienproduktion der A4.

Die erfolgreichen Flüge der A-2-Zwillinge *Max* und *Moritz* gaben der Raketenentwicklung den ersehnten Auftrieb, machten die offiziellen Brieftaschen lockerer und versetzten die Raketenleute in gehobene Stimmung. Wernher von Braun machte sich sofort an die Weiterentwicklung der A3, deren Konstruktion bereits ziemlich ausgereift war. Diese Rakete sollte ein vollständiges dreidimensionales Kreisellenksystem, Strahlruder und Lenkantrieb haben und eine beachtliche Ladung von Aufzeichnungsinstrumenten befördern. Ursprünglich verlangte der Entwurf Überschallgeschwindigkeiten, aber das ständige Hinzukommen von weiterer Ladung erhöhte das Gewicht unmäßig. Unter den Neuerungen der A3 war ein Flüssigstickstoff-Drucksystem, das zusammen mit einem Verdampfer die dickwandigen Stickstoff-Flaschen der A2 ersetzen sollte. Die neuartigen Alkohol- und Sauerstoffventile wurden durch magnetische Servo-Ventile pneumatisch gesteuert, die bereits alle Besonderheiten der später in der A4 gebrauchten Ventile aufwiesen, vor allem die Zwei-Stufen-Ausströmregelung, die die Gefahr von Zündexplosionen weitgehend verhinderte.

Das Kreisellenksystem der A3 war von einem ehemaligen österreichischen Marineoffizier namens Boykow entwickelt worden. Er hatte bereits vor 1914 den Dienst quittiert, um Schauspieler zu werden, weil er irgendwie eine künstlerische Begabung verspürte und nicht ein bloßer Ingenieur sein wollte. Bei Ausbruch des Ersten Weltkrieges wurde er reaktiviert und tat als Zerstörerkommandant und später als Flieger Dienst, bevor ihn die Torpedos und ihre Kreisel in ihren Bann zogen. Boykows wacher Erfindergeist sicherte ihm Hunderte von Patenten, die sich auf Kreisel und ihre Anwendung bezogen, nicht allein in Torpedos, sondern auch in Kompassen und stabilisierten Feuerleitgeräten. Ihn interessierte nur das Grundsätzliche; Einzelheiten von Entwurf oder Betrieb ließen ihn kalt ohne Rücksicht darauf, daß die Marine bei gyroskopischen Problemen völlig auf ihn angewiesen war. Sein Herangehen an die völlig neuen Probleme der Raketentechnik brachte ein furchterregendes und wundervolles Kreiselgetriebe zustande, denn weder von Braun noch seine Freunde hatten viel Ahnung von Gyroskopie, und niemand wagte daher die Kompetenz des großen Marineexperten anzuzweifeln.

Nachdem drei A 3-Abschüsse auf der Greifswalder Oie danebengegangen waren, gab man dem Kreisel die Schuld. Hier, wo Winkler 1928 erfolglos versucht hatte, seine Methanrakete zu starten, setzte Wernher von Braun im Sommer 1937 seine A 3 auf ihre Schwanzflossen. Es war der erste Start ohne Leitschienen; die Rakete war selbst während des anfangs langsamen Fluges auf die Kreiselstabilisierung angewiesen.

Vor dem Betanken wurde die erste A 3 zum Teil mit einem hoch hygroskopischen Grün angestrichen, um das Meerwasser an der Aufprallstelle zu färben. Während der mehrere Stunden dauernden Vorbereitung des Abschusses kondensierte der kalte Flüssigsauerstoff die feuchte Seeluft. Die Farbe löste sich auf, eine grüne Brühe tropfte an den Flossen hinunter und löste über die Kabelklemmen, die ins Innere der Rakete führten, mehrere Kurzschlüsse aus, die weitere Verzögerungen zur Folge hatten. Um das Maß an Verwirrung voll zu machen, wurden die Raketenleute von einem Motorboot mit illustren Beobachtern aus noch mit Funksprüchen überschüttet, die wegen der Wirkung einer schweren Grunddünung auf die Fahrgäste sehr dringend gemacht wurden. Dann war endlich auch die letzte Korrektur vorgenommen, und von Braun konnte den Startknopf drücken. Die Zündung funktionierte einwandfrei, die erste A 3 hob vom Boden ab. Fünf Sekunden lang ging alles glatt, bis der Fallschirm heraustrat und in den glühenden Düsenstrahl geriet, der ihn augenblicklich vernichtete. Der Vogel begann zu trudeln und stürzte ins Meer.

In der Hoffnung, der Fallschirm und sein Mechanismus seien an dem Versagen schuld gewesen, ließ man ihn beim Abschuß der nächsten A3 weg, allerdings ohne den erhofften Erfolg. Wieder wirbelte, trudelte und zerschlug die Rakete.

Der zutiefst enttäuschte Ingenieurstab versammelte sich, um über die möglichen Ursachen des doppelten Versagens zu beraten. Fehlte den Lenkdüsen genug Fläche, um dem aerodynamischen Trend entgegenzuwirken, das Geschoß in den Wind zu ziehen? Das erklärte aber die Tatsache nicht, daß das Trudeln begonnen hatte, bevor der Zug in den Wind offenbar wurde. Die Schlingerregelung hatte fehlerfrei gearbeitet, als die Rakete in Kardanaufhängung auf dem Teststand geprüft worden war... Sie überlegten, ob vielleicht die Antriebsgeschwindigkeit zu niedrig war und ob der Wind einen Einfluß auf die Schlingerstabilität haben könnte...

Man kam schließlich überein, einen windstillen Tag abzuwarten, um die noch verbliebene A3 ohne irgendwelche Änderungen abzuschießen. Leider funktionierte Nummer drei ebensowenig wie ihre Vorgänger.

Nun schien eine völlige Umgestaltung des Leitsystems unvermeidlich zu sein, und einige der von Boykow empfohlenen und auch angewendeten Prinzipien wurden angezweifelt. Da es sich herausstellte, daß viele von dessen Mitarbeitern nicht seiner Meinung waren, wurde von den Raketenleuten eine vollständig neue Zusammenstellung der Spezifikationen des Leitsystems erarbeitet. Da es mindestens 18 Monate dauerte, bis diese Beschreibung der Einzelteile fertiggestellt und das System für einen neuen Test bereit war, nutzten sie die Zeit, um einige andere Mängel in der A3 zu beheben, besonders die im Rumpf. Diese abgeänderte A3 sollte als A5 herauskommen, um ihr das Stigma der früheren Versager zu nehmen.

Die Bezeichnung A4 wurde für ein anspruchsvolleres Projekt offengelassen, das hoffentlich der A3 folgen würde.

Während die Arbeit an der A3 und der A5 Fortschritte machte, nahm Hitlers Macht zu, und die Luftwaffe wurde mit einer Großzügigkeit behandelt, die den anderen Teilen der Wehrmacht nicht zuteil wurde. Die Offiziere der Luftwaffe waren bis hinauf zum General jung, unternehmungslustig und aufgeschlossen. Im Gegensatz zu

Heer und Marine hatten sie nicht unter Engstirnigkeit und einem Übermaß an Bürokratie zu leiden. Im Januar 1935 stattete Major von Richthofen, ein Vetter des großen Asses des Ersten Weltkrieges, Wernher von Braun und seiner Gruppe einen Besuch ab. Von Richthofen war für die Flugzeugentwicklung der Luftwaffe verantwortlich und wurde später unter Göring Luftmarschall. Zweck seines Besuches in Kummersdorf war es, die Möglichkeit des Flüssigraketenantriebs für Flugzeuge zu untersuchen. Zunächst sollte dieser in konventionellen Flugzeugen erprobt und dann bei besonders entworfenen Allraketen-Flugzeugen angewendet werden.

Der Gedanke, eine Artillerie-Versuchsabteilung ein Flugzeugantriebswerk entwickeln zu lassen, brachte von Richthofen nicht im geringsten in Verlegenheit. »Niemand legte uns Steine in den Weg, als wir diesen Auftrag annahmen, und binnen einer Woche schickte der energische und weitblickende Dr. Ernst Heinkel eine Ingenieurmannschaft zum Einbau unseres Raketenantriebs in eine Heinkel 112«, berichtet von Braun. »Unser Raketenantrieb hatte Alkohol und Flüssigsauerstoff als Brennstoff und erzeugte einen Schub von 1100 Kilogramm. In gewissen Grenzen konnte der Motor auch gedrosselt werden. Die ersten Standversuche mit dieser in den Flugzeugrumpf eingebauten und vom Cockpit aus betätigten Ausführung fanden im Sommer 1935 statt. Eine Gruppe von Luftwaffenoffizieren war als Beobachter dabei, erst skeptisch, dann verblüfft.«

Von Richthofen war sehr davon angetan, mit welcher Schnelligkeit seine Anweisungen befolgt worden waren und drängte darauf, die Entwicklungsarbeiten für ein Raketen-Kampfflugzeug ohne Verzögerung aufzunehmen. Außerdem schlug er vor, eine Rakete als Starthilfe für schwere Bomber zu entwickeln. Zu diesem Zeitpunkt verfügte von Braun über ungefähr 80 Leute und eine kleine Versuchsstation, die zwischen zwei Artillerie-Schießbahnen im Kummersdorfer Wald eingezwängt lag. In solch räumlicher Enge konnte man von Richthofens Anforderungen nicht gerecht werden. Prompt bot der tüchtige Major fünf Millionen Reichsmark zum Bau großzügigerer Versuchseinrichtungen an anderer Stelle an. Sein Angebot bedeutete einen beispiellosen Bruch der militärischen Etikette zwischen den Waffengattungen der Wehrmacht. Wernher von Brauns unmittelbarer Vorgesetzter Oberst von Horstig führte ihn mit ernster Miene in das Büro von General Becker, der mittlerweile Chef des

Heereswaffenamtes geworden war. Der General war empört über die Unverschämtheit der jungen Offiziere.

»Das sieht den Emporkömmlingen von der Luftwaffe ähnlich!« ereiferte er sich. »Kaum kommen wir mit einem vielversprechenden Projekt, versuchen die schon, uns das zu klauen! Aber die werden sehen, daß sie im Raketengeschäft nur die zweite Geige spielen!«

»Heißt das«, fragte Oberst von Horstig erstaunt, »daß Sie die Absicht haben, mehr als fünf Millionen für das Raketenwesen auszugeben?«

»Genau das«, knurrte Becker. »Ich werde Richthofens fünf Millionen sechs Millionen entgegensetzen!«

Auf diese Weise wurde aus von Brauns bescheidenem Beginn – sein Jahresetat hatte nie 80 000 Reichsmark überstiegen – eine ganz große Sache. Jetzt floß den Raketenforschern eine Million nach der anderen zu, so wie sie das Geld brauchten.

Obwohl nahezu unbegrenzte Mittel zu ihrer Verfügung standen, fühlten sich die Wissenschaftler doch verärgert über die beengten Verhältnisse in Kummersdorf. Sie bemühten sich, so schnell wie möglich auf ein Gelände umzuziehen, wo es möglich war, Raketen über Entfernungen von 300 Kilometern und mehr zu schießen. Für diese Zwecke war schon aus Sicherheitsgründen die Nord- oder Ostseeküste am besten geeignet.

Das Weihnachtsfest 1935 verbrachte Wernher von Braun auf dem Gut seiner Eltern in Schlesien. Er berichtete ihnen über den neuesten Stand der Dinge und erzählte beiläufig, daß man einen geeigneten Standort für Raketenabschüsse suche.

»Warum siehst Du Dir nicht einmal die Insel Usedom an?« schlug seine Mutter vor. »Dein Großvater hat bei Peenemünde Wildenten geschossen.« Er befolgte ihren Rat, und vier Wochen später errichtete dort die Luftwaffe (man hatte sie wegen ihrer eleganteren Fertigbauweise gewählt) ein Ingenieurbüro, um mit den Planungsarbeiten für das Projekt beginnen zu können.

Es dauerte zwei Jahre, bis die mit den modernsten Anlagen ausgestattete gemeinsame Raketenversuchsanstalt von Heer und Luftwaffe in Peenemünde fertig war. Im April 1937 siedelten die Raketenforscher von Kummersdorf zur Ostsee über. Sie kamen sich auf dem riesigen Gelände fast verloren vor. Personalverstärkung war erforderlich, und zu von Brauns großer Genugtuung konnte er bald alle die Männer zum Kommen auffordern, die schon auf dem alten Raketenflugplatz Reinickendorf ihr Herz für Raketen entdeckt hatten. Nachdem man in Kummersdorf ernsthaft die Arbeit an Flüssigkeitsraketen aufgenommen hatte, war der Raketenflugplatz bis zum Sommer 1934 bestehen geblieben und hatte beachtliche Fortschritte erlebt. Als er schließlich geschlossen wurde, schilderte Klaus Riedel die Gründe wie folgt:

»Geld und Mittel waren – wie üblich – knapp, und Rudolf Nebel plante wieder einen seiner ›Raubzüge‹. Wir brauchten städtische Protektion«, meinte er. ›Ich habe in Magdeburg früher Rundfunkgeräte verkauft und glaube, daß die ganze Stadt an einem Minderwertigkeitskomplex leidet, weil sie ganz im Schatten von Berlin steht. Überdies haben ihre Bürger seit jeher ein Faible für die Wissenschaften gehabt, seit die Stadtväter anno 1650 Otto von Guerickes Versuch mit den beiden luftleer gepumpten kupfernen Halbkugeln finanziert hatten. Ihre Nachfahren sind genau das, was wir für das Raketenwesen brauchen! Also ich fahre jetzt los, um mit dem Oberbürgermeister von Magdeburg zu sprechen!‹

Mit diesen Worten brauste er los und ließ uns in kopfschüttelndem Erstaunen zurück. Drei oder vier Tage danach traf eine Postkarte ein, auf der zu lesen war: ›Grüße aus Magdeburg. Verhandlungen machen gute Fortschritte. Hoffe, das Geld bald zu haben. Rudolf Nebel.‹

Es dauerte nicht lange, bis er mit genau 40 000 Mark zurückkam, die die leeren Kassen des Raketenflugplatzes füllen sollten. Er beschrieb im einzelnen, wie Oberbürgermeister Ernst Reuter – derselbe, der sich nach dem Krieg während der Blockade Westberlins als standhafter Regierender Bürgermeister weltweiten Ruhm erwerben sollte – seinen Aufruf an die Geschäftsleute von Magdeburg unterstützt hatte. Aber erst nach einigem Drängen unsererseits beichtete Nebel, daß er sich bei den Magdeburgern verpflichtet hatte, eine ausgewachsene bemannte Flüssigkeitsrakete vom Magdeburger Flugplatz aus zu starten!

Natürlich war jedes derartige Projekt 1934 pure Phantasie, selbst unter der Vereinbarung, daß zunächst ein maßstabgetreues Modell erprobt werden sollte. Es stellte sich heraus, daß schon die Kosten für das Modell die verfügbaren Mittel überstiegen. Bei einer Serie von Standversuchen auf dem Raketenflugplatz wurde ein Triebwerk für das Maßstabsmodell getestet, das einen Schub von 220 Kilogramm lieferte. Es verwendete als Brennstoff Flüssigsauerstoff und Alkohol – verdünnt mit rund 40 Prozent Wasser, um die Kühlung zu unterstützen –, ein Gemisch, das durch den Kühlmantel geleitet wurde, bevor es in die Brennkammer floß.

Das Modell war fünf Meter lang und besaß eine maßstabgerechte verkleinerte Passagierkabine, die unter den Treibstofftanks des stromlinienförmigen Rumpfes aufgehängt und durch Verstrebungen unterhalb der Auspuffdüse des Raketentriebwerks gesichert war – ein ganz schön warmes Plätzchen für den Münchhausen von Magdeburg! Ein Glück für ihn, daß die bemannte Version der Rakete nie gebaut wurde!«

Der erste Test für das Modell wurde für den 9. Juni 1933 angekündigt. Eine 10 Meter hohe Abschußrampe war aufgestellt worden, aber als die Rakete gezündet wurde, kam sie nur langsam die Startschienen hoch, um dann genauso sanft wieder hinabzugleiten. Als das Triebwerk endlich auf vollen Touren lief, hatte sich die hölzerne Startrampe verzogen und klemmte die Rakete ein. Der kraftvolle Schub ließ sie zwar doch freikommen und aufsteigen, aber ihre Flugbahn verließ rasch die Vertikale. Nach einem Flug von zirka 300 Metern stürzte sie ab, ohne ausgebrannt zu sein.

Nach diesem Desaster kamen mit alarmierender Regelmäßigkeit Delegationen aus Magdeburg, die immer peinlichere Fragen stellten. Nebel wäre bestimmt in ernste Schwierigkeiten gekommen, wenn die Nationalsozialisten nicht zu seinem Glück ein paar Wochen später den Magistrat der Stadt Magdeburg und mit ihm Oberbürgermeister Reuter ihrer Ämter enthoben hätten.

Die Auflösung des Raketenflugplatzes erfolgte bald darauf, weil das Wassergeld nicht mehr bezahlt werden konnte. Die mietfreie Überlassung des Geländes hatte diese Gebühren nicht mit eingeschlossen, und in den ungenutzten Gebäuden hatten seit Jahren die Wasserhähne vor sich hin getropft. So lautete die eines Tages präsentierte Wasserrechnung über eine wahrhaft astronomische Summe. Ihre Nichtbezahlung bedeutete auf alle Fälle das Ende des Raketenflugplatzes.

6. Kapitel
Hitler bekommt Unterricht in Raketentechnik

Wernher von Braun lernte Hitler am 23. März 1939, an seinem 27. Geburtstag also, kennen. Die Begegnung fand auf der ehemaligen Versuchsanlage auf dem Artillerieschießplatz Kummersdorf statt.

Es war ein kalter und regnerischer Tag. Das Wasser tropfte von den Kiefern. Gelände und Prüfstände waren beinahe überschwemmt. Alles war voll Morast. Der Winter war in Nordeuropa außergewöhnlich kalt und streng gewesen. Dazu machte sich überall eine nervöse politische Spannung bemerkbar. Viele Menschen fühlten, daß die räumlich begrenzte Auseinandersetzung um das Sudetenland vom Jahr zuvor sich allzu leicht zu einem verheerenden Krieg ausweiten konnte. Jeder Deutsche wußte, daß der Führer entschlossen war, es auf einen bewaffneten Konflikt ankommen zu lassen, wenn die Westmächte seinen Gebietsansprüchen nicht nachgaben. Hitler selbst muß es vorgekommen sein, als sollten seine Erfolge sich unbegrenzt wiederholen und kein Ende nehmen.

Von Braun stellte fest, daß Hitler bei seinem Eintreffen in Kummersdorf glänzend aufgelegt war. Sein Gesicht war gebräunt, und er bewegte sich energisch und zielbewußt, obwohl er kein besonderes Interesse für die Raketenanlage und das, was ihm gezeigt wurde, bekundete.

Er war in Begleitung des Oberbefehlshabers des Heeres, Feldmarschall Walther von Brauchitsch, und des Chefs des Heereswaffenamtes, General Karl Becker, gekommen. Dr. Walther Dornberger, der Kommandeur von Peenemünde, damals noch im Rang eines Oberst stehend, war angereist, um die hohen Besucher zu begrüßen und ihnen die Kummersdorfer Raketenforschungsstation zu zeigen, aus der

Peenemünde hervorgegangen war.* Er stellte von Braun dem Führer vor und betonte, der junge Experte werde gern alle technischen Fragen beantworten. Weil er genau wußte, daß Hitler von Raketen, wenn überhaupt, nur etwas hielt, wenn sie als Waffen eingesetzt werden konnten, hatte er von Braun gebeten, nicht das Thema Raumflug anzuschneiden. Er wollte vermeiden, daß Hitler den Eindruck gewann, daß sich die Raketenleute mit anderen als naheliegenden Problemen beschäftigten, Projekten, die der deutschen Wehrmacht zugute kamen. Seit Jahren hatten sie ihr möglichstes versucht, um Gelder für ihre verschiedenen Projekte zur Entwicklung von Flüssigkeitsraketen zu bekommen. Als sie nicht locker ließen, die Spitzen der Wehrmacht um zusätzliche Mittel zur Weiterentwicklung zu ersuchen, wurde ihnen bedeutet, sie bekämen ausschließlich Zuschüsse für die Entwicklung von Raketen, die große Nutzlasten (also einen Sprengkopf) über möglichst große Entfernungen mit hoher Treffsicherheit transportieren könnten.

Von Braun schloß sich der Gruppe um Hitler an, als man zu einem der ältesten Prüfstände hinüberging, um dem Probelauf eines alten Raketentriebwerks von 1934 mit 350 Kilogramm Schub zuzusehen. Der Standversuch eines Triebwerks schließt nicht automatisch den Abschuß der Rakete ein. Das Triebwerk wird dazu auf ein Gerüst oder eine Rampe geschraubt und dann gezündet. In diesem Fall war die Brennkammer horizontal aufgehängt. Hitler beobachtete den Test aus wenigen Metern Entfernung, nur von einer eisenbeschlagenen Bohlenwand geschützt.

Das dröhnende Aufheulen des blaßblauen Gasstrahls, der zu einem schmalen Strom mit Überschalldruckwellen und klar abgegrenzten Farben von wechselnder Leuchtkraft konzentriert war, hätte Hitlers Trommelfell trotz der dicken Wattepfropfen in seinen Ohren schmerzhaft vibrieren lassen müssen, aber sein Gesicht blieb unbewegt. Er war Vorführungen großkalibriger Geschütze und aller möglichen Arten geräuschvoller Artilleriewaffen gewöhnt. Offensichtlich war er nicht einmal beeindruckt. Auch die nächste Demonstration mit einem vertikal installierten Triebwerk von 1100 Kilogramm Schub konnte ihm keinen Kommentar entlocken. Diesen zweiten

---

* Im Gegensatz zu vielen Darstellungen – darunter auch einem Abschnitt in Sir Winston Churchills Werk *Der Zweite Weltkrieg* – hat Hitler Peenemünde nie besucht.

Test erlebte er aus ungefähr 10 Metern Abstand, wiederum hinter einer Schutzmauer stehend.

Die Gäste begaben sich dann zu einem der Montagegerüste. Oberst Dornberger ging neben Hitler und erzählte ihm von der Arbeit in der neuen Raketenversuchsanstalt Peenemünde und den Ergebnissen der jüngsten Versuche dort. Hitler nickte von Zeit zu Zeit, schwieg jedoch weiter. Erst als man ihm ein Modell der brandneuen A5-Rakete zeigte, begann er Fragen zu stellen. Durch Schlitze und Entlüfteröffnungen in der dünnen Leichtmetallverkleidung der Rakete konnte Hitler die Zuleitungen, Ventile, Treibstofftanks und das Triebwerk erkennen und die Messung des ausströmenden Verbrennungsgases aus der Düsenmündung verfolgen. Zum leichteren Verständnis waren zusammengehörige Bauteile in derselben Farbe lackiert.

Von Braun hatte von Hitlers Begeisterung für moderne Technologie und komplizierte Maschinen gehört. Als er ihm die Konstruktion der sieben Meter langen A5 erklärte, hörte Hitler aufmerksam zu. »Das da sind die Batterien«, sagte von Braun und zeigte auf die Nikkel-Kadmium-Einheiten, die ganz oben in der Rakete unter der kegelförmig zulaufenden Spitze angebracht waren. »Sie sorgen für die nötige Stromversorgung des Kontrollsystems und der Instrumente. Direkt unterhalb der Batterien befinden sich die kreisel-stabilisierte Plattform und drei Kreisel mit Dämpfwirkung, die die Servo-Motoren kontrollieren. Die Kreiselplattform trägt ein beschleunigungsempfindliches Präzisionsmeßgerät, das auch die Kursabweichung der Rakete durch Windeinfluß korrigieren kann. Dann ist hier eine wasserdichte Kammer für einen Luftdruckmesser, einen Temperaturschreiber und eine kleine Filmkamera, die während des Fluges die Daten auf den Skalen der beiden Instrumente aufnehmen soll«, erläuterte von Braun. Er sah den Führer prüfend an, um festzustellen, ob er ihm folgen konnte.

»Und wie bergen Sie den Film?« wollte Hitler wissen.

»Nach Erreichen der maximalen Flughöhe wird automatisch ein Fallschirm herausgeschleudert, an dem das Projektil herunterschwebt und relativ sanft im Meer aufschlägt. Dort schwimmt es dann und wird von uns geborgen. Meistens ist die Rakete nur leicht beschädigt«, antwortete von Braun.

Er fuhr fort, die A5 in allen Details zu schildern, zeigte auf andere

Instrumente zur Messung der Temperatur der Raketenoberfläche und des Drucks in den Brennkammern sowie auf das Funkmeßsystem mit dem Bodenempfangsgerät, ferner das Funkkommandogerät, das auf ein von der Bodenstation gegebenes Zeichen hin das Raketentriebwerk abschalten und den Fallschirm ausstoßen konnte für den Fall, daß die Rakete von der Flugbahn abkam.

Unter der Instrumentenkammer saßen der Sauerstoff- und darunter der Treibstofftank, die die rund zwei Meter lange Brennkammer aus Duraluminium umschlossen. Von Braun erklärte die Funktionsweise des Tankdrucksystems, das aus einem Flüssigstickstoff-Reservoir und einem elektrischen Heizelement bestand, die beide in den Sauerstofftank eingebettet waren. Der Fallschirmbehälter war zwischen den beiden Tanks angebracht und ragte seitlich heraus. Von Braun wies besonders auf die Tatsache hin, daß die Treibstofftanks mit ihrer 500-Kilogramm-Kapazität trotz der verwendeten Leichtmetallegierung so starkwandig waren, daß man sie mit einem Druck von etwa 50 Kilogramm pro Quadratzentimeter belasten konnte.

Hitler ging langsam um die Versuchsrakete herum, die ein Startgewicht von 825 Kilogramm hatte. Auf das Triebwerk deutend, fragte er von Braun nach dessen Leistung.

»Der Motor entwickelt einen Schub von anderthalb Tonnen für die Dauer von 45 Sekunden«, erwiderte von Braun. Hitler sagte nichts darauf und sein Mienenspiel verriet auch nicht, ob er irgendwie beeindruckt war. Er stellte noch weitere Fragen. Schließlich wandte er sich kopfschüttelnd, aber stumm von der Rakete ab, sagte aber immer noch nichts. Für von Braun war es vollkommen klar, daß Hitler von der A5 nicht viel hielt. Vielleicht hielt er Flüssigkeitsraketen überhaupt für zu kompliziert.

Bevor er den Prüfstand verließ, bemerkte Hitler zu von Braun: »Nun weiß ich aber immer noch nicht, was eine Flüssigkeitsrakete zum Fliegen bringt. Wozu brauchen Sie zwei Tanks und zwei verschiedene Treibstoffe?«

Wernher von Braun sah ihn erstaunt an. Er hatte ihm in allen Einzelheiten die Funktion einer modernen Zwei-Treibstoffe-Rakete erklärt in der Annahme, daß Hitler zumindest die Grundbegriffe des Raketenantriebs bekannt waren, doch offenbar war diesem Mann überhaupt der fundamentale Unterschied des Prinzips zwischen der nur einen Treibstoff verwendenden Feststoffrakete, die bei der Kurz-

streckenartillerie weitgehend Einsatz fand, und der Hochleistungsflüssigkeitsrakete, die mehr einem Torpedo als einer Granate ähnelte, nicht aufgegangen. Nach einer Weile fragte Hitler: »Warum arbeitet eine Rakete eigentlich im luftleeren Raum?«
»Die Rakete trägt ihren Sauerstoffbedarf im Tank mit sich.«
»Warum fliegen Sie nicht in niedriger Höhe und benutzen Benzin oder Diesel und eine Art Vergasersystem, das auf den Luftsauerstoff zurückgreift?« fragte Hitler zögernd.
»Das hat man schon versucht, mein Führer«, gab von Braun zur Antwort. »Diesen Motor nennt man ein intermittierendes Luftstrahltriebwerk. Aber dieses Triebwerk erzielt nur relativ niedrige Geschwindigkeiten, bei denen die Rakete mühelos von Flak oder Jagdflugzeugen abgeschossen werden kann. Der Hauptvorteil des Raketenantriebs besteht darin, daß die Rakete mit sehr hoher Geschwindigkeit – wie eine Granate – fliegt, obwohl der Motor nur während einer kurzen Zeitspanne arbeitet. Und da die Rakete wie eine Kanonenkugel einer ballistischen Flugbahn folgt, fliegt sie umso weiter, je höher die Anfangsgeschwindigkeit ist.«

Von Braun sah erneut Hitler vorsichtig an. Er hatte die Befürchtung, er könne den Führer lächerlich gemacht haben, weil er ihm so einfach das kleine Einmaleins der Raketentechnik erklärt hatte. Und so kam er auf das Flüssigkeitssystem der A5 zu sprechen.

»Ein Raketentriebwerk entwickelt einen weitaus größeren Schub proportional zu seinem Eigengewicht als ein Flugzeugmotor. Die Endgeschwindigkeit einer Rakete und ihre Reichweite können erhöht werden, wenn man die Austrittsgeschwindigkeit der Auspuffgase erhöhen kann. Verdoppelt man deren Geschwindigkeit, so verdoppelt sich gleichzeitig die Endgeschwindigkeit der Rakete und vervierfacht sich ihre Reichweite. Die Endgeschwindigkeit hängt auch vom Gewicht des benutzten Treibstoffs und dessen Verhältnis zum Leergewicht der Rakete ab. Ist das Treibstoffgewicht sechseinhalbmal so groß wie das Leergewicht der Rakete, so erreicht diese eine Endgeschwindigkeit, die doppelt so hoch ist wie die Austrittsgeschwindigkeit der Auspuffgase. Beträgt das Verhältnis neunzehn zu eins, so ist sie dreimal so schnell und so weiter. Ich erwähne diese Zahlen«, fuhr von Braun fort, »weil es zum Verständnis besonders wichtig ist, daß eine Rakete, um hohe Geschwindigkeiten zu erreichen, Treibstoffmengen mit sich führen und auch verbrennen muß, die ein Vielfaches ihres eigenen Leergewichtes ausmachen. Aber natürlich ist ein raketengetriebenes Geschoß das einzige große Projektil, das Überschallgeschwindigkeit, extrem große Höhen und Weiten erreichen kann. Wenn ein solches ballistisches Raketengeschoß wieder auf der Erde auftrifft, ist seine Aufschlagskraft allein schon enorm – auch ohne Sprengkopf.«

Hitlers Gesichtszüge mit der unansehnlichen Nase und dem kleinen schwarzen Schnurrbart über den außergewöhnlich dünnen Lippen zeigten keine besondere Aufmerksamkeit für das, was von Braun ausführte. Solange Hitler nichts sagte, nahm von Braun das für ein Zeichen des Einverständnisses und setzte seine Erläuterungen fort.

»Eine Flüssigkeitsrakete mag einen komplizierten Eindruck machen«, sagte er. »Statt der Verwendung von festen Treibstoffen, bei denen Kraftstoff und Sauerstoffträger im selben Behälter gespeichert und verbrannt werden, benutzt man bei der Flüssigkeitsrakete separate Tanks. Die Treibstoffe werden entweder durch Druck oder Pumpen in die ständig gekühlte Brennkammer geleitet. Diese kompliziertere Konstruktion wiegt die Flüssigkeitsrakete mit ein paar beachtlichen Vorteilen auf: vor allem erhält man größere Austrittsgeschwindigkeiten als bei festem Treibstoff, was größere Reichweiten zur Folge hat. Ferner sind Flüssigkeitsraketen völlig lenkbar, das heißt, die Flugbahn kann durch in den Gasstrahl eingetauchte Steuerruder gelenkt werden und der Schub kann wie bei einem normalen Benzinmotor durch Drosselung der Treibstoffzufuhr reguliert werden.«

»Welche Nutzlast könnte diese Rakete transportieren?« begehrte Hitler zu wissen. »Diese A5 ist ein reines Versuchsmodell«, antwortete von Braun. »Sie könnte keine nennenswerte militärische Nutzlast mitführen, aber aufgrund eingehender Versuche mit dieser Rakete glauben wir, daß größere Raketen, die militärisch-operationell immer noch ohne große Schwierigkeiten zu handhaben wären, und die beträchtliche Sprengköpfe tragen können, auf unserer Technik realisierbar sind.«

Von Braun glaubte in Hitlers Augen in diesem Moment einen Funken von Interesse aufleuchten gesehen zu haben. Also fuhr er fort, den Nutzwert verschiedener flüssiger Treibstoffe zu erklären.

»Während ein Flugzeugmotor nur mit Benzin betrieben werden kann«, sagte er, »sind für einen Zwei-Stoff-Raketenmotor buchstäblich Tausende von Treibstoffkombinationen denkbar. Viele ungewöhnliche Chemikalien haben sich als sehr vielversprechend herausgestellt. Zum Beispiel erzielt man mit einer Wasserstoff-Sauerstoff-Kombination Gasaustrittsgeschwindigkeiten von 4000 Metern pro Sekunde, was immerhin fast das Doppelte dessen ist, was unser gegenwärtig verwendetes Alkohol-Sauerstoff-Gemisch leistet. Aber noch ist Flüssigwasserstoff sehr schwierig zu handhaben. Daher hat er noch keinen praktischen Gebrauchswert, und so ist die von ihm erzielte Auspuffgeschwindigkeit bislang nur von theoretischem Interesse. Trotzdem zeigt uns dies Beispiel, daß neue oder bessere Treibstoffverbindungen entwickelt werden können.«

Irgendwie zufriedener geworden, stellte Hitler dann einige Fragen, aus denen man erkennen konnte, daß er versuchte, die Raketentechnik in seine hochfliegenden Pläne einzubauen.

Er wollte wissen, ob es möglich sei, Stahlmäntel beim Raketenbau zu verwenden anstelle von Aluminiumverkleidung. Zuerst war er sehr enttäuscht gewesen, daß die A5 nur eine Versuchsrakete war, die noch keinen Sprengkopf tragen konnte. Als er aber dann kurz über die A4 (die spätere V2) informiert wurde, die eine Tonne Sprengstoff über eine Entfernung von rund 300 Kilometern befördern konnte und tatsächlich wegen des Überschallwiedereintrittsproblems einen Stahlmantel tragen würde, wurde seine Neugier erneut geweckt, und er fragte, wie lange die Entwicklung einer solchen Rakete dauern würde. Von Braun sah Dornberger an. Ihm war lieber, wenn ein Offizier diese Frage beantwortete. Das war obendrein ein guter Aufhänger für Dornberger, auf die Erhöhung der Forschungsmittel zu sprechen zu kommen.

»Beim augenblicklichen Stand unserer Tests und den derzeit zur Verfügung stehenden Mitteln wird es noch eine geraume Zeit dauern«, sagte Dornberger nachdrücklich. Hitler quittierte das mit einem kurzen Nicken.

Während des Mittagessens in der Messe brachte Hitler, über seinen Teller mit Gemüseeintopf und sein übliches Glas Fachinger gebeugt, selbst das Thema auf die Raumfahrt. Er erzählte, er habe Max Valier in München kennengelernt und hielte ihn für einen Phantasten. Wernher von Braun lag auf der Zunge, Valier zu verteidigen und dem Führer eine kurze Einführung in die Probleme der Raumfahrt zu geben, aber ein Blick zu Dornberger veranlaßte ihn, sich diese Ausführungen zu verkneifen. Dornberger meinte diplomatisch mit einem kleinen Lächeln, daß man von der Raumfahrt doch noch sehr weit entfernt sei. Nachdem er sein Glas ausgetrunken hatte, sagte Hitler: »Es war doch gewaltig!« und bezog sich damit auf die Standversuche mit den Raketentriebwerken, denen er beigewohnt hatte. Offenbar war diese Bemerkung abschließend gemeint, und es wäre gegen die Etikette gewesen, das Thema noch weiter zu verfolgen.

Von Braun war ziemlich enttäuscht. Warum sollte man nicht über die Raumfahrt sprechen, wo Hitler doch selbst das Thema aufgebracht hatte? Vielleicht hätte er Hitlers Aufmerksamkeit dafür gewinnen können. Dieser Mann begeisterte sich doch so offensichtlich für andere grandiose Projekte, warum also nicht für dieses? Doch von Braun gab Dornberger recht, als dieser ihm später die Gründe für sein Schweigen über dieses Thema erklärte. Dornberger hatte einfach Angst, Hitler könne sie für Phantasten wie Valier halten und aus diesem Grunde auch die Realisierbarkeit der wesentlich leichter zu konstruierenden militärischen Langstreckenraketen bezweifeln. Bei seinen gegenwärtigen Vorstellungen hielt Hitler offenbar die Zeit für Raketenwaffen noch nicht für gekommen. Doch vielleicht änderte sich das im Laufe der Zeit. Zumindest hatte ihn die geräuschvolle Demonstration soweit beeindruckt, daß er von ihr als »gewaltig« sprach. Beim Abschied von den Wissenschaftlern in Kummersdorf schüttelte Hitler von Braun und Dornberger die Hand und äußerte ein paar kurze Dankesworte, bevor er in seine gepanzerte Limousine stieg, um nach Berlin zurückzufahren.

Für von Braun war jetzt schon klar, daß sie in Zukunft große Schwierigkeiten haben würden, wenn Hitler nicht auf ihrer Seite stand. Hitler hatte eine Art, sich seiner Umgebung gegenüber mit seinem »unfehlbaren Urteil« zu brüsten, das dann auch wie das Evangelium akzeptiert und eilfertig an die Parteileiter nach unten weitergereicht wurde. Es würde außerordentlich schwer sein, finanzielle und moralische Unterstützung zu bekommen, soviel stand fest. Wernher von Braun wurde sich langsam bewußt, daß der Weg in den Weltraum lang und sicher steinig sein würde.

Noch wußte er nicht, daß Hitler ihm ein paar schreckliche Kriegsjahre später für seine erfolgreiche Arbeit an der V2 den Titel eines Professors h.c. zukommen lassen würde.

Als die Grenzen der drallstabilisierten Pulverraketen für die Feldartillerie und die Nebelwerfer erkannt waren, wandte Dornberger seine Aufmerksamkeit mehr und mehr den Flüssigkeitsraketen zu. Zunächst war er für beide Typen verantwortlich, aber schließlich gab er die »festen« in die Hände von Mitarbeitern und widmete sich ausschließlich den Flüssigkeitsraketen. Als militärischer Befehlshaber in Peenemünde und später von seinem Berliner Hauptquartier aus lotste er das Flüssigkeitsraketenprogramm geschickt um alle Riffe und Untiefen, die seinen Kurs behinderten. In der Zwischenzeit setzte der junge Ingenieur und Wissenschaftler von Braun, der Dornberger in allen diesen schwierigen Jahren als seinen väterlichen Freund betrachtete und verehrte, seine Versuche mit Raketenantrieben und -steuerungen fort und gelangte zu neuen wertvollen Erkenntnissen. Sein Weitblick, seine Beharrlichkeit und sein verläßlicher Charakter hatten einen stimulierenden Effekt auf seine Mitarbeiter und waren Garantie für den Erfolg.

Die ersten fehlerlosen Abschüsse der A 5 fanden im Sommer 1938 statt, allerdings noch ohne das neue Steuerungssystem, das sich nach dem Versagen eines Vorläufermodells als notwendig erwiesen hatte. Erst im Herbst 1939 konnte die neue Steuerung eingebaut werden, dann aber funktionierte alles auf Anhieb einwandfrei.

Nachdem man wochenlang auf der Greifswalder Oie auf klares Wetter gewartet hatte, entschied man sich zum Abschuß der ersten gelenkten A 5 trotz einer ausgedehnten Wolkendecke in 1000 Meter Höhe. Das schlanke Geschoß stieg sicher von seiner schienenlosen Plattform und verschwand ohne die geringste Schwankung senkrecht in der Wolkendecke. Das Donnergetöse seiner Düse hallte den Beteiligten etwas länger als eine Minute in den Ohren. Dann herrschte Stille. Etwa fünf Minuten später erklangen auf der Insel Freudenschreie, als die Rakete an ihrem Brems- und Haupt-Fallschirm langsam auf die Wasseroberfläche zuschwebte, kaum 200 Meter vom Ufer entfernt. Sie wurde schnell an Bord eines Flugsicherungsbootes gehievt und hätte sofort wieder gestartet werden können, wäre sie nicht vom Seewasser durchnäßt gewesen und hätte sie nicht einer gründlichen Detailinspektion bedurft.

In den folgenden zwei Jahren wurden ungefähr 25 Raketen des Typs A 5 erprobt, einige von ihnen mehrmals. Man testete drei verschiedene Steuerungssysteme, und alle drei arbeiteten perfekt. Den vertikalen Flügen, in denen Höhen von rund 13 Kilometern erreicht wurden, folgten geneigte Flugbahnen. Funkleitstrahlen wurden für verbesserte Azimutsteuerung und Windkompensation ebenfalls erfolgreich erprobt. Die A5 war alles in allem ein großer Erfolg und wies den Weg zu größeren und leistungsfähigeren Modellen.

»Es steckt kein Körnchen Wahrheit in der Behauptung, daß die A4 (oder V2) von vornherein als Waffe konzipiert war, um London zu bombardieren!« sagte von Braun nachdrücklich. »Richtig ist, daß Dornberger der Ansicht war, daß höhere Dienststellen 1937 (vor allem nach dem Versagen mit der ersten Steuerungstype in jenem Jahre) keine weiteren Mittel zur Forschung und Entwicklung mehr anweisen wollten, wenn das nächste Entwicklungsziel nicht aus einer Fernwaffe mit respektabler Reichweite und einem wirkungsvollen Sprengladungskampfkopf bestünde.«

»Wir können nicht damit rechnen, im Geschäft zu bleiben, wenn wir weiter nur Versuchsraketen abschießen«, sagte Dornberger damals. »Das Heereswaffenamt verlangt eine einsatzfähige Waffe, die die Reichweite von Ferngeschützen erheblich übertrifft.«

Berechnungen ergaben, daß eine Rakete der gleichen aerodynamischen Form wie die A5, die auch durch Eisenbahntunnels transportierbar war, eine Reichweite von 275 Kilometern haben und einen Sprengkopf von einer Tonne tragen konnte. Das überzeugte die höhere Ränge und auf diese unformelle Art kam 1937 das ursprüngliche Konzept der V2 zustande.

Der Krieg und das Dritte Reich neigten sich schon dem Ende entgegen, als Hitler und von Braun zum zweiten Mal zusammentrafen. Schauplatz war Hitlers Hauptquartier in Ostpreußen. Man schrieb Juli 1943. Hitler wurde ein Film über die immer noch im Experimentierstadium befindliche A4 mit einigen fehlerlosen Starts vorgeführt. Er sah die Bilder mit den aufgereihten A4-Raketen, in den Hangars von Peenemünde und entschied auf der Stelle, angesichts der ständig wachsenden alliierten Bombardements deutscher Städte vor Wut kochend, daß der A4-Produktion höchste Dringlichkeit einzuräumen sei.

Es war ein anderer Hitler, den von Braun diesmal kennenlernte. »Jetzt begann ich den Charakter dieses Mannes zu erkennen – seine Brillanz, die enorme Stärke seiner Persönlichkeit. Man konnte sich ihr nicht entziehen. Aber auch die dunklen Seiten seines Charakters kamen genauso zum Vorschein – er war völlig skrupellos, ein Mensch ohne Gott, der sich selber für den allein Seligmachenden hielt, für die einzige Autorität, die er brauchte.«

Als Hitler das Modell der V2 betrachtete, das Dornberger und von Braun mitgebracht hatten, hatte er Fragen über Fragen. Schließlich erkundigte er sich bei von Braun, wie hoch die Trefferwirkung der V2 sein würde. Von Braun antwortete mit einer Erklärung, die alle Generäle bisher ohne Widerspruch geschluckt hatten.»Die Rakete wird einen Sprengkopf von einer Tonne TNT in ihrem Bug tragen«, sagte er.»Aber sie wird mit einer Geschwindigkeit von über 1000 Metern pro Sekunde aufschlagen, und die Wucht dieses Aufpralls wird den Vernichtungseffekt vervielfachen.«

Hitler hörte von Braun mit gedankenvoll gesenktem Kopf und auf dem Rücken verschränkten Händen bis zu Ende an. Dann sagte er:»Herr Professor, ich kann Ihrer These nicht beipflichten. Die unausweichliche Konsequenz einer so hohen Aufschlaggeschwindigkeit ist doch, daß Sie einen überaus empfindlichen Zünder brauchen, damit der Sprengkopf wirklich exakt beim Aufprall explodiert. Sonst bohrt er sich doch nur tief in die Erde, und die Explosion wirbelt lediglich Dreck auf.«

Von Braun hörte respektvoll zu und ordnete dann eine Studie über die Theorie des Führers an.»Ich freß einen Besen, wenn er nicht Recht gehabt haben sollte!« sagte von Braun. Auf der Grundlage von Hitlers Idee wurde ein neues Zündsystem entwickelt, ohne das die V2 nicht sehr effektiv gewesen wäre.

»Hitler mag ein schlechter Mensch gewesen sein«, sagt von Braun heute rückblickend,»aber dumm war er ganz sicher nicht!«

7. Kapitel
Himmler schlägt zurück

Von Brauns Begabung als genialer Ingenieur und seine Fähigkeit, ein erstklassiges Team von Technikern zu führen und zu motivieren, waren es, die die V2 Wirklichkeit werden ließen. In ihrer Bedeutung war sie mit der *Kitty-Hawk*-Flugmaschine der Gebrüder Wright zu vergleichen. Beide Flugkörper hatten eines gemeinsam: So wie das Flugzeug im Krieg verwendet wurde, aber auch friedlichen, zivilen und kommerziellen Zwecken zum Fortschritt der Völker diente, konnte die Großrakete ebenso zur Zerstörung wie zur Erkundung des Universums und der Entwicklung der friedlichen Wissenschaften eingesetzt werden.

Schon 1913 hatte Ziolkowski vorausgesagt, daß »die Menschheit nicht für immer auf der Erde bleibt, aber in ihrem Drang, die Welt und den sie umgebenden Raum zu erobern, zunächst vorsichtig die Grenzen der Atmosphäre überschreiten wird, um danach vom Weltraum um die Sonne Besitz zu ergreifen«. Der Sinn dieser Worte war Wernher von Braun nach dem ersten erfolgreichen Abschuß einer V2 klar geworden. Er erinnert sich, wie bewegt alle Mitarbeiter an jenem denkwürdigen 3. Oktober 1942 gewesen waren. General Dornberger selbst stellte die Frage: »Sind Sie sich klar darüber, was wir heute vollbracht haben? Heute wurde das Raumschiff geboren!«

Im Sommer 1940 hatte von Braun seinen großen Anlauf zur erfolgreichen Meisterung der immensen Aufgabe übernommen, wie sie die Entwicklung der V2 darstellte. Ein fast unübersehbarer Berg von technischen Problemen hatte abgetragen werden müssen.

Der Antrieb für die Turbinen der Treibstoffeinspritzpumpe stellte zum Beispiel ein solches Problem dar. Der naheliegendste Weg wäre natürlich gewesen, zur Dampfentwicklung die beiden Haupttreibstoffe, Flüssigsauerstoff und Spiritus zu nutzen. Um die Dampftemperatur auf für die Turbinenschaufeln erträgliche Werte herunterzusetzen, konnte man entweder in einer separaten kleinen Brennkammer Wasser in eine Alkohol-Sauerstoffflamme spritzen oder man konnte die Verbrennung in dem »Dampfgenerator« so extrem alkoholreich betreiben, daß der Dampf hauptsächlich aus Alkoholabgasen bestand. Alle diese Methoden hätten jedoch einen überaus komplizierten Wirrwarr von Zuleitungen, Ventilen, Reglern, Zündungsteilen und so weiter erfordert und schienen voller Tücken zu sein. Außerdem wäre ein separater Startmechanismus zum Beispiel mit Hilfe einer pyrotechnischen Patrone erforderlich gewesen. Obwohl der »Vergaser«-Gedanke heute Bestandteil aller modernen Raketentriebwerke ist, entschied Wernher von Braun sich dafür, aus Termingründen die Turbine für die V2 mit konzentriertem Wasserstoffsuperoxyd anzutreiben, das seinerseits durch Permanganat katalytisch zersetzt wurde. Glücklicherweise verfügte man schon über Erfahrung im Umgang mit Superoxyd-Dampf dank der Forschungsexperimente der Firma Hellmuth Walter in Kiel, die ihn als U-Boot-Treibstoff verwenden wollte. Die erste Wasserstoffsuperoxyd-Dampfanlage war 1941 zum Einbau in die V2 fertig.

Das eigentliche Raketentriebwerk stellte ein noch schwierigeres Problem dar. 1937 hatte Dr. Walter Thiel von Brauns altes Versuchslabor in Kummersdorf übernommen, um dort weiter an der Verbesserung von Raketentriebwerken zu arbeiten. Thiel war vom Chemiker zum Ingenieur geworden und hatte lange Zeit Forschungen auf dem Brennkammersektor betrieben, um sich schließlich ganz auf Einspritzmethoden für Raketentriebwerke zu spezialisieren. Er hatte dabei die erforderliche Größe der Raketenbrennkammer in einen fast unglaublichen Maß reduzieren und gleichzeitig ihre Verbrennungseffizienz auf mehr als 95 Prozent erhöhen können. Doch in den beengten Verhältnissen von Kummersdorf hatte er nicht an Triebwerken mit mehr als 4000 Kilogramm Schub arbeiten können.

Thiels Forschungsarbeit hatte gezeigt, daß Hunderte von Testläufen nötig waren, um einen Raketenmotor zur Höchstleistung zu bringen. Die logistischen Aspekte, dasselbe mit der riesigen 25-Tonnen-Brennkammer der V2 tun zu müssen, erschienen beängstigend.

Daher entschied man sich dafür, achtzehn kleinere, wohlerprobte Einspritzeinheiten, sogenannte »Köpfe«, auf dem Deckel der neuen Brennkammer für das 25-Tonnen-Triebwerk anzubringen. Der erste Versuch mit dem 18 Spritzköpfe-System brachte eine angenehme Überraschung, denn auf dem Prüfstand zeigte sich, daß das kompromißgeborene Einspritzsystem eine höhere Leistung der Brennkammer erbrachte als das achtzehnfache eines einzigen Einspritzkopfes. Daher ging man von den 18 Einspritzköpfen trotz der komplizierten Konstruktion und Herstellung nicht mehr ab. Erst kurz vor Kriegsende wurde dieses V2-Einspritzverfahren durch eine einfachere Konstruktion ersetzt.

In Kummersdorf hatte Wernher von Braun ein Windkanal für Messungen bei Überschallgeschwindigkeit sehr gefehlt. Um aerodynamische Meßergebnisse für die A3 zu erhalten, hatte von Braun Dr. Rudolf Hermann, den Assistenten des Lehrstuhlinhabers für Aerodynamik an der Technischen Hochschule Aachen, um Hilfe gebeten. Alles, was Hermann zur Verfügung stand, war ein nur 10 × 10 Zentimeter großer Überschallkanal, in dem er Messungen an einem noch winzigeren Modell der A3 vornehmen konnte. Mit Dr. Hermann fanden lange Diskussionen darüber statt, was getan werden mußte, um die Überschallaerodynamik in den Dienst der anspruchsvollen Raketenprojekte der Zukunft stellen zu können, sobald von 1936 an ausreichende Mittel für den Bau des neuen Raketenzentrums zur Verfügung standen. Dr. Hermann konnte zur Mitarbeit in Peenemünde gewonnen werden. Hier überwachte er die Konstruktion eines leistungsfähigen modernen Überschallkanals, dessen Strahlquerschnitt 16mal größer war als der Windkanal in Aachen und fünffache Schallgeschwindigkeiten erreichte. Gemeinsam mit einer fähigen Mannschaft von Experten, löste er in diesem Kanal alle komplizierten aerodynamischen Probleme wie die Stabilisierungswirkung der Schwanzflossen und die Wahl der Geschoßform, die den Peenemünder A3-, A5- und V2-Raketen ihr Gesicht gaben.

Stahlruder und Steuerung der V2 warfen viele Fragen auf. Die bei der A3 und A5 verwendeten Systeme waren von Industriefirmen geliefert worden, die sie entworfen und selbst erprobt hatten, nachdem die Spezifikationen in Zusammenarbeit mit von Braun erarbeitet worden waren. Das Heereswaffenamt verfolgte das Prinzip, daß militärische Dienststellen ihre Forderungen genau spezifizierten und dann der Privatindustrie Detail-Konstruktion und Bau überlassen sollten – ungeachtet der sozialistischen Tendenzen in der nationalsozialistischen Staatsführung. Die Anforderungen an Peenemünde wurden indessen immer schwieriger, denn die Vertragsfirmen begannen Fragen zu stellen, auf die befriedigende Antworten nicht ohne genaue Studien gegeben werden konnten.

»Welche Stabilität und Dämpfung werden für das Steuerungssystem der A 4 in den verschiedenen Geschwindigkeitszonen, Luftdichten und bei der allmählichen Massenabnahme durch Tankentleerung gebraucht?« »Wie sieht das optimale Neigungswinkelprogramm einer normalen Flugbahn mit verschiedenen Reichweiten aus?« Um solche Fragen beantworten zu können, wurde ein Rechenzentrum für Flugmechanik unter dem hervorragenden Dr. Hermann Steuding eingerichtet. Bald schon stand die Entwicklung von Kriterien auf dem Gebiet der Leitwerktechnik unter Aufsicht Steudings und seiner Mitarbeiter. Zur Lösung ihrer Aufgaben mußten Analogrechner und elektronische Simulatoren angeschafft werden. Ein Freund Steudings, Dr. Ernst Steinhoff, wurde mit der Einrichtung eines Labors für Elektronik betraut.

Dr. Steinhoff, damals Inhaber mehrerer Weltrekorde im Segelflug, war ein Mann, der die Ärmel hochkrempelte und sich auch nicht vor finanziellen Forderungen für seine Einrichtungen scheute. Innerhalb eines Jahres leitete er in Peenemünde ein solches Labor, das mehrere Millionen Mark gekostet hatte und in dem er eigene Ruder- und Steuerungsanlagen entwickelte und nur für Dinge wie Kreisel, hydraulische Ventile und Servomotoren auf die Hilfe der Industrie zurückgriff.

Wernher von Brauns eigenes Büro lag in einem großen zweistöckigen Gebäude mit ziegelbedecktem Giebeldach, das auch »Papa« Riedels Konstruktionsbüros, die Zukunftsprojektgruppe unter Ludwig Roth sowie verschiedene Verwaltungsabteilungen beherbergte wie beispielsweise die Arbeitsplanung für Arthur Rudolfs Werkstatt-Operationen und die Materialbeschaffung. Verwaltungsdienststellen, die nicht unmittelbar mit von Brauns Abteilung für technische Entwicklung zu tun hatten wie das Finanzressort, der Werkschutz mit seinen Angehörigen, der für alle Peenemünder große, am Revers sichtbar zu tragende Namensplaketten vorschrieb, der Wagenpark, die Restaurants, der Wohntrakt und die Bauleitung des sich ständig vergrößernden Gesamtkomplexes unterstanden direkt dem Militärkommandeur, der auch von Brauns unmittelbarer Vorgesetzter war.

Bei seiner täglichen Arbeit erkannte er jedoch als Autorität seine Sekretärin an, die seinen Terminkalender führte und mit Argusaugen über dessen Einhaltung wachte. Seine erste Sekretärin in Peenemünde war Fräulein Lewandowski, eine ältere Dame mit dem Auftreten einer anspruchsvollen Schullehrerin. Von Braun behauptet, von ihr habe er eine Menge über ein ordentlich geführtes Büro und eine akkurate Ablage gelernt. Letzeres stellte in Peenemünde ein wirkliches Problem dar, denn die Mehrzahl der Papiere, die über von Brauns Schreibtisch gingen, waren *Streng geheim!* gekennzeichnet und unterlagen außergewöhnlich strengen Bestimmungen hinsichtlich Registrierung, Weitergabe und Aufbewahrung. Als Fräulein Lewandowski Peenemünde verließ, rückte Charlotte Haase an ihre Stelle. Sie war wesentlich jünger und von Kopf bis Fuß das Abbild eines ranken, schlanken Sportmädels mit all der Energie und dem Selbstbewußtsein, das man bei solchen Mädels findet. Auch sie führte ein strenges Regime. Sie bestand darauf, daß von Brauns dichtgedrängtes Tagesprogramm nicht unterbrochen oder gestört wurde und zog sich dabei den Unwillen einer Reihe von älteren Mitarbeitern von Brauns zu, die der Ansicht waren, ihnen stände das Recht zu, jederzeit unangemeldet in sein Heiligtum vorzudringen. Wernher von Braun selbst jedoch, der einsah, daß infolge des wachsenden Umfangs seiner Abteilung Ordnung und System zu seinem Arbeitsalltag gehörten, stimmte gewöhnlich »Häschen« zu, wie er sie nannte.

Die meisten Schreibarbeiten für Wernher von Braun erledigte ein anderes hübsches Mädchen aus seinem Büro, Doris (»Dorette«) Kersten. Dorette wurde lobend erwähnt und mit einer Medaille ausgezeichnet für ihren heldenmütigen Einsatz bei der Rettung vieler wertvoller Zeichnungen, Pläne und anderer Dokumente während des britischen Luftangriffes auf Peenemünde im August 1943. Gegen Ende des Krieges heiratete sie Rudi Schlidt, einen führenden Metallurgen in Peenemünde und kam im Rahmen der *Operation Paperclip* Ende 1945 in die USA. Es ist typisch für die Verbundenheit zwischen von Braun und seinen engsten Mitarbeitern, daß er noch heute gelegentlich briefliche Grüße mit »Häschen« austauscht und mit Dorette oft bei gesellschaftlichen Gelegenheiten zusammenkam, bevor er Huntsville verließ.

Der Kriegsausbruch im Herbst 1939 brachte für die Peenemünder zunächst noch keine Forcierung ihrer Arbeit. Die Führungsspitzen des Dritten Reiches glaubten nicht, daß in Peenemünde Dinge von militärischem Wert für sofortigen Einsatz fertiggestellt werden konnten. Einige der erfahrensten Peenemünder Männer wurden sogar zur Wehrmacht eingezogen, und die Zurückbleibenden litten unter strenger Kontrolle des scharf gekürzten Budgets. Die Raketenentwicklung hatte einen Tiefstand erreicht, bis Feldmarschall Walther von Brauchitsch, der damalige Oberbefehlshaber des Heeres, eingriff. Er war einer der wenigen, die an Dornbergers Erfolgsprognosen glaubten, und stellte unter erheblich riskanter persönlicher Mißachtung der Schwarzmalerei Hitlers, der die Ansicht geäußert hatte, die großen Raketen würden doch nie fliegen, rund 3500 Offiziere und Mannschaften nach Peenemünde ab. Offiziell kamen sie zur Ausbildung, aber in Wirklichkeit wurden sie zur Beschleunigung der Entwicklungsarbeiten herangezogen.

»Als Ergänzung dieses Zugangs an Arbeitskräften veranstalteten wir einen ›Weisheitstag‹ – so nannten wir das –, zu dem wir 36 Professoren der Ingenieurwissenschaften, der Physik und der Chemie die notwendigen Geheimhaltungspapiere beschafften und sie nach Peenemünde einluden, um ihr Interesse zu wecken und sie zur Mitarbeit zu gewinnen«, erzählt von Braun »Da auch die Universitäten unter den Einberufungen ihrer Assistenten litten, waren die Professoren umso erpichter darauf, sich an einem wissenschaftlichen Unternehmen zu beteiligen, das ihr betreffendes Institut ›kriegswichtig‹ machte. Voll guten Willens kehrte jeder von ihnen in sein Institut oder an seine Universität zurück mit einem oder mehreren von unseren Problemen in der Aktentasche. Die Professoren hatten sich die Aufgaben selbst ausgesucht, je nach den Einrichtungen, die ihnen zur Verfügung standen. Auf diese Weise wurde die Lösung der Probleme sozusagen in ›Heimarbeit‹ vergeben. Dazu gehörten unter anderem integrierende Beschleunigungsmesser, Verbesserung der Pumpenflügelräder, Flugbahnverfolgung durch Dopplerradio, verbesserte Kreisellager, Untersuchung der elektromagnetischen Wellenfortpflanzung durch die Stratosphäre, Antennenformen, neue Meßmethoden für den Überschallwindkanal, Rechenmaschinen für

Flugmechanik und vieles andere. Selbst der erste Versuch, einer elektrischen Digitalrechnung war in diese Aufgabensammlung eingeschlossen.

Die Zusammenarbeit mit den Professoren war höchst harmonisch und konstruktiv, dazu noch äußerst demokratisch. Es gab viele Aussprachen, erhitzte Debatten, Arbeitssitzungen und gegenseitige Besuche. Die Verträge über die wissenschaftliche Mitarbeit waren sehr tolerant formuliert worden, um den Instituten breiten Spielraum zu lassen. Deren Mitarbeiter waren zudem mit allen praktischen Aspekten unseres Endzieles gründlich vertraut. Das spornte zu vielen schöpferischen Beiträgen an. Wenn der Prototyp eines neuen Gerätes im Universitätslaboratorium einwandfrei arbeitete, wurde sofort Kontakt mit einem geeigneten entsprechenden industriellen Hersteller aufgenommen. Peenemünde testete natürlich dann noch die Geräte auf Genauigkeit, Robustheit sowie Verhalten unter Flugbedingungen und benutzte sie bei Probeabschüssen.«

Das Abkommen mit den 36 Professoren widerstand dem späteren Versuch einer für wissenschaftlichen Kriegseinsatz geschaffenen Gruppe von nationalsozialistischen Parteibonzen, alle kriegswichtigen Forschungsarbeiten »gleichzuschalten«. Wenn großmäulige und inkompetente Parteigrößen den Universitäten Listen und Fragebogen vorlegten, lehnten diejenigen, die für von Braun arbeiteten, das Ausfüllen höflich ab mit dem Hinweis, daß sie mit äußerst dringlicher und streng geheimer Arbeit für Peenemünde völlig ausgelastet seien.

Der erste Versuch, eine V2 zu starten, fand im Frühjahr 1942 statt. Der Motor zündete mit dem gewohnten Gebrüll, und das Geschoß stieg majestätisch ungefähr eine Sekunde lang senkrecht gen Himmel, bis die Brennstoffzufuhr nicht mehr richtig funktionierte und es sich wieder langsam auf seine Flossen niederließ. Da diesen jedoch die notwendige Steife fehlte, um den Landestoß festzuhalten, verbogen sie sich, und die V2 kippte um und löste sich mit einer heftigen Explosion in ihre Bestandteile auf.

Vier Wochen lang versprach die zweite V2 von Brauns optimistischste Erwartungen zu erfüllen. Sie durchbrach ohne Zwischenfall die Schallmauer zur großen Erleichterung der Ingenieure, denn viele Aerodynamiker hatten vorausgesagt, daß das Geschoß durch »Überschallphänomene« in Stücke zerrissen werden würde. Über diese Vorgänge war damals noch wenig bekannt.

In der 45. Flugsekunde war die V2 noch immer in Sicht und verhielt sich wie vorausberechnet. Plötzlich begann sie jedoch zu schlingern; eine weiße Dampfwolke strömte aus, dann brach die Rakete in der Luft auseinander. Es stellte sich heraus, daß die Festigkeit des Rumpfes im Bereich der Instrumentenkammer unzureichend war. Er wurde für den Abschuß der dritten V2 am 3. Oktober 1942 verstärkt.

An diesem Tag funktionierte die V2 tadellos. Der Antrieb wurde in der 63. Flugsekunde abgeschaltet, als das Geschoß noch gut zu sehen war. Dann verschwand es gegen den blauen Himmelshintergrund, aber der Pfeifton aus dem Dopplerflugbahnvermessungssystem zeigte an, daß der Sender im Geschoß noch über fünf Minuten lang arbeitete. Die Dopplermessungen zeigten auch die Aufschlagstelle in der Ostsee an, und die anschließende Suche vom Flugzeug aus ließ den großen grünen Fleck auf der Wasseroberfläche erkennen, der dem mitgeführten Farbbeutel entströmte. Diese dritte V2 hatte eine Maximalhöhe von 85 Kilometern und eine Entfernung von 190 Kilometern erreicht. Obwohl die erwartete Weite von 275 Kilometern nicht erzielt worden war, herrschte doch Zufriedenheit und Genugtuung unter den Raketenmännern.

Dornberger rief begeistert zu von Braun: »Das war einfach großartig! Aber ich garantiere Ihnen – unsere Kopfschmerzen sind keineswegs vorüber – sie fangen jetzt erst richtig an!«

Schon bald stellte sich heraus, wie recht Dornberger mit seiner Prophezeiung gehabt hatte. Bisher hatten nur wenige Parteifunktionäre seine Zuversicht hinsichtlich der Rakete geteilt. Das Urteil Hitlers, der so weit gegangen war, den Fehlschlag des Raketenprojekts vorauszusagen, den ihm angeblich einer seiner »unfehlbaren« Träume eingegeben hatte, hatte seine Höflinge veranlaßt, ihm beizupflichten mit dem Ergebnis, daß die meisten Parteibonzen begannen, die Raketenexperten als Ketzer anzusehen.

Der Erfolg der dritten V2 änderte die Lage über Nacht. Hitler vergaß zweckdienlich seine Träume und wurde zum Raketenenthusiasten, gefolgt von seinen Speichelleckern, die nun nach Peenemünde strömten und lautstark die sofortige Serienproduktion der V2 verlangten. Sogar die nüchternen Männer in Hitlers Umgebung wandten sich unter dem Eindruck der von der Luftwaffe verlorenen Schlacht um England den Raketen zu.

Das hatte zur Folge, daß ein Sonderausschuß für die V2 gegründet wurde, der mit dem »Lokomotiv-Zaren« Gerhard Degenkolb, einer Chruschtschow-Natur, als Vorsitzendem dem Ministerium für Rüstung und Kriegsproduktion direkt unterstand. Der Ausschuß begann sofort mit der Herausgabe hochtrabender Richtlinien und dem Aufbau einer mächtigen Produktionsorganisation. Da er sich hauptsächlich aus Leuten mit geringem wissenschaftlichem Sachverstand, aber viel Energie zusammensetzte, war er Peenemünde bald ein Dorn im Auge.

Ungeachtet dieser Handikaps und der Hast, mit der die Entwicklung vorangetrieben wurde, konnte die V2 allmählich in bezug auf Zuverlässigkeit, Reichweite und Genauigkeit verbessert werden und wurde für die Massenproduktion reif. Südlich von Peenemünde entstand eine große Fabrik zur Herstellung bestimmter wichtiger Einzelteile und für die Versuchsserienmontage und Dornberger fing an, Offiziere und Unteroffiziere auszubilden, die die V2 im Einsatz abschießen sollten. Zur gleichen Zeit wurden drei zusätzliche Montagewerke bei Wien, am Stadtrand von Berlin und in den berühmten Zeppelin-Hallen in Friedrichshafen errichtet.

Am 28. Juni 1943 stattete Heinrich Himmler, der Reichsführer SS, Peenemünde einen Besuch ab. Er verlangte, über den gegenwärtigen Stand des V2-Projektes unterrichtet zu werden. Es war der zweite Besuch des Gestapo-Chefs bei den Raketenleuten.*) Dornberger und von Braun fürchteten beide, daß Himmler Schwierigkeiten machen und versuchen könnte, Einfluß auf das ganze Raketenprogramm zu nehmen und es sogar der Befehlsgewalt der SS zu unterstellen. Daher behandelte man ihn mit Vorsicht. Dornberger und von Braun bewirteten den Gast im Offizierskasino höflich, aber zurückhaltend und beschränkten bei einem bescheidenen Abendessen die Konversation darauf, der Hoffnung Ausdruck zu geben, daß Hitler baldigst dem Raketenprogramm allerhöchste Dringlichkeit bescheinigen möge. Diese Klassifizierung war nötig, um die Produktion auf Hochtouren anlaufen zu lassen. Die kleine Runde diskutierte dieses Thema hartnäckig bis vier Uhr früh.

* Die Raketenversuchsanstalt Peenemünde war in zwei Anlagen gegliedert: Peenemünde-West unterstand der Luftwaffe (V1-Entwicklung), Peenemünde-Ost dem Heer (V2). Bei den Raumfahrt- und Raketenfachleuten hieß das Redstone-Arsenal in Huntsville (Alabama), wo von Braun und seine Kollegen später arbeiteten, im Scherz »Peenemünde-Süd«.

Kurz nach neun Uhr vormittags wurde Himmler zur Beobachtungsplattform geleitet, um dem Abschuß des 38. Prototyps der V2 beizuwohnen. Die Rakete stand schon aufgerichtet auf Prüfstand VII. In jener Zeit trug das 14 Meter lange Geschoß noch die Bezeichnung A4. Der Countdown begann, die Rakete wurde gezündet, hob reibungslos vom Starttisch ab und glitt etwa zehn Meter aufwärts in die unbewegte Luft. Dann sahen Dornberger und von Braun zu ihrem Entsetzen, daß die Rakete sich um die Längsachse zu drehen begann, unmerklich zunächst, und an Geschwindigkeit gewann. Sie entpuppte sich als »spröde Jungfrau«, wie man solche fehlerhaften Raketen nannte. Das Geschoß legte sich, als der Umlenkbogen einsetzte, fast waagerecht und flog in niedriger Höhe über die Halbinsel hinweg. Stichflammen schlugen aus ihr heraus, und die Rakete schlingerte wie verrückt. 15 Sekunden nach dem Start versagte ihr Inneres unter der enormen Beanspruchung, das Triebwerk fiel aus, und die Rakete stürzte aus einer Höhe von gut 100 Metern auf das Rollfeld der Luftwaffe in Peenemünde-West. Drei abgestellte Flugzeuge wurden von der Druckwelle zerstört, als acht Tonnen Treibstoff beim Aufschlag explodierten. Ein Krater von fast 30 Meter Durchmesser markierte die Absturzstelle.

Himmler kommentierte das Geschehen mit der bissigen Bemerkung: »Jetzt kann ich nach Berlin zurückfahren und mit ruhigem Gewissen die Produktion von Nahkampfwaffen anordnen.«

Dornberger, der die vielen hundert Millionen Mark, die nach Peenemünde geflossen waren, vor Augen hatte, fand Himmlers Witz ziemlich geschmacklos. Einer von den Peenemünder Offizieren rettete die Situation mit dem Bonmot, die Rakete mache ihrem Namen »Vergeltungswaffe Nr. 2« (V2) alle Ehre. (Ein paar Tage vorher war einer der Lufttorpedos der Luftwaffe, die spätere V1, von einem Bomber über Peenemünde abgefeuert worden, ging sofort in eine Steilkurve über und kreiste mit ihrem unvergeßlichen knatternden Geräusch für über eine halbe Stunde in 100 Meter Höhe über den Dächern der Heeresanlagen in Peenemünde-Ost. Schließlich landete sie harmlos in einem Waldstreifen zwischen unseren Prüfständen, wo sie einen schnell erstickten Waldbrand auslöste.)

Innerhalb von 55 Minuten brachte ein Team schwitzender Ingenieure dann eine neue V2 Rakete – die Nr. 39 – von der Montagehalle zur Abschußrampe, überprüfte die Instrumente noch einmal und startete schließlich das Geschoß.

Diesmal donnerte die V2 einwandfrei in den Mittagshimmel und verschwand in hohen Schichtwolken außer Sichtweite. Das Echo ihres Triebwerkdonners war mehr als eine Minute lang über der Ostsee zu hören, bis das Funksignal zum Abschalten erfolgte. Der Abschuß war mustergültig. Die Brennschlußanlage war auf Ausschalten des Triebwerks bei einer Geschwindigkeit von 1497 Metern pro Sekunde programmiert worden, und der Brennschluß erfolgte tatsächlich bei 1500 Metern pro Sekunde. Das bedeutete eine Abweichung von weniger als einem viertel Prozent. Kurz darauf berichteten die Meßstellen, daß das Geschoß in 240 Kilometer Entfernung vor der Ostseeküste ins Meer eingeschlagen war.

Himmlers Gesicht blieb ausdruckslos. Aber es war klar, daß sogar er von der Großartigkeit des Abschusses und dem glänzenden Erfolg stark beeindruckt war. Er versprach, beim Führer zu gegebener Zeit ein Wort einzulegen. Um viertel nach sieben war Himmler wieder im Führerhauptquartier.

Als die Massenfertigung der V2 anlaufen sollte, erfolgte am 17./18. August 1943 der große britische Luftangriff auf Peenemünde, der schwere Schäden an den Entwicklungs- und Versuchsanlagen anrichtete. Fast zur gleichen Zeit legte die RAF die drei großen Werke, in denen die V2 in Serienproduktion gehen sollte, in Schutt und Asche: Die hierfür ausgesuchten Fabriken im Norden von Berlin und in Wiener Neustadt südlich der österreichischen Hauptstadt sowie die berühmten Zeppelin-Werke in Friedrichshafen am Bodensee.

Die Meldungen von diesen koordinierten Luftangriffen bewiesen eindeutig, daß das sorgfältig gehütete Geheimnis der V2-Entwicklung und die Pläne für ihre Massenfertigung den Alliierten bekannt geworden waren. Hitler reagierte sofort darauf und befahl, die gesamte Raketenproduktion in unterirdische Fabriken zu verlegen. Er beauftragte Himmlers Amtsgruppenchef »Bau«, den SS-Brigadeführer Dr. Hans Kammler, mit der Ausführung des Befehls. Kammlers Qualifikation für diesen Posten bestand hauptsächlich darin, daß er mehrere Konzentrationslager leitete, aus denen er Arbeitskräfte in großen Mengen abziehen konnte. Durch rücksichtsloses Antreiben der unglücklichen Häftlinge verwandelte er ein nicht mehr benutztes Öllager südlich des Harzes in Deutschlands größte unterirdische Fabrik, das sogenannte Mittelwerk. Werkzeugmaschinen und Montageteile, teilweise aus den drei zerbombten Produktionsstätten geborgen, wurden in die Stollen des Mittelwerks gebracht, wo die Häftlinge unter Anleitung von zivilen deutschen Ingenieuren und Technikern, in der Mehrzahl Angehörigen der ausgebombten Betriebe, die Fließbandfertigung der V2 aufnahmen. Da die Bombardierung der auf ganz Deutschland verteilten Zulieferfirmen anhielt, mußten deren Fließbänder immer wieder infolge fehlender Maschinenteile gestoppt werden, und die Folge war, daß allmählich auch die Produktion dieser Teile ins Mittelwerk verlegt wurde. Man benutzte dafür das Netz der kleineren Tunnel, die die beiden Hauptstollen wie die Sprossen einer Leiter unter der Erde miteinander verbanden. Auf diese Weise entwickelte sich die Belegschaft des Mittelwerkes allmählich zu einer Mischung von deutschen Zivilpersonal und KZ-Häftlingen.

Zu keinem Zeitpunkt trug Wernher von Braun als technischer Leiter der Raketenversuchsanstalt Peenemünde, die rund 650 Kilometer nördlich des Mittelwerkes lag, die Verantwortung für die Massenfertigung der V2 oder für die Leitung des Mittelwerkes. Die Produktionsziffern wurden vom Rüstungsministerium in Berlin festgelegt, das auch die leitenden Leute des Mittelwerkes ernannte und sie beaufsichtigte. Bis zum 20. Juli 1944, als das Attentat einer Gruppe deutscher Offiziere auf Hitler fehlschlug, war die Aufgabe Dr. Kammlers und der SS im Mittelwerk nach und nach auf den Betrieb mehrerer Konzentrationslager außerhalb der Stollen beschränkt worden, in denen die Häftlinge hausten, und auf die Verhinderung der häufig erfolgenden Sabotageversuche durch patriotisch gesinnte Häftlinge.

Die im Mittelwerk arbeitenden KZ-Insassen waren hauptsächlich französische, polnische und jugoslawische Widerstandskämpfer und solche aus weiteren, von der deutschen Wehrmacht besetzten Ländern. Juden waren nicht darunter, zumindest nicht in auffälliger Anzahl. Zu den Arbeitstrupps gehörten auch einige deutsche Kommunisten, die wegen ihrer Opposition gegen das NS-Regime ins KZ gesteckt worden waren, sowie ein geringer Prozentsatz krimineller Häftlinge, die aus deutschen Haftanstalten in Konzentrationslager eingewiesen worden waren.

Eines der im Bereich des Mittelwerkes liegenden Konzentrationslager trug den Namen »Dora« und erlangte traurige Berühmtheit durch einen in Zusammenhang damit Mitte der fünfziger Jahre in der Bundesrepublik stattfindende Kriegsverbrecherprozeß. Gegen mehrere SS-Offiziere und -Wachen sowie gegen Direktoren des Mittelwerkes wurde damals Anklage wegen der Tötung oder zumindest Namentlichmachung und Bestrafung von Häftlingen erhoben, die Sabotageakte begangen hatten. Von Braun wurde niemals einer Beteiligung an diesen Hinrichtungen beschuldigt, jedoch als Zeuge zu dem Verfahren geladen. In seiner Aussage bestätigte er sinngemäß, von solchen Exekutionen gehört zu haben, doch habe er während seiner insgesamt acht oder zehn gewöhnlich eintägigen Besuche im Mittelwerk, die durch fortgesetzte Konstruktionsänderungen der V 2 notwendig gewesen seien, weder jemals einer Hinrichtung beigewohnt, noch seinen Fuß in das Lager »Dora« oder ein anderes KZ außerhalb des Tunnelkomplexes gesetzt. Er beschrieb seine Eindrücke von den Arbeitsbedingungen in den unterirdischen Stollen als »teuflischen Alptraum« und erklärte, er habe »nie aufgehört, sich der Tatsache zu schämen, daß selbst in einem vom Krieg stark mitgenommenen und zerstörten Deutschland, das ums Überleben kämpfte, derartige Übergriffe geschehen konnten«.

Lange nach dem Krieg, als Wernher von Braun durch seine Erfolge mit dem Satelliten *Explorer I* für Schlagzeilen sorgte, machten ihn zwei oder drei Journalisten, die eine französische Gruppe mit Namen »Überlebende des Lagers Dora« vertraten, persönlich für ihre Leiden im Mittelwerk und im Lager »Dora« verantwortlich. Er versicherte mir später, diese unfairen Vorwürfe, deren Haltlosigkeit und Ungerechtigkeit in dem vorangegangenen Gerichtsprozeß längst eindeutig bewiesen worden war, hätten ihm schwer zu schaffen gemacht. Er entschloß sich jedoch, keine Verleumdungsklage gegen die Journalisten anzustrengen, weil die skandalöse und menschenunwürdige Umgebung, in die man die Leute damals zwangsweise gebracht habe, unentschuldbar nach unseren heutigen Rechtsgrundsätzen sei und weil er verstehen könne, daß, nachdem er jetzt Berühmtheit erlangt habe, die furchtbaren Zustände im Mittelwerk (das ja schließlich errichtet worden war, um die Massenproduktion seines Geistesproduktes aufzunehmen) auf ihn abfärbten.

Im Frühjahr 1944 betrug die Monatsproduktion der V 2 etwa 300 Stück, später wurde sie zeitweise auf 900 Stück monatlich erhöht. Ein Teil des anfänglichen Ausstoßes wurde für Dornbergers Ausbildungsprogramm in Ostpolen verwendet; ein anderer Teil ging nach Peenemünde zur Prüfung von Verbesserungen der Steueranlage und ähnlichen Arbeiten.

Eine der hitzigsten Diskussionen zu diesem Zeitpunkt in Verbindung mit der V2 bezog sich auf ihren bevorstehenden Fronteinsatz. Die Raketenleute in Peenemünde – von Braun eingeschlossen – waren der Ansicht, die Rakete könne nur dann militärisch erfolgreich eingesetzt werden, wenn sie aus bombensicheren Betonbunkern abgeschossen würde, die auch Reparaturwerkstätten und Prüfeinrichtungen enthalten müßten samt dem dazugehörigen ausgebildeten technischen Personal. Diese Ansicht wurde von General Dornberger jedoch nicht geteilt, der glaubte, daß solche Anlagen – ungeachtet der Stärke der Betondecken – ausgebomt würden, bevor sie überhaupt in Betrieb genommen werden konnten. Dornberger hielt es für klüger, den Einsatz der V2 durch mobile Batterien erfolgen zu lassen, die von gut ausgebildeten Soldaten bedient würden.

Er setzte seinen Kurs gegen den fast einmütigen Widerspruch des technischen Stabes in Peenemünde durch, und der Erfolg gab ihm überraschend recht. Die Raketen sollten auf leichten, getarnten Spezialstafetten zu Abschußstellen transportiert werden, die gewöhnlich inmitten dichter Wälder lagen. Hier wurden sie dann auf röhrenförmige, leichte Plattformen gestellt, hydraulisch aufgerichtet von Spezialfahrzeugen betankt und von einem Panzerkampfwagen aus abgefeuert, der zu einem »mobilen Blockhaus« umgebaut worden war und etwa 150 Meter von der Rakete entfernt stehen sollte. Dornbergers Voraussage, daß ein größerer strategischer Erfolg durch sorgfältig ausgebildetes Personal, das aber verhältnismäßig wenig von den schwer verständlichen Aspekten der Raketentechnik wußte, erzielt würde, traf hundertprozentig ein. »Laßt die Wissenschaftler von diesen Raketen weg, und alles funktioniert glänzend!« pflegte er zu sagen.

»Mit der wachsenden militärischen Bedeutung der V2 stieg auch ihr Einfluß auf die nationalsozialistische Parteipolitik. Mit einigem Erfolg konnte ich mich bis Anfang 1944 aus dem Netz der Politik heraushalten. Das Heer beugte sehr geschickt und mit Erfolg der politischen Einflußnahme auf Peenemünde vor, indem es die Notwendigkeit der Geheimhaltung betonte und Sonderausweise vorschrieb, die einfach an unerwünschte Besucher nicht ausgegeben wurden«, sagt von Braun.

Zu dieser Zeit begann SS-General Kammler sich einzubilden, daß er Raketenfachmann wäre, weil »seine« KZ-Insassen die unterirdischen Stollen für das Mittelwerk ausgebaut hatten. Kammler eröffnete eine Offensive gegen Leo Zanssen, den damaligen Kommandierenden General in Peenemünde. Zanssen, ein gläubiger Katholik und Berufsoffizier der alten Schule, hatte es bis dahin verstanden, alle Versuche der Partei zu vereiteln, Einfluß auf Peenemünde zu gewinnen. Da informierte die Gestapo eines Tages Dornberger, Zanssens Vorgesetzten, daß sie klare Beweise dafür hätte, daß Zanssen ein Sicherheitsrisiko sei. Diese Mitteilung war mit einem Befehl zur Ablösung des Generals als Kommandeur von Peenemünde begleitet. Diesen Befehl führte Dornberger geschickt buchstabengetreu aus, indem er Zanssen zu seinem für das V2-Gesamt-Programm verantwortlichen Stellvertreter in Berlin ernannte, während er dafür selbst das Kommando in Peenemünde übernahm. Auf diese Weise hatte er sich in die Lage versetzt, seinem eigenen Stellvertreter Meldung machen zu müssen! Da die Gestapo sich nicht mit dem Oberkommando des Heeres anlegen wollte, ließ sie Zanssen danach in Ruhe. Überdies scheute Kammler davor zurück, sich mit Dornberger zu sehr anzulegen, denn ohne dessen Mitarbeit wäre es ihm unmöglich, seine eigenen Ziele zu erreichen.

Seit dem Frühjahr 1937 hatte Wernher von Braun als Technischer Direktor der Heeresversuchsanstalt in Peenemünde fungiert, nun erhielt er als zweites Ziel der Kammlerschen Eindringungsversuche die telefonische Aufforderung, sich zum Rapport im Hauptquartier Heinrich Himmlers in Ostpreußen zu melden. Das war im Frühjahr 1944. Mit großer Besorgnis über Himmlers nächsten Schachzug betrat er dessen Büro. Himmler war von Braun zufolge der »liebenswürdigste Schurke, der jemals anderen die Kehle durchschnitt, denn er war ausnehmend höflich und erinnerte eher an einen Dorfschullehrer«.

Die Unterredung begann wie folgt:
»Ich hoffe, Sie sind sich klar darüber, daß Ihre V2-Rakete kein Spielzeug mehr ist«, sagte Himmler, »und daß das ganze deutsche Volk ungeduldig die Geheimwaffe erwartet... Was Sie betrifft, so kann ich mir denken, daß Sie bis jetzt durch die Heeresbürokratie stark behindert worden sind. Warum treten Sie nicht in meinen Stab ein? Sie wissen sicher, daß niemand so direkten Zugang zum Führer

hat wie ich, und ich verspreche Ihnen weit wirksamere Unterstützung, als diese sturen Generale sie Ihnen bieten können...«

»Reichsführer«, antwortete von Braun, »ich könnte mir keinen besseren Vorgesetzten wünschen als General Dornberger. Die Verzögerungen, mit denen wir immer noch zu kämpfen haben, sind auf technische Schwierigkeiten und nicht auf Bürokratie zurückzuführen. Wissen Sie, mit der V 2 verhält es sich wie mit einer Blume. Um blühen zu können, braucht sie Sonne, genau die richtige Menge Dünger und einen verständigen und geduldigen Gärtner. Ich fürchte, was Sie planen, ist ein dicker Strahl Jauche! Das könnte unsere kleine Blume eingehen lassen!«

Himmler lächelte etwas gequält über diesen Vergleich und wechselte das Thema. Ein paar Minuten später entließ er von Braun mit – wie es diesem schien – geheuchelter Höflichkeit. Von Braun kehrte nach Peenemünde und an seine Arbeit zurück, ohne an einen Racheakt Himmlers zu denken, der seine eigenen unnachahmlichen und im allgemeinen höchst wirksamen Methoden hatte.

In den frühen Morgenstunden des 15. März 1944, nach einer kalten Winternacht, klingelte das Telefon neben Dornbergers Bett in seinem Quartier in Schwedt an der Oder. Am anderen Ende der Leitung war General der Infanterie Walter Buhle, der Chef Heeresstab beim Chef des Oberkommandos der Wehrmacht im Führerhauptquartier in Berchtesgaden, der ihn ersuchte, sofort zu einer Besprechung mit Generalfeldmarschall Keitel nach Berchtesgaden zu kommen. Ein Zimmer sei für ihn im »Berchtesgadener Hof« reserviert.

Um acht Uhr verließ Dornberger mit seinem Fahrer im Opel Admiral Schwedt, erreichte bei Joachimsthal die Autobahn und fuhr über Berlin, Hof und München nach Berchtesgaden. Die Reise verzögerte sich durch Schneeverwehungen, vereiste Straßen und die Verwüstungen, die ein schwerer Luftangriff auf München in der Nacht zuvor angerichtet hatte, so daß sie Berchtesgaden erst am Spätnachmittag erreichten. Er rief sofort Buhle an. Dieser erklärte, Dornberger in seinem Zimmer sprechen zu wollen. Eine Viertelstunde später berichtete er Dornberger: »Heute morgen um acht Uhr sind Professor Braun und die Ingenieure Klaus Riedel und Helmut Gröttrup wegen Sabotage des V 2-Projekts verhaftet und nach Stettin gebracht worden.«

Dornberger traute seinen Ohren nicht. Das durfte nicht wahr sein! Ausgerechnet Wernher von Braun, sein bester Mann, mit dem er seit über zehn Jahren aufs engste zusammengearbeitet hatte und den er besser zu kennen glaubte als irgend jemand sonst, dessen ganzes Sinnen und Handeln Tag und Nacht der V2 gegolten hatte, wegen Sabotage verhaftet? Unmöglich! Und Klaus Riedel, der die gesamte Bodenorganisation mit unermüdlichem Elan und einem brillanten, die militärischen Bedürfnisse klar erfassenden Geschick ausgearbeitet hatte und einer der treuesten Anhänger der Sache war! Und dazu noch Gröttrup, Dr. Steinhoffs Stellvertreter! Heller Wahnsinn!

Dornberger wollte wissen: »Was wirft man ihnen vor?«

»Das wird Ihnen morgen der Generalfeldmarschall selbst mitteilen.«

Nach einer fast schlaflosen Nacht suchte er am nächsten Morgen um neun Uhr Keitel auf. Der Feldmarschall empfing ihn in seinem Dienstzimmer.

»Sie wissen, daß von Braun, Riedel und noch einer Ihrer Herren gestern früh morgens von der Geheimen Staatspolizei verhaftet worden sind?« Dornberger nickte stumm. »Die Vorwürfe sind so schwer, daß die Verhaftung erfolgen mußte. Es könnte die Herren den Kopf kosten. Wie Leute in ihrer wichtigen Stellung sich zu solchen Äußerungen hinreißen lassen konnten, ist mir unverständlich!«

Dornberger erwiderte sofort: »Herr Feldmarschall, ich weiß nicht, wie die Beschuldigungen im einzelnen lauten, aber ich verbürge mich für von Braun und Riedel. Göttrup kenne ich noch nicht so genau. In seinem Fall müßte ich erst wissen, was man ihm zur Last legt.«

Keitel war betreten. »Sie bürgen für diese Herren mit Ihrem Kopf? Sie sind sehr schnell mit Ihrem Entschluß!«

»Es ist doch selbstverständlich, daß ich für meine engsten Mitarbeiter ohne Zögern und rückhaltlos eintrete, Herr Feldmarschall.«

Keitel sagte bedeutungsvoll: »Wissen Sie, daß diese Ihre engsten Mitarbeiter in Zinnowitz in Gesellschaft geäußert haben, es sei nie ihre Absicht gewesen, aus der Rakete eine Kriegswaffe zu machen? Daß sie nur – unter Ihrem Druck übrigens – an der ganzen Entwicklung gearbeitet hätten, um Geld für ihre Experimente und die Bestätigung ihrer Theorien zu bekommen? Daß sie die ganze Zeit über nur die Raumfahrt im Sinn gehabt hätten?«

Das war es also! »Trotzdem bürge ich für sie. Ich selbst habe oft bei

Vorführungen in Peenemünde zur Einleitung davon gesprochen, daß unsere Arbeit an der A 4, der jetzigen V 2, nur der erste tastende Schritt in ein neues Zeitalter der Technik ist, in das der Rakete! Wie oft habe ich betont, daß die Zeit jetzt reif sei für diese Wende in der Geschichte der Menschheit. Wir haben der Raumschiffahrt den Weg gewiesen. Wir haben den Beweis für ihre Realisierbarkeit erbracht. Wenn meine Leute dadurch Sabotage begangen haben sollen, daß sie diese Ansichten wiederholten, dann muß ich ebenfalls verhaftet werden!«

»Die Sabotage ist in der Tatsache zu sehen«, erläuterte Keitel, »daß die Herren ihren geheimen Gedanken der Weltraumfahrt nachgegangen und infolge dessen nicht ihre ganze Energie und Kraft für die Fertigstellung der A 4 als Kriegswaffe eingesetzt haben.«

»Diese Verhaftungen sind untragbar für das ganze Projekt – besonders im gegenwärtigen Augenblick, wo die Rakete vor dem Einsatz steht und wir noch nicht die Ursachen der letzten Störungen am Gerät erkannt haben. Hier muß ein unbegreifliches Mißverständnis oder ein Irrtum vorliegen!«

Keitel zuckte wieder die Schultern. »Ich kann nichts unternehmen, Reichsführer Himmler hat die Angelegenheit selbst in die Hand genommen.«

»Herr Feldmarschall, für alles militärische und zivile Personal in Peenemünde gelten die Militärstrafgesetze. Peenemünde untersteht der Militärgerichtsbarkeit. Die Herren müssen sofort aus den Händen der Gestapo herausgeholt und in militärische Untersuchungshaft übergeführt werden!«

»Ich kann jetzt nicht in den Lauf der Untersuchung eingreifen, aber ich werde einen Abwehrmann als Beobachter zu den Vernehmungen abstellen. Er soll mir unmittelbar berichten. Halten Sie denn den Ausfall dieser Herren wirklich für so entscheidend?«

»Herr Feldmarschall, ich melde hiermit dienstlich, daß, wenn diese Verhaftung aufrechterhalten bleibt, der Abschluß der Entwicklung problematisch sein wird und der Einsatz der Rakete auf unbestimmte Zeit verschoben werden muß.«

»Halten Sie die Konsequenzen für so ernst?«

»Von Braun und Riedel sind gegenwärtig die wichtigsten Männer für das Projekt. Gröttrup ist ebenfalls unentbehrlich für den elektrischen Sektor als ständiger Vertreter des Abteilungsleiters. Es ist meine Pflicht, im Interesse des Programms auf der sofortigen Freilassung der Herren zu bestehen.«

»Seien Sie doch vernünftig! Ich kann sie nicht ohne Zustimmung Himmlers freilassen. Überdies muß ich den geringsten Verdacht vermeiden, daß ich weniger strikt in der Verfolgung derartiger Fälle sei als die Geheime Staatspolizei und Himmler. Sie kennen meine Lage hier. Ich werde beobachtet. All meine Handlungen werden registriert. Man wartet doch nur darauf, daß ich einen Fehler mache. Wenn ich gehen muß, hat das Offizierskorps seinen letzten Mittler zwischen sich und dem Führer, seine letzte Einflußmöglichkeit überhaupt, verloren. Dann herrscht nur noch die SS – und Himmler!«

»Herr Feldmarschall, erlauben Sie, daß ich mit Himmler spreche? Es ist meine Pflicht, ihm meine Auffassung vorzutragen und um die Freilassung der Herren zu bitten.«

»Ich werde ihn anrufen.«

Keitel ließ sich mit Himmlers Adjutanten verbinden, sagte ihm, worum es ging und fragte, ob Dornberger zum Vortrag kommen könne. Sie warteten einige Augenblicke. Dann kam der Bescheid. Himmler lehnte es ab, Dornberger zu empfangen und ließ ihm sagen, er solle sich an das Reichssicherheitshauptamt in Berlin wenden und dort bei SS-Obergruppenführer Kaltenbrunner vorsprechen. Am nächsten Vormittag meldete sich Dornberger in Begleitung seines Chef des Stabes, Oberstleutnant Thom, in der Prinz-Albrecht-Straße. Das palastartige Gebäude mit dem riesigen Treppenaufgang war schon ziemlich mitgenommen vom Bombenhagel. Der Verputz war von Decken und Wänden gefallen, Fensterscheiben waren zertrümmert und Türfüllungen herausgerissen. Schwerere Schäden waren mit Bretterwänden verdeckt. Überall war es ungemütlich zugig und kalt.

In Abwesenheit von Kaltenbrunner wurden sie von SS-Obergruppenführer Heinrich Müller empfangen. Er war der Typ des unauffälligen Kriminalbeamten, der keinen persönlichen Eindruck hinterließ. Nachdem er sich mit dem Rücken zum Fenster gesetzt hatte, eröffnete er das Gespräch: »Sie sind also General Dornberger? Ich habe schon viel von Ihnen gehört – und gelesen. Ich nehme an, Sie kommen wegen der Peenemünder Angelegenheit?«

»Jawohl. Ich verlange die sofortige Freilassung der vom SD* so

---

* Der SD (Sicherheitsdienst) war eine Abteilung innerhalb von Himmlers Polizeiapparat.

überraschend verhafteten Herren. Zur Begründung möchte ich ausführen...«

Müller unterbrach ihn.»Verzeihung! Erstens sind die Herren nicht verhaftet, sondern befinden sich zur Einvernahme im Polizeipräsidium Stettin in Gewahrsam. Und zweitens hat der SD damit gar nichts zu tun. Als aktiver General sollten Sie im Jahre 1944 den Unterschied zwischen SD und Gestapo kennen!«

»Obergruppenführer, ich bin in meinem ganzen Leben mit keiner dieser Stellen in nähere Berührung gekommen. Ich kenne also die feinen Unterschiede zwischen den Organisationen nicht. Für mich sind Gestapo, SD und Kriminalpolizei im Endeffekt dasselbe. Die Verhaftung, oder wie Sie es nennen, der Gewahrsam zwecks Einvernahme, ist bei allen gleich.«

Müller ging plötzlich dazu über, Dornberger selbst zu drohen, indem er ihn wissen ließ, man habe schon eine ganze »Akte« über ihn vorliegen. Es kam zu einem heftigen Wortwechsel. Schließlich berichtete Dornberger ihm in allen Einzelheiten, welche Arbeit die verhafteten Männer geleistet hatten und was noch vor ihnen lag, und daß sie sofort freigelassen werden müßten, wenn man nicht das ganze Raketenprojekt aufs Spiel setzen wolle. Müller hörte schweigend zu und starrte dabei Dornberger unverwandt an.

Er lehnte es ab, sich bis nach Abschluß der Voruntersuchung für die Männer zu verwenden und behauptete, keine Unterlagen über den Fall vorliegen zu haben, sagte indessen zu, Kaltenbrunner in Kenntnis zu setzen und die Sache zu beschleunigen. Dornberger bat ihn um dringendes Einwirken auf Stettin, und er versprach, das zu tun. Dann ersuchte Dornberger noch um Erlaubnis zum Besuch der Verhafteten, die Müller ihm erteilte. Damit verließ Dornberger Berlin.

Er fuhr nach Stettin und erreichte nach einigen Tagen in enger Zusammenarbeit mit Major Klammroth, dem Sachbearbeiter für Raketenangelegenheiten in der Abwehrabteilung des OKW, daß von Braun nach Schwedt übergeführt und schließlich freigelassen wurde. Dornberger holte ihn nachts, bewaffnet mit einer großen Flasche Cognac, ab.

Bald darauf konnte er auch Riedel und Gröttrup wieder auf seiner Dienststelle begrüßen. Seine eidesstattliche Erklärung der Unersetzlichkeit der Verhafteten für das V2-Programm hatte ihre provisorische Freilassung für drei Monate bewirkt. Nach Ablauf dieser Frist führte eine erneute Erklärung gleicher Art zu einer weiteren Haftaussetzung. Dann kam das Attentat vom 20. Juli 1944, und bald darauf erfolgte der Einsatz der V 2, und der Fall geriet in Vergessenheit.

Später erfuhr Dornberger, daß die Verhaftungen auf Berichte von Spitzeln zurückzuführen waren, die von Himmlers Organen unter der Bevölkerung des Städtchens Zinnowitz auf Usedom nach seinem ersten Besuch in Peenemünde eingesetzt worden waren. Anscheinend hatte sich die Bespitzelung auf die Raketenleute erstreckt statt auf Einheimische und Fremde. Man hatte Worte aus dem Zusammenhang gerissen und die Gesprächsfetzen als Staatsverbrechen erscheinen lassen.

Von Braun erinnert sich, daß er auf einem Empfang in Zinnowitz mit einer Ärztin ins Gespräch kam und einige Bemerkungen fallen ließ, die so interpretiert werden konnten, als hätte er bei der Entwicklung der V 2 nur die Raumfahrt vor Augen gehabt, die Rakete gar nicht als Kriegswaffe bauen wollen und ihre sofortige Indienststellung bedauert.

»Die Dame«, vermutet von Braun, »war offenbar eine Agentin der Gestapo. Jedenfalls verbrachte ich zwei Wochen im Gefängnis und feierte auch meinen 32. Geburtstag dort. Der Himmel weiß, wie dankbar ich Dornberger dafür bin, daß er mich herausgeholt hat. Und Gott sei Dank bin ich nicht gefoltert und erschossen worden – wie das bei der Gestapo gang und gäbe war.«

In der Tat gingen die Beschuldigungen der SS über den Vorwurf der Sabotage hinaus. Sie blieb dabei, daß von Braun ein Flugzeug startbereit halte, um unter Mitnahme wichtiger Raketendaten nach England zu fliehen. Diese Behauptung war nur schwer zu entkräften, denn er benutzte gewöhnlich eine kleine staatseigene Sportmaschine vom Typ Messerschmitt-*Taifun*, die er auf Dienstreisen innerhalb von Deutschland selbst steuerte. Wie sollte er da beweisen, daß er keine verräterischen Absichten hegte?

8. Kapitel
»Vorhaben zur besonderen Verwendung«

Kammlers hinterhältige Anschläge auf Peenemünde ließen mit der Zeit erheblich nach, bis am 20. Juli 1944 eine Gruppe von Offizieren des Heeres das mißglückte Attentat auf Hitler verübte und dadurch die Stellung der SS gestärkt wurde. Zu diesem Zeitpunkt stand die V 2 kurz vor dem militärischen Einsatz. Kammler hatte geschickt seine Verbindungen so lange spielen lassen, bis Dornbergers Rolle sich nur mehr auf die Aufsicht über die Ausrüstung und Ausbildung der V 2-Bedienungsmannschaften beschränkte. Auf diese Weise hatte er die Kontrolle über die militärischen Einheiten verloren, deren Aufstellung seiner Initiative zu verdanken war.

Im Frühjahr 1944 begann eine großangelegte Einsatzübung mit der V 2, um die ballistische Treffsicherheit der Rakete und die zerstörende Wirkung ihres Sprengkopfes zu testen. Diese Versuche fanden in einem unbewohnten Gebiet Südpolens statt, wo Beobachtungsposten, Horcheinrichtungen und Bahnverfolgungbasen errichtet worden waren. Durchschnittlich zehn Raketen mit scharfen Sprengköpfen sollten pro Tag abgefeuert werden, aber nachdem die Batterien mit den Abschüssen begonnen hatten, wurde gemeldet, daß ungefähr sechzig Prozent der Raketen bereits zwei bis drei Kilometer vor dem Aufschlag in der Luft auseinanderbrachen.

»Ich machte mich sofort von Peenemünde aus mit einer Gruppe von Auswertern auf den Weg und richtete auf Anraten Dornbergers mein Hauptquartier genau im Mittelpunkt des Zielgebietes ein«, erzählte von Braun. »Nach Dornbergers raffinierter Überlegung mußte das der sicherste Platz sein, und als ich eintraf, war er selbst schon dort. Trotzdem passierte es eines schönen Tages. Ich stand im offenen Gelände und beobachtete einen Zeitanzeiger auf der Spitze eines

**Erik Bergaust
Wernher von Braun**
Ein unglaubliches Leben
ca. 500 S., 16 S. Abb.,
geb. 38 DM
Seit der ersten Mondlandung durch amerikanische Astronauten sind Wernher von Braun und seine Leistungen ein fester Bestandteil in der Geschichte der Technik. Diese Biographie dokumentiert die phänomenale Entwicklung eines Technikers und Menschen, der mit seinem Werk Geschichte gemacht hat.

**Kenneth Macksey
Guderian**
Der Panzergeneral
ca. 320 S., 16 S. Abb.,
geb. 36 DM
Die Geschichte des „Panzergenerals" ist eng verknüpft mit der Entwicklung der Panzerwaffe. Guderian war der erste deutsche Offizier, der die Schlagkraft dieser Waffe richtig einschätzte. Diese Biographie – aus englischer Sicht – bringt eine Fülle neuer Aspekte, die den Menschen und General Guderian in ein neues Licht rücken.

**Günter Alexander
So ging Deutschland in die Falle**
Anatomie einer Geheimdienst-Operation
320 S., 16 S. Bildteil,
geb. 28 DM
Die verantwortlichen Abwehroffiziere rühmten sich ihrer „Superagenten", doch die „wertvollen Meldungen" waren falsch. – Spannung, Dramatik und bisher unbekannte Informationen: eine brisante Publikation über Hintergründe und Kampf der Spionage- und Abwehrdienste während des 2. Weltkrieges.

Informieren Sie mich künftig bitte kostenlos und unverbindlich über Neuerscheinungen der Econ Verlagsgruppe. Ich interessiere mich besonders für:

N	Betriebsführung/Handel/Wirtschaft
E	Verkauf/Werbung/Marketing
0	Bildbände/Fotografie Kunst
1	Fremde Länder und Völker
2	Geschichte/Kulturgeschichte
3	Politik/Zeitgeschehen
4	Nachschlagewerke/Wörterbücher
5	Medizin
6	Naturwissenschaft/Technik/Raumfahrt
7	Romane/Lyrik
8	Biographien
9	mvs-science fiction & fantastica

Liefern Sie mir bitte über die Buchhandlung:

...... Exempl. Bergaust, **Wernher von Braun** 38 DM

...... Exempl. Macksey, **Guderian** 36 DM

...... Exempl. Alexander, **So ging Deutschland in die Falle** 28 DM

Preisänderungen vorbehalten

Datum: Unterschrift:

Werbeantwort

Bitte als Postkarte frankieren

ECON
VERLAGSGRUPPE
Postfach 9229
4000 Düsseldorf 1

Land (D = Deutschland, CH = Schweiz, A = Österreich etc).
**Absender bitte „computergerecht" in Blockschrift eintragen.
Ein Kästchen = ein Buchstabe.**

☐ Herr ☐ Frau ☐ Firma

PLZ   Ort

Zuname

Vorname

Straße, Hausnummer

Turms, der ankündigte, daß jeden Augenblick eine Rakete in der Nähe aufschlagen mußte. Stellen Sie sich meinen Schreck vor, als ich in die Richtung blickte, aus der sie kommen mußte und einen dünnen Kondensstreifen entdeckte, der auf mich zuraste! Es blieb kaum Zeit, mich flach auf den Boden zu werfen, bevor ich durch eine donnernde Explosion hoch in die Luft gewirbelt wurde, aber unverletzt in einem nahen Graben landete. Der Aufschlag war keine 100 Meter entfernt erfolgt, und es war ein Wunder, daß der explodierende Sprengkopf mich nicht pulverisiert hatte.«

Auf diese Weise wäre Wernher von Braun beinahe von seiner eigenen Rakete getötet worden...

Eine Reihe von Beobachtungen und Untersuchungen, nicht alle mit so kritischen Folgen, ergab, daß die V2 gelegentlich beim Wiedereintritt in die Erdatmosphäre infolge des luftelastischen Flatterns im vorderen Teil des mittleren Abschnitts auseinanderfiel. Durch geeignete Verstärkung des Materials konnte dieser Defekt behoben werden.

Am 8. September 1944 schossen deutsche Einheiten die erste taktische V2-Rakete am Stadtrand der holländischen Hauptstadt Den Haag ab. Genau um 18.43 Uhr, knapp sechs Minuten nach dem Start, explodierte das große Geschoß, das eine Tonne Sprengstoff trug, mit verheerender Wirkung in Chiswick-on-Thames, einem Vorort von London.

Damit war der dramatische Einsatz militärischer Raketen der Welt bekannt geworden. An den folgenden zehn Tagen hagelten 26 V2-Raketen auf London herunter, und erst nach einigen Tagen Feuerpause verkündete Goebbels dem deutschen Volk, daß nach der »Summerbombe« – wie das V1-Lufttorpedo in England genannt wurde, weil ihr Anflug sich durch einen lauten Summton ankündigte – nun die vom Führer versprochene zweite Geheimwaffe zum Einsatz gegen Großbritannien gekommen sei. Durch Goebbels Rundfunkansprache erfuhr Wernher von Braun, unter welcher Bezeichnung seine Rakete traurige Berühmtheit erlangen sollte – V2, die Abkürzung von »Vergeltungswaffe Nr. 2«.

General Dwight D. Eisenhower schrieb später in seinen Erinnerungen: »Wenn es den Deutschen gelungen wäre, diese neuen Waffen sechs Monate früher zu vervollkommnen und zum Einsatz zu bringen, so ist es wahrscheinlich, daß unsere Invasion in Europa sich als äußerst schwierig, wenn nicht sogar als unmöglich erwiesen hätte.«

Der Flugkörper war 14 Meter lang und hatte einen Durchmesser von 1,65 Metern. Das Startgewicht mit allen Brennstoffen lag bei 12 900 Kilogramm, und das Triebwerk entwickelte beim Abschuß einen Schub von 25 Tonnen. Den größten Raum nahmen Brennstoff- und Sauerstofftanks ein. Ihr Inhalt machte 69 Prozent des Gewichts der Rakete aus. Durch eine Wasserstoffsuperoxyd-Dampfanlage erfolgte der Antrieb der Treibstoffturbopumpen. Diese ließen den Treibstoff in eine fast kugelförmige Brennkammer unter einem Verbrennungsdruck von 15,45 atü und einer Verbrennungstemperatur von annhähernd 2 700 Grad Celsius eintreten. Die intensive Verbrennung von Brennstoff und Sauerstoff erzeugte den Schub in entgegengesetzter Richtung zu der der Verbrennungsgase, die aus der Düse strömten. Treibstoff, der durch den Triebwerkmantel geleitet wurde, bildete einen Kühlfilm und verhinderte das Schmelzen der Stahlwände.

Die riesige Rakete wurde senkrecht gestartet. Zu Anfang war der Schub gerade ausreichend, um die Rakete vom Starttisch mit einer Anfangsbeschleunigung von 1 g abzuheben. Aber je mehr Brennstoff verbraucht wurde, desto größer wurde die Beschleunigung der Rakete und steigerte sich schließlich auf 5 g. Nach dem Abschuß neigte sich die Flugbahn langsam in Richtung auf das Ziel zu. Die Verbrennung wurde automatisch abgeschaltet (Brennschluß), wenn die Rakete, die noch immer unter einem Winkel von 45 Grad stieg, die richtige Fluggeschwindigkeit zur Erreichung ihres vorausberechneten Ziels auf einer riesigen ballistischen Flugbahn erreicht hatte.

Die durchschnittliche Brennzeit des Triebwerkes betrug 60 bis 63 Sekunden, die Gesamtflugzeit etwa 300 Sekunden für die Maximalreichweite. Von Abschußbasen auf dem Kontinent dauerte der normale Flug einer V 2 nach London 5 Minuten und 20 Sekunden. Die Brennschlußanlage schaltete auf dem Funkwege nach Erreichen einer Höhe von rund 22 Kilometer das Triebwerk ab, und dann begann die Rakete ihren schnellen, aber geräuschlosen Leerlauf bis zum Kulminationspunkt ihrer Flugbahn in 80 bis 90 Kilometer Höhe. Die Geschwindigkeit bei Brennschluß betrug etwa 1 600 Meter pro Sekunde. Da die V 2 ihr Ziel mit einer Auftreffsicherheit von 900 bis 1 000 Metern pro Sekunde – also dreifacher Schallgeschwindigkeit –

erreichte, war sie schneller als die meisten Projektile, und eine rechtzeitige Sichtung war praktisch ausgeschlossen. Wichtiger noch, die bekannten Abwehrmethoden versagten; neue konnte nicht entwickelt werden.

Im Juni 1943 hatte Hitler die Massenfertigung der V2 angeordnet. Zunächst hatte er verlangt, daß die Luftangriffe auf London am 30. Oktober des gleichen Jahres beginne sollten und von 30 000 Raketen gesprochen, die er bis dahin hergestellt haben wollte. Später gab er sich mit einer monatlichen Produktionsziffer von 900 Stück zufrieden. Nach von Brauns Darstellung wurde die Zahl von 30 Geräten pro Tag tatsächlich erreicht, wenn auch nur sporadisch. Während einer achtstündigen Schicht wurden 30 Raketentriebwerke auf den Prüfständen scharfen Tests unterzogen.

Die V2 war eine relativ billige Waffe. In der Serienfertigung erforderten diese Geräte 12 950 Arbeitsstunden oder zirka 38 000 Reichsmark im Vergleich zu einem Kampfflugzeug, das an Lohnkosten eine halbe Million Mark verschlang.

Die persönlichen Reaktionen der Raketenleute waren nach dem ersten V2-Abschuß auf London natürlich beeinflußt durch die vielen Todesopfer beim englischen Luftangriff auf Peenemünde. Aber von Braun sagte, trotzdem sei das Bedauern groß gewesen, daß die V2, die eigentlich als erster Schritt zum Mondflug konzipiert war, nun im blutigen Kriegsgeschäft mitmischte.

Am 8. September 1944 hatte man den ersten V2-Abschuß auf London verzeichnet (10 Monate nach Hitlers Stichtag), ein gutes halbes Jahr später, am 27. März 1945, wurde die letzte V2 abgefeuert. Ihr Ziel war Orpington in Kent. Es war die Nummer 1115, die England erreichte. Rund 4 300 V2-Raketen waren gegen England eingesetzt worden und über 2 100 gegen den Landungshafen der Alliierten, die belgische Hafenstadt Antwerpen. Aus britischen Quellen geht hervor, daß 2 742 Menschen durch die V2 ums Leben kamen und 6 467 verletzt wurden. Die wirtschaftlichen Verluste waren jedoch weitaus höher.

Die Arbeit der Peenemünder Planungsgruppe konzentrierte sich gegen Ende des Krieges auf eine mit Flügeln versehene V2, das Aggregat 9 oder kurz die A9, die eine Reichweite von maximal 600 Kilometer haben sollte. Es war ein militärisches Vorhaben von höchster Dringlichkeit, nachdem die Abschüsse von der Kanalküste aus durch die Invasion der Alliierten in der Normandie so gut wie unmöglich geworden waren, während die Produktion der V2 noch auf vollen Touren lief. Am 24. Januar 1945 fand ein erfolgreicher Versuch mit der A9-Rakete statt, nachdem ein erster Test einige Wochen zuvor nicht geklappt hatte.

Das kleine Entwicklungsteam, das mit den vom Krieg diktierten Prioritäten nichts zu tun hatte und dessen Auftrag lautete, ohne Scheuklappen künftige Potentiale zu untersuchen, erstellte auch Studien über die Verwendung einer A9 als zweite Stufe auf einer Trägerrakete. Es war das A9/A 10-Projekt, die »Amerika-Rakete«, denn Berechnungen hatten gezeigt, daß dieses zweistufige Langstreckengeschoß als eine Art Überschall-Raketenflugzeug den Ozean überqueren konnte. Es kam jedoch nie über die Entwürfe auf den Reißbrettern hinaus.

Die A10-Trägerrakete sollte einen Schub von 200 Tonnen aufweisen. Darüber hinaus hatte man eine A11 ins Auge gefaßt, deren erste Stufe 1 700 Tonnen Schub und eine A10-Rakete als zweite Stufe haben sollte. Das Konzept der A 10, das eine Kleinigkeit leistungsfähiger gewesen wäre als die späteren *Atlas*- und *Titan*-Interkontinentalraketen, wird von manchen Fachleuten als Grundlage der sowjetischen Fernraketen und *Sputnik*-Trägerraketen angesehen. Die A11, das niemals über das Stadium eines nebulösen wissenschaftlichen Denkmodells hinausgelangte, könnte irgendwie in der Nähe der späteren *Saturn*-Raketen von Brauns eingestuft werden.

Die A9-Rakete war im Grunde eine V2 mit Überschallflügeln und vergrößerten aerodynamischen Steuerflächen. Mit dem erfolgreichen Start der zweiten A9 wurde das Geschoß zur vermutlich ersten mit Tragflächen versehenen Fernlenkrakete, die die Schallmauer durchbrach. Das Leitsystem funktionierte zufriedenstellend vom Start bis zur Geschwindigkeit Mach 4.

Zweck der A9-Rakete war es, die Reichweite der V2 annähernd zu verdoppeln. Berechnungen, Schätzungen und Windkanaldaten ließen darauf schließen, daß dieses Ziel erreicht werden konnte, wenn man die ungeheure kinetische Energie, die nach Brennschluß zur Verfügung stand, für ein ausgedehntes aerodynamisches Gleiten nutzte. Die tragflächenlose V2 setzte diese Energie in zusätzliche Zerstörungskraft beim Aufschlag um. Natürlich konnte die A9 ihre Reichweite nur auf Kosten der Geschwindigkeit und durch Annäherung an das Ziel mit Unterschallgeschwindigkeit vergrößern. Das Geschoß opferte aber damit die sprichwörtliche Eigenschaft der V2, nicht abgefangen werden zu können. Dem taktischen Wert nach war es also auf dieselbe Stufe wie die V1 zu stellen.

»Einige unserer Entwurfzeichnungen für die A9 zeigten ein Cockpit mit Druckausgleich anstelle des Sprengkopfes und ferner ein dreirädriges Fahrgestell«, erklärt von Braun. »Doch nach unserer fast tödlichen Auseinandersetzung mit der Gestapo hielten wir Besuchern von draußen gegenüber mit diesen Blaupausen sehr zurück; aber wir errechneten, daß die A9-Rakete in der Lage war, einen Piloten in 17 Minuten über 600 Kilometer weit zu tragen! Sie hätte wie eine V2 senkrecht gestartet und wie ein Segelflugzeug auf mittellanger Bahn aufsetzen können. Ein Vorläufer unseres heute geplanten wiederverwendbaren Raumtransporters also«, sagte er mit einem Lächeln.

»Angesichts des nationalen Notstands, der damals in Deutschland Prioritäten setzte, mußte solche Zukunftsmusik der A9 als dringend benötigter Langstreckenrakete untergeordnet werden. Wir nannten sie sogar A4B, um in den Genuß der hohen A4-Dringlichkeitsstufe zu kommen.«

Würde man die bemannte A9-Rakete als zweite Stufe auf eine A10-Trägerrakete montieren, so könnte sie zu einem Überschall-Raketenflugzeug werden, das in der Lage wäre, ohne Zwischenlandung den Atlantik zu überqueren. Das war eigentlich der interessanteste Grundgedanke hinter dem A9/A10-Projekt.

Die A10-Trägerrakete mit einem Schub von 200 Tonnen ging übrigens auf eine relativ alte Idee von Brauns und seines Teams zurück. Im Hinblick darauf waren bereits 1936 die Prüfstände für stationäre Versuche in Peenemünde auf Schübe bis zu 200 Tonnen – immerhin das Achtfache der V2 – eingerichtet worden.

Von Braun wagte nur in seiner Phantasie über die A10-Rakete hinauszugehen, obwohl in seinem Kopf seit geraumer Zeit eine weitere, noch größere Trägerrakete spukte, die folgerichtig A11 heißen sollte. Eine Kombination aus A11, A10 und A9 hätte dann ein voll entwickeltes dreistufiges Raumschiff ergeben. Bei leicht verbessertem Massenverhältnis und besseren Treibstoffen hätte diese Kombination ohne Schwierigkeiten einen A9-Piloten in eine dauernde Satelliten-Umlaufbahn um die Erde bringen können. Seine Rückkehr wäre möglich gewesen durch einen sehr kurzen Antriebsimpuls der A 9-Rakete, der sie in eine elliptische Bahn gelenkt hätte, die nach einem halben Umlauf in die Erdatmosphäre eingetaucht wäre. In einem langen, allmählich gebremsten Überschallgleitflug, in dessen Verlauf die mit Stahlflügeln ausgerüstete und mit Stahlplatten verkleidete A 9-Rakete rotglühend werden würde, würde der Pilot allmählich seine Geschwindigkeit unter die des Schalls verringern und dann Landeklappen und Fahrgestell ausfahren müssen, um eine normale Flugzeuglandung zu machen.

Von diesem Gedanken bis zu dem einer ständigen Satellitenstation im Weltraum ist es nur ein Schritt.»Wandeln Sie die A 10 in eine obere Stufe mit Tragflächen um«, erklärte Wernher von Braun amerikanischen Offizieren, die ihn nach seiner Gefangennahme 1945 vernahmen,»machen Sie aus der A 11-Rakete die zweite Stufe eines dreistufigen Raumschiffes, und montieren Sie das ganze auf eine wirklich gigantische Trägerrakete (vielleicht A 12 genannt). Sie sollte einen Schub von nicht weniger als 12 800 Tonnen haben. Dann könnte sie die beflügelte A 10-Rakete auf Satellitengeschwindigkeit bringen, aber jetzt nicht mehr mit nur dem Piloten, sondern mit einer Ladung von über dreißig Tonnen! Das würde dann auch die Entsendung von Besatzungen und beträchtlichen Materialmengen in den Weltraum gestatten. Eine Anzahl solcher Raumschiffe, die einen regelmäßigen Pendeldienst zur Umlaufbahn versehen, würde dort oben die Errichtung einer ständigen, bewohnten Satellitenstation möglich machen. Erfahrungen mit Schiffen und Flugzeugen haben gezeigt, daß große Dimensionen allein selten einen entschlossenen Konstrukteur abschrecken.«

Bei Kriegsende sah das Arbeitsprogramm in Peenemünde folgendermaßen aus:
1. Automatische einstufige Langstreckenraketen   (A 4 = V 2)
2. Automatische Fernlenkgeschosse   (A 9)
3. Bemannte Fernlenkgeschosse   (A 9B)
4. Automatische zweistufige Langstreckenraketen   (A 9, A 10)
5. Bemannte zweistufige Überschall-Raketenflugzeuge (A 9B/A 10)
6. Unbemannte Satelliten
7. Bemannte Raumfähren zu Satelliten
8. Bemannte Satelliten
9. Automatische Raumfahrzeuge
10. Bemannte Raumfahrzeuge

Der Degenkolb-Ausschuß, der Anfang 1943 gegründet worden war, um die V 2-Serienproduktion aufzuziehen, ließ drei neue Montagewerke errichten. Im Januar 1944 wurden Pläne zum Ausbau der Anlage in der Nähe von Berlin wegen der Zunahme der Bombenangriffe auf die Reichshauptstadt fallengelassen. Das Werk in Wiener Neustadt war durch alliierte Luftangriffe so schwer in Mitleidenschaft gezogen worden, daß die Montage hier nur noch teilweise erfolgen konnte. Die dritte Montageanlage in Friedrichshafen litt ebenfalls schwer unter den Bombardierungen. Auf diese Weise blieben nur die von Kammler und seinen Häftlingen in den Berg bei Nordhausen in Thüringen gesprengten Tunnel übrig, um den Zusammenbau der V 2 zu bewerkstelligen. Alle Einbauteile und Kontrollgeräte wurden dorthin transportiert. Im Frühjahr 1944 hatte die V 2-Produktion im »Mittelwerk« etwa 20 Raketen pro Tag erreicht.

Überall in Deutschland ging unterdessen die Zerstörung wichtiger Zulieferbetriebe durch alliierte Bombenangriffe weiter. Besonders schwere Angriffe auf Schweinfurt im August 1943 und später noch einmal im Januar 1944 verursachten Engpässe bei der Lieferung von Kugellagern. Ab Herbst 1944 war es dann fast unmöglich, dringend benötigte Arbeitskräfte zu bekommen, da die meisten Deutschen inzwischen zur Wehrmacht eingezogen worden waren. Als letzte Rettung wurden Fremdarbeiter, politische Gefangene und Kriegsgefangene erfaßt und von deutschen Fachkräften angelernt. Im Mittelwerk, wo hauptsächlich die Montage der V 2 erfolgte, waren schließlich von insgesamt 10 000 Arbeitskräften 9 000 Ausländer.

Als sich die Entwicklung der V 2 dem Abschluß näherte und die Vorbereitungen zur Serienfertigung getroffen wurden, entwarfen Dornberger und sein Stab Pläne zur Aufstellung mehrerer taktischer V 2-Einheiten. Im Frühjahr 1943 entschied man sich für zwei Raketenbataillone, ein bewegliches und ein stationäres oder Bunkerbataillon. Das motorisierte Bataillon sollte eine Abschußquote von 27 V 2-Raketen pro Tag haben. Es war unterteilt in drei Batterien mit je drei fahrbaren Abschußrampen und neun Raketenlafetten. Das erste Bunkerbataillon sollte ständig in Watten an der französischen Kanalküste bei Calais stationiert bleiben, weil dort die Nachrichten- und Nachschubeinrichtungen ausgezeichnet waren und alle in Aussicht genommenen Ziele in effektiver Reichweite lagen. Der Bau eines dazugehörigen großen Bunkers wurde beschlossen, aus dem täglich 36

V2 abgefeuert werden konnten und der Lagermöglichkeiten für 108 Raketen und Treibstoff für drei Tage hatte. Er verfügte überdies über eine bombensichere eigene Fabrikationsstätte zur Herstellung von flüssigem Sauerstoff, um den entsprechenden Bedarf zu sichern und die Verdampfungsverluste auf ein Minimum zu reduzieren. Damit sollte auch das Risiko der von alliierten Luftangriffen bedrohten Eisenbahntransporte umgangen werden. Später kam ein zweiter Bunker auf der Halbinsel von Cherbourg hinzu.

Im Frühjahr 1944 wurde der noch nicht fertiggestellte Bunker in Watten durch einen zeitlich genau berechneten alliierten Luftangriff total zerstört, der einen neuen Bauabschnitt traf, bei dem ein paar Tage zuvor das 6,70 Meter dicke Betondach eingegossen worden war. Da der Beton noch feucht war, war die Wirkung verheerend. Im Juni 1944 wurde der ebenfalls noch nicht fertige zweite Bunker bei Cherbourg von Einheiten der amerikanischen Armee erobert.

Die Qualität der ersten vom Band laufenden V2-Raketen ließ noch sehr zu wünschen übrig. In der Zeit von Mitte August 1944 bis Februar 1945 wurden 3000 Raketen an die Fronteinheiten ausgeliefert. Von den ersten tausend überprüften Geschossen mußten 339 als defekt in die Fabrik zurückgeschickt werden. Annähernd fünf Prozent der verbliebenen 661, die abgeschossen wurden, stiegen entweder nicht auf oder stürzten sofort nach dem Start ab. Einige explodierten sogar auf den Starttischen.

Nach Oktober 1944 konnten 85 Prozent der an die Raketenverbände gelieferten V2 erfolgreich abgeschossen werden. Davon erreichten alle das Zielgebiet, aber nur 20 Prozent schlugen im Umkreis eines Kilometers vom errechneten Ziel ein. Ein gewisser Prozentsatz zerbarst immer noch in der Luft, bevor er das Ziel erreichte und richtete zwar beträchtlichen Schaden an, aber erreichte nicht die volle Sprengwirkung.

Die sowjetischen Armeen drangen inzwischen von Osten in das Reichsgebiet ein und standen im Januar 1945 knapp 150 Kilometer vom Peenemünder Raketenzentrum in Pommern entfernt. Die alliierten Streitkräfte hatten die letzte Offensive der deutschen Wehrmacht in den Ardennen gestoppt und drangen rasch von Westen her vor.

Die taktischen Operationen der V2-Raketentruppen wurden unterbrochen, als sie gezwungen waren, ihre Abschußbasen in Holland und Nordfrankreich zu räumen. Die Raketenproduktion war ständig behindert durch zunehmenden Ausfall der Zulieferfirmen, die im Westen und Osten Deutschlands vorrückenden Alliierten in die Hände fielen. Die so wichtige Rohstoffversorgung war nach dem Versiegen aller ausländischen Quellen hoffnungslos geworden. Sogar die Forschung und Entwicklung, die auf die Verbesserung der V2 gerichtet war, trat infolge an Material- und Arbeitskräftemangel auf der Stelle. Zwar wurden große Anstrengungen unternommen, um das Unmögliche möglich zu machen, aber es war ein Kampf gegen Windmühlenflügel.

Die Stimmung in Peenemünde war auf den Nullpunkt gesunken. Die Lage war in der Tat sehr bedrückend. Am 12. Dezember 1944 wurde eine Volkssturmeinheit aufgestellt. In ihrer ohnehin schon knapp bemessenen Freizeit wurden die erschöpften Arbeiter, Konstrukteure und Ingenieure nun in Nahkampf und Straßenkämpfen ausgebildet, dreimal in der Woche vier Stunden lang gedrillt und erhielten Anweisungen zur Errichtung und Verteidigung von Straßen- und Geländesperren. Die Stimmung des Personals suchte man durch Verleihung von Kriegsverdienstkreuzen und anderen Auszeichnungen zu heben.

Ende Januar 1945 stellte die Rote Armee eine direkte Bedrohung für Peenemünde dar. Es wurden Vorbereitungen getroffen, alles zu vernichten, was nicht ausgelagert werden konnte. Man wollte verhindern, daß die Sowjets Unterlagen erbeuteten, die sie in die Lage versetzten, eine Rekonstruktion der V2 vornehmen zu können. Dokumente und Zeichnungen wurden zur Vernichtung vorbereitet, indem man Behälter mit Säuren so aufstellte, daß sie beim Öffnen die Aufzeichnungen überfluteten und durch Mischung in Brand gerieten. Obwohl die Prüfstände und Montagehallen schon teilweise durch den schweren britischen Nachtangriff vom August 1943 und später noch durch mehrere kleine, aber sehr wirkungsvolle amerikanische Luftangriffe bei Tage zerstört worden waren, zog man ernsthaft in Betracht, die restlichen Anlagen sowie das große E-Werk, das die Eigenversorgung Peenemündes mit Strom sicherte, in die Luft zu sprengen.

In den Januartagen rief von Braun seine führenden Mitarbeiter zu einer streng geheimen Sitzung zusammen. Sie fand in einem Bauerngehöft statt. Als man sich zusammenfand, war in der Ferne bereits russisches Artilleriefeuer zu hören. Aber die Befürchtung, daß die

Gestapo von dieser Zusammenkunft Wind bekommen haben könnte, war größer als die vor den sowjetischen Geschützen.

»Deutschland hat den Krieg verloren«, erklärte von Braun seinen Leuten.» Aber wir haben nicht vergessen, daß unsere Gruppe es war, der der erste Schritt in den Weltraum gelungen ist. Wir haben nie aufgehört, an Satelliten, Reisen zum Mond und interplanetarische Flüge zu glauben. Wir haben viele Schwierigkeiten gehabt, weil wir von der großen friedlichen Zukunft der Rakete träumten. Jetzt haben wir eine Verpflichtung. Jede der Siegermächte wird unser Wissen haben wollen. Die Frage lautet jetzt: Welchem Land sollen wir unser Erbe anvertrauen?«

Die Entscheidung fiel einstimmig. Man kam überein, sich der amerikanischen Armee zu ergeben. Es gab keinen einzigen Andersdenkenden.

Widersprüchliche Befehle erreichten in jenen Tagen von Braun von etwa zehn verschiedenen Kommandostellen, was praktisch der zivilen Leitung von Peenemünde erlaubte, angesichts dieser kritischen Situation ihr Schicksal selbst zu bestimmen. Aber wie auch immer die Entscheidung letztlich lautete, ihre Verwirklichung war voller Gefahren.

Der »Küstenbefehlshaber Ostsee«, dem Peenemünde unterstand, hatte die Niederlegung der Arbeit und den Eintritt des gesamten zivilen Personals in den Volkssturm angeordnet. Die Peenemünder waren damit aufgefordert, in letzter Minute mit der Waffe in der Hand »für Führer und Vaterland« zu kämpfen – und zu sterben, denn die Rote Armee konnten sie nicht aufhalten.

Das Rüstungsministerium in Berlin, das inzwischen auch für die technische und industrielle Seite des deutschen Raketenprogramms zuständig war, befahl dagegen zur gleichen Zeit, Peenemünde zu räumen, mit dem wichtigsten Forschungsmaterial südwärts nach Bleicherode in Thüringen auszuweichen und die Arbeit dort fortzusetzen. Über diese Order war man sehr froh, denn auf diese Weise gelangte man möglicherweise hinter die Linien der amerikanischen Armee.

Offen blieb allerdings die Frage, ob man durch das von demselben Kommandierenden General kontrollierte Hinterland fahren konnte, der sie zur Verteidigung Pommerns einsetzen wollte. Von Braun fand bald die Antwort. Als er mit dem Auto von einem Blitzbesuch in Berlin zurückkehrte, hielt ihn ein Major an einer Straßensperre an. »Jeder nichtmilitärische Verkehr ist in diesem Gebiet ab sofort verboten!« erklärte er.

»Wir sahen einander an wie Bulldoggen«, erinnert sich Wernher von Braun. »Offenbar wußte er nicht viel von Peenemünde, aber seine Instruktionen waren eindeutig – und meine auch, wie ich ihm klarmachte. Ich sprach von unseren Wunderwaffen und den strikten Anweisungen des Rüstungsministeriums, die uns zur Auflage machten, an einen sicheren Ort in Mitteldeutschland umzusiedeln, um den Endsieg zu sichern. Der Umzug würde zwei Güterzüge und etwa hundert Lastkraftwagen und Autos erfordern, ließ ich ihn wissen.

›Wie nennen Sie das Projekt?‹ fragte der Offizier.

Ich erfand schnell eine Bezeichnung. Wir sind das ›Vorhaben zur besonderen Verwendung‹, gab ich zur Antwort.

›Lassen Sie Aufkleber und Schilder für Ihre Fahrzeuge vorbereiten‹, antwortete er schließlich, ›und ich werde meine Leute anweisen, Sie passieren zu lassen!‹ Wir nahmen die Abkürzung für den Phantasienamen ›Vorhaben zur besonderen Verwendung‹ – VZBV – und pinselten diese Buchstaben groß auf jeden Wagen, Lastzug und Eisenbahnwaggon und trugen sie zusätzlich auf Armbinden.«

Deutschland war dem Zusammenbruch nahe. Die Alliierten standen vor dem Sieg. Und von Braun hatte es eilig, den fast unmöglich scheinenden Marsch zu bewerkstelligen, der die Rezepte und Zutaten für die künftige Eroberung des Weltalls durch die Menschheit davor bewahren sollte, in die Hände der Russen zu fallen. Das Personal und die geistigen Väter, abertausend Tonnen technischer Unterlagen, Konstruktionszeichnungen, Patente, Blaupausen und Pläne mußten binnen weniger Tage, wenn nicht sogar Stunden, evakuiert werden, ohne Rücksicht auf Risiken und Kosten.

Von Brauns Arbeitswut war schon immer erstaunlich gewesen. Sie ist es bis heute geblieben. Und er bekennt sich auch dazu. »Wenn ich nicht immer unter Druck arbeitete, würde ich, glaube ich, durchdrehen. Mein Gehirn funktionierte dann nicht länger, und ich würde einfach abbauen...!«

Aber die Arbeit – und dazu der Streß und die Belastungen – während der Tage der Evakuierung aus Peenemünde sollten fast zuviel werden – selbst für ihn.

9. Kapitel
Das Ende vom Anfang

Entsprechend der Anweisung des Rüstungsministeriums wurde das Städtchen Bleicherode neues Hauptquartier der Peenemünder. Jede Abteilung und jedes Labor wurde in einem anderen Gebäudekomplex untergebracht, meist ehemaligen Fabrikgebäuden, die während des Krieges stillgelegt worden waren. Man requirierte diese Einrichtungen mit Hilfe von selbst ausgestellten Sonderbefehlen, die ihre »Legitimität« von der noch immer bestehenden höchsten Dringlichkeitsstufe der V 2 herleiteten. Eine Gesamtzahl von fast 5 000 Personen wurde unter extrem schwierigen Bedingungen aus Peenemünde evakuiert. Die Eisenbahnzüge, mit denen das Personal transportiert wurde, konnten infolge bombardierter Gleise und zerstörter Brücken nur langsam fahren und wurden dazu noch immer wieder durch Luftangriffe aufgehalten. Der Mangel an Unterkünften in den Ausweichquartieren stellte ein großes Problem dar. Häuser, die von der Vorausabteilung als Wohnungen für Ingenieure und Techniker und ihre Familien eingeteilt worden waren, waren unterdessen zu Notlazaretten geworden. So mußten viele Raketenfachleute bei Bauern in weit verstreut liegenden Dörfern untergebracht werden. Die Entfernungen zwischen den Büros der einzelnen Arbeitsgruppen machten eine geordnete Fortsetzung sinnvoller Arbeit fast unmöglich.

In dieser hektischen Zeit gingen die Besprechungen mit der deutschen Kriegsmarine und der Vulkan-Werft in Stettin weiter, um die Möglichkeit zu erkunden, die V 2 auf von U-Booten geschleppten Schuten in die offene Nordsee zu bringen und von dort aus die Abschüsse auf London fortzusetzen, nachdem die Basen in Holland und Nordfrankreich nach der Invasion der Alliierten verlorengegangen waren. Die Pläne sahen einen tauchtüchtigen Lastkahn vor, der von einem bemannten Unterseeboot gezogen werden und die startbereite V2 tragen sollte. Der serienmäßige Bau dieser Transporter sollte im März 1945 beginnen, aber die Einstellung der V2-Abschüsse bereitete dem Vorhaben ein Ende. Drei Schiffe dieser Art wurden in Stettin gebaut und fielen später in verschiedenen Stadien der Fertigstellung in die Hände der Russen.

Wernher von Braun und seine Wissenschaftler hatten sich von ihren Freunden in den kleinen Ortschaften um Peenemünde, wo sie gewohnt hatten, schon verabschiedet. Anfang des Jahres 1945 besuchte von Braun das Gut von Verwandten im Baltikum, um sich von seiner jungen Cousine Maria von Quistorp zu verabschieden, und fand sie auf gepackten Koffern sitzend – reisefertig zur Übersiedlung an einen Ort nahe der deutsch-holländischen Grenze. Heimlich bewunderte er sie seit langem und himmelte sie an. Es wurde ein unromantischer Abschied ohne verliebte Worte, denn die Lage war verzweifelt.

Am nächsten Tag starteten von Brauns VZBV-Konvois von Peenemünde aus zu ihrem Treck nach Süden, hochbeladen mit Menschen, Verpflegung und Material. Während dieses Umzugs arbeiteten alle rund um die Uhr, und niemand kam zum Schlafen. Da die Lastwagen ständig von feindlichen Flugzeugen angegriffen wurden, wagten die Raketenleute nur nachts weiterzufahren. Während einer solchen Nachtetappe nickte von Brauns ermüdeter Fahrer hinter dem Steuer ein. Von Braun schlummerte auf dem Beifahrersitz. Das Auto stürzte bei hoher Geschwindigkeit eine Böschung hinunter, und von Braun kam erst in einem Krankenhausbett wieder zu sich, voller Schrammen, Schnitte und mit einer zerschmetterten Schulter; sein linker Arm war zweifach gebrochen. Unter normalen Umständen wäre er sicher einige Wochen im Krankenhaus geblieben. Aber er wurde dringend in Bleicherode gebraucht, wo es Tausenden von Evakuierten aus Peenemünde am Notwendigsten fehlte. Darüber hinaus erwartete man von ihm ein Sofortprogramm zur Beseitigung der verbliebenen Fehler der V2; die Erhöhung der Zielsicherheit und die Verhinderung von vorzeitigen Explosionen in der Luft war unbedingt nötig. (Ohne Rücksicht auf die Lage in Deutschland im allgemeinen und die Probleme der V2 im besonderen sahen Degenkolbs Produktionspläne inzwischen eine Monatsproduktion von 600 Raketen bis September 1945 vor.)

In den ersten Märztagen eroberten die Russen Peenemünde und

schlossen den Gürtel um Berlin enger. Am 20. März 1945 brachte die US-Armee die V2-Produktion völlig zum Erliegen, als sie in den Harz einrückte und auch das Mittelwerk besetzte. Aber von Braun war mit seinen Experten und Technikern längst gegen seinen Willen von SS-Einheiten in die bayerischen Alpen südlich von München geleitet worden. Alle Anzeichen deuteten darauf hin, daß man sie erschießen wollte, um zu verhindern, daß sie von den Alliierten gefangengenommen wurden. Dann überstürzten sich jedoch die Ereignisse derart, daß der Krieg aus war, bevor die SS ihre Absicht in die Tat umsetzen konnte.

Und so war der Ablauf des Geschehens in jenen von Unruhe erfüllten Tagen:

Am 15. März 1945 gingen präzise formulierte Befehle aus dem SS-Hauptquartier ein. In ihnen hieß es, alle geheimen Dokumente über Fernlenkwaffen, die aus Peenemünde verlagert worden waren, müßten vernichtet werden, um ihre Erbeutung durch den Feind zu verhindern. Weder von Braun noch Dornberger gefiel dieser Gedanke.

Da von Braun nach seinem Autounfall noch stark behindert war, übernahm General Dornberger (der seinen militärischen Stab von Berlin nach Bad Sachsa, unweit von Bleicherode, verlegt hatte) die Verantwortung für eine etwas geänderte Operation, die gut vor den stets wachsamen Augen der SS verborgen bleiben mußte. Er beauftragte zwei Topingenieure aus Peenemünde, die zu von Brauns engstem Mitarbeiterstab gehörten, die Geheimakten auf mehrere große Lastzüge zu verladen und in einem stillgelegten Stollen bei Dörnten im Harz einzulagern. Etwa fünf Kilometer vor dem Bergwerk mußten Fahrer und Wachmannschaften absitzen. Nur die beiden zuverlässigen Ingenieure, Dieter Huzel und Bernhard Tessmann, fuhren dann mit Hilfe von ein paar Arbeitern, die nicht wußten, worum es ging, die Lastwagen bis an den Stollen. Die Dokumente wurden verstaut und der Eingang durch Sprengung unkenntlich gemacht. (Ende April 1945 fanden Einheiten der amerikanischen Armee auf dem Vormarsch durch den Harz das Versteck und bargen die Kisten.)

Vorerst war jedoch noch SS-General Kammler der starke Mann im Südharz, der, wie wir uns erinnern, mit derselben Rücksichtslosigkeit Einfluß auf das V2-Programm gewonnen hatte, mit der er auch die Tunnel des Mittelwerks durch KZ-Insassen hatte freisprengen und ausbauen lassen. Da er annahm, daß ihn die vorrückenden Amerikaner wahrscheinlich hängen würden, beschloß er, seinen Kopf zu retten und von Braun und dessen Mitarbeiter als Faustpfand zu behalten. Er teilte deshalb von Braun ultimativ mit: »Sie werden 500 Ihrer besten Leute aussuchen und sie morgen zum Abtransport mit meinem Sonderzug bereithalten. Familienangehörige sind nicht zugelassen. Ich werde Sie an einen Ort bringen lassen. wo Sie ohne Angst vor dem Überrolltwerden Ihre kriegswichtigen Arbeiten fortsetzen können!

Nach ergreifenden Abschiedsszenen mußten die Familien zurückbleiben, und die 500 Spezialisten trafen mit dem von schwerbewaffneter SS bewachten Sonderzug im Oberammergau ein, wo sie eine ehemalige Kaserne bezogen.

»Die Landschaft war hinreißend«, erinnert sich von Braun. »Die Unterkünfte waren fast luxuriös. Das Ganze hatte nur einen Haken: Die Kaserne war von einem Stacheldrahtzaun umgeben.« Binnen kurzem sahen alle Peenemünder ein, daß sie als Geiseln für Kammler festgehalten wurden und – für den Fall, daß die Alliierten nicht auf dessen Tauschgeschäft eingingen – Todeskandidaten waren. Von Braun suchte nach Wegen, um diese Entwicklung zu vereiteln. Als er beobachtete, wie alliierte Flugzeuge wahllos Orte in der Umgebung angriffen und ihre Bomben abwarfen, kam ihm die rettende Idee. Er sprach bei dem verstörten SS-Offizier, der das Lager befehligte, vor und erklärte: »Stellen Sie sich vor, diese Bomben würden uns hier treffen. Unser ganzes Geheimwaffenprojekt wäre dann ausradiert, und man würde Sie zur Verantwortung ziehen.« Er schlug vor, die wichtigsten Wissenschaftler auf die umliegenden Dörfer zu verteilen, damit nicht bei einem einzigen Luftangriff auf einen Schlag das ganze Personal umkäme.

»Ich habe den Befehl, Ihre Arbeit zu unterstützen und bin für Ihr Wohlergehen verantwortlich«, sagte der SS-Mann aalglatt. »Wenn Sie außerhalb der Kaserne untergebracht wären, könnte ich diesen Befehl nicht ausführen. Außerdem fehlen mir Transportfahrzeuge.«

»Nun, daran soll's nicht liegen«, meinte von Braun mit einem Lächeln. Vor der Abreise aus Bleichrode hatte er insgeheim etwa zwanzig seiner alten Fahrer aus Peenemünde befohlen, ihre Lastzüge und Autos sowie einen ausreichenden Benzinvorrat vom Harz nach Oberammergau zu bringen, damit die wichtigen Forschungsarbeiten

weitergehen könnten. Von Braun versprach dem SS-Offizier (der übrigens mit ihnen in Kammlers Evakuierungszug gekommen war) eine Privatlimousine und soviel Sprit, wie er benötigte. Am darauffolgenden Tag begleiteten SS-Wachmannschaften die kleinen Gruppen von Wissenschaftlern aus dem »Stacheldrahtkäfig« zu Privatquartieren.
»Zu unserem Unglück waren die amerikanischen Truppen noch weit entfernt«, erzählt von Braun heute. »Die Panzer von General Patton hatten offenbar weniger Benzin als wir. In jenen Aprilwochen wurde unsere Situation hoffnungslos. Niemand wußte, was die SS im nächsten Augenblick tun würde, und auch unsere Vorräte an Lebensmitteln gingen allmählich zur Neige. Als verantwortlicher Mann für unsere Flucht fühlte ich mich verpflichtet, weiter für die Peenemünder zu sorgen. Da aber die Nachwirkungen des Unfalls meine Beweglichkeit noch sehr einschränkten – meine Brust und mein linker Arm steckten in einem riesigen Gipsverband –, trugen meine Mitarbeiter die Hauptlast an unseren kühnen Aktionen. Eines Tages hörte ich zu meiner großen Freude, daß es meinem guten Freund Dr. Steinhoff gelungen war, unseren SS-›Wachhund‹ zu überreden, seine Verbindungen zu Kammler zu lösen, der sich noch im Harz aufhielt. ›Meinen Sie nicht, daß Sie als Ingenieur in Zivil besser dran sind als in dieser Uniform, wenn die Amerikaner kommen?‹ hatte er ihn gefragt. Und Erfolg mit seinem Argument gehabt. Von da an war der Mann eigentlich eher unser Gefangener als umgekehrt. Wehrmachtslager voller Lebensmittel gab es noch in Hülle und Fülle, die auf Heeresbefehle warteten, die nicht mehr kamen. Wir riskierten nun eine tolldreiste Münchhausiade. Wieder bekamen unsere Lastwagen die geheimnisvollen und höchst wirksamen VZBZ-Schilder, und dann zogen wir die Befehle zur Dringlichkeitsstufe I aus der Mottenkiste, die uns ja schon in Peenemünde gute Dienste geleistet hatten, um wie die Heuschreckenschwärme über ein Wehrmachtsdepot nach dem anderen herzufallen. Der Trick funktionierte glänzend. Wir luden tonnenweise Nahrungs- und Genußmittel auf und verteilten sie an unsere 500 Leute.«

Aber Wernher von Braun selbst hatte mehr als nur Essen nötig. Er war überarbeitet und brauchte dringend ärztliche Hilfe. Es stellte sich heraus, daß eine weitere Vernachlässigung seines gebrochenen Armes und seiner Schulter ernsthafte Komplikationen zur Folge haben würde. Die von ihm gewählte Klinik in Sonthofen im Allgäu war be-

rühmt für Heilerfolge von Frakturen bei Skiläufern und Bergsteigern. Der Chefarzt dort meinte: »Bei Ihnen sind zwei Operationen im Abstand von etwa vier Tagen erforderlich.«
Der Chirurg nahm den Gipsverband ab und brach erneut den ersten Bruch. Als von Braun wieder in seinem Bett lag, bekam er die Anweisung: »Bewegen Sie sich nicht. Vor der zweiten Operation lege ich Sie nicht wieder in Gips.«
Ohne sich auch nur einen Zentimeter bewegen zu dürfen, konnte von Braun, deprimiert und voller Sorgen, zur Ablenkung nur den Deutschlandsender hören. General Pattons Dritte Armee war wieder auf dem Vormarsch, erfuhr er. Das war auch ohne Radio offenkundig. Die Jagdverbände und Bomber der Alliierten dröhnten Tag und Nacht über die Klinik hinweg. Es gab Bombeneinschläge ringsum, und die Schwerkranken wurden in den Luftschutzkeller gebracht. Aber ein Patient mit einem gebrochenen Arm, selbst wenn dieser nicht eingegipst und daher höchst schmerzhaft war, galt nicht als Schwerkranker, und so erlebte er die Luftangriffe im Krankenzimmer und konnte die Einschläge in Nachbargebäuden beobachten. Es war eine Zerreißprobe für seine Nerven.

Am Nachmittag des dritten Tages kam ein Soldat mit einer Rote-Kreuz-Armbinde in sein Zimmer. »Ziehen Sie sich schnell an«, sagte er. »Ich habe einen Krankenwagen für Sie draußen stehen!«

»Wer hat Sie geschickt?«

»General Dornberger, Herr Professor!«

Trotz der erzwungenen räumlichen Trennung von seinen Peenemündern, war Dornberger mit von Braun und dessen Team in Verbindung geblieben und trat jetzt, wo seine alten Mitarbeiter Hilfe brauchten, prompt auf den Plan. Von Braun konnte es kaum glauben, daß Dornberger ganz in der Nähe war und ihm wieder einmal aus der Patsche half. Einen Augenblick lang konnte er kein Wort herausbringen.

»Die Franzosen stehen weniger als eine Stunde von hier entfernt«, sagte der Soldat.

Das half. Von Braun wollte kein französischer Gefangener werden, wenn alle anderen Mitglieder seiner Gruppe von den Amerikanern gefangengenommen wurden. In einem solchen Fall wäre die Entwicklung der Dinge nicht abzusehen gewesen. Er sah seinen Übergabeplan schon in Gefahr. Es war eine Sache von Minuten. Der Chirurg mußte blitzschnell von Brauns Arm wieder in Gips legen. Kurz darauf war von Braun in rasender Fahrt auf dem Weg zu Dornbergers Zufluchtsort in den Bergen.

Als sie vor dem typisch bayerischen Sporthotel in Oberjoch eintrafen, kam General Dornberger den Weg heruntergelaufen, um von Braun zu begrüßen, gefolgt von zwei Dutzend alter Kollegen aus Peenemünde und von Brauns Bruder Magnus.

Endlich konnte von Braun seinem väterlichen Freund berichten, wie er sich die Übergabe der gesamten Peenemünder Mannschaft an die Amerikaner gedacht hatte.

»Was halten Sie davon?« fragte von Braun.

»Glauben Sie, ich hätte Sie holen lassen, wenn ich nicht davon überzeugt wäre, daß das der richtige Weg ist? Der Krieg ist aus. Jetzt sind wir der Menschheit schuldig, dafür zu sorgen, daß unser Kind in die rechten Hände kommt.«

Doch die Dinge sollten sich für Dornberger nicht so glatt und problemlos gestalten. Wegen der schweren V2-Bombardierung Londons hatten die Engländer ihn auf eine Suchliste gesetzt, um ihn als Kriegsverbrecher vor Gericht zu stellen und abzuurteilen. Die Alliierten waren fleißig dabei, Göring und andere große NS-Führer aufzustöbern und schmiedeten bereits Pläne für die berühmten, in die Geschichte eingegangenen Nürnberger Prozesse. Natürlich hatte Dornberger keine Ahnung davon, daß ein Preis auf seinen Kopf ausgesetzt war. Im Augenblick hatten er und von Braun nur den einen Gedanken: Wie konnten sie am schnellsten zu den Amerikanern stoßen?

»Während des Wartens in Oberjoch gingen wir noch einmal unsere Lage durch«, sagt von Braun. Ein paar Wochen zuvor war Mussolini von Partisanen in Italien getötet worden. Jetzt kam die Meldung durch den Rundfunk, daß Hitler in der Schlacht um Berlin den Heldentod gestorben sei.

»Am meisten machte ich mir um meine Eltern Sorge, die weit hinter den russischen Linien waren. Sigismund, mein älterer Bruder, der an der Deutschen Botschaft beim Heiligen Stuhl tätig war, als die Amerikaner Rom einnahmen, war in Sicherheit und aus dem Krieg heraus. Was Maria betraf, so wußte ich nur, daß ihre Eltern Vorbereitungen zur Übersiedlung in eine Stadt nahe der holländischen Grenze getroffen hatten.

Dann hörten wir im Radio die dramatische Nachricht, daß der Waffenstillstand verkündet sei. Wir warteten noch drei oder vier Tage in unserem stillen Skihotel und ergriffen dann selbst die Initiative, um Kontakt zu den sich nähernden Amerikanern aufzunehmen. Von uns allen sprach mein Bruder Magnus am besten Englisch. So schickten wir ihn auf einem Fahrrad den Berg hinunter, um unsere Übergabe einzuleiten. Erst Stunden später kam er zurück. ›Alles in die Wege geleitet‹, erklärte er lakonisch. ›Ich habe Passierscheine für sechs Wagen. Sie schicken eine Eskorte, um uns zu ihrer Abwehreinheit zu bringen.‹

Im Nu hatte General Dornberger die kleine Gruppe marschbereit. Die Wissenschaftler zwängten sich in die Wehrmachtswagen und begannen die steile Abfahrt. Von Braun fragte seinen Bruder: »Wie ist's denn nun wirklich gegangen? Wissen die denn schon, daß wir die Raketenforscher aus Peenemünde sind?«

»Die ersten Posten, auf die ich traf, wußten natürlich nicht das Geringste«, gab er zur Antwort. »Aber sie riefen sofort ihr Hauptquartier unten im Tal an, und die Knaben dort schienen schon genaue Anweisung zu haben, nach uns zu suchen.«

Seit einem Jahr waren das für Wernher von Braun die besten Neuigkeiten. Er lehnte sich sorglos in seinen Sitz zurück. Sie bogen um einen Felsenvorsprung und sahen plötzlich einen Jeep, dessen Insassen ihre Maschinenpistolen auf sie gerichtet hatten. »Vorsicht!« rief von Braun.

Magnus erklärte: »Das ist unser Ehrengeleit. Sie haben sich in dem Schnee nicht weiter vorgewagt.«

Von Braun konnte sich wieder beruhigen. Die Dinge begannen sich nach seinem Geschmack zu entwickeln. Bald darauf hatten sich die deutschen Spezialisten der 3. Panzerdivision und der 44. Infanteriedivision der Amerikaner ergeben und waren wieder mit den übrigen Peenemündern aus Oberammergau vereint. Es dauerte nicht lange, und die Raketenleute waren in einer Kaserne in Garmisch-Partenkirchen einquartiert. Hier wurden sie dann von Agenten der amerikanischen Abwehr verhört, die eng mit den »Beutejägern« von Dr. Richard W. Porter zusammenarbeiteten. Porter spielte eine Schlüsselrolle bei der *Operation Paperclip*, einer Aktion, bei der deutsche Wissenschaftler mit ihren Unterlagen für eine mögliche Verwendung in den Vereinigten Staaten ausfindig gemacht werden sollten.

Dornberger wurde indessen an die Engländer ausgeliefert. Zwar befand man ihn nicht der Kriegsverbrechen für schuldig, aber als deutscher General verbrachte er fast zwei Jahre in britischer Kriegsgefangenschaft.

Offenbar wußten nur wenige führende Mitglieder der Peenemünde-Gruppe um von Brauns Absicht, zu den Amerikanern überzugehen. Im April 1945 – als das V 2-Programm eingestellt wurde und das Dritte Reich zusammenbrach – befanden sich viele wichtige Raketenfachleute über ganz Deutschland verstreut, um technische Pannen zu korrigieren. Einer davon war Dr. Ernst Stuhlinger, in Peenemünde verantwortlich für die Arbeitsgruppe »Integrationsverfahren«, die sich unter anderem mit Geschwindigkeitsmessungen der großen Waffen befaßte. Er hielt sich mit rund zwanzig seiner Mitarbeiter bei Kriegsende in der Nähe von Weimar verborgen. Daß von Braun und Dornberger sich den Amerikanern gestellt hatten, erfuhr er erst, als Dr. Ernst Steinhoff, Leiter der Abteilung Steuerung und Meßtechnik in Peenemünde, mit ihm einige Wochen nach der Kapitulation Verbindung aufnahm. Dank der Bemühungen von Dr. Porters Organisation fand man auch die anderen Spezialisten überall in Westdeutschland und brachte sie zusammen.

Obwohl sich sicher nie feststellen lassen wird, wie ernst es damals die Raketenexperten mit ihrer Bereitschaft war, für Onkel Sam zu arbeiten, kann man davon ausgehen, daß sie sich samt und sonders soweit wie möglich vor den Russen in Sicherheit bringen wollten. Es war nur logisch, daß sie sich den Amerikanern zur Verfügung stellen wollten, denn schließlich hatten deutsche Waffen das amerikanische Mutterland nicht direkt getroffen, so wie sie in England und im übrigen Europa Verwüstungen angerichtet hatten – und vielleicht waren die Amerikaner daher nicht ganz so verbittert.

In diesem Zusammenhang sollte hervorgehoben werden, was mir einer der führenden Leute aus dem Braunschen Team Jahre später einmal sagte: »Machen Sie sich nichts vor: Von Braun mag vielleicht seit seiner Kindheit Mondstaub in den Augen gehabt haben, aber die meisten von uns waren ziemlich sauer wegen der schweren alliierten Bombenangriffe auf Deutschland und der Verluste unter der deutschen Zivilbevölkerung. Sie hatten Mütter, Väter, Geschwister oder andere Verwandte verloren... Als die erste V 2 in London einschlug, knallten bei uns die Sektkorken. Warum auch nicht? Wir wollen doch ganz ehrlich sein. Wir standen im Krieg mit den anderen, und obwohl wir keine Nazis waren, hatten wir doch ein Vaterland, um das es zu kämpfen galt...«

Jahre später, als ich mit den Offizieren und Mannschaften der Panzerabwehrkompanie des 324. Infanterieregiments der 44. US-Division, die die Peenemünde-Gruppe in Empfang genommen hatten, über dieses Ereignis sprach, sagte man mir, es sei ein unvergeßlicher Augenblick gewesen. Als die Soldaten Wernher von Braun das erste Mal sahen, hatten sie einige Zweifel, ob er jemals etwas Gefährlicheres als Drachen für die Nachbarskinder hatte aufsteigen lassen. Einigen G.I.'s erschien er zu jung und zu jovial. Ein Sergeant erinnerte sich, daß, »wenn von Braun nicht in General Dornbergers Begleitung gewesen wäre, seine Beteuerung, der Chef der berühmten V2-Wissenschaftler zu sein, möglicherweise längere Zeit unbeachtet geblieben wäre«. General Dornberger habe jedoch »finster genug für beide« ausgesehen.

Der Propaganda-Offizier der 44. Infanteriedivision wußte noch genau, wie von Braun und seine Begleiter damals »von ihrem Berg in einer dröhnenden Motorkavalkade, alle Scheinwerfer aufgeblendet, herunterkamen. Zum Glück für die Wissenschaft hatte kein erboster amerikanischer Heckenschütze sie im Fadenkreuz, und so gelangten sie nach Tagesanbruch in die Hände der 44. Division. (Übrigens ergibt sich aus dem Divisionsbericht, daß sie sich vor der deutschen Kapitulation vom 8. Mai 1945 ergaben und nicht erst am 10. Mai, wie Wernher von Braun heute glaubt.) Die Wissenschaftler blieben bis Mittag bei der US-Infanterie, bis der CIC sie dann wegkarrte...«

Die Zweifel bei den amerikanischen Soldaten über die Identität von Brauns wurden durch die Wirren des deutschen Zusammenbruchs verstärkt. Um von den Besatzern bevorzugt behandelt zu werden, versuchten viele Zivilisten, bei den Verhören die Amerikaner von ihrer angeblich illustren Vergangenheit zu überzeugen. So kam es, daß in diesen Tagen der Ungewißheit, als ein »schäbiger junger Deutscher« – Magnus von Braun – sich eines Abends dem Gefreiten Fred Schneikert aus Sheboygan im US-Staat Wisconsin vorstellte, um ihm zu berichten, der Erfinder der V2 sei in der Nähe und bereit, sich zu ergeben, der G.I. skeptisch war. »Sie sind ja verrückt«, erklärte er. Immerhin gab er die Information an seine Vorgesetzten weiter, und nach längerem Hin und Her wurden doch Vorkehrungen

getroffen, um von Braun und dessen Gruppe am gleichen Abend die Linien passieren zu lassen.
Die Gruppe bestand aus neun Personen. In den Augen der Männer der 44. Division war General Dornberger ein kerniger Offizier »mit dem Aussehen Erich von Stroheims«.* Gespannt warteten sie, daß der General den schnarrenden Offizierston an den Tag legen würde, doch zu ihrer Enttäuschung erwies er sich als ausgesprochen milde.

»Auf der anderen Seite behandelte Mister von Braun unsere Soldaten mit der leutseligen Herablassung eines Kongreßabgeordneten auf Informationsbesuch... Den linken Arm... hielt er steif von sich weg in einem Gipsverband. Das hinderte ihn nicht daran, für endlose Erinnerungsfotos mit diversen Soldaten zu posieren, für die er sich in Positur rückte, Hände schüttelte, fragend auf Orden zeigte und sich auch sonst in jeder Weise eher als Prominenter denn als Gefangener gab. Er schien bereit, alle Fragen zu beantworten und verstand es, schnell den überzeugenden Eindruck zu erwecken, daß er nicht nur in Peenemünde gearbeitet hatte, sondern auch der Gründer und geistige Vater der Raketenstation war.«

Vielen amerikanischen Soldaten schien das eine zu erstaunliche Karriere für einen Mann knapp über dreißig zu sein, und ein Infanterieoffizier meinte, wenn man schon nicht den bedeutendsten Wissenschaftler des Dritten Reiches geschnappt habe, dann wenigstens den größten Aufschneider! Jahre später bemerkte ein G.I., »die 44. Division und besonders die Panzerabwehrkompanie des 324. Regiments sei froh darüber, daß der Professor ein echtes Genie gewesen sei...«

Nach drei langen und schlimmen Monaten der doppelten Belastung – einerseits der Befreiung seiner selbst und seiner Leute aus der Geiselschaft des SS-Generals Kammler, andererseits dem glücklichen Entkommen aus dem pausenlosen Bombenhagel der Alliierten – war das ein Augenblick stillen Triumphs für Wernher von Braun. Ihm mußte die »erfolgreiche Übergabe« als weiterer Meilenstein seines Lebens erscheinen, denn er hatte sie geplant und auch erfolgreich ausgeführt. Als sein Vaterland – ob nun zu Recht oder Unrecht – sich im Krieg befand, hatte er sein Bestes gegeben, um das zu tun, was er für seine patriotische Pflicht hielt: ihm zu einer neuen schlagkräftigen Waffe zu verhelfen. Nun, da der Zusammenbruch offenkundig und

---

* Der deutsche Filmschauspieler Erich von Stroheim verkörperte in der Emigration in vielen Hollywood-Filmen unsympathische preußische Militaristen. (Anm. d. Ü.)

alles vorbei war, hielt er es wiederum für seine Pflicht, die unschätzbaren Beiträge zur künftigen Eroberung des Weltraums aus den zusammenstürzenden Ruinen Deutschlands zu retten und seine Kraft und Fähigkeit in den Dienst Amerikas zu stellen.

10. Kapitel
Vorwärtstasten durch das Ewige Blau

Die violetten und goldenen Streifen der untergehenden Sonne rahmten die Wälder und Berge im Westen Alaskas ein. Wernher von Braun und ich standen nebeneinander in unserer Suite im obersten Stockwerk des Captain Cook-Hotels in Anchorage und blickten voll Bewunderung über den Cook-Inlet. Ein paar silbrig glitzernde Sportflugzeuge jagten über den Himmel, einige erfaßt von den letzten Sonnenstrahlen.

Von Braun, Ed Uhl, Irv Singer und ich hatten Ende September 1974 eine hektische Woche in Alaska hinter uns. Wir waren zwischen offiziellen Präsentationen von Nachrichtensatelliten und Veranstaltungen mit hohen Militärs, Gouverneurskandidaten, Vertretern der Indianer und Eskimos, führenden Leuten des Erziehungs- und Gesundheitswesens, Bankiers, Unternehmern und Kommunalpolitikern hin und her geeilt. Die Reise hatte mit dem Angeln von Bachforellen und Lachsen begonnen; dann kamen noch die Trophäen dazu, die uns ein Braunbär, ein Elch, dessen Geweih eine Eintragung in den Boon & Crockett-Almanach der Rekorde wert war sowie ein riesiger Karibu-Hirsch lieferten. Diese drei Tage waren ein unvergeßlicher Jagdausflug gewesen. Später waren wir dann noch entlang der Alaska-Pipeline bis nach Prudhoe Bay geflogen, um einen Überblick über den Stand der Ölbohrungen im hohen Norden zu gewinnen. Und nun standen noch zwei Tage Lachsfischen als Belohnung für harte Arbeit auf unserem Programm.

»Wissen Sie«, sagte von Braun mit gewissem Zögern in der Stimme, »eigentlich haben wir doch schon Petri Heil mit Forellen und Lachsen während unserer Pirsch gehabt – quasi als Zugabe. Das war zwar nicht geplant, aber doch ganz schön – und es hat doch Spaß gemacht, was? Meinen Sie wirklich, daß wir noch einmal angeln gehen sollten? Kann es dieses Wochenende nicht mal was anderes sein?« Jetzt wußte ich, daß er etwas Bestimmtes vor hatte. Er sprach leise, gar nicht auf seine gewohnte ungezwungene Art. Was er auch im Sinn haben mochte, ich war dafür. Und Irv Singer bestimmt auch. Ed Uhl war schon nach Washington zurückgeflogen.

»Was wollen Sie denn sonst unternehmen?« Er beobachtete immer noch die sinkende Sonne und die kleinen Sportmaschinen, die über dem Hood-See kreisten, dem Mekka der Wasserflugzeuge in Alaska.

»Nun ja, ich dachte nur... Was halten Sie davon, wenn ich in so einen Wasserflieger steige, wo wir schon einmal hier sind? Mir fehlen noch neun Flugstunden zu meiner Lizenz als Wasserflugzeug-Pilot. Das würde die Liste meiner Fluglizenzen abrunden – ich wäre dann Pilot aller Klassen.«

Drei Monate vor unserem Alaska-Trip hatte er mit Glanz und Gloria die letzte Prüfung für das Internationale Segelflieger-Leistungsabzeichen in Silber bestanden. Er hatte bereits seit 1951 nach und nach die Lizenz für mehrmotorige Flugzeuge, den Instrumentenflugschein, den Pilotenschein für Frachtmaschinen und den Schein für Linienflugzeuge erworben. Seit seiner Jugend war Fliegen ein sehr wichtiger Teil seines Lebens und seines Lebensstils gewesen. Eine große Passion. Und eine Disziplin, in der er sich durch Brillanz und Hingabe auszeichnete.

»Eine großartige Idee!« rief ich aus. »Natürlich bin ich zufrieden mit meinem Fangergebnis vom letzten Wochenende. Ich werde ein Wasserflugzeug organisieren!«

Seine Augen funkelten vor Begeisterung. »Und Sie wollen ganz bestimmt nicht lieber angeln?«

Meine Finger glitten schon über die Spalten im Branchenverzeichnis des Telefonbuchs. Nach etwa einer Stunde Herumtelefonieren und Bestellen, hatte ich ein sehr günstiges Arrangement getroffen. Der Fluglehrer Barney McPhillips wollte uns am nächsten Morgen mit einer brandneuen, mit Schwimmern ausgerüsteten sechssitzigen *Cessna 180* am Hood-See erwarten. Von Braun freute sich überschwenglich wie ein kleiner Junge, der zum ersten Mal fliegen darf...

Mein erster Flug mit von Braun am Steuer lag schon viele Jahre zurück. Bei einem meiner Besuche im Redstone-Arsenal in Huntsville (Alabama) im Jahre 1958 hatte er mich zu einem Flug nach Chattanooga (Tennessee) in einer gecharterten zweimotorigen *Beechcraft* eingeladen. Er sollte die Festrede auf dem Jahrestreffen einer dortigen Bürgerrechtsvereinigung halten. Ich nahm sein Angebot sofort an.

Als wir vom Tower des Flughafens Huntsville langsam die Nord-Süd-Startbahn entlang rollten, stelle ich fest, daß von Braun auf dem linken Sitz saß und eine Pilotensonnenbrille trug. Russ Kyle, der Eigentümer des Flugzeuges hatte sich auf den rechten Vordersitz, den Kopilotenplatz gezwängt. Er hatte Kopfhörer auf und sprach über Mikrofon mit dem Kontrollturm. Aber er bestätigte weder Steuer noch Instrumente. Von Braun flog, und Russ war lediglich für den Funkverkehr zuständig.

Wir hoben glänzend ab, gewannen an Höhe und gingen weich auf Kurs nach Osten. Von Braun drehte sich um und grinste mich an. »Ganz hübsch, wie?« Ich war nicht sicher, worauf er das bezog, auf das schöne Wetter in Alabama oder die tadellos funktionierende Maschine. Doch glaubte ich einen gewissen Stolz hinter seinem liebenswerten Lächeln zu entdecken, das sein sonnengebräuntes Gesicht überzog. Nach dem Glanz in seinen Augen zu urteilen, erwartete er von mir eine Anerkennung seiner sportlichen Leistung, und so machte ich das Daumen-nach-oben-Zeichen, und er lächelte noch mehr.

Damals war von Braun noch nicht an das Kauderwelsch und schnelle Gequassel der Flugsicherung gewöhnt und überließ daher Russ diesen Teil des Manövers. Ab und zu war die Stimme einer Bodenstation aus dem Lautsprecher zu hören, die Anweisungen zum Ändern von Kurs oder Flughöhe gab. Russ bestätigte den Empfang und gab die Instruktionen ruhig an von Braun weiter. Es klappte hervorragend...

Der Flug nach Chattanooga war ohne besondere Vorkommnisse. Aber bei der nächsten Reise mit Wernher von Braun am Steuer war ich doch ein wenig unruhig.

Seine langjährige Sekretärin in Huntsville, Bonnie Holmes, rief mich eines Morgens in Washington an und fragte, ob ich rasch herkommen könnte, um mit von Braun auf Entenjagd zu gehen. Schnell suchte ich meine Jagdsachen zusammen und flog nach Alabama hinunter. Am frühen Nachmittag des nächsten Tages hoben wir in Richtung Stuttgart (Arkansas) ab, mit von Braun als Pilot und drei weiteren Passagieren außer mir an Bord, ganz abgesehen von einer gewaltigen Ladung, bestehend aus Gewehren und Gepäck. Die Maschine war dieselbe *Beechcraft*, und wiederum war Russ Kyle der »offizielle« Pilot.

Mit von der Partie waren Rudi Schlitt, einer der deutschen Raketenexperten aus Peenemünde, der damals in Redstone-Arsenal arbeitete, und Ed Mitchell, der Flughafendirektor von Huntsville. Je weiter westlich wir kamen, desto dunkler wurde der Himmel, und als gegen Ende des Fluges die Crew vorne nach der uns beschriebenen Landebahn Ausschau hielt, die irgendwo unter uns zwischen Sumpfgebiet und Reisfeldern liegen mußte, wurde ich unruhig. Um uns herum war es inzwischen stockfinster. Wir kreisten und kreisten, während von Braun und Kyle die Karten durchforsteten und aufgeregt miteinander diskutierten.

Plötzlich sah ich unter uns eine Art Licht aufleuchten. Unser Gastgeber Dan Maddox hatte sich eine einzigartige Landebefeuerung einfallen lassen: eine Reihe Lastwagen und Autos waren mit aufgeblendeten Scheinwerfern entlang einer großen unbebauten Fläche neben einem Reisfeld aufgefahren, die man sonst nicht erkannt hätte. Unterstützt von den eigenen Landescheinwerfern der *Beechcraft* konnte von Braun dann mit der Maschine weich landen. Gut gemacht! Hinterher sagte ich ihm das auch. »Angst gehabt?« fragte er.

»Ja«, antwortete ich ganz ehrlich. »Aber nun weiß ich, daß Sie ein verdammt guter Pilot sind!«

1960 wurde von Brauns Entwicklungsgruppe, die der Raketenforschungsstelle der amerikanischen Armee (*Army Ballistic Missile Agency*, abgekürzt ABMA) unterstand, der neugeschaffenen Nationalen Raumfahrtbehörde (*National Aeronautics and Space Administration*, NASA) angegliedert. Das neue Forschungszentrum, das ebenfalls in Huntsville lag und zum Dreh- und Angelpunkt der Raketenentwicklung in den USA werden sollte, war nach dem ehemaligen amerikanischen Außenminister *George C. Marshall Space Flight Center* benannt und Wernher von Baun zu seinem Direktor bestellt worden. Kurze Zeit darauf gab, wie ich später noch ausführlich darstellen will, Präsident John F. Kennedy das Versprechen ab, Amerikaner würden als erste Menschen auf dem Mond landen, und von Brauns Raumfahrtzentrum erhielt den Auftrag, dafür die erforderlichen mächtigen Trägerraketen zu konstruieren. Diese Aufgabe war natürlich nur in reibungsloser Zusammenarbeit mit der amerikanischen Luft- und Raumfahrtindustrie zu bewältigen, und das wiederum erforderte ausgedehnte Reisen für von Braun und seine Leute. Zu diesem Zweck stellte die NASA-Zentrale dem Marshall-Raumfahrtzentrum eine schöne weiß-blaue Grumman-*Gulfstream* zur Verfügung, eine Turboprop-Maschine mit Druckausgleichkabine, die bequem eine Crew und zwölf Passagiere aufnehmen konnte und unter dem Namen »NASA 3« registriert war.

Mit seinen Lizenzen für mehrmotorige Maschinen und Instrumentenflug besaß von Braun alle Voraussetzungen, um dieses Flugzeug zu steuern und machte davon häufig Gebrauch. Doch bald stieß seine Betätigung auf ein unerwartetes Hindernis.

Unmittelbar nach dem tragischen Feuer in der *Apollo*-Kapsel, bei dem 1967 drei Astronauten während eines routinemäßigen Bodenexperiments ums Leben kamen, das nicht einmal als risikoreich angesehen worden war (ich komme später ausführlich darauf zu sprechen), trat ein eigens einberufener Sicherheitsausschuß in Aktion und durchleuchtete alle Vorgänge bei der NASA. Reisen mit Dienstflugzeugen zählten dazu, und das Ergebnis war, daß die Anweisung erfolgte, daß ab sofort alle NASA-eigenen Maschinen nur noch mit zwei Piloten mit ATR-Schein im Cockpit starten durften. ATR ist die Abkürzung für *Airline Transport Pilot Rating* und ist die aufgrund einer Prüfung erteilte Lizenz für Piloten von Verkehrsmaschinen.

Nur wenige NASA-Piloten besaßen diesen Schein, aber es wurde sofort angeordnet, daß die anderen die dafür notwendigen Flugstunden und Prüfungen zu absolvieren hätten. Für von Braun, der bis über die Ohren in den ungeheuren Problemen steckte, wie sie das *Apollo*-Mondlandeprogramm mit sich brachte, sah es ganz so aus, als müsse er der Fliegerei Lebewohl sagen. Doch Kommandant Bill Martin, der die Flugoperationen des Marshall-Zentrums leitete, sah die Dinge anders. »Durchhalten!« meinte er, »Sie schaffen Ihren ART-Schein!«

Von Braun mußte feststellen, daß der schriftliche Teil der Prüfung der schwerste war. Abgesehen von den Pflichtthemen wie Navigation, Flugsicherung und Wetterkunde wurden kleinste Einzelheiten gefragt (»Wieviele Feuerlöscher muß eine mit 150 Passagieren besetzte Verkehrsmaschine an Bord haben?«), die für Flüge im Rahmen der NASA kaum in Betracht kamen! Wichtiger war da schon, daß man vertraut war mit den diffizilen hydraulischen und elektronischen Apparaturen und den Druckausgleichs- und Steuersystemen eines Flugzeuges, denn es war bekannt, daß der Prüfer beim praktischen Teil seinen Kandidaten vor alle möglichen simulierten Ausnahmesituationen stellen würde, um dessen Reaktionssicherheit zu testen. Von Braun verbrachte viele Stunden in einem *Gulfstream*-Flugsimulator, um alle zur Verfügung stehenden Manöver und empfohlenen Ernstfallmaßnahmen zu lernen.

Ein brillanter Fluglehrer, niemand anderes als Raul Martinez, der vor seiner Flucht in die Vereinigten Staaten Chefpilot der kubanischen Luftverkehrsgesellschaft und Privatpilot von Fidel Castro gewesen war, gab von Braun den letzten Schliff bei der Ausführung von Notmanövern mit dem Erfolg, daß er mit Bravour die Prüfung der Bundesluftfahrtbehörde in Washington bestand und den begehrten ATR-Schein zusammen mit der *Gulfstream*-Lizenz bekam.

In den Jahren zwischen 1964 und 1970 saß von Braun – nun ein echter Vierstreifen-Pilot – mehr als 2 500 Flugstunden lang im Cockpit seiner geliebten »NASA 3«. Mehrmals im Monat, meist abends und ohne Rücksicht auf das Wetter, flog er von Huntsville nach Washington, um sich Direktiven, Bewilligungen und finanzielle Mittel im Hauptquartier der NASA zu holen. Andere Flüge unternahm er in regelmäßigen Abständen zu den Prüfstandtests des Marshall-Zentrums im Hancock County (Mississippi) und zum Montagewerk, der Michoud-Fabrik in New Orleans. Ebenso häufige Besuche stattete er den beiden Schwester-Institutionen des Marshall-Zentrums in Houston (Texas) und Kap Canaveral (Florida) ab, so wie einer Vielzahl von Vertragsunternehmen in Kalifornien und anderen Teilen der USA. George Fehler, der sein ganzes Leben als Erwachsener in Flugzeugen verbracht hat und auf den meisten dieser Flüge von Brauns Kopilot war, versichert, von Braun sei in all den Jahren bei Allwetterflügen und Starts und Landungen auf jeder Art Flughafen als Pilot quasi zum »Profi« geworden.

Ich selbst habe es unzählige Male genossen, mich ihm anzuvertrauen – die Entenjagdexkursionen waren der Anfang gewesen. Einige Male hatte er mich auch eingeladen, in der »NASA 3« mitzukommen. So schnallte ich mich bereitwillig und voll Vorfreude auf meinem Platz in der *Cessna* am Hood-See fest. Es würde ein großer Spaß werden, davon war ich überzeugt.

Im großen und ganzen ist von Braun bemerkenswert kühl und beherrscht; absolut kein zappeliger Typ, sondern ehe bedächtig und ruhig, auch bei Streß und Schwierigkeiten. Als er das Steuer des Wasserflugzeuges übernahm und vom Sea Airmotive-Pier »ablegte«, war kein jungenhaftes Grinsen auf seinem Gesicht. Jetzt war es ernst. Er handhabte den empfindlichen Gashebel des 300-PS-Motors mit Leichtigkeit und hatte dabei ein wachsames Auge auf andere Maschinen. Gleichzeitig hörte er gewissenhaft wie ein guter Schüler Barney McPhillips' knappen Anweisungen zu.

Zuerst kurvten wir fast eine Stunde lang auf dem See herum, übten bei niedriger Geschwindigkeit Manöver gegen den Wind, mit Rückenwind oder seitwärts, während eine ständige Brise über das Wasser strich. Immer wieder trainierte von Braun das Ansteuern von Piers und Docks – so sanft und perfekt im Rhythmus mit dem Wellengang, daß das Anschlagen der Schwimmer der Maschine an die Holzrampen kaum zu spüren war. Seine Erfahrung als Yachtsegler und Motorbootfahrer kam ihm zustatten; er steuerte die *Cessna* wie ein Segelboot.

Dann gab er Gas, hob das Flugzeug ab und zog die schlanke, olivgrüne Maschine in einer sanften Steigung nach Westen hoch. Während der nächsten Stunden probierte er Starts und Landungen auf einer Vielzahl kleiner und größerer Seen in der Umgebung von Anchorge und Cook-Inlet. Dann beschleunigte er die Maschine auf dem Wasser wie ein Gleitrennboot, flog kleine Schleifen und lernte die übermütige Maschine, die zum Abkippen neigte, auszubalancieren.

Einige Male suchte McPhillips einen kleinen See mit einer glatten und wie eine Glasscheibe spiegelnden Oberfläche aus, die trügerischste Landebahn für einen Wasserflugzeugpiloten. Ohne Wind, nicht einmal einer leichten Brise, und mit irreführenden Schatten auf dem kristallklaren Wasser der Alaska-Seen hatte von Braun die Maschine herunterzubringen und durfte nur ein bißchen mehr Energie dafür aufwenden, als er für die Steuerung eines normalen Flugzeugs gebraucht haben würde. Anfangs erfolgte dieses Aufsetzen auf der glasklaren Wasseroberfläche etwas unsanft und er benötigte einen längeren Landeanflug. Doch bald bekam er solche Situationen in den Griff und meisterte die Landung auf kleinen, stillen Seen genauso wie auf größeren Wasserflächen mit Wellengang.

Er lernte den Umgang mit rauhen und schwappenden Wellen.

Manchmal verdeckte die schäumende Gischt die Sicht aus dem Cockpit. Aber er zögerte nicht, startete die *Cessna* durch und zog sie hoch, erhöhte die Geschwindigkeit und stieg leicht dem klaren Himmel entgegen, während der Fahrtwind noch Schaum von den Scheiben blies. Anschließend lernte er dann, wie man in Schräglage mit einer Tragfläche über dem Wasser abhebt, so daß eine Kufe eher als die andere von der Wasseroberfläche abkommt. Wegen des geringeren Wasserwiderstandes glitt das Flugzeug dann auf einem Schwimmer eine kurze Strecke über den See, wurde schneller, um durch eine Drehung des Steuers im richtigen Moment auch den zweiten Schwimmer anzuheben und die abgekippte Tragfläche in horizontale Position zu bringen. Und wieder ging es steil aufwärts.

Nach weiteren fünf Übungsstunden am nächsten Tag, die einen »Taxiflug« und Besuch bei unserem Freund Augie Hiebert in seiner Ferienhütte am Big Lake einschlossen, kehrten wir an den Pier am Hood-See zurück und veranstalteten eine kleine Feier. Irgend jemand hatte die *Anchorage Times* benachrichtigt, und so stellte sich von Braun dem Fotografen und gab ein kurzes Interview, während McPhillips die Testtabellen unterschrieb und sie zur Einreichung bei der Luftfahrtaufsicht fertig machte. Glückwünsche, Händeschütteln, Lächeln – und dann expedierte ich ihn rasch in unserem Mietwagen zurück ins Captain Cook-Hotel.

»Sie haben mir nie viel von Ihren früheren Flugerfahrungen erzählt«, sagte ich, als wir uns in die tiefen Sessel unseres Appartements fallen ließen. »Ich bin immer davon ausgegangen, daß Sie während Ihrer Schulzeit und der hektischen Peenemünder Zeit für Fliegen und dergleichen Dinge keine Zeit hatten.«

»Im Gegenteil, schon als Junge wollte ich fliegen«, gestand er und nippte an seinem üblichen Tee mit Zitrone. »In jungen Jahren hatte ich Zeit für alles Mögliche – Astronomie, Musik, Entenjagd, Segeln. Und ein wenig später kam noch die Fliegerei dazu.«

Während seiner Internatsjahre auf Spiekeroog spielte der Segelsport eine bedeutende Rolle. Die Schule besaß mehrere Boote, und der Leiter vertrat die ziemlich risikofreudige und fortschrittliche Auffassung, daß Gefahrensituationen ein wesentliches Element bei der Erziehung junger Männer darstellten. Das hatte zur Folge, daß die Sechzehn- und Siebzehnjährigen mit ihren Booten auf offener See segeln durften, natürlich unter Anweisung eines gleichaltrigen Kameraden, der eine Segelprüfung abgelegt hatte. Die Nordsee, die als eines der schwersten und rauhesten Meere der Erde gilt, hatte von Brauns Leidenschaft für das Segeln geweckt, ein Hobby, das er nie mehr aufgab. Während der Peenemünder Zeit hatte er ein kleines Segelboot an der Ostsee liegen und machte lange Törns um die schöne Insel Rügen herum und hinüber zur schwedischen Küste.

Eine kulturelle Atmosphäre, gute Bücher und klassische Musik waren ebenso wie eiserne Disziplin und untadelige Manieren die besonderen Merkmale im Hause des Freiherrn Magnus von Braun gewesen. So war es kein Wunder, daß der junge Wernher auch eine Neigung für die klassische Musik entwickelte. An der Hermann-Lietz-Schule auf Schloß Ettersburg nahm er Unterricht um Geigenspiel und wurde bald ins Schulorchester aufgenommen. Seine hochmusikalische Mutter hatte ihm in den Jahren davor Klavierstunden gegeben. Heute findet er, er hätte sich von Anfang an auf das Klavierspielen konzentrieren sollen, denn »Geige kann man schlecht ohne Begleitung spielen, und das Ergebnis, daß ich mich in beidem versucht habe, ist, daß ich heute weder das eine noch das andere beherrsche. Ich hatte allerdings damals sowieso viel mehr die Fliegerei im Kopf«.

1931, mit 19 Jahren, belegte er einen Segelflugkursus in der berühmten Segelfliegerschule in Grunau in Schlesien. Sie lag am Fuße des Riesengebirges in der Nähe von Hirschberg und wurde damals von dem Flugpionier und späteren Weltrekordler Wolf Hirth geleitet.

Als Wernher zum ersten Mal über den Rasen der Startbahn in einem offenen Schulgleiter rumpelte und zu seinem Jungfernflug hochgezogen wurde, war seine Zukunft in der Luftfahrt bereits unwiderruflich besiegelt. Er steuerte den Gleiter vorsichtig, fast instinktiv aus, indem er Quer- und Höhenrudereinstellung mit dem Steuerknüppel korrigierte und das Seitenruder mit den Pedalen betätigte. Als er schließlich allein in der Luft war, schien es, als hätten seine Ambitionen als Junge und junger Mann – das Bestreben, stark und schnell zu werden, logisch und kühn zu denken – und seine Träume von eigenen fliegerischen und weltraumerobernden Leistungen nur den einen Sinn gehabt: aus ihm einen universal begabten Mann zu machen. Ein Verschmelzen all dieser Eigenschaften ist nämlich nötig, um einen überdurchschnittlichen Piloten und Ingenieur von einem 08/15-Mann zu unterscheiden.

In den ersten Wochen des Kurses wußte von Braun nur, daß er gefunden hatte, was er suchte. Er setzte alles daran, die minuziösen Details der Technik, der Handhabung und Wartung eines Segelflugzeugs zu lernen, denn seine Liebe galt sowohl der Maschine als auch dem Vergnügen, das der Umgang mit ihr bot. Anpassungsfähig, voll Wissensdurst und immer gut gelaunt nahm er das neue Wissen in sich auf, und wenn er auf einem Gebiet genug erfahren hatte, wandte er sich dem nächsten mit dem gleichen Eifer zu.

In Grunau lernte Wernher von Braun auch Hanna Reitsch kennen, die später weltbekannte deutsche Fliegerin. Sie wurde eine Freundin fürs Leben. Sie machten ihre ersten Segelflugversuche zusammen als halbflügge Vögel, die erst lernen mußten, wie man einen offenen Segler heil auf die Erde zurückbringt, ohne daß er in den Bäumen zu Bruch geht. Im darauffolgenden Sommer – 1932 – kamen beide nach Grunau zurück und bestanden ihre Prüfungen in der Fortgeschrittenenklasse der Segelflugschule mit Auszeichnung. Für Hanna Reitsch war es der Anfang einer glänzenden Karriere in der militärischen und kommerziellen Luftfahrt, die von Braun interessiert und mit großer Bewunderung verfolgte.

Während des Krieges war sie häufige Besucherin in Peenemünde-West, der Forschungsanlage der Luftwaffe, die sich einige Kilometer vom Raketenzentrum des Heeres entfernt befand. Sie flog als Testpilotin den raketengetriebenen Abfangjäger Me 163 und später eine bemannte Ausführung der V 1-Flügelbombe, die Fi 103. Immer wenn sie in der Nähe war, rief sie ihren alten Fliegerkameraden von Braun an, und die beiden verbrachten manchen Abend mit Erinnerungen an Grunauer Tage und Diskussionen über die technische Realisierbarkeit von Hanna Reitschs phantasievollen Vorschlägen. Von Braun mochte diese Frau wegen ihres Idealismus, ihrer Gradlinigkeit, ihrer unbedingten Ehrlichkeit und ihres persönlichen Mutes in und außerhalb einer Flugkanzel.

Wegen ihrer unerreichten Leistung als Segelflugmeisterin und Testpilotin war Hanna Reitsch das Idol von Deutschlands luftfahrtbegeisterter Jugend. Sie erhielt mehrere hohe Auszeichnungen für ihre Testflüge während des Krieges, und es war nur natürlich, daß sie mit gesellschaftlichen Einladungen überschwemmt wurde, die den Wunsch einer Reihe von NS-Größen erkennen ließen, an der enormen Popularität der Fliegerin teilzuhaben. Das gab Hanna als Frau die

Möglichkeit, viel von der Kehrseite von all dem Flitter zu sehen, die männlichen Augen meist verborgen blieb. Und unbestechlich wie sie war, brachte sie alles, was ihr nicht paßte, ohne weiteres bei Göring oder Hitler selbst vor. Wahrscheinlich war sie die einzige, die sich solche Kritik erlauben konnte.

Die Tatsache, daß sie Hitler Dinge sagen konnte, die niemand sonst zu sagen wagte, dem sein Leben lieb war, hat Hanna Reitsch nach dem Krieg viel Kritik eingetragen. Manche nannten sie sogar die Geliebte Hitlers. Diese verleumderische Lüge wurde durch eine wahre Begebenheit in den letzten Kriegstagen scheinbar noch untermauert. Hanna Reitsch flog damals einen *Fieseler Storch*, ein langsames Aufklärungsflugzeug, in das von den Russen bereits eingeschlossene Berlin, um Generalfeldmarschall Ritter von Greim herauszuholen und nach Süddeutschland zu bringen, wo er das Kommando über die Reste der einst so stolzen Luftwaffe übernehmen sollte. Von Greim befand sich in Hitlers »Selbstmordbunker« unter der Reichskanzlei, und wegen der allgemeinen Verwirrung und der widersprüchlichen Berichte und Befehle dauerte es mehrere Tage, bevor Hanna Reitsch mit ihrem Passagier über die Frontlinien der Roten Armee hinweg Berlin verlassen konnte. Das war unmittelbar, bevor Hitler Selbstmord beging, aber während ihres Aufenthaltes im Führerbunker gab er ihr eine Giftampulle, die sie öffnen sollte, »wenn das Ende in Sicht ist«. Für Hanna Reitsch waren die Erlebnisse im Bunker abstoßend und schrecklich. Sollte Hitler in diesen schicksalsschweren Tagen überhaupt eine romantische Anwandlung gehabt haben, dann konzentrierte sich die auf Eva Braun, die er bekanntlich noch heiratete, bevor beide sich das Leben nahmen. »Es ist einfach lächerlich, solche Gerüchte über Hanna zu verbreiten«, versichert von Braun.

Flugkapitän Hanna Reitsch, die deutsche Amelia Earhart und wahrscheinlich größte Fliegerin überhaupt, lebt noch und ist immer noch aktiv. Ende der fünfziger Jahre verbrachte sie eine Woche in New Delhi als privater Gast Ministerpräsident Nehrus, um jungen Inderinnen Unterricht im Segelfliegen zu geben. Einmal war sogar Nehru selbst ihr Passagier in einem Leistungssegler. Sie liebte den Himmel, das Fliegen und ehrliche Menschen. Kompromißlose Aufrichtigkeit, Schlichtheit und die ständige Bereitschaft, Schwächeren zu helfen, kennzeichnen ihren noblen Charakter.

1932 begann von Braun mit der Motorfliegerei. Im Sommer 1933 machte er seinen Pilotenschein für einmotorige Sportflugzeuge. 1936 und 1938 absolvierte er zwei Übungen als Pilot in der Vorkriegsluftwaffe und lernte dabei ein paar Kniffe der Militärfliegerei wie Kunstflug und Fliegen im Verband dazu. Gleichzeitig erwarb er auch noch die Flugerlaubnis für größere Maschinen wie den berühmten Stuka und die Me 109 und für mehrmotorige Flugzeuge.

»In gewisser Weise waren Sie also Messerschmitt-Jagdflieger in Görings Luftwaffe?« dachte ich laut.

»Ich fand einfach, daß es sehr viel besser war, diese beiden Einsätze bei der Luftwaffe zu absolvieren als zur Infanterie eingezogen zu werden«, erwiderte er.

»Haben Sie je daran gedacht, daß Sie, wenn es Himmler gelungen wäre, Ihnen und Ihrer Karriere in Peenemünde zu schaden, gezwungenermaßen während des Krieges als Jagdflieger eingesetzt worden wären?«

»Wenn das passiert wäre, wäre ich wahrscheinlich heute bei den verheerenden Verlusten der Jagdgeschwader nicht mehr am Leben. Immerhin arbeitete die Luftwaffe sehr ordentlich mit mir zusammen, ungeachtet der Tatsache, daß ich nur Zivilist war. Während meiner Peenemünder Jahre machte ich von meinem Flugschein viel Gebrauch. Obwohl ich für das Heer arbeitete, gelang es mir, von der Luftwaffe eine eigene Maschine als Dienstflugzeug zur Verfügung gestellt zu bekommen. In meiner blauen Messerschmitt 108-*Taifun* – die in etwa der einmotorigen Sportmaschine vom Typ Beechcraft-*Bonanza* ähnelte – flog ich kreuz und quer durch Deutschland, um die Kontakte zu den vielen Industriefirmen und Forschungsinstituten, die am V2-Programm beteiligt waren, aufrechtzuerhalten.«

Während seiner ersten fünf Jahre in den Vereinigten Staaten, als er für das Waffenamt der Armee in Texas arbeitete, hatte von Braun überhaupt keine Gelegenheit zum Fliegen. Doch nach seiner Übersiedlung nach Huntsville beschloß er, wieder damit anzufangen. Er war so begeistert von seinem alten Hobby, daß er 1951 schnellstens den amerikanischen Flugschein für einmotorige Flugzeuge und nach und nach die nächsthöheren Lizenzen erwarb. Sein Ehrgeiz färbte auf seine Frau Maria ab. 1955 machte sie ihren »kleinen« Pilotenschein.

Vierzig Jahre nach seinem Grundkurs im Segelfliegen in Grunau fing er auch mit diesem Sport wieder an. Immer, wenn es sich ermöglichen läßt, fliegt er schnell zum Segelflugzentrum nach Cumberland im Staate Maryland, wo er eine schlanke »Glasflügel-Libelle« ganz aus Glasfaser stehen hat, deren Miteigentümer er ist. An Samstagen und Sonntagen steigt, wenn die Wetterverhältnisse es zulassen, von Braun dann auf und kreuzt von Wolkenbank zu Wolkenbank einige tausend Meter über den Bergrücken von West-Maryland. Um das begehrte Internationale Segelflieger-Leistungsabzeichen in Silber zu erhalten, das er 1974 dann auch bekam, mußte er nach dem Ausklinken (das heißt, nachdem das Schleppflugzeug ihn verlassen hatte) eine Höhe von 900 Metern erreichen und sich dazu der Aufwinde bedienen. Ferner wurde ein ununterbrochenes fünfstündiges In-der-Luft-bleiben verlangt sowie ein fünfzig Kilometer langer Überlandflug zwischen zwei Punkten. Die ersten beiden Bedingungen schaffte er in oder besser über der Stadt Elmira im Staate New York, die letzte nach dreimaligem Anlauf schließlich in Cumberland.

»Segelfliegen ist eine Welt für sich«, sagte Wernher von Braun. »Es waren die wundervollen Erlebnisse als Segelflieger, die in jungen Jahren meinen Horizont erweiterten, und jetzt bin ich dieser Leidenschaft wieder hoffnungslos verfallen.«

Es ist fast paradox zu nennen, daß sich die Welt Wernher von Brauns von den starren Traditionen der Alten Welt und ihren althergebrachten Gewohnheiten zur Vielschichtigkeit eines zunehmend relativistischen und selbstbewußten Zeitalters gewandelt hat. Seine Romanze mit der Fliegerei hätte eigentlich symbolisch sein müssen für die immer breiter werdende Kluft zwischen Konvention und persönlichen Gefühlen.

Doch von Braun versichert, daß sein tiefverwurzelter religiöser Glauben, der ihm in der Kindheit und als Heranwachsender anerzogen wurde, sogar noch stärker und reicher geworden ist durch die Fliegerei.

»Natürlich ist Gott überall. Man kann ihn jederzeit um sich herum sehen. Doch wenn ich allein da oben bin, mich am klaren Himmel entlangtaste und das leise Rauschen des Windes über die Tragflächen höre, dann ist Gott auf irgendeine Weise besonders gegenwärtig. Seine Nähe wird dann fast greifbar.«

11. Kapitel
Der Sternenhimmel über mir

Über religiöse Fragen haben wir uns bei verschiedenen Gelegenheiten unterhalten. Im Laufe der Jahre hat Wernher von Braun auch viel über seinen christlichen Glauben geschrieben und eine Reihe von Vorträgen über dieses Thema gehalten. Den tiefsten Eindruck von seiner streng religiösen Einstellung erhielten jedoch Jack Pruitt und ich an einem Lagerfeuer in einer herrlichen Juninacht im Jahre 1970.

Einige Mitglieder des *American Viking Club* hatten einen Ausflug zu John Shippletts beeindruckender Forellenzucht in der Nähe von Craigsville, eine Stunde Fahrt westlich von Virginias berühmten Shenandoah-Tal entfernt, unternommen. Den ganzen Tag über hatten wir das Fischen mit künstlichen Fliegen im kristallklaren Wasser der brausenden kleinen Flüsse genossen, anschließend unsere Regenbogenforellen über dem offenen Feuer gekocht und diese Delikatesse mit hausgemachter Butter und saurer Sahne angemacht, verspeist.

Unsere Jüngsten waren von den Anstrengungen des Tages erschöpft und hatten sich schon früh in ihrem Zelt schlafen gelegt. Es waren von Brauns Sohn Peter, damals elf Jahre alt, Jackie, Pruitts Junge, zwölf, und mein jüngster Sohn Paul, gerade 14 geworden. Nach einer Weile sagten auch Jack Birkenstock, Flugsicherungsleiter der Dulles International Airport in Washington, und Delmar Nordh, Manager der Scandinavian Airlines in der Hauptstadt, gute Nacht und zogen sich zurück.

Ein starker Wind war in der Nacht zuvor aufgekommen und hatte den Regen gegen die Zelte gepeitscht, und am Morgen war der Himmel von einem kalten, metallischen Blau gewesen, als ob die schnell dahinziehenden Wolken den Sommer weggeschrubbt hätten. Jetzt stand der dichte Wald schweigend. Die Nacht war still und mild und breitete ein sternenübersätes Himmelsgewölbe über uns aus.

Ab und zu stoben zuckende Funken vom Lagerfeuer auf und verglühten, bevor sie das dichte Blattwerk der Eichen und Hickorybäume erreichten. Gespenstische Schatten fielen zwischen die Baumstümpfe und unsere drei Zelte. Es herrschte fast vollkommene Ruhe. Das Plätschern eines nahen Rinnsals und der Schrei der Whippoorwills* in einiger Entfernung bildeten einen perfekten Rahmen dazu.

Jack, Regionalmanager Ost des Parker-Hannifin-Raumfahrtkonzerns und ein Naturbursche par excellence, kümmerte sich um das Feuer. Ich sah von Braun an und wußte, daß er zufrieden war. Er saß gelassen und entspannt da. Konservativ angezogen, trug er ein khakifarbenes Baumwollhemd und ebensolche Hosen. Er ist 1,83 Meter groß, aber seine Statur ist wegen der breiten Brust und der stämmigen Beine eher vierschrötig. Sein breitflächiges Gesicht mit den etwas kräftigen Zügen macht ihn zu einem gutaussehenden Mann, dessen physische Stärke nicht zu übersehen ist.

Es kam mir zum Bewußtsein, als er nun leise zu sprechen begann, daß man bei seiner äußeren Erscheinung eigentlich eine dunkle, reiche und volle Stimme erwarten sollte. Doch sie hatte einen scharfen, metallischen Klang, angenehm zwar, doch mit einem prägnanten deutschen Akzent.

Die letzte Angelgeschichte des Abends war längst erzählt. Wir hatten ein wenig Erinnerungen an meinen Vater aufgefrischt, einen passionierten Forellenangler, der vor kurzem verstorben war. Dann sagte eine ganze Weile keiner etwas, und wir drei starrten in die Flammen.

»Was hältst Du vom Jenseits?« warf ich als Köder hin.

»Ich glaube an eine unsterbliche Seele«, antwortete von Braun zögernd. Wieder saßen wir eine Zeitlang schweigend da. Ich konnte fast das tiefe Atmen der Jungen im Zelt hinter uns hören.

»Du meinst, eine Seele, die entweder belohnt oder zur Verdammnis verurteilt wird beim Jüngsten Gericht?« wollte ich wissen.

»Ja«, erklärte er bestimmt. »Unser Leben hat nicht nur materielle und intellektuelle Aspekte. Das gilt heute ebenso wie vor Jahrhun-

---

* Kleiner nordamerikanischer Vogel, dessen Name in Anlehnung an seinen Schrei gebildet wurde. (Anm. d. Ü.)

derten. Wir können nicht leben ohne ethische Gesetze und den Glauben daran, daß sie uns von oben auferlegt worden sind. Mehr als je zuvor hängt unser Überleben davon ab, daß wir uns nach einigen sittlichen Grundprinzipien richten. Unser Befolgen dieser Prinzipien wird allein darüber entscheiden, ob unsere neuen Erfindungen auf dem Gebiet der Atomenergie die Menschheit mit unerschöpflichen Quellen an Energie und Reichtum versorgen werden oder ob die Menschheit durch ihren Mißbrauch untergehen wird.

Mir scheint, daß es zweier Stimulansen bedarf, um den Menschen zu befähigen, sich auf die Dauer nach den anerkannten ethischen Grundsätzen zu richten: das eine ist der Glaube an ein Jüngstes Gericht, bei dem jeder von uns Rechenschaft darüber ablegen muß, was er mit Gottes kostbarem Geschenk, dem irdischen Leben, gemacht hat. Das andere ist der Glaube an die Unsterblichkeit der Seele, die am Jüngsten Tag die Gnade oder die Strafe erhalten wird. Der Glaube an Gott und die Unsterblichkeit der Seele geben uns auf diese Weise die moralische Kraft und die ethische Richtschnur, die wir praktisch für jede Tätigkeit im täglichen Leben brauchen.«

»Was verstehst Du genau unter ›Seele‹?« fragte ich.

»Die Seele unterscheidet den Menschen von der Kreatur. Was ein Tier tut, wird einzig und allein von seinen Grundbedürfnissen gesteuert wie Hunger, Angst, Liebe und Suche nach Obdach. Diese Bedürfnisse hängen von seinen Drüsenfunktionen ab, und es reagiert auf diese Impulse völlig automatisch. In der Anlage eines Tieres ist kein Platz für Freiheit des Willens, für forschende Neugier, für Zweifel und Konflikt zwischen Bedürfnis und ethischen Wertmaßstäben. Ein Tier weiß nichts von Recht oder Unrecht. Nur der Mensch trägt die Last der Konflikte, die sich daraus ergeben, daß er ein Ebenbild Gottes, gegossen in den Körper eines Tieres, ist. Und nur der Mensch hat eine Seele mitbekommen, die ihn befähigt, sich mit den ewigen Problemen auseinanderzusetzen, die aus diesem Konflikt herrühren.«

Jack schob noch ein Scheit ins Feuer. Dann ergriff er das Wort.

»Glaubst Du nicht, daß die Menschheit eingeengt und versklavt wird infolge ihres technischen Fortschritts? Das scheint doch heutzutage eine große Gefahr zu sein. Sind technologische Methoden und Glaube denn überhaupt miteinander in Einklang zu bringen?«

»Wir neigen dazu, zu vergessen, daß Technologie und Ethik Schwestern sind«, antwortete von Braun. »Während die Technologie die Naturkräfte um uns herum kontrolliert, versucht die Ethik die Naturkräfte in uns unter Kontrolle zu halten. Aber im Gegensatz zur Technik, die bloße hundertfünfzig Jahre alt ist, haben ethische Probleme die größten Philosophen dieses Planeten seit Jahrtausenden beschäftigt.

Ich glaube, die Annahme ist berechtigt, daß die Zehn Gebote völlig ausreichen – ohne Zusätze –, um nicht nur mit den Problemen, die die technologische Revolution aufgeworfen hat, fertig zu werden, sondern auch mit denen, die sich uns in Zukunft stellen. Das eigentliche Problem ist nicht der Mangel an sittlichen Gesetzen, sondern der Mangel an Führung und Steuerung der Menschen im Alltag.

Vor der Renaissance hat die Kirche diese strenge Lenkung des einzelnen bei Kaisern und Bettlern gleichermaßen angewandt. Aber als sich die Wissenschaften von den Bindungen der kirchlichen Dogmen befreiten und damit den Weg zur technologischen Revolution öffneten, verlor die Kirche viel von ihrem Einfluß auf die moralische Haltung des Individuums.«

»Du scheinst offenbar der Überzeugung zu sein, daß unser ständiger wissenschaftlicher Fortschritt sich mit den alten Glaubensinhalten nicht vereinbaren läßt?« fragte Jack.

»Im Gegenteil. Ich halte es für eine der größten Tragödien unserer Zeit, daß dieser gleichermaßen dumme und gefährliche Irrtum so weit verbreitet ist. Aber es ist ja leicht zu sehen, warum er so vielen Menschen unterläuft. Wir trichtern unseren Kindern zwar eine große Menge an – wie wir es nennen – faktischem Wissen ein, aber wir verweigern ihnen das Wissen über die Dinge, die wir nicht wissen. ›Man kann anderen nicht beibringen, was man selbst nicht weiß‹ ist eine billige Ausrede. Aber wenn wir unseren Kindern nichts von den Geheimnissen der Natur erzählen, von ihrer Unzahl unerklärter und unerklärlicher Wunder, enthalten wir ihnen die wichtigste Mitgift für ihr späteres Leben vor – die Bescheidenheit.

Nichts hat wahrscheinlich den Fortschritt des Menschen mehr behindert, als die Vergötterung seiner eigenen Errungenschaften. Wir töten die Bescheidenheit, wenn wir unsere wissenschaftlichen Leistungen überbewerten. Sie ist die Mutter jedes wahren wissenschaftlichen Fortschritts. Durch Bewunderung unserer technologischen Erfolge ersticken wir in uns das Bedürfnis, etwas noch Besseres zu schaffen. Die Natur um uns beherbergt noch viel tausend Mal mehr unentdeckte Geheimnisse als entdeckte, und aufgrund unserer technischen Aufklärung kennen wir heute mehr Geheimnisse als zu Beginn der technologischen Revolution. Es gibt keinen Grund, warum Gott nicht dieselbe Stellung in unserer modernen Welt einnehmen sollte wie er sie einnahm, bevor die Naturwissenschaft durch die von der Kirche errichtete dogmatische Wand zu dringen begann.«

Er schwieg einen Augenblick, und ich rückte ein wenig näher ans Feuer und zu ihm hin.

»Wie willst Du solche Überlegungen dem breiten Publikum mitteilen?« fragte ich.

»Ich hoffe nur, daß mehr Wissenschaftler aus ihrem Elfenbeinturm herabsteigen und öffentlich das aussprechen, was ich gesagt habe«, gab er zur Antwort. »Wir müssen darauf dringen, daß die Wissenschaft und ihre Exponenten diese einfache, aber weithin unbekannte Wahrheit überall unter die Leute bringen. Mit all den modernen Mitteln, die uns zur Verfügung stehen, über Schulen, Kirchen, Bildungsstätten, über Presse, Radio und Fernsehen, müßten sie der Welt eintrichtern, daß Religion und Wissenschaft nicht miteinander unvereinbar sind, daß sie, im Gegenteil, zusammengehören. Nur wenn Gott wieder im Herzen der Welt seinen Platz gefunden hat, wird er der Menschheit und ihren Führern die ehtische Führung durch die Gefahren und Fallgruben der technologischen Revolution angedeihen lassen.

›Zwei Dinge erfüllen mein Gemüt mit immer neuer und zunehmender Bewunderung und Ehrfurcht: der bestirnte Himmel über mir und das moralische Gesetz in mir‹, hat der deutsche Philosoph Immanuel Kant gesagt. Er umreißt damit in wenigen Worten das ewig-menschliche Begehren, die zwei großen Wahrheiten der menschlichen Existenz zu begreifen: Die Gesetze der Schöpfung und die göttlichen Absichten, die ihr zugrundeliegen. Durch die Wissenschaft versucht der Mensch, die Gesetze der Schöpfung zu verstehen, durch die Religion will er die Absichten des Schöpfers begreifen. Jede Methode ist die Suche nach der reinen Wahrheit.

Der Ursprung aller Wissenschaft ist die Neugier. Der Impetus der Religion ist der Wunsch, Gott zu kennen, seinem Willen nachzukommen und ein befriedigendes Verhältnis zu ihm zu finden. Seit Ewigkeiten hat es Männer und Frauen gegeben, die den brennenden Wunsch verspürten, die Geheimnisse des Unbekannten aufzuspüren.

Heute wollen diese Rastlosen wissen, wie ein Atom arbeitet, woher das Leben kommt, ob es Leben auf anderen Planeten gibt. Sie suchen nach Antwort auf die Fragen ›Wer bin ich?‹ und ›Warum bin ich?‹ Die Wahrheit ist nicht durch eine einzige, grandiose Entdeckung gefunden worden, weder in der Wissenschaft noch in der Religion, sondern durch klar erkennbare Meilensteine, die ein langsam reifendes Wissen widerspiegeln.«

Er machte wieder eine Pause. Jack und ich schwiegen. Wir wollten diesen faszinierenden Monolog nicht unterbrechen.

»Sehen wir uns diesen evolutionären Prozeß der Entwicklung des Wissens doch ein wenig näher an. Den Aufstieg des Menschen, erst in der Wissenschaft, dann in der Religion. In einigen meiner Vorträge habe ich versucht, diese Dinge zu umreißen. Zum Beispiel sind die Beobachtungen von Kants bestirntem Himmel Gegenstand der Astronomie, der ältesten menschlichen Wissenschaft. Durch die Wissenschaftsgeschichte lassen sich die großen Wissensfortschritte anhand der unablässigen Suche berühmter Gelehrter ermitteln. Da ist Nikolaus Kopernikus, der entdeckte, daß sich die Erde als Planet um die Sonne dreht. Da ist Giordano Bruno, der erkannte, daß Fixsterne nicht die Öffnungen zu einem himmlischen Kristalldom sind, sondern weit entfernte Sonnen, die vielleicht ihre eigenen Planeten haben. Weiter sind da Johannes Kepler, der für die Bahnen der Planeten einfache mathematische Gesetze aufstellte, und Isaac Newton, der das Gravitationsgesetz formulierte, mit der diese Bewegungen zu erklären waren.

Der Mensch, der Wissenschaftler, respektiert diese natürlichen Gesetze des Universums. Er vertraut ihrer Unfehlbarkeit, er gehorcht ihnen und er macht sich ihre Dynamik zunutze, um die Naturgewalten um sich herum besser seiner Kontrolle zu unterwerfen. Weder brüstet er sich mit diesen Gesetzen noch versucht er, sie mit einer Reihe von Menschen aufgestellter Prinzipien beiseitezuschieben. Im Einklang mit diesen Naturgesetzen haben sich die vom Menschen geprägte Wissenschaft und Technologie in hohem Maße entwickelt und ihn instandgesetzt, den bisher höchsten Standard an materiellem Wohlergehen in der Menschheitsgeschichte zu erreichen. Das Beunruhigende ist nur, daß man das nicht von seiner geistigen Entwicklung sagen kann.

Je mehr wir von Gottes Schöpfung kennenlernen, desto beeindruckter bin ich von der Ordnung und unfehlbaren Perfektion der Naturgesetze, die sie regieren. Durch diese Perfektion bekommt der Mensch – der Wissenschaftler – flüchtig den Schöpfer und sein Konzept der Natur zu Gesicht. Die Gott-Mensch-Beziehung vertieft sich bei dem religiös empfindenden Wissenschaftler, je mehr seine Erkenntnis der Naturgesetze zunimmt.

Wenn er sich von den Sternen weg dem Studium der Natur um ihn herum zuwendet, kann er das Verhalten der Sonnenblume beobachten, die unverdrossen ihr Gesicht der Sonne zuwendet, der Quelle ihrer Kraft und ihres Lebens, einem unsichtbaren, doch göttlichen Zweck folgend. Und er ist beeindruckt von der Gesellschaftsordnung in einem Bienenstock, wo jedes Mitglied des Bienenstaates eine Aufgabe erfüllt und seinen täglichen Pflichten in harmonischer Übereinstimmung mit einem vorgegebenen Existenzmuster nachkommt. Das Leben eines Bienenvolkes kreist um die Königin, die Leben hervorbringt. Die Arbeitsbienen suchen Blumen, sammeln Blütenstaub, produzieren Honig und füttern die Maden. Harmonie und Erfüllung kennzeichnen ihr Leben.«

»Glaubst Du, daß der Wissenschaftler außerhalb der Gesellschaft steht? Also ein Mensch, der in sein Labor geht, sich mit seinen Experimenten einschließt und von der Umwelt im großen und ganzen isoliert ist – also in einer eigenen Welt lebt?« fragte ich.

»Nein, das ist wohl nicht der Fall«, antwortete von Braun. »Jeder Wissenschaftler ist zuallererst ein schlichtes menschliches Wesen. Und als solches ist er tief über die zwischenmenschlichen Beziehungen in seiner Umwelt besorgt. Mit seiner tiefverwurzelten Neigung zur Unterordnung unter die Naturgesetze ist der Wissenschaftler manchmal entsetzt von der klaffenden Disharmonie, die er in seiner sozialen Umwelt beobachtet. Da gibt es Bürgerkriege, Aufruhr, bewaffnete Konflikte zwischen den Nationen und Selbstsucht, Habgier und Haß zwischen den Individuen. Die Harmonie im Bienenstaat beschämt den Menschen, findet er.

Die Beziehungen der Menschen untereinander bleiben im Hinblick auf das Moralgesetz weit hinter der Achtung des Menschen vor und seinem Gehorsam gegenüber dem Naturgesetz zurück. In der Tat benehmen sich manche Leute so, als gäbe es überhaupt keine allgemein gültigen moralischen Gesetze, die unser Handeln leiten. Für mich ist es undenkbar, daß der Schöpfer, der jeder Einzelheit bei der

Schaffung der leblosen Welt soviel Aufmerksamkeit gewidmet und für exakte Grundregeln der Ordnung auf der unteren Stufe der belebten Welt gesorgt hat, für den Menschen, sein höchstes Werk, weniger getan haben sollte.

Die Suche nach diesem Moralgesetz – ein Gesetz, das überaus deutlich den göttlichen Sinn des Schöpfers für unser Verhalten erkennen läßt – ist mindestens ebenso alt wie die Astronomie. Auch bei dieser wurde die Wahrheit nicht auf Anhieb enthüllt, sondern in klar erkennbaren Etappen, in denen die Fähigkeit des Menschen zur Einsicht wuchs. Diese stufenweise Entwicklung des Moralgesetzes ist in der Bibel gut verständlich aufgezeichnet. Unser christlicher Moralkodex hat seine Wurzeln in den uralten göttlichen Gesetzen des jüdischen Volkes. Das Alte Testament stellt anschaulich dar, daß Jahwe, der einzige und allmächtige Gott, der Anfang aller Dinge war. Er war nicht nur der Schöpfer der Welt und des Menschen, sondern der einzige Gesetzgeber von Anbeginn an.

Die wichtigen Zehn Gebote, die Moses erhielt, um die Disziplin und Ordnung unter dem Volk Israel wiederherzustellen, das aus der ägyptischen Sklaverei in eine ungewisse Zukunft im Gelobten Land geflohen war, sind ein wichtiger Meilenstein bei der Entwicklung des Moralgesetzes. Die Gebote übten einen tiefgehenden Einfluß auf den Moralkodex des jüdischen Volkes und später auf die christliche Religion aus. Die Prämisse der christlichen Heilslehre ist der Glaube an die Existenz eines persönlichen Gottes, der die Welt erschaffen hat und sie mit seiner Liebe am Leben erhält.

Die meisten Menschen haben große Hochachtung vor den erstaunlichen wissenschaftlichen Leistungen, die zu unseren Lebzeiten erzielt wurden. Die Verwunderung erstreckt sich auf den wissenschaftlichen Prozeß der Beobachtung, des Experiments und der Prüfung jedes Konzeptes auf seinen Wert. Einige Leute scheint es zu stören, daß wir die Existenz Gottes nicht wissenschaftlich beweisen können. Aber – müssen wir wirklich erst eine Kerze anzünden, um die Sonne zu sehen? Ein sowjetischer Kosmonaut, der gerade von seiner Erdumkreisung zurückgekehrt war, berichtet versammelten Bewunderern, er habe weder Gott noch die Engel im Himmel gesehen. Frank Borman, der Kommandant auf unserem *Apollo*-8-Flug um den Mond, ist gefragt worden, ob er denn Gott gesehen habe. Er antwortete: ›Nein, ich habe ihn auch nicht gesehen, aber ich habe seine Allgegenwart verspürt.‹

Viele, die an Gott den Schöpfer glauben, haben es schwer, ihn als persönlichen Gott zu sehen, der sich nicht nur um die Menschheit als ganzes, sondern um jeden einzelnen kümmert. Moderne Technologen wie Schaeffer und Tillich verweisen in der Tat auf die ›Gruppe‹ oder die Menschheit als auf den einzelnen, und bevorzugen Symbole statt der Realität. Doch wie können wir dann Gott erkennen? Der verstorbene Karl Barth, der berühmte schweizer Theologe, erklärte beharrlich, daß der Mensch nur zu Gott finden könne durch dessen Menschwerdung in der Gestalt Jesu Christi, wie es die Heilige Schrift bezeuge. Jede Suche nach Gott, die mit menschlicher Erfahrung beginne, warnte Barth, sei ein überflüssiges Unterfangen, denn man werde nur ein von Menschen gemachtes Götzenbild vorfinden und nicht den einen, wahren Gott. In unserer Suche nach dem Wesen Gottes, sagt Barth, sollte das Leben Christi Brennpunkt unseres Strebens und unserer Erleuchtung sein. Die Tatsache, daß Christus gelebt hat und auferstanden ist, wie wir Christen es am Osterfest feiern, ist die Hoffnung der Menschheit. Ich glaube, daß alle denkenden Menschen, Christen wie Nichtchristen, sich darüber einig sind, daß Christus in hohem Maße die moralischen Grundgesetze der Menschheit erweitert hat. Er legte ein neues Fundament, wachsende Erleuchtung des Menschen. Sein Gebot, den Nächsten wie sich selbst zu lieben, erbrachte die selbstlose Haltung, die es ermöglicht, daß Menschen friedlich zusammenleben können. Noch revolutionärer ist sein Gebot ›Liebet Eure Feinde!‹ Obwohl es nur selten befolgt wird, hat es doch unauslöslich und nachhaltig die Beziehungen der Menschen untereinander überall auf der Erde geprägt.«

»Dann ist der Mensch des Raumzeitalters nach einem langen, evolutionären Prozeß also mit einer Reihe von Moralgesetzen versehen, einem Rahmen gewissermaßen, innerhalb dessen ein sinnvolles, glückliches und produktives Leben möglich ist. Warum aber müssen wir uns eigentlich ständig mit diesen Gesetzen im Kriegszustand befinden, sie mißachten oder sie durch neugeschaffene Prinzipien ersetzen? Warum befolgt der Mensch als Humanist nicht die Moralgesetze, die der Mensch als Wissenschaftler zu den Naturgesetzen rechnet?« fragte ich.

»Denk daran«, fuhr von Braun fort, »daß der Mensch – im Gegensatz zur Sonnenblume oder der Biene – nicht völlig programmiert ist, daß er nicht allein aus Instinkt handelt. Er ist ein denkendes

Wesen und besitzt die Fähigkeit, zwischen Gut und Böse zu wählen. Seine Unfähigkeit, in einem vom Moralgesetz abgesteckten Rahmen zu leben, rührt daher, daß der Mensch sich nicht um die Erkenntnis dieses Gesetzes bemüht und sich nicht immer für seine Befolgung entscheidet und als Christ lassen Sie mich hinzufügen: er nutzt selten die dynamische Kraft und Inspiration, die Jesus Christus ihm vorgelebt hat und nach der er sein Leben ausrichten könnte.

Als die Menschen die Chance hatten, Christus vor fast zweitausend Jahren kennenzulernen, wurde die Welt durch die Weiterverbreitung der Lehren durch seine Jünger durcheinander gebracht. Dasselbe könnte heute passieren. Ich bin nicht verzweifelt angesichts der disharmonischen Verhältnisse in unserer sozialen Umwelt. Trotz aller zeitweisen Rückschläge, die die Menschheit im Laufe der Jahrhunderte hinnehmen mußte, glaube ich fest daran, daß Gott darauf sehen wird, daß der Weg des Menschen weiter aufwärts führt, einer stufenweisen Besserung entgegen.

Der soziale Fortschritt ist das direkte Ergebnis der wachsenden Akzeptierung bestimmter universeller Moralbegriffe, die auf der Suche nach dem göttlichen Willen gefunden worden sind – mit anderen Worten: durch religiöse Betätigung. Zum Beispiel wird heute überall in der Welt die Sklaverei abgelehnt. In den alten Kulturen Griechenlands und Roms war sie natürlicher Bestandteil des Lebens. Ohne den Arbeitskräfte einsparenden wissenschaftlichen Fortschritt wurde es damals als notwendig angesehen, daß ein paar Privilegierte zur Förderung der Zivilisation auf den Schultern der arbeitenden Masse standen. Ebenso ist es in moderner Zeit zu einer allgemeinen Anerkennung bestimmter grundsätzlicher Menschenrechte gekommen, die niemand – auch nicht Länder mit strengster staatlicher Kontrolle über ihre Bürger – öffentlich negieren würde.

Die Wissenschaft in ihrem Bestreben, die Schöpfung zu verstehen, und die Religion in ihrem Bemühen, den Schöpfer zu verstehen, haben vieles gemeinsam. Nichtsdestoweniger gab es Konflikte im Verhältnis der beiden zueinander. Heute können wir bestenfalls sagen, daß eine friedliche Koexistenz zwischen Wissenschaft und Religion herrscht. Ich persönlich halte diesen Zustand für unbefriedigend, denn ich möchte den Schöpfer und seine Schöpfung als Einheit verstanden wissen. ›Die Himmel rühmen die Herrlichkeit Gottes und die Himmelsfeste verkünden das Werk seiner Hände‹, heißt es im schönen Psalm 19. Für mich sind Wissenschaft und Religion wie zwei Fenster eines Hauses, durch das wir auf die Realität des Schöpfers und die Gesetze blicken, die in seiner Schöpfung offenbar werden. Solange wir aus diesen beiden Fenstern zwei verschiedene Ausblicke haben und diese nicht in Einklang bringen können, müssen wir weiter versuchen, ein vollständigeres und besser integriertes Gesamtbild von der letztendlichen Wahrheit zu bekommen, indem wir unsere wissenschaftlichen und religiösen Vorstellungen säuberlich miteinander verbinden. Wenn wir das noch nicht zustandebringen, ist das eine Sache der menschlichen Unzulänglichkeit, aber sicher kein Mangel von Gottes Allmacht.«

»Warum ist es eigentlich für Wissenschaft und Religion so schwer, auf der Suche nach der letzten Wahrheit zusammenzuarbeiten?« fragte Jack.

»Das Problem scheint wohl in ihrer unterschiedlichen Methodik zu liegen«, antwortete von Braun. »Sehen Sie, das Rohmaterial der Wissenschaft ist eine Summe von Beobachtungen, Erfahrungen und Messungen, mit denen der Wissenschaftler ein Realitätsmodell in den Dimensionen von Zeit, Raum und Materie zu errichten versucht, das all sein Wissen in sich vereint. Wenn ein Wissenschaftler ein Stück neuen Wissens entdeckt, dann zerstört er nicht sein Modell aus Zeit, Raum und Materie und wirft es beiseite. Er ändert einfach sein Modell nach dem Schema der Beziehungen, die er aufgrund neuer Erfahrungen oder neuer Daten festgestellt hat. Mit seiner Bereitwilligkeit zur Veränderung seines Modells oder seiner Vorstellung vom Universum und dessen Naturgesetzen gibt der Wissenschaftler lediglich zu, daß er nicht den Anspruch erhebt, im Besitz der Ultima ratio zu sein. Seine Formeln sind vor allem Beschreibungen seiner Beobachtungen. Wissenschaftliche Gesetzmäßigkeiten üben keinen Einfluß auf die Wirklichkeit aus, sondern versuchen nur, sie zu erklären; daher können sie geändert werden, sobald durch neue Erkenntnisse mehr von dieser Wirklichkeit entdeckt wird.

Das Rohmaterial der Religion dagegen ist der Glaube. Glaube im geschriebenen Wort des Alten Testaments und im gesprochenen der Propheten, von Christus selbst, den Aposteln und den Heiligen. Wir verehren diese Worte, denn sie überliefern in eindringlicher Weise die zeitlosen Wahrheiten, die sich dem Menschen so über die Jahrhunderte offenbart haben. Und der Stuhl Petri, der diese Worte zum

Kodex erhoben hat, machte damit die Bibel zum mächtigsten aller Bollwerke gegen die schädlichen Einflüsse der Zeitläufe.«

»Aber offenbar fällt es vielen Menschen wirklich schwer, bestimmte Bibelstellen mit der von der Wissenschaft entgegengehaltenen Realität in Einklang zu bringen, so etwa die Schöpfungsgeschichte aus der Genesis oder den Bericht von Josuas poetischem Appell an die Sonne, stillzustehen, während die Kinder Israels sich an ihren Feinden rächten«, bemerkte ich.

»Die Interpretationen von Bibelstellen sind seit Jahrhunderten Gegenstand von Erörterungen zwischen weiseren Männern als ich gewesen«, gab von Braun zur Antwort. »Die Zersplitterung der christlichen Kirche ist ein lebendiger Beweis dafür, daß es keine leichte Antwort gibt. Ich möchte niemanden verletzen, wenn ich meine eigene Meinung zu diesem delikaten Thema verrate. Ich finde, daß es hilft, die Kluft zwischen der Bibel und der modernen Wissenschaft zu überbrücken, wenn wir uns erinnern, daß die Bibel, obwohl sie sich in erster Linie mit der Offenbarung Gottes und seinen Moralgesetzen beschäftigt, von Gott und den Menschen gleichermaßen handelt, und daß die Menschen, von denen sie berichtet, unter denselben menschlichen Schwächen litten wie wir heute. Ja, die einfache Tatsache, daß die Bibel die Geschichte Gottes vor dem Hintergrund von Menschen, wie wir alle sie kennen, darstellt, macht sie zum meistgelesenen Buch der Geschichte.

Ich fürchte, daß jemand, der auf einer wirklich inflexiblen Art von Religion besteht und eine wortwörtliche Interpretation eines jeden Satzes in der Bibel für der Weisheit letzten Schluß hält, sicher Schwierigkeiten dabei haben wird, die dort gegebenen Erklärungen für Naturereignisse mit modernen wissenschaftlichen Erkenntnissen zu vereinbaren.

Aber«, fuhr von Braun fort, »ich glaube aus tiefstem Herzen, daß die Religion, wie die Wissenschaft, evolutionär ist, daß sie wächst und sich ändert im Licht neuer Offenbarungen Gottes. Obwohl die Bibel die beste Überlieferung der Erkenntnis von Gottes Wesen und Liebe ist, sollten wir in Betracht ziehen, daß besonders die frühen Bücher wie die Schöpfungsgeschichte nicht von gelehrten Beobachtern und Zeugen geschrieben worden sind, sondern von Schreibern, die alte Hirtengesänge und -erzählungen wegen ihrer großen allegorischen Schönheit aufzeichneten.«

»Wie siehst Du denn die Bibel heute, in unserer Zeit?« fragte ich. »Die beiden Dinge, die Kant so sehr bewunderte, – ›den bestirnten Himmel über mir und das moralische Gesetz in mir‹ – verkörpern in Wahrheit ein und dasselbe«, war seine Antwort. »Im Zeitalter des Raumflugs, in dem wir uns alle modernen Hilfsmittel der Wissenschaft dienstbar machen, um in neue Regionen menschlicher Aktivität vorzustoßen, bleibt die Bibel, diese grandiose, aufregende Geschichte der allmählichen Offenbarung und Entfaltung des Moralgesetzes, in jeder Beziehung ein aktuelles Buch. Unser Wissen von den Naturgesetzen und ihrer Anwendung, die uns befähigt, zum Mond zu fliegen, setzt uns aber auch in die Lage, unseren eigenen Planeten mit der Atombombe zu zerstören. Die Wissenschaft an sich wirft die Frage nicht auf, ob wir die uns zur Verfügung stehende Macht zum Guten oder zum Bösen verwenden sollen. Die Richtlinien dessen, was wir tun sollen, sind im göttlichen Gesetz vorgegeben. Es genügt nicht länger, daß wir beten, Gott möge uns beistehen, auf unserer Seite sein. Wir müssen wieder lernen, darum zu beten, daß wir auf Gottes Seite sein mögen.

Unsere gegenwärtige, manchmal schier hoffnungslose politische Lage, die durch Kriegshetzer und Terroristen heraufbeschworen wird, zeigt uns mit erschreckender Klarheit, daß alle wissenschaftlichen und technischen Bemühungen des Menschen vergeblich sind, wenn sie nicht im Rahmen der ethischen Wertmaßstäbe erfolgen und im rechten Verhältnis zur Leistung der neuen Instrumente stehen, die uns die technologische Revolution beschwert hat. Je mehr die Technologie fortschreitet, desto schicksalhafter wird ihr Einfluß auf die Menschheit sein. Aber wenn die ethischen Werte und die Moralgesetze der Welt nicht imstande sind, zu wachsen und sich dem Fortschritt der Technik anzupassen, dann laufen wir entschieden Gefahr, alle zugrundezugehen.«

Wir saßen lange Zeit in völliger Schweigsamkeit. Ich dachte an meine Frau Jean, die oft sagt: »Mich wundert es immer wieder, wie ernsthaft und tief Wernher über alle Dinge nachdenkt!«

Eine leichte Brise zog plötzlich wie ein Geist durch die Bäume. Ich spürte den fast moschusartigen Duft der Brunnenkresse und Teichrosen, die Feuchtigkeit in der Luft. Der Schrei einer Eule klang durch das nahe Gehölz.

»Wernher, erinnerst Du Dich an einen Augenblick, in dem Du besonders intensiv gebetet hast?« fragte ich leise.

Er schlug die Beine übereinander und lehnte sich zurück, die Ellbogen aufstützend und unentwegt ins Feuer blickend.

»Um die Wahrheit zu gestehen«, sagte er sehr langsam, »ich bete, sooft ich das Gefühl habe, Hilfe von einer höheren Instanz zu brauchen.«

»Ich meine, hat es nicht Situationen in Deinem Leben gegeben, wo Du das Bedürfnis verspürtest, ein Gebet zu sprechen – wo dieses Bedürfnis besonders stark war?«

»Sicher habe ich vor und während der entscheidenden *Apollo*-Flüge viel gebetet, ebenso in den letzten Kriegstagen in Deutschland, als alles um mich herum in Trümmer ging. Und natürlich auch während der Stunden der Entscheidung, als wir uns zur Übergabe an die Amerikaner entschlossen hatten. Meine Angst ließ mir damals das Herz bis zum Halse klopfen. Ich betete darum, daß unsere freiwillige Übergabe uns geglaubt wurde.«

Es war tiefe Nacht geworden. Wir ließen das Feuer verlöschen und krochen in unser Zelt und in die Schlafsäcke. Mit den Schreien der Whippoorwills und der Eule im Ohr schliefen wir ein.

12. Kapitel
Der »Friedensgefangene«

Die Übergabe an die Amerikaner in Tirol verlief tatsächlich ganz nach den Plänen und Hoffnungen von Brauns. Der glückliche Ausgang des Unternehmens war zu einem großen Teil den Bemühungen eines jovialen und beliebten amerikanischen Offiziers zu verdanken, des verstorbenen Generalmajors Holger N. Toftoy, der Ende der fünfziger Jahre Kommandierender General des Versuchsgeländes Aberdeen im Staate Maryland wurde, das dem Army-Waffenamt unterstand. Er spielte eine äußerst wichtige Rolle in der Geschichte der Raketenentwicklung der Vereinigten Staaten – und im Leben Wernher von Brauns. Für die Bürger von Huntsville in Alabama wurde er zum Helden.

Während des Krieges war Toftoy Chef der Waffentechnischen Abwehr der US-Army in Europa gewesen. Er bekleidete damals den Rang eines Oberst und hatte den Auftrag vom Kriegsministerium in Washington, die technische Feindausrüstung zu überwachen und die Inspektion erbeuteter Waffen und Geräte vorzunehmen. Häufig erhielt er den Befehl, Musterexemplare von erbeuteten Waffensystemen, Panzern, Geschützen und Fahrzeugen nach den USA zu verschiffen. Als dann die V2 zum Einsatz kam, setzten die Alliierten sie auf ihrer Wunschliste ganz obenan. So war Toftoy nicht überrascht, als er im Mai 1945 ein Telegramm aus Washington bekam, in dem die Lieferung einsatzbereiter V2-Raketen für Testabschüsse in den Staaten verlangt wurde.

Aber es gab keine einzige startfertige V2 mehr. Die Deutschen hatten alle verfügbaren Raketen abgeschossen und die vernichtet, die unterwegs zu den Abschußbasen waren. Bestenfalls konnte Toftoy hoffen, genügend Einzelteile und Zubehör aufzutreiben, mit denen sich wenigstens eine Handvoll Raketen in den USA nachbauen ließ. Das würde der amerikanischen Armee die Möglichkeit geben, mit dieser neuen, eindrucksvollen Waffe zu experimentieren. Er meldete dies seinen Vorgesetzten und man ersuchte ihn, soviel Bauteile zu beschaffen und über den Atlantik zu verschiffen, daß sich damit »einhundert V2-Raketen zusammenbauen und abschießen ließen«.

Toftoy hatte Kenntnis vom Mittelwerk, der unterirdischen Fabrik an den Ausläufern des Harzes ungefähr in der Mitte zwischen Frankfurt und Berlin, erhalten. Er erteilte seinem Mitarbeiter Major James P. Hamill die Order, mit einer kleinen Gruppe von Abwehragenten zu dieser Fabrik zu fahren, so schnell wie möglich die V2-Teile zu verladen und sie »egal wie« nach Antwerpen zu transportieren. Als Hamill am Morgen seiner Abfahrt nach Deutschland vor Toftoys Schreibtisch in Paris stand und um letzte Anweisungen bat, antwortete Toftoy: »Jim, versetzen Sie sich in die Lage des Mannes, der diese Raketen zusammenbauen und abschießen soll. Versuchen Sie, ihn nicht zu enttäuschen!« Nicht im Traum hätten die beiden Offiziere daran gedacht, daß sie ein paar Monate später in die Lage kommen sollten, sich mit eben diesem Mann eingehend zu beschäftigen.

Es waren turbulente und dramatische Tage für Major Hamill, bis er die V2-Teile hatte. Der Ostteil des Harzes und Thüringen, damals noch in amerikanischer Hand, sollten in Kürze Teil der sowjetischen Besatzungszone werden. Und das unterirdische V2-Werk in Nordhausen lag in diesem Gebiet! Daher mußte man schnell handeln: aufladen, was man suchte und sich davonmachen. Es war klar, daß man nicht später wiederkommen konnte, um die Russen um weitere Teile zu bitten. Einer der Trupps fuhr nach Kassel, um aus der dortigen Panzerfabrik *Tiger*-Panzer abzutransportieren. Die zweite Gruppe begab sich direkt nach Nordhausen, um auftragsgemäß die V2-Bauteile zu holen.

Der Auftrag trug keinen offiziellen Charakter. Gewisse Komplikationen waren abzusehen, denn entsprechend den strikten Bestimmungen der Konferenz von Jalta hatte Präsident Roosevelt verfügt, keine Fabriken in der späteren russischen Zone Deutschlands zu demontieren. Aus diesem Grund war eine Zusammenarbeit mit anderen Armee-Einheiten, wie etwa dem Transportkorps, nicht in vollem Umfang möglich. Deshalb mußten die Waffentechniker die Sonderzüge selbst quer durch Deutschland und Belgien schleusen. Sie lösten jedoch auch dieses Problem erfolgreich und konnten die halbfertigen Raketen und deren noch fehlende Teile in den Hafen von Antwerpen bringen.

16 Liberty-Frachter waren nötig, um die riesige Ladung über den Atlantik nach New Orleans zu verfrachten. Von dort ging sie mit Eisenbahnwaggons zum neuen Raketenversuchsgelände White Sands im Bundesstaat New Mexico im Südwesten der USA.

Nachdem die Peenemünder in Oberammergau und Umgebung von den Amerikanern – der 3. Armee und Teilen der 3. Panzerdivision und der 44. Infanterie-Division – überrollt worden waren, informierten Abwehragenten Toftoys ihren Chef, daß ihnen ein paar der Top-Wissenschaftler des deutschen Raketenprogramms über den Weg gelaufen seien. Diese Männer lebten grüppchenweise in verschiedenen Orten Oberbayerns, was die amerikanische Abwehr zu Recht vermuten ließ, daß man, wenn man die deutschen Forscher richtig anpackte, eine Menge wichtiger Informationen erhalten könnte.

Toftoy empfahl, nachdem er mit von Braun zusammengetroffen war, der Regierung in Washington, diese Gruppe deutscher Spezialisten, die faktisch die V 2 konzipiert und entwickelt hatten, in die Vereinigten Staaten zu bringen und sie von den eigenen Wissenschaftlern und Ingenieuren ausfragen zu lassen. Er fühlte, daß das Wissen, das sie mitzuteilen hatten, von einem militärischen Außenteam nicht genügend verstanden und einwandfrei aufgezeichnet werden konnte.

Unmittelbar nach dem V-E Day* wurde Toftoy in die USA zurückberufen und mit der neuen Position eines Chefs der Raketenabteilung im Forschungs- und Entwicklungsreferat des Waffenamtes der Armee betraut. Kurz zuvor hatte die amerikanische Regierung den Bau von Lenkraketen beschlossen. Bis zu dieser Zeit war in den Vereinigten Staaten nur die Entwicklung und Produktion normaler, ungelenkter Raketen wie der Bazooka, der 10,7-cm-Pulverrakete und einer Reihe anderer kleiner, feststoffgetriebener Geschosse betrieben worden.

Wegen seiner Erfahrungen in Europa wies man Toftoy die Aufgabe zu, das Lenkraketenprogramm der US-Army zu planen und in

---

* »Siegestag«: der 8. Mai 1945, Tag der bedingungslosen Kapitulation Deutschlands. (Anm. d. Ü.)

die Tat umzusetzen. Die Deutschen arbeiteten bereitwillig mit seinen Untersuchungsoffizieren in Garmisch-Partenkirchen zusammen, und er erkannte, daß ihr Know-how sehr wichtig und sehr umfassend war. Er riet daher Washington, eine ausgewählte Gruppe von dreihundert dieser Experten zur weiteren Vernehmung in die USA zu holen. Nach einigem Nachhaken wurde seinem Vorschlag übereinstimmend vom Außenministerium, Handelsministerium und Kriegsministerium entsprochen. Die Zahl wurde allerdings auf einhundert Wissenschaftler reduziert und Toftoy nach Deutschland delegiert, um die Auswahl vorzunehmen.

Drei Wochen nach seiner Abreise war er wieder in Deutschland, diesmal in Witzenhausen bei Kassel, wo er in einer überfüllten Schule mit Wernher von Braun und anderen führenden deutschen Raketenforschern zusammentraf. Er konnte ihnen zwar hinsichtlich ihrer Zukunft in den Vereinigten Staaten keine Versprechungen machen und ihnen nicht sagen, was aus ihnen werden würde oder wie lange sie bleiben könnten, aber er stellte fest, daß die Gruppe voll Enthusiasmus über die Aussicht war, überhaupt nach Amerika zu kommen.

Die Schule war ein kleines, zweistöckiges Bauernhaus mit einer sehr kleinen Küche, die einen zweiflammigen Herd und einen winzigen Boiler enthielt. Daneben gab es eine Anzahl von normal großen Klassenräumen. Jetzt war das Schulhaus zur Unterkunft für über achtzig Männer aus Peenemünde und ihre Familien geworden, die Bleicherode und dessen Umgebung wieder verlassen hatten, als sie erfuhren, daß dieses Gebiet von der Roten Armee übernommen würde. Die Betten waren so dicht von einer Wand zur anderen aufgereiht, daß kein Platz zwischen den Matratzen war. Das Wenige an persönlicher Habe versperrte die Korridore. Ein Zimmer war für Toftoys Besprechung leergeräumt worden.

Das Hauptproblem war also nicht, ob die Deutschen nach Amerika gehen wollten und zu welchen Bedingungen, sondern was mit ihren Familien geschehen sollte, denn Toftoy hatte keine Vollmacht, auch ihre Angehörigen nach USA zu holen.

Die Raketenleute wiesen darauf hin, daß ihr deutsches Geld wertlos war, wenn es darum ging, für den Lebensunterhalt ihrer Familien zu sorgen. Denn im Nachkriegsdeutschland mußte man, um zu überleben, für Essen, Kleidung, Benzin und andere lebenswichtige Dinge etwas eintauschen. Die Ingenieure berichteten, sie reparierten Fahrräder und Radios, hackten Holz und verrichteten andere Arbeiten, um dafür Brot, Eier, Milch und andere Lebensmittel zu erhalten. Unter diesen Umständen könnten sie ihre Familien nicht zurücklassen, selbst wenn sie ihr Gehalt in deutschem Geld bezögen. Toftoys Verständnis für die Situation, seine freundliche Anteilnahme an diesen persönlichen Problemen und das Mitleid, das er mit den Kindern hatte, die in diese schwierige Lage mit hineingezogen worden waren, machte auf die deutsche Gruppe großen Eindruck. Die einzige Lösung, die Oberst Toftoy sah, war die Einrichtung eines Lagers für die Angehörigen in Europa, in dem ihnen von der Regierung der USA Verpflegung und Kleidung garantiert wurden, nicht als Almosen, sondern als Teil des Gehaltes ihrer Männer.

In einem Gespräch sagte mir Toftoy vor einigen Jahren, daß die deutschen Spezialisten ihre Entscheidung, sich freiwillig in den Dienst der Vereinigten Staaten zu stellen, einstimmig getroffen hätten. »Sie ließen mich wissen, daß die Deutschen im Lauf der Geschichte nie ganz imstande gewesen seien, die Denkweise der Briten zu verstehen, daß die Franzosen nach ihrer Ansicht nicht die Mittel für die Raketenentwicklung hätten und sie den Russen nicht trauten. Sie hätten, so versicherten sie mir, genug von Diktatur und Terror«, erklärte mir Toftoy.

Er erkundete die Umgebung und fand drei Einrichtungen, die als Wohnstätten für die Angehörigen der Raketenforscher in Frage kamen. Aber der zuständige US-General erklärte zunächst kategorisch, er sehe sich außerstande, ein solches Wohnlager für deutsche Zivilisten zu errichten. Toftoy blieb hartnäckig und verlangte, dem General den Fall persönlich vorzutragen. Er bat um Freigabe einer ehemaligen Kavalleriekaserne. Der General entsprach diesem Wunsch, nachdem er von den Raketenfachleuten und ihrem potentiellen Wert für die Vereinigten Staaten gehört hatte, und die Familien der Wissenschaftler wurden in Landshut (Niederbayern) untergebracht. Amerikanische Ärzte übernahmen die medizinische Betreuung, PX-Läden standen den Frauen aus Peenemünde zum Einkauf offen. Die deutschen Wissenschaftler und Ingenieure billigten schließlich diese Lösung, obwohl sie vorher um Erlaubnis ersucht hatten, ihre Angehörigen mit in die USA bringen zu dürfen und sogar angeboten hatten, mit ihnen nötigenfalls in Zelten zu hausen.

Toftoy hatte erhebliche Schwierigkeiten, um die ursprüngliche Liste von dreihundert Namen auf hundert zusammenzustreichen. Natürlich ließ sich das nicht ganz genau machen, und so fand er mit 127 Namen einen Kompromiß. Zweck der Aktion war, ein vollständiges Team zu bekommen, erstklassige Leute, wie Konstrukteure, Forscher und Testingenieure, die nicht nur beim Zusammenbau und Abschuß der erbeuteten V2-Raketen eine beratende Funktion ausüben sollten, sondern auch in der Lage waren, die Entwicklung komplizierter Waffensysteme fortzusetzen. Er vermied es, Durchschnittsleute in die USA zu holen oder Techniker ohne Spezialkenntnisse, weil diese dem vorhandenen amerikanischen Personal Konkurrenz gemacht hätten. Mit anderen Worten, es kamen nur Männer in Frage, die er guten Gewissens als Lenkraketenfachleute bezeichnen konnte.

Raketen und Lenkwaffen stellten für das Waffenamt der amerikanischen Armee ein völlig neues und dazu noch höchst kompliziertes Feld dar. Wegen der entscheidenden Rolle, die ferngesteuerte Raketen während des Krieges gespielt hatten, war die Entwicklung solcher Waffen durch die Armee von größter Wichtigkeit für die nationale Sicherheit der USA. Außerdem war Raketentechnik eine junge Wissenschaft, und daher würde jeder neue Raketentyp ungewöhnlich schnell überholt sein. Eine neue Rakete mußte daher fast in einem Atemzug konstruiert, getestet, in Serie gegeben und in Dienst gestellt werden. Das stand in Gegensatz zur üblichen Praxis des Waffenamtes, denn neue Geräte waren bisher ausgiebigen und zeitraubenden Prüfungen unterworfen worden, um ihre absolute Zuverlässigkeit sicherzustellen, bevor die Fließbandproduktion anlief und sie an die Front gingen.

Den hohen amerikanischen Militärs war anfangs wenig von den Komplikationen bei Raketen bekannt. Sie unterstützten sofort rückhaltlos die Aufstellung und Realisierung eines Raketenprogramms und mußten erst im Laufe der Zeit die Erfahrung machen, daß Lenkraketen besonders anfällig für Fehler in der Mechanik sind, teils infolge ihrer ungeheuren Beschleunigung, teils wegen der vielen neuen und unerprobten Mechanismen und Materialien sowie der hochempfindlichen elektronischen Systeme. Die Intensivierung neuer amerikanischer Waffensysteme und der Forcierung ihrer Planung und Entwicklung machte die Schaffung großer wissenschaftlicher und technischer Verwaltungsstellen notwendig, um die Leistungen der vielen beteiligten industriellen Zulieferfirmen zu koordinieren. Die

Armee lud die Privatindustrie, die Forschungsinstitute der Colleges und Universitäten und Stipendiaten der Hochschulen ein, sich zu beteiligen und ihr Fachwissen durch praktische Erfahrung zu bereichern. Toftoys umfangreiches Lenkraketenprogramm sollte ein Unternehmen auf nationaler Basis werden.

Im Juli 1945 kam der inzwischen zum General beförderte Toftoy erneut nach Paris. Zu dieser Zeit war der Krieg in Fernost noch nicht zu Ende, und Major Hamill hatte sich freiwillig zu einer Infanteriedivision im Pazifik gemeldet. Toftoy wollte von ihm wissen, wohin er abkommandiert sei und sagte dann: »Hier, Jim, nehmen Sie diese Zeilen meinem guten alten Freund und Klassenkameraden Oberst Van Sickel mit für den Fall, daß Sie es sich anders überlegen sollten. Ich habe ein hochbrisantes Raketenprogramm in Washington laufen.«

Hamill steckte den Brief in die Tasche in der Annahme, ihn nie verwenden zu können und nahm seinen Marschbefehl nach Fernost via USA entgegen. Die Militärmaschine war noch keine halbe Stunde in der Luft, als der Pilot in die Kabine kam und bekanntgab, Präsident Truman habe soeben die Kapitulation der Japaner verkündet. Das war am 15. August, und Hamill griff sofort in die Uniformtasche, um zu sehen, ob das Empfehlungsschreiben noch da war. Es schien ihm interessanter, an einem dynamischen Raketenprojekt mitzuwirken als irgendwo in Japan oder auf den Philippinen bei der Auflösung von Truppeneinheiten zu helfen. In Washington erwies sich der Brief von unschätzbarem Wert, um den Job zu bekommen, für den ihn Toftoy ursprünglich ausersehen hatte, nämlich die Errichtung eines Raketenversuchsfeldes in Fort Bliss bei El Paso in Texas.

Ende September 1945 schickte Toftoy Major Hamill nach Fort Strong in Boston, wo am 20. September das erste Kontingent von sieben deutschen Wissenschaftlern angekommen war. Dort lernte Hamill auch Wernher von Braun kennen. Spät am Abend traten sie mit der Bahn die Weiterfahrt an. Von Braun litt unter einem plötzlich auftretenden Hepatitisanfall, und sein gebrochener Arm war immer noch nicht auskuriert. Am anderen Morgen kam der Zug auf dem Erprobungsgelände Aberdeen an, und die Kameraden von Brauns wurden hier in Unterkünfte gebracht und erhielten den Auftrag, in den kommenden Wochen und Monaten die erbeuteten deutschen V2-Dokumente zu sortieren und zu übersetzen. Auf diesem streng bewachten Gelände, auf dem viele Vernichtungswaffen und streng geheimes Militärgerät entwickelt und erprobt worden waren, sollten die Deutschen nun an der Produktion noch besserer und noch schlagkräftigerer Waffen für die USA, ihren ehemaligen Kriegsgegner, mitarbeiten. Inmitten militärischer Geheimprojekte aller Art setzten die deutschen Spezialisten die Arbeit fort, die sie für Hitler in Peenemünde begonnen hatten, immer von einer GI-Eskorte umgeben.

Ihre erste Aufgabe war, wie gesagt, die Aufbereitung der nach dem Zusammenbruch des Deutschen Reiches in dem stillgelegten Bergwerk im Harz gefundenen Pläne. Es läßt sich unmöglich in Arbeitsstunden und Dollars ausdrücken, wieviel Zeit und Geld durch die Mitarbeit dieser Experten beim Sichten, Katalogisieren, Auswerten und Übersetzen der mehr als vierzig Tonnen Papier gespart wurde. Sie konnten oft auf den ersten Blick ein Dokument als wichtig oder unwichtig einstufen. Dieses Arbeitstempo war nur möglich, weil die Männer diese Aufzeichnungen selbst erarbeitet oder daran mitgewirkt hatten.

Einige der von den Amerikanern beschlagnahmten Papiere dokumentierten dramatische Ereignisse, auch wenn diese Unterlagen nicht von Wert für die Entwicklung neuer Waffen waren. Da gab es zum Beispiel eine Reihe von Akten, halb verbrannt und rauchgeschwärzt, die von den Schäden in den Labors von Peenemünde durch den schweren britischen Luftangriff zeugten. Andere Ordner enthielten Fotos der zerstörten Gebäude und Einrichtungen. Am eindrucksvollsten waren die Bilder von der Bestattung der bei der Bombardierung ums Leben gekommenen Techniker.

Wernher von Braun sollte von Aberdeen nach Fort Bliss weiterreisen. Hamill begleitete ihn zunächst nach Washington, wo sie fast fünf Tage blieben. Die ganze Zeit über mußten die beiden Tag und Nacht zusammenbleiben. Von Washington ging es mit der Eisenbahn weiter nach El Paso. Als der Zug in St. Louis einlief, wo sie umsteigen mußten, sah Hamill auf die Fahrkarten und stellte fest, daß sie für die Weiterfahrt reservierte Plätze im Schlafwagen »O« hatten. Das kam ihm etwas komisch vor, denn er erinnerte sich, daß Pullman-Wagen immer numeriert und nicht mit Buchstaben gekennzeichnet waren. Nach der Ankunft erkundigte sich Hamill, was es mit Wagen »O« auf sich habe. Er war in Uniform, und der Auskunftsbeamte teilte ihm mit: »Oh Major, Sie werden diese Reise genießen, wir haben nämlich nur Verwundete der 101. und der 82. Luftlandedivision im Zug.« Unnötig zu sagen, daß damit ein heikles Problem verbunden gewesen wäre. Hamill machte seinen Einfluß als Vertreter des State Department geltend, wies seinen Spezialausweis vor und erreichte endlich, daß die Reservierung geändert und für einen normalen Schnellzug ausgestellt wurde.

Aus naheliegenden Gründen erschien diese Maßnahme Hamill sehr wichtig. Zum einen war es kurz nach Kriegsende. Aber wichtiger war es, die Anwesenheit von Brauns und der anderen Deutschen in den Vereinigten Staaten sorgfältig geheimzuhalten. Toftoy befürchtete mit Recht, daß ein vorzeitiges Bekanntwerden dieser Tatsache seinen ganzen Plan platzen lassen könnte.

Nachdem die Buchungen geändert worden waren, verständigte sich von Braun mit Hamill darüber, wie er am besten seine Identität verbergen konnte. Im Expreß von Washington nach St. Louis hatten sie ein Abteil für sich gehabt und sich so mehr oder weniger außer Sicht der Mitreisenden halten können. Für die lange Fahrt von St. Louis nach El Paso konnten sie aber nur Plätze an entgegengesetzten Enden eines Wagens bekommen. Beim Verlassen von St. Louis war das nicht problematisch, denn es war dann praktisch Schlafenszeit. Der folgende Tag würde Probleme mit sich bringen. Sie beschlossen, so zu tun, als reisten sie nicht zusammen, und sich nur zum Frühstück und Mittagessen im Speisewagen zu treffen.

Doch ein paar Stunden später, kurz bevor der Zug in Texarkana einlief, beobachtete Hamill, daß ein Mann, mit dem von Braun im Abteil saß, äußerst interessiert schien und die beiden sich lebhaft unterhielten. Der Major war neugierig und leicht beunruhigt, aber er hielt es für das Beste, sich herauszuhalten und nicht noch eine Uniform ins Bild zu bringen. Als der Zug hielt, schüttelte der Fremde herzlich von Brauns Hand und stieg aus.

Hamill kam sofort zu von Braun und erkundigte sich, was geschehen sei. Er erfuhr, daß es zu einem interessanten Gespräch gekommen war. Der Herr hatte von Braun gefragt, woher er komme, und von Braun hatte geantwortet, er sei aus der Schweiz. Es stellte sich heraus, daß der Mann die Schweiz sehr gut kannte, und so fragte er von Braun nach seinem Beruf. In der Stahlbranche, war die Antwort. Und wie es der Zufall wollte, war der Mitreisende in dieser Branche zu Hause. Er wollte nun wissen, wo von Braun studiert hatte und welche Städte er kannte. Doch obwohl er ein halbes Jahr lang an der Hochschule in Zürich Vorlesungen gehört hatte, kannte von Braun sich nicht übermäßig gut in der Schweiz aus. Endlich erkundigte sich der Texaner, in welchem Sektor der Stahlbranche von Braun denn tätig sei, und diesem fiel nichts Besseres ein als das Kugellagergeschäft. Prompt stellte sich der Mann als Fabrikant von Kugellagern vor. Zum Glück kam in diesem Augenblick der Zug in Texarkana an. Der Amerikaner ergriff von Brauns Hand, schüttelte sie und sagte beim Abschied: »Wenn Ihr Schweizer nicht gewesen wärt, hätten wir diese verdammten Deutschen wahrscheinlich nicht besiegen können!«

Major Hamill sagte später, dieser Zwischenfall habe »von Brauns Geistesgegenwart und seine Loyalität gegenüber den Vereinigten Staaten und der Sache, um die es ging, bewiesen«.

Bei ihrer Ankunft in El Paso begrüßte der Kommandant von Fort Bliss die beiden herzlich. Er war offensichtlich ein bißchen überrascht über den Gast, den Hamill mitbrachte. Aber er erlaubte, daß von Braun die erste Nacht in den Junggesellenunterkünften der jüngeren Offiziere schlief, und Hamill ein Zimmer im Offiziersklub bezog. Beide freuten sich über diese Regelung, denn sie hatten seit Tagen zusammenleben müssen. Der Kommandierende General erzählte dann Hamill, »ein Stück die Straße hinauf« liege »eine Art großer Platz«, der vom Waffenamt beschlagnahmt sei, eine Einrichtung mit dem White Sands-Versuchsgelände. Er solle hinfahren und sich das mal ansehen.

»Ich nahm mir den Nachmittag frei und fuhr nach White Sands nördlich von Fort Bliss, wo dank Toftoys Initiative immerhin schon zwei Baracken standen. Das war fürs erste alles«, erzählte Hamill. »Als ich abends zurückkam, nahm ich meine erste Mahlzeit seit drei Wochen allein ein. Ich legte mich früh schlafen, aber als ich gerade ins Bett gegangen war, klopften der diensthabende Offizier und der *Provost Marshal** an meine Tür und befahlen mir, aus der Messe auszuziehen und zu dem Mann überzusiedeln, den ich nach Fort Bliss mitgebracht hätte. Der General sei der Auffassung, daß er aufgrund der Sicherheitsvorschriften nicht einen deutschen Wissenschaftler, einen ehemaligen Kriegsgegner, in seinem Befehlsbereich dulden könne,

---

* Kommandeur der US-Militärpolizei (Anm. d. Ü.)

der nicht ordentlich überwacht würde. Also kam ich zu von Braun ins Junggesellenquartier.«

Inzwischen hatte sich von Brauns Leberleiden erheblich verschlechtert, und er bat darum, am nächsten Tag in ein Lazarett verlegt zu werden. Damit war ein Problem gelöst und Hamill konnte an die Einrichtung eines Büros gehen. Es wäre für ihn schwierig gewesen, überall herumzulaufen und mit dem Bauoffizier, dem Standortquartiermeister und anderen Leuten zu verhandeln und dabei ständig einen Deutschen im Schlepptau zu haben, ohne ihn vorstellen oder seine Anwesenheit erklären zu können. So wurde von Braun den Lazarettärzten anvertraut, und Hamill hatte freie Hand, um die nötigen Vorbereitungen für die Unterbringung und die Wahl von Räumlichkeiten für die Tätigkeit der anderen deutschen Spezialisten zu treffen.

Eines Tages kam Toftoy aus Washington geflogen, um sich auf der Krankenstation nach von Brauns Genesung zu erkundigen und mit Hamill die Pläne für die künftige Arbeit durchzugehen. Gegen Mittag kamen die beiden Offiziere an einem kleinen Artillerieschießplatz vorbei, der für den Bau der Quartiere des deutschen Raketenteams vorgesehen, doch nach Hamills Ansicht weder hinsichtlich Größe noch Beschaffenheit geeignet war. Er hatte schon die künftige Entwicklung vor Augen und dachte an eine Erweiterung der Forschungsarbeiten und das Herüberholen der Familien der deutschen Experten. Hamill machte Toftoy den Vorschlag, zum Lunch in ein Restaurant am Stadtrand zu fahren, das *Lillian's Steak House* hieß und nicht weit außerhalb des eingezäunten Kasernenkomplexes lag. Unterwegs kamen sie an einer Dependance des William-Beaumont-Armeekrankenhauses vorbei, die ungefähr drei Kilometer vom Hauptlazarett entfernt war. Hamill war Feuer und Flamme: »Das wäre doch das Richtige. Schauen Sie, ein Sicherheitszaun ist schon da, alle Stationshäuser sind miteinander verbunden und es gibt eine eigene Feuerwehr und sogar einen Swimming-Pool.«

Es war eine fast komplette Anlage, und er malte sich aus, wie man sie ideal als Domizil für die Raketenleute benutzen könnte. Mit den Gedanken schon beim Mittagessen erwiderte General Toftoy: »Ja, wirklich prima. Greifen wir doch zu!« Als sie nach dem Essen wieder in den Wagen stiegen und anfuhren, meinte er: »Das ist die falsche Richtung, Jim. Sie fahren ja in Richtung Krankenhaus. Wir wollen doch zum Fort Bliss zurück, und das liegt doch in der anderen Richtung, oder?« Hamill sagte: »Ja, aber Sie erinnern sich, wir wollten doch dorthin, um wegen der Nebengebäude zu fragen.« Und so fuhren sie zum Hauptlazarett weiter.

Toftoy meinte, es könne ja nichts kosten, zu fragen. »Ich hatte keine große Hoffnung, den Annex zu bekommen«, erzählte er mir später. »Trotzdem ließen wir uns beim Kommandeur Oberst Ryer melden, einem betagten Oberstabsarzt, und unterhielten uns mit ihm angelegentlich über die Schwierigkeiten, die er doch sicherlich habe, beide Häuser mit dem nach Kriegsende reduzierten Personal zu leiten. Es sei in der Tat schrecklich, bestätigte er. Im Hauptlazarett könne man die Patienten einwandfrei versorgen, doch im Annex sei es wirklich ein Kreuz bei der räumlichen Entfernung und dem Mangel an Sanitätssoldaten, Krankenschwestern und Ärzten, zumal man ihm noch ständig Verwundete aus anderen Lazaretten, die geschlossen worden seien, überweise.

Ich stimmte ihm zu, daß es das Beste für ihn sei, wenn er die Dependance schließen lassen könnte und sagte ihm meine Hilfe dabei zu. Bei meiner Rückkehr nach Washington am nächsten Tag machte ich sofort dem Amt des Inspekteurs des Sanitätswesens im Pentagon Meldung. Ich sprach mit dem zuständigen Mann für die Lazarette und verwendete mich für die Schließung des Annexes mit der Begründung, der arme Oberst Ryer sei dem Wahnsinn nahe, und außerdem könnte ich die Gebäude für ein höchst dringendes technisches Projekt gebrauchen.«

Eine Besprechung fand statt, auf der Oberst Ryer sich für Toftoy verwendete. Nach einer ziemlich lebhaften Sitzung erhielt dieser die Lazarettdependance für seine Zwecke, nachdem der Generalstab der Übergabe an das Waffenamt zugestimmt hatte. Toftoy hatte es plötzlich eilig, denn er hatte in Erfahrung gebracht, daß der neue Kommandant von Fort Bliss eigene Pläne für den Annex hegte. Darüber hinaus hatte eine Organisation ehemaliger Kriegsteilnehmer bereits alle Hebel in Bewegung gesetzt, um ihn für sich zu bekommen. Hamill belegte daher das Lazarett in Windeseile mit Beschlag, bevor irgend jemand merkte, was überhaupt geschah. Alles lief reibungslos ab. Unter dem Zeitdruck, hier schnell Laboratorien und Wohnungen für die bald eintreffenden deutschen Familien zu schaffen, veranlaßte Hamill, daß jedesmal Personal vom Waffenamt anrückte und so tat, als ob er einzog, sobald ein Krankenzimmer freigeworden war.

Eines Tages saß Hamill in dem Zimmer, das sein Büro werden sollte. Die Telefonnummer war noch nicht geändert worden, und als der Apparat klingelte und er den Hörer abnahm, fragte eine weibliche Stimme: »Wer ist da?« Hamill antwortete mit Namen und Dienstgrad, und die Dame sagte aufgeregt: »Hier spricht Captain Clark. Kommen Sie bitte sofort herüber zur Station 13.« Hamill darauf: »Tut mir leid, aber...« Und sie: »Sie müssen sofort kommen!« Wieder Hamill: »Ich glaube, Sie haben mich nicht verstanden. Ich bin Major Hamill, und unsere Aufgabe hier ist die Entwicklung von Raketen.« Sie verzweifelt: »Ach du lieber Gott, bei mir ist eine andere Entwicklung: ein Baby will zur Welt kommen und hat's furchtbar eilig, aber vermutlich können Sie mir dabei wohl kaum helfen!«

Die Deutschen nahmen ihre Arbeit auf, sobald Hamill Labor- und Büroräume hatte herrichten lassen. Die sogenannten *Paperclip*-Wissenschaftler* wurden wahrscheinlich schärfer beobachtet und sorgfältiger bewacht als eine andere Gruppe von Zivilisten in der amerikanischen Geschichte, besonders die Ingenieure, die an technischen Projekten arbeiteten. Hamill hatte jedoch keine großen Probleme bei der Führung der Gruppe. »Die Leute waren völlig loyal, nicht nur den Vereinigten Staaten, sondern auch den militärischen Dienststellen gegenüber«, berichtete mir Hamill Jahre später. »Ich kann auch ohne weiteres behaupten, daß sie das am härtesten arbeitende Team waren, das ich je erlebt habe.« Einmal bat Toftoy Hamill um Konstruktionsvorschläge für eine sehr große Rakete *(Redstone)*, die er dem Generalstab am Dienstag vorlegen wollte. Die Bitte erging am Montag. Die Deutschen arbeiteten den ganzen Tag und die darauffolgende Nacht, und als um sechs Uhr dreißig früh das Flugzeug startbereit war, händigte man die letzte Zeichnung und Spezifikation eines sehr detaillierten Projekts Hamill aus, der nach Washington flog und Toftoy die Unterlagen persönlich überbrachte.

---

* Die Peenemünder Spezialisten bekamen auf ihren Karteikarten bei der US-Einwanderungsbehörde eine Büroklammer (Paperclip) als Kennzeichen. Die ursprünglich unter der Codebezeichnung *Overcast* laufende Umsiedlung der deutschen Wissenschaftler in die USA erhielt später die offizielle Bezeichnung *Operation Paperclip* (Anm. d. Ü.).

Toftoy versicherte später immer wieder, er habe keinen Augenblick lang bedauert, sich mit den deutschen Raketenleuten eingelassen zu haben. »Ich hatte natürlich Glück, als ich die Gelegenheit beim Schopf packte«, meinte er. »Ich glaube, wir Amerikaner werden manchmal ein wenig selbstgefällig angesichts der vielen Annehmlichkeiten des Lebens in unserem großen Land. Als wir dann so eng mit Ausländern wie diesen *Paperclip*-Leuten und ihren Familien zusammenlebten und -arbeiteten, brachte uns das ein bißchen zum Nachdenken, und wir liebten unser Land umso mehr. Nur in diesem Land, glaube ich, war es möglich, daß feindliche Ausländer unter militärischer Bewachung herübergeholt wurden und daß im Rahmen der demokratischen Freiheit ernstgemeinte und gutgläubige Einwände gegen diese Leute und ihre Anwesenheit so kurz nach dem Krieg erhoben wurden. Beschwerden wurden an den Präsidenten und an den Kongreß gerichtet, aber von Anfang an fühlte ich, nachdem ich festgestellt hatte, daß diese Leute wirklich daran interessiert waren, gute Amerikaner zu werden und sich anständig verhielten, daß diese Spezialisten dem Land viele gute Dienste leisten würden.

Zu keinem Zeitpunkt seit Aufnahme meiner Verhandlungen mit ihnen habe ich ihnen Dinge versprochen, die ich nicht halten konnte. Ihr Weg bis zur Einbürgerung war nicht leicht; es gab Verzögerungen, Enttäuschungen und Schwierigkeiten. Und doch blieben sie standhaft, das kann man sagen. Sie hatten großes Verständnis und blickten voll Hoffnung in die Zukunft, arbeiteten fleißig, um sich für die Naturalisierung zu qualifizieren und zeigten in jeder Hinsicht, daß sie gute Mitbürger waren und eine Bereicherung für die Gemeinschaft darstellten.«

Der Lazarettannex in Fort Bliss wurde bald zu einem recht annehmbaren Appartement- und Laborkomplex. Nach und nach begannen die Deutschen eine wichtige Rolle als anerkannte Fachleute der Raketenabteilung der Armee zu spielen. Sie lernten eifrig Englisch und bildeten Gruppen für Kirchenarbeit, Musik und andere kulturelle Aktivitäten.

Zu den ersten Dingen, die sie organisierten, bevor ihre Familien nachkamen, gehörte die Gründung eines Clubs, den sie selbst betrieben. Hier konnten sie sich zu einem Drink treffen, sich unterhalten und ausruhen, Schach oder Karten spielen. Sie bauten den Club im wahrsten Sinn des Wortes mit ihren eigenen Händen auf, fungierten als ihre eigenen Barmixer und erledigten alle anfallenden Arbeiten selbst.

Ein Problem war jedoch die Frage der Verköstigung der Deutschen. Man hatte ein Kasino eingerichtet, doch die Armee fürchtete das Zetergeschrei, das sich 1945 sicher erhoben hätte, wenn ein junger Soldat seinen Eltern geschrieben hätte, er müsse Küchendienst tun und Deutsche bedienen. Das Problem war gelöst, als sich sieben deutsche Kriegsgefangene bereiterklärten, die deutschen Wissenschaftler zu bekochen und bedienen. Als Gegenleistung konnten sie die Annehmlichkeiten des deutschen Clubs in Anspruch nehmen.

Die Hauptaufgaben im Rahmen des *Paperclip*-Abkommens waren für die Deutschen folgende: Die Einrichtung einer Zentralstelle für Anfragen von Armee-, Marine- und Luftwaffenvertragsunternehmen; die Zeitersparnis bei der Entwicklung von Lenkraketen; Beratung beim Abschuß der V2-Raketen, die zur Auswertung zum White Sands-Versuchsgelände gebracht worden waren und der Abschuß von Instrumentenkapseln zur Erforschung der oberen Atmosphäre. Ferner mußte an der Konstruktion einer neuen Waffe und den Bauteilen dafür gearbeitet werden – der *Hermes II*-Versuchsrakete, einem mit einer V2 als Trägerrakete abgeschossenen Überschallgeschoß mit Staustrahltriebwerk.

Nachrichten aus dem Lager in Landshut besagten eines Tages, daß die Familien der Raketenexperten wegen der schlechten Ernährungslage in der Heimat an Vitaminmangel und anderen Erkrankungen litten. Diese Berichte wurden durch Untersuchungen amerikanischer Ärzte bestätigt. Die Deutschen in Fort Bliss konnten zwar unter militärischer Bewachung nach El Paso fahren und dort einkaufen. Sie erhielten sechs Dollar pro Tag; der Rest ihres Gehaltes wurde ihren Familien in Landshut in Reichsmark aus Kriegsreparationen ausbezahlt. Eine vom US-Außenministerium erlassene Vorschrift lautete jedoch, daß die Deutschen keine Pakete an ihre Angehörigen schicken, sondern ihnen und ihren Freunden lediglich schreiben durften. So waren sie nicht in der Lage, die Lebensmittel, Süßigkeiten, Seife und all die schönen Dinge, die sie in Hülle und Fülle in den Drugstores und Supermärkten sahen, anderen zukommen zu lassen.

Es war wiederum typisch für den mitleidigen Toftoy, daß er prompt darin ein Grundproblem für die Moral der Deutschen erkannte und versprach, sich in Washington für sie zu verwenden. Er brauchte fast einen Monat dazu. Dann durften die Deutschen ihre Ware einkaufen und nach Deutschland versenden. Die einzige Auflage war: sie mußten die »Freßpakete« durch einen von Hamill ernannten Sicherheitsbeamten inspizieren lassen, bevor sie verschnürt wurden.

Inzwischen ebnete die Armee bei den Behörden den Weg für die Familien, und die erste Gruppe Angehöriger traf im Dezember 1946 ein, gerade noch rechtzeitig zum Weihnachtsfest. Die Transporte liefen dann weiter bis zum Sommer 1947. Die Deutschen zogen mit ihren Familien in das ehemalige Krankenhaus, dessen Stationen zu kleinen Wohnungen umgebaut worden waren. Um diese Zeit machte Wernher von Braun seiner Cousine Maria einen Heiratsantrag – per Brief – und reiste dann mit einem Truppentransporter von New York aus über den Atlantik, um sich in Deutschland trauen zu lassen und die Braut mit nach Amerika zu bringen.

Inzwischen durften alle Deutschen zum Einkauf oder Kinobesuch nach El Paso fahren, aber sie mußten das in Gruppen und unter Bewachung tun. Toftoy kam alle vier bis sechs Wochen von Washington herunter, um nach ihnen zu sehen, und machte sich dann Notizen in einem kleinen schwarzen Kalender, in dem er die kleinen Probleme festhielt, von denen sie glaubten, er könne ihnen bei der Lösung helfen. Aus seinen Unterhaltungen mit den Deutschen ergab sich eine Reihe interessanter Entwicklungen. Eine betraf die Lockerung einiger Vorschriften. Er führte ihnen vor Augen, daß sie sich technisch in Militärgewahrsam befänden, aber schließlich keine Kriegsgefangenen seien, die von einem Soldaten mit geladenem Gewehr auf der Schulter herumgeführt würden. Von Brauns Antwort darauf war: »Sicher, General, aber der einzige Unterschied ist doch, daß bei uns das Gewehr nicht geladen ist.« Toftoy hielt das für eine treffende Bemerkung. In der Tat sprach von Braun damals scherzhaft von sich selbst oft als POP, als »Friedensgefangenem«.*

In Fort Bliss stellte das Heer die Deutschen auch der Marine und der Luftwaffe und deren Vertragsunternehmen zur Verfügung. Zusätzlich zur Weitergabe ihres Wissens über Raketen wurden ihnen auch Studien über neue Lenkwaffen, Laboratoriumsarbeit an verschiedenen Bauteilen unter Einschluß von Brennversuchen sowie

---

* Normalerweise trugen die Kriegsgefangenen in den USA und England die Bezeichnung POW (Prisoner Of War). (Anm. d. Ü.)

Forschungs- und Entwicklungsaufgaben auf dem neuen Gebiet des Staustrahlantriebs übertragen. Toftoy zufolge leisteten sie ausgezeichnete Arbeit.

Bald fingen sie an, Cowboystiefel und Zehn-Gallonen-Hüte zu tragen und hielten sich für Texaner, und äußerst loyale Texaner waren sie in der Tat. Aber da sie in militärischer Obhut waren, hatten sie keinen offiziellen Status in den Vereinigten Staaten. Ihre Frist für die Anwartschaft auf Einbürgerung konnte erst beginnen, wenn sie richtig und offiziell eingewandert waren und dauerte dann bis zu fünf Jahren.

Als Ende 1946 die ersten Familien aus Deutschland nachkamen, richtete die Armee sofort einen Kindergarten für die Kleinen ein, die noch nicht im Schulalter waren. Einige Jahre lang stand er unter Aufsicht der Armee, weil die Kinder Englisch lernen sollten. Die erwachsenen Deutschen lernten die neue Sprache natürlich auf andere Weise: durch Unterhaltungen mit Amerikanern, durch das Radio, aus Büchern, im Kino, durch alle möglichen Quellen – und bald sogar von ihren eigenen Kindern.

Es kam die Zeit, daß sie so interessiert daran wurden, gute Amerikaner und völlig amerikanisiert zu werden, daß sie sich bewußt bemühten, Slangausdrücke zu lernen und zu verwenden. Durch ihren ständigen Kontakt mit dem Militär verwechselten sie gefährlich oft den Soldatenjargon mit korrektem Amerikanisch und verwendeten ihn bei unpassender Gelegenheit.

»Es war immer spannend, von Braun zuzuhören, wenn er so um 1947 herum ein Referat im Pentagon hielt. Man wußte nie, wie er sich im nächsten Moment ausdrückte«, erinnert sich Hamill.

Die Deutschen stammten durchweg aus gutem Elternhaus, waren kultiviert, gebildet und energiegeladen. Es war ihnen ernst mit dem Bestreben, einen guten Eindruck zu machen. In typisch europäischer Art hielten die Eltern auf strenge Disziplin bei ihren Kindern. Sie wußten, daß ihre Zukunft in diesem Land von ihrem Verhalten abhing. Die Kinder wurden angehalten, in der Schule ihr Bestes zu geben. In manchen Familien waren die Eltern beunruhigt, wenn ihre Kinder mit Einsen in amerikanischer Geschichte und sogar Englisch nach Hause kamen.

»Auf einer Reise sprach einer der Deutschen mit mir darüber«, sagte Hamill. »Ihn brachte das in ziemliche Verlegenheit. Wie konnte das nur möglich sein? Ich erklärte ihm, daß es für meine Begriffe ganz natürlich sei. Die Kinder hätten hochintelligente Eltern und mehr Lerneifer als die amerikanischen Kinder, denn die glaubten, wenn sie schon Englisch sprechen und schreiben könnten, brauchten sie nicht mehr fleißig zu sein. Auch hätten die jungen Amerikaner eine gewisse Ahnung von der Geschichte ihres Landes, waren der Auffassung, damit genug zu wissen und strengten sich beim Lernen nicht mehr an. Deutsche Schüler seien dagegen in diesem Fach unterlegen, spürten das und gäben sich daher mehr Mühe als die Amerikaner. Deshalb überrasche es mich absolut nicht, daß sie die Klassenbesten seien.«

Eine schwierige Frage, die die Deutschen im Familienkreis zu beantworten hatten, war, welchen Rat sie ihren Kindern geben sollten, wenn diese weinend aus der Schule nach Hause kamen und erzählten, daß amerikanische Kinder sie mit »Nazis« beschimpft und »Feindliche Ausländer« genannt hatten. Sollten sie sich die Jacke ausziehen und die Amerikaner verhauen oder diese einfach links liegen lassen? Die Väter waren in einem Dilemma, denn welcher gesunde Junge möchte nicht seine Peiniger verprügeln? Auf der anderen Seite dachten sie daran, daß ihre Zukunft in den USA in großem Maße von dem Bild abhängig war, das sie in der Öffentlichkeit boten und von ihrem Akzeptiertwerden nicht nur vom Militär, sondern auch von der Bevölkerung.

Die Väter versuchten also ihren Kindern vernünftigerweise klarzumachen, daß sie auch den amerikanischen Standpunkt verstehen müßten, bei dem die Tatsache eine Rolle spielte, daß sie aus Deutschland kämen, das im Krieg gegen die Amerikaner gekämpft habe. Wahrscheinlich haben die Kinder die Bedeutung all dieser Vorgänge nur vage verstanden, aber Kinder sind manchmal einfach nur gedankenlos in ihren Handlungen. Mit ein wenig Geduld wurden auch solche Alltagsprobleme bereinigt.

Bald lernten die Deutschen auch, sich dem hohen Lebensstandard der Amerikaner anzupassen. Zwei Jahre nach ihrer Ankunft standen die ersten Gebrauchtwagen auf dem Parkplatz vor dem umgebauten Krankenhaus in Fort Bliss. Und nach sieben Jahren Amerikaaufenthalt besaß jeder ehemalige Peenemünder ein neues Auto und wohnte in einem netten Haus der mittleren Preislage mit all dem Komfort, den man in einem amerikanischen Haushalt des gehobenen Mittelstandes findet. Einer von ihnen erzählte mir, er habe in jenen Jahren Skrupel gehabt, seiner betagten Mutter in Deutschland Einzelheiten über das neue Leben zu schreiben. Er habe es vermeiden müssen, ihr von seinem Lebensstandard zu berichten, daß er zum Beispiel einen Wagen hatte, dabei war, ein Haus zu erwerben und bereits einen automatischen Kühlschrank, eine automatische Waschmaschine und andere moderne Haushaltsgeräte besaß. Als man ihn gefragt habe, warum er der Mutter nicht von diesen Dingen berichtet habe, habe er erwidert: »Wissen Sie, was sie dazu sagen würde? Sie würde postwendend antworten und erklären, ich sei wie alle Amerikaner geworden – ein großer Angeber!«

13. Kapitel
Eine Flottille von Raumfahrzeugen

Die amerikanische Armee feuerte siebzig V2-Raketen zu Versuchszwecken in einem Zeitraum von sechs nervenaufreibenden Jahren ab. Ein sogenannter V2-Ausschuß wurde gebildet, der Bereiche der oberen Atmosphäre benannte, denen besonders wissenschaftliches Interesse galt. Von ihm wurde auch der Nutzlastraum in den Raketen an eine Reihe akademischer Forschungsinstitute vergeben.

Die erste Testzündung in White Sands war der Probelauf eines V2-Raketentriebwerks. Es war auf einen festen Prüfstand montiert worden, der an einem Berghang mit einem ausbetonierten Graben darunter errichtet war, um den Feuerstrahl des 28000 Kilogramm Schub erzeugenden Triebwerks aufzunehmen. Dreißig Tage später – am 14. März 1946 – donnerte die erste V2 von amerikanischem Boden aus in die Atmosphäre.

Von Anfang 1946 bis zum Sommer 1951 erfolgten Bau und Abschuß der V2 auf dem Versuchsgelände in der »Weißen Wüste« in enger Zusammenarbeit zwischen dem Braunschen Team, den Raketentechnikern des Waffenamtes, den Offizieren und Mannschaften des in Fort Bliss stationierten 1. US-Lenkraketenbataillons und dem General Electric-Konzern. Im Juli 1951 übergab General Electric das gesamte V2-Gerät an die Waffenabteilung der Armee, die dann die Verantwortung für den Abschluß des V2-Programms übernahm.

Im darauffolgenden Jahr wurden im Rahmen dieses Projekts neun erfolgreiche Standversuche mit Triebwerken unternommen und fünf Raketen zu Versuchen in großer Höhe gestartet. Eine davon erreichte eine Höhe von 210 Kilometern. Das war im August 1951. Im Oktober 1952 war das Programm dann abgeschlossen.

Obwohl die V2-Abschüsse hauptsächlich zur Erforschung der Ionosphäre erfolgten, vermittelten sie auch viele andere nützliche Aufschlüsse. Man sammelte wertvolle Erfahrungen bei der komplizierten Montage, auf den Prüfständen, beim Abschuß und der Lenkung über Funk und nicht zuletzt mit dem Abschuß großer Flüssigkeitsraketen allgemein. In Amerika produzierte Steuerungs- und Lenksysteme sowie andere Bauteile für Lenkraketen wurden getestet. Das Flugverhalten der Rakete – ihre Schlinger-, Dreh- und Abkippbewegungen – lieferten aufschlußreiche Daten für kommende Abschüsse. Die Starts dienten auch der Erprobung des Bodenkontrollradars und der Entdeckung und Aufspürung von Überschallgeschossen im Flug mittels Radargeräten.

Um die komplizierte Ausrüstung vor Erschütterungen beim Aufschlag zu schützen, wurden Instrumente und Behälter sorgfältig verpackt und gesichert. Einige Raketen wurden so konstruiert, daß Spitze oder Heck oder beide während des Abwärtsfluges mit einem Sprengsatz abgestoßen werden konnten. Die Rakete kam dann nach der Trennung trudelnd herunter und schlug nicht mit der Nase zuerst auf. Auf diese Weise wurde die Wucht des Aufpralls gemildert.

Im Oktober 1945 war die *Wac Corporal,* eine der ersten »rein amerikanischen« Raketen, mit Erfolg als Teil des Raketenforschungsprogramms der Armee abgeschossen worden. Sie war vom *California Institute of Technology* (CALTECH) in Zusammenarbeit mit dem Armee-Waffenamt entwickelt worden.

Im Januar 1947 gelang es den Männern von White Sands zum ersten Mal, eine *Wac Corporal* mit Hilfe eines Fallschirms aus 60 Kilometer Höhe langsam herunterzubringen. Man hatte dafür einen Fallschirm in die Rakete eingebaut, der wie das Farbband einer Schreibmaschine aufgewickelt war und durch Zeitzündung einer sogenannten »Primacord«, einer explosiven »Schnur«, beim Hinabgleiten der Rakete austrat. Dieser Test verlief so gut, daß praktisch alle Komponenten, selbst die empfindliche Funkausrüstung, unbeschädigt geborgen werden konnten.

Beträchtlich kleiner als die V2, die annähernd 15 Tonnen schwer war, eine Nutzlast von einer Tonne Gewicht aufnehmen konnte und eine Spitzengeschwindigkeit von 5400 Stundenkilometern erreichte, wog die *Wac Corporal* nur knapp 330 Kilogramm in aufgetanktem Zustand und erzielte eine Höchstgeschwindigkeit von 4500 Stundenkilometern. Zwei Jahre später, am 24. Februar 1949, kombinierte von Brauns Team die beiden Raketen, die V2 und die *Wac Corporal*, zu einer Zweistufenrakete und wandte erstmals mit Erfolg das Stufenprinzip an. Dabei wurde die zweite Stufe, die *Wac Corporal*, in großer Höhe von der mächtigeren ersten Stufe, der deutschen V2, abgeschossen.

Unter dem Spitznamen »Bumper« (»Riesending«) bekannt, erreichte diese Zweistufenrakete mit 403 Kilometern die größte Höhe, die bis dahin ein von Menschen gefertigtes Objekt jemals erzielt hatte. Am höchsten Flugpunkt war die Rakete praktisch bereits außerhalb der Erdatmosphäre. Ihre zweite Stufe hatte eine Höchstgeschwindigkeit von über 8000 Kilometer pro Stunde erreicht.

Die Geschwindigkeit einer Rakete kann durch jede zusätzliche Stufe erhöht werden. Stufenraketen auf der Spitze von Trägerraketen verleihen bei Zündung nach Erreichen der Höchstgeschwindigkeit der unteren Raketen der obersten Stufe eine Geschwindigkeit, die der Summe der Geschwindigkeiten aller Stufen entspricht.

»Bumper« brauchte zur Erreichung seiner Rekordhöhe 6 1/2 Minuten und landete zwölf Minuten nach dem Abschuß. Wegen dieser ausgedehnten Flugzeit war es erforderlich, die Erdrotation bei Errechnung des Aufschlagspunktes mit zu berücksichtigen. Eine Korrektur von ungefähr 15 Kilometern mußte vorgenommen werden.

1943 hatte das zum *California Institute of Technology* gehörende Jet Propulsion Laboratory (JPL), das Laboratorium für Strahlantriebe, und die Ballistische Abteilung der Physikalischen Fakultät der Technischen Hochschule von Kalifornien einen Forschungsauftrag für die Untersuchung der Möglichkeit des Baus ballistischer Lenkraketen erhalten. Unter dem Eindruck der positiven Ergebnisse dieser Studien schloß das Waffenamt den ersten einer Reihe von Kontrakten mit dem JPL über Untersuchungen auf dem Gebiet der Lenkraketen mit besonderer Betonung auf Antrieb und Überschallaerodynamik. In weniger als einem Jahr wurden zwei weitere Aufträge vergeben. Einer, bekannt als das *Hermes*-Projekt, ging an General Electric. Der breit angelegte Kontrakt hatte die Planung und Entwicklung von Fernlenkgeschossen, Boden-Boden-Raketen und Flugzeugabwehrraketen für große Höhen zum Inhalt. Der zweite Vertrag wurde mit der Forschungsabteilung der Bell Telephone Company abgeschlossen und bedeutete einen ersten Schritt in Richtung auf das *Nike*-Flugzeugabwehrraketen-System.

Die Armee brauchte indessen lange Zeit, um ein abgerundetes, zufriedenstellendes Großraketenprogramm auf die Beine zu stellen. Nachdem die V2-Abschüsse in White Sands immer mehr zur Routine geworden waren, äußerte Toftoy den Wunsch, von Braun und seine deutsche Gruppe möchten mit der Entwicklung einer neuen Rakete beginnen. Doch die zur Verfügung stehenden Gelder waren völlig unzureichend, um so etwas wie eine weiterentwickelte V2 in Angriff zu nehmen. Es gab auch keine entsprechenden Prüfstände für größere Raketentriebwerke. Schließlich war das in den Jahren unmittelbar nach Kriegsende, als die Flut der militärischen Waffenprojekte zurückging. Niemand brachte rechtes Interesse für neue Waffen auf. Die Nachfrage nach während der Kriegsjahre nicht hergestellten Konsumgütern war groß. Es hatte kaum einen Sinn, in großen Dimensionen zu denken, wenn die Mittel dürftig waren.

Um mit dem begrenzt verfügbaren Geld etwas Vernünftiges anzufangen, entschied man sich in Washington und Fort Bliss dafür, ein kleines Staustrahlprojektil mit Überschallgeschwindigkeit konstruieren zu lassen, das mit Hilfe einer leicht abgeänderten V2 in die Höhe getragen und so auf eine beachtliche Ausgangshöhe und -geschwindigkeit gebracht werden konnte. Die General Electric-Mannschaft wurde aus dem nahen White Sands herüberbeordert, um neben dem Krankenhaus ein zusätzliches Entwicklungslabor einzurichten. Die Klinikdependance diente inzwischen von Braun und seinem Team als kombinierter Wohn- und Arbeitskomplex. Da die General Electric die neue Einrichtung als Teil ihres allumfassenden *Hermes*-Raketenkontrakts ansah, erhielt von Brauns Versuchsprojektil die Bezeichnung *Hermes II*. Es war aus verschiedenen Gründen ein befriedigendes und interessantes Projekt. Zahlreiche Versuche mit Überschall-Staustrahlgetrieben, Einspritzverfahren, Schubstufenflammen und dergleichen fanden statt. Dadurch vertiefte man die Kenntnisse und Erfahrungen auf einem neuen Gebiet. Von Braun und seine Männer, bis vor kurzem noch an die großzügigen Testanlagen in Peenemünde gewöhnt, zeigten eine überraschende Anpassungsfähigkeit und bewiesen, daß sie auch mit einem Sparbudget und behelfsmäßigen Einrichtungen gute Arbeit zu leisten vermochten. Zwei alte Sattelschlepper wurden zu Prüfständen für Brennversuche mit neuen Triebwerken umgebaut. Die Luftzufuhr erfolgte durch einige fahrbare Kompressoren aus Armeebeständen, und damit bei den Versuchen die Flughöhe realistischer simuliert werden konnte, verlegte man die ganzen Anlagen einfach kurzerhand auf eine Gebirgsstraße in der Sierra Nevada. Die Standversuche wurden dann unter verringertem Luftdruck in einer Höhe von 3 000 Metern über dem Meeresspiegel abgewickelt.

Von Anfang an hatte die Armee an Lenkraketen mit einer Reichweite von 1 600 Kilometern und mehr gedacht. Gewissermaßen als Vorstufe dazu schloß Toftoys Lieblingsprojekt die Vorarbeiten zu einer geplanten 800-Kilometer-Fernrakete ein. Daraus ergab sich, daß man ein Versuchsgelände mit einem viel größeren Aktionsradius brauchte als bislang vorgesehene Erprobungsanlagen ihn aufwiesen.

Um technische Daten in Zusammenhang mit den Abschußtests zu erhalten, mußte darüber hinaus ein kompliziertes System von Apparaturen zur Weitenmessung entworfen und installiert werden. Da es wichtig war, die abgeschossenen Flugkörper zu Studienzwecken zu bergen, entschied man sich für ein Überlandversuchsterrain. Entsprechend wurde dann das Gelände von White Sands in der Wüste von New Mexico dazu ausersehen.

1949 war dann abzusehen, daß das Waffenamt eine eigene Anlage zur Erprobung von Raketen und Lenkraketen brauchte. Das Raketenprogramm gedieh gut, aber es wurde immer noch von Toftoys Büro im Pentagon aus dirigiert. Die Raketenabteilung war jedoch an einem Punkt angekommen, wo Toftoy zu der Auffassung gelangte, die Verwaltung müsse dezentralisiert und ein Arsenal eingerichtet werden ähnlich denen, die für die Artillerie und für Panzer und Kraftfahrzeuge dem Waffenamt zur Verfügung standen.

Um den 1. August 1949 herum teilte der Kommandeur von Fort Bliss Toftoy unumwunden mit, seine Pläne zum Bau zusätzlicher Einrichtungen auf dem Gelände von Fort Bliss könnten nicht mit der Zustimmung des Oberkommandos rechnen. Die ständig zunehmende Ausbildung von Artillerieeinheiten an Flugzeugabwehrraketen in Fort Bliss machten es ihm unmöglich, Toftoy das zugesagte Land zu überlassen. Ebenso vereitelten der Ausbau der Start- und Landebahnen des Internationalen Flughafens von El Paso und die Umfunktionierung des angrenzenden Biggs-Flugplatzes zu einer Basis des

Strategischen Luftkommandos jede räumliche Ausdehnung in eine andere Richtung.

Daher unternahm Toftoy am 14. August 1949 eine Reise nach Huntsville in Alabama, um sich das dortige Redstone-Arsenal anzusehen. Er mußte feststellen, daß es für seine Zwecke völlig unbrauchbar war. Irgend jemand machte ihm jedoch den Vorschlag, einen Blick auf das in unmittelbarer Nachbarschaft gelegene Huntsville-Arsenal zu werfen, eine Chemiefabrik, die vom Pionierkorps zum Verkauf freigegeben war. Oberst Hudson, der Standortkommandant, informierte ihn allerdings, es habe wenig Sinn, das Gelände zu inspizieren, denn die Pioniere hätten ihre Verhandlungen, besonders mit der Universität von Alabama, so gut wie abgeschlossen, und er könne es wohl kaum bekommen, selbst wenn er wollte. Doch Toftoy ließ sich nicht so leicht abwimmeln und erkannte, daß der Komplex für seine gegenwärtigen und künftigen Vorhaben vorzüglich geeignet war. Am nächsten Morgen flog er nach Washington zurück und unterrichtete die hohen Militärs im Pentagon über das Ergebnis seiner Inspektion.

Es gab erheblichen Widerstand in der Bevölkerung gegen den Ausbau des Huntsville-Arsenals zum Raketenzentrum. Die Stadt selbst verhandelte mit der Luftwaffe, die es für die Einrichtung eines Technikums für fliegendes Personal erwerben wollte. Der örtliche Industrieansiedlungsausschuß unterstützte gemeinsam mit der Vertretung Alabamas im Kongreß diesen Plan, der die Lücke schließen helfen sollte, die bei Kriegsende nach Einstellung der Munitionsfabrikation auf dem Arbeitsmarkt im Gebiet von Huntsville entstanden war. Die Pioniere selbst wollten das Arsenalgelände an den Meistbietenden verkaufen. Obwohl es schon fünf Minuten vor zwölf zu sein schien, denn die Prospekte waren bereits gedruckt und der Termin zur Öffnung der Angebote schon festgelegt worden, setzte sich Toftoy sofort mit dem Generalstab und dem Amt des Stabschefs in Verbindung und ersuchte um umgehende Bewilligung für das Waffenamt, die ganze Anlage übernehmen zu können. Er begründete sein Gesuch mit dem Hinweis, daß bald der Tag kommen werde, an dem ferngesteuerte Raketen ein großes erweiterungsfähiges Areal brauchten, um die nötigen praktischen Versuche durchführen zu können.

Toftoy glaubte, eine Position erreicht zu haben, wo ihm der Beweis des militärischen Nutzens von Raketenwaffen gelungen war, daß sozusagen die Frucht am Baum schon zu sehen war und bald reif sein mußte. Doch als die erste Anforderung der Waffenabteilung auf dem Dienstweg Armeeminister Gordon Gray zugeleitet wurde, kam sie mit dem kürzesten Aktenvermerk zurück, den Toftoy je in seinem Leben erhalten hatte. Er bestand nur aus den beiden Worten: »Unwiderruflich nein!«

Es widersprach der Grundsatzpolitik des Ministers, zu diesem Zeitpunkt eine Expansion der Waffentechnik vorzunehmen. Mit anderen Worten: Toftoy sah sich mit den Kürzungen der Nachkriegszeit konfrontiert. Er stellte sich indessen dumm, tat so, als verstünde er nicht, was »unwiderruflich« bedeutete, redete sich ein, es hieße »vielleicht« und arbeitete an seinem Vorhaben weiter.

In Begleitung von Generalmajor Everett S. Hughes, dem Chef des Waffenamtes, suchte er die Dienststelle des Stabschefs auf. Die einzige Landkarte im Pentagon, auf der das Redstone- und das Huntsville-Arsenal verzeichnet waren, die beiden militärischen Geländekomplexe, die er für das Waffenamt zusammenlegen wollte, hatte riesige Ausmaße. Zwar hatte sich Toftoy vorsorglich mit Klebestreifen bewaffnet, um die Karte an eine Wand zu heften, aber er mußte feststellen, daß nirgendwo genügend Platz war. So war er gezwungen, den Plan im großen Dienstzimmer des Stabschefs auf dem Teppich auszurollen. Während des Vortrags mußte er dann auf seiner Karte am Boden herumkrabbeln, denn er hatte keinen entsprechend langen Zeigestock und wollte genau die einzelnen Geländeabschnitte zeigen und erläutern, wozu sie verwendet werden sollten. Schließlich richtete er sich auf Knien und Händen direkt vor General Matthew B. Ridgway, dem stellvertretenden Stabschef, auf, der anstelle des in letzter Minute verhinderten Stabschefs General J. Lawton Collins die Entscheidung zu treffen hatte. Er grinste den General an und erklärte: »Ich bitte Sie, im wörtlichen und übertragenen Sinn, auf Knien um dieses Gelände. Haben Sie noch irgendwelche Fragen?«

Er bekam sein Huntsville-Arsenal und vereinigte es mit dem alten Redstone-Arsenal. Nach der Fusion sollte die neue Anlage – Redstone-Arsenal genannt – nach und nach zum pulsierenden Mittelpunkt aller Aktivität der Waffenabteilung der Armee auf dem Gebiet der Raketen- und Lenkraketenvorhaben und zum Standort des *U.S. Army Ordnance Missile Command*, der Raketenkommando des Armee-Waffenamtes, werden. Überdies hatte Toftoy grünes Licht für die Entwicklung der *Redstone*-Rakete bekommen. Im April 1950 erstattete Oberst James P. Hamill als Leiter des neuen Lenkwaffenzentrums der Armee dem Standortkommandanten von Redstone, Brigadegeneral Thomas Vincent, Meldung. In aller Eile wurden Vorbereitungen zur Übersiedlung Wernher von Brauns und seines Teams nach Alabama getroffen. Eine neue Ära brach an. Damals ahnte das noch niemand, aber der Grundstein für das George C. Marshall-Raumfahrtzentrum und sehr, sehr große Dinge war gelegt...

Für Wernher von Braun persönlich waren die Jahre von 1946 bis 1950 eine Zeit der Anpassung, der Bestandsaufnahme und der Neuorientierung. In seinem Privatleben bedeutete dieser Zeitabschnitt einige der glücklichsten Jahre.

Seit seiner Geburt hat sich kurioserweise eine Reihe der für ihn bedeutungsvollsten Ereignisse im März ereignet. In einem späteren Kapitel soll davon näher die Rede sein. Nach der Hochzeit in Landshut am 1. März 1947 kam er mit seiner schönen, blonden Ehefrau in die USA zurück, und im Dezember 1948 wurde seine kleine Tochter Iris geboren. Nachdem sie all ihren Besitz in Deutschland verloren hatten, waren von Braun und seine Frau arm, aber sie hatten alles für ihre unmittelbaren Bedürfnisse. Und was noch wichtiger war: sie hatten Zeit für einander.

Maria Louise von Braun ist erheblich jünger als ihr Mann. Er ist ihr Cousin ersten Grades und behauptet steif und fest, als Junge bei ihrer Taufe dabeigewesen zu sein, doch sie bestreitet das.

Als Cousine mütterlicherseits ist Maria von Braun die Tochter von Dr. Alexander von Quistorp, dem ehemaligen Chef eines florierenden Berliner Bankhauses und Bruder von Emmy Freifrau von Braun. Die Quistorps kommen ursprünglich aus Schweden und haben mehrere Jahrhunderte hindurch in Mecklenburg und Pommern eine bedeutende Rolle als lutherische Pastoren und Universitätsprofessoren gespielt. Maria und Wernher von Brauns gemeinsamer Großvater, Dr. Wernher von Quistorp, war Großgrundbesitzer.

Maria von Braun war erst achtzehn Jahre alt, als sie in Amerika eintraf. Sie war gezeichnet von der schrecklichen Nachkriegszeit, die sie als Flüchtling im geteilten Deutschland verbrachte. Vermutlich waren die ersten zwölf oder achtzehn Monate nach dem Krieg schlimmer für sie als die Kriegsjahre selbst. Die junge Frau war bei ihrer Ankunft in den Vereinigten Staaten fasziniert von der unermeßlichen Größe des Landes, dem sagenhaften Lebensstandard und den lässigen Manieren seiner Bewohner. Sie störte sich nicht im geringsten daran, auf einer Krankenhausstation in Fort Bliss zu wohnen. Ein Freund der Familie erzählte mir: »Maria war von Anfang an überglücklich... Sie hatte Schutz gefunden..., war mit einem außergewöhnlichen Mann verheiratet und konnte viele Dinge genießen, von denen sie vorher nur wie im Märchen gehört hatte...«

Doch die jungverheiratete, achtzehnjährige Ehefrau war innerlich sehr viel älter. Sie war ebenfalls nach den Grundsätzen deutscher adeliger Grundbesitzerfamilien erzogen worden und hatte in einem furchtbaren Krieg viel mitgemacht und auf vieles verzichten müssen. Es dauerte jedoch nicht lange, da hatte sie sich mit dem neuen Lebensstil vertraut gemacht und konnte bald unterscheiden zwischen den echten Werten des amerikanischen *Way of Life* und der kitschigen und chromglänzenden Fassade. Als ernsthafter Mensch und Ehegefährtin eines Mannes, der eine Mission zu erfüllen hatte, erwarb sich Maria von Braun bald den Ruf einer zuverlässigen und aufrichtigen Person.

Die anfängliche Einengung der Bewegungsfreiheit für von Braun und seine Männer wurde schrittweise gelockert, und bald kamen die Mitglieder der Kolonie von Fort Bliss auf den süßen Geschmack der Freiheit. Es dauerte jedoch geraume Zeit, bis alle die Fülle der Eindrücke von diesem neuen Land außerhalb der Krankenhaustore, das sie noch besser kennenlernen wollten, verarbeitet hatten.

Zwischen 1939 und 1945 hatte von Braun ein nervenaufreibendes Leben geführt und eine schwierige Situation nach der anderen durchstehen müssen. Perioden relativer Ruhe wurden von Eilaufträgen abgelöst, und es blieb ihm nie viel Zeit, Atem zu holen und in Ruhe über die technische Route nachzudenken, auf der das deutsche Raketenentwicklungsprogramm vorwärts donnerte. Neuentwicklungen wie die Flakrakete *Wasserfall* waren nicht das Ergebnis jahrelanger systematischer Studien und korrekter Systemanalysen, sondern entstanden unter dem ständig wachsenden Druck der alliierten Bombardierungen. In Peenemünde herrschte während des Krieges eine Atmosphäre, in der Mittel und Prioritäten schon festgelegt waren, bevor von Braun und seinen Kollegen Gelegenheit gegeben wurde, die aussichtsreichste technische Methode zur Lösung eines neu aufgetauchten Problems zu bestimmen. Und die Gedanken an die Raumfahrt, die niemals aufgehört hatten, von Braun zu beflügeln, galten als ketzerisch und gefährlich und durften nicht laut geäußert werden. Jetzt, in der Stille von Fort Bliss, brachen sich alle diese angestauten Ideen Bahn. In seinen abendlichen Mußestunden fertigte Wernher von Braun eine Studie über die Möglichkeit einer großen Raumfahrtexpedition zum Mars an, der er den technologischen Status quo des Raketenantriebs zugrundelegte, wie ihn die V2 aufwies.

Um die vielen technischen und nichttechnischen Probleme eines solchen Unternehmens anschaulich darzustellen, verarbeitete er seine Erkenntnisse in einem Roman, den er *Mars-Projekt* nannte. Er beruhte auf der Verwendung von Raketenfahrzeugen, dem Ergebnis einer mühsam erarbeiteten Leistungsanalyse, die er in einem Anhang dem Buch beifügte. Er verwendete viel Mühe darauf, nicht von Voraussetzungen auszugehen, die nicht vom damaligen Stand der Raketenforschung gestützt würden und bewies damit, daß zumindest vom technologischen Standpunkt aus gesehen große interplanetarische Flüge im Bereich des Möglichen lagen. Er zeigte auch auf, daß auf vielen anderen Gebieten, besonders im Bereich menschlicher Faktoren, noch sehr viel mehr Forschungsarbeit notwendig war, bevor man definitiv die Frage beantworten konnte, ob ein Mensch überhaupt fähig war, ein derartiges Weltraumabenteuer zu überleben. Ein sehr wichtiger Aspekt im *Mars-Projekt,* den er zum ersten Mal öffentlich aufzeigte, war der, daß übernationale Zusammenarbeit nötig war, um den bemannten Raumflug Wirklichkeit werden zu lassen.

1948 schickte Wernher von Braun mit dem erwartungsvollen Stolz eines Mannes, der sein erstes Buch geschrieben hat, das englischsprachige Manuskript von *Mars-Projekt* an einen Verlag in New York. Nach sechs Wochen kam es mit einer höflichen Ablehnung zurück. »Es liest sich zu phantastisch«, war die Antwort. Von Braun versuchte es woanders, aber wieder lautete die Antwort Nein. Achtzehn amerikanische Verlage erteilten ihm eine Absage, und schließlich verstaute er enttäuscht und gekränkt das Manuskript auf dem Dachboden.

Etwa drei Jahre später besuchte ihn in Huntsville ein alter deutscher Freund, der Verleger Otto Wolfgang Bechtle. Ihm zeigte von Braun das Buch, und Bechtle erklärte sich bereit, die Veröffentlichungskosten des wissenschaftlichen Anhangs des Romans zu tragen, der mathematische Formeln und Daten für die Marsraketen enthielt. Ein paar Wochen, nachdem diese Arbeit in Deutschland erschienen war, bat die *University of Illinois Press* um die Nachdruckrechte für Amerika und erhielt sie auch. Bechtle interessierte sich ebenfalls für von Brauns Roman, aber er fand, dieser müsse noch einmal überarbeitet werden, bevor man ihn herausbringe. Er übergab ihn einem Berufsschriftsteller, der aus dem Manuskript eine aufregende Science-fiction-story machte, sich jedoch soviel schriftstellerische Freiheit herausnahm, daß von Braun zuletzt nicht einmal mehr als Mitverfasser genannt sein wollte.

In dem Arbeitspapier, in dem er beschrieb, wie er sich einen bemannten Marsflug vorstellte, hob er den Vorteil der Verwendung mehrerer Raumschiffe hervor. Einige von ihnen sollten zur Erde zurückkehren können und damit die Wiederkehr aller Besatzungsmitglieder sichern. Andere Raumfähren, die nur imstande waren, zum Mars zu fliegen, konnten dafür aber erhebliche Nutzlasten transportieren, Versorgungsgüter, die die Mannschaft für einen mehrmonatigen Aufenthalt auf dem Planeten benötigte. Verteilte man Crew und Ladung auf mehrere Raumschiffe, so erhöhte das die Chancen der Expedition, alle auftauchenden Schwierigkeiten aus eigener Kraft zu meistern...

Von Braun deutete an, wie ein lächerlich unbedeutender Unfall die Ergebnisse von jahrelanger minuziöser Vorbereitung zunichtemachen konnte. »Niemand sollte allen Ernstes glauben, daß etwa ein Dutzend Männer ein einziges funktionsfähiges Raumschiff bauen oder bedienen könnten oder imstande wären, den Aufenthalt in der Isolation des Weltraums mehrere Jahre lang zu überleben und dann zu ihrem Heimatplaneten zurückzukehren.

Aber lassen Sie uns doch einen Augenblick lang annehmen, daß eine solch kleine Gruppe wirklich auf dem Mars oder einem anderen Planeten landet. Wie können sie dessen verborgene Geheimnisse erforschen? Um das zu tun, bedarf es einer Reihe von Transportmitteln und einer Art mobiler Behausung mit Druckausgleich, wenn sie einen erheblichen Teil der Oberfläche des Planeten erkunden wollen. Zwar bietet ein Mensch, der in einen eindrucksvollen bulligen Raumanzug gezwängt ist und wichtigtuerisch um den Sockel seines Raumschiffs herumgeht, einen eindrucksvollen und interessanten Anblick in einem Science-fiction-Film über den Mond oder den Mars, aber es ist höchst unwahrscheinlich, daß er viele brauchbare Daten über den Himmelskörper sammelt, auf dem er da steht.

1492 wußte Kolumbus weniger über den weiten Atlantischen Ozean als wir heute über den Himmel wissen, und doch zog er es vor, mit einer Flottille von mindestens drei Segelschiffen in See zu stechen. Die Geschichte beweist dann ja auch, daß er wahrscheinlich niemals an die Küsten Spaniens mit dem Bericht über all seine Entdeckungen zurückgekehrt wäre, wenn er sein Schicksal einem einzigen Schiffsboden anvertraut hätte. Und genauso ist es auch mit bemannten Flügen zu den Planeten: Um Erfolg zu haben, müssen sie maßstabgerecht vorbereitet werden. Eine große Anzahl von Akademikern der verschiedensten Fachgebiete, die auf einwandfreie Zusammenarbeit gedrillt sind, müßte gefunden und speziell ausgebildet werden. Ein solches Training wird übrigens Jahre dauern, bevor jeder seine besonderen Fähigkeiten ins Bild des Ganzen einpassen kann. Abgesehen von Entwurf und Konstruktion der eigentlichen Raumschiffe werden mehrere Tonnen Verpflegung, Wasser und Sauerstoff, dazu Instrumente, Planetenfahrzeuge und Ausrüstungsgegenstände aller Art benötigt. Die ganze Expeditionsmannschaft muß zusammen mit dem toten Inventar, das zur Erfüllung ihrer Aufgaben erforderlich ist, gleichmäßig auf eine Flottille von Raumschiffen verteilt werden, die in enger Formation durch den Weltraum fliegen, um bei Notlagen oder dem Versagen eines Schiffs einander helfen zu können. Der Verband wird mehrere Monate lang ohne Unterbrechung auf elliptischen Bahnen dahinfliegen. Daher werden Besuche zwischen den einzelnen Raumschiffen unumgänglich sein, die den Einsaz von ›Raumfähren‹ bedingen. Natürlich dürfen auch große Bestände an Ersatzteilen und Reparaturwerkzeugen nicht vergessen werden.

Viele raumfahrtbegeisterte Leute glauben, daß die Verwendung chemischer Treibstoffe derartige Mengen voraussetzt, daß eine interplanetarische Expedition wegen der daraus resultierenden Nutzlastbegrenzung nicht möglich ist. Daher ist in Zukunftsromanen bei der Beschreibung solcher Flüge auch oft die Rede von ›atomaren Treibstoffen‹ oder ›atomaren Raketenantrieben‹. Wenn es so etwas gäbe, dann würde das die Dinge sehr vereinfachen, und ich will gar nicht die Möglichkeit bestreiten, daß mittels Atomenergie eines Tages Raumfahrzeuge angetrieben werden können. Wir müssen uns nämlich hüten, das Wort ›unmöglich‹ zu verwenden, wenn wir von technischen

Entwicklungen sprechen. Aber eines steht fest: die Atomenergie für sich allein stellt kein wirksames Antriebssystem dar, und alle Theorien über die Verwendung von Atomenergie für Raumfahrzeuge sind bis heute reine Spekulation. Wir bringen unsere Sache nicht weiter, wenn wir uns auf vage Hoffnungen dieser Art verlassen. Noch muß man mich davon überzeugen, daß innerhalb der nächsten fünfundzwanzig Jahre ein Atomraketenantrieb von den Kosten her mit einem chemischen Treibstoffgemisch konkurrieren kann.«

Von Brauns Studie war also darauf angelegt, zu beweisen, daß wir eine Astronautenexpedition selbst mit konventionellen, chemischen Treibstoffen zum Mars unternehmen können. Natürlich wäre das ein großes Unternehmen und kostspielig obendrein, doch weder Aufwand noch Kosten wären von Braun zufolge unangemessen im Verhältnis zu den Möglichkeiten der Expedition und ihren voraussichtlichen Ergebnissen.

Von Braun stellte sich eine Armada von zehn Raumschiffen vor, die mit sage und schreibe siebzig Astronauten besetzt werden sollten. Jedes zum Flottenverband gehörende Raumschiff sollte während eines zweistündigen Erdumlaufs zusammengebaut werden. Für die Montage waren dreistufige, teilweise wiederverwendbare Nutzlastraketen vorgesehen, die alle notwendigen Komponenten wie Treibstoff, Bauteile, Verpflegung und Besatzung in die Umlaufbahn hinauftransportieren sollten. Waren die Raumschiffe zusammengebaut, betankt und »in jeder Hinsicht startklar für den Weltraum«, dann sollten sie ihre bisherige Umlaufbahn mit einem ersten großen Antriebsmanöver verlassen und die Reise antreten, die sie aus dem Bereich der Erdanziehungskraft führen und in eine elliptische Umlaufbahn um die Sonne einschwenken lassen würde.

Am sonnenfernsten Punkt dieser Bahn, dem Aphel, der die Marsumlaufbahn berührt, würden die zehn Raumschiffe – nach Abwurf der sperrigen Treibstofftanks für das Startmanöver – vom Gravitationsfeld des Mars angezogen. Die Triebwerke würden dann in einem zweiten Schubmanöver die Geschwindigkeit drosseln und die Fahrzeuge in eine Satellitenumlaufbahn um den Mars bringen. Auf dieser Bahn blieben sie dann ohne weitere Antriebsveränderung bis zum Start für den Rückflug zur Erde.

Drei der Raumschiffe, so sah es von Braun, waren mit »Landefähren« zum Hinabgleiten auf die Marsoberfläche ausgerüstet. Von diesen drei Fähren sollten zwei in die Marsumlaufbahn zurückkehren, nachdem sie die großen Tragflächen abgestoßen hatten, die ihnen eine Gleitlandung unter Ausnutzung der Marsatmosphäre ermöglichten. Die gelandeten Astronauten sollten später zu den sieben rückreisefähigen Raumschiffen gebracht werden, zusammen mit den Besatzungen der drei Einweglastfahrzeuge, die die Landefähren transportiert hatten, und den auf dem Mars gesammelten Boden- und Gesteinsproben. Zwei Landefähren und die drei Einwegraumtransporter, die sie heraufgebracht hatten, würden auf der Marsumlaufbahn zurückgelassen. In dem dritten großen Beschleunigungsmanöver sollten die sieben zur Erde zurückfliegenden Raumschiffe dann wieder die Marsumlaufbahn verlassen und in eine andere elliptische Sonnenumlaufbahn einschwenken, die sie nach 260 Tagen in das Schwerefeld der Erde zurückbrächte. Mit einem vierten und letzten Manöver würden sich die Raumschiffe – inzwischen bis auf einen Treibstofftank erleichtert – in eine Umlaufbahn um die Erde katapultieren. Aus ihr würden die Raumfahrer schließlich mit Hilfe der oberen Stufen der dreistufigen Raumfähren auf die Erde zurückkehren, die zur Montage und Ausrüstung der interplanetarischen Schiffe gedient hatten.

Technisch war das Braunsche Marsvorhaben von 1947 gut fundiert. Das ist es immer noch. Seither ist die Technik aber soweit fortgeschritten, daß eine Marsexpedition ähnlichen Zuschnitts heute mit weit geringerem logistischem Aufwand durchgeführt werden könnte. Von Brauns Grundkonzept, insbesondere die Aufgliederung des immensen Transportproblems in eine Nachschubphase auf der Umlaufbahn, eine interplanetare Phase und eine stationäre Marsphase, gilt auch heute als logisch und praktikabel. Vermutlich wird das Vorhaben nach diesem Schema ablaufen, wenn die USA oder eine andere Nation eines Tages zu einem bemannten Marsflug aufbrechen.

Die Anerkennung menschlicher Leistungen scheint stets in enger Beziehung zur Berühmtheit deren Urhebers zu stehen. Als Wernher von Braun Ende der fünfziger Jahre mit seinen *Explorer-* und *Pionier*-Sonden bewiesen hatte, daß er »wußte, wovon er redete«, entschloß sich das in Millionenauflage erscheinende *This Week Magazine*, Auszüge aus seinem alten *Mars-Projekt*-Roman von 1948 abzudrucken.

Die Konstruktion der Raketenfahrzeuge, wie sie im Originalmanuskript beschrieben wurde, mag nach der rapiden seitherigen Entwicklung überholt sein. Aber in Wahrheit haben die in dieser verhältnismäßig kurzen Zeitspanne erzielten Fortschritte in der Raumfahrt bewiesen, daß von Braun eher zu konservativ bei seinen wissenschaftlichen Annahmen war; zum Beispiel ist inzwischen das nukleare Raketentriebwerk, das er 1947 für viel zu gewagt hielt, um es in seine Berechnungen einzubeziehen, längst Wirklichkeit geworden. Sein Brennstoffverbrauch ist fünfmal geringer als der der gespeicherten Treibstoffe, die von Braun seinen Kalkulationen zugrunde legte. Die Auswirkung einer solchen Verbesserung auf die gesamte notwendige Versorgung der Raumschiffe ist natürlich gewaltig. Allerdings basierte von Brauns Idee ja auch auf dem technischen Stand der V2.

Es ist bezeichnend, daß der Verleger von 1960 nicht etwa an dem technischen Anhang des *Mars-Projekts* interessiert war. Vielmehr entschied er sich für die Veröffentlichung der philosophischen Betrachtungen über die Raumfahrt und die Zukunft der Menschheit, die das Manuskript ebenfalls enthielt. Diese Abschnitte des Buches zeigen von Braun von einer Seite, die sich in seiner Arbeit an Waffensystemen in Peenemünde nicht widerspiegelte und die nur seine besten Freunde kannten.

14. Kapitel
Befreit Euch vom Joch der Sklaverei!

Philosophische Spekulationen über die Raumfahrt und die im Boom befindliche technologische Revolution – der Grund für die Sehnsucht der Menschen, die eindrucksvolle Eroberung des Universums in Angriff zu nehmen – waren in jenen Tagen, als die Vereinigten Staaten sich zu einem bemannten Mondflug entschlossen, an der Tagesordnung. Für die meisten Amerikaner ließ sich der Anfang alles andere als erfolgversprechend an. Als Präsident John F. Kennedy im Mai 1961 bekanntgab, daß die Nation »noch vor Ende des Jahrzehnts« einen Menschen auf dem Mond landen und ihn wieder zur Erde zurückbringen werde, lagen diesem Versprechen keine wissenschaftlichen, sondern politische und militärische Motive zugrunde. Amerika brauchte die Mondlandung, um das Vertrauen einer von den Raumfahrterfolgen der Russen gedemütigten Nation wieder herzustellen. Manche Leute hegten sogar den Verdacht, daß eine zusätzliche Motivation für das Mondabenteuer im Debakel in der Schweinebucht auf Kuba zu suchen sei, wo eine mächtige Demokratie kläglich bei dem verschleierten Versuch gescheitert war, eine winzige kommunistische Diktatur vor ihrer Haustür zu beseitigen. Nun war eine Rechtfertigung kaum notwendig. Für die breite Masse der amerikanischen Bevölkerung war jedes Mittel recht – wenn es nur bald losging!

Elf Jahre zuvor, als Wernher von Braun im texanischen Fort Bliss die Koffer packte und sich nach Osten in die Baumwollmetropole von Alabama aufmachte, hatte es anders ausgesehen. Damals mußte man der Öffentlichkeit und den Behörden noch Gedankenmodelle über die Raumfahrt mit viel Fingerspitzengefühl und sorgfältig gewählten Worten vortragen.

Natürlich gab es auch diejenigen, die auf die Frage, warum Amerika Raumflüge unternehmen und das Weltall erforschen sollte – schlicht erwiderten, man solle es tun, weil »es ja nun einmal da ist«. Sogar von Braun meinte manchmal, wenn er ungeduldig wurde: »Ich bekomme so oft zu hören: ›Warum sollen wir eigentlich künstliche Satelliten in den Weltraum schicken?‹ oder ›Was wollen Sie denn überhaupt auf dem Mond?‹ Das sind Fragen, die hoffnungslos die Haupttriebfeder der menschlichen Existenz ignorieren. Fest steht doch die Tatsache, daß uns die technischen Mittel zur Verfügung stehen, um diese Aufgaben zu bewältigen. Der Mensch hat sich seit jeher den großen Herausforderungen gestellt, und daher müßte die Kernfrage viel eher lauten: ›Warum sollen wir es nicht tun?‹«

In den ersten Jahren des Amerikaaufenthalts von Brauns hatten wir einmal ausführlich über dieses Thema auf einem Flug von Huntsville nach Washington diskutiert. Das *Mars-Projekt* war gerade erschienen, und er sollte als Ko-Autor zusammen mit Cornelius Ryan eine Artikelreihe über den bemannten Raumflug für *Colliers* schreiben. Auch die *Walt Disney Productions* waren an ihn herangetreten mit dem Angebot, bei der Herstellung einer Dokumentarfilmserie mitzuwirken, die dem amerikanischen Publikum, insbesondere der Jugend, das Konzept der künftigen bemannten Raumflüge erläutern sollte.

In Zusammenhang mit meiner Arbeit hatte ich damals das Redstone-Arsenal besucht. Ich bereitete ein Referat für das Pionierkorps der amerikanischen Armee über das Flüssigsauerstoff-Gasgeneratorensystem der neuen *Redstone*-Rakete vor. Von Braun sollte an einer Konferenz im Pentagon teilnehmen, und so buchten wir denselben Linienflug von Huntsville.

An jenem eisigen Wintermorgen hatte er seine kräftige Gestalt schon vor sechs Uhr aus dem Bett befördert. Er machte verschlafen ein paar Kniebeugen, richtete sich benommen auf und versuchte dann mit den Fingerspitzen seine Zehen zu erreichen, während seine Frau Maria sich eilig ankleidete und das Frühstück machte. Während er seinen Grapefruitsaft hinunterstürzte und an seinem Toast kaute, sah er zwei Aktennotizen über die *Redstone*-Rakete durch und ließ ab und zu eine Bemerkung über die Weltpolitik und die USA und seinen und Marias Platz darin fallen. Letzterer bildete noch eine Quelle des Staunens für ihn.

Einzelheiten seiner Arbeit besprach er nur selten mit seiner Frau.

Doch an diesem Morgen sagte er ihr – in einem Anflug von Optimismus –, daß die Dinge langsam ins Rollen kämen. Die *Redstone*-Entwicklung mache zufriedenstellende Fortschritte, sein Buch *Mars-Projekt* und einige seiner letzten Reden hätten offenbar bei *Colliers* und Walt Disney genügend Interesse geweckt, um seine Ideen über den bemannten Raumflug nun einer breiten Öffentlichkeit vorzustellen. Jetzt sei es notwendig, die philosophischen Aspekte in hübsch aussehende Pakete zu packen und mit stichhaltigen Argumenten zu untermauern, die ihm das Publikum auch abnehmen würde. Wie gewöhnlich, wenn sie allein waren, unterhielten sie sich auf Deutsch. Seit Beginn der Ehe waren sie sich darüber einig gewesen, in ihrem Heim ihre Muttersprache zu sprechen, um die Kinder in den Genuß einer zweisprachigen Erziehung kommen zu lassen. An diesem Morgen konnte Maria viele Anzeichen der Zuversicht aus seinem ungestümen Monolog ohne Punkt und Komma heraushören.

»Mich brauchst du nicht zu überzeugen«, sagte sie. »Überleg dir lieber, ob du dasselbe auch so gut auf Englisch formulieren kannst, wenn du nachher Mr. Ryan und Mr. Disney triffst.«

So begrüßte er mich, als ich ihn kurz darauf am Flughafen von Huntsville traf, mit breitem Lächeln, witzigen Worten und einem für ihn charakteristischen festen Händedruck. Bald danach saßen wir bequem nebeneinander in der *Martin 404* der Eastern Airlines auf dem Weg nach Norden in die amerikanische Bundeshauptstadt, die viele Jahre später seine neue Heimat werden sollte.

Er begann rasch ein Gespräch und kam auf die philosophischen Theorien der Raumfahrt zu sprechen. Vielleicht sah er in mir auch einen typischen Leser von *Colliers* und einen regelmäßigen Besucher von Walt Disney-Filmen, den er als Testperson benutzen wollte.

»Du kannst Dir natürlich vorstellen«, sagte er in einem Ton, der keinen Widerspruch duldete, »daß die Raumfahrt nicht nur eines in einer langen Reihe technologischer Vorhaben der allernächsten Zukunft ist. Sie ist vielmehr eine Klasse für sich, denn sie bedeutet im weitesten Sinn des Wortes die Ausdehnung der Betätigung des Menschen über die Grenzen seines Heimatplaneten hinaus.«

Mit diesen einleitenden Worten hatte er die Grundlage zu eingehenden und eindrucksvollen Erläuterungen geschaffen, in deren Verlauf er seine enthusiastischen Argumente stoßweise und geballt vorbrachte. Nach und nach wurde aus der Unterhaltung ein höchst interessantes Interview.

»Wenn wir heutzutage über Raumfahrt sprechen, denken wir hauptsächlich an Raumschiffe und ihre Triebwerke, an Methoden der Steuerung und Navigation und an technische Möglichkeiten zur Kontrolle der Lebensbedingungen in der Kapsel. Die technische Seite macht aber nur einen Teil des breiten Spektrums der Raumfahrt aus. Einen sehr wichtigen Teil, gewiß, denn noch hindert uns das Fehlen geeigneter Transportmittel an einem Flug zum Mond oder zum Mars. Doch wenn diese Mittel erst einmal vorhanden sind, werden sich unsere Forschungsaktivitäten außerhalb unseres eigenen Planeten enorm erweitern müssen.

Wir können einen Eindruck dessen, was wir in dieser Hinsicht zu erwarten haben, am Interesse der wissenschaftlichen Institute, an den eher bescheidenen Ausrüstungen und Instrumenten unserer gegenwärtigen Raketen ablesen. Das gibt mir Grund genug, zu glauben, daß, wenn wir dereinst bemannte Raumstationen haben werden, die die Erde umkreisen, wir da oben Astronomen und Astrophysiker, Strahlungsexperten und medizinische Kapazitäten, Biologen, Physiker, Chemiker, Meteorologen und Geophysiker antreffen werden. Aber auch kommerzielle Interessen werden mit hineinspielen, und es sollte mich nicht überraschen, an der Tür zu einer Raumstation ein Schild zu finden, aus dem hervorginge, daß sich dahinter das Wartungszentrum einer Landvermessungsgesellschaft oder eine die Erde umkreisende Radio- und Fernsehrelaisstation befände.«

»Du siehst aber sicher auch voraus, daß die Raumfahrt eine Reihe neuer Berufe und Aufgaben schaffen wird?«

»Sobald der Mensch erst einmal seinen Fuß auf den Mond gesetzt hat und die ersten Reisen zu unseren Nachbarplaneten vorbereitet werden, werden sich sehr viele Angehörige weiterer Berufe für die Sache der Eroberung des Weltraums engagieren. Botaniker und Zoologen, Geologen und Archäologen, Topographen und vielleicht sogar Prospektoren für die Suche nach Bodenschätzen auf den Himmelskörpern werden bei den ersten interplanetarischen Expeditionen der Menschheit dabei sein. Man kann sich schwerlich ein Gebiet menschlicher Autorität vorstellen, das nicht am größten Wagnis der Menschheit beteiligt wäre. Und neue Bereiche werden hinzukommen, die heute noch gar nicht erfunden sind. Daher ist es nur natür-

lich, daß die Raumfahrt in der wissenschaftlichen Forschung den vordersten Platz belegen wird.
Wir sollten wirklich die Erkundung des Weltraums als die zweite, expansive Phase unserer technologischen Revolution ansehen. Meiner Ansicht nach ist das Endziel dieser großen Revolution die Befreiung der Menschen von der Sklaverei schwerer körperlicher Arbeit, die Erhebung der Menschheit aus ihren historischen Fesseln heraus zu einer Rasse von Herren und Meistern, in derem Dienst sich eine Armee von mechanischen und elektronischen Sklaven plagt. Diese Befreiung durch die Technologie wird den Menschen befähigen, dem Denken und Träumen mehr Zeit zu widmen. Sie wird all unsere Kulturen auf ein Niveau heben, das nie zuvor in der Menschheitsgeschichte erreicht worden ist. Die Raumfahrt ist eine logische Erweiterung dieses Befreiungskampfes. Sie wird den Menschen von seinen letzten Ketten befreien, den Ketten der Schwerkraft, die ihn an diesen Planeten binden.«

»Du behauptest also, daß die Technologie die erste und einzige Chance für den Menschen ist, ein für allemal den Fluch der Sklaverei zu beseitigen, wie immer diese auch heißen mag?«

»Ja, richtig. Sehen wir doch die äußeren Zeichen dieser Entwicklung einmal mit den Augen eines außerirdischen Beobachters, der uns seit mehreren tausend Jahren studiert. Versetzen wir uns an die Stelle jener kleinen grünen Männer, die uns angeblich schon seit langer Zeit aus ihren Fliegenden Untertassen beäugen. Diese Wesen hätten sicher bemerkt, daß nach einer Hunderttausende von Jahren dauernden ruhigen, unabhängigen, erdgebundenen Existenz die Erdbewohner plötzlich begannen, das Gesicht ihres Planeten zu verändern.

Von ihrer Aussichtsplattform aus hätten unsere grünen Freunde bei ihren Erdumkreisungen sicher festgestellt, daß mit dem Beginn des 19. Jahrhunderts auf diesem Planeten seltsame Aktivitäten einsetzten, wie sie nie vorher zu beobachten waren. Sie sahen, wie Eisenschienen über das Land gelegt wurden. Bald war eine Kette von Wagen, gezogen von einem rauchenden und puffenden Etwas, auf diesen Schienen in Bewegung. Kutschen, bis dahin von Pferden gezogen, konnten sie nun ohne vorgespannte Tiere dahinbrausen sehen, und bescheidene Feldwege machten breiten Überlandstraßen Platz, die sich bald mit dichtem Verkehr füllten.

Künstliche Seen tauchten auf der Oberfläche der Erde auf. Drähte, gestützt von einem Netz von Stahltürmen, wurden von diesen Seen zu den nahen Städten gezogen. Und während diese Städte nach Sonnenuntergang hell erleuchtet blieben, verbarg sie bald ein Wald von Schloten in einem Qualmschleier. Nicht lange darauf wurde es offenkundig, daß die Erdbewohner sogar das Fliegen gelernt hatten.

Als erfahrene, kosmopolitisch denkende Reisende durch die Galaxien hätten die Astronautenbesucher sicherlich daraus geschlossen, daß die Bewohner dieses Planeten Erde zu lernen anfingen, wie man die Kräfte der Natur einspannt. Aus ihrer Erfahrung mit anderen bewohnten Welten hätten sie gewußt, daß der Mensch und seine Erde sich in der entscheidensten und mühevollsten Periode ihrer Existenz befanden, dem Übergang vom vortechnischen zum goldenen technischen Zeitalter.

Stolz, wie wir zu Recht auf unsere ständigen Fortschritte auf dem Gebiet der Naturwissenschaften und der Technik sind, auf all diese kleinen Verbesserungen hier und da im Alltag, die wir mit dem Wörtchen »Fortschritt« bezeichnen, nehmen wir uns selten Zeit, darüber nachzudenken, wie tiefgreifend die Einflüsse der technologischen Revolution doch praktisch alles beeinflußt haben, was während der letzten 175 Jahre auf diesem Planeten geschehen ist.«

»Vielleicht hat die Tatsache, daß die Beschäftigung des Menschen mit den Naturwissenschaften viele Jahrhunderte weiter zurück angesetzt werden kann, daß Männer wie Aristoteles, Kopernikus und Newton allgemein als Repräsentanten der wachsenden wissenschaftlichen Erkenntnisse des Menschen gelten, unseren Blick ein wenig getrübt?« bemerkte ich.

»Ganz sicher sogar«, antwortete er. »Doch sollten wir nicht die Tatsache aus den Augen verlieren, daß diese und andere große Philosophen, während sie nach Wissen und der Wahrheit über Gottes Welt suchten, sich nicht im geringsten mit der Anwendung ihrer wissenschaftlichen Kenntnisse auf die menschliche Misere beschäftigten. Es ist eine unumstößliche Tatsache, daß erst mit dem 19. Jahrhundert etwas absolut Neues und nie vorher Dagewesenes in die Menschheitsgeschichte eintrat: nämlich der entschlossene Versuch, die menschliche Rasse vom Joch schwerer körperlicher Arbeit durch die Nutzbarmachung der Naturkräfte zu befreien.«

Er schwieg eine Weile, so daß die Stewardeß uns Kaffee servieren konnte und ich Gelegenheit hatte, eine Feststellung zu treffen.

»Alle großen Kulturen der Vergangenheit«, sagte ich, »bauten doch auf irgendeiner Form von menschlicher Abhängigkeit auf. Die Völker des Altertums hatten die direkte Sklaverei, die man im Mittelalter dann Leibeigenschaft nannte. Doch wie fein die Unterschiede auch sein mögen, die die Historiker zwischen diesen Begriffen machen, in vortechnischen Zeiten sah man eine Kultur wie einen Organismus an, wie eine Blume etwa. Und eine Blume muß, um zu blühen und ihre Blüte dem Licht zuzusenden, ihre Wurzeln, die ihr die Kraft verleihen, tief in den Boden stecken. Stimmen Sie mir darin zu?«

»Ja, während Äschylus seine Tragödien schrieb, spülten die Sklaven das Geschirr. Damit die Menschheit überleben konnte, mußte eine bestimmte Menge unangenehmer Schwerarbeit verrichtet werden. Mechanische Mittel zur Erleichterung dieser schmutzigen Arbeit waren bis vor relativ kurzer Zeit noch unbekannt. Und daher erschien die Knechtschaft aller Menschen mit Ausnahme einiger weniger Privilegierter eine gottgewollte Notwendigkeit, ja sogar eine logische und lebenswichtige Einrichtung in der menschlichen Gesellschaftsordnung zu sein. Diese einfache Logik schien so selbstverständlich, daß selbst die großen Denker der Antike – und unter ihnen waren die Begründer vieler der fundamentalsten Ideen der westlichen Zivilisation – nichts Anstößiges an der Sklaverei fanden. Tatsächlich ist die Technik, die Bezwingung der Naturkräfte, die erste und einzige Chance der Menschheit, sich nachhaltig vom Joch aller Sklaverei zu befreien. Nach meiner Ansicht können wir nur mit Hilfe der Technik hoffen, eine Kultur aufzubauen, in der nicht lediglich ein paar Auserwählte, die auf den Schultern der Masse stehen, sich frei entfalten können, sondern ein Gemeinwesen, in dem jedermann die gleiche Möglichkeit hat, seine Fähigkeiten im Licht universeller Freiheit zur Geltung zu bringen...

Ich glaube fest daran, daß wir auf dem Weg zu diesem stolzen Ziel sind, aber bestimmt haben wir es noch nicht erreicht. In Wirklichkeit hat die technologische Revolution in ihrer ersten Phase wahrscheinlich mehr Probleme aufgeworfen als gelöst. Sie beschleunigte das Wachstum der großen Städte, wo viele Bauernsöhne die Freiheit und die Schönheit des Lebens auf dem Lande gegen die Häßlichkeit einer beengten Existenz in einer raucherfüllten Industriestadt eingetauscht haben. Sie schuf große Reichtümer auf der einen und ungleiche Entlohnung für die Arbeiter auf der anderen Seite. Das hatte Unruhe zur Folge. Sie ließ einen neuen Typus des geknechteten Menschen heranwachsen: den Proletarier, einen Sklaven, der nicht mehr zu kaufen, sondern zu mieten war. Theoretisch war der Proletarier natürlich ein freier Mann, doch die Strafe für das Verlassen seiner Arbeit bestand immer noch genau wie im Altertum für einen Sklaven im Tod durch Verhungern.«

»Sind wir nicht immer noch von den traurigen Resten dieser Frühphase der technologischen Revolution umgeben? Das Los vieler Bergarbeiter zum Beispiel erinnert doch noch sehr an das der biblischen hebräischen Sklaven, die die Pyramiden bauen mußten. Und hat der monotone Job eines Fließbandarbeiters nicht eine verdächtige Ähnlichkeit mit dem der alten Galeerensklaven?«

»Daran besteht kein Zweifel!« gab von Braun zur Antwort. »Doch das neue Paradies, das die technologische Revolution verspricht, ist nicht länger nur ein Silberstreifen am Horizont. Es gibt unmißverständliche Anzeichen für sein baldiges Erscheinen. Unsere Autobahnen werden nicht mehr von Baukolonnen mit Hacke und Schaufel gebaut, sondern von Arbeitern, die rauchend auf schweren Baumaschinen sitzen. Die Arbeiter an den Fließbändern werden immer mehr durch eine elektronisch kontrollierte Automation der Produktionsprozesse ersetzt. Der Heizer in einem Kraftwerk, der noch vor einem halben Jahrhundert halbnackt und schwitzend Kohle in ein prasselndes Feuer schaufeln mußte, sitzt nun in einem gekachelten Kontrollraum im weißen Arbeitskittel und überwacht auf dem Monitor die automatische Brennstoffzufuhr. Er wohnt auch nicht mehr in einer kleinen Wohnung mit nur kaltem Wasser in der City, sondern hat ein eigenes kleines Haus in einem Vorort und fährt ein eigenes Auto.

Die technologische Revolution hat eine Anzahl völlig neuer unvorhergesehener Probleme für die Gestaltung der menschlichen Existenz auf diesem Planeten mit sich gebracht. In Wahrheit sind die meisten politischen Schwierigkeiten unserer Zeit eine direkte Folge der technologischen Revolution. Kapitalismus, Kommunismus und Sozialismus waren unbekannte Begriffe vor der Erfindung der Dampfmaschine. Genau so wie Gewerkschaften, Rohstoffvorkommen, überseeische Versorgungsleitungen und Ölkonzessionen.

Eines der gravierendsten Probleme unserer Zeit besteht darin, daß das Wesen der Technik an sich dynamisch ist, während die Formen von politischen Ordnungsgesetzen, die der Mensch zu einer friedlichen Existenz benötigt, im wesentlichen statisch sind.

Die Gegensätzlichkeit zwischen den statischen Formen der politischen Ordnung und den sich schnell ändernden technologischen Gegebenheiten wird vermutlich auch in Zukunft – wie in der Vergangenheit – eine ständige Quelle von Konflikten sein. Jede große Erfindung ändert die Grundlagen menschlicher Existenz weitaus gründlicher als ein Vertrag zwischen Völkern oder eine Absprache zwischen Politikern.

Die alles in den Schatten stellende Bedeutung der technologischen Revolution wird eindrucksvoll von der Tatsache dokumentiert, daß sie keine Ländergrenzen kennt. Ihre unübersehbaren Signale wie Rauchwolken, Straßen, Eisenbahnlinien, Stromleitungen und Industriestädte sind beiderseits des Eisernen Vorhangs zu finden. Man sieht sie in Nordamerika und Europa, den Geburtsländern der modernen Industrie, ebenso wie in den traditionellen Agrarländern Rußland und China.

Sie hat sich wie ein Lauffeuer nach Südamerika und Australien ausgebreitet und faßt inzwischen immer fester im dunkelsten Afrika Fuß. Selbst das religiöse Indien – wo seit undenklichen Zeiten die Menschen daran glaubten, der einzige Weg zur Glückseligkeit führe über die Enthaltung von allen menschlichen Begierden und den Verzicht auf Güter und Reichtümer – wetteifert jetzt mit den anderen Staaten der Welt beim Bau von Wasserkraftwerken und dem Betrieb weltweiter Fluglinien.

Wenn auch der Enthusiasmus für technische Errungenschaften auf beiden Seiten des Eisernen Vorhangs vielleicht derselbe ist, so gibt es doch wahrhaft schicksalhafte Unterschiede hinsichtlich ihrer Anwendung. Wir im Westen gehen von der Tatsache aus, daß der Spiritus rector des technischen Fortschritts der Mensch selbst ist; der Mensch mit seinen Hoffnungen, seinen Träumen und seiner Vorstellungskraft; der Mensch mit seiner Begeisterung und dem Stolz auf seine Leistung; aber auch der Mensch mit all seiner Dummheit und seinen Schwächen, mit seinem Ehrgeiz, seiner Gier und seiner Vergnügungssucht.«

»Und dennoch glaubst Du an eine freie Gesellschaft, in der jeder

Mensch seinen eigenen Träumen nachjagen, seinen eigenen Ambitionen folgen und so sein eigenes Leben formen kann?«

»Ja!« sagte er mit Nachdruck. »Ich glaube daran, daß die Bewegungsfreiheit des einzelnen nur dort beschnitten werden sollte, wo sie seine Mitbürger schädigen könnte, und daß wir bereit sein sollten, auch die menschlichen Schwächen wie Egoismus, Ehrgeiz und Gewinnsucht als natürliche menschliche Regungen zu akzeptieren und nutzbar zu machen. Ich teile die kapitalistische Ansicht, daß der Luxus des Reichen von heute die Konsumgüter des einfachen Mannes von morgen sind. Das Ergebnis dieser Grundeinstellung ist eine Volkswirtschaft, in der jeder sein Bestes gibt, um mehr als sein Mitbewerber zu leisten.

In einer freien Marktwirtschaft müssen wir in die Speichen der Räder des Fortschritts greifen, um nicht von den anderen überrollt zu werden, doch während wir alles in die Waagschale werfen, müssen wir daran denken, daß wir einen Teil unserer Energie nicht gegen die Kräfte der Natur einsetzen müssen, die wir für uns einzuspannen suchen, sondern gegen unsere geschäftlichen Konkurrenten...

Jenseits des Eisernen Vorhanges gilt das freie Spiel der Kräfte im Umgang mit dem Fortschritt als Verschwendung. In Übereinstimmung mit der kommunistischen Doktrin, daß es kein Privateigentum an Produktionsmitteln geben darf, hat der Staat die Leistung der Fabriken und Forschungsstätten übernommen.

Nicht der Mensch selbst, ein Wesen aus Fleisch und Blut, sollte der Schwerpunkt kommunistischen Fortschritts sein, sondern ein allumfassender und alles kontrollierender Plan von oben. So wurden ganze Serien aufeinanderfolgender Fünfjahrespläne entworfen, die – zumindest auf dem Papier – ein bewundernswert passendes Filigranmuster für die Organisation der industriellen Entwicklung und des Fortschritts bildeten.

Das Getriebe dieser gigantischen Maschine, das die Antriebskraft auf ihre vielen Ventile übertragen sollte, war grandios, aber bald stellte sich heraus, daß immer weniger Kraft vom Motor selbst kam – vom Menschen nämlich. Begeisterung für revolutionäre kommunistische Ideen sollte zunächst zur Antriebskraft werden und an die Stelle des persönlichen Interesses des einzelnen treten, das sich rasch infolge des Fehlens eines Anreizes verflüchtigt hatte. Als der Begeisterungssturm verpufft war, appellierte man an die Solidarität des Proletariats. Und als auch das nichts nutzte, versuchte man es mit nacktem Terror als letztem Ausweg. Der hielt das Räderwerk der Maschine zwar davon ab, ganz zum Stillstand zu kommen, doch waren die Ergebnisse so enttäuschend, daß die sowjetische Führung selbst einsah, daß eine Wiedereinführung von gewissen Anreizen – was natürlich einer Differenzierung des Lebensstandards entsprach – ein absolutes Muß war, um ihr großes Wirtschaftsexperiment vor dem Stopp zu bewahren.

Und mit einem weiteren Problem sah sich der Kreml konfrontiert, das ihn zur Rückkehr zu einem wirksamen Leistungssystem zwang... Während die kommunistische Revolution in Rußland von politischen und verwaltungstechnischen Amateuren hatte gemacht werden können und auch gemacht worden war, obwohl sich viele von ihnen Berufsrevolutionäre nannten, ließ sich die technologische Revolution nur mit akademisch gebildeten Leuten durchführen, mit echten Wissenschaftlern und Ingenieuren. Ohne ein entsprechendes Erziehungssystem, das imstande war, für einen kontinuierlichen Nachschub an Forschern und Technikern zu sorgen, die die Arbeit in den Fabriken und Laboratorien leiten konnte, blieb den Kommunisten keine Hoffnung, es mit dem technologischen Fortschritt der Westlichen Welt aufnehmen zu können. Ihre politische Revolution wäre zum Scheitern verurteilt gewesen und für alle Welt sichtbar geworden, daß der Kommunismus doch nicht in der Lage war, ein rückständiges Land zu industrialisieren. Daher errichteten die Sowjets eine vorzügliche Ausbildungsmaschinerie zur Heranzüchtung der so dringend benötigten Akademiker.«

Bei vielen Gelegenheiten hatte von Braun mich darauf hingewiesen, wie beängstigend erfolgreich die Sowjetunion in den Nachkriegsjahren mit der Heranbildung einer ständig zunehmenden Zahl von Studenten war.

»Wie wird diese Entwicklung – angesichts der vielen jungen sowjetischen Wissenschaftler und Ingenieure – die künftige wirtschaftliche und militärische Positon der übrigen Welt beeinflussen?« fragte ich.

»Dieser Entwicklung und ihren Konsequenzen für uns hier in Amerika sollte man die ernste Beachtung schenken, die sie verdient, aber wir sollten dabei nicht das Faktum übersehen, daß sie auch ein sehr starkes Element enthält, das uns zu begründeten Hoffnungen berechtigt. Denn es gibt keine wissenschaftliche Ausbildung, auch nicht in der kommunistischen Welt, ohne daß nicht die kritische Einstellung der Studenten dabei gefördert wird. Der wissenschaftliche Fortschritt erzeugt zugleich ein gesundes Mißtrauen gegenüber dem gedruckten Wort und den von Autoritäten und berühmten Vorgängern aufgestellten Dogmen. Und der wäre kein echter Ingenieur, der nicht – wie ein Arzt – seinen Beruf als Berufung empfände, als Chance, einen Beitrag zum technologischen Fortschritt und damit zur Verbesserung des Lebens der Menschheit zu leisten.

Ich bin überzeugt, daß die Ausbildung dieser Hunderttausenden von Akademikern im sowjetischen Machtbereich auch nachhaltigen Einfluß auf den sowjetischen Staatsapparat selbst haben wird. Sie wird es den wenigen an der Spitze immer schwerer machen, ihren Willen unwidersprochen den Massen zu oktroyieren. Diese vielen hunderttausend kritischen und systematisch geschulten Gehirne werden für ein Mehr an Diskussion, Kritik und Echo von der Basis her sorgen. Sie werden insgesamt die monolithische Struktur des sowjetischen Systems mildern können. Aber, was am wichtigsten ist: Sie werden, zumindest auf lange Sicht, die Bedeutung ethischer Werte im Sowjetsystem stärken und die Rolle des momentan Opportunen mindern.«

»Ich finde, ein wenig mehr Ethik würde uns in unserem eigenen Land auch nicht schaden«, sagte ich, während er seinen inzwischen nur noch lauwarmen Kaffee trank. Er blickte aus dem Fenster auf die winterliche Wolkenbank unter uns. Dann wandte er sich mir wieder zu und fuhr fort: »Jeder kann ein wenig mehr Moral gebrauchen. Alle wissenschaftlichen und technischen Leistungen des Menschen werden vergeblich sein, wenn sie nicht im Rahmen ethischer Werte erfolgen und genutzt werden, die sich auf das gesamte schillernde Spektrum der technologischen Revolution beziehen. Je weiter die Technik fortschreitet, umso schicksalhafter wird ihr Einfluß auf die Menschheit sein. Wenn die ethischen Wertmaßstäbe nicht mit dem Fortschreiten unserer technischen Errungenschaften mitziehen, wird die Welt zum Teufel gehen. Erinnern wir uns doch, daß in der Postkutschenzeit niemand zu Schaden kam, wenn der Kutscher einen über den Durst getrunken hatte. In unserem Zeitalter der PS-starken Autos kann dasselbe Glas zuviel fatal werden...«

»Ich glaube, daß eine ganze Reihe von Leuten Dich nicht das grandiose Raumfahrtprogramm in Angriff nehmen lassen will, weil die menschliche Gesellschaft in seinem Kielwasser an einer Vielzahl negativer Randerscheinungen leiden wird. Nehmen Sie doch nur die Atombombe: Wir leben in ihrem Schatten in ständiger Angst weiter. Wie wollen Sie die Öffentlichkeit davon überzeugen, daß uns die Raumfahrt zur Erreichung guter und friedvoller Ziele dient?«

»Die Angst vor den Kernwaffen, die Ruhelosigkeit, der Lärm und der Schmutz des Lebens in einer modernen Großstadt, die Standardisierung vieler Konsumgüter mit ihrer daraus folgenden Nivellierung des Geschmacks, der Mode und sogar der Meinungen – kurz, die unangenehmen Seiten unseres technologischen Zeitalters – haben viele Menschen dazu gebracht, die Technologie insgesamt zu verdammen und die Rückkehr zum einfachen Leben zu predigen. Doch für jede Kultur, die sich dem technischen Fortschritt verschrieben hat – und es gibt kaum noch eine auf diesem Planeten, die das nicht getan hat –, gibt es keinen Weg zurück. Es liegt in der Natur der technologischen Revolution, daß sie zunächst die bestehende wirtschaftliche Ordnung zerstört, bevor sie sie wirksam durch eine bessere ersetzen kann. Daher bedeutet eine Rückkehr zum einfachen Leben für ein Land, das sich in einem Stadium zunehmender Industrialisierung befindet, den sicheren wirtschaftlichen Ruin. Es gibt nur einen Weg, um aus unseren gegenwärtigen Schwierigkeiten herauszukommen: nämlich die technologische Revolution mit noch größerem Eifer und größerer Entschlossenheit voranzutreiben als bisher.

Aber um diese Revolution am Leben zu erhalten, muß sie ständig von der Forschung genährt werden. Nur wenn wir sie mit immer neuen Entdeckungen füttern, wird sie weiter auf der Straße des Fortschritts dahindonnern. Es ist ebenso unklug wie unrealistisch, darauf zu bestehen, daß ein neues Forschungsprojekt nur gerechtfertigt ist, wenn es einen sofortigen Verwendungszweck und eine potentielle Anwendbarkeit hat. Man kann eben kein Kaninchen aus dem Zylinder zaubern, bevor es nicht jemand dort hineingetan hat! Wir Raketenleute wissen genau, denn die Geschichte der Technologie lehrt es beispielhaft, daß es einfach das Menschenmögliche übersteigt, vorauszusagen, welche Entwicklung sich als Folge einer großen Entdeckung abzeichnen wird.«

Inzwischen bekamen wir unseren Lunch und unterhielten uns über andere Dinge – über die Jägerei, das Angeln und die nächsten Zusammenkünfte der *American Rocket Society*, der *Amerikanischen Raketengesellschaft*. Von Braun lobte Frederick C. Durant III. wegen seines Beitrags zur internationalen Raumfahrtbewegung im Rahmen der *Internationalen Astronautischen Föderation*. »Eines Tages wird die internationale Zusammenarbeit in der Raumfahrt sehr große Bedeutung bekommen«, fuhr er dann fort.

Er betonte nachdrücklich, er glaube, der rascheste Fortschritt in Raumfahrt und Weltraumforschung sei durch den freien Austausch von Gedanken und Plänen zwischen vielen hervorragenden Forschern und Technologen aller Nationen zu erreichen. Für ihn bestand das natürlichste Anfangsfeld für eine internationale Raumfahrtzusammenarbeit in der Errichtung weltweiter Satellitenbeobachtungs- und Abhörstationen. »Wenn wir mit der Erdumkreisung beginnen, wird die bemannte Kapsel bei jeder Umrundung den Raum von zwanzig oder dreißig Nationen durchqueren. Der Raumfahrer muß im Notfall zu so gut wie allen Punkten der Erde zurückkehren können. Die Landung kann im dichtesten Dschungel, in Gebirgen oder auf einem Weltmeer erforderlich sein. Das Überleben hängt dann von einem weltweiten Kommunikationssystem – Funkstationen auf dem ganzen Erdball, Suchflugzeugen und Rettungsmannschaften – ab, das leicht angekurbelt werden kann. Die internationale Zusammenarbeit wird Vorbedingung für jeden Erfolg sein«, sagte von Braun.

Er setzte mir dann auseinander, daß für die wirklich großen Raumfahrtunternehmen eine permanente internationale Kooperation nötig sein würde, zum Beispiel für die Inbetriebnahme und Unterhaltung bemannter Raumstationen zu Forschungszwecken, die Kommunikation rund um den Erdball, Fernsehübertragungen und Projekte wie die Mondlandung oder der bemannte Flug zum Mars. Solche Vorhaben setzten einfach eine hundertprozentige Zusammenarbeit von über den ganzen Erdball verteilten Bodenstationen voraus. Schließlich, so sagte er, sei der zwingendste Grund für eine internationale Zusammenarbeit in der Astronautik die Notwendigkeit eines internationalen Abkommens über den Abschuß von Satelliten und Raumschiffen wegen des möglicherweise dadurch veränderten militärischen Potentials. Der Gedanke an ein erdumkreisendes Atombombenarsenal sei nicht länger ein Hirngespinst aus der Sciencefiction-Welt und habe sich tatsächlich zu einem besorgniserregenden großen Problem ausgeweitet.

»Die Atombombe sollte unbedingt aus dem Weltraum verbannt werden«, erklärte von Braun. »Die Aufspürung von ›Weltraummüll‹, die Voraussage seiner Wiedereintrittsbahnen, die Überwachung der Funkfrequenzen bei Übertragungen im All – diese Dinge verlangen internationale Verträge.« Der Leser sollte sich erinnern, daß diese Unterhaltung 1953, also vier Jahre vor dem *Sputnik*-Start, stattfand!

In den allerersten Nachkriegsjahren konnte von Braun nicht an den internationalen Tagungen in Europa teilnehmen, die von der Internationalen Astronautischen Föderation (IAF) veranstaltet wurden. Er mußte seine Eltern und seine eigene kleine Familie ernähren und konnte nicht die Kosten für das Flugticket aufbringen. Die Armee war nicht imstande, ihn als offiziellen Delegierten der Vereinigten Staaten zu entsenden, da er noch kein amerikanischer Staatsbürger war.

Als die IAF 1950 ihre erste Konferenz an der Pariser Sorbonne abhielt, waren die führenden Teilnehmergruppen die *British Interplanetary Society* und die deutsche *Gesellschaft für Weltraumforschung*. Die USA waren durch keine Vereinigung vertreten. 1951 nahmen dann zwei ehemalige Präsidenten der *American Rocket Society* (ARS) als Delegierte teil. Das einzige von der *ARS* vorgelegte Papier hatte von Braun ausgearbeitet. Da er selbst nicht dabei sein konnte, hatte er Frederick C. Durant III ermächtigt, das Referat für ihn vorzutragen. Im darauffolgenden Jahr verlas Durant auf dem *IAF*-Kongreß in Stuttgart erneut eine Arbeit von Brauns. In diesem Exposé, das den Titel trug »Die Erforschung des Weltraums – eine Aufgabe, die eine internationale wissenschaftliche Zusammenarbeit erfordert«, erklärte von Braun:

»Letztes Ziel jeder angeschlossenen Gesellschaft oder Vereinigung ist die Eroberung des Weltraums, die die bedeutendste Herausforderung an Wissenschaft und Technologie des Zeitalters darstellt, in dem wir leben. Gemeinsam mit vielen technischen Leistungen der letzten Jahre hat die Entwicklung der Raketentechnik zwei Gesichter. Das eine ist der Lösung eines wahrhaft supranationalen Problems zugewandt: der Erforschung des Weltraums. Das andere blickt auf den tödlichen Eifer, mit dem die Nationen Milliarden an Steuerdollars, -pfunden, -rubeln und -franken für die Erfindung beängstigender neuer Vernichtungsmethoden ausgeben. Der Wahlspruch auf dem Banner der *Internationalen Astronautischen Föderation* fordert die friedliche Erforschung des Himmels, doch seit ihrer Gründung sah sich die Föderation einem anscheinend unüberwindlichen Klotz gegenüber: Der internationale Kontakt bei wichtigen neuen Raketenprojekten war in jeder Hinsicht bis jetzt aus Gründen der militärischen Sicherheit unmöglich...

Während des Zweiten Weltkrieges baute die Entwicklung der A4(V2)-Rakete auf Forschungsdaten und gespeicherten wissenschaftlichen Erkenntnissen der vorangehenden zwei Jahrzehnte auf, die von Praktikern und Theoretikern aus der ganzen Welt zusammengetragen worden waren. Doch heute ist diese wissenschaftliche Ernte zum größten Teil zur Neige gegangen. Rasche Fortschritte in der Weiterentwicklung der Raketentechnik sind durch den Mangel an neuen Erkenntnissen in der Grundlagenforschung nahezu blockiert.

Als Dr. Robert Oppenheimer die erste Atombombe im Rahmen des während des Krieges berühmt gewordenen *Manhattan-Projekts* entwickelte, kamen ihm einige Erkenntnisse, die ihn vor nicht allzu langer Zeit zu der Feststellung veranlaßten, daß die Forcierung des Baus der amerikanischen Atombombe jede kreative Tätigkeit auf dem Gebiet der Nuklearforschung zum Erliegen gebracht habe.

Die vernachlässigten Gebiete der Forschung sind es, auf denen die Mitglieder der Weltraumgesellschaften, die sich in unserer Föderation zusammengeschlossen haben, ihren großen Beitrag zur gemeinsamen Sache leisten. In diesen Disziplinen lassen sich unbegrenzte Möglichkeiten für die ernsthaften Anhänger der Astronautik finden.

Die Raumfahrt ist eine echte Fundgrube für Themen, die an den Technischen Hochschulen und Universitäten untersucht und beschrieben werden können. Es wäre schon mehr als erstaunlich, wenn in Anbetracht des allgemeinen Interesses an diesem Gebiet nicht eine regelrechte Flut von Dissertationen oder ähnlichen Arbeiten über solche Probleme einsetzen würde. Ein Beispiel, das hervorragende Themen für Doktorarbeiten oder Habilitationsschriften der jüngeren Leute unter den Raumfahrtanhängern abgäbe, wäre: ›Mittel zur Kontrolle des Verhaltens eines Raumfahrzeugs, das ohne Schub durch den leeren Weltraum dahintreibt.‹

Fragt man uns nach dem Zweck unseres Strebens, zum Mond und

den Planeten zu fliegen, so könnten wir ebenso gut mit Maxwells unsterblicher Gegenfrage antworten, die er gab, als man ihm die Frage nach dem Zweck seiner Forschungen über elektrische Induktion stellte: ›Was ist der Zweck eines neugeborenen Kindes?‹ Wir können ganz sicher sein, daß unser himmelwärts gerichtetes Streben sich irgendwie in Gottes Plan einfügt. Die Menschheit war noch niemals bereit, von großen Taten Abstand zu nehmen, wenn der Herr der Schöpfung ihr die Mittel zu deren Verwirklichung in die Hand gegeben hatte.

Und hier liegt auch die bedeutungsvollste Mission der Raumfahrt: wenn einmal der Tag kommt, an dem unsere Satelliten die Erde umkreisen, an dem die Besatzung einer Raumstation unseren Planeten in der sternenübersäten Dunkelheit der Unendlichkeit nur noch als einen Planeten unter Planeten sehen wird, an diesem Tag, behaupte ich, werden Bruderkriege von dem Stern, auf dem wir leben, verbannt sein. Der vereinte Blick der ganzen Erde wird sich auf den Weltraum richten; wird neugierig und besorgt die Taten neuer Abenteurer im All verfolgen. Dann wird die Menschheit bereit sein, in die zweite Phase ihrer bis dahin nur tellurischen Geschichte einzutreten – in das Kosmische Zeitalter.«

Als wir durch die Ankunftshalle des Internationalen Flughafens von Washington gingen, kam mir in Erinnerung, daß von Braun auch die Gabe hatte, die Gründe für das Streben der Menschheit nach der Eroberung des Weltraums sehr gut in einfache Worte zu kleiden.

Kurz nachdem er nach Huntsville gekommen war, lernte er bei einem Abendessen eine Sekte religiöser Puristen kennen. Ein Diakon bemerkte mit strenger Miene: »Die Dürre, die hier in Alabama seit zwei Jahren herrscht, hat all unsere Ernten vernichtet. Wann hören Sie endlich auf, mit Ihren Raketen Löcher in die Wolken zu schießen und den Regen auszutrocknen?« Es gab vereinzelten Applaus. Von Braun stand auf und wandte sich an den Geistlichen: »Ich weiß, Sie sind in der Bibel gut bewandert und kennen auch die Geschichte von Jakob und der Leiter. Die Engel steigen die Leiter hinauf und hinunter. Genauso machen wir's auch. Wenn der liebe Gott nicht will, daß wir in seiner Schöpfung hinauf- und hinuntersteigen, braucht er ja nur die Leiter umzustoßen.« Ein guter Freund, der verstorbene Reavis O'Neal junior, der damals dabei war, erzählte mir: »Der Beifall war ohrenbetäubend. An diesem Tag wurde Wernher von Braun zum persönlichen Schutzengel von Huntsville.«

Als wir in ein Taxi stiegen, erinnerte ich von Braun an diese Geschichte. Er zeigte wie gewöhnlich sein breites Grinsen, sagte aber nichts dazu. Statt dessen meinte er nur: »Fahren wir doch in die Stadt und sprechen über das Material, das ich für *Colliers* ausgesucht habe...«

15. Kapitel
Das Riesenrad im Weltraum

Manche Männer werden einfach dadurch zu Pionieren, daß sie sich in die Wildnis oder in unbekanntes Territorium stürzen und gänzlich auf die Vorsehung und angeborene Fähigkeiten verlassen, um Gefahren zu bestehen. Diejenigen, die dabei überleben, werden dann tatsächlich zu Wegbereitern der nachfolgenden Zivilisation, die allerdings oft genug erst einmal die Fehler der unwissenden »Pioniere« ausbügeln muß.

Trotz seines Wagemutes und des Spielerinstinkts, der die beseelt, die neue Grenzen setzen, ist Wernher von Braun seinem Erbe und seiner wissenschaftlichen Ausbildung treu geblieben. Bevor er sich ins Unbekannte stürzt, recherchiert er soviel wie möglich.

1952 erklärte er auf einem Symposium für Raumfahrtfragen: »Es wäre absolut unsinnig, an Entwurf und Konstruktion eines großen bemannten Raumschiffes ohne weitere Vorbereitung heranzugehen und das Fahrzeug dann in eine ›endgültige Umlaufbahn‹ zu bringen versuchen – ich wette hundert zu eins, daß ein solcher Versuch mit einem völligen Desaster enden würde!«

Erforderlich wäre, so sagte von Braun damals, eine gleichmäßige, schrittweise Entwicklung, die auf das Endziel hinarbeiten müsse: Menschen in den Weltraum zu bringen. Dazu werde ein Zeitplan gebraucht, um alle Phasen des Projekts abwickeln zu können einschließlich der Prüfung seiner wissenschaftlichen und militärischen Verwendbarkeit.

»Die erste Planphase kann gar nicht breit genug angelegt sein. Sie sollte Untersuchungen über die für die Entwicklung von Raketentriebwerken nötigen Prüfanlagen ebenso einschließen wie die Lösung logistischer Probleme in Zusammenhang mit Produktion, Transport und Lagerung von Treibstoffen, Konzepte für Steuerung und Kommunikation, die Konstruktion von Übungsgeräten und Simulatoren für die Besatzung und ihre Ausrüstung, sogar die Normung bestimmter Einzelteile.«

Er war aber nicht gewillt, zuviel Vertrauen in rein militärische Entwicklungen zu setzen. »Es ist zwar unbestritten, daß militärische Arbeiten auf dem Gebiet der Raketentechnik und des Flugwesens der Entwicklung der Raumfahrt große Dienste leisten werden, doch ist die angestrebte Eroberung des Weltraums eine zu gewaltige Aufgabe, um ein bloßes Nebenprodukt einer anderen Arbeit zu sein.«

Was von Braun damals besonders beschäftigte, war der Mensch selber: die Erkenntnis, daß ohne menschliche Besatzung zur Beobachtung, zum Abstimmen, Berichten und Eingreifen in Notfällen die automatisierten, unbemannten Maschinen – so glänzend sie auch programmiert sein mochten – das Wissen des Menschen über den Raum rings um die Erde nur begrenzt erweitern konnten.

»Der Mensch bleibt trotz seiner Anpassungsfähigkeit und seiner Intelligenz das eigentliche Problem bei allen Raumfahrtplanungen. Weil.er atmen muß, braucht er Sauerstoff – und den gibt es im Weltraum nicht. Er muß essen, um zu leben, und weil er ißt, braucht er eine Möglichkeit zur Beseitigung von Ausscheidungsstoffen. Sein Körper wird – wahrscheinlich negativ – beeinflußt durch Strahlungen, durch den Zustand der Schwerelosigkeit über längere Zeiträume hinweg, durch hohe Beschleunigungen bei Schubmanövern, übermäßiges Sonnenlicht oder absolute Dunkelheit, durch Hitze, Kälte und Trockenheit.

Die vielleicht wichtigste Überlegung ist die: weil der Mensch ein denkendes Wesen ist, kann ihm im Weltall sein Gehirn böse Streiche spielen infolge der Isolierung, der Schwerelosigkeit und des Mangels an Kommunikation mit anderen Menschen oder zu engen Kontakten mit seinen Teamkameraden oder wegen des Mangels an ausreichender körperlicher Betätigung während einer längeren Zeit.«

Hier war ein wirklich unerforschtes Gebiet, und von Braun war sich im klaren darüber, daß es für die Mehrzahl der auftretenden Probleme weder praktische noch theoretische Erkenntnisse gab. Er führte weiter aus: »Es stellt sich nicht mehr die Frage, ob eine bemannte Rakete den Weltraum erreichen kann, sondern ob derselbe Mensch zwei Flüge unternehmen kann.

Selbst wenn wir die Konstruktion der Rakete nur im Hinblick auf ihre technische Leistungsfähigkeit optimieren, könnte die Beschleunigung jenseits der menschlichen Toleranzgrenze liegen. Wenn der Weltraumflug längere Zeit dauert, wie es bei Erdumkreisungen der Fall ist, muß der Einfluß kosmischer und solarer Strahlung in Betracht gezogen werden. Darüber hinaus scheint es unmöglich zu sein, die physiologischen und psychologischen Einflüsse vorauszusagen, die der Zustand der Schwerelosigkeit über einen längeren Zeitraum auf den Menschen haben wird.

Wenn die Flugzeit lange dauert wie bei den Satellitenflügen und Raumfahrzeugen für interplanetare Missionen, ist eine sorgfältig geplante Ausstattung für die Befriedigung der Lebensbedürfnisse unumgänglich. Um die dafür notwendigen Apparaturen in Betrieb zu halten, bedarf es einer kontinuierlichen Stromerzeugungsquelle. Zieht man die Belastungen für den Piloten, körperliche wie seelische, in Betracht, so erweist es sich als unumgänglich, daß die Mehrzahl der für Antrieb und Steuerung des Schiffes sowie für die Sicherung des Wohlbefindens des Raumfahrers und seiner sicheren Rückkehr zur Erde bestimmten Anlagen automatisch funktionieren muß.

Die Forschung auf den genannten Gebieten muß mit der Entwicklung des Raumschiffs Hand in Hand gehen. Viele arbeitsreiche Jahre kommen damit auf die Biologen, Physiologen und Psychologen zu. Es gibt kaum eine Disziplin der Naturwissenschaften, die man kategorisch übergehen könnte.«

Ein koordiniertes Raumfahrtprogramm schlug von Braun in folgenden Etappen vor:
1. Erhöhung der Raketenschubkraft durch Entwicklung größerer Triebwerke und Verwendung von Hochleistungstreibstoffen. Einführung eines Triebwerks von der Art der Kernreaktoren, das zum Betrieb eine Flüssigkeit verwendet, die nach Aufheizen im Reaktor zur Schubgewinnung wieder ausgestoßen wird;
2. fortgesetzte Studien über die »humantechnischen« Aspekte der Raumfahrt;
3. Erweiterung und Verbesserung von Höhenforschungsraketen, die weit über die »Spaziergangshöhen« hinauskommen, die die bisher in den USA abgeschossenen V 2-Raketen erreicht haben, um die Kenntnis der im Weltraum zu erwartenden Bedingungen zu vertiefen.

Sobald genügend vorbereitende Informationen gesammelt worden waren – von Braun sah diese Aufgabe als eine internationale an (zumindest unter den demokratiefreundlichen Nationen), um die besten Köpfe und die fähigsten Talente zur Verfügung zu haben –, sollte der nächste Schritt ein unbemannter, vielleicht mit ein paar Affen besetzter Instrumentensatellit sein, der wichtige Informationen zur Erde funkt. Anschließend kam dann von Brauns langersehnter Wunschtraum an die Reihe: die Errichtung einer ständigen bemannten Raumstation.

Von dieser Plattform im Weltall aus konnten weitergehende Studien unternommen werden; einige mit unmittelbarem Nutzwert für die Erde wie zum Beispiel Wetterbeobachtungen und eine Sicherheitsüberwachung, andere von noch weitreichenderer Bedeutung wie das erste klare Bild des Mondes – ohne Trübung durch die Erdatmosphäre –, der nahegelegenen Planeten und der Sterne, ferner Berichte aus erster Hand über die Wirkung der Schwerelosigkeit während ausgedehnter Zeiträume, Messungen der kosmischen und solaren Strahlung, biologische Experimente und dergleichen mehr. Eine solche selbständige Raumstation war keine billige Angelegenheit. Das wußte von Braun. In seinem Artikel in *Colliers* vom 22. März 1952 schätzte er, daß die Entwicklungsarbeiten für eine solche Raumstation etwa eine zehnjährige ununterbrochene Forschungstätigkeit und Mittel in Höhe von rund vier Milliarden Dollar erfordern würden. Genaugenommen hatte er die Entwürfe für bemannte Raumstationen schon zehn Jahre zuvor, während der Kriegsjahre in Peenemünde, fertiggestellt.

Für den stückweisen Transport der Einzelteile der Raumstation in die Erdumlaufbahn hatte von Braun eine riesige Rakete vorgesehen. Sie sollte beim Start 7 000 Tonnen wiegen (das wäre das Gewicht eines leichten Zerstörers), rund 80 Meter Höhe und einen Sockeldurchmesser von etwa 20 Metern haben. Das Ganze war auf drei Stufen verteilt, deren oberste, die »Nase«, in der Besatzung und Nutzlast untergebracht waren, zusätzlich weitere 90 Tonnen Treibstoff und 36 Tonnen Fracht aufnehmen konnte.

Bei von Brauns Version von 1952 waren die ersten beiden Raketenstufen mit Spezialfallschirmen ausgerüstet, die sie zur Erde zurückbrachten, während die dritte Stufe über Tragflächen verfügte, die eine Landung nach Art eines Flugzeuges oder Segelflugzeuges ermöglichten. Die Flugbahn sollte nach dem Start über Wasser liegen, damit die beiden unteren Stufen von Bergungsschiffen aufgefischt werden konnten. Seine Vorstellungen von der Stufenfolge, Flugbahn und der Geschwindigkeit, die zur Erreichung einer Umlaufbahn nötig war, kamen den beim *Apollo*-Programm Ende der sechziger Jahre verwendeten Prinzipien erstaunlich nahe. Doch wie sich später herausstellte, erlaubte der rapide Fortschritt der Raketentechnik den Bau sehr viel kleinerer Raketen mit derselben Nutzlastkapazität für die Umlaufbahn als von Brauns »Monstrum« aus dem Jahre 1952.

Einmal im Weltraum und in einer Umlaufbahn angekommen, so lautete von Brauns Theorie, konnten die Raumfahrer ihre Kapsel in besonders ausgestatteten »Raumanzügen« verlassen. In diese sollten kleine regulierbare Raketentriebwerke eingebaut sein, die es den Raumfahrern gestatteten, sich ganz nach Wunsch zu bewegen. Bei stationärem Aufenthalt im Raum – in Relation zueinander und zu ihrem Raumschiff – würde ihnen das Gefühl für die enorme Geschwindigkeit fehlen, mit der sie sich in Wirklichkeit um die Erde und mit der Erde um die Sonne bewegten.

Es blieb noch das Problem, ihnen genügend Material nach oben zu schicken, damit der Bau der Raumstation fertiggestellt werden konnte. Dazu reichten offenbar die 36 Tonnen Nutzlast ihres eigenen Raumschiffs nicht aus, obwohl das der doppelten Ladekapazität eines herkömmlichen Frachtflugzeuges entsprach. Folglich mußten weitere Raumschiffe, die mit Hilfe präzis abgeschossener Raketen unter exakter Berechnung denselben Punkt im Weltraum erreichten, in regelmäßigen Abständen auf die Reise geschickt werden.

Die Raumstation, die von Braun beschrieb, sollte ein riesiges radförmiges Gebilde mit einem Durchmesser von über 80 Metern sein. Bei der Konstruktion konnten verschiedene Bauweisen benutzt werden. Er entwarf ein Modell, das aus über zwanzig Elementen aus flexiblem Nylon und Kunststoff bestand.

Jeder dieser Teile war eine selbständige Einheit und sollte zusammengeklappt in die Umlaufbahn geschickt werden. Nach der Montage sollte das Riesenrad dann wie ein Schlauch aufgeblasen werden, um in seinem Inneren eine atmungsaktive Atmosphäre zu schaffen. Zwischen allen zwanzig Segmenten sollten luftdichte Schotten für eine Sicherheitsunterteilung ähnlich wie bei Unterseebooten sorgen. Das Aufblasen auf etwas weniger als normalen atmosphärischen

Druck garantierte nicht nur eine lebenswichtige Atemluft innerhalb des großen »Autoreifens«, dem die Raumstation glich, sondern verlieh dem Gebilde auch die nötige Stabilität. Natürlich mußte die Luft umgewälzt und mit Sauerstoff angereichert und das Kohlendioxyd, das die Lungen der Raumschiffbesatzung ausstießen, mittels chemischer Filterpatronen abgesaugt werden.

1952 hatte noch niemand eine genaue Vorstellung von den Auswirkungen einer langfristigen Schwerelosigkeit auf den menschlichen Körper und die Psyche, doch viele Wissenschaftler bezeichneten dieses Problem als schwerwiegend. Von Braun war anfangs geneigt, es nicht derart wichtig zu nehmen, aber schließlich sahen seine Pläne aus dem Jahre 1952 ein kleines Raketentriebwerk vor, das tangential auf dem Rand des »Raumrades« saß und ihm eine Rotation verlieh, die Zentrifugalkraft als Ersatz für die Schwerkraft auslöste. Das erscheint zwar heute als praktikable Lösung, würde aber doch nicht alle Schwierigkeiten beseitigt haben, denn die Fliehkraft nähme zum Mittelpunkt des Rades hin ab, und folglich hätte das mittlere der geplanten drei Stockwerke des Riesenrades weniger »Schwerkraft« als die beiden äußeren gehabt. Und im Zentrum des Rades, wo ein astronomisches Observatorium geplant war, hätte es gar keine gegeben.

Im übrigen glaubte von Braun das Raumrad nach Fertigstellung fast autark machen zu können. Energie konnte zum Beispiel mit Hilfe eines glatten Spiegels gewonnen werden, der oben auf dem Rad saß und das Sonnenlicht zur Erhitzung von Quecksilber nutzte. Die entstehenden Dämpfe sorgten für den Antrieb von Turbinen und Generatoren zur Elektrizitätserzeugung, sowie zum Betrieb von Pumpen und dienten auch noch weiteren Zwecken. Die der Sonne abgewandte Spiegelseite würde als Strahlungskondensator dienen, der zur Verringerung der Kondensationshitze nötig war.

Eine Schutzwand oder -haut sollte auf die Außenwand des Rades aufgeschraubt werden, um Einschläge von Mikrometeoriten aufzufangen. Wärme war nötigenfalls durch Absorption der Sonnenstrahlen auf schwarzgestrichenen Flächen zu erhalten, die man durch Öffnung von Lamellenjalousien freigab. Die Fenster waren mit einem Strahlungsschutz versehen, der nach Belieben geöffnet und geschlossen werden konnte.

Hier folgen einige Zahlen, die von Braun 1952 für das geplante riesige Raumschiff errechnet hatte:

Das zusammengesetzte dreistufige Aggregat war, wie schon erwähnt, 80 Meter hoch und hatte ein Gesamtgewicht von 7000 Tonnen. Die erste Stufe sollte über 51 Triebwerke verfügen, die zusammen einen Schub von 14000 Tonnen erzeugten, was insgesamt 5200 Tonnen Treibstoff, Salpetersäure und »Hydrazin« – eine Verbindung von Stickstoff und Wasserstoff – erforderte. Die zweite Stufe hatte mit denselben Treibstoffen 34 Triebwerke mit einem Gesamtschub von 1750 Tonnen und einem Treibstoffverbrauch von 770 Tonnen zu versorgen; die dritte Stufe, die Besatzung, Ausrüstung und Nutzlast enthielt, verfügte über fünf Triebwerke mit einem Schub von insgesamt 220 Tonnen, die 90 Tonnen derselben Brennstoffe und Oxydatoren benötigten, wobei noch eine ausreichende Reserve für den Rückflug zur Erde übrigblieb. Die unterste Stufe sollte ausbrennen und nach 84 Sekunden abgestoßen werden, die zweite 124 Sekunden später.

Bei eingeschalteter automatischer Selbststeuerung stieg die Rakete nach dem Start senkrecht in die Höhe; sobald die erste Stufe ausgebrannt und abgesprengt war, setzte die Rakete ihre Aufwärtsflugbahn in einem flachen Bogen mit einem Neigungswinkel von 20,5 Grad fort. In 90 Kilometer Höhe flog dann nach Abwerfen der zweiten Stufe die dritte Stufe oder Nutzlastzelle horizontal mit einer Stundengeschwindigkeit von knapp 30000 Kilometern weiter und nahm Kurs auf den erdfernsten Punkt, das Apogäum, das 1720 Kilometer über unserem Planeten lag.

Jetzt galt es, das Raumschiff in dieser Höhe in eine kreisförmige Umlaufbahn zu bringen und es nicht wieder auf die Perigäum-Höhe von 100 Kilometern zurückschwenken zu lassen, von wo es wiederum zum Apogäum aufgestiegen wäre. Denn bei Beibehaltung dieser elliptischen Umlaufbahn konnte das Raumschiff möglicherweise beim »Abstieg« vom Luftstrom gebremst und gezwungen werden, in die Erdatmosphäre zurückzugleiten.

Die Besatzung würde nun die Umlaufbahn ihres Fahrzeugs am höchsten Punkt durch kurzes Einschalten der Raketentriebwerke für die Dauer von 15 Sekunden stabilisieren, um die Geschwindigkeit im Apogäum auf 25300 Kilometer pro Stunde zu erhöhen, was ausreichend war, um in einem genau kreisförmigen, permanenten Umlauf zu bleiben. Einschließlich all dieser Manöver – vom Start bis zur endgültigen Umlaufbahn – betrug die Gesamtflugzeit nur 56 Minuten, wobei die Schubphasen nur 5 Minuten ausmachten.

Die Bergung der sorgfältig entwickelten ersten und zweiten Raketenstufen war in dem Modell von 1952 nicht außer acht gelassen worden. Es war geplant, sie mit ringförmigen, metallverstärkten Fallschirmen auszurüsten, die sich automatisch nach Ausbrennen und Abtrennen der Stufen öffnen sollten. Der Schirm für die riesige erste Stufe hatte einen Durchmesser von fast 70 Metern und bremste den Berechnungen zufolge die Fallgeschwindigkeit der Stufe auf zirka 45 Meter pro Sekunde ab. In einer Höhe von etwas über 60 Metern würde dann noch eine Batterie von Feststoffraketen gezündet, um die herunterkommende Startrakete noch weiter zu verlangsamen, bevor sie auf dem Wasser aufschlug. Ein ähnlicher Vorgang spielte sich bei der zweiten Stufe ab. Wegen der aerodynamischen Erhitzung war ihr Fallschirm aus Stahlmaschendraht.

Von Braun machte sich aus Sparsamkeitsgründen Gedanken über die Bergung und Wiederverwendung der Anfangsstufen. Die Raumstation mußte in regelmäßigen Abständen mit einer Reihe lebenswichtiger Versorgungsgüter wie Sauerstoff und Nahrungsmitteln sowie mit wissenschaftlichen Geräten und fotografischen Platten beliefert werden. Ebenso oft hatte eine Auswechslung der Besatzung zu erfolgen. Daher bedurfte der Betrieb einer permanenten, bewohnten Raumstation wie ein Vorposten in der Antarktis der Unterstützung durch ein logistisches Transportsystem. Jeder Flug dieser riesigen Raumschiffe würde bis zu 500 000 Dollar allein an Treibstoff verschlingen. Konnten aber die Stufen nicht geborgen werden, so beliefen sich die Kosten jedes Fluges auf möglicherweise 100 Millionen Dollar!

Von Braun war durch Zufall auf die Idee gekommen, die Verbindung zwischen den erdumkreisenden oberen Stufen dieser Raketen und der in der Nähe befindlichen radähnlichen großen Raumstation, die mit derselben Geschwindigkeit ihren Orbit vollzog, durch winzige »Raumtaxis« von der Form einer Wassermelone herzustellen. Die »Taxis« sollten von kleinen Raketenmotoren angetrieben werden und über Druckausgleich verfügen, damit Menschen in ihnen ohne Raumanzüge fliegen könnten. Sie sollten in selbsttätigen Luftschleusen anlegen, die sich an der Nabe des Riesenrades befanden. Von dort waren die verschiedenen Positionen auf der Radfelge über einige wenige Speichen zu erreichen.

Als Erläuterung des praktischen Nutzens einer solch ungeheuren

Verschwendung von Zeit, Geld und menschlicher Arbeitskraft hatte von Braun folgendes anzuführen: »Es ist darüber hinaus ein Raumobservatorium vorgesehen – eine kleine Kapsel in einiger Entfernung von der Raumstation, die ein astronomisches Teleskop mit Kameras, Spektroskopen und anderen Instrumenten aufnehmen soll. Dieses Observatorium wird unbemannt sein. Entweder werden Techniker von der Außenseite Filme in die Kameras schieben und sie später auswechseln, oder die Bilder werden über Fernsehen in die Hauptstation übertragen. Das Teleskop wird hauptsächlich dazu benutzt werden, um die gerade noch wahrnehmbaren äußeren Zonen des Universums zu beobachten und zu fotografieren. Die so zustandekommende kartographische Darstellung des Alls wird Aufschlüsse liefern, die von der Erde aus nicht zu erhalten sind. Das Teleskop mit seinen Kameras ist natürlich auch schwenkbar und kann die Erde unter sich aufnehmen...

Dann wird es keine ›Eisernen Vorhänge‹ mehr geben, denn die ganze Erde wird vorübergehend von der Raumstation aus zu beobachten sein. Jeder Punkt auf der Erdkugel kann mindestens alle 24 Stunden einmal gesichtet und fotografiert werden.

Während die Wissenschaftler mit ihren Kameras und Teleskopen die Geheimnisse des Weltraums erforschen, planen die Entdecker neue Flüge weiter hinein in den interplanetaren Raum. Zum Beispiel könnten wir während des Umlaufs die Triebwerkzelle aus der letzten Stufe unseres Versorgungsschiffes herausnehmen und in ein leichtes Skelett aus Aluminiumträgern einbauen, das wir in Einzelteilen heraufgebracht haben. Dann wäre es möglich, einige große, zusammenlegbare Treibstoffbehälter in diesem Gerüst aufzuhängen und sie mit Treibstoff zu füllen. Schließlich könnten wir, nachdem wir alle Rohre und Zuleitungen miteinander verbunden hätten, auf der ganzen Sache noch eine kugelförmige Kabine für die Besatzung anbringen, eine Kapsel, die schon vorher am Boden mit Luft- und Wasserregenerationssystemen sowie dem notwendigen Navigations-, Steuerungs- und Nachrichteninstrumentarium ausgestattet worden ist. Das Resultat wäre ein merkwürdig aussehendes Vehikel, das aber durchaus in der Lage wäre, in ungefähr fünf Tagen von der Raumstation um den Mond herum zu fliegen und zurückzukehren.«

Es gab eine weitere Verwendungsmöglichkeit für eine solche Raumstation, die von Braun als Wissenschaftler und Praktiker mit

Kriegserfahrung nicht übersehen konnte, obwohl ihm der Gedanke später Angst einjagte und er ihn nie wieder aufgriff, nachdem er einmal seine Realisierbarkeit erwähnt hatte.

»Die Station könnte auch in einen ungeheuer wirkungsvollen Atombombenträger umgewandelt werden«, schrieb er 1952 in seinem Artikel. Kleine Raketen mit atomaren Sprengköpfen könnten von der Station aus so abgeschossen und gesteuert werden, daß sie ihr Ziel auf der Erde mit Überschallgeschwindigkeit treffen würden.

»Im Hinblick auf die Tatsache, daß die Raumstation alle bewohnten Gebiete der Erde überfliegen kann, würden solche... Bombardierungstechniken den Konstrukteuren des Satelliten den wichtigsten taktischen und strategischen Vorteil in der Kriegsgeschichte verschaffen. Darüber hinaus könnten die Beobachter in der Umlaufbahn in aller Ruhe den Abschuß einer feindlichen Rakete gegen ihre Raumstation ausmachen und sie mit aller Wahrscheinlichkeit durch Raketenabwehrraketen zerstören, bevor sie von ihr getroffen würden.«

In von Brauns Entwurf für diesen ersten Schritt in den Weltraum hinein wurde auch noch ein weiteres sehr wichtiges Problem behandelt: Wie kam man von der Raumstation zurück zur Erde? Hierbei, so führte er aus, wäre ein menschlicher Pilot erforderlich. Zunächst müßten »Rückstoßraketen« verwendet werden, um sein auf dem Rückflug zur Erde befindliches Raumschiff aus der ständigen Umlaufgeschwindigkeit der Großstation abzubremsen. Um aus einer Zwei-Stunden-Umlaufbahn zurückzukehren, bedurfte es seiner Berechnung nach einer Geschwindigkeitsreduzierung von 1 700 Kilometer pro Stunde.

So verlangsamt, würde das Raumschiff dann Kurs auf die Erde nehmen und 51 Minuten nach Verlassen der Station in die obere Atmosphäre eintreten. Wegen des Verlustes an Höhe würde sich seine Geschwindigkeit zunächst von der Umlaufgeschwindigkeit von 25 300 Kilometer pro Stunde auf etwa 28 800 Kilometer pro Stunde erhöhen. Der Pilot müßte dann verhindern, daß sein mit Tragflächen versehenes Raumfahrzeug von der Atmosphäre in die Umlaufbahn der Raumstation »zurückprallte«. In einer Höhe von 80 Kilometern müßte er die »Nase« seines Schiffes nach unten ziehen, damit der die Tragflächen treffende Aufwind das Fahrzeug in dieser Höhe hielt, bis der Luftwiderstand seine Geschwindigkeit allmählich soweit abbremste, daß es nicht wieder infolge seiner übermäßigen Triebkraft steigen konnte. In einem langgezogenen, allmählich langsamer werdenden Gleitflug sänke das Schiff dann weiter, bis es in einer Höhe von etwa 24 Kilometer nur noch Schallgeschwindigkeit haben würde. Von diesem Punkt an könnte das Raumfahrzeug dann wie ein Segelflugzeug in Spirallinien herunterkommen und wie ein Flugzeug auf der Erde landen.

Nach der Rückkehr würde die gelandete dritte Stufe dann einer Inspektion unterzogen und mit den beiden anderen per Fallschirm katapultierten und aus dem Meer geborgenen Stufen erneut zusammengesetzt werden. Auf diese Weise wäre nach wenigen Wochen das große Raumschiff wieder verwendungsfähig und könnte betankt und beladen werden für seinen nächsten Flug ins Weltall.

In diesem Zeitschriftenartikel aus den frühen fünfziger Jahren stellte von Braun bereits die Grundkonzepte für viele Dinge vor, die zwanzig Jahre später mit der *Skylab*-Raumstation Wirklichkeit wurden und es mit dem *Space Shuttle,* dem Raumtransporter, noch werden sollen. Die Zeit hatte es schon immer schwer, mit von Braun Schritt zu halten...

Durch seine spektakulären Enthüllungen in *Colliers* wurde Wernher von Braun für die amerikanische Öffentlichkeit je nach Einstellung des einzelnen Lesers entweder zu einem »Weltraumhelden« oder einem »Weltraumspinner«. Viele Leute folgerten aus der Lektüre, seine Riesenrad-Raumstation sei ein völlig ausgereiftes Projekt mit den dazugehörigen Blaupausen, das die Regierung der Vereinigten Staaten sofort in Angriff nehmen könne. Andere zuckten bei dem bloßen Gedanken zurück und hielten die ganzen Überlegungen für unrealistisch und geradezu phantastisch. Selbst Raketenexperten in den USA und im Ausland – sogar einige enge Mitarbeiter von Brauns – glaubten, er sei wohl doch zu weit gegangen. Für andere dagegen, und besonders für solche Fachleute, die von Braun gut kannten, stellte das Riesenrad eine anspruchsvolle Planungsstudie dar, die mit Sicherheit die öffentliche Debatte über die Raumfahrt richtig anheizen mußte. Doch nach einem kurzen Publicityrummel erlosch die Debatte wieder.

Für von Braun war es eine Lehre gewesen. Während für ihn das Riesenrad und die dreistufigen Trägerraketen ernstzunehmende technische Pläne waren, geradezu ideal geeignet, um die Grundprinzipien und Probleme der künftigen bemannten Raumfahrt zu erläutern, waren sie in den Augen anderer einfach zu ehrgeizig und zu großspurig. Er hatte nicht erwartet, daß seine Leser annahmen, er habe diese Vorschläge zur sofortigen Realisierung ohne zeitliche Zwischenetappen gemacht.

Um diese Scharte auszuwetzen und einen weniger ambitiösen ersten Schritt auf dem Wege zur bemannten Raumfahrt zu präsentieren, veröffentlichte er in einer der nächsten Nummern von *Colliers* den Entwurf für eine weitaus kleinere Dreistufenrakete, die einen Satelliten mit drei Affen an Bord in eine Umlaufbahn tragen sollte.

Mit diesem Beitrag zeigte er auf, wieviel praktische Erfahrungen erst noch gesammelt werden mußten, um bemannte Raumflüge möglich zu machen, Dinge, die sich nicht auf mathematischer Basis berechnen ließen. Zum Beispiel wisse man sehr wenig über die Reaktionen eines lebenden Organismus auf die Schwerelosigkeit und andere Bedingungen bei Reisen im Weltraum, schrieb er. Maschinen brauchten weder Luft noch Nahrung und funktionierten im allgemeinen auf vorhersehbaren Grundlagen und durch Steuerung. Aber der Körper eines Tieres oder eines Menschen sei doch etwas ganz anderes.

Die Lösung sei indessen denkbar einfach. Man müsse Tiere, die dem Menschen in ihrem Aufbau am ähnlichsten kamen, in den Weltraum schicken. Es sei anzunehmen, daß sie im Interesse der Wissenschaft geopfert werden müßten, aber vorher könnten sie eine Menge neuer Erkenntnisse zur Erde übermitteln.

Dazu war eine relativ intelligente Affenart erforderlich. Von Brauns Vorschlag, Rhesusaffen zu verwenden – den er in einer Juniausgabe von *Colliers* 1953 machte –, zog ihm prompt den Zorn diverser humanitärer Gesellschaften und Tierschutzvereinigungen aus der ganzen Welt zu. Natürlich mußte seine Reaktion dieselbe sein wie die medizinischer und anderer Wissenschaftler. Von Braun liebt das Leben in all seinen Formen nicht weniger als andere Menschen. Seine Zuneigung zu freilebenden und Haustieren ist sogar ein ausgeprägter Wesenszug an ihm. Doch was ist uns lieber? Menschen, die völlig unvorbereitet ins Ungewisse ausziehen, um unbekannte Schäden zu erleiden, oder Tiere, die es zuerst riskieren? Schließlich wird

Der siebenjährige Wernher von Braun – dritter von rechts in der zweiten Reihe im weißen Matrosenanzug mit Mütze – mit seiner Volksschulklasse im ostpreußischen Gumbinnen im Jahre 1919. *Foto: Privat*

Die »Minimumrakete«, abgekürzt *Mirak I*, die Rudolf Nebel, Wernher von Braun und Klaus Riedel entwickelten und im September 1931 auf dem »Raketenflugplatz Berlin« erstmals öffentlich vorführten. *Foto: Von Braun*

Von Brauns Unterkunft (Mitte) in den Jahren 1939–1945 auf dem Gelände der Raketenversuchsanstalt Peenemünde auf der Ostseeinsel Usedom. *Foto: Privat*

Die Übergabe der deutschen Raketenexperten an die vorrückenden Amerikaner am 8. Mai 1945 bei Reutte (Tirol). Von links: Magnus von Braun, der amerikanische Obergefreite Frederick P. Schneikart und Wernher von Braun mit eingegipstem Arm. *Foto: U.S. Army*

Fehlschlag im Raketenprogramm von Brauns: eine *Juno II*-Rakete versagt beim Start. Sekunden nach dieser Aufnahme explodiert das Projektil und läßt Tausende von Bruchstücken und Einzelteilen zur Erde regnen. *Foto: U.S. Air Force*

Wiedersehen mit seinem alten Lehrer und Idol, dem deutschen Raketenpionier Professor Hermann Oberth, 1955 in den USA. In der Mitte Maria von Braun.
Foto: Von Braun

Wernher von Braun in dem Dokumentarfilm »Die Herausforderung des Weltraums«, den das US-Verteidigungsministerium Ende Februar 1956 herausbrachte.
Foto: U.S. Defense Department

Wernher von Braun 1959 bei einem Deutschland-Besuch mit seinen Eltern Emmy und Magnus von Braun.
Foto: Von Braun

Jubel im Jahre 1958! Ein Modell des *Explorer 1,* des ersten Weltraumsatelliten der USA, stemmen auf einer Pressekonferenz hoch (von links): von Braun, der Astronom Dr. James Van Allen von der Universität Iowa und Dr. William Pickering, der Direktor des Strahlenantriebslabors (JPL) in Pasadena, das den Satelliten baute. Dr. Van Allen entwickelte die Instrumente an Bord des Satelliten, mit deren Hilfe der Strahlungsgürtel der Erde entdeckt wurde. *Foto: JPL*

Urlaub 1961 in Florida mit den Töchtern Iris und Margrit (von links) und Frau Maria. *Foto: Bert Henry*

Präsident John F. Kennedy mit von Braun bei seinem Besuch im Marshall-Raumfahrtzentrum 1962. *Foto: NASA*

Begeisterung beim Start der *Saturn I*-Rakete, die den *Pegasus*-Satelliten in den Weltraum trägt. Links im Bild Dr. Kurt Debus, der Startdirektor in Kap Canaveral, einer der alten Freunde und Mitarbeiter von Brauns. *Foto: NASA*

Erinnerung an eine Jagdexkursion nach Yukatan im Jahre 1964. Von links: James McCaskill (Expeditionsleiter), von Braun, Hampton Reese, Fairchild-Präsident Ed Uhl und der Kongreßabgeordnete Bob Sikes aus Florida. *Foto: Von Braun*

Wernher von Braun mit NASA-Chef Thomas O. Paine im April 1968 vor dem Start der unbemannten *Apollo 6*-Mission, bei der die *Saturn V* für die künftigen bemannten Weltraumflüge getestet werden sollte. *Foto: NASA*

Vor einem Bildschirm des Kontrollzentrums auf Kap Kennedy verfolgen vier Deutschamerikaner den Start »ihrer« *Saturn*-Rakete im Jahre 1969. Im Vordergrund von links: Dr. Kurt Debus, Dr. Hans Gruene, Wernher von Braun und Dr. Eberhard Rees. *Foto: NASA*

Wernher von Braun und Dr. George Low, damaliger NASA-Administrator, im Startkontrollzentrum auf Kap Canaveral 1971 beim Countdown für *Apollo 14*. *Foto: NASA*

»Gut – auf dem Mond sind wir gewesen. Jetzt brauchen wir die Mittel, um zum Mars zu fliegen!« (Wernher von Braun 1969)   *Foto: NASA*

Wernher von Braun im Raumfahreranzug mit einer Taucherausrüstung vor einem Tauchtest in einem Spezialbassin im Marshall-Raumflugzentrum in Huntsville.
Foto: NASA

Bei der Rückkehr von Ferien auf den Bahamas im Januar 1970 überraschte von Braun seine Kollegen mit einem gepflegten Bart. Im Hintergrund seines Arbeitszimmers stehen maßstabgerechte Raketenmodelle von der *Jupiter* (ganz links) bis zur *Saturn V* (ganz rechts). *Foto: NASA*

Eine zweistufige *Saturn I B*-Rakete befördert am 16. November 1973 die *Skylab 4*-Astronauten von der Startrampe 39B auf Kap Canaveral ins All. *Foto: NASA*

Start eines Nachrichtensatelliten vom Typ ATS-6 (F) an der Spitze einer *Titan III C*-Rakete im Juni 1974 von Kap Canaveral. *Foto: Fairchild*

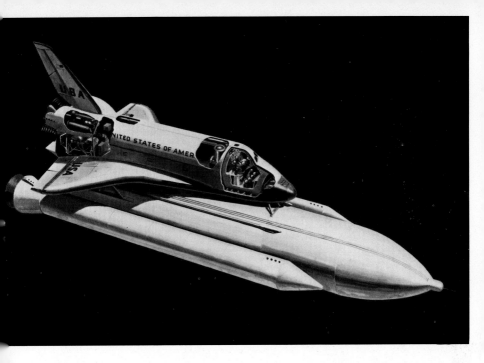

Von Brauns letztes großes Projekt bei der NASA war sein Beitrag im Rahmen der Neukonstruktion des *Space Shuttle,* des Raumtransporters. Dank seiner Arbeit konnten die Entwicklungskosten von zehn auf fünf Milliarden Dollar gesenkt werden.
Foto: NASA

Die große Halle des Von Braun Civic Center mit ihrer automatischen Leuchtschrifttafel in Huntsville (Alabama). *Foto: City of Huntsville*

Eine ausgewachsene *Saturn V*-Trägerrakete aus dem *Apollo*-Programm ist Hauptattraktion im Park des Alabama Space and Rocket Center in Huntsville. Die Großrakete hat die Länge eines Footballfeldes. *Foto: NASA*

Als der damalige Kongreßabgeordnete Gerald Ford sein Autogramm auf dieses Bild setzte und es Wernher von Braun zuschickte, lautete der Text: »Wernher von Braun in tiefer Dankbarkeit für seine hervorragenden Leistungen und mit guten Wünschen für die Zukunft   Jerry Ford.« *Foto: Von Braun* auch jedes neue Medikament zunächst eingehend an Tieren getestet, bevor es zur Anwendung bei Menschen freigegeben wird.

Sicher gab es viele Dinge, die auch auf der Erde unter simulierten Bedingungen erprobt werden konnten, die die Wissenschaftler für weltraumähnlich hielten. Menschen konnten freiwillig mehrere Wochen lang in einer fest verschlossenen Kapsel leben und die für Weltraumflüge vorgesehenen wissenschaftlichen Aufgaben unter kontrollierten Bedingungen ausführen. Verschiedene Erfahrungen ließen sich auch in den dreißig bis vierzig Sekunden der Schwerelosigkeit gewinnen, wenn man ein Flugzeug aus dem Sturzflug wieder in einem ballistischen Bogen hochzog. Andere Erkenntnisse lieferten schlittenartige Vorrichtungen, mit denen man enorme Beschleunigungen erzielen konnte.

Doch alles das wäre immer nur eine teilweise Simulation der Zustände des Weltalls gewesen und nicht alle Bedingungen des Weltraums konnten gleichzeitig künstlich erzeugt werden. Immerhin hätte man gewisse Schlüsse ziehen können. Nur würde die Mannschaft, die sich vier Wochen lang in einer Testkapel eingeschlossen befand, ganz genau wissen, daß sie in einem Gebäude war, wo Hilfe nur eine Handbreit entfernt war. Ihre Reaktionen wären dementsprechend gewesen – trotz ihres guten Willens und sorgfältiger Arbeit der beobachtenden Wissenschaftler. Daher konnte das alleingültige Laboratorium nur der Weltraum selbst sein, und die ersten Versuchsobjekte mußten eben Tiere sein.

Damals im Jahre 1953 verfügte von Braun bereits über alles Grundwissen und die praktische Erfahrung, um eine Rakete zu entwickeln, die groß genug war, um drei kleine Tierpassagiere – wie etwa Rhesusaffen – in eine Umlaufbahn zu bringen und mindestens sechzig Tage lang die Erde umkreisen zu lassen. Anschließend würde das Fahrzeug wieder zurück in Richtung Erde stürzen und höchstwahrscheinlich wie eine feurige Sternschnuppe verglühen.

Was von Braun noch fehlte, war die Bestätigung von Theorien und Vermutungen über tierisches Verhalten bei Weltraumbedingungen: Wie würden Affen ausgedehnte Schwerelosigkeit und kosmische Strahlung ertragen? Wie würden sie sich verhalten? Würden sie fressen? Würden sie körperliche Abfallstoffe auf gewohnte Weise ausscheiden?

Ein solches raumbiologisches Forschungsprogramm mußte laut

von Brauns neuem *Colliers*-Artikel bereits Monate vor dem Start mit ausführlichen Trainingsprogrammen für die Affen beginnen. Das war einer der Gründe, weshalb er sich für Rhesusaffen entschieden hatte. Sie waren klein, aber von ungewöhnlich hohem Intelligenzgrad. Die Tiere sollten zunächst in einer Doublette der Raumkapsel leben, die sie später für den eigentlichen Flug benützen würden, und lernen, mit Futterspendern wie mit Bonbonautomaten umzugehen, aus Wasserröhrchen zu saugen und auf bestimmte Signale wie etwa einen Hupton zu reagieren, die ihnen die Fütterung anzeigten.

Daneben mußten sorgsame und erfinderische Überlegungen auf die Ausstattung der Raumflugkabine für die eigentliche Reise verwendet werden. Zum Beispiel waren die Futterspender einzubauen und mit Fressen für zwei Monate zu versehen. Energiequellen mußten vorhanden sein, um eine Reihe von Apparaturen zu speisen. An unvorstellbar winzige Instrumente der verschiedensten Art mußte gedacht werden, die nicht nur die Tiere entlasten, sondern auch ihre Reaktionen und viele andere Phänomene an Fernmeßstationen auf der Erde zur Analyse und Auswertung übertragen sollten.

Selbst ein Sanitärsystem war vorgesehen worden. Es funktionierte so: Die Hupe, die den Affen die Fütterung ankündigte, war mit mehreren luftdichten Türen verbunden, die normalerweise geschlossen waren und hinter denen die Fütterungszone lag. Auf den Hupton hin stürzten sich die Affen, die man entsprechend abgerichtet hatte, durch die geöffneten Türen. Diese schlossen sich hinter ihnen wieder. Während die Tiere fraßen, durchbliesen dann starke Luftdüsen ihre Aufenthaltskabine zur Reinigung und beförderten Abfälle und Fäkalien durch eine kleine Öffnung der Kapsel in den Weltraum. War diese Prozedur vorüber, gingen die Türen wieder auf, und die Affen konnten in die größere Kabine zurückkehren.

Eines der drei Tiere sollte während des ganzen Fluges mit Riemen in einer festen Stellung gehalten und automatisch gefüttert werden, damit seine Reaktionen und Körperfunktionen exakt gemessen werden konnten. Die beiden anderen Affen sollten frei in der ganzen Kapsel mit Hilfe von Schaukeln, Griffen und ähnlichen Vorrichtungen umhertollen können.

Übrigens war ein Vergleich ihrer Verhaltensweise im Weltraum mit der beim vorangegangenen Training auf der Erde überaus wertvoll. Beim Training waren die Tiere zum Beispiel nicht der Schwerelosigkeit ausgesetzt. Ihre Reaktionen in diesem ihnen unbekannten Zustand nach sorgfältiger Abrichtung waren Gegenstand einer eigenen Studie. Die ständige Fernsehüberwachung ihres Verhaltens würde wichtige Aufschlüsse bringen. Minuziöse Details wurden ausgearbeitet. So sollten beispielsweise die beiden Äffchen, die Bewegungsfreiheit hatten, während des Starts zunächst auf stoßdämpfende, aus Gummi gefertigte Lagerstätten geschnallt und leicht betäubt sein. Sobald der Satellit sich in seiner Umlaufbahn eingependelt hatte, befreiten Zeitmechanismen die Tiere von ihren Pritschen.

Zusätzlich zum Proviant für die Tiere und den Geräten zu ihrer Beobachtung durch Fernsehen und Telemetrie sollte der Satellit viele weitere Instrumente enthalten, die Informationen über die Intensität der kosmischen Strahlung, die Sonneneinstrahlung, Häufigkeit des Auftretens von Mikrometeoriten, die Kabinentemperaturen und ähnliche Daten zur Erde übertragen konnten. Um diese komplizierte Fracht in eine Umlaufbahn zu bringen, schlug von Braun als Trägerrakete eine kleinere Version der großen dreistufigen Rakete vor, die er in seinem ersten *Colliers*-Beitrag über die große Raumstation beschrieben hatte.

Nachdem der Satellit in seine geplante Umlaufbahn eingeschwenkt war, drehten Schwungräder mit Kreiselsteuerung seinen Bug der Erde zu. Dann wurden seitwärts fünf kleine Antennen ausgefahren, und eine kleine Sprengladung trennte den kegelförmigen Aufsatz ab, der während des Aufstiegs der Rakete eine aus der »Nase« nach draußen gerichtete Fernsehkamera geschützt hatte. Gleichzeitig wurde ein System von Spiegeln in Betrieb genommen, das die Sonnenstrahlen einfangen und ihre Hitze in elektrische Energie umwandeln sollte. (Befand sich der Satellit im Erdschatten, so übernahmen Batterien die Energieversorgung.) Ebenfalls bis ins Kleinste ausgetüftelt und mit noch detaillierteren Zeichnungen erläutert war der Aufgabenbereich der Such- und Meßstationen, die fast genau den heutigen Einrichtungen dieser Art entsprachen.

»An strategisch wichtigen Punkten über die Erdoberfläche verteilt«, schrieb von Braun, »werden zwanzig oder mehr Empfangsstationen, meist auf großen Lastwagenanhängern installiert, den Satelliten mittels Radar beim Überfliegen orten und seine Fernseh- und Fernmeßübertragungen auf Film und Tonband aufzeichnen. Da sich die Funkwellen eines Satelliten nur geradlinig fortpflanzen, haben die Lastzugstationen immer nur jeweils ein paar Minuten lang Gelegenheit, die Sendungen zu registrieren, eben nur so lange, wie der Satellit in direkter Sichtlinie bleibt. Wenn der Satellit den Empfangsbereich verlassen hat, werden die aufgezeichneten Daten an eine zentrale Sammelstelle in den Vereinigten Staaten übermittelt – einige über Funk, die übrigen per Luftfracht. In diesem Zentrum werden die Informationen dann ausgewertet und täglich ergänzt. Die Monitorstationen werden am besten innerhalb des Polar- und des Südpolarkreises und an Punkten in Äquatornähe errichtet. In den Polarzonen könnten die Posten in Alaska, Südgrönland und auf Island liegen, in Südpolarnähe auf Campbell Island und South Georgia Island. Für den Pazifischen Ozean kämen Baker Island, die Weihnachts-Inseln, Hawaii und die Galapagos-Inseln in Frage. Die übrigen Horchstationen könnten auf Puerto Rico, den Bermudas, der Insel St. Helena, in Liberia, Südwestafrika, Äthiopien, auf den Malediven, der malaiischen Halbinsel und den Philippinen sowie in Neuseeland und Australien stehen. Diese Punkte – alle auf dem Territorium uns befreundeter Länder – würden eine Kette rund um die Erde bilden und mindestens einmal täglich Sendungen des Satelliten empfangen.

Die Monitoren würden ziemlich kostspielig sein, doch sie würden auch später wieder gute Dienste leisten, wenn wir imstande sind, die ersten von einer menschlichen Besatzung gesteuerten Raumschiffe und bemannte Satelliten zu starten.«

Von Braun glaubte 1953 daran, daß innerhalb von fünf Jahren, vorausgesetzt, daß man alle Anstrengungen daran setzte, ein Satellit dieser Größe abgeschossen werden konnte und daß binnen zehn Jahren eine bemannte Raumstation gebaut und in Betrieb genommen sei.

Es ist interessant festzustellen, daß einige Voraussetzungen von Brauns eingetroffen sind, sogar in den Zeiträumen, die er angesetzt hatte. Andere müssen erst noch realisiert werden.

Die umfangreiche Forschungsarbeit, die nötig war, um von Brauns faszinierende Pläne für Riesenrad-Satelliten, Mini-Raumstationen, Mondschiffe, Marsraketen oder Simulatoren für das Training der Astronauten wissenschaftlich zu untermauern, erledigte er stets in seiner Freizeit. Seine offiziellen Arbeitsstunden mußte er der Entwicklung der *Redstone*-Langstreckenraketenwaffe widmen. Oft halfen ihm Kollegen wie Dr. Ernst Stuhlinger bei Berechnungen und anderen theoretischen Untersuchungen. Der Aufwand an Arbeit, der in diese *Colliers*-Projekte gesteckt wurde, war wirklich immens, doch zur damaligen Zeit waren damit noch keine Lorbeeren zu ernten.

Es war von Brauns feste Überzeugung, daß seine Vorschläge, die im Pentagon häufig als bloße Science-fiction abgetan wurden, das wirksamste Mittel waren, um in der breiten Öffentlichkeit ein wachsendes Verständnis für die Natur der bei der Raumfahrt auftretenden Probleme und die Erkenntnis der vielen großen Möglichkeiten der Menschheit auf diesem Gebiet zu wecken. Trotz der Kritik fuhr er fort, seine Botschaft zu verbreiten und sammelte allmählich eine Schar von Anhängern um sich.

Die Bürger von Huntsville sahen nach und nach ein, daß es von Braun mit seinen hochtrabenden Plänen ernst war. In den folgenden Jahren sollten sie spüren, wie er die ganze Stadt mit in seine grandiosen Leistungen einbezog. Als der Meßsatellit *Explorer I* Huntsvilles Ruhm in alle Welt trug, wurde seinen Mitbürgern klar, daß jede Seite in Wernher von Brauns Lebensgeschichte voll von Abenteuern und erreichten Zielen war. Nur wenige Menschen haben so hart kämpfen müssen wie er, und tatsächlich noch weniger waren so stark der Kritik, dem Neid und dem Scheitern ausgesetzt – aber auch nur sehr wenige wurden zu Lebzeiten geehrt und konnten die Früchte so vieler wissenschaftlicher Leistungen ernten wie dieser Mann.

16. Kapitel
Rocket City, U.S.A.

Im Jahre 1950 rühmte sich die kleine Kreisstadt Huntsville in Alabama stolz, »Brunnenkressemetropole« der Welt, Heimatstadt von Senator John J. Sparkman und Geburtsort der Filmschauspielerin Tallulah Bankhead zu sein.

145 Jahre lang hatte sich das Städtchen gemütlich um den traditionellen Court House Square und das Denkmal für die Konföderierten gruppiert und döste von jedem Samstag, wenn die Baumwollfarmer aus dem Hinterland zu ihren wöchentlichen Großeinkäufen kamen, bis zum nächsten vor sich hin. Selbst diese Routine war Schwankungen unterworfen. Denn wenn der Baumwollkapselkäfer arg gewütet hatte, gingen die Geschäfte schlecht. Die Baumwolle war König, und der Wohlstand der Stadt hing von einer guten Ernte ab. Zur alljährlichen Zeit des Pflückens und Entkörnens setzte eine echte Faschingsstimmung ein. Die Farmer zahlten ihre Rechnungen einmal im Jahr zur Erntezeit, aber es gab auch viele schlechte Jahre, in denen sie unbezahlt blieben. Oft war es billiger, die Schulden weiter anwachsen zu lassen als die bewässerten Stückchen roten Mergelbodens zwangsweise unter den Hammer zu bringen.

In anderthalb Jahrhunderten nahm die Bevölkerung von ursprünglich 1000 auf 16000 Menschen zu, eine Zuwachsrate von ganzen 100 Einwohnern pro Jahr. Größter örtlicher Arbeitgeber war eine Baumwollspinnerei mit dem Hauptsitz in Chicago, die ungefähr tausend Leute in einem sprunghaften Rhythmus beschäftigte, der der jeweiligen Lage der Textilindustrie angepaßt war.

Zu Beginn des Zweiten Weltkrieges kauften das US-Heereswaffenamt und das Kampfstoffkorps ein 1600 Hektar großes Gelände an der großen Biegung des Tennessee River auf und begannen

mit der Herstellung von Gasgranaten und Munition. Diese Produktion war eine wahre Spritze für die moribunde lokale Wirtschaft. Um 1944 standen in den Redstone- und Huntsville-Arsenalen über 20 000 Arbeiter an den Fließbändern.
Die Geschäftsleute beeilten sich, den Rahm abzuschöpfen. Für Bruchbuden wurden Mieten von schwindelnder Höhe verlangt. Spelunken wuchsen derart schnell aus dem Boden, daß die Stadtverwaltung sich zur Prohibition entschloß und die staatlichen Spirituosenläden schließen ließ – zur großen Freude der Schwarzbrenner in den umliegenden Bergen. Verarmte Baumwollfarmer kamen mit ihren Familien und Feldarbeitern in hellen Scharen nach Huntsville, um eine Stellung in einem regierungseigenen Betrieb zu bekommen und plötzlich war um den Court House Square jeder Abend ein Samstagabend.

Dann »brach 1945 der Frieden aus«, und die Munitionsfabriken wurden geschlossen. Hundskamille und Stechäpfel wuchsen nun auf dem Gelände um die stillgelegten Gebäude. Überall in der Stadt lösten sich die neuen Bretter der Wohnbaracken aus den Fugen, und die Kinder spielten sorglos Kuchenbacken in den Schlaglöchern der verlassenen Nebenstraßen.

Um 1950 hatte Senator John J. Sparkman, ein gebürtiger Huntsviller, die schlechte Nachricht verkünden müssen, daß er in seinem Bestreben, der Stadt eine millionenschwere neue technische Anlage der Luftwaffe zu sichern, überstimmt worden war. Tullahoma in Tennessee, 120 Kilometer nordöstlich von Huntsville gelegen, hatte statt dessen den Zuschlag bekommen.

Doch ein paar Tage später rief der Senator erneut die Stadtverwaltung an und berichtete, er habe inzwischen ein anderes Projekt, das noch besser aussähe. Ein Army-General namens Holger N. Toftoy wolle eine Gruppe ausländischer Wissenschaftler herbringen, die in den letzten Kriegstagen in Bayern »erbeutet« und nach Texas und New Mexiko gebracht worden seien, um ihre Experimente fortzusetzen. Diese hätten bekanntlich zum Bau der berühmten V 2-Raketen geführt, die kurz vor Kriegsschluß für Hitler das Blatt fast noch gewendet hätten.

Wie die meisten Amerikaner hatte die Bevölkerung von Huntsville von den deutschen V 1 und V 2 gehört und wußte, daß von Braun und seine Kollegen nach dem Krieg in die USA gekommen waren. Einige konnten sich noch an den Streit erinnern, der über ihr Kommen entbrannt war und auch an die Tatsache, daß die *Federation of American Scientists* dagegen Einspruch erhoben hatte. Die Anwesenheit der Deutschen auf amerikanischem Boden war der FAS zufolge »ein Affront gegen die Bürger aller Länder, die erst vor so kurzer Zeit an unserer Seite gekämpft hätten«. Sie hatten aber auch eine Meldung der Nachrichtenagentur *United Press* vom Mai 1948 lesen können, in der es geheißen hatte, die Deutschen hätten auf die Einwohner von El Paso in Texas einen guten Eindruck gemacht, seit sie in Fort Bliss stationiert wären. Und sie arbeiteten eifrig an den Raketenprojekten der Armee mit, obwohl »ihre Bezahlung wohl gerade für Zigaretten reicht«.

In Huntsville löste die veränderte Situation Verwirrung aus. Raketen hielt man damals noch nicht für so wichtig, und eine Handvoll deutscher Wissenschaftler und amerikanischer Waffenamtexperten konnten wohl kaum soviel in der Stadt ausgeben wie Tausende von Luftwaffenangehörigen. Überdies, so drückte es ein Bürger aus, »schossen die Deutschen auf unsere Jungens, als sie sich das letzte Mal begegneten«. Wie sich dann aber herausstellte, war Toftoys Entscheidung die beste »Katastrophe«, die je über Huntsville hereingebrochen war. Militärflugzeuge wurden im Zeitalter der Raketen etwas Altmodisches, und Huntsvilles zwei Lebensnerven, die Raketenentwicklung für die Armee und später der Bau der großen Weltraumraketen für die NASA, sollten der Stadt jahrzehntelangen Wohlstand bringen. 1975 betrug die Einwohnerzahl im Stadtgebiet an die 180 000 Menschen.

Am Fuß des Monte Sano-Berges gelegen und um eine außerordentlich große natürliche Quelle herum angelegt, hatte sich Huntsville von einer Siedlung mit ganzen elf Seelen im Jahre 1805 nach und nach zur Stadt gemausert. Neue Häuser im Ranchstil stehen heute neben säulengetragenen Herrenhäusern, die über hundert Jahre alt sind. Bei den modernen Autoschaltern der *First National Bank* hat man die Kassenhäuschen in dieselben Gefängniszellen eingebaut, in die 1835 die Sklaven der örtlichen Plantagenbesitzer für die Schulden ihrer Herren eingepfercht wurden.

Von ihren malerischen Wochenendhäusern oberhalb des Skyline Drive im Monte Sano-Park können die Raketenfachleute in vierzig Minuten zu allen möglichen Seen und Flüssen fahren, in denen es von

Süßwasserfischen – von Brassen bis Barschen – nur so wimmelt. Außer Angeln bieten die nahe gelegenen Stauseen der *Tennessee-Tal-Verwaltung* auch Gelegenheit zum Segeln und Wasserskilaufen, Vorteile, die der Wassersportfan von Braun weidlich ausnutzte.

Im Big Spring-Park jagen die Leute von der Raumfahrt schon seit Jahren den Tennisbällen nach, gehen Schwimmen, üben sich im Hufeisenwerfen und spielen Baseball, Badminton und Volleyball. Inzwischen ist der Park zu einem architektonisch wunderschön gestalteten Erholungsgebiet geworden, auf dem das *Von Braun Civic Center*, eine Art Stadthalle, sowie ein neues Hilton-Hotel und ein großes Mahnmal für die amerikanischen Kriegsveteranen mit einer Ewigen Flamme auf seiner Spitze stehen. Der hügelige Brahan Spring-Park ist heute das grüne Freizeitzentrum von Huntsville. Der weitläufige Park hat einen großen Baumbestand und enthält zwei künstlich angelegte Seen, die sehr fischreich und oft mit weißen Segeln übersät sind. Tennisplätze hallen Tag und Nacht von den Rufen unermüdlicher Spieler wider. 1975 wurde ein großer Schwimmbadkomplex fertiggestellt, dessen Halle über ein Schwimmbecken mit olympischen Ausmaßen verfügt und nun Schauplatz vieler nationaler Wettkämpfe ist.

Nachdem Huntsville jetzt rasch zu einem der »Pensionierungszentren« Amerikas wird, weil Tausende von ehemaligen Army-Angehörigen und NASA-Mitarbeitern sich entschlossen haben, ihren Lebensabend in der Raketenstadt zu verbringen, zahlen Personen über 65 Jahre nur 25 Cent Eintritt für das Schwimmbad, während ihre Enkelkinder dreimal soviel dafür hinlegen müssen. Eine Erweiterung und Renovierung des alten *Community Center* im Big Spring-Park machte aus diesem Gebäudekomplex ein Seniorenfreizeitzentrum.

Anfang der fünfziger Jahre konnten die Huntsviller in ihrer Stadt nur auf einem bescheidenen städtischen Neun-Loch-Golfplatz spielen, dazu auf der Anlage im Big Spring-Park und im Huntsville Country Club. Inzwischen ist der städtische Golfplatz längst zu einem schönen 18-Loch-Platz erweitert worden. Mehrere moderne Country-Clubs sind entstanden, alle mit eigenen 18-Loch-Plätzen, Swimming-pools und Tennisplätzen. Dazu zählen der Willowbrook Country Club im Südostteil von Huntsville, der Colonial Country Club im Norden der Stadt und der Racquet Club.

Viele Neuankömmlinge in Rocket City, der Raketenstadt, sind beeindruckt von einem lokalen Phänomen, das ans Übernatürliche grenzt. Fahren Sie mit Ihrem Wagen die Straße hinauf, die sich zum Monte Sano emporwindet, dann werden Sie auf halbem Wege eine Stelle entdecken, wo Sie auf der sanft ansteigenden Autostraße in den Leerlauf schalten und weiter bergauf rollen können. Jeder Huntsviller kann Ihnen den Weg dorthin zeigen. Fast jeder war schon mit einer Wasserwaage hier oben, um herauszufinden, ob diese mysteriöse »verkehrte Steigung« nur eine optische Täuschung ist oder wirklich existiert.

Von Braun beschloß, neugierig wie er ist und mit der Vorahnung, daß Huntsville für längere Zeit seine Heimat sein würde, die geschichtlichen Hintergründe dieser Stadt, des Staates Alabama und des ganzen Tennessee-Tales zu studieren. Abends, wenn er mit seinen deutschen Kollegen privat zusammenkam, diskutierten die Neubürger über alles, was mit Huntsville, seiner Geschichte, Tradition und Zukunft zusammenhing.

Als älteste von englischen Siedlern gegründete Stadt in Alabama wurde Huntsville 1819 die erste Hauptstadt dieses amerikanischen Bundesstaates. Sie blieb es nur bis 1819. Hier gibt es die erste Staatsbank, die erste öffentliche Bibliothek und die älteste Baumwollspinnerei. Vier Gouverneure von Alabama und acht US-Senatoren stammten aus Huntsville. John Hunt, nach dem die Stadt benannt wurde, kam in die Gegend, die heute Madison County heißt, und baute hier 1805 in der Nähe von Big Spring ein Haus. Nachdem durch Robert Williams, den Gouverneur des Mississippi-Territoriums, im Dezember 1808 die Schaffung des Madison-Bezirks verkündet worden war, beschloß die Bundesregierung in Washington den Verkauf der öffentlichen Ländereien in dem neuen Bezirk auf Auktionen während der Monate August und September 1809. Ein Plantagenbesitzer aus Georgia, LeRoy Pope, kaufte für 23,50 Dollar je Morgen Land ein riesiges Gelände um die »große Quelle«. Auf Empfehlung einer Sonder-Kommission hin wurde dieses Gebiet dann zur Kreisstadt erklärt.

Man folgte dem Vorschlag LeRoy Popes und nannte die neue Stadt Twickenham nach dem Geburtsort des englischen Dichters Alexander Pope. Am 25. November 1811 wurde sie durch ein besonderes Gesetz des Distriktsparlaments zu Ehren ihres ersten Siedlers in Huntsville umbenannt. Als John Coffee die erste Vermessung vornahm, erstreckte sich die Stadt über eine Fläche von 25 Hektar in Häuserblöcken von je einem Hektar, die jeweils in vier Parzellen aufgeteilt waren. Die Hälfte der Parzellen ging an Commissioner, Vertreter der Regierung, die anderen fünfzig Prozent wurden zum gleichen Preis Pope und seinen Geschäftspartnern zum Kauf angeboten. Auf weiteren Auktionen verkauften die Commissioner später ihre Anteile. Die Einnahmen wurden zum Bau eines Gerichtsgebäudes und Gefängnisses am Marktplatz verwendet.

Am 23. Juli 1805 gaben die Chickasaw-Indianer ihre Ansprüche auf das Madison County auf. Ihrem Beispiel folgten die Cherokees am 7. Januar 1806. Mit der Proklamation vom 13. Dezember 1808 schlug Gouverneur Robert Williams das neue Madison County zum Mississippi-Territorium. Der damalige amerikanische Außenminister James Madison sollte mit dieser Benennung geehrt werden. Der Kongreß der Vereinigten Staaten erkannte Alabama am 14. Dezember 1819 formell als Bundesstaat an. Drei Tage später vertagte sich die in Huntsville tagende Legislative, um zur nächsten Sitzung in Cahawba zusammenzutreten, das dann ständige Hauptstadt des Staates wurde.

Schon in den ersten Jahren ihres Bestehens blühte die Stadt auf und wurde zum Handelszentrum eines reichen Agrargebietes. Der Wohlstand erwuchs ebenso aus der Herstellung von Baumwollwaren, Mehl und Schuhen, aus der Holzverarbeitung, der Fabrikation von kupfernen Destillierapparaten, Pumpen und vielen anderen Produkten der frühen Industriezeit. Die Verkehrswege nach Huntsville wurden der frühen Entwicklung dieses Gebietes angepaßt. Der Indian Creek-Kanal verband den Big Spring Creek über den Indian Creek mit dem Tennessee. Die kleinen Flüsse Flint und Paint Rock wurden ausgebaggert, damit die Baumwollkähne bis zum Tennessee fahren konnten. Hauptstraßen wurden angelegt, und viele Postkutschenlinien verbanden Huntsville mit anderen Teilen des Südens. 1851 unterstützte die Stadtverwaltung von Huntsville die Finanzierung einer Nebenlinie der Memphis & Charleston-Eisenbahn, die erheblich zur Verbesserung der regionalen Verkehrsverbindungen beitrug.

Während des Bürgerkrieges erlitt Huntsville erhebliche Schäden durch die Besatzung von Bundestruppen. Bei Kriegsende 1865 war das ganze Gebiet finanziell sehr geschwächt, doch die Kaufleute und Farmer von Huntsville arbeiteten schwer, um das Wirtschaftsleben der Stadt neu anzukurbeln. Im Herbst 1865 gründete man die *National Bank of Huntsville,* hauptsächlich mit Kapital aus dem Norden. Mit Hilfe von Krediterleichterungen kamen die Geschäfte langsam wieder in Schwung, und sobald das reiche Ackerland des Madison County wieder unter dem Pflug war, brachte es auch Huntsville zu neuer Blüte.

In den achtziger und neunziger Jahren des vorigen Jahrhunderts ermutigten die Stadtväter von Huntsville Unternehmer aus anderen Teilen des Landes, ihnen bei der Erschließung und industriellen Entwicklung ihres Gebietes zu helfen. Spinnereien und Hartholzfabriken entstanden, Kinderheime wurden gebaut, und der Monte Sano wurde zum beliebten Sommeraufenthalt für Touristen. Der zunehmende Ausbau der Eisenbahnlinien eröffnete der Stadt den Zugang zu neuen Märkten. Um 1900 galt Huntsville als eines der wichtigsten Textilzentren von Alabama. Obwohl sie an drei Seiten von Fabrikarbeitersiedlungen umgeben war, bewahrte die Stadt ihre alten Grenzen in einem Radius von etwa anderthalb Kilometern um den Public Square herum.

Erstaunt wurden von Braun und seine Kollegen zusammen mit ihren Familien Zeugen, wie aus dem verschlafenen Huntsville rasch eine von Fortschritt und Expansion geprägte Stadt wurde – mit deutlich hörbarem Krächzen in den alten Fugen und zuweilen auch von Erschütterungen befallen. Und sie, die Raketenleute aus Deutschland, waren der Anlaß für diese rapide Entwicklung.

Das deutsche Expertenteam mit seinen Familien wußte nicht, was ihm in Huntsville bevorstand. Als Oberst Toftoy sie nach Amerika geschleust hatte, waren sie ohne offiziellen Status und besaßen nur eine vage Aussicht auf Einbürgerung in dem Land, für das sie sich entschieden hatten. Es gab viele Amerikaner, die sie nicht da haben wollten und die Toftoy und die Armee heftig wegen ihrer Entscheidung kritisierten. Doch die ersten fünf Jahre in den Vereinigten Staaten zeigten den Deutschen, daß sie von den Amerikanern akzeptiert wurden, sobald diese von ihrer Aufrichtigkeit überzeugt waren.

1949, als sie noch in dem Ausweichlazarett in Fort Bliss wohnten, hatten die deutschen Wissenschaftler mit ihren Familien offiziell den Status von Einwanderern einnehmen dürfen. Sie durften die nahegelegene internationale Brücke über den Grenzfluß Rio Grande nach Mexiko überqueren und anschließend auf demselben Wege in die

USA »einreisen« und nach El Paso zurückkehren. Bis zu den schicksalhaften Tagen im Jahre 1950, als sie nach Huntsville umzogen, hatten sie einen langen Weg hinter sich. Sie waren mit ihren Familien vereint, ihre Chancen auf Erwerb der amerikanischen Staatsbürgerschaft standen günstig, und sie konnten mit gutem Grund hoffen, auf dem roten Lehmboden von Nordalabama in absehbarer Zeit eigene Häuser zu bauen.

In den ersten Wochen und Monaten gestalteten sich die Beziehungen zu den Einheimischen ziemlich schwierig. Abgesehen von den Erinnerungen an die Wunden des Krieges und an das Tauziehen um das Arsenal kamen die Deutschen den Bewohnern von Alabama etwas merkwürdig vor. Nicht nur ihre Sprache, sondern auch viele ihrer aus der Alten Welt mitgebrachten Gebräuche ließen sie zunächst etwas isoliert erscheinen. Einige ältere Mitglieder des deutschen Teams schlugen daher vor, man solle doch lieber eine deutsche Kolonie gründen, die Häuser abseits bauen und unter sich bleiben. Doch die Mehrzahl, und auf deren Seite stand auch von Braun, entschied sich gegen diese Cliquenwirtschaft und zog es vor, sich mit den Leuten in der Stadt anzufreunden, ihre Probleme und Anliegen kennenzulernen und mitzuhelfen, wo es Not tat. General Toftoy war in dieser Zeit beiden Seiten, den Huntsvillern wie den Deutschen, eine große Hilfe: er half eine Brücke zum gegenseitigen Verständnis zu bauen. Schon bald öffneten eine ganze Reihe von Huntsviller Bürgern aus allen Kreisen der Bevölkerung den Neuankömmlingen ihre Tür und ließen sie fühlen, daß sie willkommen waren. Am Ende war es dann eine ganze Reihe von Dingen, die dazu beitrugen, daß die deutschen Raketenfachleute vollwertige Mitglieder des Gemeinschaftslebens von Huntsville wurden. Die Kinder aus beiden Gruppen, die meist zu klein waren, um den Krieg erlebt zu haben, hatten, wie Kinder überall, kaum Vorurteile. Ein wichtiger Faktor war außerdem die deutsche Aufrichtigkeit und Tüchtigkeit und natürlich die traditionelle Gastfreundschaft und Gefälligkeit der amerikanischen Südstaatler.

Bald waren nachts die Stichflammen der Raketentriebwerke auf den Hügeln des Redstone-Arsenals am Stadtrand zu sehen und tagsüber klirrten die Fensterscheiben, wenn die Raketen auf ihren Prüfständen Schubversuchen unterworfen wurden. Obwohl die Sicherheitsbestimmungen dafür sorgten, daß die Huntsviller Bürger nicht allzu viel über die Arbeit ihrer Nachbarn erfuhren, wurde ihnen doch eher als den meisten Amerikanern klar, welche Bedeutung Raketen hatten. Die Tatsache, daß ausgerechnet bei ihnen die ersten Raketen zur Verteidigung des Landes und die mächtigsten Weltraumraketen der freien Welt hergestellt wurden, machte sie stolz.

Die deutschen »Raketenfamilien«, die Huntsville zu ihrer zweiten Heimat gemacht haben, glauben indessen, daß die hier entwickelten Raketen noch eine zweite historische Bedeutung hatten: nämlich die Art und Weise, wie das Beispiel der Stadt Huntsville – die sich bald stolz *Rocket City, U.S.A.*, also Raketenstadt USA, nannte – der Welt zeigte, daß Völker und Nationen friedlich im Raumzeitalter zusammenarbeiten können. Denn genauso erfolgreich wie die Raketen von Huntsville war das Experiment mit den zwischenmenschlichen Beziehungen, bei dem die Wissenschaftler einer besiegten Nation in den »Schmelztiegel Amerika« hineingegeben und gewissermaßen verrührt wurden.

Als Hitler die Macht übernahm, war Magnus Freiherr von Braun von seinem Posten als Reichsminister für Landwirtschaft zurückgetreten und hatte sich ins Privatleben zurückgezogen, denn er hatte keinerlei Ambitionen, ein öffentliches Amt unter dem neuen Regime zu bekleiden, das er aus tiefstem Herzen verabscheute und dem er mißtraute. Da er geruhsam auf seinem Gutsbesitz in Schlesien lebte, bekam er bis zum Kriegsende nicht viel von Hitlers Vandalismus zu spüren. Dann mußte er sich wie Abermillionen von Deutschen mit der schmerzlichen, demütigenden Niederlage abfinden. Dem Abkommen von Jalta zufolge fiel ganz Schlesien an Polen, und im Sommer 1946 wurde Magnus von Braun aus seiner Heimat ausgewiesen. Ein paar Wochen später trafen er und seine Frau mit der Eisenbahn in Westdeutschland ein – als mittellose Flüchtlinge in einem verrosteten Viehwaggon.

Der weitgereiste Mann und Aristokrat alter Schule nahm gern die Einladung seines Sohnes an, zu ihm nach Amerika zu kommen. Als Wernher von Braun im Februar 1947 kurz nach Deutschland kam, um zu heiraten, begleiteten seine Eltern die Jungverheirateten auf ihrer Rückreise in die USA und wohnten bei ihnen in Fort Bliss. 1950 folgten sie ihren Söhnen Magnus und Wernher nach Huntsville. Hier bezogen der Baron und die Baronin eine Wohnung und paßten sich schnell dem amerikanischen Lebensstil an. Fast alle ihre Freunde sagen, daß sie das Leben in den Vereinigten Staaten sehr genossen.

Selbstredend wurde die alte Baronin sofort in Huntsville aktiv. Mit außergewöhnlichem Sprachtalent begabt, rief sie voll Begeisterung eine Schule für die deutschen Frauen ins Leben und polierte deren Englisch auf. Dr. Ernst Stuhlinger, ein brillanter Wissenschaftler und der tadelloseste Kavalier, dem ich je im Leben begegnet bin, war sehr stolz, daß er seine junge Frau, die er 1950 innerhalb einer Woche kennengelernt und geheiratet hatte, zum Englischunterricht bei der Baronin schicken konnte.

1953 erhielt Magnus von Braun dann aus Deutschland die Nachricht, daß die Regierung in Bonn ihm als ehemaligem Mitglied der Reichsregierung der Weimarer Republik eine beachtliche Pension ausgesetzt hatte. Daraufhin entschloß er sich, mit seiner Frau nach Deutschland zurückzukehren, wo er nun leben konnte, ohne seinen Söhnen Wernher und Magnus und deren jungen Familien finanziell zur Last zu fallen. Im gleichen Jahr reisten die alten von Brauns dann über den Atlantik nach Deutschland zurück. Der Baron schrieb später ein ganz entzückendes Buch mit dem Titel *Von Ostpreußen bis Texas*, das von seinem eigenen abwechslungsreichen Leben berichtet und auch eine fabelhafte Sammlung von Anekdoten über die Erlebnisse der deutschen Raketenfachleute und ihrer Frauen in der Neuen Welt enthält.

Bald schon enthielten die Mitgliederlisten der Clubs und Organisationen in Huntsville deutsche Namen, und die selbstgebackenen Kuchen der deutschen Hausfrauen waren auf kirchlichen Wohltätigkeitsbasaren begehrt. Seit dieser Zeit haben die neuen Mitbürger Huntsville ihren Stempel aufgeprägt und sind aus dem Leben der Stadt nicht mehr wegzudenken.

Hannes Lührsen, Chefarchitekt in Peenemünde und nun mit der Leitung der Bauplanung des Raketenzentrums beauftragt, legte Pläne für ein neues Umgehungsautobahnsystem vor, das den Stadtkern vom Durchgangsverkehr entlasten sollte. Obwohl er in Deutschland Städteplaner gewesen war, stießen seine Vorschläge zunächst auf erbitterten Widerstand der Geschäftsleute aus der Innenstadt, die meinten, dadurch an Umsatz zu verlieren. Der endgültige Beschluß, dieses Vorhaben zu verwirklichen, das von den meisten Huntsvillern unterstützt wurde, trug dazu bei, daß Huntsville zu einer modernen Großstadt wurde, und hatte solchen Erfolg, daß heute sogar seine Widersacher zugeben, daß sie damals Unrecht hatten.

Walter Wiesemann, einer der jüngeren Leute aus dem deutschen Team und Management-Spezialist, nahm seine Verantwortung als Mitbürger ernst. Er wurde zum Präsidenten der *Junior Chamber of Commerce* (Handelskammer der Jungkaufleute) gewählt, bevor er noch seine Einbürgerungsurkunde in Händen hielt und war später Vorsitzender dieser Organisation für ganz Alabama, Vorsitzender der Bürgervereine von Huntsville, PR-Direktor des Roten Kreuzes und Vizepräsident des Stadtrates von Huntsville, um nur einige seiner Funktionen aufzuzählen.

Sobald die neuen Bürger wirtschaftlich dazu in der Lage waren, leisteten sie eine Anzahlung auf ein Einfamilienhaus oder ein Baugelände. Einige dieser Häuser wurden später zu Sehenswürdigkeiten von Huntsville und konnten sich an Eleganz ohne weiteres mit den alten Villen aus der Vorkriegszeit messen. Eines der elegantesten Heime ist das der Stuhlingers am Hang des Monte Sano, von dem aus man die ganze Stadt zu Füßen liegen hat.

Die Mitwirkung der Deutschen in Fragen der Erziehung wirkten sich auf den Unterricht an den Schulen von Huntsville aus. Sie waren regelmäßige Besucher der Elternabende. Dazu widmeten die Raketenleute ein Gutteil ihrer Zeit der Abhaltung von naturwissenschaftlichen Kursen an den Oberschulen und sorgten dafür, daß die Stadtbücherei von Huntsville – in der Relation zur Bevölkerungszahl – zur wahrscheinlich meistbenutzten der ganzen Vereinigten Staaten wurde. Magda de Beek, die Tochter des technischen Zeichners Gerd de Beek, konnte, als sie mit fünfzehn nach Huntsville kam, nur in die fünfte Klasse eingeschult werden, weil sie kein Wort Englisch sprach. Doch in weniger als drei Jahren machte sie ihr Abitur mit einer Auszeichnung der Frauenvereinigung *Daughters of the American Revolution* (»Töchter der Amerikanischen Revolution«) als beste Schülerin der Stadt in amerikanischer Geschichte. Von Braun, Stuhlinger und andere trugen dazu bei, daß Huntsville eine der wenigen Städte dieser Größe wurde, die über ein eigenes Observatorium verfügten. Sie gründeten die *Rocket City Astronomical Association* (»Astronomische Gesellschaft der Raketenstadt«). Das Observatorium, das sich als großes Plus für den Naturkundeunterricht an den Huntsviller Schulen erwies, wurde auf dem Monte Sano errichtet.

Wenn die Musik wirklich die Menschen einander näherbringt, wie es kluge Leute behaupten, dann muß das Symphonieorchester von

Huntsville etwas damit zu tun haben. Es verdankt seine Entstehung der Zusammenarbeit von Wissenschaftlern des Redstone-Arsenals mit Bürgern der Stadt und hat zum gutnachbarlichen Verhältnis der Amerikaner und Deutschen entscheidend beigetragen. Heute zählt das *Huntsville Symphony Orchestra* über siebzig Mitglieder, und deutsche Namen stehen an erster Stelle.

Rot angestrichen im Kalender der Stadt Huntsville und seiner neuen Bürger aus Deutschland wurde dann der 15. April 1955. An diesem Tag wurden vierzig Deutschen mit ihren Frauen und Kindern im Rahmen einer Feierstunde in der Aula der High School die Urkunden überreicht, die ihnen die Staatsbürgerschaft der Vereinigten Staaten von Amerika verlieh. Es waren die ersten Mitglieder der Wissenschaftlergruppe, die naturalisiert wurden, wenn man von Professor Theodor Buchhold, Dr. Walter Schwidetzky und Dr. Adolf Thiel absieht, die schon vorher Amerikanerinnen geheiratet hatten und so »Kriegsbräutigame« geworden waren.

Zwei Bundesrichter aus dem Distrikt leiteten die Sondersitzung des Gerichtes in der Schulaula, an der rund 1 200 Bürger teilnahmen. Bürgermeister Searcy erklärte diesen Tag zum *New Citizens Day,* zum Neubürgertag. Zu den neuen Huntsvillern sagte der Bürgermeister: »Ich freue mich, daß Sie uns gewählt haben. Ich kenne keine Gruppe, über deren Beitritt zu unserer Gemeinschaft wir uns mehr gefreut hätten.« Roy L. Stone, der Vorsitzende des Bezirksausschusses von Madison County, ließ die neuen Bürger wissen, daß »dieses Ereignis unserer Gemeinschaft neues Leben und neue Kraft verleiht«.

Für die Deutschen war es ein denkwürdiger Tag, »richtige Amerikaner« zu werden. Wernher von Braun beschrieb ihn als »einen der stolzesten und bedeutsamsten Tage in meinem Leben... fast wie eine zweite Hochzeit. Ich war sehr, sehr glücklich«.

General Toftoy, der Freund, Vertraute und Mentor der deutschen Wissenschaftler während ihrer ersten Schritte in Amerika, erinnerte sich: »Fast auf den Tag genau vor zehn Jahren traf ich Sie in einem überfüllten Schulhaus in Deutschland. Ich lud Sie ein, in dieses Land zu kommen und uns bei unserem Raketenprogramm zu helfen, obwohl ich Ihnen keine rosige Zukunft versprechen konnte...« Dann gratulierte er ihnen, daß nun ihre geheimsten Hoffnungen Wirklichkeit geworden waren.

Die *Times* brachte die Gedanken der Mehrzahl ihrer Leser zum Ausdruck, als die neuen Amerikaner ihre Staatsbürgerurkunden erhalten hatten. Im Leitartikel hieß es unter Hinweis auf das anfängliche Mißtrauen:»... Sie haben genug von unserem Land kennengelernt, um hier ihr Leben lang zu bleiben, und ihre Kinder wollen das auch... Wenn wir die Gruppe, die gestern naturalisiert wurde, als ›neue‹ Bürger bezeichnen, so hat das nur formelle Bedeutung, denn ein Blick auf das Namensverzeichnis läßt erkennen, wieviele schon seit Monaten in den Zusammenschlüssen der Bürger dieser Stadt aktiv mitarbeiten. Sie haben bereits in beträchtlichem Umfang den Fortschritt in Huntsville auf dem Gebiet der Bildung und der Musik und in vielen anderen Bereichen gefördert, von ihrem Beitrag zur Verteidigung dieses Landes gar nicht zu reden. Und daher ist es auch nur eine Formsache, wenn wir heute ausrufen: ›Willkommen, Mitbürger!‹ Denn Sie sind schon seit langem in unserer Mitte gewesen und werden es, so hoffen wir, noch viele weitere Jahre sein!«

Ein anderes bedeutsames Datum in der Geschichte von Huntsvilles gesellschaftlichem Leben war der 1. August 1958, als Toftoy die Stadt verließ, um das Kommando über den Armee-Übungsplatz Aberdeen in Maryland zu übernehmen. Dieser Mann, der den Weitblick besessen hatte, die deutschen Wissenschaftler nach dem Krieg in die USA zu holen und der so viel getan hatte, damit sie sich in ihrer neuen Heimat auch wohl fühlten, wurde von der gesamten Einwohnerschaft von Huntsville – den alten und den neuen Bürgern – dadurch geehrt, daß man ihm im Big Spring Park ein Denkmal setzte und es im Rahmen einer festlichen Zeremonie enthüllte.

Toftoy meinte in seiner Dankrede, daß er in den 36 Jahren seiner Zugehörigkeit zur Armee niemals einen besseren Gemeinschaftsgeist kennengelernt habe. Unter Hinweis auf die Inschrift auf dem Denkmal sagte er:»Ich sehe in dieser Gedenktafel ein Symbol unserer Zusammengehörigkeit. Sie als geschäftige, unternehmungslustige Gemeinde leben im Schatten des Raumfahrtzeitalters!«

»Er hat uns von der Baumwolle zur Raumrolle gebracht.« Das war der treffende Kommentar eines geschichtsbewußten und wortgewandten Huntsviller Bürgers zur wirtschaftlichen Bedeutung, die von Brauns Arbeit auf die Stadt hatte.

Von den ursprünglich 118 »Beutedeutschen« aus Peenemünde standen 1976 nur noch acht auf den Gehaltslisten des *Marshall-*

Raumflugzentrums der NASA. Der Tod hat bisher nur wenige ereilt. Pensionierungen und die drastische Reduzierung der Regierungsaufträge nach dem Höhepunkt des Mondlandeprogramms haben die ursprüngliche Expertengruppe auf eine Handvoll Männer zusammenschrumpfen lassen: Dr. Ernst Stuhlinger, Walter Häussermann, Heinz Hilten, Gustav Kroll, Walter Jacobi, Georg von Tiesenhausen, Willi Pastorhofer und Werner Dahm. Ihr väterlicher Freund, der geschätzte und allseits beliebte Generalmajor »Ludy« Toftoy, ist längst tot, und General John B. Medaris, einstiger Chef der Raketenabteilung im Waffenamt der US-Armee, ist Geistlicher der Episkopalkirche in Florida geworden.

In den explosiven 25 Jahren, in denen sich Huntsville aus den Baumwollfeldern zu den Mondmeeren erhob, erwies sich die »teutonische Invasion« als Katalysator, der einen noch nie dagewesenen Boom für die ganze Region auslöste. Die Zahlen der Statistik sind – wie von Brauns Arbeit – wirklich astronomisch.

1950 besaßen 8 118 Einwohner eine Lesekarte für die städtische Bücherei. 15 Jahre später waren es 67 860. Hodding Carter, der verstorbene Journalist und Pulitzer-Preisträger, drückte es in der ersten großen Reportage, die in Amerika über von Braun und sein Team erschien, so aus: »Als die Deutschen hierher kamen, holten sie ihre Lesekarten für die Stadtbücherei ab, bevor ihre Wasseruhren angeschlossen waren.« Carters Story erschien in *Colliers* und wurde später im *Reader's Digest* nachgedruckt. Nur von Brauns eigene, früher erschienene Artikel fanden noch mehr Interesse. Übrigens hatte Carter gegen Rommel in Nordafrika gekämpft. Ganze acht Jahre später trank er in Huntsville Scotch mit Soda im Wohnzimmer eines anderen berühmten Deutschen, weit entfernt von der Wüste Afrikas und den Raketenabschußrampen von Peenemünde.

Übrigens brachte auch das Nachrichtenmagazin *Time* am 17. Februar 1958 einen Bericht über von Braun mit einer Darstellung der Auswirkung der Arbeit seines Teams und des *Explorer I*-Satelliten auf Huntsville als großaufgemachte Titelgeschichte.

1950 zählte die Stadt etwa 25 Kirchen, die einem halben Dutzend Religionsgemeinschaften gehörten; 1975 hatte sich die Zahl der Gotteshäuser auf 125 vermehrt, die mehr als 35 größere Glaubensrichtungen vertraten. (Wernher von Braun und seine Familie gehörten zur Gemeinde der *Episcopal Church of the Nativity,* deren alte Pfarrkirche während des Bürgerkrieges von den Unionstruppen als Pferdestall benutzt worden war.) Wie hat es eine Kleinstadt des amerikanischen Südens nur fertigbringen können, solch große Leistungen zu erzielen, ohne auf größere Hindernisse zu stoßen? Walter Wiesemann hat es am 8. April 1975 in einem Leserbrief an die Lokalzeitung *Times* sehr gut ausgedrückt: »Das alles wurde nur erreicht, weil wir außergewöhnliche Männer und Frauen hatten, deren Fähigkeiten und Intellekt den ungewöhnlichen Anforderungen der letzten 25 Jahre entsprachen. Von den ersten öffentlichen Wohnungsbauvorhaben bis zur kürzlichen Fertigstellung des *Von Braun Civic Center* reicht die Skala, und wir haben allen Grund, diesen unseren Mitbürgern zu danken, die uns so gute Dienste geleistet haben und über alle Erwartungen hinaus erfolgreich waren.« Das erklärte Wiesemann, ein Mitglied des Raketenteams, der selbst in hohem Maße zu dem beigetragen hat, was Huntsville heute ist.

Nicht lange nach von Brauns Ankunft in Huntsville hatte der verstorbene M. B. Spragins, der damalige Präsident der *First National Bank,* eine große Bürgerversammlung im Russell Erskine-Hotel einberufen, um über Zuschüsse zur Wohnungsbaufinanzierung aus Bundesmitteln zu beraten. Am Präsidententisch saßen unter anderen General Toftoy und Wernher von Braun. Die Besprechung verlief so erfolgreich, daß von Braun den Mut hatte, wie Spragins später erzählte, sich zu ihm hinüberzubeugen und ihn leise zu fragen, ob es in Ordnung ginge, wenn auch er selbst die Finanzierung eines Hauses beantrage. Noch während der Konferenz sagte man ihm zu. Aber als später der Antrag überprüft wurde, stellte sich heraus, daß er nicht einmal die erforderliche Summe an Eigenkapital zur Verfügung hatte. Fünf seiner Freunde taten sich zusammen und gaben ihm ein ungesichertes Darlehen, damit ere sich um eine Hypothek aus Bundesgeldern bewerben konnte. »Überflüssig zu erwähnen«, meinte Spragins, »daß das Haus gebaut und das Darlehen zurückgezahlt wurde und alle glücklich und in Frieden lebten.«

17. Kapitel
Stars fell on Alabama...

Huntsville wurde schnell eine Stadt der Gegensätze. Mit dem Zustrom von Menschen aus allen Teilen des Landes – und aus anderen Ländern – entwickelte sie sich zu einem attraktiven Gemisch aus alten und neuen Elementen, verbunden mit dem Reiz der Zukunft. Ihre Wurzeln reichen weit in die Vergangenheit zurück, und doch öffneten die Alteingesessenen ihre Türen und Herzen den Neulingen. Diese waren fasziniert vom quirlenden Boom der Stadt und der Aktivität ihrer Bürger. Eine Reihe »Einwanderer« ließ sich in Huntsville nieder, andere kamen zur Arbeit als Pendler aus Nachbarorten in die Stadt.

Eine Frau, die eine der wichtigsten Mitarbeiterinnen von Brauns werden sollte, war Bonnie Holmes, Tausenden von Menschen in Huntsville und in der Raketen- und Raumfahrtgemeinde als tüchtige Chefsekretärin ein Begriff. Mrs. Emern (Bonnie G.) Holmes junior stammt aus der Kleinstadt Eva in Alabama. Sie machte am Gymnasium von Eva ihr Abitur und absolvierte das Andrew Jackson Business College in Nashville (Tennessee). Als sie 1952 von Brauns Artikel »Das Überschreiten der letzten Grenze« in *Colliers* las, war sie in der Dienststelle des Kommandeurs einer Pioniereinheit der Armee im Redstone-Arsenal tätig. Sie fand diesen Artikel ungeheuer eindrucksvoll und einfallsreich, wenn auch einige ihrer Kollegen ihr darin nicht beipflichteten. Als man sie jedoch im Personalbüro fragte, ob sie sich um die Stellung einer Sekretärin bei von Braun bewerben wolle, fiel ihr die Antwort nicht schwer. Gewiß bedeutete das Aufgeben einer gesicherten Stellung eine große Entscheidung für sie, doch der Gedanke an den begeisternden Zeitschriftenartikel über die bevorstehende Eroberung des Weltraums durch den Menschen machte ihr die Wahl leicht.

Sie erinnert sich genau an die Reaktion ihrer Kollegen, die sich zunächst auf ihren Mienen ausdrückte. Schockiert und ungläubig ließen sie Bemerkungen fallen wie: »Sie müssen verrückt sein. Sie können doch nicht im Ernst für diese ›verrückten Krauts‹ arbeiten wollen. So etwas hat doch keine Zukunft!«

Bonnie hatte später niemals Grund, ihren Entschluß zu bereuen. »Immer wieder habe ich dem Himmel dafür gedankt, daß ich für diese Stellung ausgewählt wurde – für diese einmalige Chance, für Professor von Braun und mit ihm und all den ›Größen‹ in einem großartigen Team zu arbeiten. Ich glaube, keine Sekretärin hat je eine interessantere und lohnendere Karriere gemacht.«

Dieses Loblied beruht auf Gegenseitigkeit. Von Braun hat mir gegenüber – und auch im Gespräch mit vielen anderen – häufig zum Ausdruck gebracht, wie dankbar er Bonnie Holmes für ihre selbstlose Aufopferung und hervorragende Mitarbeit ist. Er sprach stets von ihr als »Boß« und betraute sie mit den diffizilsten und manchmal enorm wichtigen Aufgaben.

Bonnie, die für seinen Terminkalender verantwortlich war, erledigte auch seine Verehrerpost und die Briefe von verrückten Besserwissern mit Taktgefühl. Sie fand ihren Tagesablauf so faszinierend, daß sie ihre Position auch nicht für besser bezahlte aufgeben wollte. Dank ihrer Ausbildung, Erfahrung und Fähigkeiten hätte sie ohne weiteres in eine verantwortliche Stellung in der Privatwirtschaft oder bei einer Behörde überwechseln können. Doch sie wollte lieber beim »Team« bleiben.

Neben der umfangreichen Korrespondenz mußte sie zusätzlich dafür sorgen, daß die häufigen, streng geheimen Besprechungen auf höchster Ebene nicht gestört wurden. Sie empfing alle Besucher, stimmte deren Verabredungen mit von Braun ab und wußte immer, wo er gerade zu erreichen war. Das war gar nicht so einfach, da die Besuche in Kap Canaveral und bei den Regierungsstellen in Washington und anderswo viele Reisen erforderlich machten. Beim Diktat saß Mrs. Holmes auf einer Ecke von von Brauns Schreibtisch, denn er benutzte kein Diktiergerät, weil er der Ansicht war, sich besser konzentrieren zu können, wenn seine Worte mitstenographiert wurden.

Für Wernher von Braun zu arbeiten, war gleichbedeutend mit einer langen und unregelmäßigen Arbeitszeit, denn er arbeitete nicht nach der Uhr. Feierabend konnte jederzeit sein, von halb fünf nachmittags bis – nun ja, bis...

Für Bonnie war der Mittelpunkt allen Geschehens bei dem großangelegten Raketenunternehmen in Huntsville der Mann, dem sie als Verbindungsperson zur Außenwelt diente. Für sie ist von Braun immer noch »der Größte«, wie sie sich ausdrückte, als ich sie kürzlich wiedersah.

Bonnie erinnert sich, daß ihr Chef durchschnittlich fünf wichtige Einladungen pro Tag erhielt, bei offiziellen oder offiziösen Anlässen eine Rede zu halten oder zumindest als Gast teilzunehmen. Zu einer Zeit, als die Raketenspezialisten der Armee mit ihrer Öffentlichkeitsarbeit mühsam versuchen mußten, ihr Programm überhaupt aufrechtzuerhalten, sprang von Braun in die Bresche und hielt in weniger als einem Jahr fünfzig Vorträge.

Bonnies nützlichstes Talent unter den vielen, die von Brauns Arbeit erleichterten, war ihr phänomenales Gedächtnis. Die Namen der Legionen von Freunden und Kollegen von Brauns in aller Welt fielen ihr mühelos ein. Termine, Inhalt und Ergebnisse seiner wichtigsten Konferenzen konnte sie auf Verlangen herunterbeten. Sie wußte auch über die vielgestaltigen Beziehungen von Brauns zu maßgeblichen Leuten Bescheid. Bonnie war außerdem eine hervorragende Berichterstatterin, das heißt, sie war imstande, exakt und bis ins kleinste Detail die vielen Mitteilungen wiederzugeben, die – ob nun wichtig oder nur banal – zwischen von Braun und seinen Mitarbeitern ausgetauscht wurden. Nie hätte sie gesagt, wie es viele Sekretärinnen tun, wenn sie ihren Chef zitieren: »Ich glaube, Dr. von Braun möchte, daß Sie das und das tun«, sondern sie erklärte stets: Dr. von Braun hat gesagt, er möchte, daß Sie dies oder jenes machen...« Genauigkeit, Diskretion, Höflichkeit, Befähigung und absolute Loyalität – das waren die Eigenschaften, die Bonnie zu einer ausgezeichneten Assistentin ihres »Professors« machten.

Obwohl das ursprüngliche deutsche Team im Redstone-Arsenal nur wenig verändert wurde, kamen doch viele neue Leute hinzu. Der enorme Aufschwung der Raketenforschung bei der Armee erlaubte es von Braun, seinen bewunderten ersten Lehrmeister in Astronautik, Professor Hermann Oberth, der damals in schwierigen wirtschaftlichen Verhältnissen in Deutschland lebte, einzuladen, sich seiner Gruppe in Huntsville anzuschließen.

»Mein verehrter Mentor und Lehrer Professor Hermann Oberth«, erklärte von Braun im Zusammenhang mit Oberths früherer Tätigkeit in Peenemünde, »ist ein Mann, dessen Genialität und Einfallsreichtum die Geschichte der Technik geprägt haben, ein Mann, dessen Denken all unsere gewichtigen Entscheidungen lösen half und ohne den heute mit Sicherheit keine Langstreckenraketen existierten... Dieser Mann ist einem das freie Denken lähmenden, nur auf raschen Erfolg abgestellten Entwicklungsprojekt der Kriegsjahre geopfert worden. Ich erachte es als meine Pflicht und sehe es als mein Privileg an..., ihn um Vergebung zu bitten für die Enttäuschungen, die er in Peenemünde erleben mußte. Man hat zuweilen behauptet, diese Enttäuschungen seien mit Absicht herbeigeführt worden, aber das entspricht nicht der Wahrheit. Vielmehr waren sie das Ergebnis einer unvermeidlichen geistigen Sterilisierung durch das Gift Zeitdruck, wie es bei eiligen Entwicklungsvorhaben immer auftritt.«

Die amerikanische Presse war neugierig auf Oberth. Warum wollte von Braun ihn in Huntsville haben? Was hatte er für das Raketenwesen geleistet, und was konnte er den Vereinigten Staaten nützen? Als sich die Nachricht von Oberths bevorstehendem »Ruf« unter den Zeitungsleuten verbreitete – man schrieb Ende Mai 1955 – weilte von Braun gerade in Cocoa Beach in Florida. Man drängte ihn um eine offizielle Stellungnahme über Oberth und er gab am 26. Mai folgendes telefonische Interview:

»Die Entwicklung von Großraketen ist überhaupt erst durch die Veröffentlichung und Pionierleistung von drei Männern mit außergewöhnlicher Weitsicht ermöglicht worden. Alle drei waren Lehrer: der amerikanische Collegeprofessor Robert H. Goddard, der russische Mathematiklehrer Konstantin E. Ziolkowski und der deutsche Physiker Professor Hermann Oberth.

Ziolkowski, der älteste dieser drei Gelehrten, schrieb ein visionäres Buch über Raketen für Flüge zum Mond und zu den Planeten – ein brillantes, aber ein wenig zu phantasievolles Werk. Goddard, der Experimentator und Ingenieur, baute die erste leistungsstarke Flüssigkeitsrakete und startete die erste Rakete dieser Art, die sich in die Lüfte erhob. Oberth schließlich, der Mathematiker und Physiker, schuf die wissenschaftlichen Grundlagen für die moderne, große Flüssigkeitsrakete und bewies mathematisch die potentielle Möglichkeit, diesen Raketentyp als Fahrzeug für die Erkundung des außerirdischen Raums zu verwenden.«

Hermann Oberth war der einzige noch lebende der »Großen Drei der Kindertage der Raketentechnik« und der angesehene Doyen der Internationalen Astronautischen Föderation, der weltweiten Gemeinde der Vorkämpfer der Raumfahrt. Der Baum, den er viele Jahrzehnte zuvor gepflanzt hatte, war zu einem Wald von Raketenprojekten geworden, der für ihn jedoch weitgehend unbetretbar war, weil militärische Sicherheitsbestimmungen ihn absperrten. Aber Oberths analytischer und schöpferischer Geist war in den fünfziger Jahren genauso hellwach wie in den zwanziger Jahren.

»Die Amerikaner und genaugenommen alle Menschen der westlichen Welt können sich glücklich schätzen, daß wir Oberth an unserer Seite haben. Wir sollten dankbar dafür sein, daß er alle Vorschläge, in seine rumänische Heimat hinter dem Eisernen Vorhang zurückzukehren, abgelehnt hat«, sagte von Braun. »Hermann Oberth wird von nun an in Amerika arbeiten, und wir wissen, daß wir noch viele neue Ideen von seinem glänzenden Intellekt erwarten können!«

Dieser international anerkannte Pionier der Flüssigkeitsraketen wurde am 25. Juni 1894 als Sohn eines Arztes in Hermannstadt in Siebenbürgen, das heute zu Rumänien gehört, geboren. Von 1900 bis 1916 besuchte er Schule und Gymnasium, studierte dann Medizin in München und diente als Sanitäter in der k.u.k. Armee von 1917 bis 1918. Nach dem Ersten Weltkrieg gab er die Medizin zugunsten der Physik auf. Nach dem Studium an den Universitäten München und Heidelberg in den Jahren 1919 bis 1923 promovierte er zum Dr. rer. nat. Im selben Jahr schrieb Oberth sein hoch gepriesenes bahnbrechendes Werk über Flüssigkeitsraketen, *Die Rakete zu den Planetenräumen,* das später in einer verbesserten und erweiterten Auflage unter dem Titel *Wege zur Raumschiffahrt* erschien. Diese spätere Ausgabe gilt heute als weltberühmtes wissenschaftliches Standardwerk.

Im Juni 1930 bestätigte die Chemisch-Technische Reichsanstalt in Plötzensee bei Berlin die ersten erfolgreichen Brennversuche des ersten Flüssigkeitsraketentriebwerks in Europa. Wie wir uns erinnern, wurde Wernher von Braun bei diesen Tests durch Hermann Oberth in die Anfangsgründe der angewandten Raketentechnik eingeführt.

1938 erhielt Oberth, der inzwischen als Studienrat in seiner rumänischen Heimat tätig war, eine Einladung des Reichsluftfahrtministeriums in Berlin, Versuche mit Flüssigkeitsraketen zu unternehmen, denn die Luftwaffe hatte die Absicht, das Monopol des Heeres auf diesem Sektor zu brechen, das von Brauns Team in Peenemünde begründet hatte. Diese Experimente fanden für die Wissenschaftliche Gesellschaft für Luftfahrt in Berlin in Zusammenarbeit mit der Technischen Hochschule in Wien in der österreichischen Hauptstadt statt, die nun zum Großdeutschen Reich gehörte. 1940 wurde dann die gesamte Forschungsarbeit auf dem Gebiet der Flüssigkeitsraketen dem Heer übertragen. Oberth wurde von der Luftwaffe freigestellt und bekam die Order, die Entwicklung von Turbopumpen für die V2-Rakete voranzutreiben, die Peenemünde bei der Technischen Hochschule Dresden in Auftrag gegeben hatte. Er mußte die deutsche Staatsbürgerschaft annehmen und wurde, da er nun kein Sicherheitsrisiko mehr darstellt, nach Peenemünde versetzt und mit Arbeiten im Überschallwindkanal betraut. Gegen Kriegsende hatte Oberth gerade ein unabhängiges Projekt in Zusammenarbeit mit einem deutschen Industrieunternehmen in Angriff genommen, das den Bau einer neuartigen großen Flugzeugabwehr-Lenkrakete mit Feststoffantrieb vorsah. Als der Krieg vorbei war, war es noch nicht abgeschlossen.

Oberth hat viele der Theorien und Prinzipien entwickelt, die den Langstreckenraketen zugrundeliegen. Er hat die mehrstufigen Flüssigkeitsraketenfahrzeuge prophezeit, Methoden zu ihrer Funktionsberechnung entwickelt und die entscheidenden Anstöße für die Formgebung gegeben. Aber er war auch äußerst schöpferisch auf dem Gebiet der Raketensteuerung. Er war der erste, der selbsttätige Beschleunigungsmesser und Graphitruder im Feuerstrahl vorschlug. Besonders auf dem Gebiet des Brennkammersystems ersann er viele Erfindungen und Verbesserungen, wie zum Beispiel die Pumpenzufuhr des Treibstoffs in die Brennkammer; er schlug radikale Treibstoffkombinationen wie Flüssigwasserstoff mit Flüssigsauerstoff vor, entwickelte Zerstäubersysteme, die dynamische Schleierkühlung der Brennkammer und anderes mehr – alles Dinge, die im Prinzip noch heute anerkannt sind.

»Oberth hat sein Lebenswerk der Raketentechnik gewidmet und einzigartige wissenschaftliche Fähigkeiten, Erfahrung und Wissen erlangt«, erklärte von Braun. »Er ist ohne Zweifel einer der schöpferischsten Köpfe, die wir auf diesem Sektor haben. Die Leute im Redstone-Arsenal glauben, er könne bei einigen Sonderprojekten und -studien der Abteilung Projektprüfung in den Raketenlaboratorien des Armee-Waffenamtes mit wertvollem Rat zur Seite stehen.«

Hinter von Brauns Wunsch, Oberth in die Vereinigten Staaten zu holen, standen drei Gründe: er meinte, selber etwas für seinen alten Lehrer tun zu müssen, den Mann, dem er so viel verdankte. Außerdem hatte er gehört, daß Oberth nicht in seine rumänische Heimat, die nun im Ostblock lag, zurückkehren konnte und in denkbar elenden Verhältnissen lebte, da er keinen Rentenanspruch in Deutschland erworben hatte.

Abgesehen von diesen persönlichen Motiven wußte von Braun auch, daß Oberth als Mathematiker, Theoretiker und besonders als unglaublich kreativer »Ideengeber« auf jede erdenkliche Weise einem amerikanischen Raumfahrt- oder Raketenprogramm wertvolle Impulse geben konnte.

Und dann war da noch der psychologische Effekt – wichtig aus internationaler Sicht –, denn den »Vater der Raumfahrt« in der Mannschaft der USA zu haben, bedeutete eine stolze Feder am Hut aller, die in Amerika mit Raketen zu tun hatten.

Hermann Oberth war der einzige führende deutsche Raketenspezialist gewesen, der nach dem Krieg weder von den Russen noch von den Amerikanern übernommen worden war. Nachdem er ein paar Wochen lang mit anderen deutschen Wissenschaftlern und Intellektuellen in einem amerikanischen Internierungslager gesessen hatte – das bei den amerikanischen Soldaten »dust bin« (Mülleimer) hieß, wurde er entlassen und lehnte nach eigenen Angaben »alle Angebote ab, um Zeit zu haben für die Projektierung künstlicher Erdsatelliten und nicht wieder an speziellen Raketenprojekten arbeiten zu müssen.

Oberth betrachtete die Rakete nur als Mittel zum Zweck. Für ihn war sie nichts weiter als eine Antriebsmöglichkeit, um dem Menschen in den Weltraum zu verhelfen. Dr. Ernst Stuhlinger erzählte einmal folgende Anekdote über Oberth: »Es war in Peenemünde zu Beginn des Jahres 1943. Wir starteten versuchsweise eine der ersten V2-Raketen, und da damals die Raketenabschußtechnik noch in den Kinderschuhen steckte, gab es auch keine Sicherheitsvorkehrungen, die uns vom Abschußgelände ferngehalten hätten. Jedesmal, wenn eine Rakete hochstieg, standen wir knapp hundert Meter vom Starttisch entfernt unter ein paar Kiefern und waren überglücklich, den Staub und Sand, ja sogar einen winzigen Hauch von der heißen Stichflamme auf unseren Gesichtern zu spüren. An diesem Tag stieg die Rakete tadellos auf, und wir verfolgten sie mit den Augen, bis sie am tiefblauen Himmel über der Ostsee verschwunden war.

Als ich meine Augen wieder senkte, sah ich Oberths Gesicht ganz in meiner Nähe. Ich war ihm noch mie persönlich begegnet, erkannte ihn aber nach Fotos sofort. Er starrte auf einen entfernten Punkt irgendwo am Himmel, der absolut nicht in der Richtung lag, in der gerade die große Rakete verschwunden war. Ich war natürlich hochbeglückt, so dicht neben einem so außergewöhnlichen Mann zu stehen und vielleicht sogar etwas aufschnappen zu können von dem, was er sagte. Doch er schien nicht reden zu wollen. Nach langem Schweigen meinte ich schließlich: ›Es muß doch höchst befriedigend für Sie sein, Herr Professor, zu erleben, wie schön sich Ihre frühen Träume und Vorstellungen von Großraketen verwirklicht haben.‹ Oberth gab keine Antwort, und sein Gesichtsausdruck änderte sich auch nicht. Ich war überzeugt, etwas sehr Dummes gesagt zu haben, wenn nicht sogar etwas Verletzendes.

Es dauerte eine Weile, dann wandte er langsam den Kopf und drehte ihn, bis seine Augen in die entgegengesetzte Richtung blickten. Abermals eine lange Pause. Dann begann er zu sprechen und wählte seine Worte langsam und bedächtig, wie es nur philosophisch veranlagte Menschen tun. ›Ich habe die größte Hochachtung vor den Ingenieuren und Technikern, die diese Rakete gebaut haben. Aber genaugenommen bedeutet sie nicht viel. Wir wußten schon lange, daß eine Rakete innerhalb und außerhalb der Atmosphäre funktionsfähig ist. Diese Rakete ist nur ein erster kleiner Schritt auf ein viel größeres Vorhaben zu: die Eroberung des Weltraums. Da draußen gibt es noch so viele Dinge, von denen wir nichts wissen und die sich vielleicht unserer Vorstellungskraft völlig entziehen. Ihre Erkundung erst ist von Bedeutung. Wir dürfen dieses Ziel vor lauter Begeisterung über einen rein technischen Erfolg nicht aus den Augen verlieren!‹ sagte er damals.«

Knapp anderthalb Jahrzehnte später kam Oberth nach Huntsville, um an Projekten zu arbeiten, die das Ziel hatten, den Menschen in den Weltraum zu bringen...

In seinen *Wegen zur Raumschiffahrt* schrieb Professor Oberth schon 1926 – also vor fünfzig Jahren – über den Wert einer Raumstation. Bereits damals wies er auf ihren zivilen und militärischen Nutzen hin und ganz besonders auf die Möglichkeit, eine solche Station im Weltall als Ausgangsbasis für Expeditionen zu benutzen, die noch weiter in den Weltraum führten.

Einer seiner Vorschläge war die Konstruktion eines riesigen Spiegels, der in einer Satellitenumlaufbahn um die Erde kreisen konnte. Oberth zufolge war dieser Spiegel in der Lage, Klimaveränderungen auf der Erde zu bewirken oder als Waffe ganze Städte niederzubrennen. Aus unerfindlichen Gründen stellte die Nachkriegspresse diesen Weltraumspiegel als das höchste Ziel der Forscher in Peenemünde dar. Kurz nach Kriegsende erschienen in Zeitungen und Zeitschriften zeichnerische Darstellungen von Ingenieuren, die den Erdball durch die Bedrohung der Menschheit mit diesem Spiegel regierten. Das war ein klassischer Fall von künstlerischer und schriftstellerischer Phantasie, die der Realität weit vorauseilten. In einem späteren Kapitel soll noch ausführlich davon die Rede sein.

Stuhlinger kann auch noch eine heitere Begebenheit beisteuern. Kurz nachdem Professor Oberth in Huntsville angekommen war, wurde er von einem Reporter der Nachrichtenagentur United Press interviewt. Weil Oberth nur ein paar Worte Englisch konnte, übernahm Stuhlinger die Rolle des Dolmetschers. Der Journalist, der wissen wollte, wie teuer ein bemannter Flug zum Mond sein würde, fragte: Was würde denn die Fahrt zum Mond und zurück kosten?«

Stuhlinger übersetzte die Frage ins Deutsche. Oberth schien verwirrt. Anstelle einer Antwort stellte er eine Gegenfrage.»Meinen Sie den Preis für die Fahrkarte?«

Stuhlinger mit seinem Sinn für Humor konnte sich kaum das Lachen verbeißen, als er Oberths Gegenfrage korrekt übersetzte. Die Umstehenden brauchten ihr Gelächter nicht zurückzuhalten, und der Reporter bekam niemals Oberths Preisvorstellungen für einen bemannten Mondflug zu hören.

Anekdoten wie die folgende sind über viele große Gelehrte erzählt worden, meist waren sie erfunden, doch diese hier ist authentisch. Ein paar Monate, nachdem Professor Oberth den physischen Sitz seines schöpferischen Geistes – sein hervorragendes Gehirn – in den Dienst einer Organisation der US-Armee gestellt hatte, kam auch zu ihm der in Amerika unvermeidliche Arbeitszeitkontrolleur, der ermitteln sollte, ob der Professor seine Dienststunden auch sinnvoll nutzte. Wie es diese Zeitnehmer in allen Industriebetrieben und Regierungsstellen zu tun pflegen, wollte er von Oberth wissen, wieviel Prozent der Arbeitszeit dieser seinen verschiedenen Tätigkeiten widmete. Oberth dachte gründlich über die Frage des überheblichen Mannes nach und gab dann freundlich, aber ernst gemeint zur Antwort: Gewöhnlich verbringe ich 90 Prozent meiner Zeit mit Nachdenken, den Rest brauche ich für das Ausfüllen von Formularen für Leute wie Sie!«

Während des Aufenthaltes des liebenswürdigen Professors und seiner Frau in Huntsville wurde er zu einem vertrauten Anblick in der Nachbarschaft seiner bescheidenen Wohnung im Ostteil von Huntsville. Man konnte ihn häufig beobachten, wie er mit einer grauen Baskenmütze auf dem Kopf bei gutem und schlechtem Wetter, die Hände auf dem Rücken verschränkt, spazierenging. Er nickte leutselig und würdevoll allen zu, die ihn grüßten... und dachte nach und grübelte und sinnierte.

Professor Oberth und seine Frau verbrachten vier sehr glückliche Jahre in den Vereinigten Staaten. Doch wie schon in Peenemünde waren ihm die Arbeitsbedingungen beim Militär zu bedrückend. Wirtschaftlich befand er sich 1958 am Scheidewege. Nach amerikanischem Beamtenrecht hätte er 1959 mit 65 Jahren in Pension gehen müssen, doch nach nur vierjähriger Tätigkeit in Amerika hätte sein Ruhegehalt gerade gereicht, um Tabak für seine geliebte Pfeife zu kaufen. In Deutschland stand ihm auf der anderen Seite eine bescheidene Studienratspension zur Verfügung, die er nicht beanspruchen konnte, solange er im Ausland lebte. So entschloß er sich 1959 zur Rückkehr nach Europa. Heute lebt der Wissenschaftler in Flucht bei Nürnberg und ist vielbeachteter Gast auf nationalen und internationalen Raumfahrttagungen und -kongressen.

Am Anfang hatte die Air Force versucht, die Braunsche Mannschaft oder zumindest einige ihrer Mitglieder für sich zu gewinnen. Mehrfach hatte man von Braun Stellungen bei Vertragsunternehmen der Luftwaffe angeboten; auch General Electric und andere Wirtschaftsgiganten der USA hatten ihm einen attraktiven Job offeriert.

Doch Wernher von Braun blieb in Alabama. Er gab einfach nicht nach, wie es mehrere seiner besten Leute taten. Einer der bekanntesten von ihnen war Krafft A. Ehricke, ein ehemaliger deutscher Panzerleutnant, der nach seiner Verwundung bei Stalingrad zu von Braun stieß und ein ausgezeichneter Planer für langfristige Projekte, Systemanalytiker, Theoretiker, Mathematiker und Experte für Vorabentwürfe wurde. Er ging zu Convair Astronautics, einer Tochtergesellschaft der General Dynamics Corporation. Bei Convair wurde er zu einer Schlüsselfigur beim *Centaur*-Projekt, das gleichsam als Ironie des Schicksals die dritte Stufe der neuen *Saturn*-Rakete von Brauns bilden sollte. Damit war auch Ehricke wieder beim »Haufen« gelandet.

Ein anderer enger Mitarbeiter von Brauns, der die Fronten wechselte, war Dr. Adolf Thiel, der Projektingenieur beim *Thor*-Raketen-Programm wurde und bis zum Vizepräsidenten aufrückte, dem die gesamte Raumfahrzeugentwicklung bei der Thompson Ramo Woolridge Corporation (TRW) unterstand.

Einer der unentbehrlichen Experten für Lenksysteme, Dr. Theodor Buchhold, wechselte zu General Electric über. Dr. Hellmuth Schlitt, Spezialist für die Konstruktion integrierender Beschleunigungsmesser, schloß einen Vertrag mit der Bell Company in Niagara Falls. Schon sehr früh ging Dr. Ernst Steinhoff zur Luftwaffenbasis Holloman und stieß später zum *Atlas*-Team der Luftwaffe. Ein weiterer deutscher Raketenexperte, Dr. Hans R. Friedrich, erlag Ende der fünfziger Jahre iinem Herzschlag, nachdem er ein schwieriges Dynamikproblem bei der *Atlas*-Rakete erfolgreich gelöst hatte. Insgesamt kamen von Braun und seine Leute über diese Verluste einigermaßen hinweg, trotz der Tatsache, daß jeder dieser Männer auf seinem Fachgebiet höchst kompetent war. Das wurde auch dadurch bestätigt, daß alle »Abtrünnigen« von ihren neuen Arbeitgebern sofort auf sehr verantwortungsvollen Posten eingesetzt wurden. Es war schon irgendwie paradox, daß bei Beginn des *Apollo*-Programms die meisten dieser Männer an irgendeinem Aspekt dieses gigantischen Projekts arbeiteten und so wieder mit von Braun an einem Strang zogen.

Im George C. Marshall-Raumflugzentrum hielt von Braun einmal wöchentlich eine Besprechung mit seinen Abteilungsleitern ab, bei der dringende und allgemein interessierende Angelegenheiten besprochen wurden. Permanenter Stellvertreter von Brauns war schon seit Peenemünde Dr. Eberhard Rees. Seine Aufgabe bestand nicht nur in der Kontrolle der Tagesprogramme des weit ausgedehnten Imperiums von zehn ziemlich nach Unabhängigkeit strebenden Laboratorien auf dem Redstone-Arsenal-Komplex, sondern auch darin, den Daumen auf den Dollars zu halten.»Wenn Eberhard nicht gewesen wäre«, so bekennt von Braun scherzhaft,»hätte uns jedes unserer Raketenprojekte tief in die roten Zahlen gebracht. Er hatte den Kniff heraus, unser Budget ohne Abweichung vom Zeitplan ausgeglichen zu halten, sogar dann, wenn die Mittel nicht ausreichten.«

Neben von Braun und Rees gehörten dem obersten Gremium von Redstone folgende Laboratoriumsdirektoren an: Dr. Ernst Geissler (Aeroballistik); Dr. Walter Häussermann (Steuerung und Navigation); Dr. Helmut Hölzer (Elektronische Rechenmaschinen); Erich Neubert (Qualitätskontrolle und Abnahme); Dr. Willy Mrazek (Statik und Konstruktion); Hans Maus (Planungsabteilung); Karl Heimburg (Prüffeld); Dr. Hans Hüter (Bodengeräte); Dr. Kurt Debus (Abschußoperationen) und Dr. Ernst Stuhlinger (Forschung).

Die Vereinigten Staaten verschrieben sich der Erforschung des Mondes am 25. Mai 1961, als Präsident John F. Kennedy vor dem Kongreß erklärte:»Ich glaube, daß sich diese Nation das Ziel stellen sollte, noch vor Ende dieses Jahrzehnts einen Menschen auf dem Mond zu landen und ihn wieder sicher zur Erde zurückzubringen...«

Wernher von Braun und seine führenden Mitarbeiter vernahmen diese Worte, die live in den Hauptkonferenzraum des Marshall-Raumflugzentrums übertragen wurden. Ein überwältigendes Gefühl der Erregung, der Ausgelassenheit und Erleichterung erfüllte den Raum, nachdem der Präsident endlich das langerwartete Startsignal zum bemannten Mondflug gegeben hatte. Als Kennedy seine historische Herausforderung beendete, brachen die Teilnehmer der Vorstandssitzung im Marshall Raumflugzentrum in Freudenschreie und den Ruf *Let's go!* aus. Von Brauns Worte gingen im allgemeinen Durcheinander der Begeisterung unter, doch alle Anwesenden wußten, daß ihr Traum nun endlich Wirklichkeit werden würde.

Ein Jahr und vier Monate später – am 11. September 1962 – stattete Präsident Kennedy dem Marshall-Raumflugzentrum einen Besuch ab, um sich zu vergewissern, daß das große Team in Huntsville, das sich aus Raketenspezialisten – Männern und Frauen – aus Regierungsdienststellen und von Armee, Zulieferfirmen und Universitätsinstituten zusammensetzte, sein Versprechen verwirklichte. Aus Anlaß des Präsidentenbesuches führte Karl Heimburg, der Direktor des Testlabors, einen Standversuch mit erster Stufe der *Saturn I*-Rakete vor. Kennedy beobachtete den Probelauf von einem Bunker aus, und von Braun und einige andere standen neben ihm. Mit Ehrfurcht und gespanntem Interesse sah der junge Präsident zu, wie die Raketentriebwerke Flammen ausspien, exakt auf die Millisekunde nach Programm, und ein solches Donnergetöse verursachten, das man kilometerweit in allen Himmelsrichtungen hören konnte. Als die letzten Echos über den riesigen Prüfständen und Blockhäusern verhallten, ergriff Kennedy impulsiv von Brauns Hand und gratulierte ihm herzlich. Mit einer für ihn typischen Geste deutete von Braun auf die umstehenden Mitglieder seines Teams und gab die Gratulation an sie weiter.

Gewissermaßen als Anekdote am Rande der Kennedy-Visite im Marshall-Raumflugzentrum erzählen die Arbeiter in der Montagehalle gern vom Besuch des Präsidenten in ihrer Abteilung. Mit Kennedy war Vizepräsident Lyndon B. Johnson, der spätere Präsident, gekommen und außerdem ein riesiges Gefolge von Washingtoner Journalisten und Pressevertretern aus anderen Teilen der USA.

Als Kennedy und seine Begleitung den Haupthangar der Montageanlage besichtigten, waren auf einem langen Tisch die Einzelteile maßstabgerechter Modelle der *Saturn*-Rakete und der *Apollo*-Raumkapsel so aufgestellt, daß alle sie gut sehen konnten. Direkt dahinter lag die unförmige, gigantische *Saturn I*-Rakete waagerecht auf ihrem Gestell.

Während die Arbeiter zuschauten und die Pressefotografen ihre Blitzlichter aufflammen ließen, nahm von Braun die verschiedenen Teile der Modelle in die Hand und erklärte Kennedy, wie die diversen Stufen zündeten, sich voneinander trennten, wie das Rendezvous-Manöver ablaufen sollte und so weiter. Obwohl er genau von Brauns gestenreichen Erläuterungen folgte, brachte sich Kennedy sorgfältig für die Fotografen in Positur. Er wiederholte das Spiel mehrere Male. Jedesmal, wenn er sich bewegte, sah sich von Braun gezwungen, sich ein paar Schritte vor den Präsidenten zu stellen, um ihm genau die Funktionen der *Saturn*-Raketenmodelle zu demonstrieren.

Ohne Kennedys Manöver zu bemerken, war von Braun ganz in seine Ausführungen vertieft. Als er ungefähr zum dritten Mal zwischen Kennedy und die Fotografen geriet, konnte man einen Pressemann des Weißen Hauses vernehmlich sagen hören: »Sehen Sie doch, wie von Braun versucht, den Präsidenten auszustechen!«

Der Mann, der Amerika zur ersten Mondreise des Menschen anspornte – John Fitzgerald Kennedy –, konnte die Vollendung des großen Projekts nicht mehr erleben. Der Name eines anderen Präsidenten steht nun – zusammen mit denen der Astronauten Armstrong, Aldrin und Collins – auf der kleinen *Apollo 11*-Gedenktafel auf dem Mond. Sein Name ist Richard M. Nixon.

Testlabordirektor Karl Heimburg gibt gern eine Episode wieder, die in »seiner« Domäne passierte. Als Präsident Dwight D. Eisenhower im September 1960 ins Raumfahrtzentrum kam, um ihm den Namen seines alten Chefs General George C. Marshall zu geben, nahm er die Gelegenheit wahr, eine *Saturn I*-Rakete aus nächster Nähe zu betrachten, die gerade im Prüfstand hing.

Einige Tage zuvor war eine Abordnung des Secret Service mit Harvey Henderson an der Spitze nach Huntsville gekommen, um die üblichen Sicherheitsmaßnahmen zu treffen. Heimburg schlug vor, wie er es gewöhnlich bei jeder Prominentenführung durch das Testlabor zu machen pflegte, daß der Präsident im Fahrstuhl auf die dritte Plattform hinauffahren sollte, damit er auf der Rampe, die die acht *Saturn*-Triebwerke umgab, herumgehen und die Triebwerke in Augenschein nehmen konnte. Doch nachdem Geheimagent Henderson in dem klapprigen, engen Aufzug eine Probefahrt gemacht hatte, meldete er sofort Bedenken gegen eine Fahrt des Präsidenten zu den Triebwerken hinauf an. Und dabei blieb es, bis »Ike« aus der weißen NASA-Limousine stieg und an der Riesenrakete emporsah, die in Stahlarmen hoch über ihm schwebte.

Während Eisenhower noch beeindruckt das Monstrum betrachtete, erläuterte von Braun die Hauptfunktionen der Rakete und vergaß auch nicht auf die Auspuffrohre der Raketentriebwerke hinzuweisen, die hohl heruntergähnten. Plötzlich wollte ein Reporter der Huntsviller Times von Henderson wissen: »Was wäre, wenn von Braun ›Ike‹ anbietet, mit dem Aufzug hinaufzufahren, um sich die Sache aus der Nähe anzusehen?«

Henderson meinte: »Nun, das wäre ein Abweichen vom Protokoll, und der Präsident wüßte das auch. Er würde in einem solchen Fall mich anschauen.« »Und was passiert dann?« fragte der Reporter. »Na ja, ich schüttle dann einfach den Kopf, und der Präsident wird ›nein‹ sagen.«

Natürlich fragte von Braun einen Augenblick später: »Nun, Mr. President, möchten Sie nicht auf die dritte Plattform hinauffahren, um sich das Triebwerkbündel anzusehen?« Eisenhower zögerte. Dann sah er hinüber zu Henderson, der wie versprochen, langsam den Kopf schüttelte. Ike sah seinen Secret Service-Mann durchdringend an und wandte sich wieder von Braun zu.

»Ja«, meinte er, »ich glaube schon.«

Und dann fuhren sie hinauf, genossen die Liftfahrt und brachten den präzise geplanten Programmablauf durcheinander, sehr zur Besorgnis von Henderson und zum Kummer der allgegenwärtigen, nervösen Public Relations-Leute von der NASA.

Am 20. Juni 1961, einem Dienstag, vormittags um elf Uhr, erhob sich Alabamas berühmtester Einwanderer, um zum Parlament dieses US-Staates zu sprechen. Im großen Sitzungssaal des Staatskapitols in Montgomery waren die Mitglieder beider Kammern von Alabama und Gouverneur John Patterson zu einer gemeinsamen Sitzung zusammengekommen, um eine Rede von Brauns über die Bedeutung der Raumfahrt für Alabama zu hören. Darüber hinaus war von Braun gekommen, um die Senatoren und Abgeordneten um etwas zu bitten. Er benötigte drei Millionen Dollar. Und zwar sofort. Er brauchte das Geld, um ein Forschungsinstitut in Huntsville auszubauen. Die Universität von Alabama hatte eine winzige Forschungsgruppe zusammengestellt, die nun Unterstützung brauchte.

An jenem warmen Junimorgen, der so viel für Forschung, Bildung und gesicherte Zukunft seines Heimatstaates bedeuten sollte, begann er sein Plädoyer mit merklichem Zögern. Wie würde man seine Worte aufnehmen, fragte er sich. Hier stand er vor einer Gruppe Südstaatler, mitten im Herzen der alten Konföderation, in einer Hochburg staatspolitisch und gesellschaftlich konservativer Politiker. Er versuchte sich vorzustellen, wie weit ihr Gedächtnis zurückreichte. Würde er, der weltweit als Schlüsselfigur der deutschen Kriegsmaschine galt, die viele Alabamer vernichtet oder ihnen übel mitgespielt hatte, würde er, der Schöpfer der V 2, freundlich willkommen geheißen werden? Einige Mitglieder des Hauses, die da schweigend saßen und von Brauns Worten lauschten, hatten sich selbst mit dieser Maschine herumschlagen müssen und waren nicht immer glimpflich davongekommen. Wie würden sie reagieren? Immer wieder schoß von Braun der Gedanke durch den Kopf: »Werden diese Parlamentarier die Vergangenheit vergessen und mir die drei Millionen Dollar bewilligen, die das Forschungsinstitut der Universität von Alabama in Huntsville so dringend braucht?«

Nach einer Erläuterung dessen, was die Raketen- und Raumfahrtvorhaben bisher schon für Alabama bedeutet hatten und in Zukunft nach Errichtung eines modernen Forschungsinstitutes noch bedeuten würden, legte von Braun dem Parlament seinen Vorschlag dar.

Und er forderte seine Zuhörer heraus: »Was, glauben Sie, hat die Luftfahrtindustrie in die Gegend von Los Angeles gezogen? Die Wüste und der Smog? Nein, es waren das CALTECH, das *Art Institute*, die Akademie von St. Mary's und die Universität von Kalifornien. Waren es etwa die Bohnen, die große Elektronikunternehmen und andere Industriezweige nach Boston gebracht haben? Nein, es war das Ausbildungsdreieck, das die Universität von Boston, die Harvard-Universität und die Technische Hochschule von Massachussetts bilden.«

Und als markanter Schlußpunkt dann: »Ich glaube nicht, daß Sie sich diesem Anliegen verschließen werden... Ich glaube die Mitbürger meines Staates gut genug zu kennen, um voll Zuversicht sagen zu können, daß sie diese Herausforderung mit der Haltung eines Macbeth annehmen, der zu Macduff sagte: ›Nun magst dich wahren, wer halt! zuerst ruft, soll zur Hölle fahren!‹«

Der zugewanderte Alabamer hatte seine Rede beendet. Eine Sekunde lang oder zwei blickte er über die Versammlung und fragte sich, ob er gewonnen hatte. Dann bewies ihm eine Woge des Beifalls, daß er es – jedenfalls was das Parlament von Alabama betraf – geschafft hatte. Der gebürtige Deutsche, der brillante Wissenschaftler und besessene Raumfahrtmann hatte sie herumgekriegt. In rascher Folge und ungewöhnlichem Verfahren für eine Volksvertretung sprachen sich beide Häuser des Staatsparlamentes von Alabama einstimmig für die erste Bitte ihres adoptierten Mitbürgers aus: für ein mit allen Schikanen ausgerüstetes modernes Forschungsinstitut.

18. Kapitel
Die Armee siegt mit Pauken und Raketen

Das Raketenwesen im allgemeinen und die ferngesteuerten Raketen im besonderen waren 1950 in den USA in einem Zustand des Wandels begriffen und ständigen Neuerungen unterworfen. Es gab viel hin und her im Pentagon und in anderen hohen Regierungsämtern über Rolle und Aufgabe der einzelnen Waffengattungen bei der Entwicklung und Erprobung der Geschosse. Noch ehe von Brauns Team die erste *Redstone*-Rakete versuchsweise abgeschossen hatte, dachte die Armee schon an neue Lenkwaffen, deren Reichweite die 320 Kilometer der *Redstone* weit übertraf. Ihr Drängen begründete die Armee damit, ein Heerführer müsse »direkte Kontrolle über die Waffen haben, die in einem Gebiet von 1000 Kilometer Tiefe seine Operationen unterstützen und Luftangriffe über noch größere Distanz vortragen«. Der Forschungs- und Entwicklungsausschuß des Verteidigungsministeriums (RDB) empfahl, bei der Planung neuer Fernraketen von diesen Überlegungen auszugehen.

Wegen des Fehlens einer konkreten Aufgabenverteilung waren überall in den Vereinigten Staaten Forschungs- und Entwicklungsarbeiten für eine Vielzahl von Raketen und Geschossen im Gange. Es hatte den Anschein, als wolle jeder der Erste sein. Schließlich beschloß Verteidigungsminister Louis A. Johnson, den Stier bei den Hörnern zu packen; er ernannte einen »Raketenzaren«, der Ordnung in das Durcheinander bringen sollte. Der neue Mann, K. T. Keller, wurde Vorsitzender eines eigens geschaffenen interministeriellen Ausschusses für Lenkraketen, dessen Aufgaben in der Überprüfung und Koordinierung der einzelnen Raketenprojekte zwecks Vermeidung von Überschneidungen und der Erarbeitung von Verbesserungsvorschlägen bestanden.

Der Ausschuß, der sich aus den Armee-, Marine- und Luftwaffenministern sowie dem Vorsitzenden des RDB zusammensetzte, kam zu der Auffassung, daß das nationale Raketenprogramm nicht so schlecht war, wie es geheißen hatte und unterbreitete dem Pentagon Empfehlungen über Fortsetzung oder Einstellung der untersuchten Einzelvorhaben. Einem Gutteil der Projekte stimmten alle drei Teilstreitkräfte zu, andere Raketenpläne fanden nur geteilten Beifall. Verteidigungsminister Johnson forderte dann von Keller eine Straffung des Programms. Dieser wählte daraufhin nach sorgfältiger Prüfung die vielversprechendsten Raketensysteme von Navy, Army und Air Force aus und ordnete ihre Produktion an, lange bevor ihre Entwicklung abgeschlossen war. Er erkannte, daß weitaus größere Mengen Raketen für Entwicklungs- und Konstruktionstests nötig waren, sah aber gleichzeitig auch ein, daß die Industrie ein paar Jahre brauchen würde, um eine allseits zufriedenstellende Produktion dieser komplexen Waffensysteme aufzunehmen. Es gelang ihm dank seiner hervorragenden Eigenschaften als Manager, die aussichtsreichsten Raketenvorhaben so zu beschleunigen, daß einsatzbereite Lenkraketen weit früher zur Verfügung standen als unter normalen Umständen zu erwarten war.

An Washingtons Geburtstag 1951, am 22. Februar also, flogen Keller, Generalmajor Elbert L. Ford, ferner der Chef der Forschungs- und Entwicklungsabteilung des Armeewaffenamtes, Brigadegeneral Leslie E. Simon, sowie General Toftoy, der Chef der Raketenabteilung dieses Amtes, nach Huntsville, um im Redstone-Arsenal über einen Vorschlag zu konferieren, demzufolge die endgültige Entwicklung der *Redstone*-Rakete dem Braunschen Team anvertraut werden sollte. Überdies sollte auch entschieden werden, ob die Army grünes Licht für ein komplettes Raketenforschungs- und Entwicklungsprogramm bekam. Das *Redstone*-Programm, das bislang nur ein zweitrangiges Projekt gewesen war, konnte mit dem Segen des RDB auf volle Touren kommen.

Der Umfang und die Vielschichtigkeit der »Raketenkonjunktur« begannen unter Leitung Wernher von Brauns feste Formen anzunehmen. Gleichzeitig erkannten die Großkopfeten im Pentagon auch die Schwierigkeiten bei der Entwicklung taktischer Großraketen. Von nun an liefen ständig Anträge für die Bewilligung von Mitteln in Washington ein. Von Braun und seine Mannschaft, die den »Zuschlag« für das Raketenprogramm der Armee bekommen hatten, bewiesen ihre besonderen Fähigkeiten bei der Perfektionierung eines brauchbaren Waffensystems.

Nachdem die deutschen Experten nach Huntsville übergesiedelt waren, konnten solche Verbesserungen mit Schwung in Angriff genommen werden. Eine Reihe von Planungsprojekten für Steuerungskomponenten wurde aufgelegt, deren Wichtigkeit sich später noch erweisen sollte. Man baute auf früheren Erfahrungen auf und sah die verschiedenen Kreiselsysteme als stabilisierende Elemente für die Trägheitsnavigationssysteme an. Labortests ergaben, daß der Einbau von »Luftkreiseln« schneller ein sehr präzises und robustes System mit kurzer Warmlauf- und Justierzeit ergab. Daher konzentrierte man sich ganz auf die Entwicklung dieses Systems. Als sich im Herbst 1952 die Arbeiten an der *Redstone*-Rakete dem Abschluß näherten, stand ein komplettes Trägheitsnavigationssystem für ballistische Geschosse zur Verfügung, das aus einer kreiselstabilisierten Plattform bestand, auf der Kreisel, Beschleunigungsmesser und Nivellierpendel – alle mit luftgetragenen Lagern – angeordnet waren. Weiterentwickelte Versionen dieser Plattform wurden später in den *Jupiter*- und *Pershing*-Raketen und sogar in den *Saturn V*-Mondraketen verwendet. Die Präzision der Plattform und der Beschleunigungsmesser war extrem hoch und Hauptgrund für die gesamte Zielgenauigkeit der Raketen.

Zugleich mit der Entwicklung einer stabilisierten Plattform hatten frühzeitig die Arbeiten an weiterentwickelten elektrischen und elektronischen Bauteilen begonnen. Die Experimente mit Magnetverstärkern waren bereits 1947 angelaufen mit dem Erfolg, daß 1953 die taktische Version der *Redstone* keine einzige elektronische Röhre enthielt, was als Pluspunkt für die Zuverlässigkeit der Rakete insgesamt angesehen wurde. 1951 machte ein neuartiges und damals wenig bekanntes Gerät, der Transistorverstärker, seinen Jungfernflug als Teil einer automatischen Programmierungsanlage mit vollem Erfolg. Vermutlich war das der erste Flug eines Transistors in einer Rakete überhaupt. Heute enthält jede der großen militärischen oder Raumfahrtraketen Hunderte, wenn nicht sogar Tausende von Transistoren.

Das Jahr 1950 ist in den Annalen der Armee besonders hervorgehoben als Jahr des ersten großen Raketenvorhabens, der *Redstone*-

Rakete. Während die Entwicklung dieser 320-Kilometer-Rakete rasch vorangetrieben wurde, konzentrierte sich bereits die Überlegungen auf Raketen mit 800, 1600 und noch mehr Kilometer Reichweite. Es war natürlich klar, daß der Sprengkopf solcher Langstreckenraketen eine Art Hitzeschild für den Wiedereintritt in die Erdatmosphäre benötigte. Ein relativ einfacher Weg zur Simulation des Hitzeeinflusses beim Abstieg, zumindest annähernd, war, ein Muster eines Nasenkonus dem Austrittstrahl eines stationären Raketentriebwerks auszusetzen. Mit Versuchen dieser Art wurde 1953 im Redstone-Arsenal begonnen. Frühere Experimente mit Metallverkleidung, Kondensationskühlung und imprägnierten Kunststoffen waren wenig erfolgversprechend gewesen. Eindeutigen Fortschritt erbrachten dann faserverstärkte Kunststoffe. Folien dieser Art, die General Electric ursprünglich für Düsenflugzeuge entwickelt hatte, erwiesen sich bei Standversuchen mit Nasenkegeln als brauchbar, ebenso bei Flugversuchen, die die Martin Company mit *Viking*-Raketen durchführte. Zufriedenstellende Ergebnisse wurden schließlich mit einer Mischung aus Glaswolle und einem bestimmten Kunstharz erzielt. Als 1955 das *Jupiter*-Projekt anlief, waren die Entwicklungsarbeiten an der aerodynamischen Verkleidung der »Nase« der Rakete so weit fortgeschritten, daß ein Nasenkegel aus Glasfaser für die *Jupiter* fest eingeplant werden konnte. Ein maßstabgerechtes Modell einer *Jupiter*-Nase, im Verhältnis 1:3 verkleinert, wurde mit Erfolg auf einer dreistufigen *Redstone*-Versuchsrakete getestet, die man *Jupiter C* genannt hatte.

Der Versuch fand im September 1957 statt, und das Geschoß legte eine Strecke von 1160 Seemeilen, also rund 2150 Kilometer, zurück. Nach der Bergung der »Nase«, die abgesprengt worden und von einem Fallschirm gebremst, im Atlantik gelandet war, ergaben Untersuchungen, daß die Glasfaserverkleidung sich als sicherster und brauchbarster Hitzeschild erwiesen hatte. Präsident Eisenhower stellte im November 1957 das Nasenkegelmodell auf der Pressekonferenz vor, auf der er bekanntgab, daß das Wiedereintrittsproblem für interkontinentale Lenkraketen erfolgreich gelöst worden sei.

Als das *Jupiter*-Projekt noch in den Kinderschuhen steckte, trat beim Armee-Team eine bedeutsame Veränderung ein. Am 1. Februar 1956 wurde die Entwicklungsabteilung für Lenkraketen im Redstone-Arsenal in Ballistisches Raketenamt der Armee (ABMA) umbenannt und Generalmajor John B. Medaris das Kommando übertragen. Das ABMA wuchs personalmäßig rasch an, und das Ergebnis der vorausgegangenen Auseinandersetzungen um das *Jupiter*-Mittelstreckenraketenprojekt bewies, daß es auch an nationalem Ansehen gewonnen hatte. 1958 wurde dann das Raketenkommando des Armeewaffenamtes unter Medaris ins Leben gerufen, das ABMA, Raketen- und Lenkwaffenabteilung der Armee, das Laboratorium für Strahlantriebe in Pasadena sowie das Versuchsgelände von White Sands umfaßte.

In der Zwischenzeit war die Entwicklung der *Jupiter* bis zur Testflugreife gediehen. Der erste Versuch Anfang 1957 schlug fehl, weil während des Fluges unerwartet hohe Temperaturen bei den elektrischen Schaltungen im Heck auftraten. Die Panne konnte schnell behoben werden, indem man den Hitzeschild am Raketenboden verstärkte. Der zweite Flug war wieder nicht ganz zufriedenstellend, da sich das Hin- und Herschwappen des Treibstoffs nachteilig auf die Stabilität der Rakete auswirkte. Zwar hatte man diesen Schwappeffekt erwartet, aber sein Ausmaß war weit größer als angenommen. Von Braun setzte schnell Tag- und Nachtschichten seiner Spezialisten an, um dieses Problem zu lösen, und am 31. Mai 1957 erfolgte dann der erste hundertprozentig einwandfreie Abschuß einer *Jupiter*-Rakete. Die Bergungstechnik, die zunächst für maßstäblich verkleinerte Schutzkappen entwickelt worden war, erwies sich auch für normalgroße Nasenkegel als erfolgreich. So war die *Jupiter* auf dem besten Wege, die erste Mittelstrecken-Einsatzrakete der USA zu werden. Das Programm, das 1945 beim *Project Paper Clip* mit den erbeuteten V2-Raketen Toftoys begonnen hatte, hatte für Amerika ein Langstreckenraketen-Transportsystem für atomare Sprengköpfe erbracht.

Im Zuge der Delegierung der Kompetenzen an die einzelnen Arbeitsgruppen war Toftoy im Mai 1952 aus dem Pentagon zum Redstone-Arsenal in Huntsville versetzt worden. Hier faßte er die verschiedenen Forschungs- und Entwicklungsvorhaben auf dem Raketensektor in den Lenkraketenlabors des Armee-Waffenamtes, mit dessen Leitung er beauftragt wurde, zusammen.

Bei der Pensionierung von General Vincent als Kommandeur des Redstone-Arsenals wurde Toftoy im September 1954 neuer Kommandierender General dieses Raketenforschungszentrums. Im Februar 1956 wurde das ABMA gegründet und das Braunsche Team dieser Organisation unterstellt. Kurz darauf verließ Toftoy Huntsville, um den Posten des Kommandeurs des Aberdeen-Versuchsgeländes im Staate Maryland zu übernehmen.

Toftoy, der persönlich die Armee vom Boden ins Raketengeschäft gebracht hatte, war ein kluger und vornehmer Mann. In den Augen seiner Vorgesetzten im Pentagon besaß er wahrscheinlich nicht die Widerstandskraft und verfügte nicht über die Energie, »Berge zu versetzen« – Fähigkeiten, die man damals in den ersten Nachkriegsjahren brauchte, um das Raketenentwicklungsprogramm der Armee angesichts einer zunehmenden Konkurrenz auf Biegen und Brechen und Opposition der anderen Waffengattungen durchzuboxen. Viele seiner Freunde und Bewunderer haben bestätigt, daß Toftoy – oft »Mr. Missile« genannt – so sehr in die politischen Rangeleien verstrickt war, die nötig waren, um seine Raketenprojekte voranzutreiben, daß er kaum Zeit für die wirklichen Forschungs- und Entwicklungsfunktionen fand. Doch Wernher von Braun und seine Mitarbeiter sind allesamt der Ansicht, daß Toftoy ein ausgesprochen liebenswürdiger Vorgesetzter war und viel dazu beitrug, ihnen den Übergang von der Raketenforschung zur Raumfahrt zu erleichtern. Toftoy pflegte einfach Augen und Ohren zu verschließen und den Männern mit dem Weltraumglanz in den Augen freie Hand zu lassen.

Mit der Gründung des ABMA und der Ernennung von Brauns zu dessen Technischem Direktor wurden dem neuen Amt die Aufgaben zuteil, Forschung und Entwicklung zu forcieren, die Herstellung von Einzelheiten zu überwachen, Prototypen zu produzieren, Stand- und Abschußversuche zu unternehmen sowie die logistischen Probleme und Fragen in Zusammenhang mit dem Raketeneinsatz zu lösen. Die dem ABMA unterstellten Einrichtungen, die entweder schon vorhanden waren oder binnen weniger Monate zur Verfügung standen, schlossen einen vertikalen Zwillingsprüfstand ein, in dessen Schacht ein Schub von 500 Tonnen gemessen werden konnte. Ferner zählten dazu ein »kalter« Kalibrierungsstand, ein Blockhaus, Entwicklungslabors und Montagehallen, in denen komplette Raketen zusammengesetzt werden konnten; dann Laboratorien für Steuerung und Kontrolle, Chemie, Metallurgie, Gummi und Kunststoffe, ein Überschallwindkanal, Bodenhilfsgerät, Entwicklungseinrichtungen, Konstruktionsbüros und ein kleines Rechenzentrum. Das alles stellte einen Wert von 43 Millionen Dollar dar. Die ganze Anlage breitete sich auf einer Fläche von über 300 Quadratkilometern aus. Sie war besonders auf die Entwicklung und Prototypenproduktion großer Flüssigkeitsraketen und die dazugehörigen Einrichtungen zugeschnitten. Zur Verfügung standen 1600 auf diesem neuen Gebiet erfahrene Mitarbeiter der ehemaligen Lenkraketenabteilung, darunter 500 Wissenschaftler und Ingenieure.

Im Dezember 1957 arbeiteten 4100 Zivilisten und 1300 Militärs für die Anlage in Huntsville. Investitionen von über 60 Millionen Dollar waren inzwischen erfolgt; zusätzliche Anlagen wie ein Zellen- und Maschinenbaulabor und ein Rechenzentrum waren im Bau.

In enger Zusammenarbeit mit dem Redstone-Arsenal benutzte die Armee auch das Jet Propulsion Laboratory, das bereits erwähnte Laboratorium für Strahlantrieb, ein regierungseigenes Forschungs- und Entwicklungszentrum, das vom *California Institute of Technology* (Caltech), der Technischen Hochschule von Kalifornien, betrieben wurde und für das Waffenamt und andere militärische Einrichtungen Forschungsaufträge ausführte. Das JPL, das erste Forschungszentrum für Strahlantrieb in den USA, wurde von Dr. William H. Pickering geleitet.

Inzwischen waren Armee und Luftwaffe mit der Entwicklung von Mittelstreckenraketen mit Reichweiten bis zu 2500 Kilometer beschäftigt. Die Douglas Aircraft Company Inc. entwickelte für die Luftwaffe die *Thor,* und im Redstone-Arsenal tüftelte man mit Unterstützung der Chrysler Corporation (die den Zuschlag als künftiger Kontraktor für die Produktion erhalten hatte) an der *Jupiter.* Verteidigungsminister Charles E. Wilson hatte die beiden parallel laufenden Entwicklungsprogramme gutgeheißen, sich aber die Entscheidung vorbehalten, ob beide Teilstreitkräfte die Erlaubnis zum Einsatz dieser Waffen erhielten, wenn sie einmal zur Verfügung standen...

Bei einem gemeinsamen Mittagessen in New York Anfang 1953 kramte von Braun ein bißchen in seinen Erinnerungen und erzählte von der Frühzeit in Peenemünde. Er erwähnte beiläufig, daß er und seine Leute damals auch mit Raketen experimentierten, die von U-Booten auf Tauchstation abgeschossen werden konnten. Er schilderte mir das Projekt in allen Einzelheiten und lud mich ein, nach Huntsville zu kommen und mir ein paar alte deutsche Filmstreifen anzusehen, die von den Testabschüssen vom Deck eines getauchten U-Bootes in der Ostsee aufgenommen worden waren. Damals arbeitete ich als Redakteur für Raketenwesen beim *Aero Digest,* der ältesten amerikanischen Fachzeitschrift für Luft- und Raumfahrt, und mein Boß, der inzwischen verstorbene Fred Hamlin, war begeistert von der Idee, einer Exklusivstory über die technischen Voraussetzungen eines Waffensystems zu bekommen, das den Abschuß tödlicher Sprengladungen aus der Meerestiefe zum Gegenstand hatte.

Bei meiner Ankunft in Huntsville hatte von Braun schon eine Filmvorführung arrangiert und ließ mich einen ganzen Tag in den Kisten mit den einstmals geheimen Dokumenten über das Unterwasserraketenprojekt kramen. Diese alten Aufzeichnungen waren ein faszinierender Lesestoff, und obwohl mein Deutsch reichlich eingerostet war, erhielt ich doch eine Menge Aufschlüsse über das weite Tätigkeitsfeld der Heeresversuchsanstalt Peenemünde. Nachdem man die Geheimhaltung aufgehoben und die US-Armee mit Hilfe von einigen Kollegen von Brauns eine sorgfältige Auswertung der Papiere vorgenommen hatte, verstaubten sie jetzt langsam in einem Lagerraum des Redstone-Arsenals.

Immerhin hatte man zu dieser Zeit in den Vereinigten Staaten auf dem Gebiet der Unterwasserraketen weder etwas gesagt noch getan. Dabei war es dasselbe Konzept, das später zur Konstruktion der Raketen der *Polaris*-Flotte führte: Zwei Jahre danach, im November 1955, initiierte das US-Verteidigungsministerium offiziell das *Jupiter*-Programm als Mittelstreckenrakete Nr. 2 (Armee), und ein gemeinsamer Armee-Marine-Ausschuß zur Erarbeitung der *Jupiter*-Spezifikationen für ihre doppelte Verwendbarkeit bei beiden Waffengattungen wurde geschaffen. Armeeminister Wilber M. Brukker gab Mitte November bekannt, daß dem Mittelstreckenraketenprogramm die höchste Vorrangigkeitsstufe eingeräumt worden sei. Zu Anfang war ich etwas verwirrt über die Nachricht, daß auch die Marine beteiligt war, doch erfuhr ich bald, daß sie darauf hoffte, Raketen, die von Schiffen abgeschossen werden konnten, in ihr zukünftiges Arsenal einbauen zu können – auch Unterwasserraketen.

Angesichts all der Hintergrundinformationen, die ich für die zwei Jahre zuvor geschriebenen *Aero-Digest*-Artikel gesammelt hatte, die sich mit den frühen Peenemünder Experimenten beschäftigten, entwickelte ich schnell eine Leidenschaft für diesen Zweig der Raketentechnik und konnte in Zeitungen und Zeitschriften viele Beiträge zu diesem Thema unterbringen. Ich untersuchte es unter jedem Blickwinkel und reiste sogar eigens nach Deutschland, um in Archiven zu stöbern und zusätzliche Informationen auszugraben. Alles lief letztlich auf die faszinierende Geschichte hinaus, die mir von Braun über die Geburt der Unterwasser-U-Boot-Raketen erzählt hatte. Sie hatte 1943 begonnen...

Die Wellen schlugen gegen das ausgefahrene Periskop, als die U511 langsam auf den belebten Hafen von Casablanca zusteuerte. Der Morgendunst zog vom Land hinaus auf die offene See, und U-Boot-Kommandant Fritz Steinhoff, Kapitänleutnant der deutschen Kriegsmarine, konnte einen Blick auf die afrikanische Küste werfen. Sein dieselgetriebenes Schiff behielt das Tempo bei. Die Besatzung war hellwach und bereit, Torpedos auf alliierte Schiffe abzufeuern, die Casablanca anliefen oder den Hafen verließen. Doch es war ein ruhiger Sonntagmorgen. Die See war glatt. Schiffe waren nicht in Sicht.

Mit einer Fahrt von nur fünf Knoten pro Stunde näherte sich die U511 unbemerkt der marokkanischen Küste. Steinhoff hatte vor, sich in den Hafen zu stehlen, denn die Berichte der deutschen Abwehr besagten, daß Casablanca Hauptumschlaghafen für alliierte Transporte war und hier Panzer, Lastkraftwagen und anderes Gerät ausgeladen wurden, was auf eine große Offensive zu schließen schien.

Aus nächster Nähe suchte Steinhoff erneut Küste und Hafeneinfahrt sorgfältig mit dem Sehrohr ab. Er konnte Schornsteine und Masten von mehreren Dutzend Schiffen zählen, die im Hafen vor Anker lagen. Der Geheimdienst hatte recht. Hier braute sich etwas Großes zusammen.

»Sehrohr einfahren!« befahl er. »Auf hundert Fuß Tiefe tauchen!« Dann rief der Kommandant seine Offiziere zusammen, um den nächsten Schritt zu besprechen: das Einlaufen in den Hafen selbst. Ihres Wissens gab es in Casablanca keine U-Boot-Netze. Doch beschloß man, auf Nummer Sicher zu gehen und zu warten, bis ein Schiff die Hafenmündung erreichte, um ihm dann dicht zu folgen und auf den Grund des Hafenbeckens zu tauchen.

Der Befehl zum Fertigmachen zum Torpedoangriff wurde gegeben und die ganze Mannschaft auf das kommende Manöver vorbereitet. In Abständen von einer halben Stunde ließ Steinhoff das U-Boot bis auf Sehrohr-Tiefe auftauchen und beobachtete eingehend den Horizont. Am frühen Nachmittag wurde seine Geduld belohnt. Von Süden her näherte sich ein großer Vier-Mast-Frachter, der offensichtlich Kurs auf Casablanca hatte. Steinhoff konnte keine Geleitschiffe sehen und auch keine Flugzeuge am Himmel. Er befahl volle Kraft voraus und legte den Abfangkurs fest, der ihn so nahe vor dem Hafen wie möglich an den Frachter heranbrachte. Jetzt war er etwa zehn Seemeilen von der Küste entfernt. Mit ein bißchen Glück würde er den Frachter an einem Punkt abfangen können, der knapp zwei Meilen vor der Hafeneinfahrt lag.

Eine halbe Stunde später ließ Steinhoff wieder bis auf Sehrohrtiefe auftauchen und schnell das Sehrohr ausfahren. Der häßliche, mit Tarnfarben angestrichene Frachter kam direkt auf sie zu und war nur noch eine halbe Meile entfernt. »Sehrohr einfahren«, befahl Steinhoff. »Auf fünfzig Fuß Tiefe gehen!«

Die Atmosphäre an Bord der U 511 war jetzt aufs Äußerste gespannt. Obwohl kein Befehl an die Besatzung ergangen war, das Reden einzustellen, wußten die Männer, wie sie sich in solch einer Lage zu verhalten hatten: sie schwiegen. Nur das Peilgerät summte. Sein Piepsen war in regelmäßigem Rhythmus zu hören und nahm plötzlich an Lautstärke zu.

»Herr Kaleu, sie ist direkt über uns!« meldete der Funker.

Steinhoff gab Befehl zur Weiterfahrt. Mit äußerster Präzision manövrierte er die schlanke U 511 hoch bis direkt unter die Schrauben des Frachters. Er orientierte sich jetzt nur anhand des Ultraschallechos. Das übrige war einfach. Anhand genauer Karten über den Hafen von Casablanca und durch exakte Lotung von Geschwindigkeit und Tiefe gelang es Steinhoff, mit der U 511 in den Hafen zu schlüpfen und sich geräuschlos auf dessen Grund niederzulassen.

Bis zu diesem Zeitpunkt des Zweiten Weltkrieges hatten die deutschen U-Boote die beunruhigendste und sicherlich am wenigsten vorhersehbare Bedrohung für die Alliierten dargestellt. Ende 1941 zählte Karl Dönitz' U-Boot-Flotte mehr als 250 Einheiten, und jeden Monat liefen 15 neue Unterseeboote auf deutschen Werften von Stapel. Sie operierten auf allen Meeren der nördlichen Hemisphäre und konnten in den amerikanischen Hoheitsgewässern fast unbehelligt großen Schaden anrichten. Winston Churchill zufolge brachten sie die Alliierten an den Rand des Desasters, das in einer Verlängerung des Krieges auf unabsehbare Zeit bestanden hätte.»Wären wir gezwungen gewesen, unsere Schiffsbewegungen im Atlantik einzustellen oder auch für eine bestimmte Zeit einschneidend zu begrenzen, so wären all unsere gemeinsamen Pläne zum Stillstand gekommen«, schreibt Churchill in seinen Memoiren.

Kommandant Steinhoffs großes 740-Tonnen-U-Boot war 1942 zur Teilnahme an der deutschen Unterseebootoffensive im Nordatlantik abkommandiert worden. Am 12. Dezember jenes Jahres gaben Hitler und seine Admirale das Startsignal für eine Aktion, die sich zu den hartnäckigsten und konzentriertesten Angriffen auf die alliierten Atlantikkonvois entwickeln sollte. Nach den offiziellen Verlautbarungen verließen die ersten sechs großen deutschen U-Boote zwischen dem 18. und 30. Dezember ihre Häfen in der Biskaya. Bis Ende Januar 1943 hatten sie 200 000 Bruttoregistertonnen alliierter Nachschubtransporte, insgesamt 31 Schiffe, versenkt. Nachdem dann noch weitere U-Boote zu der Streitmacht gestoßen waren, schlugen die Deutschen von der Arktis bis zum Mittelmeer, von den Gewässern Venezuelas und dem Golf von Mexiko bis zum Ärmelkanal zu und vernichteten ihre Gegner rücksichtslos. Die Gefahr, die von deutschen U-Booten ausging, war einfach grenzenlos.

Nach eingehender Überlegung entschied Kommandant Steinhoff, den nächsten Schritt nach Einbruch der Dämmerung zu tun. Seine Leute waren angespannt. Seit zwölf Stunden hatten sie nur unter Wasser manövriert. Der Gedanke, auf dem Grund eines alliierten Hafens in der Falle zu sitzen, trug nicht gerade zur Hebung der Moral bei. Als Steinhoff dann den Einsatzbefehl gab, war jedermann erleichtert. Das Warten war vorbei.

Aus Sehrohrtiefe sah Steinhoff zuerst nur den flammenden Himmel im Westen, dessen Farbe langsam in Purpur überging. Dann, als er das Periskop in die entgegengesetzte Richtung kurbelte, bot sich ihm ein Bild schier unglaublicher Geschäftigkeit. Aus Dutzenden und Aberdutzenden von Schiffen wurde Nachschub und Gerät eingeladen und an Land gebracht. Hunderte von Panzern, Lastwagen und Geschützen waren gelöscht worden, tausende von Benzin- und Ölfässern türmten sich zu riesigen Halden auf den Kais. Die Hafenkräne und die Hebebäume an Bord der Schiffe waren unablässig in Tätigkeit. Für Steinhoff war das ein klarer Beweis dafür, daß eine größere Offensive in Vorbereitung war. Doch was konnte er dagegen tun?

Schlagartig wurde ihm bewußt, daß er wie eine lahme Ente mitten in diesem sagenhaften Nest alliierter Aktivität saß. Aller Wahrscheinlichkeit nach konnte er fünf oder sechs Torpedos abschießen und so zwei bis drei leere feindliche Frachtschiffe versenken. Doch das wäre Selbstmord gewesen. Sie würden sich auf ihn stürzen wie die Raubvögel, bevor er wenden und aus dem Hafen verschwinden konnte. Und leider konnte er natürlich auch die Torpedos nicht auf Ziele an Land richten... Alles in allem war die Situation höchst entmutigend.

»Sehrohr einfahren!« ordnete er wieder an und gab Befehl, erneut auf Tauchstation zu gehen. In Erwartung der afrikanischen Nacht, die sich erfahrungsgemäß wie ein schwarzes Tuch ausbreitete, besprachen Steinhoff und seine Offiziere mit Beklemmung die verfahrene Situation. Dabei kam Steinhoff eine Idee, die den Ausgang des Krieges geändert haben würde, wenn man sie früher in die Tat umgesetzt hätte.

»Was wir jetzt brauchten«, erklärte er seinen Offizieren, »wäre eine Art von Torpedo, das aus dem Wasser herausschnellen und Ziele an Land treffen kann – so eine Art Rakete!« So wurde die Grundidee für die spätere amerikanische *Polaris*-Rakete auf dem Boden des Hafens von Casablanca geboren...

In der Stille der Nacht stahl Steinhoff sich mit seiner U 511 aus dem marokkanischen Hafen. Mit ihren Sonargeräten hatten sie festgestellt, daß tatsächlich kein U-Boot-Netz vorhanden war. Völlig ungestört und unentdeckt konnte das große U-Boot schließlich im Atlantik auftauchen, um der Mannschaft eine Verschnaufpause zu gönnen und die Batterien aufzuladen. Steinhoff blieb in dieser Tropennacht lange auf seiner Kommandobrücke. Auf Kurs nach Norden, zurück nach Deutschland zur Routineüberholung der U 511, machte er sich schon einige nüchterne Gedanken über eine U-Boot-Rakete.

Nach der Rückkehr nach Kiel, *dem* deutschen Unterseeboot-Stützpunkt, beeilte sich Steinhoff, an Land zu kommen und den nächsten Zug nach dem nahegelegenen Peenemünde zu erwischen. Zu dieser Zeit wußten nur wenige Leute in Deutschland über das Raketenzentrum auf Usedom Bescheid, doch Steinhoff war über die Vorgänge im Bilde – bis zu einem gewissen Grad jedenfalls. Sein Bruder Dr. Ernst Steinhoff gehörte zu den engsten Mitarbeitern Wernher von Brauns. Er war Leiter der Abteilung BSM (Bordausrüstung, Steuerung und

Meßtechnik). Es lag ja auch nahe, daß sich der U-Boot-Kommandant mit seinem »raketenerfahrenen« Bruder in Verbindung setzte, um die Möglichkeit der Entwicklung einer neuen Marinewaffe zu erörtern, einer derart phantastischen Waffe, daß Hitlers U-Boot-Flotte möglicherweise dem Krieg ein Ende machen konnte.

Sein Bruder holte ihn am Bahnhof ab. Sie freuten sich natürlich über das Wiedersehen nach langer Zeit. Dr. Steinhoff hatte einen Passierschein für seinen Bruder besorgt, und nach der Ankunft begann der U-Boot-Kommandant unverzüglich, seine Ideen zu skizzieren. Konnte eine Rakete unter der Wasseroberfläche abgeschossen werden und Ziele an Land treffen? Konnte man Raketen durch die Torpedorohre abfeuern oder würde dabei das ganze U-Boot in die Luft fliegen? Konnte man sie von Deck eines getauchten U-Bootes aus abschießen? Und grundsätzlich: konnten Raketen überhaupt unter Wasser »fliegen«?

Dr. Ernst Steinhoff zögerte mit den Antworten. Einen Augenblick lang dachte er über die Kontrolle der Treffgenauigkeit, die Steuerung und die elektrischen Schaltanlagen nach, die eine solche Rakete haben müßte. Dann erwiderte er: »Warum sollte eigentlich die Lenkung einer Rakete unter Wasser nicht auf ähnliche Weise bewerkstelligt werden können wie die eines Torpedos? Ich weiß allerdings nicht, ob Raketentriebwerke auch unter Wasser funktionieren. Ich werde dich mit meinem Chef bekannt machen, vielleicht kann er uns was dazu sagen.«

Der Chef war Wernher von Braun. Und er konnte ihnen natürlich etwas dazu sagen. Seine erste Reaktion kam dann auch in diesen Worten zum Ausdruck: »Wenn eine Rakete im Weltraum funktioniert, dann tut sie es auch im Wasser. Interessant – ich habe nie daran gedacht. Versuchen wir's doch einmal und probieren es aus.«

Schon am nächsten Tag fand U-Boot-Kommandant Fritz Steinhoff sich als Teilnehmer einer streng geheimen Planungskonferenz der wichtigsten Raketenspezialisten des Heeres in Peenemünde. Sein Bruder Ernst leitete die Sitzung. Er hatte – impulsiv wie er war – prompt seine vielen anderen Probleme vergessen und sich vollkommen auf diese neue Herausforderung der Marine konzentriert. Zusammen mit von Braun und vielen anderen Spezialisten zeichnete er nun Skizzen und diskutierte über Rückstoßantrieb, Flammölfüllung, wasserdicht verschlossene Abschußrohre und Düsen, Brennzeit,

Wasserwiderstand und viele andere Dinge, von denen der Kapitänleutnant nichts verstand.

Innerhalb von ein paar Stunden hatte die Gruppe ein Exposé erarbeitet, das als stichhaltig gelten konnte. Es wurde darin vorgeschlagen, ein stählernes Abschußgestell mit Ständern für sechs Raketen auf Deck eines Unterseebootes zu montieren. Als Raketen, die in einem Winkel von 45 Grad im Startgerüst aufgehängt sein sollten, kam die 22-cm-Standardausführung der Artillerie-Feststoffrakete in Frage. Die Düsen mußten mit Kerzenwachs versiegelt sein, durch das die elektrischen Kabel zu einem »Knallfroschzünder«, einem pyrotechnischen Zündsatz mit elektrisch ausgelöster Initialzündung, führten. Die Leitungen sollten über den Kommandoturm in die Kommandozentrale des U-Bootes laufen. Für Kommandant Steinhoff begann ein Traum wahr zu werden. Er dachte schon an glorreiche Siege. »Wir dürfen keine Sekunde verlieren!« sagte er nachdrücklich zu von Braun.

Zu dieser Zeit machte das V2-Programm gerade wieder einmal eine seiner üblichen politischen Krisen durch und wartete auf Unterstützung durch allerhöchste Stellen. General Dornberger erklärte von Braun, er habe nichts dagegen einzuwenden, daß sie ein bißchen an der U-Boot-Rakete herumbastelten, vorausgesetzt, es erfordere nicht zuviel Zeit. Vielleicht ließe sich die Arbeit sogar in ihrer Freizeit bewerkstelligen, meinte er.

Der junge U-Boot-Kommandant fand diese Auffassung gar nicht komisch, aber von Braun lächelte und sagte: »Regen Sie sich nicht auf, der alte Herr ist nur leicht beunruhigt, daß wir uns hier mit einem Marine-Vorhaben ohne Zustimmung der Admiralität beschäftigen. Aber kein Hahn wird danach krähen, wenn wir das auf freiwilliger Basis tun, als unser Steckenpferd sozusagen. Warum reichen Sie nicht für zwei bis drei Wochen Urlaub ein? Überdies müssen Sie uns natürlich ein U-Boot besorgen!«

Fritz Steinhoff fuhr eilig nach Kiel zurück und besprach die ganze Sache vertraulich mit seinem direkten Vorgesetzten, einem alten Admiral, der kurz vor der Pensionierung stand und der sowieso als alter Seebär und Haudegen die Bürokraten in Berlin haßte. Er ermunterte Steinhoff zum Weitermachen, und binnen weniger Tage hielt Kapitänleutnant Steinhoff mit einem alten, zum Kriegseinsatz nicht mehr tauglichen aber noch fahrtüchtigen U-Boot in der Ostsee Kurs auf Peenemünde.

Zur selben Zeit hatten auch von Brauns Techniker auf Dr. Ernst Steinhoffs Drängen hin die Stahlgerüste für die Raketen zusammengeschweißt. Kurz darauf wurde das Abschußgestell dann auf Deck des U-Bootes aufmontiert. Es gab nur noch eine kleine Verzögerung im glatten Ablauf der Dinge, als Steinhoff einen Bestellschein für 500 Wachskerzen einreichte. »Wofür zum Teufel brauchen Sie 500 Kerzen?« fragte ihn der Beschaffungsoffizier. Steinhoff erwiderte: »Tut mir leid, aber das kann ich Ihnen nicht sagen. Wir bauen nämlich eine neue Rakete. Streng geheim!«

Das Wachs wurde in einem Topf geschmolzen. Dann wurden die massigen Pulverraketen auf den Kopf gestellt, die elektrischen Kabel in die Düse eingeführt und diese anschließend mit flüssigem Wachs versiegelt. Eine nach der anderen wurden die Raketen dann in der Stahlkonstruktion auf Deck aufgereiht, alle in einem Winkel von 45 Grad himmelwärts gerichtet. Ungefähr 20 Wissenschaftler und Techniker werkelten unter Aufsicht des unermüdlichen Ernst Steinhoff gemeinsam mit der U-Boot-Besatzung an dem Experiment, das von Braun »äußerst interessant« erschien. Am frühen Nachmittag dieses Tages tauchte das U-Boot auf hundert Fuß Tiefe, um den Abschuß vorzubereiten. Von Braun war an Bord. Er hatte seine Leute angewiesen, an der Küste Kameras aufzustellen, um die Raketen filmen zu können – *falls* sie überhaupt aus dem Wasser kamen.

Eine Telefonverbindung war zwischen U-Boot und den Männern an Land eingerichtet worden. Ein regelrechter Countdown begann. Beim Startsignal drückte Kommandant Steinhoff auf den Knopf. Nach etwa zwei Sekunden des Wartens sahen die Beobachter am Ufer die erste Rakete mit einem Riesenspritzer aus dem Wasser schnellen und mit höllischem Brausen gen Himmel streben – auf einer perfekten Aufwärtsflugbahn von 45 Grad! Und dann folgte die zweite Rakete, die dritte, die vierte, die fünfte und schließlich die sechste!

Ein neuer Erfolg der Raketentechnik! Von Braun erinnert sich, daß alles, was er im Innern des Unterseebootes beim Abschuß der Raketen hören konnte, ein unterdrücktes »Zischschsch« war.

Auf Bitten von Kommandant Steinhoff fertigte sein Bruder Ernst detaillierte technische Unterlagen über die Unterwasserraketen an. Unter anderem stellte man fest, daß die Brenndauer des Treibstoffs unter Wasser durch den Rückstoßeffekt, der die Wasserdichte verursachte, nur unwesentlich verändert wurde. Beim Emporschnellen aus dem Wasser hatte die Rakete gut und gern noch 90 Prozent ihres Treibstoffs übrig. Das bedeutete, daß die Reichweite der Rakete praktisch dieselbe war, wie wenn sie von einer Abschußrampe an Land gestartet worden wäre. »Mit dem Ding kann ich den Hafen von Casablanca oder ein anderes Ziel in Küstennähe in die Luft jagen von einer Position meilenweit draußen auf offener See!« jubilierte U-Boot-Kommandant Steinhoff.

Die genauen technischen Unterlagen wurden der deutschen Admiralität zugeleitet. Doch die Erfinder der U-Boot-Rakete erwartete bittere Enttäuschung. Das Unterseebootkommando erklärte, die auf Deck montierten Abschußgestelle würden Geschwindigkeit und Blitztauchfähigkeit des U-Bootes im Alarmfall mindern. Außerdem hielten sie schwerer See nicht stand. Legt man zugrunde, daß die Experimente auf behelfsmäßiger Basis vorgenommen worden waren, so mochte in dieser Begründung ein Körnchen Wahrheit stecken, doch nichts wäre einfacher gewesen, als die abgelehnten Gerüste durch seetüchtigere zu ersetzen.

Der wahre Grund für das Ausbleiben eines begeisterten Widerhalls war offensichtlich der, daß die Kriegsmarine an ihrem Konzept festhielt, alle U-Boote zum Versenken feindlicher Tonnage einzusetzen statt mit ihnen Küstenziele anzugreifen. Vielleicht spielte auch eine gewisse Rivalität zwischen Marine und Heer eine Rolle, weil einige Leute bei der Marine der Auffassung waren, wenn man schon Unterwasserraketen brauchte, dann sollte man sie auch selbst entwickeln.

In der Zwischenzeit suchte ein hoher NS-Funktionär General Dornberger in Peenemünde zu Gesprächen auf. Der Besucher war Otto Lafferenz, Direktor der *Deutschen Arbeitsfront*, der Einheitsgewerkschaft im Dritten Reich. Dornberger empfing seinen Gast in seinem geschmackvoll eingerichteten Dienstzimmer. Hinter den hübsch bedruckten Vorhängen, die stilisierte Greife und norddeutsche Dome zeigten, waren die großen, nach Westen liegenden Fenster weit geöffnet. Die gedämpfte Beleuchtung unterstrich die klaren Umrisse und angenehmen Farben des Zimmers, das mit erlesenen Möbeln, Teppichen und Bildern eingerichtet und mit vielen Blumen dekoriert war.

Die gepolsterten Türen zu den angrenzenden Räumen waren geschlossen worden. Dornbergers Adjutant hatte Anweisung erhalten, ankommende Telefongespräche entgegenzunehmen. Dornberger und Lafferenz wollten unter vier Augen miteinander sprechen.

»Ich habe kürzlich eine längere Unterredung mit Admiral Canaris* gehabt«, erklärte Lafferenz, »und dabei den Eindruck gewonnen, daß er sehr an einem U-Boot-Raketsystem interessiert ist, wie Sie es hier entwickelt haben. Was geschieht nun mit dieser Waffe? Geht sie in Serie?«

»Die Rakete wird gegenwärtig noch vom Marinewaffenamt geprüft«, antwortete Dornberger. »Ich weiß noch nicht, wie die Marine sich entschieden hat. Warum fragen Sie?«

»Sie wissen, Herr General«, sagte Lafferenz gelassen, »daß ich kein Wissenschaftler bin, doch als Admiral Canaris mir von den U-Boot-Raketen erzählte und von der Möglichkeit, mit ihnen New York anzugreifen, kam mir sofort der Gedanke zu einem noch besseren System als diesem.«

Dornberger musterte Lafferenz. Er zündete sich eine seiner großen Zigarren an und beobachtete den Gesichtsausdruck seines Gegenübers durch die blauen Rauchwolken.

»Aber bitte, fahren Sie doch fort«, sagte er dann.

»Mir kommen die Raketen von diesem Kommandanten Steinhoff zu klein vor, um einen nennenswerten Schaden bei einem Objekt wie New York anzurichten. Aber wo Sie jetzt Ihre große V 2 in Serie geben, warum sollten wir da nicht einen tauchfähigen Behälter für diese Rakete bauen und ihn von einem U-Boot in eine Abschußposition auf hoher See, 350 Kilometer vor New York, schleppen lassen? Der Schwimmtank müßte dann aufgerichtet werden, zwei muschelförmige Türen an Heck oder Bug würden sich öffnen und wumm! Die Rakete würde aus dem senkrecht stehenden Schwimmbehälter herausschießen, und Minuten später ihr eine Tonne schwerer Sprengkopf ein Ziel in New York mit Überschallgeschwindigkeit treffen! Ich bin sogar der Meinung, daß ein U-Boot drei solcher Schwimmtanks im Schlepp mit sich führen könnte. Nach Abschuß der drei Raketen könnte das U-Boot wieder seinen Stützpunkt in Europa anlaufen und drei neue mit Raketen, Flüssigsauerstoff und Brennstoff beladene Schwimmbehälter holen.«

---

* Admiral Wilhelm Canaris, seit 1935 Chef der Abwehr, 1944 entlassen, 1945 in Zusammenhang mit dem 20. Juli 1944 hingerichtet. (Anm. d. Ü.)

»Hört sich phantastisch an«, sagte Dornberger und zog langsam an seiner Zigarre. »Wirklich höchst bemerkenswert!«

In Wirklichkeit war Dornberger einigermaßen skeptisch angesichts der Vorstellung eines Transatlantikschlepps, und das sagte er Lafferenz dann auch. Um diese Zeit waren schon einige Abschußbunker für die V-Waffen in der Normandie durch alliierte Luftangriffe zerstört worden und den verbleibenden Anlagen in Holland drohte dasselbe Schicksal. Daher war die Fortsetzung der V2-Bombardierung Londons fraglich geworden, während die V2-Produktion noch auf vollen Touren lief. Dornberger und Lafferenz kamen deswegen bei ihrem ersten Gespräch überein, die Schwimmbehälter, sollte sich der Plan als realisierbar erweisen, quer durch die Nordsee in die Themsemündung schleppen zu lassen. Ein U-Boot konnte drei dieser zigarrenförmigen, tauchfähigen, 30 Meter langen und mehrere hundert Tonnen schweren Behälter ins Schlepptau nehmen und zweimal pro Woche diese Strecke bewältigen.

Lafferenz lächelte. »Ich habe erfahren, daß Großadmiral Dönitz sich gegenüber Admiral Canaris besorgt über die begrenzte Reichweite und die kleinen Sprengköpfe der Raketen geäußert hat, die von Steinhoff hier erprobt worden sind. Da fragte ich mich, wie bekommen wir wohl mehr Reichweite und größere Sprengkraft? Ganz klar, – wenn wir die V2 einsetzen…!«

»Wie weit haben Sie sich Gedanken über die tauchfähigen Schwimmbehälter oder Tanks gemacht?« wollte Dornberger wissen.

»Ich habe hier eine grobe Skizze mitgebracht«, antwortete Lafferenz. »Ich schlage vor, Sie behalten sie hier und lassen Ihre Ingenieure prüfen, ob sie solch ein Gerät konstruieren können.«

»Das werde ich gern tun«, erwiderte Dornberger und schüttelte ihm zum Abschied die Hand. Die beiden Männer vereinbarten ein neues Gespräch für die nächsten Tage. Dornberger berief dann eine Konferenz mit einigen seiner führenden Wissenschaftler ein, unter ihnen Wernher von Braun, Ernst Steinhoff, Walter Riedel, Hans Hüter und Kurt Debus.

»Meine Herren«, begann Dornberger mit einer guten Portion Enthusiasmus in der Stimme, »Sie wissen, wie nachdrücklich ich dabei bleibe, daß die V2 von motorisierten, beweglichen Plattformen im Feld abgeschossen werden sollte. Ich bin einfach dagegen, daß sie aus großen, massiven Bunkern abgefeuert wird. Deshalb geht auch die

Entwicklung von robusten und doch einfachen Plattformen weiter, die von den Soldaten im Einsatz selbst transportiert werden können. Und jetzt gerade hat mir Herr Lafferenz von der *Arbeitsfront* eine andere Abschußrampe vorgeschlagen, von der aus wir die Rakete auf See abschießen könnten, ein sehr beachtenswerter Vorschlag, meine ich. Ich möchte, daß Sie ihn eingehend prüfen.«

»Vielleicht gibt uns das neue System die Möglichkeit«, fügte Dornberger hinzu, »die Beweglichkeit der V2 weiter zu verbessern und sogar die Reichweite so zu vergrößern, daß wir praktisch jedes Ziel auf der Erde treffen können, das bis zu 300 Kilometer von der Küste entfernt liegt.«

Dornberger erteilte also seinem Stab und den Raketenspezialisten den Auftrag, binnen weniger Tage die technischen Voraussetzungen eines Schwimmbehälters für die V2 zu untersuchen und ihm das Ergebnis vorzulegen. Von Braun setzte eine Reihe seiner fähigsten Leute auf das Projekt an, und zu Beginn des Jahres 1944 wurde daraus Wirklichkeit. Im Sommer 1944 waren auf der Stettiner Vulkan-Werft drei der tauchfähigen V2-Behälter, wie Lafferenz sie vorgeschlagen hatte im Bau, und im Herbst begannen Seetüchtigkeitstests in der Ostsee. Die Vorbereitungen für Versuchsabschüsse aus diesen Schwimmbehältern mußten jedoch Anfang 1945 angesichts des Vorrückens der Roten Armee auf Stettin abgebrochen werden. Wenig später verließen von Braun und seine Leute Peenemünde, und die Schwimmkörper fielen den Russen in die Hände.

Auch ein von der Kriegsmarine begonnenes Vorhaben zur Verbesserung der Steinhoffschen U-Boot-Raketen nahm keine Gestalt mehr an. Allen Anschein nach hatte sich das Marinewaffenamt bei der Prüfung von Steinhoffs Vorschlägen zuviel Zeit gelassen. Bis Kriegsende war noch kein festes Programm ausgearbeitet, und alle Mühe war umsonst gewesen.

Enttäuscht über die schleppende Bearbeitung, die man seinem Projekt angedeihen ließ, lief Kapitänleutnant Steinhoff mit seiner U511 wieder in den Atlantik aus. Am 13. Mai 1945, also nach der Kapitulation Deutschlands vom 8. Mai, steuerte er das Boot in den Hafen von Boston und ergab sich der US-Marine. Steinhoff und seine Mannschaft wurden vorübergehend in das Gefängnis an der Charles Street eingeliefert. Dort unternahm der junge U-Boot-Kommandant am nächsten Morgen vor Sonnenaufgang einen Selbstmordversuch. Man entdeckte ihn bewußtlos in seiner Zelle, aus einer selbst beigebrachten Verletzung am Handgelenk heftig blutend. Auf dem Boden neben seiner Pritsche fanden die Wärter Splitter und Stücke seiner Sonnenbrille. Steinhoff starb auf dem Weg ins Krankenhaus und wurde mit allen militärischen Ehren in Fort Devens beigesetzt. Auf diese Weise endete das erste Kapitel in der Entwicklungsgeschichte der Unterwasserraketen *Polaris* und *Poseidon*.

Auch der Bruder des jungen U-Boot-Kapitäns Steinhoff kam nach Amerika – aber als Mitglied des Braunschen Teams im Rahmen der *Operation Paperclip*. Auf demselben Weg kamen auch – wie schon erwähnt – die Entwürfe, Berichte und Aufzeichnungen über die beiden von Steinhoff und Lafferenz vorgeschlagenen Waffensysteme über den großen Teich.

Als man damals 1945/46 die technischen Unterlagen und Filmstreifen von den Unterwasserexperimenten der US-Marine zuleitete, fanden die Dokumente zunächst keine Beachtung. Stattdessen ließ man von einer kleinen U-Boot-Einheit Abschußtests mit einer V 1-Flügelbombe von Deck eines *aufgetauchten* U-Bootes aus unternehmen. Diese Versuche führten schließlich zur Entwicklung der *Regulus I-* und *II-* Raketen, die ebenfalls nur von über Wasser fahrenden U-Booten abgeschossen wurden. Erst als die amerikanische Kriegsmarine erfuhr, daß die Russen die deutschen V 2-Schwimmbehälter erbeutet hatten und inzwischen wahrscheinlich schon über U-Boote verfügten, die Raketen aus Tauchstation abschießen konnten, begannen die Admirale diesen Waffen neue Beachtung zu schenken. Diverse Beratungen von Brauns und Ernst Steinhoffs mit Vertretern der Marine fanden im Redstone-Arsenal statt.

Für die Marineleute klang es fast unglaublich, als von Braun ihnen versicherte, es gäbe überhaupt keinen Grund für die Annahme, Schiffe auf hoher See und Unterseeboote könnten keine Mittelstreckenraketen (IRBM) abschießen. Die *Jupiter* wäre, so meinte von Braun, eine ideale Rakete für die Marine, zumindest für den Einsatz von Schiffen aus.

Während der folgenden Monate wurde das Marineministerium rührig. Die Frage war: Könnte sich die Marine mit der Armee über ein gemeinsames IRBM-Programm verständigen? Man schickte eine

Abordnung hoher Tiere nach Huntsville, um festzustellen, wie die Landratten Raketen entwickelten. Bald waren die Seebären – beeindruckt von dem, was sie sahen – von der Möglichkeit der Zusammenarbeit überzeugt. Mehrere Konferenzen wurden im Pentagon mit General Medaris und dem Staatssekretär im US-Verteidigungsministerium, Reuben B. Robertson junior, abgehalten. Nach einer Reihe weiterer Verhandlungen mit von Braun über technische Fragen beschloß das Marineministerium dann ein Zusammengehen mit dem Heer bei einem gemeinsamen *Jupiter*-Programm unter der technischen Leitung von Brauns. Um den besonderen Bedürfnissen der Marine Rechnung zu tragen und die Umrüstung und Änderung der Schiffe zu überwachen, wurde ein Sonderausschuß eingesetzt und der tüchtige Konteradmiral William F. Raborn junior zum Vorsitzenden bestellt. Technischer Direktor dieses Ausschusses »Sonderprojekte« wurde Captain Grayson Merrill. Wie sich herausstellte, war die US-Luftwaffe zutiefst über diese doppelte Konkurrenz besorgt und ordnete eine beschleunigte Entwicklung der *Thor*-Mittelstreckenrakete an.

Als das gemeinsame *Jupiter*-Programm Fortschritte machte, wurde der Marine klar, daß das neue Waffensystem sehr viel komplizierter wurde als ursprünglich vorgesehen. Der Einbau des stationären Lenksystems der Rakete an Bord des Schiffes war schon schwierig genug wegen der Roll- und Schlingerbewegungen des Schiffes. Alles wurde jedoch noch komplizierter, als sich herausstellte, daß ein Kapitän nicht eine vorausberechnete Abschußstelle anlaufen und dort sein Fahrzeug für den eigentlichen Raketenabschuß stoppen lassen konnte, denn er konnte den Wellengang nicht in seine Kalkulationen einbeziehen und wäre zudem einem feindlichen U-Boot hilflos ausgeliefert gewesen. Das hatte zur Folge, daß die Lenkungsexperten des ABMA und des Ausschusses für Sonderprojekte ein äußerst verwickeltes Schema ausbrüten mußten, das dem Kapitän auch während der Abschußphase volle Operationsfreiheit gewährte und eine Korrektur der Abweichungen des Schiffes von Zielpunkt und Geschwindigkeit sowie seiner Tonnage am exakten theoretischen Abschußpunkt im Lenksystem der Rakete ermöglichte.

Noch schwieriger zu lösen waren die mechanischen Koppelungsprobleme zwischen der *Jupiter*-Rakete und ihrem Schiff. Die großen Raketen mußten im Inneren des Schiffes der *Mariner*-Klasse betankt und dann mechanisch zum Abschuß an Deck gehievt werden. Das Auftankmanöver selbst war weiter erschwert wegen der Verwendung von Flüssigsauerstoff an Bord. Man hatte dafür eine sehr komplizierte Prozedur der Zuleitung und Einfüllung an Bord des Schiffes vorgesehen und überdies mußte eine beachtliche Liste von Sicherheitsvorschriften beachtet werden. Während all dies für ein Schiff der *Mariner*-Klasse noch anging, das angenehm zu steuern war wie ein Frachter, stellte sich bald heraus, daß es für ein atomgetriebenes U-Boot nicht mehr in Frage kam, wenn die Auftank- und Abschußmanöver unter Wasser ausgeführt werden mußten. Die Möglichkeit von Treibstoffexplosionen, giftigen Gasen und ähnlichen Gefahrenquellen, wie sie bei Flüssigkeitsraketen auftreten, durfte einfach nicht außer acht gelassen werden.

Daher überprüfte die Marine das ganze Raketenprogramm noch einmal, nachdem die Festtreibstoffhersteller sie davon überzeugt hatten, daß die Feststoff-Forschung soweit gediehen war, daß auf dieser Grundlage Mittelstreckenraketen gebaut werden konnten. Zuletzt entschied sich die Marine dann dafür, aus dem *Jupiter*-Flüssigkeitsraketenprojekt auszusteigen und das *Mariner*-Schiffsvorhaben ebenfalls zu versenken. Eine U-Boot-Rakete auf Feststoffbasis erschien der Flotte sehr viel attraktiver. Dabei waren keine gefährlichen Auftankanlagen notwendig, denn eine Feststoffrakete konnte fast wie eine Granate abgeschossen werden. Und was das Wichtigste war: der Einsatz von Feststoff-Mittelstreckenraketen erlaubte es der Kriegsmarine, die Übergangszeit des Raketenabschusses auf Überwasserschiffen einfach zu überspringen und ihre begrenzten Mittel sofort auf das eigentliche Ziel zu konzentrieren: Mittelstrecken- und später Interkontinentalraketen, die aus getauchten Atom-U-Booten abgeschossen wurden. So zog sich also die Marine zurück und überließ das *Polaris*-Projekt ihrem Sonderausschuß, der unter der geschickten Leitung von Konteradmiral »Red« Raborn seine Arbeit fortsetzte. Im Januar 1957 gelangte die Marine dann doch noch auf das Feld der Langstreckenraketen, allerdings unabhängig und ohne Unterstützung der Armee.

Als all dies beschlossen und in die Tat umgesetzt wurde, erhob von Braun keine Einwände. Im Grunde konnte er sich den Überlegungen der Marine nicht ganz verschließen. Abgesehen davon, gab es zu dieser Zeit im Pentagon schon Gerüchte – und zwar in einem Amt, das sich Behörde für fortgeschrittene Forschungsprojekte (ARPA) nannte – die wissen wollten, daß er drauf und dran war, einen Auftrag zur Entwicklung einer gigantischen Trägerrakete für ein Raumschiff zu erhalten, die einen Schub von 750 Tonnen entwickelte...

19. Kapitel
Der erste *Orbiter* wird »abgeschossen«

Die deutschen Pläne für Raketensysteme, die im Anschluß an die V-Waffen entwickelt werden sollten – darunter Transkontinentalraketen, Gleitflügelbomber sowie bemannte und unbemannte Satelliten –, wurden dem kleinen Häuflein von Raketenfachleuten der westlichen Welt erst nach und nach bekannt, nachdem von Braun mit seinem Spezialistenteam in die Vereinigten Staaten gekommen war.

Einige wenige Raketenenthusiasten in Großbritannien und den USA, zumeist Mitglieder der *British Interplanetary Society* und der *American Rocket Society,* begannen die Möglichkeit einer Weiterentwicklung von V2-Raketen zu untersuchen in der Absicht, sie als Trägerraketen zu benutzen, um kleine Instrumentensatelliten zu wissenschaftlichen Forschungszwecken in eine Erdumlaufbahn zu bringen. Andere begeisterten sich für die Idee, Raketen zu verwenden, um Meßinstrumente in extreme Höhen zu entsenden und Studien der oberen Atmosphäre anzustellen.

Obwohl die US-Armee in Fort Bliss in Texas das Braunsche Team gewissermaßen unter Exklusivvertrag hatte, kommt der US-Marine das Verdienst zu, als erste Waffengattung der US-Streitkräfte im Oktober 1945 das Konzept künstlicher Satelliten ernsthaft geprüft zu haben, indem sie einen Ausschuß zur Untersuchung der Möglichkeit von Weltraumraketen (CEFSR) im Rahmen ihres Luftfahrtamtes einsetzte. Dieses Komitee empfahl die Entwicklung eines mit Meßinstrumenten ausgerüsteten Erdsatelliten. Das Guggenheim-Luftfahrtlabor an der Technischen Hochschule von Kalifornien erhielt im Dezember 1945 einen Forschungsauftrag, bei dem die Beziehungen zwischen der Funktionsfähigkeit der Trägerrakete, dem Gewicht des Satelliten und der Höhe seiner Umlaufbahn ermittelt werden sollten.

Zur gleichen Zeit stellten das Marine-Forschungsamt und das Marine-Forschungslaboratorium Studien über die Verwirklichung eines Raketenforschungsprogramms für große Höhen an, die ihren Niederschlag im *Viking*-Raketen-Projekt fanden. Nachdem man die Grundlagenforschung abgeschlossen und an den Versuchen in White Sands teilgenommen hatte, wo die Wissenschaftlergruppe unter von Braun mit den Leuten vom Armee-Waffenamt die erbeuteten V 2 abschossen, machte die *Viking*-Gruppe nun aus eigener Kraft mit einem Entwicklungs- und Produktionsprogramm für zehn Raketen weiter.

In der Zwischenzeit war der Marine klar geworden, daß der Satellit, den sie haben wollte, angesichts der verringerten Verteidigungsbudgets jener Nachkriegsjahre zu kostspielig sein würde. Daher wandte sie sich an das Heer und ersuchte um Unterstützung. Das Fliegercorps der Armee sagte im März 1946 unverbindlich zu, die Sache General Curtis LeMay und anderen hohen Offizieren vorzulegen. Doch LeMay erklärte rund weg, daß das Fliegercorps nicht die Absicht habe, mit der Marine zusammenzuarbeiten. Was er nicht sagte, war, daß das Armee-Fliegercorps ebenfalls angefangen hatte, sich mit künstlichen Satelliten zu beschäftigen. Die Marine erfuhr von dieser Studie erst im Juni auf einer Konferenz, die die Luftfahrtbehörde des Kriegsministeriums einberufen hatte. Man entmutigte zwar weder Marine noch Armee, was die Fortsetzung ihrer Untersuchungen über die Realisierung des Satellitenbaus anbetraf, machte jedoch auch keinen Versuch, die beiden Waffengattungen zur Zusammenarbeit zu bewegen. So machte jeder für sich allein weiter.

Kurze Zeit später wurde aus dem Army Air Corps offiziell die US-Luftwaffe, die in den Jahren darauf zu einer Paradetruppe werden sollte mit ihrem Aufgebot von ständig verbesserten Düsenjägern und der Errichtung des gigantischen Strategischen Luftkommandos. Ende der vierziger Jahre hatte man Ideen und Pläne für eine große Flüssigkeitsrakete, die *MX 774,* gehabt. Sie hätte ein idealer Träger für einen Satelliten von beträchtlicher Größe werden können, aber die Luftwaffe hatte ihren Etat für Jagdflugzeuge und Bomber verplant.

Die zum Douglas Aircraft-Konzern gehörende Firma Rand hatte dem Luftwaffenbeschaffungsamt am 12. Mai 1946 eine Studie über einen 250 Kilogramm schweren künstlichen Satelliten unterbreitet, der mit Hilfe einer Trägerrakete, die auf der V 2 aufbaute, in seine

Umlaufbahn gebracht werden sollte. Doch das Vorhaben hätte 150 Millionen Dollar gekostet, und das war für damalige Verhältnisse eine unvorstellbare Summe. Rand gab indessen nicht auf, überarbeitete mit Hilfe von Spezialisten der Unternehmen North American und Northrop die Studie und legte ein Jahr später einen neuen Plan vor, demzufolge nur noch 82 Millionen Dollar für einen – allerdings kleineren – Satelliten erforderlich waren. Ein Expertenstab im Pentagon unter Leitung von Clark B. Millikan nahm dann jedoch die von Rand für die Luftwaffe erstellte Analyse und die alten Pläne der Marine noch einmal kritisch unter die Lupe und kam zu dem Schluß, daß ein Erdsatellitenprogramm erst dann befürwortet werden könne, wenn definitiv festgestellt sei, daß es auch militärischen Nutzen habe. Am 15. Januar 1948 erklärte der stellvertretende Generalstabschef Hoyt S. Vandenberg, Satelliten würden »zur gegebenen Zeit entwickelt«. Und am 29. Dezember 1949 gab der erste Verteidigungsminister der USA*, James V. Forrestal, in aller Öffentlichkeit zu, daß in den Vereinigten Staaten noch kein Satellitenprogramm in Angriff genommen sei und daß die »gegenwärtigen Bemühungen auf diesem Gebiet auf Studien und Konstruktionsentwürfe für Komponenten beschränkt bleiben sollen«.

Bei all diesen Querelen blieb nur das *Viking*-Raketenprojekt unter Milton W. Rosen ungeschoren. Er setzte munter seine Versuche mit Raketenabschüssen in die obere Atmosphäre fort, wie es auch von Braun mit seinem Team und die Gruppe vom Armee-Waffenamt unter General Toftoys Leitung taten. Obwohl die Waffenamtleute hauptsächlich an der Entwicklung einer Rakete für die Armee arbeiteten, insbesondere der *Redstone* (die ursprünglich *Major* hieß), unterbreiteten sie als einzige Gruppe der US-Streitkräfte, die tatsächlich Testabschüsse vornahm und Entwicklungsarbeit für Großraketen leistete, auch Pläne für einen Satelliten. Am 15. September 1948 schlug das Waffenamt dem Ausschuß für Lenkwaffen eine fortlaufende Analyse der bei der Entwicklung eines Erdsatelliten auftretenden Probleme vor und stützte sich dabei auf die »Erfahrungen von Brauns mit der V2 im Rahmen des *Hermes*-Projekts«.

Trotzdem gab es seitens der Regierung kein grünes Licht für die Entwicklung und den Bau künstlicher Satelliten. Doch die Arbeit, die

---

* Bis dahin hieß das Ministerium War Department (Kriegsministerium). (Anm. d. Ü.)

Rand, die Marine und die Raketenfachleute unter von Braun geleistet hatten, zeitigte Erfolge – zumindest auf dem Papier. Hinzu kam, daß diverse Raumfahrtexperten in England und den Vereinigten Staaten begannen, offen über unterschiedliche Satellitenkonstruktionen und ihre Möglichkeiten zu diskutieren. Das Interesse der Publikumspresse erwachte, und die Werbetrommel wurde gerührt. Prominente Mitglieder der *American Rocket Society* meinten, daß jetzt doch jemand »etwas tun müsse«. Aber sechs Jahre lang, von 1948 bis 1954, geschah nichts.

Die *Rocket Society* ließ in ihrem Bemühen nicht locker. Es gelang ihr, die öffentliche Meinung in Richtung auf eine wissenschaftliche und friedliche Eroberung des Weltraums zu beeinflussen. Sie wurde dadurch gleichsam zur Zündkerze, von der der Funke auf die Vorstellung übersprang, daß ein Weltraumsatellit etwas war, was unbedingt gebaut werden mußte – je früher, desto besser. 1952 rief die Gesellschaft einen Raumfahrtausschuß ins Leben, der eine Denkschrift mit Einzelheiten über die Möglichkeiten und Schritte für die Propagandierung des Raumflugs veröffentlichte.

1953 lud der Vorsitzende dieses Komitees den Direktor der *National Science Foundation,* der Nationalen Stiftung für die Wissenschaft, Alan T. Waterman, zu einer Besprechung ein. Kurz darauf erstellte die *Science Foundation* ein vertrauliches Papier, in dem es hieß, der Raumfahrtausschuß der ARS mache den Vorschlag, »den Nutzen eines unbemannten Satellitenfahrzeugs für Wissenschaft, Handel, Industrie und Landesverteidigung zu untersuchen. Eine solche Studie sollte jeder Überlegung hinsichtlich Realisierbarkeit und Kosten vorausgehen, die erst anzustellen sei, wenn die Studie die effektive Notwendigkeit eines Satellitenfahrzeugs nachweist«. Dieses Papier wurde der Regierung zugeleitet. In ihm stellte der Ausschuß weiter fest, für die Verwendung eines solchen Satelliten zu Forschungszwecken sprächen der hervorragende Standort im All für astronomische Beobachtungen, die Möglichkeiten biologischer und chemischer Forschungsarbeiten unter Ausnutzung der Schwerelosigkeit und der elektronischen Forschung in einem fast perfekten luftleeren Raum unbegrenzter Größe sowie die idealen Voraussetzungen für Untersuchungen über Mikrowellenfortpflanzung und kosmische Strahlung, für hochentwickelte Atomforschung und so weiter.

1954 reichte der Ausschuß der *Science Foundation* offiziell die

Studie »Über den Nutzen eines künstlichen und unbemannten Erdsatelliten« ein. Im Text hieß es, dies Memorandum lege einen der wichtigsten Schritte zur Weiterentwicklung der Raumfahrt dar, der sofort verwirklicht werden könne und auch dazu beitrage, das wissenschaftliche Potential der USA zu vergrößern.

Warum erscholl der Ruf nach einem unbemannten Erdsatelliten? Zwar waren schon viele Arten von Satelliten vorgeschlagen worden, doch dieser kleine unbemannte Satellit war der einzige, dessen Realisierungsmöglichkeit klar auf der Hand lag. Dieser Ansicht waren jedenfalls viele verantwortliche Ingenieure und Wissenschaftler, die mit Raketen und Lenkwaffen oder Höhenforschung zu tun hatten. Die meisten von ihnen stimmten auch darin überein, daß ein unbemannter Erdsatellit einen ersten Schritt zu anspruchsvolleren Vorhaben bedeutete.

Von seiten der *National Science Foundation* blieb eine spontane Reaktion aus. Ihre Mitglieder waren mit Planungen für das bevorstehende Internationale Geophysikalische Jahr 1957/58 beschäftigt, einer weltweiten Einrichtung der Fachgelehrten zur intensiven Erforschung der Erde und ihrer Umgebung.

In diesem Zeitraum erreichten Hinweise die westliche Welt, daß sich die Russen für künstliche Satelliten interessierten. Am 4. Oktober 1951 erklärte der sowjetische Raketenforscher M. K. Tischonrawow, die Technologie seines Landes stünde mit der amerikanischen zumindest auf gleicher Stufe, und die Sowjetunion sei bald in der Lage, künstliche Satelliten in eine Umlaufbahn zu bringen. Und anläßlich einer Tagung des Weltfriedensrates in Wien am 27. November 1953 gab A. N. Nesmejanow von der Sowjetischen Akademie der Wissenschaften bekannt, daß »die Wissenschaft ein Stadium erreicht hat, daß... der Bau eines künstlichen Satelliten der Erde greifbare Möglichkeit geworden ist«.

Zu Beginn des Frühjahrs 1954 erkannten die verantwortlichen Männer der amerikanischen Raketenindustrie immer mehr, daß von Braun und sein Team in Huntsville rasche Fortschritte bei der Entwicklung ballistischer Geschosse machten. Diejenigen, die Zugang zu vertraulichem Material hatten, erkannten sofort, daß aus der *Redstone* mehr herauszuholen war und sie leicht in eine Startrakete für einen kleinen Satelliten umgewandelt werden konnte. Von Braun selbst hatte bei Geheimkonferenzen im Pentagon auf diese Möglichkeit hingewiesen.

Daher entschieden sich einige der Unentwegten, die einfach nicht aufgeben wollten, zu einer Aussprache. Commander George W. Hoover vom Marine-Forschungsamt machte sich zum Sprecher dieser Gruppe. Er beschrieb später die Zusammenkunft so: »Ob es Schicksal war oder einfach Glück, wird sich wohl nie feststellen lassen. Jedenfalls erreichte uns am 23. Juni 1954, kurz nachdem wir beschlossen hatten, daß unter allen Umständen die Möglichkeiten für Satelliten erkundet werden mußten, ein Anruf von Fred Durant, dem Präsidenten der *Internationalen Astronautischen Föderation*. Er ließ uns wissen, daß Wernher von Braun in den nächsten Tagen nach Washington kommen werde. Wir vereinbarten daraufhin eine Konferenz in unserem Amt, auf der ein optimales Forschungsprogramm für Satelliten festgelegt werden sollte.«

Zwei Tage später fand diese Besprechung in einem baufälligen Seitentrakt des Marineministeriums an der Constitution Avenue statt. Anwesend waren von Braun, Frederick C. Durant III, der Astronom Dr. Fred L. Whipple von der Harvard-Universität, der Physiker Dr. Fred Singer von der Universität Maryland, Dr. David Young von der Aerojet General Corporation, Alexander Satin, Chefingenieur in der Luftfahrtabteilung des Marine-Forschungsamtes und Commander Hoover.

Gleich zur Eröffnung wurde den Teilnehmern die Frage vorgelegt, ob ihres Wissens bereits andere wissenschaftliche Satellitenprojekte existierten und wenn ja, ob diese schon auf die Bedürfnisse der Marine hin durchleuchtet worden seien. Nach ausführlicher Debatte über die Projekte, die sich mit Forschungen in extremen Höhen befaßten, herrschte Übereinstimmung darüber, daß es zwar eine Reihe von ergänzenden Analysen und Untersuchungen gab, jedoch kein eigenständiges Satellitenprogramm.

Nächster Punkt auf der Tagesordnung war die Frage, ob es möglich sei, einen Satelliten innerhalb der nächsten Jahre zu starten. Von Braun antwortete mit Ja. Er schlug eine Koppelung der *Redstone*- und *Loki*-Raketen vor, um einen zweieinhalb Kilogramm schweren Satelliten in eine Umlaufbahn zu bringen. Im einzelnen riet er dazu, die *Redstone* als Hauptstartrakete zu benutzen und darauf eine ganze Traube von *Loki*-Feststoffraketen zu montieren.

Man war einhellig der Ansicht, daß ein solches Vorhaben möglich war. Voraussetzung war allerdings, daß das Projekt durch Beteiligung der Armee einen offiziellen Status erhielt, weil die *Redstone* eine von der Armee entwickelte Rakete war.

Fred Durant zählte die technologischen Fortschritte auf, die durch einen Erdsatelliten erzielt werden könnten. Er wies auch auf den psychologischen Effekt in aller Welt hin, den die Verkündung eines erfolgreichen Abschusses auslösen würde. Prestige und Respekt würden mit Sicherheit der Nation entgegengebracht, die eine solche Leistung vollbrächte. Die Zeit dränge, und es sei falsch, ein nationales Raumfahrtvorhaben in Erwartung eines sich vielleicht ergebenden anderen Projekts von größerer Bedeutung zurückzustellen.

Dr. Fred Singer referierte über die verschiedenen Messungen, die von einem Satelliten vorgenommen werden konnten, um neue wissenschaftliche Daten zu gewinnen – Erkenntnisse, die zum Teil auf andere Weise nicht zu erhalten waren.

Als Physiker hatte sich Dr. Singer seit mehreren Jahren mit der Astrophysik und der Erforschung der oberen Atmosphäre beschäftigt. Dabei hatte er sich auch für Raketen und Satelliten interessiert, die dem Transport seiner Instrumente dienen konnten, um in Positionen im Weltraum Messungen vorzunehmen, die sich auf der Erde nicht so exakt anstellen ließen. Während eines zeitweisen Aufenthaltes als Mitglied des wissenschaftlichen Stabes im Londoner Büro des Marine-Forschungsamtes hatte er unter der technischen Elite der *British Interplanetary Society*, der Britischen Interplanetarischen Gesellschaft, viele Freunde gewonnen. Bei einer Studie über Instrumentensatelliten, die er einige Jahre zuvor verfaßt hatte, war er zusammen mit einigen englischen Freunden auf den Code-Namen *MOUSE* (Minimum Orbital Unmanned Satellite of the Earth, das heißt kleiner unbemannter Erdumkreisungssatellit) gekommen. Unglücklicherweise ließen sich seine Hoffnungen auf diesen 50-Kilogramm-Satelliten wegen der begrenzten Kapazität der *Redstone* nicht verwirklichen. Trotzdem war er begeistert von der Aussicht auf eine Nutzlast von zweieinhalb Kilogramm als erstem Schritt. Für sein MOUSE-Projekt mußte er sich noch bis zur Konstruktion größerer Forschungsraketen gedulden.

Dr. Fred L. Whipple war Experte für Sichtweitenprobleme. Die Schlüsselfrage lautete: konnte man eine Zweieinhalb-Kilo-Nutzlast überhaupt über große Entfernungen beobachten? Wenn ja, unter welchen Voraussetzungen? War sie vielleicht für immer im Weltall verloren, wenn die Ortung gleich zu Anfang scheitern sollte und man den Satelliten nicht ausmachen konnte? Gab es die Möglichkeit, eine schirmartige Vorrichtung anzubringen, die sich öffnete und die Menge des bei Sonnenauf- und Sonnenuntergang reflektierten Lichts vermehren konnte, damit der Satellit für das bloße Auge sichtbar wurde? Und was war mit einem sich automatisch aufrichtenden Winkelreflektor zur Suche und Verfolgung des Objekts mittels Radar?

Dr. Whipple, wie Dr. Singer gehörten zu der Handvoll Naturwissenschaftler in den USA, die sich ernsthaft mit der Raumfahrt beschäftigten und auch von ihrer baldigen Verwirklichung überzeugt waren. Whipple kannte von Braun von der gemeinsamen Arbeit an einer Serie von Zeitschriftenartikeln her, die Cornelius A. Ryan zusammengestellt hatte und die in den Jahren 1952 und 1953 in *Colliers* erschienen war.

Man war sich einig, daß auch ein ziemlich kleiner Satellit genügend Daten liefern würde, um weiteres Vorgehen auf dem Weg zu einem großen Satellitenprogramm zu rechtfertigen. Wenn es auch als schwierig galt, einen Zweieinhalb-Kilogramm-Satelliten in eine Umlaufbahn zu bringen, so war es doch zu schaffen, und das in viel kürzerer Zeit, als man für ein voll instrumentiertes Raumfahrzeug benötigt haben würde.

Der Zusammenkunft folgte eine Präsentation der skizzierten Leitlinien beim Chef des Marine-Forschungsamtes. Er erteilte die offizielle Genehmigung für weitergehende Recherchen und die Bewilligung für eine Zusammenarbeit mit dem Redstone-Arsenal in Huntsville, das ja der Armee unterstand.

Am 3. August 1954 statteten Vertreter der Kriegsmarine dem Redstone-Arsenal einen Besuch ab und konferierten mit General Toftoy und Wernher von Braun. Nach einer Diskussion über die *Redstone-Loki*-Kombination erklärte Toftoy die Bereitschaft des Arsenals zur Zusammenarbeit unter der Voraussetzung, daß der stellvertretende Chef des Armee-Waffenamtes, Generalmajor Leslie E. Simon, seine Zustimmung gab.

Toftoy suchte Simon in Washington auf. Dieser erklärte sein Einverständnis, machte aber der Marine zur Auflage, das Projekt dürfe nicht die Arbeit an den Raketenentwicklungen des Heeres bremsen und der Army nicht zuviele Rakteningenieure blockieren. Nach Erhalt dieser guten Nachricht gab der Chef der Marineforschung seiner

Luftfahrtabteilung grünes Licht zur Fortsetzung der Vorarbeiten. Commander Hoover wurde zum Projektleiter bestellt und das Vorhaben *Project Orbiter* genannt. Das erste amerikanische Erdsatellitenprogramm war geboren.

Im September 1954 ließen die Forschungsergebnisse im Redstone-Arsenal darauf schließen, daß man die auftretenden technischen Probleme in den Griff bekommen hatte. Von Braun schrieb in einem privaten Brief am 2. September: »... Unsere technischen Untersuchungen, Sichtbarkeits- und Ortungsprobleme eingeschlossen, machen gute Fortschritte, und ich glaube, wir sind nun in der Lage, festzustellen, daß aus technischer Sicht alle Phasen des Projekts zu verwirklichen sind. Die Nutzlast könnte sogar von zweieinhalb auf siebeneinhalb Kilogramm erhöht werden.«

Im Hinblick auf die politischen Aspekte verhinderte die damals sehr ausgeprägte Rivalität zwischen den Teilstreitkräften der USA jede unbürokratische Zusammenarbeit, nicht auf der Arbeitsbasis, sondern hauptsächlich bei den obersten Rängen im Pentagon. Die einhellige Meinung bei den hohen Offizieren des Heeres und der Marine war zu dieser Zeit: »Es führt kein Weg daran vorbei – wir müssen einfach die Luftwaffe auf unsere Seite bekommen!« Borniertheit verhinderte das neben anderen Gründen. Es war für gewisse Luftwaffenobersten und -generale – und ihre Zivilberater – einfach zuviel verlangt, die Kooperation bei einem Forschungsprogramm in Betracht zu ziehen, wenn es von Armee und Navy initiiert worden war. Vom Chef des Armee-Forschungsamtes sagte man, er habe sich entschieden »auch dann weiterzumachen, wenn die Luftwaffe sich nicht dazu entschließen kann, bei uns mitzumachen«.

Ende desselben Monats schrieb von Braun: »... wir sind gründlicher in die ganze Materie eingedrungen, und alles sieht jetzt noch solider aus.«

Es war Aufgabe der Navy, sich um die schwierigen Entwürfe, die Entwicklung und den Bau des Satelliten selbst zu kümmern. Darüber hinaus lag auch die Vorbereitung von Beobachtungsstationen, logistische Unterstützung, Datensammlung und Analyse in ihrer Hand. Die Armee trug die Verantwortung für Planung, Konstruktion und Abschuß der Trägerrakete für den Satelliten.

Einen Monat später, am 4. Oktober 1954, tagte in Rom ein Spezialausschuß des Internationalen Geophysikalischen Jahres und empfahl, »sich mit dem Gedanken des Starts kleinerer Satelliten vertraut zu machen und Überlegungen hinsichtlich ihrer wissenschaftlichen Ausstattung und der neuauftretenden Probleme bei Satellitenexperimenten wie etwa Energieversorgung, Telemetrie und Ortung anzustellen«.

»Sehr interessant«, dachte von Braun, als er diese Stellungnahme las. »Das könnte dem *Orbiter*-Programm Auftrieb geben!«

Schwierigkeiten, die sich schon früh bei der *Orbiter*-Studie zeigten, waren logistischer Natur. Mannschaften und Gerät mußten praktisch über den ganzen Erdball transportiert und verteilt werden. Aus den von der Marine herausgegebenen Unterlagen zum *Project Orbiter* geht nicht hervor, daß irgendein bereits bestehender Stützpunkt von Armee, Marine oder Luftwaffe als Abschußbasis festgelegt wurde; immerhin wurden einige in engere Wahl gezogen. Eine derartige Basis mußte, nach Möglichkeit auf dem Äquator, erst gebaut werden; dazu waren Bodenortungsstationen an verschiedenen Orten in allen Kontinenten erforderlich. Die Versorgung dieser Punkte mit entsprechendem Nachschub mußte gesichert sein, damit die Besatzungen sie viele Tage oder sogar ein Jahr in Betrieb halten konnten. Aus diesem Grund unternahm man einen Vorstoß beim Chef des Marineführungsstabes, Admiral Robert B. Carney. Sein einziger Kommentar lautete: »Sagen Sie uns, was Sie transportiert haben wollen und wohin, wir sorgen dafür, daß es dorthin kommt!«

Am 20. Januar 1955 wurde das von Army und Marine ausgearbeitete gemeinsame Satellitenprojekt dem Staatssekretär im Verteidigungsministerium vorgelegt, zu dessen Aufgabenbereich Forschung und Entwicklung gehörten. Das war der erste Schritt, das Projekt dem Verteidigungsminister zur Kenntnis zu bringen und damit schließlich auch dem Präsidenten der Vereinigten Staaten.

Anläßlich einer *Orbiter*-Konferenz Anfang Dezember 1954 wurde eine abendliche Sitzung noch in einem Washingtoner Hotelzimmer fortgesetzt. Die Enthusiasten steckten die Köpfe zusammen wie Verschwörer, stellten Zeitpläne für die einzelnen Teilprogramme auf und machten vorsichtige Angaben über die Fertigstellungsdaten ihrer Entwicklungsarbeiten. Das Testprogramm der *Redstone*-Rakete war mit diesen unabdingbaren Vorarbeiten eng verflochten. Erstaunlicherweise hatte niemand auch nur den leisesten Zweifel, daß alle Elemente zur rechten Zeit fertiggestellt würden. Die Aktennotizen über dieses Treffen geben Aufschluß über die einzelnen Diskussionspunkte: Prüfung der Sichtbarkeit des Satelliten; Studie über die Ortung, Fragen der konzentrierten Datenübermittlung; Entwicklung des Verbundsystems von *Loki-*Feststoffraketen als zusätzliche Stufen des Satellitenträgers; Festlegung der Nutzlast des Satelliten; Entwicklung des unbemannten Flugkörpers selbst; Abschuß und Logistik. Man einigte sich auf ein Arbeitstempo, das den Fertigstellungstermin der *Redstone* nicht verzögerte und stellte einen Zeitplan auf, der vorsah, daß vier Satellitenträger zur Verfügung stehen sollten. Alle zehn Tage sollte ab August 1956 jeweils einer zur Abschußbasis geliefert werden. Letzter Punkt auf der Tagesordnung der Besprechung war ein »Eilprogramm«. Das *Orbiter-*Team stellte nüchterne Überlegungen über den frühestmöglichen Abschußtermin an für den Fall, daß man uneingeschränkt grünes Licht erhielt und mit Volldampf an die Sache herangehen konnte, ohne daß die Bürokratie noch dazwischenfunken konnte. Man ermittelte den Monat September 1956.

Die Beteiligten begannen nun Hektik an den Tag zu legen, denn Amerikas erstes Satellitenprogramm nahm endlich Gestalt an. Man hielt eine Umlaufbahn um den Äquator für den ersten Satelliten am besten, denn so konnte die Erddrehung am besten genutzt und die Ortung vereinfacht werden. Eine Umlaufbahn über die Pole und schräge Umlaufbahnen sollten später ausprobiert werden. Man bat das Marine-Forschungslabor um Unterstützung und Ausarbeitung eines entsprechenden Programms. Man bot den Raumfahrtleuten die Benutzung des *Minitrack,* einer hochempfindlichen elektronischen Raketenortungsanlage, an. Die Verbindungsleute der Kontraktunternehmen waren nun häufige Gäste in Washington. Eine Sitzung jagte die andere in Chefingenieur Satins oder Commander Hoovers Dienstzimmer. Von Braun pendelte ständig zwischen Huntsville und Washington hin und her. Ihn berührte das Satellitenprojekt auch gefühlsmäßig sehr stark.

Am 14. März 1955 befürwortete das amerikanische Nationalkomitee für das Internationale Geophysikalische Jahr die auf der Konferenz von Rom geäußerte Anregung – daß nämlich die Vereinigten Staaten ein Satellitenprogramm auflegen sollten – doch weder die *National Academy of Sciences* noch die *National Science Foundation* gaben zu dieser Entscheidung eine öffentliche Stellungnahme ab. Die

Orbiter-Gruppe war weiter auf schnelle Verwirklichung ihres Vorhabens bedacht; ihre Mitglieder wußten nichts von der positiven Stellungnahme des Nationalkomitees.

Im April 1955 begann das Marine-Forschungsamt mit der Vorbereitung einer Expedition, die zur Geländeerkundung und möglicherweise schon zum ersten Spatenstich für eine Satellitenabschußbasis auf das Abamama-Atoll auf den Gilbert-Inseln im westlichen Pazifik entsandt werden sollte. Der Aufbruch des Teams war für das Frühjahr 1957 vorgesehen unter der Voraussetzung, daß der Start des ersten Satelliten im Hochsommer oder Herbst desselben Jahres stattfand. Dieser Zeitplan war aller Wahrscheinlichkeit nach einzuhalten, denn die *Redstone*-Rakete konnte mit Hilfe einer fahrbaren Abschußrampe, die innerhalb weniger Stunden an jedem beliebigen Punkt der Erde aufzubauen war, gestartet werden.

Das *Orbiter*-Projekt, in das die Marine bisher lediglich 88 000 Dollar gesteckt hatte, begann Gestalt anzunehmen. Doch innerhalb des Verteidigungsministeriums und bei einigen hohen Militärs in Washington – denen das Vorhaben erst jetzt zur Kenntnis kam – herrschten große Verstimmung und Unmut. Ein Sprecher des Ausschusses der *Nationalen Akademie der Wissenschaften* für das Geophysikalische Jahr erklärte das *Orbiter*-Programm für ein »schwerfälliges und unmögliches Vorhaben«. Und dann gab es auch noch diejenigen, die meinten, wenn die Vereinigten Staaten schon ein Raumfahrzeug in eine Umlaufbahn brächten, dann sollte das wenigstens nicht unter der Leitung von Bürgern zweiter Klasse geschehen...

Die Folge war: Man richtete im Verteidigungsministerium einen Ausschuß ein, der die Praktikabilität des *Orbiter*-Projekts prüfen sollte. Nach dem Vorsitzenden Homer J. Stewart, einem brillanten Physikprofessor von der Technischen Hochschule von Kalifornien und wissenschaftlichen Berater des Laboratoriums für Strahlantrieb in Kalifornien, hieß dieser Ausschuß im Verteidigungsministerium »Stewart-Komitee«. Seine Mitglieder entschieden sich mit einfacher Mehrheit und gegen die Stimme ihres Vorsitzenden gegen das *Project Orbiter* und empfahlen die Einstellung des Vorhabens.

Die Existenz des »Stewart-Komitees« wurde offiziell nicht zugegeben. Stewart selbst geriet durch die folgenschwere Entscheidung seines Ausschusses in akute persönliche Verlegenheit. Unter Hinweis auf die Tatsache, daß nicht einmal der Kongreß Aufschluß über die

Diskussionen der Ausschüsse, die als Beiräte für Regierungsvorhaben fungierten, verlangen könne, weil solche Informationen *executive privilege*, also Regierungsprivileg waren, lehnte er es ab, Stellung zu der Frage zu nehmen, ob er etwas damit zu tun habe, obwohl das Komitee seinen Namen trug. »Ich kann dazu nichts sagen«, meinte er, als prominente Journalisten, der inzwischen verstorbene Drew Pearson und Jack Anderson, in ihn drangen. »Meine Instruktionen erlauben mir keinerlei Stellungnahme« war seine Antwort auf weiteres Drängen. »Sie können also noch nicht einmal etwas darüber sagen, ob Sie Vorsitzender des Stewart-Komitees sind?« »Nein, das kann ich nicht. Alles, was ich sagen kann, ist, daß ich mehreren Ausschüssen angehört habe.«

Dieses Schließen der Stalltür, nachdem das Pferd gestohlen sei, diene nur dem Vertuschen von Fehlern und sei nicht durch Sicherheitsbestimmungen zu begründen, wandte Drew Pearson ein. Das Satellitenprojekt sei, wie kein geringerer als Präsident Eisenhower betont habe, kein militärisches sondern ein wissenschaftliches Projekt. Ohne sich um die Geheimhaltung zu kümmern, enthüllten Pearson und Anderson, was sich hinter verschlossenen Türen im Stewart-Ausschuß abgespielt hatte. Drei Alternativen waren den Mitgliedern vorgelegt worden.

1. Die Armee schlug die Fortsetzung des *Orbiter*-Projekts vor. Von Braun hatte ohne zögern sein Wort gegeben, daß er innerhalb eines Jahres einen siebeneinhalb Kilogramm schweren Satelliten starten könne. Das würde einen Starttermin um die Jahresmitte 1956 bedeuten, also lange vor Beginn des Internationalen Geophysikalischen Jahrs, das am 1. Juli 1957 anlaufen sollte und in dessen Rahmen man erwartete, daß die Russen einen Satelliten starteten.
2. Die Marine unterstützte Milton Rosens neuen Vorschlag, eine Satellitenträgerrakete namens *Vanguard* unter Verwendung der erprobten *Viking* der Marine als Grundstufe für zwei nagelneue weitere Stufen zu bauen. Diese Rakete, so behauptete man, könne im selben Zeitraum fertiggestellt werden wie die *Redstone* des Heeres und, da sie weiter entwickelt sei, einen Satelliten von 20 Kilogramm Gewicht emportragen. (Später gab die Marine zu, daß sie nur einen Satelliten mit der Hälfte dieses Gewichtes starten konnte.)

3. Die Luftwaffe schließlich hatte den ehrgeizigen Plan, einen schweren Satelliten mit einer ihrer Raketen vom Typ *Atlas* aus dem Interkontinentalraketenprogramm in eine Umlaufbahn zu bringen, obwohl zugegebenermaßen ihre Ausrüstung dafür noch nicht reichte.

Es gab kaum einen Zweifel für Pearson und Anderson, daß Dr. Richard W. Porter von der General Electric bei der endgültigen Entscheidung eine gewichtige Rolle gespielt hatte, mit der man sich für die *Viking*-Rakete der Marine aussprach, deren erste Stufe ein General Electric-Triebwerk besaß, und damit den *Orbiter* der Armee »abschoß«. Porter erhielt Unterstützung durch Dr. Joseph Kaplan, den Vorsitzenden des Ausschusses der *Nationalen Akademie der Wissenschaften* (NAS) für das Internationale Geophysikalische Jahr, der zwar zugab, wenig über Lenkraketen zu wissen, aber das Argument vorbrachte, in einen 20-Kilogramm-Satelliten gingen mehr Instrumente hinein als in einen von siebeneinhalb Kilogramm. Mit ihnen stimmten Dr. Charles Lauritsen von der Technischen Hochschule in Kalifornien, Professor John Rosser von der Cornell-Universität, Gerald M. Clemence vom Marine-Observatorium und Konteradmiral Paul Smith als Sekretär des Ausschusses der Akademie.

Nur drei Wissenschaftler stimmten für den *Orbiter:* Dr. Stewart, der Vorsitzende, Dr. Robert McMath von der Universität Michigan, und Dr. Clifford C. Furnas von der Universität Buffalo, der später für Forschung zuständige Staatssekretär im Verteidigungsministerium werden sollte. Ihr Argument war, daß die Zeit dränge und das *Orbiter*-Projekt der Armee die besten Voraussetzungen böte, die Russen beim Wettlauf im Weltraum zu schlagen.

Am Tag nach der Abstimmung im Ausschuß vertraute Dr. Stewart von Braun voller Bedauern an: »Wir haben einen großen Bock geschossen!« Ein Vertreter der *Nationalen Akademie der Wissenschaften* erklärte: »Es ist schon eine Schande, daß man nicht den *Orbiter* anstelle der *Vanguard* genommen hat. Die Schuld an der Niederlage der Armee trägt hauptsächlich von Braun mit seiner dürftigen Präsentation!«

Das ist ein offener Widerspruch zu von Brauns Ruf als äußerst erfolgreicher »Verkäufer« und deckt sich auch nicht mit der vorherrschenden Meinung, daß gerade er Projekte gut und überzeugend darzulegen weiß. Was der Funktionär von der NAS vermutlich zum

Ausdruck bringen wollte, war, daß von Brauns konservative Art der Darstellung und zurückhaltende Angaben von Zahlen für den *Orbiter* sich zu bescheiden ausnahm im Vergleich zu den übertrieben optimistischen Erklärungen der Marine bei ihren Präsentationen, bei denen das äußerst komplizierte dreistufige *Vanguard*-Projekt mit den beiden brandneuen oberen Stufen ziemlich leichtfertig als unbedeutende Abwandlung der vorhandenen *Viking* dargestellt worden war.

Auf diese Weise verzögerte sich die Entsendung von Amerikas erstem Satelliten in den Weltraum möglicherweise um nahezu zwei Jahre.

Einige Mitglieder des Stewart-Komitees waren offensichtlich in ihrer Entscheidung von einigen Wissenschaftlern des Ausschusses für das Geophysikalische Jahr beeinflußt worden, die einen Riesenwirbel um die Verwendung einer militärischen Rakete für den Start wissenschaftlicher Satelliten im Rahmen eines internationalen Programms machten. Ein wissenschaftlicher Satellit müsse, wie sie erklärten, auch von einer wissenschaftlichen Rakete in eine Umlaufbahn getragen werden. Sie hielten es wie Präsident Eisenhower, der sich die Ansicht seiner Berater zu eigen machte und von Brauns Rakete zugunsten des Vorschlages der Marine fallen ließ, aus dem schließlich die wunderschön konstruierte, aber völlig unerprobte *Vanguard* wurde.

Die Verantwortung für Bau und Start des künstlichen Erdtrabanten in seine Umlaufbahn wurde dem Marine-Forschungslabor übertragen (somit auch einer militärischen Institution!), dessen Erfahrung mit Großraketen auf seine führende Rolle beim *Viking*-Programm zurückzuführen war.

Da dies das erste Weltraumprogramm der Vereinigten Staaten war, mußten die *Vanguard*-Wissenschaftler unter Dr. John P. Hagens Leitung nicht nur den Satelliten selbst, sondern auch die Forschungsinstrumente entwickeln, die er an Bord nehmen sollte. Darüber hinaus war noch die Ausarbeitung und Einrichtung des weltweiten Ortungssystems erforderlich, das die Funksignale des Satelliten empfangen und diese wertvollen Daten während der Umläufe aufzeichnen sollte.

Das ursprüngliche *Vanguard*-Budget wurde auf elf Millionen Dollar geschätzt. Der Gesamtetat für das Projekt, in dem alle Kosten vom Start bis zum Abschluß enthalten waren, belief sich schließlich auf 111 Millionen Dollar. Prozentual gesehen war das die umfangreichste Etatüberschreitung für ein Einzelprojekt in der Geschichte des US-Verteidigungsministeriums! Davon gingen 97 Millionen Dollar an das Marine-Forschungslabor, die verbleibenden 14 Millionen Dollar an andere Institutionen. Das Schlimmste war, daß das ganze Projekt an Verzögerungen und Fehlschlägen litt und zudem einige Teammitglieder das Vertrauen in den eigenen Erfolg verloren.

Die Bekanntgabe des *Vanguard*-Vorhabens erfolgte so: Am Morgen des 29. Juli 1955 teilte der Pressesprecher des Weißen Hauses, James C. Hagerty, den Journalisten mit, um 13.30 Uhr werde eine Erklärung »von einiger Wichtigkeit« erfolgen. Als es soweit war, wurden die Reporter in einen Konferenzraum dirigiert, der seit den Tagen von Roosevelt und Truman das »Fischzimmer« genannt wurde. Dort saß Hagerty mit diversen prominenten Wissenschaftlern der *National Science Foundation* und der *National Academy of Sciences* an einem Tisch.

Hagerty gab dann bekannt, Präsident Eisenhower habe Pläne zum Start eines Erdsatelliten befürwortet und seine persönliche Genugtuung darüber zum Ausdruck gebracht, daß das amerikanische Vorhaben wissenschaftliche Daten liefere, die allen Ländern einschließlich der Sowjetunion zugänglich gemacht werden sollten. Hagerty betonte, der Satellit werde ausschließlich zu wissenschaftlichen Zwecken ohne jeden militärischen Hintergedanken gebaut, wenn auch das Verteidigungsministerium an dem Projekt beteiligt sei.

Die Journalisten begannen die Wissenschaftler mit Fragen zu bombardieren. Sollte diese Erklärung heißen, so wollte einer von ihnen wissen, daß die Vereinigten Staaten wirklich imstande seien, einen Satelliten zu starten?

»Natürlich«, bekräftigte Dr. Waterman. Die Wissenschaftler hätten keinen Zweifel daran, daß sich alle Probleme lösen ließen.

Die Ticker der Nachrichtenagenturen und großen Zeitungen verbreiteten die Story bis in die letzte Ecke des Erdballs. Prompt traf als schlagartige Antwort auf die amerikanische Bekanntmachung eine Meldung von *United Press* aus Moskau ein, in der es hieß, die Sowjetunion bereite den Start eines ähnlichen Satelliten vor.

Nachdem die Entscheidung für die *Vanguard* gefallen war, erhielten von Braun und die Armee Anweisung, die Arbeit an Satelliten einzustellen. Zum Glück für Amerika taten sie das nicht!

Auch Dr. Homer J. Stewart, dessen Pessimismus im Hinblick auf den Einsatztermin der *Vanguard* in seinem eigenen Ausschuß sich nicht hatte durchsetzen können, war nicht gewillt, tatenlos zuzusehen, wie sich die Vereinigten Staaten im bevorstehenden Satellitenwettbewerb mit der Sowjetunion ein blaues Auge holten. Ein paar Tage nach der schicksalschweren Abstimmung flog Stewart mit Dr. William Pickering und Dr. Jack Froehlich vom JPL, dem Laboratorium für Strahlantrieb, zum Redstone-Arsenal, um zu sehen, was sich tun ließ, um das *Orbiter*-Projekt am Leben zu erhalten. Man kam im Haus von Oberst Miles Chatfield zusammen und arbeitete zusammen mit von Braun einen neuen »bombensicheren« Operationsplan aus.

Zur damaligen Zeit ermogelte sich von Braun im Rahmen des oft verschobenen und vielbekrittelten Programms zum Bau der *Jupiter*-Mittelstreckenrakete Bewilligung und Mittel zum Bau eines Dutzends *Jupiter C*-Raketen zu Tests von *Jupiter*-Nasenkegeln beim Wiedereintritt in die Erdatmosphäre. Die *Jupiter C* hatten nicht das Geringste mit der viel größeren und weitaus schubkräftigeren *Jupiter* zu tun. Es waren dreistufige, hochgezüchtete *Redstone*-Raketen, mit einem Bündel von JPL-*Sergeant*-Feststoffraketen an ihrer Spitze. Die *Jupiter C* hatte eine verblüffende Ähnlichkeit mit der *Redstone-Loki*-Kombination, die den Namen *Orbiter-Projekt* erhalten hatte, ein Name, den man im Pentagon nicht mehr laut aussprechen durfte. Auf die *Jupiter C* konnte bei nur geringfügiger Änderung eine kleine vierte Stufe oberhalb des Bündels von *Sergeant*-Raketen montiert werden. Nach dieser Modifizierung war sie in der Lage, einen komplett instrumentierten 15 Kilogramm schweren Erdsatelliten in eine Umlaufbahn zu bringen.

Die Zusammenarbeit zwischen dem Redstone-Arsenal und dem JPL funktionierte. Am 20. September 1956 war die erste *Jupiter C* zum Probestart auf Kap Canaveral bereit. Wie sie majestätisch im Licht der Tiefstrahler auf der Abschußrampe stand, sah von Brauns Rakete genauso aus, als trüge sie einen Satelliten unter ihrer kegelförmigen Schutzkappe mit dem Unterschied: die vierte Stufe war eine Attrappe.

Doch das Pentagon hegte den Verdacht, daß die Armee einen Satelliten in den Weltraum schießen und sich erst danach entschuldigen wollte. Von Brauns direkter Vorgesetzter, Generalmajor John B.

Medaris, erhielt Order, sich persönlich davon zu überzeugen, daß die vierte Stufe eine Attrappe blieb. Einen Tag danach legte die erste *Jupiter C* mit einer simulierten vierten Stufe voran 5800 Kilometer mit einer Geschwindigkeit von 25 600 Kilometern pro Stunde zurück und flog damit weiter und schneller als je eine andere amerikanische Rakete zuvor.

Damit war die Gültigkeit dieses Konzepts zwar bewiesen, aber die Chance, alle Register zu ziehen und die Erde zu umkreisen, war verspielt und damit auch Amerikas Möglichkeit, die Russen beim Wettrennen im Weltraum zu schlagen.

20. Kapitel
Der *Sputnik* schreckt Amerika auf

Während der hektischen Wachstumsperiode des *Redstone*-Programms der US-Armee war ich als wissenschaftlicher Autor und Redakteur der Handbücher tätig gewesen, die das Bodenpersonal mit der Flüssigsauerstoffversorgung der großen Rakete vertraut machten. Ich war damals Angestellter des für diese Aufgabe zuständigen Pionierkorps, das ich nach drei Jahren verließ, um bei der Zeitschrift *Aero Digest* als Redakteur für Raketentechnik einzutreten. Seinerzeit übte ich eine Reihe von Funktionen in der *American Rocket Society* aus und wurde zum Präsidenten der Sektion Washington gewählt. Wir bemühten uns, so gut wir konnten, bei der Regierung Interesse für die Raumfahrt zu wecken, um die Bewilligung für einen Satelliten mit einer *Redstone* als Startstufe zu erhalten, und stärkten zur selben Zeit von Braun bei seinem frustrierenden Bemühen, mit dem Raumfahrtprogramm weiterzukommen, den Rücken. Das *Orbiter*-Projekt war gestorben, doch einige von uns weigerten sich zu glauben, daß damit auch die Schlacht verloren war. Wir wußten sehr genau, daß die *Vanguard* nicht rechtzeitig fertig werden konnte, um die Vereinigten Staaten als erste Nation in den Weltraum gelangen zu lassen. Von Braun und ich verbrachten viel Zeit damit, eine nachhaltige Werbekampagne vorzubereiten. Es bestanden ja keine Zweifel: das Braunsche Team verfügte über die fähigen Leute, die nötigen Einrichtungen und die Raketen, um die USA sofort ins Wettrennen um die Eroberung des Weltraums einsteigen zu lassen – zum Ärger vieler Leute in hohen Positionen, die es einfach nicht wahrhaben wollten, daß die Armee in den Weltraum gehörte.

Von Braun setzte seine Bemühungen fort, hielt Vorträge in der Öffentlichkeit und schrieb Artikel in Illustrierten. Doch sowohl die breite Masse des amerikanischen Volkes als auch das offizielle Washington schienen seine Ausführungen nur als Fiktion hinzunehmen. Was wir von Braun demzufolge brauchten, war eine Zeitschrift, deren Inhalt zwischen den langatmigen theoretischen Darstellungen im *Journal of the American Rocket Society* und den Reportagen der Massenpresse lag; ein Magazin, das von Wirtschaftsbossen und Regierungsbeamten gelesen wurde – mit seriösem Material, das Hand und Fuß hatte. In überzeugenden Beiträgen sollte hervorgehoben werden, daß die Armee in der Lage war und daß es Sinn hatte, für den Anfang zunächst erst einmal ein Satellitenprogramm aufzulegen.

1955 nahm ich die Gelegenheit wahr, zu *American Aviation Publications* zu gehen, deren Präsident und Verleger Wayne Parrish meinen Vorschlag begeistert aufgriff, die »benötigte« Zeitschrift herauszubringen. Wir nannten sie *Missiles & Rockets* (Geschosse und Raketen).

Mein Schwiegervater, der verstorbene John C. Somers, ein glänzender Ingenieur und langjähriges Mitglied der *American Rocket Society*, hatte mich in diese Gesellschaft eingeführt, obwohl ich für eine Mitgliedschaft nicht gerade die idealen Voraussetzungen mitbrachte. Ich hatte mich zwar ausgiebig mit der Chemie beschäftigt, war aber kein Ingenieur; die ARS hatte ihrerseits keine Mitgliederkategorie für Fachjournalisten oder einfach für raumfahrtbegeisterte Leute. Und doch trat ich der damals 20 Jahre alten Gesellschaft zu einem verhältnismäßig frühen Zeitpunkt bei – 1949 – und erhielt die Mitgliedsnummer 1073. Der hartnäckige und zuweilen rechthaberische Enthusiasmus, mit dem ich mich für ein amerikanisches Raumflugprogramm einsetzte, stieß zumindest bei zwei Hohepriestern der Gesellschaft auf Verständnis. Das war einmal der verstorbene Andrew G. Haley, einer der führenden Leute der *Internationalen Astronautischen Föderation* (IAF), und zum anderen mein guter Freund Frederick C. Durant III, der ebenfalls der IAF seit langer Zeit verbunden und zu den Befürwortern des *Orbiter*-Programms zählte. Diese Männer, die sich mit Leib und Seele der Raumfahrt verschrieben hatten, erkannten frühzeitig mein Talent für Public Relations und drängten mich zu aktiver Mitarbeit.

Ich merkte jedoch bald, daß die Raketengesellschaft mit einer wirklich PR-orientierten Maschinerie, wie sie die *Aircraft Industries Association, Air Force Association* und andere Organisationen aufboten, nicht mithalten konnte. Die Raketenindustrie war noch nicht richtig als solche anerkannt. Bestenfalls war sie ein Stiefkind der Luftfahrt. Die Propagandierung der Raketenforschung in Amerika sollte folgerichtig von der Luftfahrtindustrie betrieben werden! In jedem Fall hatte die im Entstehen begriffene Raketen- und Raumfahrt-»Industrie« der USA keinen eigenen Interessenverband – einen Zusammenschluß auf nationaler Ebene, der Werbung und Lobbyismus tatkräftig ankurbeln konnte. Immerhin hatte ich eine bescheidene Zeitschrift für diese flügge werdende Industrie auf die Beine gestellt. »Das ist ein Schritt in die richtige Richtung«, sagte von Braun dazu.

Er gab mir jede Hilfe, um die ich ihn bat, machte Vorschläge für Artikel und steuerte Material bei, das ich in Leitartikeln verwenden konnte. Der Aufmacher der ersten Nummer stammte von ihm. *Missiles & Rockets* war von Anfang an ein enormer Erfolg. Innerhalb weniger Monate wurde diese Zeitschrift für Wayne Parrish zu einer ausgesprochenen Goldgrube. Der nächste Schritt mußte nun die Gründung einer völlig neuen Organisation sein, die eindrucksvolle Bankette mit Vorstandstisch veranstalten konnte. Ein öffentliches Ereignis von Rang, zu dem auch das Fernsehen kam, war nötig, eine prunkvolle Veranstaltung, die den Ballsaal des Sheraton-Hotels in Washington füllte, wie es die alljährlichen Galas der *Air Force Association* taten.

Wir brauchten Ansprachen, Pressezimmer, Handzettel, Pokale, die Ehrengarde der Streitkräfte, die Big Band der US-Armee, Fotos in den Klatschspalten der Presse von den Frauen der Generale in prachtvollen Abendkleidern, ferner Gästesuiten in den Hotels – mit einem Wort: wir benötigten in Washington Unterstützung von allen Seiten, um mit dem Pomp und Glamour auftreten zu können, der in der Bundeshauptstadt Voraussetzung für erfolgreiche Publicity ist. Und wir mußten gleichzeitig ein großes Bildungsprogramm starten.

Doch es gab keine Trägerorganisation für ein solches Vorhaben. *Missiles & Rockets* war natürlich nicht für ein solches Unternehmen geeignet.

Im Oktober 1955 hatte ich in Kopenhagen am IAF-Kongreß teilgenommen und dabei den sowjetischen Raumfahrtwissenschaftler Professor Leonid I. Sedow kennengelernt. Auf diesem Kongreß gaben die Russen bekannt, daß auch sie den Start künstlicher

Satelliten als Beitrag zum Internationalen Geophysikalischen Jahr planten.

Die Meldung über die russischen Weltraumpläne wurde in der ganzen Welt verbreitet. Aber sie hinterließ bei der amerikanischen Öffentlichkeit keinen Eindruck. Trotzdem war sie Anlaß zu erneuten Anstrengungen in Huntsville. General Medaris und von Braun machten sich immer wieder auf den Weg nach Washington und versuchten die Verantwortlichen davon zu überzeugen, daß die Zeit immer mehr drängte. Hatten denn die Bürokraten nicht bemerkt, was die Russen vorhatten?

Die Enttäuschungen, die von Braun und sein Team und alle anderen Anwälte eines amerikanischen Raumfahrtprogramms in jenen Tagen erleben mußten, waren unbeschreiblich, aber nicht zu ändern.

Nachdem ich die erste Nummer von *Missiles & Rockets* unter Dach und Fach hatte, war ich soweit, um nach Spanien zu fliegen und als Delegierter der ARS am bevorstehenden IAF-Kongreß teilzunehmen. Er sollte – man schrieb 1957 – in Barcelona abgehalten werden. Am Vorabend meiner Abreise führte ich noch ein langes Gespräch mit Wernher von Braun im Washingtoner *Golden Parrot*-Restaurant. Er wollte mir noch einschärfen, worauf ich bei diesem Kongreß achten sollte, und bat mich, meine Eigenschaft als Journalist dazu zu benutzen, um Kontakte zur russischen Delegation zu knüpfen. Vielleicht bekäme ich auf diese Weise ein paar wertvolle Tips und Hinweise.

An jenem Tag war von Braun nach vielen anstrengenden Stunden im Pentagon ins Ambassador-Hotel in der Innenstadt gefahren, hatte ein paar Runden im Swimming-pool gedreht und war anschließend in die Sauna gegangen. Dann hatte er ein Taxi zum *Golden Parrot* genommen, um mit mir zu Abend zu essen. Spät am selben Abend mußte er zu einer wichtigen Aussprache mit Sam Hoffmann, dem Direktor der Rocketdyne-Tochtergesellschaft der North American Aviation, nach Los Angeles fliegen.

Gegen Ende des gemütlichen Abendessens machte er den Vorschlag, ich sollte doch meine Frau Jean anrufen und sie bitten, sich uns zu einem Drink anzuschließen. Ich verließ zum Telefonieren den Speisesaal und sah, als ich zurückkam, zu meinem Erstaunen von Braun, den Besitzer des Restaurants und eine Kellnerin auf den Knien unter unserem Tisch herumkriechen. Das war vielleicht ein

Anblick! Die anderen Gäste waren perplex. »Was ist denn hier los?« fragte ich.

Ab und zu bekommt von Braun – wenn er eine Situation nicht ganz in der Hand hat – einen verzweifelten Gesichtsausdruck. Er sieht dann ein wenig verwirrt und geistesabwesend aus und führt sogar manchmal halblaut Selbstgespräche. Ich stellte diese Symptome auch jetzt sofort fest.

»Wonach suchst du denn, Wernher?« sagte ich.

»Sieht so aus, als hätte ich meine Brieftasche verloren«, antwortete er ein wenig verlegen. »Ich wollte die Rechnung bezahlen, während du draußen warst und mit Jean sprachst. Ich habe schon in allen Taschen nachgesehen. Die Brieftasche ist weg. Ich dachte, sie sei vielleicht hinter das Sofa gerutscht oder ich hätte sie auf den Boden fallen lassen...«

Wir fanden die Brieftasche nicht. Als wir im Geiste durchgingen, wo er vor dem Essen gewesen war, fiel ihm ein, bei seiner Ankunft vor dem Lokal ja den Taxifahrer bezahlt zu haben. Folglich mußte er sie auf dem Rücksitz des Taxis liegengelassen haben. Er war der Verzweiflung nahe, denn in der Brieftasche waren – abgesehen von Bargeld und Kreditkarten – all seine Dienstausweise von Armee und Regierung, die ihn als Geheimnisträger kennzeichneten.

Zum Glück konnte von Braun sich daran erinnern, daß es ein Taxi der *Diamond*-Gesellschaft gewesen war. Ich hing mich sofort ans Telefon und rief meinen Freund, den Kolumnisten Jack Anderson an, der über gute Beziehungen verfügte. Er informierte seinerseits den Polizeipräsidenten. In der Zwischenzeit gab mir der Restaurantbesitzer gegen einen Barscheck Geld, damit ich von Braun wenigstens hundert Dollar für seine Flughafentransfers borgen konnte. Ich versprach ihm, mich gleich am nächsten Tag oder sobald ich von der Polizei etwas hörte, mit seiner Sekretärin Bonnie Holmes in Verbindung zu setzen. Für ihn wurde es nun Zeit zum Aufbruch. Jean, die inzwischen eingetroffen war, und ich fuhren ihn zum Flughafen und wünschten ihm gute Reise nach Kalifornien.

»Weißt du«, sagte ich, ehe er dem Flugsteig zustrebte, »vielleicht ist es gar keine so dumme Idee, wenn die Russen vor uns in den Weltraum kommen. Dann bricht nämlich hier die Hölle los. Vielleicht muß das erst passieren, um die Eisenhower-Regierung wachzurütteln.«

»Nein, das wäre schlimm!« sagte er impulsiv. »Amerika würde sein Prestige verlieren; es würde Jahrzehnte dauern, den Schaden wiedergutzumachen und uns Milliarden kosten. Wir müßten *jetzt* das Marschsignal kriegen, denn die Russen können jederzeit einen Satelliten hochbringen. Wir brauchten nur ein paar Wochen, um unsere *Jupiter C* startklar zu machen. Die *Vanguard* wäre doch nicht rechtzeitig fertig...«

Kurz vor Mitternacht rief mich Jack Anderson an, um mir zu sagen, daß die Polizei die Brieftasche gefunden hatte – mitsamt ihrem Inhalt. Der Taxifahrer hatte sie abgeliefert. Und so waren wir wenigstens diese Sorge los. Von Braun sah ich erst drei Wochen nach dem *Sputnik*-Start wieder.

Am 3. Oktober kam ich zu einem Treffen mit einigen Leuten von Westinghouse in Madrid an. Als ich am Nachmittag des darauffolgenden Tages im Hotel die Rechnung bezahlte, um weiter nach Barcelona zu fliegen, sprangen mir riesige Schlagzeilen auf den Titelseiten der spanischen Zeitungen ins Auge, die am Zeitungsstand direkt neben der Kasse aushingen. Ich kann kein Spanisch, doch ich konnte die Worte »Sowjet« und »Satellit« verstehen. Außerdem sah ich Zeichnungen von der Erdkugel mit einigen gestrichelten Linien, die Flug- und Umlaufbahn darstellten. Das Wort *Sputnik* hatte damals noch keine Bedeutung für mich. Natürlich wußte ich sofort, was passiert war. Mit Exemplaren aller Madrider Abendzeitungen in den Manteltaschen nahm ich dann ein Taxi zum Flughafen.

In einer alten DC 3 der Iberia flog ich die spanische Küste entlang. Die Landschaft war übersät mit hübschen Dörfern und alten Schlössern. Nach Süden hin verschmolz das sanfte Mittelmeer mit dem blauen Himmel am Horizont. Ein Spanier, der Englisch sprach und den Sitz neben mir hatte, war so liebenswürdig gewesen, mir einige der Zeitungsartikel zu übersetzen. Da saß ich nun und war nachdenklich und bestürzt.

In jenem Augenblick wurde die Idee für den *National Space Club** geboren. Und für das Dr. Robert H. Goddard-Gedächtnisbankett und die Dr. Robert H. Goddard-Gedächtnistrophäe. Der Club sollte unsere Gedanken und Ziele verbreiten helfen, schwebte mir vor. Man mußte nur richtig an den amerikanischen Patriotismus appellie-

---

* Ursprünglich hatten wir ihn *National Rocket Club* genannt. Ein paar Jahre später änderten wir dann den Namen in *National Space Club*. (E. B.)

ren, dann war man gewiß, aus allen Kreisen der Öffentlichkeit Unterstützung zu erhalten. Die einzige Antwort, die wir für die Amerikaner nach dem *Sputnik*-Schock bereithatten, war eine ganz große Aktion, die unsere Regierung beschämen und zum Handeln zwingen mußte. Es war nötig, den Menschen im ganzen Land einzuhämmern, daß Robert H. Goddard der wahre Raumfahrtheld gewesen war. Wir mußten uns einfach mit ihm identifizieren und die Erwartungen erfüllen, die er uns mit seinem Erbe hinterlassen hatte. Mit der Herausstellung seines Image – wie dem von Orville Wright – und einer massiven Werbekampagne in der Öffentlichkeit zusammen waren die neue Organisation und das erste Goddard-Gedächtnisbankett die Instrumente, die wir brauchten.

Eine aus Redakteuren von *Missiles & Rockets* gebildete Jury sollte von Braun zum ersten Preisträger der Goddard-Trophäe wählen. Unsere Zeitschrift hatte bereits über den 5 300-Kilometer-Flug mit Wiedereintritt der *Jupiter C* berichtet – den echten Beweis also, daß wir ein Trägersystem für Satelliten hatten. Die Trophäe könnte eine vergoldete Raketenspitze sein, die auf einen Sockel aus Walnußholz montiert war...

Ich träumte weiter und baute Luftschlösser, während die klapprige DC 3 Barcelona anflog. Wir würden das Sheraton-Park-Hotel in Washington vollkriegen! Mrs. Esther C. Goddard sollte Ehrengast am ersten Tisch sein. Chet Huntley oder David Brinkley, beides bekannte Fernsehmoderatoren, wären Zeremonienmeister. Die Rädchen in meinem Kopf schnurrten munter vor sich hin.

»Wir müssen Amerikas Stolz wachrütteln«, sagte ich am Telefon zu meinen beiden Redaktionskollegen in Washington. Nach meinem Eintreffen im Hotel Ritz in Barcelona hatte ich ein Gespräch mit Seabrook (Ed) Hull und Norman L. Baker angemeldet, damals wie heute zwei der besten Raumfahrtjournalisten der USA. »Heute ist der *National Rocket Club* gegründet worden«, sagte ich, »der sich der Führungsrolle Amerikas in Raumfahrt und Astronautik verschreibt.« Ich umriß in groben Zügen, wie ich mir vorgestellt hatte, die Sache aufzuziehen und wies sie an, mit der Planung für ein offizielles Frühstück zu beginnen, das in ein paar Wochen das »Startsignal« sein sollte. »Wir heben uns von Braun für das Goddard-Dinner auf«, schlug ich vor. »Seht zu, daß ihr Admiral ›Red‹ Raborn als Ehrengast für den ersten Lunch kriegt. Ich helfe euch, wenn ich in zirka einer Woche nach Washington zurückkomme.«

Eddie Hull setzte sich sofort mit seinem Freund Joe Kauffmann in Verbindung, dem Präsidenten der Diversey Engineering Company in Chicago. Dieses Unternehmen stellte die Spitzen der *Nike-Hercules*-Flugzeugabwehrrakete her. Natürlich versprach er Eddie, eine »Raketennase« beizusteuern, sie vergolden und auf einen Sockel montieren zu lassen. So war die *Dr. Robert H. Goddard Memorial Trophy* in Auftrag gegeben, bevor die Piepsignale des *Sputnik* auf der ganzen Welt richtig verstanden worden waren. Übrigens wurde die Trohäe Amerikas begehrteste Raumfahrtauszeichnung.

Ich hatte das Ferngespräch mit meiner Redaktion von dem Hotelzimmer aus geführt, das ich mit Professor Fred Singer teilte, einem Raumfahrtfan wie ich und Urheber des MOUSE-Satellitenprogramms. Während ich mit Washington sprach, war er im Zimmer gewesen.

»Was versuchen Sie denn da?« fragte er, als ich eingehängt hatte. »Wollen Sie die *Rocket Society* arbeitslos machen?« Doch er hatte natürlich verstanden, welche Ziele ich hatte und versprach mir seine Unterstützung. Wir machten uns beide frisch und gingen hinunter zu einem Empfang zu Ehren der sowjetischen Delegation. Professor Sedow war auch da und grinste über beide Ohren. Mit ihm waren seine Kollegen Madame Anna T. Masewitsch, Direktor des visuellen Ortungsprogramms der Sowjets, Madame Lydia Kurnasowa, eine Physikerin mit dem Spezialgebiet kosmische Strahlung, und A. G. Karpenko, der Sekretär der Sowjetischen Astronautischen Kommission, gekommen.

Es bestand kein Zweifel daran, dies hier war ihr großer Auftritt...!

Am selben Tag waren in Huntsville General Medaris und Wernher von Braun Gastgeber bei einer anderen Art von Party. Ende September hatten sie die Nachricht aus Washington erhalten, daß Präsident Eisenhowers neuernannter Verteidigungsminister Neil McElroy dem Redstone-Arsenal am 4. Oktober einen »Informationsbesuch« abstatten wollte, bevor er seine Amtsgeschäfte aufnahm. Ganz hohe Tiere, darunter Heeresminister Wilber M. Brucker und die Generale Lyman Lemnitzer und James M. Gavin, sollten zur umfangreichen Begleitung des neuen Ministers gehören. Der Besuch war auf 24 Stunden angesetzt, und Medaris und von Braun bot sich die »unbezahlbare Gelegenheit« – wie General Medaris sich ausdrückte –, »dem Minister frei von der Leber weg zu sagen – und es mit Fakten und

Zahlen zu untermauern –, daß wir bewiesen hatten, daß wir imstande waren, Projekte wie versprochen fertigzustellen, und zwar zum vereinbarten Termin und zu den ursprünglich genannten Kosten. Wir hofften nun, daß der designierte Verteidigungsminister voll Elan und unvoreingenommen den Sinn unserer Darstellung begriff.«

Nach einem Rundgang am Nachmittag über das Gelände des Arsenals, bei dem die illustren Gäste eingehend über alles informiert wurden, hatten ihre Gastgeber für den Abend einen Empfang mit anschließendem Essen arrangiert, um McElroy und seiner Begleitung Gelegenheit zu geben, die führenden Köpfe des Raketenteams persönlich kennenzulernen und sich mit einer Reihe von prominenten Vertretern der Stadtverwaltung und Bürgern von Huntsville zu unterhalten. Auf die vertrauensvolle Zusammenarbeit mit diesen Leuten waren von Braun und seine Mannschaft im Interesse eines guten Klimas bei der Bevölkerung angewiesen.

Die Cocktailparty nahm ihren Auftakt in einer sehr entspannten und zwanglosen Atmosphäre. McElroy plauderte gerade mit von Braun und Medaris, als sie von Gordon Harris, dem Presseoffizier des ABMA, unterbrochen wurden. Er schoß ganz unprotokollgemäß auf sie zu und stieß atemlos hervor: »Eben ist im Radio gemeldet worden, daß die Russen erfolgreich einen Satelliten raufgeschossen haben!«

Einen Augenblick lang herrschte betretenes Schweigen. Dann berichtete Harris noch, daß die Funksignale des Satelliten auf einer normalen Frequenz ausgestrahlt würden und daß ein Funkamateur aus Huntsville sie aufgefangen hätte.

Alle Zündkerzen in von Brauns Kopf sprühten gleichzeitig Funken. Um Medaris' Worte zu gebrauchen: »Von Braun begann zu reden, als wäre er mit einer Grammophonnadel geimpft worden. In seinem Drang, sich alles vom Herzen zu reden, überstürzten sich seine Worte.«

»Wir hatten es geahnt! Wir wußten, daß die Russen es tun würden!« sagte von Braun erregt zu McElroy. »Die *Vanguard* wird es nie schaffen! Wir hier haben die Raketen auf Lager. Geben Sie uns um Himmels willen freie Hand, Mr. McElroy, lassen Sie uns etwas tun! Sie können von uns innerhalb von sechzig Tagen einen Satelliten haben. Geben Sie uns freie Bahn und sechzig Tage Zeit!«

Während von Braun sprach, schwirrten Medaris all die Dinge, die noch vor dem Abschuß der Trägerrakete mit dem Satelliten erledigt werden mußten, durch den Kopf. Die Raketen mußten gereinigt und überprüft werden, die Endmontage erfolgen, die Spezialisten des *Jet Propulsion Laboratory* noch einmal die kleine Nutzlast, den Satelliten selbst, kontrollieren. »Sechzig Tage«, wiederholte von Braun, »nur sechzig Tage!« Da mischte sich Medaris ein: »Nein, Wernher, neunzig Tage!«

Endlich ließen sie sich das Essen schmecken. McElroy war strategisch gut zwischen von Braun und Medaris gesetzt worden und sah sich ständigem Trommelfeuer dringender Forderungen ausgesetzt. Während des Menüs ging eine ununterbrochene Flut von Nachrichten über das Gepiepse des russischen Satelliten ein. Trotzdem konnte von Braun nicht auf irgendwelche sofortigen Zusagen McElroys hoffen. Noch war dieser vom Kongreß nicht im Amt bestätigt worden. Doch von Braun wußte sehr gut, daß der Verteidigungsminister in spe über vieles nachzudenken haben würde, wenn er sich an diesem Abend schlafen legte: Der *Sputnik* würde höhnisch direkt über seinem Kopf piepsen und von Brauns Sturzbach von einem überzeugenden »Verkaufsgespräch« in seinen Ohren klingen. Dabei war die volle Auswirkung des russischen Erfolges noch gar nicht bekannt.

Am Freitag, dem 4. Oktober 1957, galt das Interesse der Amerikaner der Rassenintegration an der Oberschule von Little Rock in Arkansas, Jimmy Hoffas erneuter Kandidatur als Präsident der Fernfahrergewerkschaft und der World Series im Baseball zwischen den *Braves* aus Milwaukee und den New Yorker *Yankees*. Dann lief um Punkt 18.30 Uhr die Eilmeldung über die Ticker der Associated Press: RADIO MOSKAU MELDET SOEBEN, DASS DIE SOWJETUNION EINEN ERDSATELLITEN GESTARTET HAT. Der ersten russischen Ankündigung zufolge war der Satellit ein Testflugkörper und hatte ohne Schwierigkeiten beim ersten Versuch die Umlaufbahn erreicht. Russische Quellen beschrieben ihn als kugelförmige, 83,6 Kilogramm schwere Gerätezelle von 58 Zentimeter Durchmesser. Seine Flughöhe wurde mit rund 910 Kilometer und seine Geschwindigkeit mit 28 800 Kilometer pro Stunde angegeben, die Dauer des Erdumlaufs mit einer Stunde und 36,2 Minuten, die Bahnneigung zum Äquator mit 65 Grad. Exakte Umlaufbahn, Funktions- und Lebensdauer des Satelliten wurden nicht bekanntgegeben, doch erwartete man in der westlichen Welt, daß er beim Wiedereintritt in die Erdatmosphäre nach einigen Monaten verglühte. Funkstationen außerhalb der Sowjetunion konnten die Signale des *Sputnik** schon wenige Stunden nach der Bekanntgabe des Starts empfangen.

Eine Empfangsstation der RCA in Riverhead im Staat New York war die erste der USA, die die Ortungssignale um 20.07 Uhr (Ortszeit) hörte. Die berühmten Pieptöne hatten unterschiedliche Länge, Frequenz und Abstand. Mit ihnen wurden verschlüsselt die Meßwerte der Bordinstrumenete übertragen. Am 7. Oktober gaben die Sowjets bekannt, daß Teile der Trägerrakete, die zum Abschluß des Satelliten benutzt worden war, ebenfalls in eine Umlaufbahn geraten seien und jetzt ungefähr in 950 Kilometer Abstand dem Satelliten folgten. Am 9. Oktober hieß es in der *Prawda,* auch die leere Kegelspitze der dritten Stufe der Trägerrakete sei in einen Umlauf eingetreten. Diese Nachrichten verliehen früheren Behauptungen der Sowjets über ihre Langstreckenraketen verstärkte Bedeutung.

Die Meldungen aus Moskau kamen für die Weltöffentlichkeit ausserordentlich überraschend. Auch in den Vereinigten Staaten hatte nur wenige Wissenschaftler so früh einen russischen Satellitenabschuß erwartet. Sie hatten auch nicht angenommen, daß die Umlaufbahn fast kreisförmig und in solch großer Höhe verlaufen würde und vor allem nicht das erstaunliche Gewicht des Satelliten für möglich gehalten. Die Russen hatten eine unerhörte Leistung vollbracht.

Die amerikanische Bevölkerung war so schockiert, daß viele fürchteten, die Russen könnten als nächstes Bomben abwerfen. Amerika war getroffen worden und sein Stolz verletzt. Kein deutscher Bomber hatte seine »Maginot-Linie«, den Atlantik, überquert, nur ein oder zwei lächerliche japanische U-Boote hatten während des Zweiten Weltkrieges ein paar Granaten auf die kalifornische Küste abgefeuert. Und jetzt dies...

Wie hatten diese »bolschewistischen Muschiks« es bloß fertiggebracht? Die Reaktion des amerikanischen Durchschnittsbürgers auf den *Sputnik* war von Ärger und Frustration gekennzeichnet. Die Intellektuellen behaupteten, eine neue Nation habe die Hauptrolle auf der Weltbühne übernommen; die guten alten Vereinigten Staaten seien dabei, zu einer zweitklassigen Macht abzusinken. Schließlich konnte, um es in der Terminologie der operativen Raketenwaffen

---

* Die volle russische Bezeichnung lautet: Iskustwennji Sputnik Semli, wörtlich übersetzt: Begleiter oder Trabant der Erde. (Anm. d. Ü.)

auszudrücken, die Rakete, die den *Sputnik* ins Weltall getragen hatte, wahrscheinlich auch als mit atomarem Sprengkopf ausgerüstete Interkontinentalrakete Ziele in 8000 Kilometern Entfernung auf der Erde treffen. Die amerikanische Mittelstreckenrakete hatte nur eine Reichweite von 2400 Kilometern.

Die Eroberung des Weltraums war seit jeher ein beliebtes Science-fiction-Thema gewesen oder Inhalt der Bildergeschichten mit Buck Rogers und Flash Gordon in den Comic strips. Doch jetzt berichtete sogar die nüchterne Nachrichtenagentur Associated Press: »... Der künstliche Mond wird heute früh um 7.40 Uhr über das Gebiet von Philadelphia brausen. Bei weiteren Erdumkreisungen wird er etwa anderthalb Stunden später die Staaten des Mittelwestens überfliegen und knapp drei weitere Stunden danach über der Pazifikküste auftauchen.«

Bei einem Rückblick auf diese Zeit erinnert sich Generalleutnant James M. Gavin, der frühzeitig für die Erforschung des Weltraums eintrat, daß »überall Wut und tiefe Enttäuschung darüber herrschten, daß unsere Wissenschaftler nichts Besseres geleistet hatten. Das Pentagon war verärgert und zutiefst beunruhigt. Die unglaubliche Unwissenheit über das, was die Sowjets leisten konnten, ohne daß wir etwas Gleichwertiges vorzuweisen hatten, war für das amerikanische Volk etwas, womit es sich einfach nicht abfinden konnte.«

Das nachhaltige weltweite Echo auf den russischen Erfolg und die hämische Freude in den Ostblockländern machten die amerikanische Öffentlichkeit unsicher. Die Regierungsstellen in Washington standen unter der Einwirkung eines Schocks, während die Regierung selbst und Präsident Eisenhower zur Abwechslung einmal schwiegen. Doch die Bevölkerung verlangte lautstark zu wissen, was es mit dieser russischen Leistung auf sich habe. Welchen Zweck hatte das Ding da oben? War es gefährlich?

Die Rundfunk- und Fernsehkommentatoren der ganzen Nation setzten ebenso wie die Zeitungsleute Washington stark unter Druck. Jeder, der auch nur entfernt mit dem Militär zu tun hatte, Wissenschaftler oder höherer Regierungsbeamter war, wurde von interviewhungrigen Journalisten überfallen. Das Ergebnis war, daß die Erklärungen, die über Nachrichtendrähte und Ätherwellen verbreitet wurden, ebenso widersprüchlich und verwirrend waren wie der russische Raumsatellit selbst. Der scheidende Verteidigungsminister

Charles E. Wilson äußerte Reportern gegenüber, der Start des *Sputnik* sei »ein gelungener wissenschaftlicher Trick... Niemand wird etwas von einem Satelliten auf Sie hinabwerfen, während Sie schlafen. Sie können also völlig beruhigt sein.«
Dieser Versuch, den *Sputnik* sozusagen unter einen himmlischen Teppich zu kehren, machte aber weder auf die Öffentlichkeit noch auf die Presse Eindruck. Der prompte Widerhall in den Leitartikeln und Kommentaren war negativ. Nach fünftägigem Schweigen erklärte sich Präsident Eisenhower endlich bereit, auf einer Pressekonferenz zu erscheinen. Am 9. Oktober 1957 versicherte er den Journalisten, daß »der Eindruck des *Sputnik* nicht meine Besorgnis erregt, nicht ein Jota«. – Am selben Tag erregte der stellvertretende Aussenminister Christian Herter den Unwillen des Präsidenten und des Verteidigungsministers, als er auf der Jahrestagung der amerikanischen Frauenverbände den *Sputnik* als »erstaunliche wissenschaftliche Leistung« bezeichnete.
Amerika verlor auf der ganzen Welt erheblich sein »Gesicht«. Nun war es sonnenklar, daß seine Behauptungen von technologischer Überlegenheit bestenfalls nur Behauptungen waren. Die meisten Leitartikler der Welt vertraten die Ansicht, Amerika werde seine Führungsrolle zurückgewinnen, doch die englische Tageszeitung *Daily Mail* fügte unheilverkündend hinzu: »Es steht außer Zweifel, daß Rußlands Sieg hauptsächlich psychologischer Natur und nur insoweit gefährlich ist, als er eine Propagandawaffe darstellt, doch steht zu befürchten, daß Chruschtschow nun zu größeren Risiken bereit sein wird...«
Nikita Chruschtschow hatte den gleichen Gedanken. Noch bevor die Nachricht von dem russischen Weltraumsatelliten in aller Welt für Schlagzeilen sorgte, hatte der sowjetische Parteivorsitzende bedrohliche Äußerungen in bezug auf einen syrischen Einmarsch in die Türkei fallen lassen.
Die Situation spitzte sich derart zu, daß John Foster Dulles, der damalige Außenminister, den sowjetischen Außenminister Andrej Gromyko in sein Washingtoner Heim einlud, ein Herrenhaus, von dem aus man einen herrlichen Blick auf den Rock-Creek-Park hatte. Es war das erste Mal, daß der Außenminister seinen sowjetischen Amtskollegen zu einem privaten Besuch einlud. Dulles wollte in vertraulichem Gespräch unterstreichen, daß die Vereinigten Staaten

nicht vor einem Krieg zurückschreckten, wenn die Türkei angegriffen würde.

Die Einladung an Gromyko war kurz vor dem Start des *Sputnik* ergangen, aber für den 5. Oktober ausgesprochen worden, den Tag nach dem Ereignis. Der Termin hätte für Minister Dulles nicht schlechter gewählt sein können.

Zwei Tage nach dem *Sputnik*-Erfolg gab die Sowjetunion bekannt, sie habe ein »Wasserstoffgerät neuen Typs von großer Sprengkraft« in extremer Höhe zur Explosion gebracht. Jetzt rasselten die Sowjets wirklich mit ihren Raketen. In rascher Folge trafen Berichte ein, wonach russische Raketen entlang der türkischen Grenze bereitstanden. NATO-Mitgliedsstaaten erhielten Schreiben von Chruschtschow, in denen er ihnen mit der Zerstörung durch raketengetragene Wasserstoffbomben drohte, falls sie der Errichtung amerikanischer Raketenbasen auf ihrem Territorium zustimmten. Selbst die Vereinigten Staaten wurden mit Vergeltungsschlägen durch Interkontinentalraketen für den Fall bedroht, daß sie sich direkt in die Auseinandersetzung zwischen dem Libanon und der von Moskau unterstützten Vereinigten Arabischen Republik einschalteten.

Die Zeiten waren nicht leicht für John Foster Dulles. Aus der Arroganz des sowjetischen Verhaltens zu schließen, war Dulles' Gespräch mit Gromyko, das den Kreml einschüchtern sollte, ohne Erfolg geblieben. Die Klagen und Kommentare der Militärs über die »Raketenlücke« machten die Lage nicht gerade besser. Die Luftwaffe sagte zwar voraus, die Vereinigten Staaten hätten bis Ende 1958 eigene Interkontinentalraketen. Doch dieser Traum wurde von Thomas G. Lanphier junior, dem Vizepräsidenten der Convair, einer Tochtergesellschaft der General Dynamics, (die die *Atlas*-Interkontinentalrakete baute) abrupt beendet, als er kurz nach dem *Sputnik*-Erfolg der Russen feststellte: »Die Vereinigten Staaten werden sich in den nächsten fünf Jahren auf konventionelle Waffen beschränken müssen... Wir werden mit unserem Leben in den kommenden fünf Jahren auf einem sehr dünnen Seil balancieren müssen.«

Bevor der Sputnik gestartet worden war, hatten die USA und die Sowjetunion angesichts der Lage im Nahen Osten am Rande eines Krieges gestanden. Dann schien, als der Erdtrabant seine Bahn zog, mit einem Mal das gesamte Netz der ineinander verflochtenen teuren westlichen Verteidigungsstruktur veraltet zu sein. Und die Russen wußten das. Ihr Selbstbewußtsein hatte mit *Sputnik 1* Auftrieb bekommen und steigerte sich einen Monat später noch, als sie am 3. November 1957 *Sputnik 2* mit der Hündin »Laika« an Bord in eine Erdumlaufbahn schossen. Atmung und Pulsschlag des Tieres wurden telemetrisch zur Erde übermittelt.

Chruschtschow brüstete sich damals vor dem Obersten Sowjet: »Unsere *Sputniks* umkreisen die ganze Erde... Zum Sieg des Sozialismus sind keine Kriege mehr nötig. Die Imperialisten werden trotz aller Anstrengungen nicht in der Lage sein, den Vormarsch der Gesellschaft zum Kommunismus aufzuhalten!«

Der zweite *Sputnik* löste eine Woge der Kritik an der Regierung Eisenhower und ihrer selbstgefälligen Untätigkeit angesichts des neuen Raumfahrtzeitalters aus. Die Kritiker stimmten darin überein, daß die Russen die Vereinigten Staaten auf dem Gebiet der Raketenwaffen überholt und beim wissenschaftlichen und technologischen Wettrennen eindeutig die Führung übernommen hatten.

Einige wenige Wissenschaftler und Journalisten hatten seit langem vor dem Pionierschritt der Russen in den Weltraum gewarnt und vor den Gefahren für die USA, wenn ihnen nichts Gleichwertiges gelang. Doch die Öffentlichkeit maß diesen Kassandrarufen wenig Bedeutung bei und die Regierung noch weniger. Zu den am meisten enttäuschten Experten zählten in jenen Tagen von Braun, General Medaris und dessen Chef, Generalleutnant Gavin.

Vor dem Start des *Sputnik* hatte Gavin große Mühe gehabt, den Kongreß davon zu überzeugen, daß für die Amerikaner ein solcher Erdsatellit realisierbar sei. Schließlich hielt er es für das beste, von Braun vor einem Senatsausschuß aussagen zu lassen. Als alle im Hearing-Saal versammelt waren, begann von Braun über die technischen Möglichkeiten der Russen zu sprechen. Nach einer Weile erklärte Senator Allan J. Ellender, der intensiv zugehört hatte, von Braun und Gavin müßten den Verstand verloren haben; die Sowjets könnten nie und nimmer eine Rakete oder einen Satelliten starten! Er sei gerade von einer Reise in die Sowjetunion zurückgekommen und sei überzeugt, daß sie einem großen Irrtum unterlägen. Er habe in Moskau die altmodischen Autos und zudem noch sehr wenige auf den Straßen gesehen...!

Von Braun lauschte aufmerksam diesen Ausführungen und nickte, als ob er dem Senator zustimme. Das ließ Gavin befürchten, der Protokollführer könnte von Brauns Nicken als Zustimmung in die Akten aufnehmen. Deshalb reichte er von Braun einen Zettel, auf dem er ihn bat, vorsichtig zu sein und nicht den Eindruck zu erwecken, er teile Ellenders Auffassung. Der Vorsitzende brach daraufhin die Sitzung ab, zitierte General Gavin zu sich und drohte ihm, ihn wegen des Versuchs der Zeugenbeeinflussung vom Hearing auszuschließen. »Das war das Ende der Hearrings«, erinnerte sich General Gavin einige Jahre später, »doch niemand hätte davon überzeugt werden können, daß die Sowjets imstande waren, einen Satelliten in den Weltraum zu entsenden.«

Während der Entwicklungsphase des sowjetischen Raketenprogramms war in den Vereinigten Staaten die Entwicklung in unterschiedliche und sogar miteinander konkurrierende Richtungen gedrängt worden. Die USA-Armee arbeitete an einer Langstreckenrakete, wurde indessen durch die Ungewißheit über die maximale Reichweite gehandikapt, die das Verteidigungsministerium ihr zur Unterstützung von Bodenoperationen zugestehen wollte. Die Luftwaffe forcierte den Bau eines bemannten Bombers, der als strategisches Langstrecken-Trägersystem für atomare Waffen dienen sollte. (Die Rakete erschien ihr zunächst nicht als interkontinentaler Träger für Waffen geeignet zu sein. Das änderte sich erst 1954, nachdem ein hinreichend leichter und kompakter Wasserstoffsprengkopf konstruiert worden war.) Da ihnen militärische Raketen nicht zugänglich waren, waren die Wissenschaftler in der Forschung darauf angewiesen, mit dürftigen Mitteln eigene Versuchsraketen zu entwickeln.

In ihrer Kolumne »Washingtoner Karussell« hatten der verstorbene Drew Pearson und sein Kollege Jack Anderson seit 1956 jedem, der es hören wollte, versichert, die Sowjetunion werde 1957 einen Satelliten in den Weltraum schießen. Beide Journalisten hatten sich immer wieder heftig gegen die Etatkürzungen der Regierung Eisenhower gewandt: noch zwei Monate vor *Sputnik 1* war eine einschneidende Kürzung des Verteidigungshaushalts der USA vorgenommen worden.

In jeder Ausgabe meiner eigenen Zeitschrift *Missiles & Rockets* hatten Eddie Hull, Norman L. Baker und ich über die bevorstehenden russischen Erfolge auf dem Gebiet der Raumfahrt berichtet – in jeder einzelnen der elf aufeinanderfolgenden monatlichen Nummern von Oktober 1956 bis September 1957.

Nun löste der *Sputnik* eine Orgie der Selbstanalyse der einstmals stolzesten Nation der Erde aus. Zuweilen hatte es den Anschein, als liege das ganze Land auf der Couch der Psychiater. Die Sozialkritiker brauchten nur auf ein chromblitzendes, übersättigtes Amerika hinzuweisen, das dem Untergang geweiht war. Der Durchschnittsamerikaner bekam zu hören, daß russische Teenager ein Drittel mehr Unterricht hätten als amerikanische Schüler, daß russische Lehrer besser ausgebildet seien als die Pädagogen in den USA, daß 70 Prozent der von den Universitäten der Sowjetunion verliehenen Diplome an Naturwissenschaftler und Technologen gingen und daß die Russen nicht durch Kitschfilme, Western und Krimis im Fernsehen verseucht würden.

Über Nacht wurde aus der Sowjetunion plötzlich ein Kulturland, aus den Vereinigten Staaten ein Morast voll Sex und Verbrechen. Die glanzvolle Leistung der Russen im Weltraum erschien vielen als Beweis dafür, daß die Sowjets ein besseres Schulsystem als die Amerikaner hatten, ihr Intelligenzpotential besser nutzten und auf diese Weise Amerika im Kalten Krieg auszustechen drohten.

»Eine Interkontinentalrakete könnte das Gesicht des Krieges ändern«, soll Stalin schon 1947 bei einer Sitzung des Politbüros im Kreml gesagt haben. Nach Angaben der *Washington Post* wurde diese Äußerung von G. A. Tokaty wiedergegeben, der für die gefangenen deutschen Raketenspezialisten zuständig war und sich später nach Großbritannien absetzte.

»Begreift ihr die enorme strategische Wichtigkeit von Maschinen dieser Art?« soll Stalin damals weiter gesagt haben. »Sie wären eine wirksame Zwangsjacke für diesen lauten Kleinkrämer Harry Truman. Wir müssen die Entwicklung vorantreiben, Genossen! Die Entwicklung einer transatlantischen Rakete ist von größter Bedeutung für uns.« Der erste *Sputnik* war das Ergebnis von Stalins militärischer Entscheidung, ein Beschluß, der jahrelang geheimgehalten wurde.

Inspiriert von den, wie Stalin sie nannte, »vielen interessanten Ideen« der deutschen V2-Experten nahm die Sowjetunion auf der soliden Grundlage zunehmenden Wissens auf dem Gebiet der Raketentechnik dann ein Programm in Angriff, das untrennbar mit der militärischen Planung verknüpft war. »Es besteht kein Zweifel daran«, sagte von Braun Ende 1957, »daß die Russen als erste erfolgrei-

che Eroberer des Weltraums jetzt ein ganzes Bündel leicht erreichbarer Früchte ernten können.«
Das taten sie auch.

Die Sowjets hatten rasch erkannt – wenn sie es nicht schon von Anfang an in ihre Pläne einbezogen hatten –, wie wichtig die Eroberung des Weltalls für Prestige und Machtposition war. Joseph G. Whelan, der Ostblockspezialist der amerikanischen Kongreßbibliothek der *Library of Congress,* drückte es Jahre später in einer Analyse für den Senatsausschuß für Aeronautik und Astronautik so aus: »Für die Sowjets war die Eroberung des Weltraums primär ein Instrument, um den Ruf ihrer Macht zu vergrößern... Seit Beginn des Raumflugzeitalters im Jahre 1957 ist es das erklärte Ziel der sowjetischen Raumfahrtpolitik gewesen, den Führungsanspruch auf diesem Gebiet zu stellen und mittels dieser beanspruchten Rolle weitergehende politische Ansprüche für das sowjetische System durchzusetzen zu versuchen.«

Offensichtlich hatten die kommunistischen Planer sofort die psychologischen und propagandistischen Vorteile einer Waffe erkannt, die ihr Ziel ohne Vorwarnung traf und die nicht wirksam abzufangen war. Eine Weiterentwicklung dieser Waffe würde jeden Punkt auf der Oberfläche der Erde in Reichweite bringen. Hier war also die unvermeidliche Antwort auf Amerikas Strategisches Luftkommando. Die Atomwissenschaftler der Sowjetunion waren krampfhaft bemüht, die Atomwaffe zu verbessern. Sie hatten schon die Vorteile vor Augen, die eine Beförderung dieser todbringenden Kräfte nicht nur binnen weniger Stunden, sondern sogar in Minutenschnelle bot. Der Erfolg des ersten Sputnik bedeutete für die meisten Staaten der Erde eine Enthüllung dieses gekoppelten russischen Programms.

Tatsache ist, daß die Vereinigten Staaten bereits Ende der vierziger, spätestens Anfang der fünfziger Jahre über die Technologie, die Wissenschaftler und die Ingenieure verfügten, um Forschungssatelliten starten zu können. Eine Reihe technologischer Pionierleistungen von weltweiter Bedeutung auf dem Gebiet des Strahlantriebs, der Elektronik, Aerodynamik und Kernforschung wurden in den USA erbracht. Weltberühmte Wissenschaftler – Amerikaner, Deutsche, Ungarn und Schweizer – arbeiteten am *Massachusetts Institute of Technology,* der Technischen Hochschule von Massachusetts, am CALTECH oder ähnlichen Institutionen, in der amerikanischen Privatwirtschaft oder für staatseigene Dienststellen. Die Universitäten und Colleges führten hochkomplizierte Forschungsarbeiten aus, testeten neuartige Treibstoffe und Metalle, stellten Versuche auf dem Gebiet der Kybernetik, der Wissenschaft von Computern, an und untersuchten die Probleme des Überschallfluges.

Warum also konnten sich die Amerikaner nicht zu einem Satellitenprogramm entschließen? Hielt man solche Flüge für reine Luftakrobatik? Für Science-fiction? Offensichtlich hielt man in der Eisenhower-Ära in Washington so gut wie gar nichts von solchen Flugkörpern, denn man lehnte rundweg jeden Vorschlag ab, ein Raumfahrtprogramm in Angriff zu nehmen.

Aus Gründen der Fairneß Präsident Eisenhower gegenüber sollte man allerdings darauf hinweisen, daß die Nation infolge der Nahostkrise am Rande eines Krieges stand und diese Sorgen »Ike« stärker beschäftigten als Raumfahrtpläne. Wenn Experten in allen Einzelheiten aufzuzählen begannen, welche Vorteile den USA durch Forschungssatelliten entstünden: nämlich bessere Wettervorhersagen, Erleichterung der Erkundung neuer Rohstofflagerstätten auf dem Festland und im Meer, bessere Navigation und Luftaufnahmen, Verbesserung der Ozeanographie, Ermöglichung genauer Kontrolle der Fisch- und Wildvorkommen sowie qualitative und quantitative Verbesserung von Rundfunk- und Fernsehübertragungen, pflegte Eisenhower abzuwinken. War die Raumfahrt denn ein Märchenunternehmen, mit dem seriöse Regierungsmitglieder nicht in Verbindung gebracht werden wollten? Warum sollte man überhaupt Raumfahrt betreiben? Warum künstliche Satelliten ins All schießen, um dubiose Experimente durchzuführen, deren Ausgang niemand voraussagen konnte? Von Braun hatte die Antworten parat. Er versuchte verzweifelt, die Regierung davon zu überzeugen, daß die Erkundung des Weltraums die Nationen der Erde enger zusammenbringen würde im vereinten Bemühen um die Lösung gemeinsamer Probleme. Alles nur dummes Gerede, dachten viele hochgestellten Politiker der Eisenhower-Hierarchie...

Am 3. November hatten die Russen die Hündin »Laika« mit *Sputnik 2* in eine Erdumlaufbahn gebracht. Das Gesamtgewicht der Nutzlast betrug 508 Kilogramm, was klar bewies, daß die Russen große Raketentriebwerke bündelten und die Voraussetzungen für eine Interkontinentalrakete hatten. Der Aufschrei der amerikanischen

Öffentlichkeit verstärkte sich zu einem markerschütternden Brüllen. Und wenige Tage später gab die Regierung Eisenhower nach. Am 8. November 1957 liefen die Nachrichtendrähte mit der Meldung heiß: »Der Verteidigungsminister hat heute das Heeresministerium angewiesen, den Abschuß eines Erdsatelliten unter Verwendung einer modifizierten *Jupiter C*-Rakete fortzusetzen...«

Die Bevölkerung von Huntsville jubelte – doch beim ABMA waren General Medaris und von Braun in Sorge. Als die offizielle Anweisung aus Washington eintraf, lautete sie nicht, wie es in der Presseverlautbarung geheißen hatte, die Armee solle »den Abschuß fortsetzen«, sondern sie solle »die *Vorbereitungen* für den Abschuß treffen«. Im Endeffekt bedeutete das keine klare Ermächtigung zum Start eines Satelliten.

General Medaris legte die Direktive so aus: »Ihr macht weiter, Leute, und bereitet die Raketen vor! Meinetwegen könnt ihr auch einen provisorischen Starttermin festlegen. Aber der Abschuß kann natürlich nur erfolgen, wenn kurzfristig das Okay aus dem Verteidigungsministerium kommt. Wir geben der *Vanguard* bis zur letzten Minute jede nur mögliche Chance, und wenn die vom Marine-Forschungslaboratorium durch irgendein Wunder doch etwas zustandebringen sollten, dann müßt ihr eben euer Spielzeug ins Regal zurücklegen!«

Medaris setzte sich mit dem »Raketenzaren« Holaday im Pentagon wegen der Dienstanweisung in Verbindung, und dieser teilte Medaris' Ansicht über die Auslegung. Dann rief Medaris von Braun zu einer längeren Besprechung zu sich. Anschließend diktierte er, nachdem sich seine Erregung etwas gelegt hatte, ein Fernschreiben an den Chef des Armee-Forschungsamtes General Gavin, in dem er ihn wissen ließ, daß er entschlossen sei, den Dienst zu quittieren, falls die Anweisung nicht dahingehend geändert werde, daß das ABMA die klare Ermächtigung zum Abfeuern einer Trägerrakete mit einem Satelliten erhielt. Dr. William Pickering, der Chef des Laboratoriums für Strahlantriebe der Technischen Hochschule von Kalifornien in Pasadena bei Los Angeles, und von Braun, die zugegen waren, baten Medaris, auch ihren Rücktritt in diesem Kabel anzubieten. Am Ende bekamen sie dann, was sie wollten, doch es dauerte noch geraume Zeit.

Schließlich erhielt von Braun grünes Licht: »Ändern Sie ein *Red-*

stone-Triebwerk und verwenden Sie das gesamte im Rahmen des *Jupiter C*-Programms erarbeitete Wissen und die Hardware, um im Internationalen Geophysikalischen Jahr einen Satelliten in eine Umlaufbahn um die Erde zu bringen.« Ein Sonderauftrag lautete, an Bord des Satelliten einen Geigerzähler mit einem Sender einzubauen, Geräte, die Dr. James A. van Allen entwickelt hatte, der Dekan der Physikalischen Fakultät an der Staatsuniversität von Iowa und Mitglied der Spezialgremien für den Erdsatelliten, kosmische Strahlung, Polarlicht und Raketentechnik des amerikanischen IGJ-Ausschusses. Van Allen hatte bereits eine Vielzahl von Messungen der Radioaktivität in Höhe von 80 bis 120 Kilometern durchgeführt und meist Ballons dazu benutzt. 1946 war er der erste gewesen, der mit Hilfe einer in White Sands abgeschossenen V2-Rakete ein wissenschaftliches Experiment unternommen hatte. Später leitete er die *Aerobee*-Raketenversuche mit dem Ziel, verschiedene Strahlungsarten und die kosmische Strahlung in großen Höhen zu messen. Übrigens hatte in Van Allens Haus im Bundesstaat Maryland bei Washington Sydney Chapman, Geophysiker von der Universität Oxford, das Internationale Geophysikalische Jahr 1957/58 angeregt. Van Allen war damals Leiter der Höhenforschung am Institut für angewandte Physik der Johns Hopkins Universität in Baltimore.

Seine Aufgaben im Rahmen des IGJ machten ihm außerordentlichen Spaß. Während einer Arktisexpedition schickte er 18 ballongetragene Raketen, sogenannte »Rockoons«, in die Hochatmosphäre; 36 weitere startete er in verschiedenen Orten Floridas, in der Nähe des Äquators und in der Antarktis. Van Allensche Meßgeräte für kosmische Strahlung wurden noch von 14 Ballonen in Fort Churchill, einer IGJ-Überwachungsstation an der Hudson Bay, emporgetragen. Für seine Experimente erfolgten weiterhin hier sechs *Nike-Cajun*-Raketen-Starts.

Doch das größte Projekt, das wichtigste und spektakulärste Experiment, war vorläufig noch ein Traum Van Allens. Die neue *Vanguard*-Rakete der Marine sollte eigentlich einen Satelliten mit Strahlungsmeßinstrumenten in eine Erdumlaufbahn tragen, doch zu seiner Enttäuschung bestand die Rakete mehrere Probestarts nicht, weil sie einfach noch nicht ausgereift war. Dann mußte von Braun als Nothelfer herhalten: seine *Jupiter C* wurde dazu bestimmt, Van Allens Traum zu verwirklichen.

Von Braun brauchte nicht erst seine Mittel zu überprüfen und die Anforderungen dieser Aufgabe festzustellen, bevor er dem Pentagon mitteilen konnte, wieviel Zeit er benötigte. Er hatte eine vollständige Übersicht der Möglichkeiten in Huntsville seit der ersten Nachricht vom russischen Satellitenstart im Kopf gehabt. Tausendmal war er seit dem ersten Zirpen vom Himmel in Gedanken jeden Schritt durchgegangen, den es zu tun galt. Jetzt konferierte von Braun mit Medaris, und dieser setzte hartnäckig durch, daß die Armee das Verteidigungsministerium offiziell um 90 Tage Zeit ersuchte.

Nur 90 Tage, und es war noch sehr viel zu tun!

Natürlich war das *Jupiter C*-System bereits bei den Wiedereintrittsversuchen auf Herz und Nieren geprüft worden. Es hatte schon die kegelförmige Spitze getragen, die Präsident Eisenhower der Öffentlichkeit im Fernsehen vorgestellt hatte. Die erste Stufe war eine etwas verlängerte *Redstone,* die einen speziellen Treibstoff verwendete, der ihre Leistung erhöhte. Die zweite Stufe bestand aus einem Ring von elf beim JPL entwickelten, verkleinerten *Sergeant*-Feststoffraketen. Die dritte Stufe bildeten wiederum drei gebündelte *Sergeant*-Raketen. Für den bevorstehenden Satellitenflug war nun noch eine vierte Stufe notwendig, die aus einer einzigen *Sergeant*-Rakete bestand. An ihrer Spitze sollte sie den Satelliten *Explorer 1* tragen.

Das hörte sich alles viel einfacher an, als es tatsächlich sein würde, wie von Braun wußte. Van Allens Instrumente warfen eine Reihe neuer Probleme auf. Das JPL arbeitete wochenlang bis tief in die Nacht hinein, um zusätzlich zu den Tests mit dem Raketenstufenkranz auch noch Van Allens Geigerzähler mit einem passenden Sender zu verbinden und das Ganze in einen zylindrischen Körper zu verpacken, der in der Lage war, die 40 g Beschleunigung der letzten Stufe zu verkraften. Auch für die erste Stufe waren viele Änderungen nötig. Von Braun ließ seine Leute bis zur Erschöpfung arbeiten, um diese Änderungen zu bewerkstelligen und das Gerät nach jeder Modifikation eingehend zu überprüfen. Inzwischen unterstanden ihm als Technischem Direktor des ABMA 3200 zivile Wissenschaftler, Ingenieure und Techniker. Der Wert der Anlage in Huntsville war auf über 60 Millionen Dollar gestiegen und wies ein paar in ihrer Art einzigartige Einrichtungen auf der Welt auf.

Die hauptsächlichen Änderungen, die das Huntsville-Team vorzunehmen hatte, um eine *Redstone* in eine *Jupiter C* zu verwandeln, sahen so aus:

1. Die Tanks der *Redstone* mußten verlängert werden, um mehr Brennstoff und Oxydator zu fassen;
2. Die notwendigen Modifikationen waren vorzunehmen, um anstelle von Alkohol Hydyne* als flüssigen Brennstoff verwenden zu können und so eine Nutzlastkapazität zu schaffen, die dem größeren Gewicht der JPL-Van Allen-Instrumente entsprach;
3. Das Oberteil der *Redstone* galt es so zu verändern, daß es vor dem Zünden des Triebwerks in Rotation um die Längsachse versetzt werden konnte, um nach der Trennung von den JPL-Hochleistungsstufen Kursstabilität zu wahren.

Die *Jupiter C* konnte größere Treibstoffbehälter tragen, weil ihre oberen Stufen weniger wogen als der Sprengkopf der militärischen Version der *Redstone*.

Die Ingenieure von Rocketdyne, der Vertragsfirma für den Triebwerkbau, hatten den Vorschlag gemacht, Hydyne anstelle von Alkohol als Brennstoffkomponente zu nehmen. Dadurch erhalte man einen um 15 Prozent größeren spezifischen Impuls bei einem geringfügigen Triebwerkumbau. Darüber hinaus werde die größere Energie den Schub der *Redstone* von 37 Tonnen auf 41 Tonnen schrauben. Der kombinierte Effekt von vergrößerter Treibstoffkapazität und der Verwendung von Hydyne verlängerte die Brennzeit von 121 auf 155 Sekunden.

Dieser verlängerte Zeitraum von der Zündung bis zum Brennschluß des Triebwerkes warf ein neues Problem auf. Das Huntsville-Team mußte einen weiteren Wasserstoffsuperoxydtank in seine Pläne einbeziehen. Es war erforderlich, um die Turbopumpe während der zusätzlichen 34 Sekunden arbeiten zu lassen.

Die härteste Nuß, die von Braun und seine Männer zu knacken hatten, um die *Jupiter C* für eine Erdumkreisung fertigzumachen und von der die Öffentlichkeit nie erfuhr, war die Erzielung der bereits erwähnten Kursstabilität. Nach dem Ausbrennen der flüssigkeitsgetriebenen ersten Raketenstufe stieg der davon abgetrennte »Instrumentenzylinder« antriebslos, aber automatisch immer mehr eine Par-

---

* Komplizierte chemische Verbindungen, die eine Mittelstellung zwischen den Kohlenwasserstoffen und den Wasserstoffverbindungen des Stickstoffs einnehmen, werden in der Raumfahrt häufig als Brennstoffe verwendet. Das von den Amerikanern entwickelte Hydyne, eine Mischung von unsymmetrischem Dimetyhlhydrazin (60 %) mit Diäthylentriamin (40 %) ergibt eine höhere Leistung als das gebräuchlichere Kerosin (Gasöl). (Anm. d. Ü.)

allelbahn zur Erdoberfläche ansteuernd, etwa 450 Kilometer hoch. Dann wurde vom Rechenzentrum der Abschußbasis aus mit einem Funkimpuls die zweite Stufe gezündet, der Kranz von elf *Sergeant*-Raketen. Danach kam selbsttätig die dritte Stufe – das Fünferbündel von Raketen des gleichen Typs – an die Reihe, und schließlich brannte die einzelne *Sergeant*, die auf dem Bündel saß und mit der eingebauten wissenschaftlichen Nutzlast starr verbunden war, ihren Festtreibstoffsatz aus und erreichte die für den Satelliten vorausberechnete Endgeschwindigkeit von nahezu 7,9 Kilometern in der Sekunde. Um die Adjustierung zur Erde zu bewerkstelligen, waren kleine Druckluft-Lenkdüsen eingebaut, die jeweils bis zu zweieinhalb Kilogramm Schub entwickelten und mit deren Hilfe das Abkippen, Schlingern und Rotieren des Flugkörpers korrigiert wurde. Die Schwierigkeit dabei war die Tatsache, daß im luftleeren Raum selbst der feinste durch die Düse austretende Druckluftstrahl Überschallgeschwindigkeit erreichte und daher bei der Konstruktion des Düsensystems größte Präzision erforderlich war.

Mit der Lösung dieses »ekelhaften Problems«, wie von Braun es einmal ausgedrückt hatte, war das ABMA-Zellenbau- und Konstruktionslabor betraut worden. Von Braun schrieb später, während der kritischen Wochen vor dem ersten *Explorer*-Start habe er diese Arbeitsgruppe fast täglich besucht. Anfangs hätten es seine Ingenieure »ziemlich schwer gehabt, das hinzukriegen, doch dann gelang es am Ende doch, und nun haben wir ein sehr präzises Kontrollsystem für das Flugverhalten.«

Das Zellenbau- und Konstruktions-Labor, das Dr. Willy Mrazek leitete, einer von Brauns Mitarbeitern aus Peenemünder Tagen, hatte auch aktiven Anteil an allen anderen Phasen des *JupiterC*-Programms, lange Zeit, bevor der *Explorer* an der Reihe war. Diese Abteilung war zunächst verantwortlich für die Vorentwürfe und später für die Konstruktion von Zelle, Triebwerk und Mechanik.

Die ABMA-Abteilung »Technische Entwicklung« unter von Brauns Leitung setzte sich aus zehn »Labors« zusammen. Jedes hatte bestimmte ihm zugewiesene Aufgaben, war zuständig für die Abnahme von Kriterien bei der Prüfung des in der Entwicklung befindlichen Geräts und mußte Termine einhalten, bis zu denen ein Auftrag fertigzustellen war. Das *Explorer*-Programm machte dabei keine Ausnahme.

Das Aeroballistische Laboratorium hatte, zusammen mit dem JPL, die Vorstudien über die Praktikabilität des Abschusses eines geplanten *Explorer*-Satelliten mit einer »zusammengesetzten Wiedereintrittstest-Rakete«, also einer *Jupiter C*, unternommen. Nachdem das Projekt angelaufen war, stellte von Braun den Aeroballistikern die Aufgabe, Flugleistung und Flugbahn unter aerodynamischen Gesichtspunkten auf ein Optimum zu bringen. Dabei galt es die beste Aufstiegsrichtung der Trägerrakete zu ermitteln, die exakte Datenplanung für den Abschuß vorzunehmen und die möglichen Abweichungen zu berechnen. Auch das Problem der aerodynamischen Aufheizung gehörte dazu. Ressortchef war mit Dr. Ernst Geissler ein weiterer Peenemünder, dessen großartigen Fähigkeiten auf den Gebieten Aerodynamik und Mathematik seine Virtuosität als Klavierspieler kaum nachstand.

Von Braun brauchte nicht zweimal zu überlegen, wer sich der Steuerungsprobleme beim *Explorer* annehmen sollte. Sein Steuerungs- und Navigationslabor unter Dr. Walter Häussermann hatte mindestens ebensoviel Erfahrung mit der Trägheitsnavigation wie jede andere Expertengruppe, und ein solches Verfahren sollte bei der Trägerrakete für den *Explorer* zur Anwendung kommen.

Von Braun konnte nicht einfach ein Huntsviller Fachgeschäft anrufen und die neuen Bauteile bestellen, die für den *Explorer* benötigt wurden. Sie mußten eigens für dieses Projekt gefertigt werden. Viele verlangten neue Fertigungstechniken.

Das Problem, solche Methoden zu entwickeln und die entsprechende Geräte dazu, war schon immer Hauptaufgabe des Fertigungslabors unter Diplomingenieur Hans Maus gewesen. Hier wurden die besonders verlängerte und leichte ballistische Hülle der *Jupiter C* und auch der Rotationsmechanismus für die oberste Stufe gebaut. Auch die meisten Raketenkomponenten wie der Instrumentenbehälter, Kabelgehäuse, Stützen, Luftruder und Rohre wurden in den Hallen des Fertigungslabors hergestellt; die provisorische Montage der Rakete für die statische Erprobung des Triebwerks auf dem Prüfstand sowie die Endmontage und Ausrüstung der Raketensysteme erfolgten ebenfalls hier.

Dem Labor für Bodengeräte oblag die Verantwortung für die Bereitstellung der technischen Anlagen für den *Explorer*-Start. Besonderes Gewicht erhielt dabei die beschleunigte Entwicklung eines

Schnelltanksystems für den giftigen Hydyne-Brennstoff. Die Konstruktion eines solchen Systems, wie es auf dem Raketenstartgelände Kap Canaveral zum Einsatz kommen sollte, machten den zuständigen Ingenieuren erhebliche Kopfschmerzen. Aber das Labor schaffte es in hervorragender Weise. Sein Chef, Dr. Hans Hüter, war seit 1930 ein Weggefährte von Brauns. Damals hatten sie gemeinsam versucht, die ersten zischenden, wassergekühlten Flüssigkeitsraketentriebwerke auf Rudolf Nebels Raketenflugplatz am Stadtrand von Berlin zu starten. Normalerweise war Hüters Labor für die Entwicklung von fahrbaren Abschußrampen für Militärraketen, sämtlicher Bodengeräte für den Abschuß einschließlich der elektronischen Kontroll- und Prüfgeräte sowie neuartiger Raketentransporterfahrzeuge zuständig, die es ermöglichten, Flugzeuge mit ganzen Raketen zu beladen.

Eine der größten Aufgaben, die es zu bewältigen galt – besonders bei einem Vorhaben unter von Brauns Leitung – waren die gewissenhaften Prüffeldtests. Von Braun hatte die Überprüfung eines jeden Teilabschnitts des *Explorer*-Projekts bis zur Perfektion angeordnet. Dies fiel in den Verantwortungsbereich von Diplomingenieur Karl L. Heimburg, dem Chef des Prüffeldes. Glücklicherweise waren viele grundlegende Tests schon erfolgt, als von Braun die Anweisung erhielt, ein *Jupiter C*-Projektil als Trägerrakete für den *Explorer*-Start vorzubereiten. Heimburg hatte die Versuche im Rahmen der vorangegangenen »Wiedereintritts«-Testserie mit der *Jupiter C* unternommen. Nahezu anderthalb Jahre vor dem Auftrag, einen Erdsatelliten in eine Umlaufbahn um die Erde zu bringen, hatten Heimburgs Leute bereits zahlreiche Rotationsversuche mit oberen Raketenstufen in Zusammenarbeit mit dem Konstruktionslabor und dem JPL durchgeführt. Zwei Monate später, im Oktober 1956, wurde dann die erste Stufe erfolgreich einem Prüfstandversuch mit Hydyne-Brennstoff unterzogen. Anschließend war sie an das Fertigungslabor zur Lagerung zurückgeschickt worden, »bis sie für eine spezielle Aufgabe abgerufen wird«. Das war ein volles Jahr vor *Sputnik 1*.

Die letzte Arbeit, die in Huntsville getan werden mußte, ehe die erste *Jupiter C*-Trägerrakete, vierzehn schicksalhafte Monate später, nach Kap Canaveral verfrachtet werden konnte, war der Funktionstest aller Systeme und Teilsysteme. Diese Überprüfung nahm von Brauns Labor für Systemanalyse und Qualitätskontrolle unter Leitung eines weiteren alten Kollegen, Diplomingenieur Erich »Maxe« Neubert vor. Diese Testreihe führte stufenweise zu einem kompletten »simulierten Flugtest«, also einer Art von »Erdumlauf ohne Verlassen des Hangars«, wobei jeder Geräteteil wie bei einem richtigen Weltraumflug betätigt wurde. Bei diesem entscheidenden Test funktionierte jede Komponente der *Jupiter C,* wie es sein sollte. Von Braun war zufrieden.

»Schickt sie nach Florida«, rief er aus, »sie wird ihren Job tun!«

Dr. Helmut Hoelzers Labor für elektronische Rechenmaschinen, Dr. Ernst Stuhlingers Büro für Forschungsprojekte und Dr. Ernst Geisslers Aeroballistisches Labor hatten bereits die Daten für den Einschuß des Satelliten in die Erdumlaufbahn ausgearbeitet und auch die zulässigen Startzeiten vorausberechnet, um sicherzugehen, daß die Instrumentennutzlast zu keinem Zeitpunkt außergewöhnlich hohen oder niedrigen Temperaturen nach Erreichen der Umlaufbahn ausgesetzt war.

Von Brauns Hauptabteilung für Technische Entwicklung war noch nicht ganz mit den Arbeiten an der Rakete fertig, als diese Huntsville verließ. Unten am Kap Canaveral wurde die *Jupiter C* vom Raketenabschußteam unter Dr. Kurt Debus erwartet, das sich des Projektils weiter annahm. Es führte weitere Vor-Flugtests durch, montierte die erste Stufe mit dem Kranz von *Sergeant*-Raketen und bereitete den Raumflugkörper für den Abschuß vor. Ein Team des JPL, das Hand in Hand mit den *Redstone*-Leuten arbeitete, war an diesen letzten Aufgaben beteiligt.

Edward Manring und Maurice Dubin vom Cambridge-Forschungszentrum der US-Air Force hatten zwei Experimente mit Mikrometeoritendetektoren vorbereitet. Eine Versuchsanordnung bestand aus einem Satz von zwölf Drahtgittern, die der parallel zum Raketenkörper auf das hintere Ende des Triebwerks der vierten Raketenstufe montiert war. Der Aufschlag kleiner Meteoriten würde das Gitter zerbrechen oder verbiegen. Dadurch würde sich der elektrische Widerstand ändern, und die Änderung der Modulation des Telemetriesignals würde von den Bodenstationen registriert werden. Das Schwesterexperiment für Mikrometeoritenfeststellung sollte mit einem Mikrofon erfolgen, das »Treffer« auf der Außenseite des Satelliten akustisch aufnahm. (Die dritte *Explorer*-Versuchsanlage war ein Satz von vier Spezialthermometern, die die Temperaturen an drei verschiedenen Punkten auf der Außenhaut des Satelliten und an einem Punkt im Inneren der Instrumentenkapsel messen sollten.)

Kurt Debus und mehrere Mitglieder seiner Startmannschaft hatten in ihrem Leben mehr Großraketen gestartet als sonst jemand auf der Welt. Ihre Erfahrungen auf diesem Gebiet rührten von Hunderten von Abschüssen von V2-Versuchsraketen sowohl in Peenemünde als auch in White Sands her. Dazu kamen die vielen *Redstone*- und *Jupiter*-Raketen der Armee. Jetzt brachten sie die *Jupiter C* an ihren Startplatz und richteten sie in Azimut und Vertikale aus.

Dann kam der 29. Januar 1958 heran, der Tag, für den der Start vorgesehen war. Alles war bereit. Nur das Wetter spielte nicht mit. In westöstlicher Richtung tobten in der Stratosphäre – in einer Höhe zwischen 13 000 und 14 000 Metern – Stürme mit einer Geschwindigkeit von 280 Kilometer pro Stunde! Einer militärischen Rakete der Typen *Redstone* oder *Jupiter* hätte das wenig ausgemacht; sie waren so konstruiert, daß sie außergewöhnliche Windgeschwindigkeiten ohne weiteres verkraften konnten. Aber die *Jupiter C* war ein wissenschaftliches Testfahrzeug, das auf maximale Nutzlastkapazität getrimmt war.

Der Start wurde um 24 Stunden verschoben.

Als die 24 Stunden um waren, hatte die Windgeschwindigkeit im Jetstream sich auf 330 Kilometer in der Stunde gesteigert. Abermals eine Verschiebung.

In der Frühe des nächsten Tages wurden nur noch 250 km/h Windgeschwindigkeit in 14 500 Metern Höhe gemessen. Es war der 31. Januar. Das war zwar schon besser, aber immer noch jenseits der Toleranzgrenze. Da es aber den Anschein hatte, als würde die Windgeschwindigkeit weiter sinken, erfolgte das Kommando, die Startvorbereitungen anlaufen zu lassen. Der Countdown begann.

Bei Startzeit X minus 13 Minuten wurde den Elektromotoren Strom zugeführt, und die oberen Stufen fingen an zu rotieren. Sie kamen auf 550 Umdrehungen pro Minute und wurden auf dieser Geschwindigkeit gehalten. Sie drehten sich weiter in ihrer Aluminium-»Wanne« während des gesamten Countdowns.

Vier... drei... zwo... eins...

Null! Das automatische Drucksystem wurde in der Rakete in Gang gesetzt. X plus 13... X plus 14... Startkommando! Zündung!

X plus 15... X plus 15,75... Sie steigt hoch!

Genau 70 Sekunden nach dem Abheben sendete ein aufgezeichnetes Programm im Instrumentenbehälter einen Impuls an den Regulator des Elektromotors, der die »Wanne« der oberen Raketenstufe rotieren ließ. Dieser gehorchte dem Kommando: die Umdrehungszahl erhöhte sich auf 650 pro Minute. 115 Sekunden nach dem Start änderte der Regulator erneut das Tempo, und nach 20 Sekunden drehten sich die oberen Raketenstufen bereits 750mal in der Minute. Durch die Erhöhung der Drehzahl der Stufen vermied von Braun eine Resonanz zwischen der Drehfrequenz der oberen Stufen und der Biegungsfrequenz der Startstufe. Auf diese Weise kam die *Jupiter C* nie in eine kritische Frequenz.

Etwa 149 Sekunden nach dem Abheben wurde ein Manometer in jedem der Treibstoffzufuhrrohre in Betrieb gesetzt. Sobald eines dieser Instrumente keinen Druck mehr anzeigte – also ein Tank leer war –, wurde ein Relais ausgelöst, das die beiden Haupttreibstoffventile schloß. Er lief nach 157 Sekunden ab. Zu dieser Zeit hatte sich die Rakete schon um 40 Grad zum Horizont geneigt. Fünf Sekunden darauf setzte ein Zeitzünder die Explosivbolzen unter Strom, und die erste Raketenstufe wurde vom Instrumentenbehälter der Rotationswanne, den oberen Stufen und dem Satelliten abgesprengt.

Während der nächsten 247 Sekunden flog der Instrumentenbehälter mit dem rotierenden Raketenkranz weiter aufwärts dem höchsten Flugpunkt zu. Während dieser Flugphase brachte die automatische Fluglageregelung mit Hilfe der aus den Düsen austretenden Druckluft den Teststoffraketenkranz in eine zur Erdoberfläche tangentiale Lage. Als der »Kranz« 360 Kilometer über der Erde war, zündete Dr. Ernst Stuhlinger im Armee-Bahnverfolgungshangar auf Kap Canaveral mit einem Funkimpuls die zweite Stufe. Die elf verkleinerten *Sergeant*-Triebwerke der zweiten Stufe brannten 6,5 Sekunden lang. Dann wurde der Kranz der dritten Stufe mit drei *Sergeants* gezündet, der ebenfalls 6,5 Sekunden lang brannte. Schließlich erfolgte die Zündung des letzten Triebwerks, der vierten Stufe.

Explorer 1 erreichte eine Umlaufgeschwindigkeit von etwas über 28 800 Kilometer pro Stunde, genau siebeneinhalb Minuten, nachdem er die stählerne Abschußplattform verlassen hatte...

Vermutlich war von Brauns allergrößtes Erlebnis auf diese knapp acht sich endlos in die Länge ziehenden Minuten zusammengedrängt, als er in Washington in einem kleinen, eisigen Raum im Pentagon auf die Geburt seines neuen Sterns wartete. Die acht Minuten konnten Äonen sein, während die quälende Ungewißheit bestand, ob es der *Jupiter C* endlich gelungen war, den *Explorer* neben Rußlands kosmischen Zwillingen *Sputnik 1* und *2* im Weltraum anzusiedeln.

General Medaris hatte darauf bestanden, daß von Braun und Dr. Pickering zur Startzeit bei Heeresminister Wilber M. Brucker weilten. Auf diese Weise war es von Braun nicht möglich, wie üblich die Aufsicht auf Kap Canaveral zu führen und über Monitore das Geschehen am Himmel zu verfolgen. Zu Anfang war er sehr bestürzt über die Anordnung seines Vorgesetzten gewesen. Jetzt, während die historischen acht Minuten abliefen, wurde ihm äußerst unbehaglich zumute. Er konnte sein Herz aufgeregt klopfen hören.

Die acht Minuten las er von einer großen Wanduhr im Nachrichtenraum des Pentagon ab, um sich herum das Gesumme und Gerassel der Fernschreiber und Kodemaschinen. Minister Brucker, eine Handvoll ausgesuchter Generale und mehrere führende Wissenschaftler der Armee warteten gespannt. Und der Präsident der Vereinigten Staaten, der gerade mit Freunden in Augusta in Georgia Bridge spielte, war spürbar im Geiste ebenfalls anwesend. Dwight D. Eisenhower wartete darauf, der Welt mitteilen zu können, daß die USA es doch noch geschafft hatten. Der klobige Bastardflugkörper, den von Braun aus einer *Redstone*-Kampfrakete und ein paar kleinen Forschungsraketen zusammengestoppelt hatte, war um 22.55 Uhr ostamerikanischer Zeit von seiner Startrampe in Kap Canaveral in Florida an diesem 31. Januar 1958 emporgeschossen.

Im Pentagon erhielt von Braun kurz darauf die Triumphmeldung, daß der Start einwandfrei geklappt hatte. Er stellte ein paar schnelle Berechnungen an und teilte dann Minister Brucker und den übrigen mit, der *Explorer* werde, vorausgesetzt, daß er in seine Umlaufbahn gelangt sei, die Erde umrunden und in genau 106 Minuten über die Küste von Kalifornien hinwegfliegen. Die Bodenstation in San Diego wurde rasch angewiesen, um genau 00.41 Uhr auf die Funksignale von *Explorer 1* zu achten.

Ein paar Minuten vor dieser Zeit bekam Dr. William Pickering, dessen Laboratorium für Strahlantriebe eine so wichtige Rolle bei diesem Unternehmen gespielt hatte, endlich eine Telefonverbindung nach San Diego. Um 00.40 Uhr fragte er den Mann am anderen Ende der Leitung, ob er schon etwas höre. Die Antwort lautete nein. Der lange Minutenzeiger der Wanduhr sprang auf 00.41 Uhr.

»Hören Sie ihn?« fragte Pickering.

»Nein, Sir!«

Zwei Sekunden vergingen, eine volle Minute, anderthalb Minuten, zwei Minuten.

»Können Sie ihn denn jetzt hören?« fragte Pickering ungeduldig.

»Nein, Sir!«

»Ja, zum Teufel«, rief Pickering in die Sprechmuschel, »warum hören Sie denn nichts?«

Brucker wendete sich an von Braun. »Was kann denn da passiert sein, Wernher?« fragte er mit matter Stimme.

Auch die Generale wurden unruhig. Füßescharren war zu hören, alles fragte durcheinander und starrte dabei von Braun an: »Was ist bloß los?«

Dann verstummten die Stimmen, und den Bruchteil einer Sekunde lang herrschte Schweigen. Plötzlich brach Pickering am Telefon in ein Freudengeheul aus: »Sie hören ihn, Wernher! Sie hören ihn!!«

Von Braun verglich seelenruhig die Zeit auf der Wanduhr mit der auf seiner großen Armbanduhr und sagte: »Acht Minuten Verspätung. Interessant!«

Brucker schüttelte von Braun die Hand, und die Generale schüttelten einander die Hand, und irgend jemand meldete ein Ferngespräch nach Augusta an. Präsident Eisenhower entschuldigte sich bei seinen Bridgepartnern und gab in bereitstehende Mikrofone hinein über alle Rundfunk- und Fernsehstationen der USA bekannt: »Die Vereinigten Staaten haben mit Erfolg einen wissenschaftlichen Satelliten in eine Umlaufbahn um die Erde gebracht. Das ist ein Teil unseres Beitrages zum Internationalen Geophysikalischen Jahr.«

»Was für ein Gefühl ich hatte?« fragt von Braun heute. »Ich war heilfroh, diese acht Minuten hinter mir zu haben. Und natürlich habe ich noch einiges mehr empfunden.«

Amerika war also endlich ins Raumfahrtzeitalter eingetreten. Das hätte schon Jahre zuvor geschehen können. Vorurteile und Selbstgefälligkeit hatten es verhindert. Weil man um jeden Preis verhindern wollte, daß »zweitklassige Bürger« Amerikas ersten Raumflugkörper starteten, war es nicht früher dazu gekommen. Die Verteidiger der eleganten, aber unerprobten *Vanguard* konnten nur noch rot werden

– und sich weiter mit ihrem Mißgeschick und ihren Fehlschlägen herumärgern. Sie hatten bereits das peinliche Schauspiel erleben müssen, daß ihre Rakete in die Luft flog – aber anders, als sie es geplant hatten – und diese Explosion ein Presseecho auslöste, wie es die Welt noch nicht erlebt hatte.

Amerika hatte es geschafft! Die Nation jubelte am Morgen des 1. Februar 1958. In den Straßen von Huntsville wurde getanzt. Die Redakteure des Nachrichtenmagazins *Time* machten sich in rasender Eile daran, eine ausführliche Titelgeschichte über Wernher von Braun zusammenzustellen. Im Weißen Haus rüstete man zu einem Galaempfang, bei dem Präsident Eisenhower von Braun den *Distinguished Federal Civilian Service Award,* die höchste Auszeichnung, die es für einen Zivilisten gab, verleihen wollte. Überall gab es jetzt Feste ohne Rücksicht auf Parteizugehörigkeit. Professor Wernher von Braun war zum Nationalhelden geworden.

In der Hauptstadt Washington erlebte der *National Rocket Club* einen ganz großen Start. Das erste Dr. Robert H. Goddard-Bankett wurde ein gesellschaftliches Ereignis. Prominenz im Smoking mischte sich unter Admirale und Generale. Die Damen trugen hinreißende Abendkleider. Fernsehstar David Brinkley brachte als Zeremonienmeister die Toasts aus, und der Ehrengast, Mrs. Esther C. Goddard, die Witwe des Raketenpioniers, überreichte Wernher von Braun die erste, vergoldete Goddard-Gedächtnistrophäe.

21. Kapitel
Grünes Licht für die NASA

Welche Richtung sollte die amerikanische Raumfahrt im Kielwasser des Erfolges von *Explorer 1* einschlagen? Tatsächlich gab es in den USA einiges Durcheinander in den Wochen und Monaten nach dem Start des ersten Satelliten. Bereits ein halbes Jahr vor dem *Sputnik* herrschte unter den Raketenexperten die einstimmige Meinung, daß die Vereinigten Staaten die Entwicklung einer Trägerrakete mit einem Schub von 500 bis 750 Tonnen vorantreiben müßten. Innerhalb der Luftwaffe war die Rede von militärischen Satelliten, bemannten und unbemannten, und der Notwendigkeit der Konstruktion eines in eine Erdumlaufbahn gebrachten bemannten Raumgleiters, der Dynasoar* heißen sollte und ein Entwicklungsschritt zu einem bemannten, über die Umlaufbahn fliegenden Bombers sein könnte. Diesem Konzept zufolge, das lange vor dem Zweiten Weltkrieg von dem aus Österreich gebürtigen Wissenschaftler Dr. Eugen Sänger umrissen worden war, würde ein bemanntes Bombenflugzeug, das von einer riesigen Trägerrakete in den Weltraum befördert worden war, in die Atmosphäre eintauchen und Hunderte von Kilometern »dahingleiten« wie ein flacher Stein, den man über die Wasseroberfläche eines Teiches schleudert. Ein solcher »Gleitbomber« könnte mühelos die Erde umkreisen, ohne neu betankt werden zu müssen, seine Bombenlast über einem auf der anderen Erdhälfte befindlichen Ziel abwerfen und wie ein Flugzeug wieder an seinem Startplatz landen.

Der »Gleitbomber« erforderte eine Startstufe mit enormer Schubkraft, wie sie auch für ein größeres bemanntes Raumfahrzeug oder einen Satelliten nötig war. Daher rief die *Advanced Research Projects*

---

* Dynasoar = Abkürzung des englischen Begriffs *Dyna*mic *Soa*ring. (Dynamischer Gleitflug). (Anm. d. Ü.)

Agency (ARPA), die Behörde für fortgeschrittene Forschungsvorhaben im Verteidigungsministerium, im April 1957 von Braun und sein ABMA-Team zu Hilfe.

In Huntsville war man sich klar darüber, wie es die meisten US-Raketenfachleute waren, daß ein Raketentriebwerk, das 500 Tonnen Schub oder mehr in einer einzigen Brennkammer erzeugte, sich nicht von heute auf morgen realisieren ließ. Ein derartiges Triebwerk befand sich damals nicht einmal in der Entwicklungsphase. Angesichts des Zeitdrucks schlugen von Braun und seine Kollegen ein Bündel von vier *Rocketdyne E 1*-Triebwerken mit je 165 Tonnen Schub vor. Dieses Triebwerk war zwar schon in der Entwicklung, aber die zur Verfügung stehenden Mittel waren äußerst knapp bemessen, und nach dem Stand der Dinge war zu erwarten, daß es noch einige Jahre dauerte, bis es verfügbar war.

Unglücklicherweise konnte auch die ARPA nicht die Gelder auftreiben, um das *Rocketdyne*-Programm ausreichend anzukurbeln. Unter diesen Umständen machten Richard Canright und Dr. David Young von der ARPA den Vorschlag, die vier E 1-Motoren durch acht der vorhandenen Triebwerke vom Typ *Jupiter* zu ersetzen, die denselben Gesamtschub ergäben. Dieses Triebwerk war schon hinreichend ausgereift. Innerhalb weniger Tage stellten Heinz Hermann Koelle und seine Mitarbeiter aus von Brauns Planungsstab für Zukunftsprojekte in Huntsville Layout-Zeichnungen für eine aus acht Triebwerken zusammengesetzte Trägerrakete fertig. Ein paar Tage darauf konnten Canright und Young dem wendigen ARPA-Chef Roy Johnson den Plan schmackhaft machen. Im August 1958 war dann das *Saturn*-Projekt mit dem stolzen Etat von zehn Millionen Dollar (mehr hatte Roy Johnson fürs erste nicht zusammenkratzen können) gestartet. Der ursprüngliche Arbeitsplan sah nicht einmal Probeabschüsse der Startstufe vor, denn dazu reichten die Mittel nicht. Ein halbes Jahr nach seiner Geburt wäre die *Saturn* fast schon wieder begraben worden, denn das Verteidigungsministerium entschied unter dem Einfluß des dollarbewußten *Bureau of the Budget*, daß es kein ausreichend begründetes militärisches Erfordernis für eine derart große Rakete gäbe, eine solche auch nicht zu erwarten sei und daher die Arbeiten bis mindestens 1965 zurückgestellt werden müßten.

In der Zwischenzeit hatten andere wichtige Ereignisse stattgefunden. Am 15. Mai 1958 hatten die Russen mit Erfolg ihren *Sputnik 3*, der fast anderthalb Tonnen wog, ins Weltall geschickt. Und einen Monat früher, am 14. April, hatte Präsident Eisenhower endlich dem Kongreß eine Vorlage zugeleitet, die die Errichtung einer Raumfahrtbehörde vorsah.

Seit dem Start der ersten beiden *Sputniks* und von *Explorer 1* nahm die amerikanische Öffentlichkeit als gegebene Tatsache hin, daß sich die beiden Supermächte USA und Sowjetunion in einem zähen Kopf-an-Kopf-Rennen befanden. Die Regierung in Washington wollte es zwar nicht zugeben, aber der Wettlauf war tatsächlich im Gange. Experten und Laien verlangten gleichermaßen, der Präsident solle ein »Wissenschaftsministerium« oder ein »Raumfahrtministerium« oder eine andere Organisation ins Leben rufen, die Amerika half, die Russen abzuhängen.

»Wie lange wird es Ihrer Ansicht nach dauern, bis wir die Russen überholt haben?« lautete die Standardfrage, die in den Rundfunk- und Fernsehsendungen der Nation an zivile und militärische Fachleute gestellt wurde. Der Druck der Öffentlichkeit auf den Präsidenten und sein Kabinett nahm zu. Obwohl Eisenhower selbst gegen ein kostspieliges Raumfahrtswettrennen mit den Russen war, mußte er etwas unternehmen. Er befragte schließlich seinen Berater in Wissenschaftsfragen, Dr. Julius R. Killian.

Killian, ein prominenter Gelehrter vom *Massachusetts Institute of Technology*, war sich völlig im klaren darüber, daß der Präsident ein »nichtmilitärisches« Raumfahrtsprogramm haben wollte – wenn er sich schon zu einem derartigen Programm durchrang. Er riet daher dazu, einer bereits vorhandenen Forschungsorganisation mit »zivilem Anstrich« die Kontrolle über jedes Weltraumprojekt einzuräumen, das der Präsident gutheißen würde. Die große Schwierigkeit bestand jetzt nur darin, daß die Russen einen solchen Vorsprung erzielt hatten, daß nichts Geringeres als ein Programm, das die Entsendung eines Menschen zum Inhalt hatte, angesteuert werden mußte.

Deshalb machte Dr. Killian auch den Vorschlag, die NACA, das nationale Beratungskomitee für Aeronautik, unter seinem Leiter Dr. Hugh L. Dryden so zu erweitern, daß sie ein nationales Raumfahrtsprogramm abwickeln könnte, in das dann auch das schon erfolgreiche *Explorer*-Projekt einzugliedern wäre. Eisenhower leitete diesen Vorschlag an den Kongreß weiter und sprach sich für die Schaffung der *National Aeronautics and Space Administration* (NASA), der Nationalen Luft- und Raumfahrtbehörde aus, in der die NACA aufgehen sollte und die die Verantwortung für »alle Raumfahrtunternehmungen... mit Ausnahme derjenigen Projekte, die hauptsächlich militärischen Bedürfnissen entsprechen«, übernehmen sollte. Der Kongreß verabschiedete das entsprechende Gesetz am 18. Juli 1958.

Eisenhower überging, wiederum auf Killians Rat hin, bei der Ernennung des Chefs der Raumfahrtbehörde den hochqualifizierten und angesehenen, aber politisch nicht gewieften Dr. Dryden und entschied sich stattdessen für den aktiven Republikaner T. Keith Glennan vom *Case Institute of Technology* in Cleveland, ein ehemaliges Mitglied der Atomenergiekommission. Dryden wurde zum stellvertretenden Leiter der NASA ernannt.

Nach den Plänen der US-Regierung übernahm die NASA die mehr als 8000 Angestellten der NACA und Zuwendungen in Höhe von über hundert Millionen Dollar. Sie erhielt die Aufsicht über die Projekte *Vanguard* und *Explorer*; außerdem wurde ihr das Laboratorium für Strahlantriebe (JPL) unterstellt, das bisher im Rahmen eines Armee-Kontraktes vom CALTECH betrieben worden war.

Es schien inzwischen festzustehen, daß die USA eine Reihe nützlicher, unbemannter Satelliten in eine Umlaufbahn bringen wollten. Doch die Öffentlichkeit, Senatoren und Abgeordnete, die Streitkräfte und die Presse setzten sich weiter energisch für einen bemannten Raumflug ein. Offenbar unternahmen die Russen alle Anstrengungen, einen Menschen in den Weltraum zu schicken. Präsident Eisenhower erwähnte jedoch nicht einmal ein solches Programm, als er die Aufgaben der neuen Behörde umriß. Sollte die NASA in ihrem Operationsradius auf unbemannte, wissenschaftliche Raumflüge beschränkt bleiben? Wenn dem so war, warum ließ man dann nicht das Militär einen Menschen in eine Erdumlaufbahn bringen?

Auf dem Papier hatte die Luftwaffe nun ein in vier Phasen ablaufendes Projekt zur gründlichen Eroberung des Weltraums stehen. Die »Schnellstens-ein-Mensch-im-Weltraum«-Phase sah den Erdumlauf einer ballistischen Kapsel vor, die zuerst Instrumente, dann Tiere und schließlich einen Menschen enthalten sollte. Die zweite Phase bot größere Schwierigkeiten; eine schwere Kapsel mußte gebaut werden, die in der Lage war, 14 Tage lang die Erde zu umkreisen. Die dritte Phase bestand in der Erforschung des Mondes mit

Hilfe weich gelandeter Instrumente auf der Oberfläche des Gestirns. In der vierten und letzten Phase war geplant, erst Primaten und später Menschen in eine Umlaufbahn um den Mond zu bringen, sie auf dem Himmelskörper landen zu lassen und sie wieder zur Erde zurückzuholen. Mit fast unglaublicher Naivität erwartete man, dieses Projekt bis 1965 mit Kosten in Höhe von rund 1,5 Milliarden Dollar verwirklichen zu können.

Die Luftwaffe betonte nachdrücklich, sie verfüge über die erforderlichen Möglichkeiten, vor allen anderen einschließlich der Russen einen Menschen die Erde umkreisen zu lassen. Doch am Ende wies man die Luftwaffe ab, weil Eisenhower und seine Berater überzeugt waren, daß es in der bemannten Raumfahrt keine angemessene Rolle für das Militär geben würde.

Auch Marine und Heer versuchten sich an dem Rennen zu beteiligen. Die Teilnahme der Armee war im Grunde einfacher als die der Luftwaffe und konnte, wie die Armee selbst tönte, am leichtesten und schnellsten verwirklicht werden. Sie schlug dabei vor, einen Menschen mit Hilfe einer abgeänderten *Redstone*-Rakete in einer verschlossenen Kapsel in eine steile ballistische, sogenannte suborbitale Flugbahn zu schießen. Die bemannte Kapsel sollte eine Höhe von annähernd 240 Kilometern erreichen, bevor sie wieder im Atlantik, ungefähr 300 Kilometer von Kap Canaveral entfernt, landete. Ein absprengbarer zylindrischer Behälter mit der Abmessung 1,20 mal 1,85 Meter, der in einer umgedrehten Version des bei der Jupiter-Mittelstreckenrakete verwendeten Nasenkegels saß, sollte den Passagier beherbergen. Die Armee nannte ihr Vorhaben *Project Adam*. Der Plan wurde jedoch zu den Akten gelegt, als Dr. Dryden vor einem Kongreßausschuß erklärte: »Das Emporschleudern eines Menschen in die Luft, um ihn dann wieder herunterkommen zu lassen..., hat etwa denselben technischen Nutzwert wie die Zirkusattraktion, bei der ein junges Mädchen aus einer Kanone abgeschossen wird.«

Das Aeronautische Amt der Marine regte ein Projekt an, das es *MER I* (Manned Earth Reconnaissance, bemannte Erderkundung) nannte. Es sollte in einer Erdumkreisung durch einen neuartigen Flugkörper – einem Zylinder mit sphärischen Enden – bestehen. Nachdem das Gefährt mit Hilfe einer zweistufigen Trägerrakete in eine Umlaufbahn geschossen worden war, entfalteten sich die Enden seitlich entlang zweier ineinanderschiebbarer Träger und bildeten so einen Raumgleiter mit Flügeln, der eine starre Nasensektion hatte. Das Raumfahrzeug sollte vom Brennschuß der Trägerrakete bis zur Landung auf dem Wasser lenkbar sein. Hierzu waren aber neue, hitzebeständige Materialien ebenso notwendig wie die Abkehr von den Konstruktionsentwürfen der primitiven Wiedereintrittskörper, wie sie die Ingenieure von Luftwaffe und Armee auf ihren Reißbrettern hatten. Das Projekt der Marine war das bei weitem anspruchsvollste von allen militärischen Vorschlägen damals im Jahre 1958, doch weil es neue Bauelemente und neue Techniken erforderte, bestand wenig Aussicht auf Bewilligung.

Alle Welt sprach von der Entsendung eines Menschen in den Weltraum, und obwohl die Regierung in Washington offiziell nicht hatte verlauten lassen, daß sie ein solches Vorhaben unterstützte, schien doch weder bei den Militärs noch in der Washingtoner Hierarchie ein Zweifel daran zu bestehen, daß Amerika genau dies tun würde.

Nach der Verabschiedung des US-Raumfahrtgesetzes, das am 18. Juli 1958 die NASA ins Leben rief und das weitgehend auf die Arbeit des damaligen Senators Lyndon B. Johnson zurückging, verlangte Dr. Killian von Dryden ein formelles Memorandum, das die Meinung der NACA zu einem bemannten Satellitenprojekt aktenkundig machen sollte. Zwei Tage später oder anderthalb Wochen, bevor Präsident Eisenhower mit seiner Unterschrift das Raumfahrtgesetz in Kraft treten ließ, ließ Dryden Killian die Antwort zugehen.

Der Direktor der NACA skizzierte darin die weitreichenden Forschungen seiner Organisation auf so wichtigen Gebieten wie Lenksystemen, Thermodynamik, Überschallflugkörpern wie dem Raketenversuchsflugzeug *X 15* und hitzebeständigen Materialien. Er schloß seine Denkschrift mit den Worten: »Die Überantwortung eines bemannten Satellitenprogramms an die NASA stünde in Einklang mit der Botschaft des Präsidenten an den Kongreß und mit den entsprechenden Passagen des neuen Bundesgesetzes über die Raumfahrt...«

Irgendwann zwischen diesem Zeitpunkt und dem 20. August traf Eisenhower dann seine Entscheidung. Er befolgte offenbar Killians Rat, als er der NASA den Auftrag zur Entwicklung der bemannten Raumfahrt erteilte. Dieser Beschluß bedeutete das abrupte Ende für die Pläne der Luftwaffe, das einzige militärische Raumfahrtprogramm, das noch existierte. Bemerkenswert und höchst überraschend war jedoch die Tatsache, daß die Eisenhower-Regierung sich endlich zu dem Entschluß durchgerungen hatte, einen Amerikaner in eine Erdumlaufbahn zu entsenden. Ironischerweise sollte für dieses Programm eine leicht modifizierte Version der ballistischen Kapsel-Methode der Armee herangezogen werden (die früher abgelehnt worden war, weil sie nicht ambitiös genug war) und das ganze Projekt der Leitung Drydens unterstehen, der zuvor den Vorschlag der Armee, die Kapsel durch einen suborbitalen bemannten Flug zu erproben, als »Zirkusattraktion« bezeichnet hatte!

Die NASA erhielt die Vollmachten zum Start dieses rudimentären bemannten Raumfahrtunternehmens – das den Namen *Merkur*-Projekt erhielt – hauptsächlich, weil Präsident Eisenhower eine Politik der »friedlichen Raumfahrt« verfolgte. Die meisten Mitglieder des Kongresses, die engsten Ratgeber des Präsidenten und wahrscheinlich der größte Teil der Öffentlichkeit stimmten ihm darin zu. Zu jener Zeit sahen viele Experten keine militärische Rechtfertigung dafür gegeben, einen Menschen in den Weltraum zu katapultieren. Das Luftwaffen-Programm, bei dem die Erdumkreisung durch einen menschlichen Piloten nur als ein erster Schritt auf dem Wege zu einer späteren Eroberung des Mondes gesehen wurde, hatte die Republikaner abgeschreckt, die auf Einsparungen im Staatshaushalt aus waren. Die Eisenhower-Regierung kämpfte verzweifelt, um die Kosten in Schach zu halten und hatte dabei besonders die riesigen Summen vor Augen, die schon für Raketen und eine komplizierte Waffentechnologie aufgewendet worden waren. Überdies waren bei der NACA, die den personellen Stamm der NASA bilden sollte, in aller Stille Studien für ein bemanntes Satellitenprojekt ziemlich weit gediehen. Die Wissenschaftler, die mit diesen Untersuchungen betraut waren, hatten tatsächlich bereits damit begonnen, Berechnungen darüber anzustellen, wie man einen Menschen zum Mond und wieder zurück transportieren konnte.

Nun war die große Frage, ob die Vereinigten Staaten wirklich auf dem richtigen Weg waren, um die Russen zu überflügeln. Waren sie imstande, ungehindert mit nur geringer bürokratischer Einmischung vorwärtszukommen? Oder würde die junge NASA lediglich zu einem weiteren großen Spielball der Politiker werden?

Wenn die Starts der russischen Satelliten *Sputnik 1* und *2* im Jahre 1957 das amerikanische Raumfahrtprogramm angekurbelt hatten, so brachte der Flug der Mondsonde *Lunik 1* am 2. Januar 1959 es erst richtig auf Touren. Was die amerikanischen Wissenschaftler am meisten erstaunte, war die Nutzlast der Sonde: knapp 400 Kilogramm an Instrumenten in einem kugelförmigen Behälter, dessen letzte Antriebsstufe 1,6 Tonnen wog! Diese erstaunliche Demonstration ungeheurer Schubkraft führte mehr als alles andere dazu, daß das *Merkur*-Programm die höchste Dringlichkeitsstufe erhielt.

Am 5. Februar 1959 wurden die Verträge unterzeichnet und die Arbeiten am *Merkur*-Projekt liefen mit Volldampf an. Viele Verbesserungsvorschläge für Raumfahrzeuge mit Tragflächen, Auftriebskörpertechniken, das *MER I*-Vorhaben der Marine und andere Entwürfe wurden von der NASA kurzerhand abgelehnt. Fürs erste orientierte sich die neue Raumfahrtbehörde an einem suborbitalen bemannten Raumflugschema, das dem ursprünglichen *Adam*-Konzept der Armee sehr ähnlich war.

Offiziell waren die Amerikaner natürlich nicht in Eile. Sie nahmen nicht an einem Rennen teil. Sie realisierten auch keine Raumfahrtprogramme im Eiltempo. Regierungsvertreter tönten überall laut, wie sehr Amerika an einer friedlichen Eroberung des Weltraumes gelegen sei. Ingenieure und Wissenschaftler aus der Industrie und von der NASA sprachen über das »solide Vorhaben der USA, einen Menschen in den Weltraum zu schicken – mit systematischer Eile«. Doch der *Sputnik*, der schon die Vereinigten Staaten in den Weltraum »gezwungen« hatte, diktierte darüber hinaus auch die Entwürfe und technischen Details, die die NASA-Ingenieure beim Bau ihrer Raumfahrzeuge zu berücksichtigen hatten.

Im Juli 1954 hatte die NACA das bereits erwähnte völlig neue Versuchsflugzeug empfohlen, das dann unter der Bezeichnung *X 15* bekannt wurde. Die Maschine konnte bis zu 80 Kilometer hoch mit einer Geschwindigkeit von annähernd 7 Mach fliegen, das heißt rund 8000 Kilometern pro Stunde erreichen und zum erfolgreichsten, ambitiösesten, aufwendigsten und meistbeachteten Unternehmen der NACA werden.

Im Grunde sollten mit Hilfe des *X 15*-Projekts neue Erkenntnisse über das Problem der Aufheizung eines Rückkehrkörpers beim Wiedereintritt in die Erdatmosphäre gewonnen werden. Wenn und wann immer sich der Mensch in den Weltraum vorwagen sollte – es gab viele Experten, die glaubten, künftige militärische Jagd- und Bombenflugzeuge würden in Weltraumnähe operieren –, mußte sein

Fahrzeug in der Lage sein, den enorm hohen Temperaturen standzuhalten, die beim Wiedereintritt durch Reibung entstanden. Neue Stoffe und eine Änderung der aerodynamischen Formgebung waren wahrscheinlich erforderlich. Vor 1954 waren die Versuchslabors von Industrie und regierungseigenen Unternehmen außerstande, hitzebeständige Materialien zu entwickeln, die die Nasenkonusse der amerikanischen Raketen beim Wiedereintauchen in die Atmosphäre zu schützen vermochten. Versuche hatten gezeigt, daß bei einem typischen Interkontinentalraketenabschuß, bei dem das Projektil 10 400 Kilometer weit bei einer Maximalhöhe von 1 400 Kilometern flog, infolge der Druckwelle an der Spitze des Nasenkegels Temperaturen bis zu 6 500 Grad Celsius gemessen wurden; das sind rund 1000 Grad Celsius mehr Hitze als auf der Sonnenoberfläche.

Aus der Fassung gebracht von Temperaturen, die in Sekundenschnelle auch den widerstandsfähigsten Nasenkegel verdampfen ließen, begannen die Raketen- und Raumfahrtwissenschaftler von einer Hitzemauer zu sprechen, so wie ihre Vorgänger vor weniger als einem Jahrzehnt über eine Schallmauer diskutiert hatten, als die Luftfahrt sich zu Überschallflügen rüstete.

Die Suche nach neuen Materialien für die Hülle der Raumfahrzeuge wurde nie aufgegeben, aber die NACA-Ingenieure hatten erkannt, daß es vielleicht mehrere Jahre dauern konnte, bevor die perfekte Verbindung oder das ideale Material gefunden war, mit dem sich die »Raketennase« und die vorspringenden Kanten der Tragflächen eines Raumschiffs überziehen ließen. Anschließend würden noch viele weitere Jahre benötigt, um die erforderlichen Tests zu unternehmen. Das waren Aussichten, die kaum geeignet schienen, die Russen einzuholen – vom Überholen nicht zu reden.

Einige Wissenschaftler der alten NACA fanden aber dann doch eine Lösung für das Problem. Harry Julian Allen, der Leiter der Hochgeschwindigkeitsforschungsabteilung am Ames-Forschungszentrum in Kalifornien, hatte durch Versuche im Hochgeschwindigkeitskanal festgestellt, daß sich in eine nadelförmige Spitze auslaufende Nasenkegel eines Flugzeugs oder einer Rakete weit stärker erhitzten als abgestumpfte. Daraus entwickelte er das Konzept, Rückkehrflugkörper mit stark abgeplattetem Bug zu bauen. Eine solche Form erzeugte viel mehr Luftwiderstand als eine Nadelspitze, und das Fahrzeug konnte schneller gebremst werden. Aber auf diese Weise drang weit weniger Hitze in den Rückkehrflugkörper; weit mehr löste sich in der umgebenden Luft auf.

Zur gleichen Zeit untersuchte ein anderer NACA-Wissenschaftler, Dr. Maxime A. Faget, verschiedene annehmbare und einleuchtende Entwürfe für ein bemanntes Raumschiff. Er beschäftigte sich dabei sowohl mit Sängers alter Raumgleiterkonzeption als auch mit der Stärke der Belastungen von Flugkörpern mit Tragflächen beim Wiedereintritt. Nachdem Allen auf die Vorteile stumpfer Rotationskörper an ballistischen Rückkehrfahrzeugen hingewiesen hatte, prüfte Faget die Anwendbarkeit solcher Formen für bemannte Raumschiffe. Um die für eine weiche Landung nötige letzte Bremswirkung zu erzielen, nahm er Fallschirme hinzu. Das Raumfahrzeug sollte im Meer landen, damit die Gefahr von Unfällen infolge von Hindernissen auf festem Boden gering blieb und der Zugang zur Kapsel nach dem Aufsetzen erleichtert wurde.

Hier war also ein handfestes Blitzprogramm, mit dem die Russen vielleicht geschlagen werden konnten! Natürlich hatte die Idee, einen Menschen im Ozean landen zu lassen, auch ihre Nachteile: Rettungsmannschaften, Bahnverfolgungsanlagen und besondere Nachrichtenanlagen waren erforderlich; außerdem mußte die Kapsel absolut wasserdicht sein. Doch eine Reihe von Ingenieuren, die sich Fagets Entwurf ansahen, meinten, er ließe sich verwirklichen. Mit ziemlicher Sicherheit würde er die Anlaufzeit für die Entwicklung eines bemannten Raumschiffs um die Hälfte, wenn nicht sogar noch mehr, verkürzen. Und was die Frage des Ein- und Überholens der Russen anging, so klang diese Methode recht vielversprechend.

John Stack, Nestor der NACA für Aerodynamik und Experte auf dem Gebiet Überschallflugzeuge, schüttelte den Kopf. Der »Vater der *X 15*« hatte sich ein Raumfahrzeug immer als Weiterentwicklung seines Raketenflugzeugs vorgestellt. Unter denjenigen Wissenschaftlern, die für Stacks Konzept eines Raumfahrzeugs mit Flügeln eintraten, war auch von Braun. Schon 1952 hatte er ein bemanntes Raumschiff mit einer Triebwerksbündelung und hintensitzenden Tragflächen für den bemannten Teil des Fahrzeugs vorgeschlagen. Viele andere prominente Fachleute hatten ähnliche Konstruktionspläne auf ihren Reißbrettern, und der jüngste wiederverwendbare Raumtransporter der NASA ist in der Tat zu diesem Konzept zurückgekehrt.

Aber Stacks Methode hätte jahrelange Forschungsarbeiten erfordert. Darüber hinaus argumentierten mehrere NASA-Ingenieure, ein Raumfahrzeug wie das von Stack konzipierte sei für die in den amerikanischen Arsenalen verfügbaren Trägerraketen zu schwer. Man müßte auf eine Rakete warten, die sehr viel mächtiger als die *Atlas* wäre. Aus technischer Sicht mochte Stacks Idee die vernünftigste sein, weil sie die Möglichkeit des Flugkörpers einschloß, zu einer Landebahn am Startplatz zurückzukehren, doch die »ballistische Kapsel« Fagets war mit Sicherheit das am schnellsten zu verwirklichende Projekt.

Auf diese Weise wurde die »Raumkapsel« geboren. Ihre geistigen Väter meinten, diese Konstruktion vereinfache die Rückführung des Flugkörpers aus der Umlaufbahn, weil als einziges Manöver die Zündung der in Flugrichtung (Abstieg) montierten Rückstoßraketen erfolgen müsse. Selbst dieser Vorgang, erklärten sie, müsse nicht unbedingt präzise erfolgen, um eine sichere Bergung zu ermöglichen. Nach Zündung der Bremstriebwerke hänge ein erfolgreiches Wiedereintauchen in die Erdatmosphäre nur von der baulichen Beschaffenheit und Stabilität des ballistischen Fahrzeugs oder der ballistischen Kapsel ab.

Die Kapseln mit ihren abgeflachten Spitzen waren – wenn sie so exzentrisch gebaut wurden, daß der Wiedereintritt unter einem bestimmten Eintauchwinkel erfolgte – sogar bis zu einem gewissen Grad manövrierfähig: sie konnten wie ein Flugzeug in Schräglage gebracht werden. Aber auch ohne jedes Manövrieren konnten sie jederzeit sicher wieder zur Erde zurückkehren.

Drei Tage nachdem Eisenhower mit seiner Unterschrift das Raumfahrtgesetz in Kraft gesetzt hatte und genau zwei Wochen, bevor der Präsident der NASA die Aufgabe übertrug, einen bemannten Satelliten zu starten, standen Dryden und andere Vertreter der NASA dem Bewilligungsausschuß des Repräsentantenhauses Rede und Antwort, von dem sie Mittel in Höhe von 30 Millionen Dollar für das Haushaltsjahr 1959 erhofften. Dr. Robert R. Gilruth, der stellvertretende Leiter des NASA-Labors für Aeronautik in Langley in Virginia, stellte die Pläne für einen bemannten, ballistischen Satelliten vor. Seine Ausführungen lösten die erste öffentliche Diskussion des *Merkur*-Projekts aus.

Er zeigte den staunenden Kongreßabgeordneten Modelle von der

Konturliege, auf der die künftigen Astronauten während ihres Raumfluges liegen sollten und von der veralteten kegelförmigen Raumkapsel. Er sprach auch über die in Frage kommende Trägerrakete.

»Die *Atlas*-Rakete«, so stellte Gilruth fest, »erbringt genügend Leistung, um dieses Raumfahrzeug hier in eine Umlaufbahn zu tragen. Auch das Lenksystem ist von hinreichender Präzision, aber es gibt noch ein Problem: die Zuverlässigkeit. Sie würden doch auch nicht einen Mann in solch ein Gerät setzen wollen, bevor Sie nicht ziemlich sicher wüßten, daß es auch jederzeit einwandfrei funktioniert. In den kommenden anderthalb Jahren sind viele Tests mit der *Atlas* vorgesehen. Zuverlässigkeit ist etwas, das sich aus der Praxis ergibt. Man kann annehmen, daß sich der gewünschte Grad an Zuverlässigkeit ganz einfach als Ergebnis der praktischen Durchführung unseres nationalen Raketenprogramms ergibt.«

Während die NASA sich noch im Anfangs- und Gründungsstadium befand, arbeitete das Braunsche Team weiter am *Explorer*-Programm. Es war abzusehen, daß die ARPA, nachdem das ABMA seine verbleibenden fünf *Jupiter C*-Raketen verschossen hatte, die Huntsviller Gruppe beauftragen würde, weitere Sonden und Satellitenflugkörper mit der stärkeren Version der *Juno 2* in den Weltraum zu bringen. Die *Juno 2* sollte eine *Jupiter*-Mittelstreckenrakete als Startstufe benutzen; ihre drei rotierenden oberen Stufen waren indessen fast mit der erprobten *Jupiter C* identisch, die ja eine *Redstone* als erste Stufe hatte. Die Schubleistung der Feststoffraketen war leicht erhöht worden, und man hatte eine Schutzverkleidung über der rotierenden »Wanne« mit der Nutzlast angebracht, um diese Teile wirksam während des kurzen Intervalls zu schützen, in dessen Verlauf der Flugkörper auf seiner Aufwärtsbahn durch die Atmosphäre infolge der zunehmenden Geschwindigkeit ziemlich großer Hitze ausgesetzt war.

Explorer 2 war ein Fehlschlag. Irgend etwas ging schief, und die oberste Stufe, die vierte, zündete nicht. Der Satellit zerschellte im Atlantik. Als zweite und dritte erfolgreiche Satelliten der USA folgten im März 1958 *Vanguard 1* und *Explorer 3* und im Juli desselben Jahres ein vierter, *Explorer 4*.

Die Entdeckung der Strahlungsgürtel über der Erdoberfläche im erdnahen Weltraum durch die *Explorer*-Satelliten war zweifellos die beste und interessanteste Leistung im Internationalen Geophysikalischen Jahr. *Explorer 3*, der am 26. März 1958 gestartet war, tauchte drei Monate später nach einem Flug von rund 57 Millionen Kilometern wieder in die Erdatmosphäre ein. Dieser Satellit hatte unter anderem – gleich *Explorer 1* – auch Meßgeräte zur Ermittlung der Intensität der kosmischen Strahlung an Bord.

Explorer 4, den das ABMA am 26. Juli 1958 auf den Weg schickte, blieb 452 Tage lang in seiner Umlaufbahn. Nach einer Strecke von 256 Millionen Kilometern trat dieser Satellit im Oktober 1958 wieder in die Erdatmosphäre ein. Der knapp 20 Kilogramm schwere Erdtrabant führte vier Strahlungszähler mit, die eine Fülle ausgezeichneter Daten über Struktur und Dichte der Strahlungsgürtel übermittelten.

Während die batteriebetriebenen Strahlungszähler von *Explorer 4* noch arbeiteten, wurde von der winzigen Johnson-Insel im Pazifik eine *Redstone*-Rakete mit einem Wasserstoffsprengkopf abgeschossen, der hoch über der Atmosphäre eine Kernexplosion auslöste.

Dieses Vorhaben, das später in der Öffentlichkeit unter dem Namen *Argus-Projekt* bekannt wurde, verfolgte den Zweck, die Langzeiteffekte der Strahlungen von Atombomben zu untersuchen, die in großer Höhe zur Explosion gebracht wurden. Das Experiment erwies sich als große Hilfe für Aussagen über die Anzahl der Elektronen, die sich im Magnetfeld der Erde ansammeln, und über die Geschwindigkeit ihres Zerfalls. Solche Informationen sind von größter wissenschaftlicher und militärischer Bedeutung wegen der Auswirkung dieser Phänomene auf Funk- und Radarübermittlungen auf der Erde.

Am 13. Oktober 1959 schoß das ABMA den *Explorer 7*-Satelliten unter der Leitung der NASA ab. Der Satellit, der 45 Kilogramm wog und sieben wichtige Experimente im Weltall ausführte, war von dem Spezialisten Josef Böhm aus dem Braunschen Team entworfen und entwickelt worden. Dieser Satellit war der weitaus komplizierteste und aufschlußreichste Raumflugkörper, der bis dahin in der Freien Welt gestartet worden war. Während die alte *Jupiter C* mit einer *Redstone* als Startstufe die *Explorer* 1, 3 und 4 in die Umlaufbahn getragen hatte, war *Explorer 7* schon von der neuen und stärkeren *Juno 2*-Rakete hinaufbefördert worden.

Im Dezember 1958 machte das Armee-JPL-Van Allen-Team seinen ersten Versuch in Richtung Mond mit einer *Juno 2*. Der Flugkörper, der den Namen *Pionier 3* erhielt, verfehlte um drei Prozent die vorgesehene Endgeschwindigkeit, mit der er die Entfernung zum Mond hätte zurücklegen und so zur Mondsonde hätte werden können. Trotzdem wurde dieses Experiment als großer wissenschaftlicher Erfolg gewertet, denn es erbrachte ausgezeichnete Meßdaten über die Strahlungsintensität in 100 000 Kilometer Höhe und bewies, daß es zwei verschiedene Strahlungsgürtel mit hochintensiver Strahlung gibt. Der zweite Versuch dieser Art mit *Pionier 4* im März 1959 war dann in jeder Hinsicht ein voller Erfolg. Die siebeneinhalb Kilogramm schwere Gerätezelle, die wiederum erstklassige Strahlungsdaten lieferte, passierte den Mond in einer Entfernung von 59 200 Kilometern und wurde die erste Raumsonde der westlichen Welt, ein Körper, der in eine permanente planetarische Umlaufbahn um die Sonne eintrat.

Ende 1958 trug eine der *Jupiter*-Raketen, bei der man die Bergung einer originalgroßen konischen Spitze eingeplant hatte, in einer Spezialkapsel ein lebendes Totenkopfäffchen in den Weltraum, das von der Marineschule für Luftfahrtmedizin in Pensacola (Florida) zur Verfügung gestellt worden war. Alle Angaben über Atmung, Herzschlag, Kardiogramm und Körpertemperaturen, die auf telemetrischem Wege zur Erde übertragen wurden, zeigten, daß das Tier sich während des Fluges in guter Verfassung befand. Erst nach dem Aufschlag auf dem Atlantik stellte sich heraus, daß die Kegelspitze schadhaft war; sie versank im Meer, bevor sie geborgen werden konnte, und mit ihr der kleine Affe.

Eine zweite *Jupiter* mit zwei Affen als Passagieren hob am 28. Mai 1959 von der Erde ab. Als glänzendes Beispiel der Zusammenarbeit zwischen den Waffengattungen und den Hemisphären Amerikas hatte sie ein Rhesusäffchen nordamerikanischer Herkunft, das der Generalinspekteur des Heeressanitätswesens, Leonard D. Heaton, beigesteuert hatte, und ein südamerikanisches Totenkopfäffchen aus Pensacola an Bord. Diesmal verlief die Bergung erfolgreich, nicht nur für die Biomediziner, deren Experiment gelungen war, sondern auch besonders für die beiden tapferen Affenastronauten. Ihr Ruhm verbreitete sich schnell um die ganze Welt, und sie wurden verdientermaßen von Armee und Marine zu VIP's befördert. Dieselbe *Jupiter*-Raketenspitze hatte außerdem noch eine Reihe von biomedizinischen und biophysikalischen Versuchsanordnungen enthalten, zusammengestellt von einem Team von Wissenschaftlern des Medizinischen Forschungslabors der Armee in Fort Knox (Kentucky), des ABMA und der Staatsuniversität von Florida in Tallahassee. Obwohl diese Experimente die breite Öffentlichkeit nicht so sehr interessierten wie die kleinen Affen, erwiesen sie sich doch als sehr wertvoll für die Gewinnung von Erkenntnissen über die Lebensfunktion im Weltraum.

Die außerordentlichen Leistungen von Brauns und seiner Mitarbeiter und ihr Ruf als erfahrenes Raketenteam legten die Vermutung nahe, daß es nur noch eine Frage der Zeit war, bis es von der neuen NASA übernommen wurde. Trotz der Tatsache, daß Großraketen gewissermaßen das Rückgrat jedes Weltraumprogramms sind, war es einfach so, daß die NASA bislang nicht über eine Anlage verfügte, die imstande war, große Raketen zu entwickeln. Ein Jahr nach der offiziellen Gründung der Raumfahrtbehörde stützten sich die von der NASA bewilligten Satelliten- und Weltraumprojekte immer noch größtenteils auf Raketen der Typen *Thor-Able, Thor-Agena, Atlas-Agena* und Jupiter-*Juno 2*, allesamt qualifizierte Rennpferde direkt aus dem Stall des Verteidigungsministeriums. Sogar die *Centaur*, die völlig neuartige Wasserstoff-Sauerstoff-Oberstufe der *Atlas*-Raketen für Raumflugmissionen, war ursprünglich vom Pentagon entwickelt und erst später der NASA übergeben worden. Die einzigen Raumflugraketenprojekte, die tatsächlich innerhalb der NASA ihren Anfang hatten, waren die *Scout*, ein grundsolider Feststoff-Satellitenträger der »Economy class«, und das Rocketdyne-*F1*-Raketentriebwerk, das 750 Tonnen Schub in einer Brennkammer erzeugen sollte und bereits dazu ausersehen war, eine etwas nebulöse Superrakete der Zukunft anzutreiben, von der bis dato nur der Name *Nova* und das voraussichtliche Verfügbarkeitsjahr (1968) bekannt waren.

Dr. T. Keith Glennan, der erste Administrator der NASA, wußte spätestens seit dem Tag seiner Amtsübernahme, daß seine Organisation ohne Einrichtung für Großraketen nicht komplett war. Die Versuchszentren Langley, Lewis und Ames, die den harten Kern der ehemaligen NACA bildeten, um den herum die NASA aufgebaut worden war, gaben ihm ein enormes Potential an Grundlagenforschung und Untersuchung verwandter Phänomene an die Hand. Die kleine Raketenversuchsstation der NACA auf der Wallops-Insel vor der Küste Virginias und ihr Edwards-Flugtestgelände am Roger-

Trockensee in Kalifornien konnten die Flugtestprogramme der NASA mit kleineren Raketensonden und Überschallversuchsflugzeuge durchführen. Und aus Elementen des Langley-Zentrums und der früheren *Vanguard*-Gruppe der Marine stellte Glennan den Kader für das neue Einsatzkommando für bemannte Raumflüge der NASA unter Bob Gilruth zusammen, das sich des *Mercury*-»Man in Space«-Programms mit der Atlas als Startstufe annahm und aus dem später das riesige *Manned Space Craft Center*, das Zentrum für Bemannte Raumfahrt, in Houston werden sollte.

In der Absicht, die Raumflugkapazitäten der NASA zu erweitern, hatte Glennan Ende 1958 Anspruch auf die beiden Hauptstützen des Raketenprogramms der Armee erhoben, auf das JPL in Pasadena und auf von Brauns Abteilung für Entwicklungsoperationen innerhalb des ABMA in Huntsville. Nach kurzem Hin und Her trennte sich die Armee vom Laboratorium für Strahlantriebe, hielt jedoch verbissen an der Huntsville-Gruppe fest. Die Weigerung schien ihre Kraft und Entschlossenheit aus drei völlig unterschiedlichen Motiven herzuleiten. Das eine war, daß die Armee nicht bereit war, den Beschluß des Pentagons hinzunehmen, daß sie in Zukunft nichts mehr mit der Raumfahrt zu tun haben sollte, nachdem sie es gewesen war, die die ersten Raumflugkörper der Freien Welt auf ihre Bahnen um Erde und Sonne geschickt hatte. Der zweite Grund war, daß das *Jupiter*-Waffensystem, für dessen Entwicklung die Armee die volle Verantwortlichkeit behielt, obwohl sein Einsatz der Luftwaffe übertragen worden war, noch immer innerhalb der Luftwaffe viele Kritiker hatte, die seine Absetzung zugunsten der von der Luftwaffe selbst entwickelten *Thor* verlangten. Die Armee befürchtete – vielleicht sogar zu Recht –, daß, wenn das Braun-Team der NASA unterstellt würde, bevor das *Jupiter*-Projekt abgeschlossen und die Luftwaffe unwiderruflich daran gebunden war, an die *Jupiter* immer noch die Axt gelegt würde. Drittens, und das war war das Wichtigste, stellten sich die Armeegenerale gegen die NASA-Übernahme, weil damit ernstlich das zukünftige Potential der Armee an Kampfraketen gefährdet war, ohne die ein modernes Heer im Atomzeitalter einfach unvorstellbar ist.

Ein Jahr später versuchte Glennan es noch einmal, und diesmal hatte er Erfolg. Die Armee hatte er mittlerweile überzeugen können, daß die NASA kein kurzlebiges Gebilde war. In Italien waren bereits

Jupiter-Raketen stationiert, und die Vorbereitungen für ihre Entsendung in die Türkei waren angelaufen. Und schließlich, was für die Armee am wichtigsten war, die NASA sagte ihr Hilfe bei der Zusammenstellung einer neuen Raketenentwicklungsgruppe aus dem technischen Managementteam zu, das den Entwicklungsauftrag für das neue, vollbewegliche *Pershing*-Feststoffraketensystem der Armee hatte, ein Waffensystem von Boden-Boden-Raketen, das von Braun und seine Leute noch fertigstellen mußten, nachdem sie schon der NASA unterstellt worden waren.

Nach der Übernahme des vollständigen Entwicklungsteams für Raumraketen und der hervorragenden technischen Einrichtungen in Huntsville entschloß sich Glennan, die Struktur seines eigenen Washingtoner Hauptquartiers dem erweiterten Aufgabenbereich der NASA als Ganzem anzupassen und dabei auch die vielen Schwierigkeiten zu berücksichtigen, die der Betrieb dieses neuen Giganten unter seinen Versuchszentren mit sich brachte. Er ernannte für das Trägerraketenprogramm (das bisher fast ausschließlich auf militärische Raketen abgestellt und unter dem Raumflugdirektorium der NASA mit Dr. Abe Silverstein an der Spitze ziemlich stiefmütterlich behandelt worden war) ein eigenes NASA-Direktorium, das er dem Luftwaffen-Generalmajor Don R. Ostrander, einem Oldtimer des amerikanischen Raketenprogramms, unterstellte. Ostrander war Kommandeur des Holloman-Raketenzentrums der Luftwaffe in Alamogordo (New Mexico) gewesen, das ein Abschußgelände für Raketenversuche mit dem White Sands-Versuchsgeländeteam der Armee teilte. Dies und die Tatsache, daß Ostrander bis zu seiner Beförderung zum Oberstleutnant Offizier beim Armeewaffenamt gewesen war, hatten ihm fast einmalige Erfahrungen vermittelt, die ihn dazu prädestinierten, sich um das bevorstehende »Scheidungsverfahren« von der Armee in Huntsville zu kümmern. Gleichzeitig öffnete sein Status als General der Luftwaffe (z.b.V. bei der NASA) für das NASA-Trägerraketenprogramm – und das Braunsche Team in Huntsville – die Tore zu den immensen logistischen Reserven der amerikanischen Luftwaffe und garantierte künftig eine friedvolle und reibungslose Zusammenarbeit mit dieser Waffengattung, der aufgrund eines Erlasses des Präsidenten die Verantwortung für eine Reihe militärischer Vorhaben im Weltraum zufiel.

Am 15. März 1960 trat die Unterstellungsverfügung Präsident Eisenhowers in Kraft, die den Anschluß der Abteilung für Entwicklungsoperationen des Heeresraketenamtes (ABMA) an die NASA vollzog. Nach dem Raumfahrtgesetz standen dem Kongreß sechzig Tage Zeit zu, um gegen den Transfer Widerspruch zu erheben oder ihn gutzuheißen. Eine Klausel sah für den Fall, daß der Kongreß in diesem Zeitraum gar keine Schritte unternahm, vor, daß dann die Verfügung des Präsidenten automatisch Gesetzeskraft erlangte. Der im Repräsentantenhaus von dem kalifornischen Abgeordneten B. F. Sisk eingebrachte Antrag, die Übernahme des ABMA-Teams durch die NASA zu beschleunigen, um weitere Verzögerungen zu vermeiden, wurde angenommen. Doch die Angelegenheit wurde nicht weiter verfolgt, weil eine Bürgerrechtsdebatte im Senat von Filibusterrednern obstruiert wurde und deshalb keine Abstimmung über andere Vorlagen stattfinden konnte. Der Wechsel des von Braun-Teams wurde aber trotzdem wirksam, weil die sechzigtägige Frist abgelaufen war.

Glennan und Ostrander glaubten beide, daß eine größtmögliche Dezentralisierung aller NASA-Aufgabenbereiche empfehlenswert war. Während das Hauptquartier in Washington sich die generelle Bewilligung für alle Programme und die Aufsicht über deren Fortschritte vorbehielt sowie weiterhin die Budgetkontrolle ausübte, Verwaltungsaufgaben wahrnahm und die zentralgesteuerten Kontakte zum US-Kongreß und den einheimischen und ausländischen wissenschaftlichen Organisationen aufrechterhielt, sollten die über das Land verstreuten Versuchszentren der NASA die ihnen übertragenen Vorhaben möglichst ohne weitere Unterstützung von oben ausführen. Nach Inkrafttreten der Übernahme erteilte Ostrander seiner neuen Huntsviller Anlage die volle technische und betriebswirtschaftliche Verantwortung für diejenigen neuen NASA-Trägerraketensysteme, die noch nicht allzu weit entwickelt waren: die *Atlas-Agena*, die *Thor-Agena* und die *Atlas-Centaur*. Zusätzlich war das Huntsville-Arsenal natürlich weiterhin zuständig für seinen eigenen neuen Giganten, die *Saturn*. Die erste *Saturn*-Stufe war bereits als innerbetriebliches Entwicklungsprojekt ziemlich weit gediehen; ihre oberen Stufen waren bei der Industrie in Auftrag gegeben worden. Auch die technische Leitung des integrierten mehrstufigen *Saturn*-Systems – eine fast noch kompliziertere Aufgabe als alles übrige – war in die Hände des Huntsviller Teams gelegt worden.

All das bedeutete, daß von Braun als Technischer Direktor der neuen NASA-Anlage in Huntsville seine Organisation nun in zwei Richtungen erweitern mußte. Zum einen hatte er dem großen Komplex Abteilungen für die administrative und technische Unterstützung hinzuzufügen – von einer Personalabteilung bis zu Fahrbereitschaft-Funktionen, die bis dahin die Armee ausgeübt hatte –, zum anderen all jene Elemente seiner Organisation zu stärken, die mit Kontrakten mit der Industrie zu tun hatten. Seine Leute waren keine Neulinge auf diesem Gebiet, denn auch bislang hatten sie schon soviel Raketenzubehör wie möglich von der Industrie erworben, von Triebwerken bis zu Telemetrie-Sendern. Doch zukünftig sollte in Huntsville auf die »Außer-Haus-Arbeit« im Vergleich zur Eigenproduktion noch stärker Gewicht gelegt werden als in der Vergangenheit.

Am 15. März 1960, als die Übergabe des Huntsville-Arsenals an die NASA erfolgt war, gab Glennan bekannt, die neue Einrichtung solle den Namen George C. Marshall-Raumfahrtzentrum tragen zu Ehren des großen amerikanischen Generals, Außenministers und Friedensnobelpreisträgers, dessen Name durch den Marshall-Plan, der seinem Weitblick zu verdanken war, in der ganzen Welt zu einem Symbol geworden sei.

Wie bereits erwähnt, hatte das *Saturn*-Projekt infolge der einschneidenden Etatkürzungen der ARPA eine harte Kindheit hinter sich. Ende 1959 jedoch brachten die Katalysatoren eines bevorstehenden Präsidentschaftswahljahres, eine durch die fortgesetzten Erfolge der Russen im Weltraum besorgte Öffentlichkeit und die sogenannte »Raketenlücke« die Wende. Zunächst gelang es Roy Johnson, das *Budgetbüro* zur Bereitstellung einer Summe von 140 Millionen Dollar für die *Saturn* im mit dem 1. Juli 1960 beginnenden Haushaltsjahr zu veranlassen. Kurz darauf konnte NASA-Administrator Dr. Glennan dann Präsident Eisenhower, nachdem dieser das 4000 Mann starke von Braun-Team der NASA unterstellt hatte, sofort dazu bewegen, den *Saturn*-Etat um weitere 100 Millionen Dollar aufzustocken. Das brachte die Sache nun wirklich ins Rollen.

Zum ersten Mal hatte das Braunsche Team genügend Mittel für ein ansehnliches Raumfahrtprojekt zur Verfügung. Als er von einem Abgeordneten im Raumfahrtausschuß des US-Repräsentantenhauses am 8. Februar 1960 gefragt wurde, ob er noch mehr Geld brauchte, antwortete von Braun, daß für die *Saturn* nun alle Mittel vorhanden seien, die zweckdienlich verwendet werden könnten, und daß zusätzliche Gelder das Projekt nicht weiter beschleunigten. Nach dem damaligen Zeitplan sollte die erste *Saturn* (mit Attrappen als oberen Stufen) Ende 1961 gestartet werden und bis zum Frühjahr 1964 insgesamt zehn *Saturn*-Raketen (teilweise mehrstufig) abgeschossen sein.

Während die Dinge in Verbindung mit dem großen *Saturn*-Vorhaben allmählich Gestalt annahmen, entsandten die Sowjetunion und die Vereinigten Staaten kleinere Raumsonden in das Sonnensystem über den Bereich der Erdanziehungskraft hinaus. Die Luftwaffe machte den ersten Versuch am 11. Oktober 1958 und startete mit einer *Thor-Able*-Trägerraketenkombination eine 11 Kilogramm schwere Instrumentennutzlast. Dieser Versuch, *Pionier 1*, blieb knapp unter der vorausberechneten Bahngeschwindigkeit, doch der Flugkörper erreichte die Rekordhöhe von 113 100 Kilometer, bevor er in die Atmosphäre zurückfiel.

Der zweite Versuch der Luftwaffe mit *Pionier 2*, der bereits unter der Ägide der NASA stattfand, endete am 8. November 1958 mit einem Fehlschlag, weil die dritte Stufe nicht zündete. Der Flugkörper stieg nur 1540 Kilometer hoch.

Dann rief die NASA, wie schon geschildert, von Braun und sein Team auf, ihr Glück mit einer *Juno 2*-Startstufe zu versuchen. Beim ersten Start fehlten drei Prozent an der Fluchtgeschwindigkeit, und die Sonde trat nach Erreichen einer Höhe von 101 000 Kilometer wieder den Rückweg in Richtung Erde an. Von Braun und seinem Team blieb jedoch ein Trost bei diesem Mißerfolg: *Pionier 3* hatte den zweiten Strahlungsgürtel um die Erde entdeckt und damit zur Speicherung von Informationen beigetragen, die für einen späteren bemannten Raumflug notwendig waren.

Am 2. Januar 1959 gelang es den Russen, mit einer Sonde die Fluchtgeschwindigkeit zu überschreiten und *Metschta* (Traum), später *Lunik 1* genannt, in eine Sonnenumlaufbahn zu bringen. Die riesige Gerätezelle von rund 1,6 Tonnen Gewicht hatte sich der Mondoberfläche bis auf 8000 Kilometer genähert, bevor sie dem Schwerefeld der Erde entwich und zum ersten von Menschenhand geschaffenen Planetoiden wurde.

Die Karten lagen auf dem Tisch, und Amerikas Prestige in der Welt stand auf dem Spiel, als von Brauns Team am 3. März 1959 mit der Raumsonde *Pionier 4* versuchte, den Erfolg der Russen wettzumachen und dabei voll ins Schwarze traf. Am frühen Morgen des 4. März wurde nach Huntsville gemeldet, daß alle vier Stufen der *Juno 2* einwandfrei gezündet hatten sowie Fluchtgeschwindigkeit und eine gute Flugbahn erreicht worden waren. Die Funksignale der Sonde wurden 82 Stunden lang über eine Entfernung bis zu 651 000 Kilometer – das war ein neuer Rekord – empfangen und lieferten den Wissenschaftlern weitere unschätzbare Aufschlüsse über die Strahlungsgürtel mit ihren energiereichen Protonen und Elektronen rings um die Erde.

Während also der russische Meßsatellit über eine Tonne wog, konnte die amerikanische Sonde *Pionier 4* in einem Koffer transportiert werden. Diese Erkenntnis verlieh dem *Saturn*-Projekt zusätzlichen Auftrieb, und es wurde in Amerika zu einer beliebten Wette, auf den Zeitpunkt des Davonziehens der USA im Weltraumrennen zu setzen. Auf der *Saturn* ruhten auch die größten Hoffnungen der Amerikaner für einen bemannten Raumflug, der die Welt aufhorchen ließ, denn im Gegensatz zu elektronischen Instrumenten und Systemen läßt sich der Mensch nicht »miniaturisieren«.

Das Konzept der Triebwerksbündelung, das die Huntsviller vorgeschlagen hatten, um bei der Konstruktion einer Startstufe mit gewaltigem Schub Zeit zu sparen, war an sich nicht neu. Als es unmöglich und sinnlos wurde, größere Schiffs- oder Flugzeugmotoren zu bauen, gewann man mehr Antriebsenergie, indem man mehrere Motoren nebeneinander verwendete. Von Braun übertrug dieses Prinzip lediglich auf die Raketentechnik. Es war ja auch nur logisch, daß man einen schubstarken Träger in kürzester Zeit herstellen konnte, wenn man ein Bündel vorhandener, zuverlässiger Raketentriebwerke unter den entsprechenden Treibstofftank montierte.

Das *Saturn*-Projekt war nicht einfach ein Lückenbüßer. Weil es dazu bestimmt war, ein breites Spektrum von Missionen zu erfüllen und der Raumflug sogar bei Ausfall von einem oder zwei seiner Triebwerke fortgesetzt werden sollte, konnte die Triebwerksbündelung der bemannten Raumfahrt einen hohen Grad an Sicherheit und Zuverlässigkeit verleihen. Diese Pluspunkte werden zu Recht bei der Beschreibung von Schiffen und Flugzeugen mit mehreren Motoren hervorgehoben aus dem einfachen Grund, daß man bei Ausfall eines Motors trotzdem weiterfahren oder -fliegen kann.

Ein vieldiskutiertes Problem war es, wie man die rund 60 Meter hohe Rakete nach der Zusammensetzung von Huntsville in Alabama nach Kap Canaveral in Florida transportieren sollte. Es wurde durch den Vorschlag eines findigen Teammitglieds gelöst, den Giganten auf einem Schleppkahn den nahegelegenen Tennessee hinauf in den Ohio, dann den Mississippi hinab in den Golf von Mexiko und schließlich durch den Florida-Kanal in den Banana River zu befördern, der unweit von Kap Canaveral vorbeifließt. Das Raumfahrzeug, das auf seinem Weg ins All Geschwindigkeiten von über 38 000 Kilometer pro Stunde erreichte, sollte auf dem Weg von Huntsville nach Kap Canaveral nicht über 16 Kilometer in der Stunde hinauskommen.

Die Ahnenreihe der *Saturn*, dieses Leviathans des Weltraums, ließ sich bis zu ihrer Großmutter, der V2, zurückverfolgen. Denn in gewisser Weise waren die acht H 1-Triebwerke umgebaute, weitgehend vereinfachte und stark verbesserte Versionen des Triebwerks, das von Braun und seine Kollegen in Peenemünde entwickelt hatten. Die ersten amerikanischen Umbauten des V 2-Triebwerks waren in der *Navajo 1*-Rakete der North American Aviation und in von Brauns *Redstone* verwendet worden. Sie hatten noch immer die Hauptcharakteristika des V 2-Triebwerks wie die turbinengetriebenen Brennstoff- und Flüssigsauerstoffpumpen, den Wasserstoffsuperoxyd-Turbinenantrieb, 75prozentigen Alkohol als Treibstoff und eine doppelwandige Brennkammer. Sogar der Einspritzkopf war nach einem Modell konstruiert, das in Peenemünde ausgiebig getestet worden war.

In fast achtjähriger intensiver systematischer Arbeit hatte die Firma Rocketdyne eine Reihe radikaler Verbesserungen vorgenommen. Der Alkohol war durch Kerosin ersetzt und der Brennkammerdruck erhöht worden, was einen Zuwachs an Treibstoffausnutzung von zirka 25 Prozent zur Folge hatte.

Der Wasserstoffsuperoxyd-Turbinenantrieb war durch einen Gasgenerator ersetzt worden, der Kerosin und Flüssigsauerstoff verwendete. Die Turbinenpumpe hatte man mit einem speziellen Gangantrieb versehen, um die Turbinenleistung zu erhöhen und den zulässigen Tankdruck zu verringern. Statt der doppelwandigen Brennkammer aus V 2-Zeiten hatte sich ein völlig neuer »Makkaroni«-Entwurf durchgesetzt, bei dem Röhrenbündel, durch die das Kühlmittel lief, so zusammengelötet waren, daß sie Brennkammern und die eigentliche Düsenmündung bildeten. Und schließlich waren die Kammern für eine Richtungskontrolle schwenkbar aufgehängt und hatten die Strahlruder abgelöst. Das Ergebnis war das S 3-Triebwerk von Rocketdyne, mit dem die Raketentypen *Jupiter*, *Thor* und *Atlas* ausgerüstet wurden.

Jedes der acht H 1-Triebwerke der *Saturn*-Startstufe (die simplifizierte Nachkommen des S 3 waren) arbeitete unabhängig mit eigenem Gasgenerator und eigener Turbopumpe. Der Treibstofftank war hingegen die gemeinsame Energiequelle für alle Maschinen. Die acht Außentanks hatten einen Durchmesser wie bei der *Redstone* (aber nicht deren Länge) und waren um den Innentank herumgruppiert, der seinerseits *Jupiter*-Durchmesser hatte. Die vier außensitzenden Triebwerke waren schwenkbar und konnten dazu verwendet werden, das Raumfahrzeug auf seinem Flug unter Kontrolle zu halten. Sie lagen auf einer Art Kardangelenk auf und hatten einen Bewegungsspielraum von zehn Grad nach allen Seiten hin. Die Schwenkung wurde durch einen hydraulischen Antrieb betätigt, der seine Kommandos durch das Lenk- und Kontrollsystem des Flugkörpers bezog.

Die *Saturn* sollte mit einem in Huntsville entworfenen, mit einem Kreiselsystem gekoppelten Lenksystem ausgerüstet werden, das in der Lage war, automatisch Flugbahnabweichungen zu korrigieren, die von Windeinflüssen oder Schubverlust infolge Ausfalls eines Triebwerks herrührten.

Unter den neuen NASA-Bossen trug das Braunsche Team jetzt die Verantwortung für alle großen amerikanischen Weltraum-Trägerraketen, sofern sie nicht militärischen Zwecken dienten. Von Brauns Abteilung für Zukunftsprojekte ging mit Elan daran, eine Reihe von Untersuchungen darüber anzustellen, wie sich das neue 750-Tonnen-Schub-Rocketdyne-F1-Raketentriebwerk bündeln ließ, um eine wirklich riesige Superstartstufe anzutreiben und wie dieses Konzept in das Gemeinschaftsprojekt der NASA und AEC paßte, das ein nukleares Raketentriebwerk für die obere Stufe oder ein anderes Antriebssystem für weite Flüge in den Raum zum Ziel hatte.

Änderte sich mit der Übernahme des Superteams von Brauns durch die NASA irgend etwas in seinem Leben? Nein, jedenfalls nichts, was sein Familienleben betraf. Obwohl diverse Umstellungen und viel zusätzliche Arbeit wegen der Umorganisation in Huntsville nötig waren, gingen die von Brauns wie die Familien der anderen Raketenexperten ihren gewohnten täglichen Pflichten nach.

Ein wichtiger Aspekt der Neugliederung war natürlich ganz nach von Brauns Geschmack. In seinem bisherigen Leben hatten, in Deutschland wie in den Staaten, die Vorhaben, die ihm am meisten am Herzen lagen – Forschungsraketen oder Raumsonden – immer nur im Rahmen irgendwelcher militärischer Projekte von hoher Dringlichkeit vorangetrieben werden können, aus denen auch die Mittel flossen. Selbst *Explorer 1*, der von Brauns Ruhm um die Erde trug, wurde nur mit Hilfe einer hastig zusammengesetzten Kombination militärischer Raketen in seine Umlaufbahn gebracht. Jetzt konnte man unter der NASA endlich das Kind beim Namen nennen. Die Gelder für die Entwicklung des gigantischen *Saturn*-Raumfahrtträgers waren vom Kongreß unter der eindeutigen Voraussetzung bewilligt worden, daß die Hauptaufgabe der *Saturn* in ihrer Eigenschaft als Satellitenträger zu Erkundungszwecken bestand, und daß eine spätere militärische Nutzung, wenn überhaupt, als bloßes Nebenprodukt angesehen werden sollte.

Für von Braun und sein Team bedeutete dieser Durchbruch zu einem »ehrlichen« und friedlichen Raumfahrtprogramm auch den Wegfall der unvermeidlichen Skrupel, mit denen jeder ringt, der an Waffen arbeitet, die zur Massenvernichtung eingesetzt werden können. Von Braun wußte, daß die menschlichen Grundsätze, für deren Verteidigung seine *Redstone*, seine *Jupiter* und seine *Pershing* gebaut wurden, nobler waren als die, zu deren Erhärtung die V2 eingesetzt worden war. Aber er war sich auch darüber klar, daß die V2 ein harmloser Feuerwerkskörper war im Vergleich zu der tödlichen Vernichtungskraft der später mit Atomsprengköpfen ausgerüsteten amerikanischen Waffen. Und der Gedanke, daß die Früchte seiner Arbeit eines Tages erneut dazu verwendet werden könnten, unschuldige Menschen zu töten, machte ihm zuweilen Angst. Der Transfer des Huntsville-Arsenals zur NASA, die entsprechend ihrer Satzung für die wissenschaftliche und friedliche Erkundung des Weltraums verantwortlich war, räumte diese Zweifel und Bedenken ein für alle Male aus.

Zwei Dinge gab es jedoch noch, die bedenklich stimmten: Würde die amerikanische Öffentlichkeit weiterhin ein ziviles, ausschließlich wissenschaftliches Programm zur Erkundung des Weltraums unterstützen, das innerhalb eines Jahres oder so vermutlich mehr als eine Milliarde Dollar an Kosten verschlang? Ein hohes Tier von der NASA meinte bissig: »Unser Job ist es, die Russen einzuholen. Aber gnade uns Gott, wenn es uns jemals gelingt!« Der Verteidigungshaushalt der NASA stützt sich traditionell auf den fundamentalen Wunsch jedes amerikanischen Steuerzahlers nach Schutz und Sicherheit seines Landes oder einfach auf nackte Angst, wenn man so will. Würde aber das NASA-Budget, wenn die Nation erst einmal den akuten Schock über die russischen Weltraumerfolge verdaut hatte, imstande sein, eine entsprechende Billigung bei der Bevölkerung allein aus dem Motiv der wissenschaftlichen Neugierde zu finden? Würde es genügend kommerzielle Verwendungsmöglichkeiten für Dinge wie Nachrichtensatelliten geben oder war für Amerika ein großer humanitärer Nutzeffekt damit verbunden, um weiter auf die nötigen Mittel für ein permanentes Raumfahrtprogramm hoffen zu können? Das konnte erst die Zukunft erweisen...

Darüber hinaus war die NASA eine junge Organisation. Ihr standen nicht die ungeheuren logistischen Reserven zur Verfügung, die von den Streitkräften bei eiligen Vorhaben eingesetzt werden können, obwohl das Raumfahrtgesetz der NASA ausdrücklich die Inanspruchnahme dieser Mittel zugestand. Als unabhängige Bundesbehörde war die NASA auch viel stärker eingehenden Nachforschungen und Kontrollen seitens des Kongresses ausgesetzt. Für den Mann am Arbeitsplatz hieß das, daß er nicht in den Genuß der vielschichtigen verwaltungs- und kompetenzbedingten Schutzwälle kam, hinter denen er bei militärischen Dienststellen zu arbeiten gewohnt war.

Die Ehe zwischen der Braunschen Mannschaft und der NASA war dazu bestimmt, eine für beide Teile zufriedenstellende Verbindung zu werden. Von Braun versicherte, er sei »äußerst zufrieden« mit dieser Lösung und drängte am 8. Februar 1960 den Kongreß, die Verordnung des Präsidenten so bald wie möglich zu verabschieden. Er lobte die NASA wegen der »klaren Entscheidungen«, die sie sofort nach der Übernahme des großen *Saturn*-Programms gefällt habe, und berichtete, sein Team und die NASA hätten sehr schnell einen »einstimmigen Beschluß« über die oberen Stufen der Saturn gefaßt.

Mit solch großen Trägerraketen wie der *Saturn* und möglicherweise sogar Atomantrieb für die interstellaren Phasen der Raumflüge sah sich von Braun in der Lage, seinen Traum von der Entsendung einer bemannten Expedition zum Mond oder gar zum Mars zu verwirklichen...

22. Kapitel
Von Braun präsentiert nüchterne Fakten

Eine neue Ära war in der Welt angebrochen. Das Raumflugzeitalter hatte begonnen. Für die Weltöffentlichkeit hatte diese neue Phase nur wenige Monate gedauert – vom Start der ersten russischen *Sputniks* bis zur amerikanischen Antwort vier Monate später mit dem ersten *Explorer*. Die beiden Supermächte lieferten sich ein heißes Rennen, und es war kein Wunder, daß viele Leute überall auf der Erde glaubten, dieser Kampf könne zu einem apokalyptischen Desaster führen.

Ganz offensichtlich lagen die Russen vorn. Ihre schweren Nutzlasten waren ein Zeichen dafür, daß sie die größeren Raketen hatten. Als der Kosmonaut Juri Gagarin am 12. April 1961 als erster Mensch die Erde umrundete, schien ein für alle Mal festzustehen, daß die Russen das Wettrennen gewannen.

In Amerika und bei seinen westlichen Verbündeten erhob sich die Frage, ob die Vereinigten Staaten gleichziehen konnten. Nur wenige glaubten damals, daß es ganze zehn Jahre dauern würde, aber noch weniger Leute waren der Auffassung, daß die Vereinigten Staaten – nach nur einem Jahrzehnt – die Russen überholen und eine entscheidende Führung in diesem Rennen übernehmen könnten.

Viele amerikanische Raumfahrtexperten jubelten jedesmal im stillen, wenn ein neues spektakuläres sowjetisches Weltraumereignis gemeldet wurde.

Denn dann wurden in den USA immer sofort Stimmen laut, die eine Intensivierung der amerikanischen Bemühungen verlangten. Von dem Augenblick an, als *Explorer 1* in seine Umlaufbahn eingeschwenkt war, schien es, als ob die Raumfahrtwissenschaftler Amerikas es geschafft hätten. War das Gezänk endlich vergessen? Würde man nun nicht nach von Braun rufen, damit er Amerika ganz groß herausbrachte? Bestimmt würden jetzt – wo die USA eine solch gigantische Aufgabe und Herausforderung vor sich hatten, der sie sich stellen mußten, und nachdem von Braun und sein Team von der Armee ihre hervorragende Qualifikation bewiesen hatten – die Männer hinter dem *Explorer* doch mit Ehrungen überhäuft werden – oder etwa nicht?

Doch so einfach sollte es nicht sein. Viele Amerikaner in verantwortlichen Positionen wollten die Situation noch einmal Revue passieren lassen, Inventur machen und in Erinnerungen schwelgen. Wie war das Ganze eigentlich passiert? Der Kongreß wollte es wissen, und von Braun und die anderen wurden nach Washington eingeladen, um alles zu erläutern.

Die russische Abhängigkeit von deutschen Raketenkonstrukteuren war schon lange vorbei, als der *Sputnik* seine Bahn zog. Von 1945 bis 1950 stützte sich die Raketenforschung der Russen fast hundertprozentig auf die während des Krieges in Deutschland erarbeiteten Erkenntnisse und wurde auch unmittelbar von deutschen Ingenieuren betrieben, die zwangsverpflichtet worden waren, um die *V2* in der Sowjetunion zu erproben und weiterzuentwickeln. In den Jahren von 1950 bis 1955 trat dann eine Änderung ein. Die Deutschen durften nicht an den geheimen Planungen ihrer russischen Kollegen teilnehmen; ihr Nutzen für die sowjetische Raketentechnik war erloschen. Sie wurden in ihre Heimat entlassen, und eigenständige russische Entwürfe begannen die deutschen Raketen, Triebwerke und Lenksysteme zu ersetzen. Seit dieser Zeit (1955) waren die Russen von der Intelligenz deutscher Wissenschaftler und Techniker völlig unabhängig, obwohl ihre modernen Raketen ausnahmslos wichtige technologische Merkmale aufweisen, die sich direkt auf die von ihnen sorgfältig studierte *V2* zurückführen lassen.

Alljährlich am 7. November, dem Jahrestag der bolschewistischen Oktoberrevolution, stellen die Russen bei einer großen Militärparade auf dem Roten Platz der Öffentlichkeit ihre neuesten Waffen vor. Als 1957 der 40. Jahrestag heranrückte, wartete die westliche Welt gespannt auf die vermutlich größte Schaustellung der sowjetischen Geschichte.

Im September hatte sich Nikita Chruschtschow damit gebrüstet, daß die Sowjetunion erfolgreich eine Interkontinentalrakete über

Tausende von Kilometern abgeschossen habe, die exakt in ihrem vorgesehenen Zielgebiet aufgeschlagen sei. Einige Monate zuvor waren bereits Berichte durch den Eisernen Vorhang gesickert, die die Existenz einer militärischen Mittelstreckenrakete der Russen bestätigten. Jede Woche wurden mehrere Abschüsse dieser großen Raketen von amerikanischen Radareinheiten in der Türkei registriert.

Die Revolutionsfeiern boten den Sowjets die einmalige Gelegenheit, den Start ihrer Satelliten zu feiern, mit denen die Freie Welt gezwungen worden war, Moskaus Vorrangstellung auf dem Gebiet der Raumfahrttechnologie anzuerkennen. Um diesen Status noch zu unterstreichen, übertrafen die Russen sich selbst mit einer höchst eindrucksvollen Demonstration der Macht der Roten Armee. Der übliche Aufmarsch von Abordnungen der Streitkräfte, Panzern und Geschützen wurde diesmal durch die Vorführung eines ganzen Arsenals von Raketenwaffen fast in den Schatten gestellt. Zum ersten Mal präsentierte sich die neue Rote Armee der Öffentlichkeit, und die übrige Welt war beeindruckt.

Die Super-Langstreckenraketen, die erst kürzlich für Schlagzeilen in der ganzen Welt gesorgt hatten, und ihre Nachkommen, die Trägerraketen, die die *Sputniks* in ihre Umlaufbahn befördert hatten, fehlten auffälligerweise bei dieser Parade. Zweifellos zeigte man sie aus Sicherheitsgründen nicht. Ihre Abwesenheit hinderte die Schau jedoch nicht daran, die wirkungsvollste Demonstration moderner militärischer Schlagkraft in der Welt zu sein. 38 verschiedene Raketen und Geschosse rollten über den Roten Platz, von kleinen Sperrfeuerraketenbatterien für den Kurzstreckeneinsatz bis zu 20 Meter langen Ungetümen, die atomare Sprengköpfe über Mittelstrecken befördern konnten. Seither werden jedes Jahr in Moskau immer eindrucksvollere Raketen gezeigt.

Dr. Walter Dornberger, der frühere Chef der Heeresversuchsstelle Peenemünde, besuchte 1959 von seinem Domizil in den USA aus Deutschland und führte lange Gespräche mit Helmut Gröttrup, der in Peenemünde stellvertretender Leiter der Abteilung BSM (Bordgeräte, Steuerung und Meßwesen) gewesen war und später die Wissenschaftlergruppe angeführt hatte, die nach dem Krieg in die Sowjetunion geholt wurde. Gröttrup erklärte, wieso die Russen in der Lage seien, die Entwicklungszeit neuer Projekte drastisch zu beschränken.

Entgegen unserer Annahme herrscht in Rußland ein scharfer Konkurrenzkampf. Sobald eine neue Idee auf eine Formel gebracht worden ist, wird vom zuständigen Ministerium ein sehr allgemein gehaltener Bedarfsdeckungsplan aufgestellt. Dann erteilt man verschiedenen Instituten und Industriewerken den Auftrag, das Problem von allen Seiten zu beleuchten und miteinander in Wettbewerb zu treten. Ein Jahr später werden dann Vertreter aller Konkurrenten nach Moskau zu einer Konferenz eingeladen. Jeder Teilnehmer hat acht bis zehn Stunden Zeit, um seine Pläne und Methoden darzulegen. Bei Raketen und Fernlenkwaffen kann eine solche Präsentation einen Plan für Forschung und Entwicklung ebenso wie einen endgültigen Einsatzplan umfassen.

Der Vorsitzende der Versammlung ist entweder ein Offizier im Generalsrang, wenn der behandelte Gegenstand militärischer Natur ist, oder ein Wissenschaftler oder Regierungsbeamter, wenn es sich um wissenschaftliche oder kommerzielle Dinge handelt.

Gewöhnlich besteht eine solche Versammlung aus über hundert Vertretern aller Ministerien und wissenschaftlichen Organisationen, die mit dem betreffenden Programm befaßt sind. Anwesend sind Regierungsmitglieder, Delegierte der Sowjetischen Akademie der Wissenschaften, Angehörige des Finanzministeriums, Repräsentanten militärischer Organisationen und weitere Funktionäre. Die Versammlung muß tagelang die Vorschläge der verschiedenen Wettbewerbsteilnehmer anhören. Nach Abschluß der Präsentation müssen die Versammlungsteilnehmer so lange zusammenbleiben, bis eine Entscheidung darüber getroffen ist, welche Lösung gewählt wird und wer den Wettbewerb gewonnen hat. Gewöhnlich fällt der Beschluß innerhalb einer Woche. Der Gewinner kann sofort mit der notwendigen Arbeit beginnen.

Ein interessanter Aspekt ist Gröttrup zufolge, daß die staatlichen Behörden und Organisationen, die bei der Konferenz nicht vertreten waren, später keine Berechtigung haben, Fragen zu stellen oder zu intervenieren. Wenn das, was Gröttrup Dornberger berichtete, bei den Russen für die Abwicklung von Projekten typisch war, dann war nur zu verstehen, daß sie ihre Vorhaben im Eiltempo realisieren konnten.

»Einige Charakteristika dieses Vorgehens scheinen mir nachahmenswert zu sein, selbst in einer Demokratie, aber das ist natürlich nur meine persönliche Ansicht«, erklärte Dornberger später.

1955 gab der Astronomische Rat der Sowjetischen Akademie der Wissenschaften die Gründung einer Kommission für Raumfahrt bekannt. Die genaue Bezeichnung dieses Ausschusses lautete wörtlich: »Interministerielle Kommission zur Koordination und Kontrolle der wissenschaftlich-technischen Arbeit auf dem Gebiet der Organisation und der Durchführung interplanetarischer Kommunikation des Astronomischen Rates der Akademie der Wissenschaften der Union der Sozialistischen Sowjetrepubliken«.

Fundamentale Aufgabe der Kommission war es, »... auf jede mögliche Weise die Entwicklung wissenschaftlicher, theoretischer und praktischer Arbeit in der Sowjetunion zu fördern, die sich mit Fragen der Erkundung des Kosmischen Raums und der Realisierung der Astronautik beschäftigt«.

Offenbar war es den Russen mit ihrer Raketen- und Raumfahrtplanung äußerst ernst. Die Frage in den USA hieß: Was können wir dagegen tun?

»Auf dem Gebiet der Satellitenträger und Mondraketen brauchen wir ein wohldurchdachtes, langfristiges nationales Programm, das die Raketen-Hardware (Antriebssysteme, Lenksysteme und Raketenkörper), die das Ergebnis unserer Programme für ballistische Geschosse und Überschallflugzeuge ist, maximal ausnutzt«, sagte von Braun 1958 vor einem Kongreßausschuß in Washington aus. »Hinter einem solchen Programm muß ein solides Budget stehen, das seine kontinuierliche Fortsetzung über einen Zeitraum von mehreren Jahren ermöglicht. Doch auch ohne Hindernisse glaube ich, daß wir gut fünf Jahre brauchen werden, bevor wir mit den Großraketen der Sowjets mithalten können, denn sie legen wahrscheinlich in der Zwischenzeit auch nicht die Hände in den Schoß.

Ich glaube im großen und ganzen auch nicht, daß unsere fünf wichtigsten Raketenprogramme der ersten Generation (*Jupiter*, *Thor*, *Polaris*, *Atlas* und *Titan*) durch eine Erhöhung der Mittel nennenswert beschleunigt würden. All diese Programme waren irgendwann einmal von gewissen Kürzungen betroffen, doch selbst wenn die ursprünglichen Budgetbeträge wieder eingesetzt würden, so bin ich davon überzeugt, daß viel mehr Geld nicht mehr sinnvoll für ihre Entwicklung ausgegeben werden könnte. Diese Feststellung gilt nicht für die Vorhaben der zweiten Generation wie die *Minuteman* oder *Saturn*, und auch nicht für viele sträflich vernachlässigte Randgebiete unserer Raketen- und Satellitenprogramme. Dort herrscht ein dringender Bedarf an mehr Mitteln für Grundlagen- und angewandte Forschung auf diesen Gebieten und zur Entwicklung stärkerer Startstufentriebwerke.

Auf vielen Gebieten kratzen wir im wahrsten Sinne des Wortes schon den Boden unseres Wissensreservoirs an, und alle Bemühungen, dieses Reservoir mit den entsprechenden Forschungsmitteln aufzufüllen, sind praktisch fehlgeschlagen. Das ist um so unverständlicher, als im allgemeinen die Mittel für die sogenannten ›anerkannten Waffensysteme‹ reichlich fließen. Doch die permanente Entwicklung wirklich moderner Waffensysteme hängt entscheidend von einem kontinuierlichen Forschungsprogramm ab, das nicht auf die direkte Unterstützung eines unmittelbaren Zieles beschränkt bleibt.

Zwar stehen ausreichende Mittel für die eindeutig definierten Raketenwaffensysteme zur Verfügung, doch es gibt nie genug Gelder, um die Wissenschaft um der Wissenschaft willen weiterzuentwickeln. Ein typisches Beispiel dafür ist, daß wir heute kein wirklich leistungsfähiges Raketentriebwerk besitzen; und das einfach deshalb, weil keines unserer gegenwärtigen Raketenteilprogramme ein solches erfordert. Aber um die Russen im Wettrennen zum Weltraum zu schlagen, brauchen wir es unbedingt – und die Entwicklung und Perfektion einer derartigen Maschinerie dauert mehrere Jahre«, sagte von Braun 1958 vor dem Kongreßausschuß weiter.

Er verlangte keine Unsummen als zusätzliche Mittel. »Wir müssen sicher unser gegenwärtiges Raketenbudget nicht verdoppeln, aber einige zusätzliche Mittel zur Grundlagen- und angewandten Forschung und zur Entwicklung eines zukünftigen Wachstumspotentials würden auf lange Sicht enorm viel ausmachen.«

Damals mußte man annehmen, daß die Russen das Problem der Rückführung eines Satelliten zur Erde gemeistert hatten. Von Braun glaubte es und brachte es auch zum Ausdruck. Die Beherrschung dieser Rückführungstechnik stelle an sich selbst noch keine direkte Bedrohung der Vereinigten Staaten dar, jedenfalls nicht mehr als das Vorhandensein der *Sputniks*, führte er aus. Vielmehr müsse man dieses Wissen als weitere wichtige Einzelleistung im Rahmen der anscheinend radikalen Anstrengungen der Sowjets werten, sich zu Herrschern des uns umgebenden Weltraums zu machen. »Darin liegt die wirkliche Bedrohung unserer Sicherheit, und nur die sofortige

Aufstellung eines gutgeplanten, entschlossenen Raumflugprogramms der Vereinigten Staaten, das alle Aspekte des bemannten wie unbemannten Fluges durch den Weltraum einschließt, kann sie beseitigen«, erklärte von Braun.

Man fragte ihn, ob ein konsolidiertes Programm nach dem Muster des *Manhattan-Projekts* die Position der Vereinigten Staaten im Weltraumrennen verbessere. Von Braun antwortete darauf, daß man die Tatsache nicht aus den Augen verlieren solle, daß einige fundamentale Unterschiede zwischen der Situation, die zum *Manhattan-Projekt* geführt habe, und der gegenwärtigen Situation auf dem Sektor der Raketentechnik und Raumfahrt bestünden.

Das *Manhattan-Projekt* sei aufgelegt worden, weil eine Gruppe von Physikern ein revolutionäres neues Konzept vorgelegt habe (nämlich die nukleare Kettenreaktion), das nur in eine Waffe von militärischem Wert habe umgesetzt werden können (nämlich eine Atombombe) durch die Konstruktion riesiger Anlagen, in denen komplizierte Prozesse, die bis dahin nur im Labor demonstriert worden waren (besonders die Isotopentrennung), auf großer industrieller Basis hätten durchgeführt werden können.

Unter diesen Umständen sei es für Präsident Franklin D. Roosevelt nur logisch gewesen, die Aufgabe zur Bereitstellung dieser fehlenden Anlagen seiner größten und erfahrensten Baubehörde, dem Pionierkorps der US-Army, zu übertragen. »Wir sollten ebenfalls nicht vergessen, daß in Fällen, wo Zweifel über den möglichen Erfolg einer bestimmten Methode bestanden, zwei oder drei konkurrierende parallel laufende Lösungsversuche von der Leitung des *Manhattan-Projekts* ohne Rücksicht auf die Kosten ausprobiert wurden«, erläuterte von Braun.

Auf dem Gebiet des Raketen- und Satellitenbaus hätten die USA seit Ende der fünfziger Jahre praktisch alle wichtigen Anlagen, die sinnvolle Arbeit leisten könnten, sagte von Braun. Wenn neue Einrichtungen gebraucht würden, so ließen sie sich leicht durch die Erweiterung der bestehenden Anlagen schaffen. »Mehrere nebeneinanderherlaufende Projekte werden von verschiedenen Teams betreut, die jeweils aus mehreren tausend Ingenieuren und Technikern bestanden und an verschiedenen geographischen Punkten der USA arbeiteten. Jeder Versuch, diese Mannschaften zu verlegen oder räumlich zusammenzufassen, muß notwendigerweise zu einer sofortigen Unterbrechung der Arbeit mit sich daraus ergebenden Verzögerungen führen.«

»Ein starkes Management unseres Raketen- und Raumfahrtprogramms auf Bundesebene ist gewiß höchst wünschenswert«, sagte er bei einem anderen Hearing im Herbst 1958. »Wir versuchen das ja durch ARPA* und NASA zu bewerkstelligen. Ob dieses doppelköpfige System funktioniert, bleibt abzuwarten. Seit 1951 gibt es darüber hinaus noch die Institution eines für das Militär zuständigen Raketenzaren auf der Ebene des Verteidigungsministeriums, die künftig als dritte oberste Dienststelle Weisungsbefugnis auf diesem Sektor haben wird. Nach meinem persönlichen Eindruck haben die Männer, die diesen Posten bekleideten, einen großen Beitrag zum nationalen Raketenprogramm geleistet, aber ihnen hat doch ein sehr entscheidender Bestandteil der Macht gefehlt: sie haben keine Verfügungsgewalt über die Mittel gehabt, mit denen die ihrer Leitung unterstehenden Programme finanziert wurden. Die Folge war, daß viele ihrer ausgezeichneten Pläne schon auf dem Reißbrett starben.

Es scheint zu stimmen, daß die Russen Triebwerke entwickelt haben, die über einen weitaus größeren Schub verfügen als alle in diesem Lande vorhandenen Raketenmotoren. Die Vereinigten Staaten haben zwar mit der Entwicklung einiger sehr großer Raketentriebwerke begonnen, aber diese Arbeiten wurden und werden leider immer noch mit kümmerlichen Mitteln gespeist, da man sie nicht als Teil eines unserer vordringlichen Raketenprogramme eingestuft hat.

Es hat auch Berichte gegeben, die von einem russischen Durchbruch bei der Entwicklung von Treibstoffen sprachen und denenzufolge sie eine größere Schubkraft oder bessere Ausnutzung des Brennstoffs bei den vorhandenen Triebwerken erzielen, doch ich finde, wir sollten uns darum nicht unnötig sorgen. Wir verfügen über eine Reihe ziemlich antriebsstarker Treibstoffkombinationen, ziehen es aber vor, sie nicht für unsere Raketen zu verwenden, weil ihre Verwendung mit Schwierigkeiten verbunden ist. Bei militärischen Waffensystemen stellen Treibstoffhandhabungsprobleme, Giftigkeit, Korrosion und Preis wichtige Gesichtspunkte dar. Beim Start eines

---

* ARPA = Abkürzung für *Advanced Research Projects Agency* (Amt für fortschrittliche Forschungsprojekte), eine dem US-Verteidigungsministerium unterstehende Behörde. (Anm. d. Ü.)

Satellitenträgers oder einer Mondrakete kann man bestimmte Vorsichtsmaßnahmen treffen, die bei einem militärischen Einsatz undenkbar wären. Man kann die Situation mit den hochoktanigen Superbenzinen vergleichen, die für Rennwagen verwendet werden und sicher nicht zum Verkauf an gewöhnlichen Tankstellen in Frage kämen. Es ist absolut möglich, daß die Russen sich entschlossen haben, solch einen Supertreibstoff zu benutzen, um auf diese Weise die sonst niedrigere Nutzlastkapazität ihrer Satelliten- und Mondraketen zu erhöhen. Das ist in der Tat dasselbe, was wir mit den *Jupiter C*-Raketen gemacht haben, die unsere *Explorer* in die Umlaufbahn gebracht haben«, sagte er.

»Ohne Zweifel ist die berufliche Qualifikation eines jungen amerikanischen Physikers oder Ingenieurs, der frisch von der Universität kommt, mindestens ebensogut wie die seines russischen Kollegen«, erklärte von Braun bei anderer Gelegenheit, »aber es ist möglich, daß wir diesen jungen Wissenschaftlern und Ingenieuren nicht genügend Gelegenheit geben, eine ausreichende Zahl von Jahren hintereinander in ein und demselben Forschungs- und Entwicklungsteam tätig zu sein, damit sie einen adäquaten Fundus an praktischer Erfahrung erwerben können. Wir drehen Forschungs- und Entwicklungsprojekte auf und zu wie einen Wasserhahn, je nachdem, wie es die Situation im Hinblick auf Budget, Dringlichkeit und Kontraktabschlüsse gerade erfordert. Und jedesmal, wenn wir wieder ein Forschungs- und Entwicklungsprojekt abstellen, sind wieder mehrere Jahre unschätzbarer Erfahrung für eine beträchtliche Anzahl von Personen für die Katz gewesen. *Wir müssen lernen, Teams aufzubauen und zu erhalten.* Die Amerikaner tun das beim Baseball, warum dann also nicht auch in der Forschung und Entwicklung?«

Für von Braun geht die kommunistische Bedrohung der freien Welt weit über Armeen, Raketen und Politik hinaus. Seiner Ansicht nach sind alle Aspekte unseres Lebensstils davon betroffen: Religion, Wirtschaft, Industrie, Wissenschaft, Technologie und Erziehung.

»Wenn wir uns den allgemein dürftigen Stand der Technik ins Gedächtnis rufen, der bei den Sowjets während des Zweiten Weltkrieges deutlich zu erkennen war, und die enormen Schäden hinzunehmen, die der Krieg selbst der sowjetischen Industrie zugefügt hat, wird in beängstigender Weise offenbar, daß ihre Zuwachsrate nach dem Krieg auf den Gebieten, die sie sorgfältig für ihre größten Anstrengungen ausgewählt haben, die unsere erheblich übertrifft. Es ist klar zu erkennen, welche Prioritäten sie bei der Wahl zwischen Machtinstrumenten und Konsumgütern gesetzt haben.«

Am 14. März 1958 belehrte von Braun den Elliott-Ausschuß für Erziehungs- und Arbeitsfragen des Repräsentantenhauses, daß »die wirkliche Gefahr nicht so sehr in den Fortschritten der Russen auf begrenzten Gebieten wie zum Beispiel dem der Raketenantriebssysteme liegt, sondern in dem ungeheuren Impuls, den sie in ein dynamisches Langzeitprogramm gesteckt haben, um die Vorherrschaft in Wissenschaft und Technologie ganz allgemein zu erlangen.« Das staatlich kontrollierte Erziehungssystem bringe qualifizierte Ingenieure und Wissenschaftler in größeren Mengen hervor als das amerikanische, hob er hervor. Dieses breit angelegte Fundament sei es, von dem aus der Russe seinen Feldzug zur Weltherrschaft vorbereite – nicht von den Geistesblitzen einer Gruppe gefangengenommener ausländischer Wissenschaftler, wie viele noch immer zu glauben schienen.

»Die Sowjets haben die Bedeutung der bevorstehenden Eroberung des Weltraums durch den Menschen begriffen und sind auf dem Weg in dieser Richtung schon weit vorangekommen. Im Klartext heißt das: Wir müssen unsere Anstrengungen auf verschiedenen Gebieten in einem Maße beschleunigen, das kalkuliert ist, den Vorsprung der Russen aufzuholen und sie zu überholen, denn eine Niederlage bei diesem Rennen würde uns mit Sicherheit um das bringen, was uns besonders teuer ist – unsere eigene Freiheit«, sagte er vor dem Ausschuß weiter.

Die vordringliche Sorge müsse der nationalen Verteidigung gelten, erklärte von Braun und unterstrich noch einmal die Tatsache, daß eine Überlegenheit des Waffenpotentials allein – falls Amerika sie erreichte und aufrechterhalten könne – nicht ausreichend sei. Die USA seien mit einer Herausforderung konfrontiert, der nur mit dem vereinten Willen und Bemühen aller freien Völker der Welt begegnet werden könne.

Als der Elliott-Ausschuß ihn um seine Ansicht über wissenschaftliche Ausbildung in bezug auf die Landesverteidigung bat, versicherte er den Komiteemitgliedern, er sei davon überzeugt, daß dem Problem nicht ausschließlich mit Waffenkategorien beizukommen sei, wenn diese auch gewöhnlich als äußere Manifestation der Verteidigungsbereitschaft eines Landes angesehen würden, sofern sie ausreichenden und gut ausgebildeten Streitkräften zur Verfügung stünden.

Moderne Verteidigungssysteme wie Langstreckenraketen, Überschallflugzeuge, Radarsuchanlagen und Flugzeugabwehr- und Raketenabwehrraketen seien die kompliziertesten und kostspieligsten in der Geschichte der Menschheit. Ihre Entwicklung beziehe alle Bereiche der Physik, die modernsten Technologien, schwerverständliche mathematische Berechnungen und neuartige industrielle Verfahrenstechniken ein. In Anbetracht dieser Tatsache verlangten wirksamer Einsatz und kompetente Instandhaltung solcher Anlagen einen neuen Typ von Soldaten, den man vielleicht eines Tages in ferner Zukunft als »Mann mit dem Rechenschieber« bezeichnen werde – ein Gegenstück des 20. Jahrhunderts zum musketentragenden Bauern des 17. Jahrhunderts, führte von Braun weiter aus.

Er hielte es im nationalen Interesse für lebensnotwendig, daß die USA den Ausstoß an wissenschaftlichem und technischem Personal vergrößerten, damit die Zuführung von ausgebildeten Arbeitskräften in Regierung, Industrie, Forschungsinstitutionen, Colleges und Oberschulen und bei den Streitkräften qualitativ und quantitativ ausreiche, um den Anforderungen der technologischen Revolution, der sich die Menschheit jetzt gegenübersehe, gerecht zu werden.

Von Braun sagte im gleichen Zusammenhang vor dem Elliott-Ausschuß weiter, es scheine ihm notwendig zu sein, eine Entscheidung darüber zu treffen, ob man nicht den Umfang des naturwissenschaftlichen, mathematischen und Sprachunterrichts im Rahmen des an den amerikanischen Hochschulen und Schulen bestehenden Kursussystems erweitern könne; ob es nicht ratsam sei, neben den höheren Schulen mit verschiedenen Ausbildungsgängen spezielle Ingenieurschulen zu schaffen; ob man nicht das geltende Unterrichtssystem, besonders das der höheren Schulen, revidieren und eine Reihe angenehmer Nebenfächer zugunsten anspruchsvollerer Geistesdisziplinen streichen solle. Diese Fragen müsse jede Kommune selbst beantworten, sagte von Braun, denn es sei ein Teil der amerikanischen Tradition, daß das öffentliche Erziehungswesen ausschließlich Sache jedes Schulbezirks sei. »Es ist auch ein nationales Anliegen«, fuhr er fort, »daß Schulen, Hochschulfakultäten und die notwendigen Einrichtungen nicht nur den Anforderungen von heute entsprechen, sondern denen der Welt, in der Schüler und Studenten in fünf, zehn und mehr Jahren leben müssen. Die Vorbereitung auf morgen ist es, die unserer Auffassung von freier und umfassender Bildung zugrundeliegt. An der Vollständigkeit dieser Vorbereitung müssen wir die Leistungsfähigkeit unseres Bildungssystems ablesen können.«

Seit das US-Verteidigungsministerium im November 1955 das *Jupiter*-Programm bewilligt hatte, wurde von Braun regelmäßig vom Ausschuß für militärische Einsatzbereitschaft und vom Bewilligungsausschuß und später von den beiden Raumfahrtausschüssen und anderen Kongreßkomitees nach Washington gerufen, um über den Stand des nationalen Raketenprogramms Bericht zu erstatten. Die *Jupiter* war inzwischen zur zweitwichtigsten Mittelstreckenrakete der USA erklärt worden. Der Luftwaffe war bereits grünes Licht für ihre *Thor* gegeben worden, trotz der Tatsache, daß die *Jupiter* schon zwei Jahre, bevor die Luftwaffe erstmals Interesse für Raketenwaffen zeigte, auf den Reißbrettern im Entstehen begriffen war. Das war ein Beweis dafür, wie wenig Erfolg die Raketenleute damals mit ihren Bemühungen hatten, die Zustimmung des Verteidigungsministeriums zu erhalten. Die zunehmende Bedrohung durch sowjetische Raketen veranlaßte jedoch den Kongreß, der Armee zusätzliche Mittel für ihre *Jupiter* zu bewilligen – und das war in nicht geringem Maße von Braun zu verdanken, der Öffentlichkeitsarbeit für die Armee leistete und den Kongreßabgeordneten die Augen öffnen half.

Zwar konnte von Braun dem Kongreß keine konkreten Beweise und handfesten Zahlen über die russische Raketentruppe vorlegen. Er besaß keine zuverlässigen Unterlagen darüber, wieviel Abschußbasen die Russen hatten und wieviele Raketen sie bauten. Aber er war in der Lage, anhand vieler Einzelhinweise das Interesse Moskaus an Raumfahrt und Raketenforschung zu belegen. Er konnte den Abgeordneten von seinen persönlichen Kontakten mit einigen höchst kompetenten russischen Delegierten bei den jährlichen Kongressen der Internationalen Astronautischen Föderation berichten und ihnen eine Zusammenfassung der seit vielen Jahren von den Russen betriebenen Forschungen auf diesem Gebiet geben, angefangen bei dem berühmten Wissenschaftler Ziolkowski bis zu den sowjetischen Methoden in Forschung und Entwicklung, ihr Erziehungswesen und andere Dinge mehr schildern, die dazu beitragen, die Situation im allgemeinen und das Raketenwettrennen im besonderen zu beleuchten. Er hob hervor, daß im Sommer 1957 Verschiedenes darauf hindeutete, daß Rußland vor den Vereinigten Staaten den Weltraum erreichen werde.

Eine der fundiertesten Voraussagen entstammte damals der Feder von F. Joe Krieger, dem Projektleiter von Rands »Weißbuch zur sowjetischen Astronautik«. Dieses von der US-Luftwaffe finanzierte Vorhaben war eine Dokumentation über alle Artikel und Erklärungen der Sowjets zum Thema Raumfahrt. Die Bibliographie enthielt genaue Angaben über Inhalt, Umfang, Gedankentiefe und Wert der entsprechenden Veröffentlichungen in der Sowjetunion. Sie erfaßte die gesamte Publikationsskala von der brauchbaren technischen Abhandlung bis zum populärwissenschaftlichen Zeitungsbeitrag, der auf das breite Publikum zugeschnitten war.

In der Einleitung zum zweiten Teil des Weißbuches, das am 21. Juni 1957 veröffentlicht wurde, schrieb Krieger: »Ein Tag, der bestimmt im astronautischen Kalender der Sowjets rot angestrichen ist, ist der 17. September 1957. Es ist der hundertste Geburtstag des Raumfahrtpioniers Ziolkowski. Obwohl dieses Datum gleich am Anfang des Internationalen Geophysikalischen Jahres liegt, gibt es – jedenfalls aus russischer Sicht – keine passendere Weise, diesen Tag zu begehen, als den ersten künstlichen Erdsatelliten zu Ehren von Konstantin Eduardowitsch Ziolkowski in eine Umlaufbahn zu bringen.

Daß dies eine naheliegende Wahrscheinlichkeit ist, ergibt sich aus einer Kombination von zwei Faktoren: Der erklärten Absicht der Sowjetunion, mehrere Erdsatelliten während des IGJ zu starten und zweitens der Verschiebung des Starttermins für die *Vanguard* auf Ende 1957 oder Anfang 1958. Der Prestige- und Propagandawert, der aus dem Start des ersten künstlichen Satelliten erwächst, ob er mit Instrumenten ausgerüstet ist oder nicht, bietet zweifellos den Opportunisten im Kreml eine Gelegenheit, die viel zu verlockend ist, um sie außer acht zu lassen.«

Bei einem der Hearings bezog sich von Braun auf ein charakteristisches, hochinteressantes Memorandum vom 14. April 1952, dessen Verfasser, Harold Bergmann, der stellvertretende Direktor und Pressechef des *Joint Commitee on Atomic Energy,* des Gemeinsamen Komitees für Kernenergie, war. Bergmann forderte darin die Einsetzung eines Kongreßausschusses für die Kontrolle von Raumfahrtforschung und -entwicklung, doch der Vorschlag wurde von den zuständigen Stellen als ausgesprochen überflüssig abgetan. Das Papier begann mit dem Hinweis auf die bereits vorliegenden umfangreichen Theorien der Wissenschaftler über die Möglichkeiten von Reisen außerhalb der Erdatmosphäre. Weiter hieß es dann an dieser Stelle: »Heute scheinen... einige angesehene Wissenschaftler die Ansicht zu vertreten, daß nicht nur eine solche Reise möglich ist, sondern daß sogar ein künstlicher Satellit, eine ›Raumstation‹, geschaffen werden kann und Menschen auf einer solchen Insel im Weltraum zu leben und zu arbeiten vermögen.

Die Entwicklung auf dem Gebiet der Technologie von Langstreckenraketen und Projektilen seit Ende des Zweiten Weltkrieges sowie die Möglichkeiten, die sich im Hinblick auf die Atomenergie als Energiequelle für interplanetare Flüge eröffnen, haben Spekulationen und Forschung weiter stimuliert«, folgerte Bergmann und stellte fest: »Es ist bekannt, daß die Sowjets ein umfangreiches Raketenprogramm zu laufen haben und erstklassige Wissenschaftler damit betraut haben, Untersuchungen über die Sonnenenergie und über kosmische Strahlung anzustellen.«

In diesem Zusammenhang wurde der sowjetische Wissenschaftler Professor Michail Klawdijewitsch Tischonrawow, Mitglied der Militärakademie für Artillerie der Roten Armee, zitiert, der erklärt hatte, daß »auf der Basis der wissenschaftlichen Entwicklung in der Sowjetunion von Raketen emporgetragene Raumschiffe gebaut werden könnten« und daß auch »die Errichtung einer Raumstation nicht nur realisierbar, sondern höchst wahrscheinlich« sei. »Sowjetische Ingenieure können schon heute die Eigenschaften von Raumfahrzeugen genau berechnen«, hatte der Russe behauptet und hinzugefügt, daß »sowjetische Entwicklungen auf diesem Sektor denen der westlichen Welt gleichkommen, wenn nicht sogar sie übertreffen«.

Bergmann knüpfte daran die folgenden Fragen: »Wie ist der Stand der Raumfahrtkoordination bei uns im Westen? Wer ist darüber unterrichtet? Wer, wenn überhaupt, betreibt sie?«

Jeder Kenner der psychopolitischen Kriegsführung, der diese Konstellation studierte, konnte nicht umhin, die Tragweite der russischen Erklärungen zu erkennen. Es lag auf der Hand, daß die Sowjets die Vereinigten Staaten lächerlich machen konnten, wenn man an die Unmengen von Vorankündigungen und Vorauspropaganda in der Presse, an die Anzeigenkampagnen, die Verlautbarungen der militärischen Forschungseinrichtungen und der Industrieunternehmen in Verbindung mit dem *Vanguard*-Projekt dachte. Die Vereinigten Staaten hatten angenommen, es sei die natürlichste Sache der Welt, daß sie den ersten Erdsatelliten abschossen, weil sie die ersten gewesen waren, die der Welt diese Absicht kundgetan hatten. Es war schiere Prahlerei, und die Russen konnten sich eine solche Gelegenheit nicht entgehen lassen und taten es auch nicht.

Von Braun hatte vor den Kongreßausschüssen Ende der fünfziger Jahre ausgesagt, die bis dahin von den Russen erhaltenen Informationen ließen nicht eindeutig erkennen, bis zu welchem Grad der Meisterschaft sie es in der Raketentechnik gebracht hätten. Mit einem Rechenschieber und einem bißchen gesunden Menschenverstand könne man sich aber hinsetzen und ausrechnen, wie groß ihre Raketen seien und welche künftigen Möglichkeiten sich ihnen eröffneten.

Als er 1957 gefragt wurde, ob er die Anwendung der Satellitentechnik für militärische Zwecke für möglich halte und ob Raumstationen als Raketen- oder Geschoßabschußplattformen dienen könnten, war seine Antwort bejahend. Er erläuterte, daß man die Geschwindigkeit einer Rakete, um sie von einer erdumkreisenden Satellitenstation aus in die Atmosphäre abschießen zu können, durch eine kurze Triebwerkszündung abbremsen müsse. Gehe man davon aus, daß die ursprüngliche Umlaufbahn durch Bahnvermessung mit optischen oder Funksystemen exakt bestimmt worden sei, so lasse sich leicht errechnen, um wieviel die Umlaufgeschwindigkeit der Rakete bei Wiedereintritt verringert werden müsse, um den tiefsten Punkt ihrer neuen elliptischen Flugbahn in die obersten Schichten der Atmosphäre, etwa in 80 Kilometer Höhe, zu verlegen.

Wenn die Rakete aufgrund dieses Bremsmanövers, das die ursprüngliche Umlaufgeschwindigkeit vielleicht nur um gute hundert Meter pro Sekunde verringere, über diesen Tiefpunkt rase, sei sie einem so starken Luftwiderstand ausgesetzt, daß sie schnell noch mehr an Geschwindigkeit verlieren werde, führte von Braun aus.

Während des anschließenden Abstiegs in die dichteren Schichten der Erdatmosphäre werde dann die Rakete einer gewaltigen aerodynamischen Aufheizung ausgesetzt sein mit Temperaturen, die denen entsprächen, die entstünden, wenn man an die Außenhaut der Rakete eine Lötlampe hielte. Um diese Tortur zu ertragen, müsse das

Projektil mit einer entsprechenden hitzeabweisenden Hülle verkleidet werden, wie sie bereits mit Erfolg für den weniger kritischen Wiedereintritt von Sprengköpfen an Langstreckenraketen entwickelt worden sei.

»Durch einfache Auslösung des Anfangsbremsschubs in einem sorgfältig vorausberechneten Augenblick vom Boden aus und unter Verzicht auf jede Bahnkorrektur während der folgenden Abstiegsbahn durch die Erdatmosphäre scheint es möglich zu sein, mit einer von einem Satelliten aus abgeschossenen Rakete ein Ziel von der Größe eines Regierungsbezirkes in Texas zu treffen. Faßt man aber einen Abschuß von einer bemannten Satellitenstation aus ins Auge, von der aus die Rakete auf ihrem ganzen Flug bis ins Ziel ferngesteuert werden könnte, dann wäre man wahrscheinlich imstande, auf der Erde ein Faß mit sauren Gurken zu treffen«, schloß von Braun seine Ausführungen.

Genau zehn Jahre, nachdem von Braun diese Erklärungen auf dem Capitol Hill abgegeben hatte, begann sich das offizielle Washington über das russische »Potential zur Bombardierung aus der Umlaufbahn« Sorgen zu machen.

Am 3. November 1967 gab der damalige Verteidigungsminister Robert S. McNamara bekannt, die Sowjets arbeiteten vermutlich an der Entwicklung eines, wie er es nannte, FOBS (Fractional Orbit Bombardment System). In schlichten Worten ausgedrückt bedeutete das den Abschuß von Atombomben in eine Erdumlaufbahn, die sie nach teilweisem Durchlaufen verließen, um ins Ziel gelenkt zu werden. In einem Featurebeitrag für *This Week* vom 10. März 1968 wies ich darauf hin, daß Washingtons Geheimdienstexperten bereits im September 1966 begonnen hatten, die damaligen russischen Raketentests auf die Möglichkeit zu prüfen, daß die Russen ihre Satellitenabschußtechnik dazu verwendeten, nukleare Sprengköpfe um die halbe Welt zu befördern. Es dauerte noch ein ganzes Jahr, ehe Minister McNamara die Dinge beim Namen nannte. Er sagte dann, die sowjetischen Experimente stünden nicht im Widerspruch zum *Space-for-Peace*-Vertrag über die friedliche Nutzung des Weltraums, den die Sowjets und die Vereinigten Staaten zehn Monate zuvor unterzeichnet hatten, weil es um den Transport eines Sprengkopfes über weniger als eine volle Umlaufbahn gehe. Es gäbe auch keinen Grund zu der Annahme, daß die Russen »in der Entwicklungsphase echte Atomsprengköpfe verwendeten«.

Auf diese Weise bestätigte der Verteidigungsminister im Jahre 1968, daß die Russen sich in der »Entwicklungsphase« dieses neuen Waffensystems befanden, aber zu dieser Zeit erinnerten sich nur noch wenige daran, daß von Braun die amerikanischen Kongreßmitglieder schon zehn Jahre zuvor vor diesem Potential gewarnt hatte...

Als der Kongreß von Braun um seine Meinung über den sowjetischen Wissenschaftlernachwuchs bat, verwies er auf einige konkrete Zahlen und Fakten, die Präsident Eisenhowers Beirat für die Ausbildung von Wissenschaftlern und Ingenieuren am 4. Oktober 1957 – dem Tag, an dem der *Sputnik* gestartet wurde – von Dr. Herbert Scoville junior vom CIA* vorgelegt worden waren.

Diese aufschlußreichen Unterlagen enthielten eine Aufstellung über die Hochschulabgänger mit naturwissenschaftlichem Examen. 1957 verließen in der Sowjetunion ungefähr 1,5 Millionen Diplominhaber die verschiedenen Fakultäten. Die vergleichbare Ziffer in den USA lag Mitte 1957 bei 1,3 Millionen Jung-Akademikern. Die Russen hatten hinsichtlich des Gesamt»ausstoßes« an Wissenschaftlern und Technikern einen Vorsprung. Wenn dieser Trend andauerte, würde sich die Relation eher verschlechtern als verbessern, sagte von Braun voraus. Das war eine Überlegung, die der Kongreß nicht ignorieren konnte.

Mitte der fünfziger Jahre war das Erziehungssystem der Sowjetunion darauf geeicht, gutes und qualifiziertes technisches und wissenschaftliches Personal hervorzubringen. Das betraf besonders den Unterricht an den Oberschulen. Hier wurde bereits alles getan, um die jungen Leute gründlich auszubilden und sie für technische Dinge zu interessieren.

Die wirtschaftliche Umorganisation, die in der Sowjetunion zur Zeit des *Sputnik*-Starts vorgenommen wurde, hatte keinen sichtbaren Einfluß auf das Erziehungssystem. Wenn überhaupt, dann hätte sie eher das System noch verbessert, zumindest indirekt. Diese Neuorganisation bestand im wesentlichen in einer Dezentralisierung. Das bedeutete, daß die Qualität der Forschung viel gleichmäßiger über das ganze Land verteilt wurde als vorher und sich dies in der Unterrichtsqualität widerspiegelte, die Schülern in entlegenen Gebieten

---

* CIA = Central Intelligence Agency, 1947 gegründeter Geheimdienst der USA. (Anm. d. Ü.)

zuteil wurde. Das Ergebnis war, daß überall in der Sowjetunion qualifiziertere Arbeitskräfte zur Verfügung standen.

Weitere Änderungen des sowjetischen Bildungssystems bestanden in der größeren Betonung der praktischen Ausbildung und verstärkten Versuchen, die Schüler für die Umsetzung der Theorie in die Praxis zu gewinnen. Für Oberschüler wurden Praktika in Fabriken vorgeschrieben; die Schulen schafften bessere Einrichtungen für ihre Chemie- und Physiksäle an, und häufigere Besuche in Industriekombinaten dienten dazu, den Schülern die praktische Anwendung dessen, was sie im Unterricht lernten, vor Augen zu führen.

Viele könnten diese Betonung der Praxis und den Respekt vor körperlicher Arbeit als Schwäche der russischen Methode der Heranbildung von Wissenschaftlern und Ingenieuren ansehen. Doch von Braun selbst hatte diese Art von Ausbildung durchlaufen, die in vieler Hinsicht mit der identisch ist, die seit den frühen zwanziger Jahren in Deutschland an den fortschrittlichen Hermann-Lietz-Schulen* praktiziert wurde. Von Braun selbst versichert, er habe viele bleibende Eindrücke von Wert an der Hermann-Lietz-Schule auf Spiekeroog gesammelt, wo sich die »Erkenntnis, daß ein Kubikmeter Erde, den man mit der Schaufel abträgt, einen Kubikmeter Schufterei, Schweiß und Muskelkater bedeuten«, eingeprägt hatte.

»Wir haben hart angepackt und Deiche gebaut. Das hat uns Spiekerooger gelehrt, die Bedeutung manueller Arbeit zu begreifen und zu respektieren«, erzählt von Braun. »Ich bin überzeugt, daß meine spätere Ingenieurausbildung unvollständig geblieben wäre ohne die Erfahrung mit ›Dreckarbeit‹, die ich im Rahmen des Hermann-Lietz-Systems machte. Es sieht ganz so aus, als gehe das sowjetische Schulsystem von einer ähnlichen Einstellung aus, und ich bin bereit, darauf zu wetten, daß es zum dauerhaften Nutzen der sowjetischen Jugend geschehen ist.«

Der CIA-Bericht von 1957 über die Erziehung in der Sowjetunion unterstrich, daß die Betonung der Praxis nicht auf Kosten der wissenschaftlichen Grundausbildung ging, sondern zusätzlich erfolgte. Zwar mochten Literatur, Geschichte, Kunst und andere musische Fächer im Endeffekt vernachlässigt werden. In Physik, Mathematik und an-

---

* Hermann-Lietz-Schulen sind Privatschulen mit Internat nach dem System des deutschen Pädagogen Hermann Lietz (1868–1919), der sich an englischen Vorbildern orientierte. (Anm. d. Ü.)

deren naturwissenschaftlichen Disziplinen dagegen ging der Unterricht in gewohntem Umfange weiter.

Im Kielwasser des *Sputnik* waren die Auftritte bei Kongreßhearings zu einer relativ einfachen Aufgabe für von Braun geworden. Er verfügte über eine ansehnliche Erfahrung von seinen vielen Kontakten im Pentagon her, und so wurden seine häufigen Besuche im Capitol und sein Erscheinen vor diesem oder jenem Ausschuß für ihn bald zur Routinesache. Seine Antworten waren meist prägnant und treffend. Zuweilen schien er den ihn befragenden Abgeordneten hereinlegen zu wollen. Er hatte inzwischen eine Menge Schattenseiten des American Way of Life kennengelernt, und der Pomp der Kongreßprozedur brachte ihn nicht mehr in Verlegenheit. Und doch war er immer auf der Hut und befleißigte sich größten Taktgefühls und Respekts. In der Tat war verschiedenen Kongreßabgeordneten die Gelegenheit, von Braun zu befragen, sehr willkommen – einfach deswegen, weil er sie mit seinem ungeheuren Wissen, seiner Klugheit und seinem Charme hypnotisierte. »Dr. von Braun zuzuhören«, sagte der verstorbene Senator Alexander Wiley, »ist so, als wenn man früher am Radio ein Science-fiction-Hörspiel verfolgte!« Der Vergleich wäre noch treffender gewesen, hätte der Senator von Wisconsin das Wort »Fiction« weggelassen, denn die Abgeordneten des Kongresses der Vereinigten Staaten begannen bald zu erkennen, daß alles, was von Braun ihnen mitteilte oder prophezeite, gewöhnlich auch bald eintrat – manchmal zu ihrer Bestürzung, manchmal zu ihrer Verblüffung.

23. Kapitel
Der Meeresboden lockt

Alle Interessen und Hobbies, denen sich von Braun in seiner Freizeit widmete – Lesen, Amateurastronomie, Segeln, Jagen, Angeln sowie Fliegen – sind ihm seit Kindheit und Jugend vertraut. Im Laufe vieler Jahrzehnte hat er sie beibehalten und weiter gepflegt. Mit 42 Jahren legte er sich noch eine weitere Passion zu und wurde nach und nach zu einem ausgezeichneten Sporttaucher, den die Faszination des Meeresgrundes mit seinen atemberaubenden Geheimnissen und verlockenden Möglichkeiten nicht mehr losläßt.

»Wie bei vielen anderen Betätigungen an der frischen Luft, ist es wohl das großartige Konzept der Erforschung des Lebens unter der Wasseroberfläche, das mich so sehr fesselt«, gesteht er.

Es war für ihn relativ einfach, das Sporttauchen zu einem Steckenpferd zu machen, denn er ist seit jeher eine Wasserratte und ein glänzender Schwimmer gewesen. Überdies war er immer sportlich trainiert und in guter körperlicher Verfassung. Und doch bedurfte es des Drängens und der Überredungskunst eines anderen Raumfahrtenthusiasten, des Sachbuchautors Arthur C. Clarke, um von Braun Feuer und Flamme für die Taucherei und in weiterem Sinne die Ozeanographie mit ihren vielen Teilbereichen werden zu lassen.

»Ich kann quasi schon sehen,« sagte von Braun, »wie Meerwasser zu einem Lebensnerv wird, der unsere Energiekrisen lösen kann. Die Atomwissenschaftler werden sehr wahrscheinlich innerhalb der nächsten fünfzig Jahre imstande sein, ›Fusionsenergie‹* kontrolliert

---

* Begriff aus der Kernphysik: Freisetzen atomarer Energie durch Vereinigung leichter Atomkerne (Wasserstoff, Lithium) zu Heliumkernen; Prinzip der Wasserstoffbombe, das theoretisch auch zur kontinuierlichen Energiegewinnung verwendet werden könnte. (Anm. d. Ü.)

freizusetzen. Im Gegensatz zur Fissions- oder Kernkraft, der Art Atomenergie, die wir gegenwärtig nutzen, wird Fusionsenergie der Menschheit Elektrizität in unbegrenzter Menge aus Kraftwerken bescheren, die mit Meerwasser betrieben werden. Ein Liter davon wird mehr Energie liefern als 1 000 Liter Benzin. Wenn diese Kraftwerke an relativ wenigen Punkten der Erde in Betrieb genommen werden, wird der Mensch den Begriff *Energiekrise* aus den Wörterbüchern streichen können.

Mir ist völlig klar, daß es eine Reihe fundamentaler Gründe für den einsetzenden Drang des Menschen zum Meer gibt. Eine kurze chronologische Aufzählung läßt erkennen, daß sie sich aus der Bevölkerungsexplosion auf diesem Planeten ergeben. Ferner aus der Nahrungsmittelknappheit in der Welt, dem Süßwassermangel, der Energiekrise, der zunehmenden Verknappung an Rohstoffen und Bodenschätzen, der abnehmenden Wohnfläche auf dem Festland und schließlich aus dem Bedürfnis nach niemals endender wissenschaftlicher Forschung wie auch niemals endender Suche nach Wissen«, sagte von Braun.

In den Anfangstagen seiner Sporttaucherkarriere war Unterwasserharpunenfischen große Mode, und von Braun lieh sich in Sportgeschäften die nötige Ausrüstung sowie Kameras für Unterwasseraufnahmen. Ein alter Taucherfreund von Brauns, James S. Farrior, erzählt gern, daß eines seiner amüsantesten Erlebnisse mit dem berühmten Raketenforscher ein Sporttaucherausflug nach Florida Keys war. »Ich schätze, daß ich da zum ersten Mal richtig erfuhr, welch enorme Energie er besitzt«, berichtet Farrior. »Er schoß seine Harpune in jedes Loch und kam nicht eher wieder an die Wasseroberfläche, bis alle Sauerstoffflaschen auf unserem Boot leer waren und alle anderen sich längst erschöpft an Deck ausgestreckt hatten.

Als dann der Motor nicht mehr ansprang, was natürlich Besorgnis auslöste, weil wir uns außer Sichtweite der Küste befanden und es schon spät geworden war, sprang er in ein Dingi und schleppte uns mit Hilfe von dessen jämmerlich kleinem Außenbordmotor ab. Als wir endlich Land sichteten, stand ein bewaffneter Mann am Pier und erklärte, hier könnten wir nicht anlegen. Von allen möglichen Landungsbrücken hatten wir uns ausgerechnet eine ausgesucht, die einem Millionär gehörte, der gerade eine spanische Galleone heben und natürlich seine Beute bewachen ließ. Erst von Brauns Überredungskunst rettete den Tag – oder besser die Nacht –, und wir durften endlich anlegen und an Land gehen...«

In Erinnerung an diesen Ausflug mit von Braun sagte ihm sein Tauchkamerad Farrior später: »Wernher, ich möchte ja eigentlich nicht dein Image ankratzen, aber ich muß sagen, daß du nicht *alles* einwandfrei machst. Die erlegten Fische hatten damals ein großartiges Abendessen ergeben und anschließend war das Los auf dich und mich gefallen, das Geschirr zu spülen. Seit dieser Zeit weiß ich, daß du ohne Zweifel der miserabelste Geschirrspüler bist, den ich je gesehen habe. So einen gibt es wohl kaum noch einmal!«

Im Laufe der Jahre häuften sich ähnliche Anekdoten über von Brauns Beziehungen zu der für ihn neuen Welt des Meeresgrundes. Durch das neue und faszinierende Hobby gewann er eine Unmenge neuer, guter Freunde. Einer von ihnen war Walter Cronkite von der Rundfunk- und Fernsehgesellschaft CBS, ein anderer Ed Link, der Erfinder der nach ihm benannten Steuerungsanlage und ein Pionier auf dem Gebiet der ozeanographischen Forschungstechnik. Er und John H. Perry junior, ein Schiffsbauer aus Florida, konstruierten und bauten gemeinsam das Viermann-U-Boot *Deep Diver,* um aus dem Vergnügen Ernst zu machen und auch wissenschaftliche Experimente auf dem Meeresboden vornehmen zu können. Eines Tages hatten von Braun und Link vor Freeport auf der Insel Grand Bahama ein Abenteuer mit diesem U-Boot zu bestehen. Über die Begebenheit schrieb von Braun im Magazin *Popular Science:* ».... Wir gingen an Bord des *Deep Diver,* während er noch am Heck seines Mutterschiffes, des knapp 20 Meter langen *Sea Diver,* vertäut war. Der *Sea Diver* diente Ed und Marion Link als zeitweilige Behausung und war zugleich Hauptquartier für die U-Boot-Einsätze. Ein genialer Flaschenzug, den Link entworfen hatte und der mit einem Spannmechanismus versehen war, der das Zugseil immer straff hielt, ließ den *Deep Diver* sanft zu Wasser, während das Heck des *Sea Diver* in schwerer See auf und nieder rollte.

Ich lag neben dem Steuer bäuchlings auf dem Boden des U-Bootes und beobachtete durch die Bullaugen im Bug unsere Umgebung, während wir etwa 15 Meter tief auf den Meeresboden tauchten. Nach 20minütigem Abwärtsgleiten setzten wir sanft auf sandigem Untergrund zwischen Korallenriffen auf.

Ed Link gab mir Zeichen, zu ihm in die Luftschleuse zu kommen, die den Tauchern den Aus- und Einstieg unter Wasser ermöglicht. Er schloß die Schotten zur vorderen Kabine und führte in der Schleuse mit Hilfe von außen am Schiffsrumpf angebrachten Druckluftzylindern einen Druckausgleich herbei. Als sich der Innendruck dem Druck des umgebenden Wassers angepaßt hatte, stieß er eine sich nach unten öffnende Luke auf. Das Wasser stand mit der Öffnung auf gleicher Höhe. Einen Meter unter uns lag der sandige Meeresboden.

Ich ließ meine Füße mit den Schwimmflossen vorsichtig auf den Sand hinunter. Bis zu den Hüften im Wasser stehend und mit dem Kopf noch immer in der Luftschleuse, legte ich Tauchgerät und Gesichtsmaske an. Ich steckte mir das Mundstück zwischen die Lippen, beugte mich vornüber und fühlte, wie ich aus dem Boot hinaustrieb.

In knapp 60 Meter Entfernung vor uns lagen zwei Unterwasserlabors. Eines von ihnen hatte die Form einer Halbkugel und den Eingang an der Seite, das zweite war zylindrisch und konnte von der Unterseite her betreten werden. Beide Labors waren aus gummiertem Material, das mit Luft aufgeblasen war. Damit die schwimmenden Konstruktionen nicht an die Wasseroberfläche schossen, waren sie mit Ketten an einer mit Bleibarren beschwerten Platte befestigt.

Die beiden Labors waren erst vor kurzem an Ort und Stelle verankert worden. Sie waren noch leer, denn die Besatzung hatte ihre Forschungsarbeit noch nicht aufgenommen. Mehrere andere Taucher kamen von ihrem Boot hinunter und schlossen sich uns unten an.

Ed Link und ich nahmen die Gelegenheit wahr und besichtigten die Labors. Sie enthielten eine kleine Werkstatt für kleinere Reparaturen unter Wasser, wie zum Beispiel das Flicken eines kaputten U-Boot-Kabels oder die Reinigung des verstopften Ventils einer Ölpipeline. Es gab Pritschen zum Ausruhen und genügend Licht, das sogar zum Lesen reichte. Die Luft in den Unterwasserstationen wurde durch Zusatz von reinem Sauerstoff wieder aufgefüllt, während gleichzeitig das ausgeatmete Kohlendioxyd mittels Chemikalien entfernt wurde. Das war ökonomischer als die Verwendung von Druckluftzylindern, denn der in der Luft enthaltene Stickstoff kann immer wieder eingeatmet werden. Bei einer Tiefe von mehr als 45 Metern wurde der Stickstoff durch Helium ersetzt, um die Druckausgleichszeit zum Auftauchen zu verkürzen.

Nach einem dreiviertelstündigen Besuch dieser Labors und der Betrachtung der zauberhaften Formationen farbenprächtiger Korallenriffe kehrten wir zu unserem ›Unterwassertaxi‹ zurück. Wir schwammen an die Luke heran und stellten uns nacheinander auf den Boden davor und steckten den Kopf in die Luftschleuse, um Maske, Bleigürtel, Sauerstofftanks und Schwimmflossen abzulegen. Dann kletterten wir beide in die Schleuse zurück. Ed schloß die Luke. Die elektrischen Schiffsschrauben unseres Mini-U-Bootes fingen schon an zu surren und wir waren im Nu auf dem Rückweg an die Oberfläche. Ich ging von Bord, tief beeindruckt, daß Ed Link und Pioniere wie er uns die gewaltigen unberührten Bodenschätze auf dem Meeresgrund zugänglich gemacht hatten.«

In Erinnerung an diese Unterwasserexkursion schrieb Walter Cronkite, der zweifellos von Brauns Begeisterung geteilt haben mußte, später in einem Geburtstagsbrief folgendes: »... Ich hege stille Bewunderung für einen Mann, der sein Leben dem Erreichen der Sterne gewidmet hat und dessen Hobby es ist, einer Lagune auf den Grund zu gehen!«

Nur zwei Jahre, nachdem er mit diesem Sport begonnen hatte, traf von Braun auf seine erste Muräne.* Er hatte mit einer lustigen Gruppe von Sporttauchern ein kleines Motorboot in Long Beach an der kalifornischen Küste bestiegen. Auf der Fahrt zu dem mit grünem Seetang bedeckten Meeresboden vor Catalina Island erklärte der Bootseigentümer den Neulingen, wie man Maske und Flossen anlegt, wie man das Meerwasser aus einer undicht gewordenen Maske herausdrückt, wie man taucht und wiederauftaucht und die Harpune handhabt. Schließlich stellte er sich feierlich in Positur und verkündete: »Männer, hört mal zu. Da unten gibt's Muränen! Und diese Biester sind tückisch. Für euch sind die nichts! Ich möchte, daß ihr euch von denen fernhaltet? Ist das klar?«

Von Brauns enger Freund Dr. Ernst Stuhlinger war bei diesem Ausflug dabei, und ich lasse ihn die Geschichte zu Ende erzählen: »Wir sagten dem Skipper also, daß wir ihn verstanden hätten. Dann legten wir unsere Tauchausrüstung an, setzten uns auf den Bootsrand und ließen uns hintenüber in das blaue Wasser fallen. Schon nach kurzer Zeit tauchte Wernher auf und schwamm auf unser Motorboot

---

* Aalartiger räuberischer Fisch mit Giftzähnen, von Kennern als Delikatesse geschätzt. (Anm. d. Ü.)

zu, wobei er heftig an der Leine seiner Harpune zerrte. Als er dann schließlich seinen Fang an Bord hievte, waren wir alle platt: Er hatte eine riesige, tückisch aussehende Muräne erwischt! Und sie war auch noch lebendig und schlug gewaltig um sich. Von Braun, der fast vor Aufregung platzte, erzählte uns die ganze Geschichte mindestens siebenmal. Wie er zuerst den Kopf des Biests in einer Felsspalte unter Wasser erblickt hatte, dann direkt auf die Muräne zugeschwommen war und ihr seine Harpune in den mächtigen Nacken gejagt hatte. Unser Bootsbesitzer sagte keine Wort. Er muß gespürt haben, daß das ein Mann war, der keine Anweisungen brauchte, der gegen die Fallstricke des Lebens immun war, in die normale Menschen leicht gerieten. Doch das Glitzern in den Augen des alten Seebären war beredt genug. Es spiegelte nur noch Stolz und Bewunderung wieder.«

Bei der Rückkehr von einer anderen Tauchexkursion – diesmal in die Karibik im Jahre 1968 – erzählte mir von Braun aufgeregt, wie es ihm vor Rat Cay auf den Bahamas gelungen sei, die gefährlichen Wasserschnellen zu überwinden. Es war offensichtlich, daß er zur Erholung von all den glanzlosen, aber notwendigen Tätigkeiten, die der Vorbereitung seiner spektakulären Raketenstarts dienten – Konstruktionsüberprüfungen, Planungskonferenzen und Budgetberatungen – das Vergnügen am Unterwassersport genießen gelernt hatte, genauso wie es Arthur Clarke vorausgesagt hatte, und sein Können auf diesem Gebiet jetzt ziemlich perfekt war. So schloß seine Liste von Taucherleistungen inzwischen auch die Durchquerung von Unterwasserschnellen ein. Ich wollte wissen, wie er das eigentlich fertiggebracht hatte.

»Rat Cay liegt ungefähr in der Mitte der 160 Kilometer langen Exuma-Kette aus mehreren hundert Inseln der Bahama-Gruppe«, erklärte er. »Diese Inselkette verläuft in nordsüdlicher Richtung und bildet gewissermaßen einen Damm zwischen dem Atlantischen Ozean im Osten und dem Karibischen Meer im Westen. Die Meerengen zwischen den einzelnen Inseln sind wie Abflußkanäle für diesen Damm. Bei Ebbe und Flut ergießen sich ungeheure Mengen blauen Wassers durch die schmalen Rinnen – zweimal täglich von Osten nach Westen und ebensooft in umgekehrter Richtung.

Riesige Schwärme kleiner Fische werden durch diese Meerenge gespült. Die größeren Fische, die das natürlich wissen, brauchen sich nur hinter den Felsen zu verstecken, ihre Mäuler aufzusperren und sich füttern zu lassen – ein echter Wohlfahrtsstaat, den die Natur da geschaffen hat.

Menschliche Fische können in denselben Unterwasserströmungen eine wilde Jagd genießen und trotzdem ungeschoren davonkommen. Ich war von James P. Lewis, einem Papiermagnaten aus dem Staat New York, eingeladen worden, es einmal auszuprobieren. Nach einer kurzen Nachtfahrt von Nassau aus warf seine Hochseejacht *Searcher* vor Rat Cay Anker.

Ein paar von uns legten die Tauchgeräte an, und eines der beiden Beiboote der Jacht setzte uns bei Flut vor einer Meerenge ab. Es war herrlich, in der Unterwasserströmung mitzutreiben. Als wir den Meeresgrund in etwa zehn bis 15 Meter Tiefe erreichten, konnten wir unsere Geschwindigkeit noch deutlicher als im Boot spüren.

Wir schossen über den Meeresboden dahin, der mal grasgrün und voll Pflanzen, mal sandig und mit großen Felsbrocken übersät war, ohne auch nur eine Flosse zu bewegen, und das alles mit der Geschwindigkeit eines Segelbootes von fünf Knoten bei leichter Brise. Fischschwärme suchten Deckung; Barracudas schwammen vorbei auf der Suche nach Beute. Wir versuchten, uns an eine Korallenbank zu klammern und hinter ihr in stilles Wasser zu gelangen, um unsere Harpunen auf einen der großen Fische abzuschießen, die sich dort regungslos verstellt hielten.«

»Wie konntest du dich denn orientieren?« fragte ich.

»Das Boot trieb mit derselben Strömung und blieb in unserer Nähe. Weil die Riffe und Korallenbänke die Strömung auf dem Meeresboden etwas verlangsamten, war sie an der Wasseroberfläche stärker, und das Boot neigte dazu, von uns wegzutreiben. Aber die Männer im Boot konnten ja sehen, wo unsere Luftblasen hochkamen. Ab und zu warfen sie ihren Außenbordmotor an, drehten bei und fuhren gegen die Strömung an, damit wir mit ihnen Schritt halten konnten.«

»Warst Du auch in der Lage, Deine Umgebung zu erforschen?«

»Natürlich – und wie! An einer Sandbank entdeckten wir eine tolle Höhle. Da ihr Eingang unter der Wasseroberfläche lag, konnte sie nur von Tauchern betreten werden. Innendrin konnte man dann auftauchen und normal atmen. Man befand sich in einem fast kreisrunden Dom von vielleicht 25 Meter Durchmesser und zehn Meter

Höhe. Im Scheitelpunkt der Kuppel war eine ein Meter breite Öffnung wie im Pantheon in Rom. Die kathedralenartige Höhle war in ein sanftes, blaues Licht getaucht, eine Farbe, die durch das von oben einfallende Licht und das vom Wasser reflektierte Licht, das durch die vier oder fünf Zugänge zum Meer eindrang, zustande kam. Rote Korallen und bunte tropische Fische trugen mit ihren schillernden Farben zu einer Szene von überwältigender Schönheit bei.«

Als ich wissen wollte, ob er auch gefährlichen Meerestieren begegnet sei, antwortete er: »Für mich war der Höhepunkt dieses aufregenden dreitägigen Abenteuers der Anblick eines riesigen Leopardenrochens, der gut und gerne die Größe eines Konzertflügels hatte. Zunächst war ich so aufgeregt, vielleicht auch erschreckt, daß ich schnell zur Wasseroberfläche hinaufglitt. Ich riß mich zusammen und fragte mutig einen erfahrenen Taucher aus unserer Gruppe, ob ich versuchen solle, den Rochen zu erlegen. Er riet mir davon ab. Wir tauchten beide wieder und beobachteten fast eine Minute lang das schöne Tier, wie es durch das Wasser glitt.

Mein Begleiter erklärte mir später, daß ich diesen Rochen niemals hätte an Land ziehen können. Die Chance, einen dieser Raubfische sofort zu töten, ist ziemlich gering, erfuhr ich. Er hätte mit Sicherheit versucht, ins offene Meer zu entkommen und mir dabei die Wahl gelassen, mich an meiner Harpune festzuhalten und so ein bis zwei Meilen mitgeschleift zu werden oder die Harpune loszulassen und sie zu opfern. Es sei schon vorgekommen, fügte der Tauchkamerad nachdenklich hinzu, daß die Wahl nicht so groß gewesen sei. Ihm seien Fälle bekannt, wo ein Taucher nicht mehr in der Lage gewesen sei, seinen Finger aus dem Abzug zu ziehen, während ein kräftiger Fisch ihn wegschleppte.«

24. Kapitel
Liebesgrüße vom Südpol

Um seinen lebenslangen Traum von der Erforschung des Weltraums verwirklichen zu können, mußte sich von Braun in zwei Sprachen gegen die Bürokratie durchsetzen und als Erwachsener fast zeitlebens gegen die Interesselosigkeit der Behörden und den Unglauben der Öffentlichkeit in zwei Kontinenten ankämpfen. Sein einziges – berufliches – Interesse galt der Eroberung des Alls, und auf diesem Gebiet Hervorragendes zu leisten und Erfolg zu haben, war er ständig und in gleichbleibendem Maße gezwungen, das Menschenmögliche zu tun. Er mußte erkennen, daß dabei auch persönliche Zugeständnisse für ihn unumgänglich waren. Die höchsten Anforderungen, die der Beruf an seine Person stellte, fiel in eine Zeit, als seine Kinder heranwuchsen. In diesen Jahren war er wöchentlich nur an drei oder vier Tagen zu Hause.

Es stimmt – und von Braun ist der erste, der es zugibt –, daß er angesichts einer Herausforderung über sich hinauswächst und ihn Druck und Streß nur noch mehr antreiben. Voll Wagemut und zuweilen rechthaberisch nimmt er gern die eindrucksvolle Bürde von Millionendollarprojekten auf sich und macht sich mit Feuereifer an die Arbeit. Im Verlauf solcher Vorhaben hat er die Ideen und Fähigkeiten von Hunderten und Aberhunderten von Mitarbeitern koordinieren und dirigieren müssen. Sein langjähriger Kollege, Prüffeldchef Karl Heimburg, sagte einmal: »Es kann passieren, daß ich mich schwer tue, zu verstehen, was Walter Häussermann (Leiter des Steuerungs- und Navigationslabors im Marshall-Raumfahrtzentrum – E. B.) meint. Sein Fachgebiet ist mir fremd. Von Braun geht dann hin und sagt es mit seinen Worten, und mit einem Mal sehe ich klar. Er ist einfach ein Genie!«

Für von Braun selbst ist alles Teil der Welt der Forschung. Alles, was mit dem Raumfahrtprogramm zusammenhängt, damals wie heute, ist in seinen Augen Forschung. Nichts ist Routine. Wenn man einmal Routine erworben hat, dann gibt es keine Entwicklung mehr, lautet sein Grundsatz. Alles entwickelt sich weiter, und wenn die Raumfahrtwissenschaftler aufhörten, ihre Ansichten zu ändern, wären sie bald arbeitslos. Für von Braun ist das immer so gewesen, seit er als Junge die Hänge Schlesiens durchstreifte – damals, als sein Forschergeist Gestalt anzunehmen begann.

So sammelt er seine Erfahrungen durch ständige Beobachtung seiner Umwelt von dem Augenblick an, wo er morgens aufsteht, während eines Arbeitstages in seinem Büro, bei Konferenzen und an Bord von Flugzeugen, die ihn zu einer Tagung in einer weit entfernten Stadt bringen. Es gibt auch viele Gelegenheiten, bei denen er lieber in Ruhe gelassen werden will, um seine Gedanken weit schweifen lassen und sich auf ungewöhnliche Art in eine zu erforschende Materie hineinzuknien. Manche Leute nennen das tiefgründiges Nachdenken. Doch in seinem Fall bleibt es Forschung. Als er einmal gefragt wurde, was er während seiner kurzen Gestapo-Haft im März 1944 in Stettin nach der Festnahme durch Himmlers SS-Schergen in ihren schwarzen Uniformen empfunden habe, antwortete er: »Nach einer Weile habe ich die Atmosphäre im Gefängnis fast gemocht – ich hatte viel Zeit für die Forschung, denn es war so schön still!«

Forschung und Entdeckung in jeder Form und auf jede erdenkliche Weise – sei es die Besichtigung einer archäologischen Ausgrabungsstätte, die Untersuchung antiker Ruinen, das Kennenlernen von Wohngebieten wilder Tiere oder das Graben in der Tundra zur Bestätigung des in den tieferen Erdschichten herrschenden permanenten Frostes – haben für von Braun ihre Bedeutung. In seinen Augen sind diese Dinge ernsthafte Arbeit. Sie wecken die besten Eigenschaften im Menschen; sie stimulieren seinen Unternehmergeist, lassen ihn schöpferisch tätig sein und neue Eroberungen machen – und die Werte erhalten und pflegen, die seine Vorfahren der Menschheit hinterlassen haben.

Als man ihn fragte, wie man den ersten künstlichen Satelliten der Vereinigten Staaten nennen solle, schlug er spontan den Namen *Explorer* (Forscher) vor. Und kurz nachdem dieser Meßsatellit 1958 erfolgreich in eine Umlaufbahn gebracht worden war, wurde von Braun Mitglied im ehrwürdigen Explorers Club, dem »Forscherklub«. Seine Raumsonden der zweiten Generation hießen *Pioneer* (Pionier). Beide Bezeichnungen – *Explorer* und *Pioneer* – sind selbstverständlich gleichbedeutend mit dem Namen Wernher von Braun und natürlich auch seinem Leben.

Seine treue Freundin und Kollegin in vielen Jahren der Huntsviller Zeit, Ruth G. von Saurma, war immer wieder erstaunt über von Brauns Geschick, aus jeder Minute des Tages das Letzte herauszuholen. »Für mich sah es stets so aus, als ob Freizeit für ihn einfach nur Zeit bedeutete, etwas anderes zu tun«, erzählt sie. »Ich erinnere mich sehr gut an einen heißen Sonntagnachmittag im Juni 1969. Fast vierzig Grad im Schatten, kein Lüftchen regte sich über dem Guntersville-See. Alle anderen kühlten sich im Wasser ein wenig ab oder dösten im Schatten. Nur er nicht! Er lag ausgestreckt in der sengenden Sonne auf dem Deck seines Hausbootes und war wahrhaftig in ein Buch über griechische Geschichte vertieft! Hinterher gab er eine äußerst lebendige Schilderung der fortschrittlichen Ideen der alten Griechen, wie ich sie noch nie gehört hatte. Und wer außer ihm hätte in die mit Vorbereitungen zur ersten bemannten Mondlandung vollgestopften Wochen auf Kap Canaveral noch schnell einen Abstecher in die Ägäis eingeschoben, um voll Begeisterung und neuer Eindrücke einem neuen Höhepunkt zuzustreben, dem *Apollo 11*-Flug?«

Es ist ein überschwengliches Erlebnis, von Braun auf einer Reise zu begleiten und eine Unzahl von glanzvollen Entdeckungen mit ihm zu teilen, vom Studium der Moose, Flechten und Felsen in der Tundra Alaskas bis zu den Respekt gebietenden Tempeln in Indien oder den Gletschern in der Antarktis. Ein langjähriger Freund, Dr. Carsbie Adams, war auf einer Weltreise dabei, die von Braun in den letzten Wochen des Jahres 1961 antrat und die bis Anfang 1962 dauerte. Zurückblickend erklärt Dr. Adams spontan, daß sich seine Erinnerungen auf zwei Tage konzentrieren, »die wir, glaube ich, niemals mehr vergessen werden«.

Der erste Tag, Silvester 1961, brach gerade an, als sie in New Delhi ankamen. Obwohl sie nach einem Nachtflug übermüdet waren, verlieh ihnen die erregende erste Begegnung mit diesem fremdartigen, geheimnisvollen Land neue Energie. Tausende neuer Sehenswürdigkeiten, Geräusche und Gerüche hatten sie in sich aufgenommen, und doch blieb ihnen ein Ereignis unauslöschlich im Gedächtnis: ihr Besuch im Sikh-Tempel.

Ohne Schuhe und Strümpfe folgten sie ihrem Gastgeber eine Allee hinunter, vorbei an Bettlern und Schutthaufen, über Steine, die naß und glitschig unter ihren Füßen waren, schließlich Marmorstufen hinauf in den Tempel. Sie folgten schweigend dem Sikh durch ein Eingangstor in einen großen, mit roten Teppichen ausgelegten Saal, schritten an bärtigen Männern mit Turbanen, die mit übergeschlagenen Beinen auf dem Boden saßen und deren Frauen vorbei, die abseits für sich hockten. Als sie dann vor dem Tempelschrein standen und der fremdartigen Musik zuhörten, ahmten sie das Ritual ihres Führers nach, knieten nieder, neigten den Kopf und berührten mit ihrer Stirn den Boden. Nach einer Weile erhoben sie sich, hinterließen eine Geldspende und bahnten sich den dunklen Gang entlang den Weg über die feuchten und kalten Steine zurück zu der Stelle, an der sie Schuhe und Strümpfe gelassen hatten.

Am nächsten Morgen, am Neujahrstag 1962 also, flogen sie bei Sonnenaufgang nach Katmandu, der Hauptstadt Nepals, weiter. Dr. Adams erinnert sich, wie sie dort gleich nach der Ankunft, Kindern am Weihnachtsmorgen gleich, voll freudiger Ungeduld aus ihrem Hotel rannten, um die ihnen unbekannte Welt zu studieren, die vor einem Jahrtausend gewissermaßen gefriergetrocknet worden war. »Das Verständnis für unsere Umwelt war oft schwierig. Es war uns, als wären wir irgendwie auf einem fremden Planeten gelandet«, berichtet Dr. Adams.

Sie besichtigten den Swayumbhunath, den »Tempel der tausend Stufen«. Nachdem sie dieses wunderschöne und faszinierende Heiligtum, das auf einem Hügel hoch über Katmandu liegt, etwa eine halbe Stunde lang durchschritten hatten, bemerkte von Braun plötzlich mehrere Dutzend tibetanischer Flüchtlinge draußen vor dem Tempel. Diese in Lumpen gekleideten, hungrigen, notleidenden armen Menschen, die ihre Heimat verlassen und zu Fuß den Himalaya überquert und überklettert hatten, hatten irgendwie seine Aufmerksamkeit erregt. Noch nie zuvor hatten die beiden Amerikaner Menschen gesehen, die so dringend der Hilfe – Nahrung, Kleidung und Obdach – bedurften. Angesichts der verzweifelten Lage dieser Leute bestand von Braun darauf, daß ihnen sofort geholfen werden mußte. Aber wie? Da ihnen keine andere Wahl blieb, beschlossen von Braun und

Adams, ihre Taschen umzustülpen, das Geld, das sie fanden, in Rupien umzuwechseln und diese an die bedürftigen Tibetaner zu verteilen. Nach beträchtlichen Schwierigkeiten bekam von Braun die Dollars endlich gewechselt. Dann ließ er die sechzig oder siebzig Flüchtlinge sich in einer Reihe aufstellen, damit jeder einen gleichen Anteil bekam und niemand übersehen wurde.

Wie Dr. Adams haben auch andere enge Freunde und Kollegen von Brauns oft Gelegenheit gehabt, zu beobachten, wie er unerkannt mit einem Mal stehenblieb und kleinen Kindern zulächelte, die vorbeigingen.

»Sein Glaube an alle Menschen, das intensive Interesse und die Hochachtung vor ihren Überzeugungen, seine Gutmütigkeit, Nächstenliebe, Liebenswürdigkeit und Selbstlosigkeit sind stets hervorstechende Charaktermerkmale gewesen... Er war das ausführende Organ für ein hohes Ziel – die Entsendung eines Menschen zum Mond... Aber das ist es nicht, was mir an ihm als hervorragendste Eigenschaft imponiert. Vielmehr ist es das Verhalten eines von Braun in New Delhi und Katmandu«, erzählt Dr. Adams.

1962 flog von Braun als Gast der *Civic Air Patrol* nach Alaska. Diese Reise schloß eine dreitägige Angelexkursion mit Generalleutnant Frank Armstrong, dem Oberkommandierenden des Zivilen Verteidigungskommandos von Alaska, ein.

Von Braun und seine Gastgeber zogen mit den Eskimos in Point Barrow auf Fischfang und verbrachten ein paar unbeschwerte Tage mit dem Pionier der Luftfahrt in Alaska, Ward Gay, mit dem von Braun sich anfreundete, und einigen seiner Buschpiloten. Aber es sollte zwölf Jahre dauern, bis von Braun sein Versprechen wahrmachen und in dieses riesige, gewaltige Land, den größten Bundesstaat der USA, zurückkehren konnte.

Mit dem Raumfahrtschriftsteller Arthur C. Clarke, der seine Begeisterung für die Erforschung der Tiefsee geweckt hatte, unternahm von Braun einmal einen Eselsritt auf die Klippen von Thera in der Ägäis hinauf und erkundete, ohne es seinerzeit zu wissen, das authentische Atlantis. Und mit Ed Uhl, dem Präsidenten von Fairchild, verbrachte er in einem anderen Jahr zehn Tage in einer Indiohütte auf der mexikanischen Halbinsel Yukatan, um die Umweltbedingungen des Jaguars zu erforschen. »Ich brauche wohl nicht zu betonen, daß man bei solchen Gelegenheiten Geist und Charakter eines Menschen genauso kennenlernt wie die Natur ringsum«, sagt von Braun dazu. »Vor allem gibt es einem die Möglichkeit, einen Menschen besser schätzen und respektieren zu lernen als man das bei geschäftlichen Begegnungen kann.«

Seine Reisen haben ihn an fast alle Punkte des Erdballs geführt. Das Entscheidende dabei war, daß er es immer verstand, geschäftliche Dinge mit Entdeckerfreuden zu verbinden. Als er erfuhr, daß er zu einer Konferenz nach Salt Lake City mußte, beschaffte er sich sofort Literatur über die Mormonen, Brigham Young, den Gründer des Mormonenstaates Utah und natürlich auch über den berühmten Tabernakel. Bei der Lektüre erfuhr er, daß die Orgel im Mormonenschrein einen weltweiten Ruf als einzigartiges, schönes Instrument genießt. Bei der Besichtigung des Tabernakels durchquerte er die riesige Kathedrale, trat auf den Organisten zu und begann eine freundschaftliche Unterhaltung mit ihm.

»Spielen Sie ein Instrument, Dr. von Braun?« wollte der Organist wissen.

»Das tat ich einmal, aber das ist schon Jahre her. Übrigens bin ich eigentlich durch mein Klavierspiel zur Raumfahrt gekommen!« Und er erzählte dem Organisten in allen Einzelheiten, wie er damals als siebzehnjähriger Schüler verzweifelt nach einer Möglichkeit suchte, seinem Idol, dem Raumfahrttheoretiker Professor Hermann Oberth, vorgestellt zu werden, und wie er dann eines Abends in Berlin einen anderen jungen Raketenfanatiker, Willy Ley, aufsuchte, der Oberth persönlich kannte. Während von Braun in Leys Wohnzimmer wartete, setzte er sich ans Klavier und begann in eindrucksvoller Weise Beethovens »Mondscheinsonate« zu spielen. Ley war von dem musikalisch talentierten blonden Unbekannten so stark beeindruckt, daß er, als von Braun ihm seine Bitte vorgetragen hatte, sofort ein Treffen mit Oberth arrangierte. Diese Begegnung hatte dann zur Folge, daß der damals schon berühmte Gelehrte sich des wißbegierigen jungen Mannes annahm.

Der Mormonenorganist war so beeindruckt von der Geschichte, daß er von Braun auf der Stelle einlud, sich an die Orgel des Mormonentempels zu setzen. Das tat er auch. Innerhalb von Minuten war der große Tempel mit den schönen und bewegenden Klängen von »Ein feste Burg ist unser Gott« erfüllt.

Von Braun hat sich in der Prudhoe Bay im Nördlichen Eismeer die

Hände gewaschen und ist mit seinem alten Freund Dr. Ernst Stuhlinger auf Hundeschlitten in der Antarktis gefahren, eine unvergeßliche Reise, bei der auch ein Flug zum Südpol auf dem Programm stand. Bisher hat er noch nicht die Sowjetunion, das chinesische Festland, Indonesien, Israel und Ägypten besucht. Auf seiner Wunschliste steht ferner eine Reise entlang der Westküste Südamerikas, und auch Südafrika möchte er einmal bereisen. Am liebsten würde er jedoch nach Tansania fahren, um den Serengeti-Naturschutzpark, den Ngorongoro-Krater und andere Sehenswürdigkeiten dieses exotischen Abenteuerlandes kennenzulernen. Nach einer Jagdreise nach Kenia im Jahre 1971, auf der er mit dem erstaunlichen Wildbestand dort Bekanntschaft gemacht und die beeindruckenden Bergriesen Kilimandscharo und Kenia gesehen hatte, gestand er:»Mein Appetit auf mehr wilde Tiere und mehr afrikanische Wildnis ist ungeheuer angeregt worden.«

Sein Interesse am Natur- und Tierschutz und seine Würdigung der Jagd und Fischerei als kostbare Gabe des Schöpfers weckte im Laufe all der Jahre auch bei seinen Freunden und Sportskameraden große Begeisterung.

Nach einem besonders schönen Herbsttag am Numedal-Fluß in Norwegen kehrten wir – das heißt von Braun, mein Bruder Ragnar, mein Kollege Thorstein Telle, mein norwegischer Freund und Verleger Bjarne H. Reenskaug und ich – zum Landhaus meiner Mutter zurück, das auf einem grünen Hügel über dem klaren Fluß unterhalb eines Waldes mit goldenen Birken und bläulich-grünen Fichten liegt. Bevor wir an diesem Abend zu Bett gingen, nachdem wir eine der Gourmetmahlzeiten meiner Mutter – Schneehuhn und zum Nachtisch Blaubeeren mit Schlagsahne – genossen hatten, nahm sie mich zur Seite und fragte: »Was will Wernher zum Frühstück haben?«

»Grapefruitsaft, zwei überbackene Spiegeleier, Toast und Tee mit Zitrone. Und viel Erdbeergelee oder -marmelade dazu. Aber ich würde mir darüber keine Sorgen machen, Mutter, denn mir hat er gesagt, er würde gern um vier Uhr aufstehen und mit mir auf den Berg fahren, um den Sonnenaufgang zu beobachten. Wir machen uns schon selbst etwas zu essen!«

Ich weckte ihn sehr, sehr früh. Er langte nach seiner Kamera und dem Fernglas, und ich verstaute zwei Schrotflinten im Wagen, denn die Jagdzeit für Birkhühner war noch nicht zu Ende. Wir nahmen den alten Mercedes meines verstorbenen Vaters und fuhren den sich aufwärts windenden Weg entlang, der uns in ein Gebiet knapp oberhalb der Baumgrenze führte. Ich mußte an meinen Vater denken. Wie sehr hätte er sich gefreut, jetzt dabei zu sein. Er hatte von Braun nur kurz auf dem IAF-Kongreß in Amsterdam vor fünfzehn Jahren kennengelernt.

Wir parkten das Auto und gingen ein paar hundert Meter weiter bis zu einem Vorsprung am Kamm des steilen Berges. Hier setzten wir uns nieder und blickten hinunter in das nebelverhangene Tal, das noch in matte Dunkelheit gehüllt war. Die Morgendämmerung kündigte sich uns allmählich hinter den Bergen auf der anderen Seite des Tals an. Ein paar kleine Wolken störten uns nicht und verdüsterten auch nicht den Blick auf die aufsteigende Septembersonne. Wir betrachteten schweigend die Natur und lauschten auf das Glucksen der Birkhühner in den Wipfeln der Kiefern rechts und links von uns. Plötzlich trafen die ersten Sonnenstrahlen auf die Wolken und ließen sie in samtenem Rosa, Scharlachrot und Gold erstrahlen. Dann tauchte der obere Rand der Sonne hinter den Bergen auf und stach uns blitzend in die Augen. Gleichzeitig änderten sich die Farben der Wolken und wurden zu einem Spektrum lebendiger tanzender Flammen.

»Es ist einfach unglaublich!« sagte von Braun. »Begreifst du eigentlich, was für ein Glück wir haben?«

In diesem Augenblick wurde der Wald lebendig. Die Stimmen der Singvögel vereinten sich jetzt mit dem Ruf der Birkhühner. Eine Elchkuh tauchte aus einem unter uns gelegenen Dickicht auf und begann friedlich und gelassen zu äsen. Von Braun wies in die Richtung einer Erhebung zu unserer Linken, wo sich ein Rotfuchs lautlos über eine Lichtung mit dichtem Gras stahl, auf dem noch der Rauhreif lag. Ringsumher flogen die Birkhühner auf, einige sogar ganz in unserer Nähe. Aber wir beide waren viel zu gefesselt von der atemberaubenden Geburt des Morgens, als daß wir an unsere Schrotflinten im Wagen auch nur gedacht hätten.

»Der bloße Gedanke an die Möglichkeit, daß all das noch zu unseren Lebzeiten von der Erdoberfläche verschwindet, und daß unsere eigenen Kinder und Enkel diese Vögel und andere Tiere nur noch im Zoo besichtigen oder von ihnen als ausgerottete Arten lesen können, läßt mich erschaudern und zutiefst traurig werden«, sagte von Braun.

»Ich denke oft an Peter, den seine Kinder eines Tages fragen könnten: ›Stimmt es, Vater, daß unser Großvater die Tiere noch in freier Wildbahn und ihrer natürlichen Umgebung sehen konnte, daß er sogar noch an Jagden in der Wildnis teilnehmen konnte, und daß dieses Wild wegen der Umweltverschmutzung und des Raubbaus verschwunden ist?‹«

»Ich fühle mich unglücklich bei dem Gedanken, daß sie vielleicht uns vorwerfen werden, wir hätten alles durch die Jägerei ausgerottet – was ja unwahr und auch unfair ist, denn die Jäger tragen mehr zur Hege bei als sonst jemand«, meinte ich.

»Wir müssen weiter forschen und alle vernünftigen Mittel anwenden, damit sichergestellt ist, daß all diese Tiergattungen nicht verschwinden, bevor sie dereinst zu Fossilien werden können. Dazu wird es des Einsatzes moderner technologischer Mittel bedürfen und ebenso einer klugen Hege durch eine vernünftige und waidgerechte Jagd. Das ist überhaupt vielleicht die anspruchsvollste Art von Forschung, die es heutzutage gibt...«

»Du willst doch sicher nicht die freilebenden Tiere verhungern sehen – genausowenig wie du Zeuge rücksichtsloser Abknallerei werden willst«, sagte ich.

»Bestimmt nicht. Wir müssen begreifen, daß der Mensch von Beginn seiner Entwicklungsgeschichte an in hohem Maße vom Tierreich zur Beschaffung von Nahrung, Kleidung und Obdach abhängig gewesen ist. Als es ihm später gelang, einige Tierarten zu zähmen und zu Haustieren abzurichten, wurde seine emotionale und physische Abhängigkeit vom Tier noch größer. Er war bemüht, das Überleben nützlicher Arten durch das Töten sogenannter schädlicher Tiere zu fördern. Heute versuchen wir gerade diese unrichtige Auffassung der Ökologie umzudrehen und so viele verschiedene Tierarten wie möglich zu erhalten. Wenn uns diese Aufgabe gelingen soll, müssen wir unsere Erforschung der Tierwelt erheblich vertiefen.«

Die warmen Strahlen der Morgensonne schmolzen den Rauhreif auf dem Gras um uns herum. Wir erhoben uns, blieben eine Weile stehen und beobachteten, wie der Tag langsam in das Tal hinunterstieg, das gute dreihundert Meter unter uns lag.

»Wenn die Jagd nicht Teil eines sorgfältig ausgewogenen Programmes zur Erhaltung des Tierbestandes ist, stimme ich jetzt meinem Sohn Peter voll zu, der verlangt, daß das Töten von Wild mit dem bloßen Ziel, Häute, Köpfe und Geweihe als Trophäen zu sammeln, ausgemerzt werden sollte«, nahm von Braun die Unterhaltung wieder auf. »Andererseits pflichte ich jenen nicht bei, die behaupten, die Jagd decke lediglich die rohen Instinkte im Menschen auf. Ich glaube, daß die Jagd als Hege mit der Büchse unter zweifachem Aspekt gesehen werden kann: einmal als Sport, der einen bescheidenen Dank an Gottes Größe und die Natur selbst zum Ausdruck bringt, und andererseits als Mittel, das die Kameradschaft unter den Menschen fördert und zu Hochachtung vor dem Naturgeschenk zwingt: nämlich der Nahrungsbeschaffung, wie die Jagd sie mit sich bringt. Ich glaube und hoffe auch zuversichtlich, daß sogar Peter eines Tages die Dinge unter diesem Gesichtspunkt sehen wird, wenn er älter geworden ist. Ich bin sicher, daß es Platz für uns alle auf der Welt gibt, für Mensch und für Tier, aber wegen unserer explosiven Evolution und der Komplexität unseres Lebensstils muß das ganze ökologische System heute gesteuert werden. Die Bedeutung des Jagens und Fischens als Teil unseres kulturellen Erbes ist so wichtig, daß wir in Amerika durch eine Verfügung des Präsidenten einen Nationalen Jagd- und Fischereitag eingeführt haben. Ich glaube, daß uns das im Laufe der Jahre helfen wird, einzusehen, daß wir dieses Erbe pflegen müssen. Die ständige Erforschung und Verbesserung der Jagdmethoden, der Hege und der Wildbestandsplanung kann eines Tages lohnender und bedeutsamer werden, als wir heute ahnen. Dann ist auch zu hoffen, daß meine Enkelkinder später einmal nicht in den Zoo gehen müssen, um ein Birkhuhn oder einen Fuchs zu sehen.«

Wir fuhren zurück zu unserem Landhaus, wo ein großes Frühstück uns erwartete. »Es tut mir leid, Wernher, daß ich keinen Grapefruitsaft für Sie da habe«, sagte meine Mutter, als wir den großen Wohnraum betraten. »Doch wie wär's mit ein bißchen norwegischem Preiselbeersaft?« Und von Braun legte in seiner vornehmen Art den Arm um ihre Schultern und versicherte ihr, daß er den noch lieber trinke...

Nach dem Frühstück traf ich meinen jungen Neffen Gunnar am Holzschuppen. Er kam vom Fluß herauf mit einer Angel in der Hand. In der anderen ließ er drei Forellen an einer Schnur baumeln.

»Hast du mit Dr. von Braun heute morgen Enten oder Birkhühner geschossen?« fragte er.

»Nein, wir haben nichts geschossen«, antwortete ich.

»Habt ihr denn nichts gesehen?«
»Doch, wir haben massenhaft Vögel gesehen.«
»Er ist wohl nicht sehr schußsicher, hm?«
»Weißt du«, sagte ich langsam, »wir wollten lieber die Natur betrachten...!«
Er sah mich auf merkwürdige Weise an. Aber ich sagte nichts weiter. Ich grinste ihn nur breit an. Er schüttelte den Kopf und zuckte die Achseln.

In kleinen Dingen zeigen große Männer wahre Größe. Schon bald nach ihrer Ankunft in Huntsville – und als Huntsvilles Bevölkerung und deren Kinder gewahr wurden, daß gute Chancen bestanden, den Kosmos zu erobern – hielten es von Braun und ein paar seiner engsten Mitarbeiter, unter ihnen Dr. Stuhlinger, für eine gute Idee, eine astronomische Vereinigung, die *Rocket City Astronomical Association,* zu errichten. Mit ein bißchen Gemeinschaftsgeist, Geldspenden und viel eigenem Schweiß glaubten sie der Stadt Huntsville eine einzigartige raumfahrtorientierte kulturelle Einrichtung hinstellen zu können. Hilfe kam auch vom Gouverneur von Alabama, der den Privatunternehmern mit einem langfristigen Pachtvertrag für das Grundstück von nur einem symbolischen Dollar pro Jahr unter die Arme griff.

Lehrer, Schüler, Pfadfinder und andere hatten von Braun immer wieder und beharrlich gefragt, wie und wo sie mehr über den Weltraum lernen könnten. Eine eigene astronomische Gesellschaft war gerade die richtige für diese wißbegierigen Leute, dachte von Braun. Schon während seiner Schulzeit auf der Nordseeinsel Spiekeroog hatte er sich den Ruf eines Raumfahrtfans geschaffen, als er – wie schon erwähnt – ein Team (sein erstes!) von Klassenkameraden anleitete, ein Schulobservatorium zu bauen.

In einem früheren Kapitel habe ich schon erwähnt, daß seine Mutter ihn 1925, als er 13 Jahre alt war, sein erstes Teleskop zur Konfirmation geschenkt hatte. »Eigentlich galt mein Interesse zuerst der Astronomie und dann erst der Raketentechnik«, sagte er. »Um die Wahrheit zu gestehen: die erstere hat bei mir die Beschäftigung mit der letzteren ausgelöst.«

Zwischen 1930 und 1950 las von Braun zwar eine Menge Bücher über Astronomie, machte aber nur wenige Himmelsbeobachtungen. Daher war er als Mitbegründer der Astronomischen Vereinigung von

Huntsville genauso freudig erregt wie seine Mitarbeiter bei dem Gedanken, sein altes Hobby wieder aufnehmen zu können. Abends und an den Wochenenden arbeiteten die Gründungsmitglieder der neuen Gesellschaft fleißig und konnten schon bald ein ausgezeichnetes 54-cm-Spiegelteleskop der Marke Eigenbau aufstellen und das Observatorium von Huntsville für eröffnet erklären. Das Publikum drängte sich in Scharen, die Mitgliederzahl wuchs, und die Schulen begannen Klassenausflüge zum Observatorium zu unternehmen. Bald schon war es allgemein als neue kulturelle Einrichtung von Huntsville anerkannt.

Die Amateurastronomen gaben auch bald einen Rundbrief, die *Via Stellaris,* heraus. Ein Vortragsprogramm wurde aufgestellt und das Interesse seitens der Huntsviller Jugend rechtfertigte bald die Gründung einer Astronomischen Liga mit Jugendpreisen wie zum Beispiel dem *Sky Gazer* (»Sterngucker«) für jugendliche Mitglieder bis zu zwölf Jahren und dem *Junior Observer* (»Junger Beobachter«) und *Junior Astronomer* (»Junger Astronom«) für diejenigen, die älter waren. Eine Ausstellung der Gesellschaft, »Astronomie in Huntsville«, in einem großen Einkaufszentrum wurde ein uneingeschränkter Erfolg. Man veranstaltete alljährlich »Sternenbälle« und Tage der Offenen Tür. Das Publikum besuchte begeistert das Observatorium und das angeschlossene Planetarium, um sich Sternhaufen, Sternsysteme, planetarische Nebel, die Planeten Jupiter und Mars und den Mond anzuschauen. Nach ein paar Jahren, als das Institut schon ein anerkannter Erfolg mit glänzender Zukunft geworden war, beschlossen die Mitglieder der Astronomischen Vereinigung, ihren Namen in *Von Braun Astronomical Society* umzuändern.

Nachdem sein Appetit erst einmal geweckt worden war, wurde von Braun selbst zu einem der häufigsten Besucher des Observatoriums. Er und Dr. Stuhlinger trafen sich oft abends im Observatorium, um einen interessanten Sternhaufen oder Planeten zu beobachten. Als er 1959 die Nachricht aus Deutschland erhielt, daß seine Mutter verstorben war, verließ von Braun spätabends das Haus und fuhr auf den Monte Sano hinauf – allein. Er saß stundenlang am Fernrohr und studierte das Firmament, vielleicht auf der Suche nach dem geheimnisvollen Etwas, das für die Menschheit unwiderbringlich verloren zu sein scheint. Seiner Ansicht nach hat die Wissenschaft festgestellt, daß in der Natur nichts verschwinden kann, ohne Spuren zu hinterlassen. »Die Natur kennt keine völlige Auslöschung«, pflegt er zu sagen. Nie zuvor hatte er das Weiterbestehen des menschlichen Lebens nach dem Tode so stark empfunden wie damals. Nichts verschwindet spurlos.

Zu seinem sechzigsten Geburtstag schenkten einige seiner Freunde von Braun ein 20-cm-Celestron-Spiegelteleskop mit einer dazugehörigen 12,7-cm-Schmidt-Kamera für Weltraumaufnahmen. So war er auch nach seinem Umzug in die Nähe von Washington imstande, sich weiter seinem geliebten Hobby zu widmen. Er ließ bald ein kuppelförmiges kleines Observatorium in seinem Garten bauen und wenn es ihm zeitlich möglich ist, erforscht er den Sternenhimmel, macht Aufnahmen von Mond, Jupiter, Saturn und kleineren Himmelskörpern mit der Schmidt-Kamera oder der Nikon I, die sich ebenfalls auf das Celestron-Teleskop aufschrauben läßt.

»Leider ist die Sicht nur ganz selten einwandfrei«, erzählte er mir. »Das kommt vom Dunst der nahegelegenen Hauptstadt und dem daraus resultierenden ›Neonschimmer‹. Aber ich bleibe dieser Art Entdeckung treu – auch wenn es nur ein Hobby ist. Ich nehme an, daß mein Wunsch, ab und zu ein paar Stunden in meinem Gartenobservatorium zu verbringen, dem der Seeleute ähnelt, die auch am liebsten in der Nähe des Meeres wohnen. Schließlich ist der Weltraum ja nur gut 150 Kilometer entfernt!«

Von Brauns Leidenschaft für Entdeckerfreuden kommt auch in seiner Segelfliegerei zum Ausdruck. Als ich ihn nach den Osterferien 1975 wieder sah, berichtete er voll Freude, er sei gerade von dem »phantastischsten Segelflug seines Lebens« zurückgekommen. Am Ostersonntag hattte er seine *Libelle* dank der Aufwinde über den Bergen bei Cumberland im Bundesstaat Maryland auf eine Flughöhe von 3900 Meter hochziehen können, nachdem das Seil des Schleppflugzeuges in knapp 800 Meter Höhe ausgeklinkt worden war. Das bedeutete immerhin einen motorlosen Höhengewinn von über 3000 Metern. »Das ist natürlich nichts im Vergleich zu dem, was Champions fertiggebracht haben«, sagte er, »aber für ein Greenhorn und jemanden, der sich von seiner Familie wegstehlen und dann Glück mit dem Wetter haben muß, war es doch wohl ein tolles Ding.«

Wenn er in einem normalen Flugzeug am Steuerknüppel sitzt, bringt ihm jeder Start und jeder Flug neue Erfahrungen als Entdecker.

Seine Leidenschaft für das Fliegen drückt sich in seiner Liebe zur Maschine aus. Für die meisten Menschen ist ein Flugzeug eben nur ein Flugzeug. Für von Braun ist es viel, viel mehr. Hunderte von Pferdestärken in einen Hochleistungsmotor gezwängt, von einem farbenfrohen oder glänzenden Chassis umgeben und mit Rädern aus einer Magnesiumlegierung, über die glatte Reifen gezogen sind, oder mit stromlinienförmigen Schwimmern darunter – das ist für ihn die ideale Phantasiemaschine, die sich auf sein Kommando hin heulend in Bewegung setzt.

Ein Großteil seiner Versuche gilt den vielen Aspekten der Raumfahrttechnologie, die auch auf der Erde genutzt werden können. Als das amerikanische Weltraumprogramm in den sechziger Jahren und Anfang der siebziger Jahre auf vollen Touren lief, beschäftigte er sich selbst damit, verschiedene Anwendungsmethoden von Raumfahrtoperationen mit Hinblick auf die Nutzung ihrer Nebenprodukte auf der Erde zu entwerfen. Wie wir in einem späteren Kapitel sehen werden, begeisterte er sich für das sogenannte »Raumfahrt-Falloutspektrum« und förderte dessen Nutzung, weil es der Menschheit eine Unzahl von Vorteilen brachte. Ein solcher Aspekt war die Möglichkeit der Verwendung von Weltraumsatelliten als Instrumente zum Aufbau eines Erdbebenwarnsystems.

Auf seinen weltweiten Reisen von Alaska bis in die Antarktis hatte er im Laufe der Jahre gesehen, wie viele Länder unter den Folgen von Erdbeben und Flutwellen zu leiden hatten. Wie oft hatten diese Katastrophen den Menschen in fast allen Teilen der Welt unglaubliches Leid und Elend gebracht. Keine anderen Naturkatastrophen löschen mit einem Schlag derart viele Menschenleben aus und bringen den Überlebenden noch Krankheit und Hunger. Er fühlte sich verpflichtet, die Möglichkeit der Schaffung eines weltraumorientierten Systems zu erforschen, das eines Tages zu einem wirksamen Erdbebenwarnsystem werden konnte. Die Medizin und das Gesundheitswesen sowie eine Reihe anderer, sozialorientierter und verwandter Wissenschaften hatten bereits in großem Maße von der Erforschung des Weltraums profitiert. Auswirkungen auf anderen Gebieten zeichneten sich mehr und mehr ab.

Mit der ihm eigenen Tatkraft und Energie fing von Braun an, sich in seismische Untersuchungen und die Geschichte der großen Vulkanausbrüche auf der Erde einzulesen. Bald schon entdeckte er, daß die

Weltbevölkerung im Laufe der Jahrhunderte unter solchen Desastern enorm gelitten hatte. In Amerika hatten die beiden größten Erdbebenkatastrophen – in San Francisco im Jahre 1906 und in Alaska am Karfreitag 1964 – »nur« etwa 500 beziehungsweise 115 Menschenleben gefordert, wobei natürlich die Sachschäden ungeheuer gewesen waren.

Einen verständlicherweise noch größeren Eindruck machte es auf ihn, daß andere Völker Erdbeben erlebt hatten, bei denen Zehn- und sogar Hunderttausende von Menschen umgekommen waren. Über 800 000 Opfer waren bei einem Beben in der Shensi-Provinz in China am 24. Januar 1556 zu beklagen. Mehr als 60 000 Menschen starben beim Erdbeben von Lissabon am 1. November 1755 und 50 000 fanden bei dem großen Erdbeben von Messina auf Sizilien im Jahre 1908 den Tod. 1920 kamen weitere 100 000 Chinesen infolge von Erdbeben ums Leben, in der Türkei wurden 1940 mehr als 30 000 von einem Beben getötet, und Zehntausende starben während der sechziger und Anfang der siebziger Jahre bei einer Reihe von Erdbeben im Fernen Osten, in Chile und in Peru.

Es war von Braun nicht entgangen, daß eine Anzahl amerikanischer Seismologen in der Öffentlichkeit von der Wahrscheinlichkeit einer zunehmenden Erdbebentätigkeit in Kalifornien während der nächsten Jahre sprach. Aus Unterhaltungen mit Seismologen erfuhr er auch, daß deren alte Methode zur Messung vulkanischer und seismischer Aktivitäten schwerfällig und in vielen Fällen auf »Schönwetteroperationen« begrenzt waren. Gegenwärtig benutzen die Wissenschaftler sogenannte »Kippmeßgeräte« und Gravimeter, um damit leichte Abweichungen der Erdschwere festzustellen, die bereits verräterische Anzeichen in Vulkankratern und an seismischen Verwerfungen sind. Das Problem ist nur, daß man gewöhnlich bei diesen Geräten keine ständigen Ablesungen durch direkte Beobachtung der Instrumente vornehmen kann. Die Wissenschaftler könnten durch schlechtes Wetter, tiefen Schnee, eiskalte Winternächte, schlechter Kurzwellenübertragung infolge atmosphärischer Störungen und andere mißliche Umstände behindert werden. Andererseits nahm von Braun an, daß ein Satellitensystem Tausende von Daten dieser und vielleicht weiterer verbesserter Instrumente regelmäßig und ohne Rücksicht auf das Wetter verarbeiten könne.

Professor Robert Merritt von der Universität von Alaska versicherte von Braun, es sei »ein willkommenes Geschenk für die Menschheit«, wenn es ihm gelinge, ein Erdbebenwarnsystem via Satellit zu konstruieren. Während seines zweiten Aufenthalts in Alaska im Jahre 1974 sah von Braun wieder viele Vulkangebiete. Bei einem Überlandflug im Südwesten des Inneren des Bundesstaates wies er durch das Fenster nach unten und erklärte, zu mir gewendet: »Ich bin wirklich überwältigt, die Gelegenheit zu haben, den Himmel über diesem herrlichen Staat zu durchqueren und auf die gähnenden Abgründe zwischen majestätischen Bergen und Gletschern hinunterzuschauen und dabei zu wissen, daß da unten an der anscheinend friedlichen, blühenden Tundra und entlang den schäumenden Flüssen und stillen Wäldern Menschen in Hütten und Dörfern mit schlechten Verbindungen zur Außenwelt und unzureichenden sozialen Einrichtungen leben. Die Antwort auf ihre üble Situation ist der moderne Nachrichtensatellit – besonders einer, der sie vor einem bevorstehenden Erdbeben warnen könnte und auch so programmiert ist, daß er nach einem Beben Rettung und Hilfe von draußen herandirigieren könnte.«

Er studierte das Problem weiter. Ende 1974 unterbreitete er in einem Brief dem Gouverneur von Alaska seine Vorschläge für ein Erdbebenwarnsystem mittels Satelliten. Was ihm dabei zunächst vorschwebte, war, das Interesse mit einer Prüfung der Praktikabilität der Idee zu wecken. Er behauptete mit keinem Wort, daß etwas Derartiges sofort gemacht werden könne. Vielmehr seien Forschungsarbeiten und sorgfältige Untersuchungen durch Seismologen und andere Experten über einen langen Zeitraum notwendig. Von Braun drängte jedoch, die ersten Untersuchungen so bald wie möglich zu unternehmen.

Im Grunde stellte er sich vor, daß ein Erdbebenwarnsystem etwa so funktionieren konnte: Eine Anzahl von Laserstrahlsendern sollte entlang den Verwerfungslinien aufgestellt werden, um so ein Strahlungsgitterwerk zu schaffen. Auf der gegenüberliegenden Seite der Verwerfungslinien sollten Empfänger den genauen Abstand zu ihren jeweiligen Sendern messen. Das gesamte Lasermuster sollte ständig zu einem Satelliten übertragen werden. Die geringste Abweichung in dem Muster – bis auf den Bruchteil eines Zentimeters –, die durch einen Erdrutsch oder eine Erdbewegung entstünde, würde an den Satelliten übermittelt, der entweder in regelmäßigen Abständen das

Gebiet überflog oder einen stationären Orbit in 36 000 Kilometer Höhe einhielt. Ein Empfänger an Bord des Satelliten würde als Aufzeichnungsgerät arbeiten und Tausende solcher Ergebnisse bei den Sendern der Laserkette abfragen, um die Daten dann an eine zentrale Monitorstation auf der Erde weiterzugeben. Sobald sich eine Unregelmäßigkeit bei den Trends abzeichnete, ertönte eine Alarmglocke und machte das Personal der Station darauf aufmerksam. Nach sorgfältiger Auswertung und Berechnung der Abweichungen durch Computer konnten die Seismologen dann die Lage einschätzen und die erforderlichen Maßnahmen einleiten.

Während dieses Buch entsteht, arbeitet von Braun noch immer an seinem Konzept. Als ich in Washington seine Vorschläge dem an Luft- und Raumfahrtfragen interessierten Abgeordneten Bob Wilson aus San Diego vortrug, erklärte der Kongreßveteran: »Dr. von Brauns Idee hat ungeheure Bedeutung, wenn man bedenkt, daß man mit ihrer Verwirklichung Tausenden und Abertausenden von Menschen das Leben retten könnte... Sein Vorschlag steht als leuchtendes Beispiel dafür, daß unser Raumfahrtprogramm jeden Cent wert ist, den wir hineingesteckt haben. Die Kritiker haben lange die Geldsummen bemäkelt, die wir brauchten, um unsere Weltraumexperimente durchführen zu können. Immerhin ist während dieser Zeit eine Supertechnologie entwickelt worden, von der wir noch heute zehren. Es gab zahlreiche technologische Ableger des Raumfahrtprogramms... Wenden wir doch die Technologie, die Apparaturen und die Intelligenz an, die das Raumfahrtprogramm hervorgebracht hat und nutzen sie bei der Ausführung von Dr. Brauns Idee. Wir haben nichts zu verlieren und viel zu gewinnen.«

Ein anderes Forschungsvorhaben, das auf der Erde stattfand und Raumfahrtzwecken diente, war von Brauns »Studienreise« in die Antarktis und weiter zum Südpol selbst. Diese Expedition fand im Januar 1967 statt. Ihr lag der Wunsch der NASA-Führung zugrunde, ihre Wissenschaftler mit extremen, mondähnlichen Bedingungen vertraut zu machen. Es war wichtig, daß die Männer, die die *Apollo*-Ausrüstung entwarfen, sich mit einer feindlichen Umwelt vertraut machten, soweit das auf der Erde möglich war. Von Braun versuchte daher, die ganze Skala von Problemen, denen die Astronauten ausgesetzt waren, zu erforschen: vom Kosten und Verzehr ihrer Weltraummenüs bis zum Anlegen der Raumanzüge und der Teilnahme an Unterwasserschwimmübungen und Flugtests bei Schwerelosigkeit. Um die Bedingungen kennenzulernen, die die Astronauten auf dem Mond oder in einem abgelegenen Gebiet auf der Erde bei unvorhergesehenen Landungen oder Notfällen antrafen, war der Gedanke, den Außenposten in Antarktika einen Besuch abzustatten, gar nicht so übel. Tatsächlich hielt von Braun die gewonnenen Erfahrungen für so wichtig, daß er in seinem Artikel für das Magazin *Popular Science* schrieb: »Es ist vermutlich ein blendender Einfall gewesen, Mondfahrzeuge oder Bohrgeräte zur Erforschung der Mondoberfläche in Antarktika auszuprobieren, bevor man sie auf den Mond schickt. Es wird sich auch als gute Idee herausstellen, automatische Geräte für den Nachweis von Leben in den einzigartigen trokkenen Tälern der Antarktis zu testen, bevor sie zum Mars fliegen. Noch wichtiger in meinen Augen ist allerdings, daß unser Antarktisunternehmen Aufschlüsse über den gesamten Ablauf der Weltraumforschung gab...

Wir sind nach Antarktika gefahren, um festzustellen, was wir für unser Raumfahrtprogramm von den Aktivitäten des Menschen an seiner letzten echten Grenze auf der Erde lernen konnten. Nun hat Antarktika im Gegensatz zum Mond eine Atmosphäre. Eine Parka anstelle eines Raumanzuges würde aber auf dem Mond nicht ausreichen. Dieser wiederum setzt die Astronauten nicht den Gefahren der Antarktis wie Schneestürmen und Schneeverwehungen aus. Doch beide Schauplätze haben vieles gemeinsam...«

Das Polarteam der NASA reiste während seines Aufenthaltes in Antarktika ziemlich viel herum. Es benutzte die McMurdo-Station, den amerikanischen »Einfuhrhafen« und Hauptumschlagplatz für den Nachschub, als Ausgangspunkt für seine Unternehmungen und besichtigte die nahegelegene Scott-Station Neuseelands sowie fünf weitere amerikanische Stützpunkte. Eine Nacht verbrachten die NASA-Leute auf der Amundsen-Scott-Station, wo von Braun sich liebenswürdigerweise die Zeit nahm, mir eine Ansichtskarte mit einer Gruppe von Pinguinen darauf zu schreiben. Der Text dazu lautete: »Grüße vom Südpol, wo die Namen deiner verstorbenen norwegischen Landsleute Roald Amundsen und Bernt Balchen einen magischen Klang besitzen. Wernher.«

Erst nach seiner Rückkehr erzählte er mir, wie die vier »Polarforscher« der NASA – als sie auf der Amundsen-Scott-Station weilten – von den gastgebenden Wissenschaftlern mit in die Sauna genommen worden waren. Hinterher hatte sich das Quartett in Badetücher gewickelt und war, sich an den Händen haltend wie beim Volkstanz, um den Fahnenmast herumgehüpft, der genau auf dem Südpol errichtet ist.

»Dabei konnten wir der Versuchung nicht widerstehen, unsere Astronauten zu übertreffen. Wir spazierten um die Erde herum und benötigten weniger als fünf Sekunden pro Orbit!« berichtete von Braun schmunzelnd.

Sie übernachteten auf der Byrd-Station, fast einer richtigen Stadt mit zahlreichen wohnwagenähnlichen Unterkünften, die völlig unter Eis und Schnee begraben waren, besichtigten die engen und unbequemen Hütten der Pioniere, die vor mehr als fünfzig Jahren errichtet worden waren und probierten jedes Transportmittel aus: schwere viermotorige Turboprops vom Typ Lockheed LC 130, Hubschrauber, Schneepflüge, Motor- und Hundeschlitten. Sie überflogen die weite, glitzernde Fläche der zentralantarktischen Eisfelder und landeten an der Plateau Station, die, wie der Name sagt, auf einer Hochfläche über 4000 Meter liegt. Überwältigt genossen sie den Anblick solch majestätischer Naturschönheiten wie des Beardmore-Gletschers und der Royal Society-Bergkette.

Diese Reise konfrontierte von Braun mit dem Alltagsleben und den Schwierigkeiten des großen nationalen amerikanischen Antarktis-Forschungsprogramms – realisiert wie das Raumfahrtprogramm von einer Schar »toller Leute in einer hinreißenden, aber erbarmungslosen Umwelt«. Was hatte er auf dieser Entdeckungsfahrt gelernt?

»Die Lektionen kamen stückweise«, schrieb von Braun. »Die ganze Skala von Aktivitäten, die wir sahen, dürfte uns sicher auf Gedanken bringen, die unserem Raumfahrtprogramm Zeit, Geld und Enttäuschungen ersparen.«

Die Forschungsarbeiten auf einer typischen US-Antarktisstation umfassen so zahlreiche Gebiete wie die Untersuchung der Funkwellen-Fortpflanzung, die Erforschung der oberen Atmosphäre, gletscherkundliche Studien, mikrobiologische Experimente und die Untersuchung der Nistgewohnheiten des Skua, eines möwenähnlichen Raubvogels des Südpolargebiets. Die Arbeit der Wissenschaftler und ihre Bedürfnisse werden von einem Wissenschaftlichen Stationsleiter koordiniert, der dem *Office of Antarctic Programs* bei der *National Science Foundation,* dem Nationalen Wissenschaftsrat der USA, verantwortlich ist.

Doch das Wohlergehen und das Überleben der Forscher in einer kritischen Situation hängt nicht zuletzt von der US-Navy ab. Sie baut, unterhält und versorgt die Antarktisstationen und ist auch für das Nachrichtenwesen und die Flugverbindungen zur Außenwelt zuständig. So hat jede größere Station einen Führungsoffizier, der den Commander der Marinebereitschaft Antarktika vertritt und für die Sicherheit und Versorgung des gesamten Personals zuständig ist. Bei einem Notstand, der gemeinsam von ihm und dem Wissenschaftlichen Stationsleiter ausgerufen wird, übernimmt er das alleinige Kommando.

Wäre das Problem in einer Raumstation, die der astronomischen Forschung diente, sehr viel anders, überlegte von Braun, wenn das *Life Support System** ausfiel? Vielleicht sollte eine spätere Raumstation auch einen wissenschaftlichen Leiter und einen Führungsoffizier haben, das heißt einen Astronauten mit Erfahrung in der Luftfahrt und der bemannten Raumfahrt.

Der Ausbruch eines Feuers gilt als größte Bedrohung für eine antarktische Station. Neben einem Brandwarnsystem und Feuerlöschern hat jede Station ein primitives »Ausweich«-Camp in ein paar hundert Meter Entfernung mit eigenem Funkgerät, Lebensmittelvorrat und Schlafsäcken. Wenn die Hauptstation durch Feuer zerstört werden sollte, könnten die Männer auf diese Weise sogar einen zwei Wochen dauernden Blizzard überstehen, bis Rettungsmannschaften einträfen. Wäre das nicht auch auf dem Mond eine gute Idee? fragte sich von Braun. Und wie wäre es mit einer »Ausweichstation« für ein bemanntes Raumschiff?

Anders als die Hütten aus der Pionierzeit der Polarforschung, die an Ort und Stelle zusammengenagelt worden waren, waren die modernsten, die er in der Antarktis sah, vollständig in den USA gebaut und eingerichtet worden. Es waren im Grunde besonders stark wärmeisolierte, fensterlose Wohnwagen, die mit Hilfe einer Planierraupe

---

* *Life Support System* (wörtlich Lebensträgersystem) ist in der Raumfahrt ein Bordsystem, das Raumschiffkabine und Raumanzüge der Astronauten mit klimatisierter und ständig erneuerter künstlicher Atmosphäre versorgt. (Anm. d. Ü.)

völlig in den Schnee eingegraben worden waren. Von außen sah man nur die Einstiegsluke, einen kleinen Schornstein und einige Antennen. Rohre und elektrische Leitungen waren bereits installiert, und sogar die Pin-up-Girls schienen schon auf die Wände in den Aufenthaltsräumen geklebt worden zu sein, ehe die Trailer an ihren Bestimmmungsort geflogen wurden! Eine Station so komplett wie nur möglich auszurüsten, bevor sie in die Kälte verfrachtet wurde, schien auch für den Weltraum das richtige zu sein, dachte sich von Braun.

»Wir lernten auch ein paar interessante Dinge über Oberflächenfahrzeuge dazu«, schrieb er. »Wir erhielten Tips im Hinblick auf ihre Form und Vielfalt ihrer Funktionen. Die Fahrer mußten zum Beispiel in der Lage sein, in ihren unförmigen Spezialanzügen ohne Mühe ein- und aussteigen zu können. Wichtige Ersatzteile wie Motoren und Raupenketten sollten von Männern in Polarausrüstung ausgewechselt werden können. Die Fahrzeuge mußten abzuschleppen sein. Und vor allem: unterschiedliche Zwecke erfordern unterschiedliche Fahrzeuge.«

Antarktika gab noch weitere Anregungen für das Raumfahrtprogramm hinsichtlich der Forschung, der Auswahl der Männer und der Aufrechterhaltung ihrer Moral. Seit Beginn der sechziger Jahre hatte die der McMurdo-Station angeschlossene Doppler-Bahnverfolgungsstation mehr als 700 Satellitenübertragungen im Monat aufgezeichnet. Die Byrd-Station registrierte regelmäßig Daten von einigen amerikanischen und kanadischen Satelliten. Diejenigen in polaren oder polnahen Umlaufbahnen überfliegen die Antarktis bei jeder Umkreisung. Andere Daten bestätigten das interessante »Loch« im Van Allen-Strahlungsgürtel, an dem Magnetfeldlinien der Erde sich krümmen, um am magnetischen Südpol zusammenzulaufen.

Zirka 150 Kilometer von der McMurdo-Station und dem Royal Society-Gebirgszug entfernt liegen die »Trockentäler« Antarktikas, die früher von Gletschern bedeckt waren. Wegen des Rückgangs des Schneefalls in den vergangenen Jahrhunderten sind die Gletscher zurückgewichen und haben jungfräuliche Flächen mit felsigem Untergrund und mit kleinen Steinen übersäter Erde freigegeben. Leben in Form von Organismen, durch Wind und Vogeldung verbreitet, findet jetzt allmählich hier Halt. »Hier«, schrieb von Braun, »ist ein idealer Rahmen, um Methoden auszuprobieren, mit deren Hilfe Spuren von Leben auf anderen Planeten entdeckt werden sollen.«

»Das Strahlantriebslaboratorium (JPL) der NASA in Pasadena hat einen vorzüglichen Mikrobiologen, der Feldforschung in den Trockentälern betreibt, um das Raumsondenprojekt *Voyager* und künftige Marssonden vorzubereiten. Schließlich könnten Meßinstrumente für Leben auf dem Mars vielleicht in den Trockentälern der Antarktis getestet werden, wo Menschen sich direkt am Experiment beteiligen und die Meßwerte der Instrumente mit den tatsächlichen Gegebenheiten vergleichen können. Und in Zukunft sollte man den Gedanken erwägen, noch andere Gebiete von Antarktika zum Übungsgelände für Raumfahrtausrüstungen zu machen.«

Wie gewöhnlich war von Braun überschwenglich vor Begeisterung und voll Optimismus, als er von dieser höchst ungewöhnlichen Reise zurückkehrte. Sein Forschungsdrang war wieder einmal befriedigt worden, und als er sich in den folgenden Monaten an den Abstecher zum Südpol erinnerte, hatte sein Geist längst eine Reihe neuer Anschauungen und viele neue praktische Gedanken in Verbindung mit dieser Reise geliefert. Sein Wissensdurst auf den verschiedensten Gebieten hat in der Tat wesentlich zu seiner Gesamtleistung beim Raumfahrtprogramm beigetragen. Er war überaus gut vorbereitet, als die Aufforderung an ihn erging, die gigantischen Raketen zu bauen, die die ersten Menschen zum Mond tragen sollten...

25. Kapitel
Ein Pferd mit Namen »Susie«

Die zwei Jahrzehnte, die sie in Huntsville verbrachten, wurden Entwicklungsjahre für jedes Mitglied der von Braun-Familie. Es waren in der Tat glückliche und bedeutungsvolle Jahre. Im Privatleben gewöhnten sich Maria und Wernher von Braun allmählich an das Leben in Amerika und kamen durch Fleiß und Sparsamkeit auf einen grünen Zweig. Raketen aller Art waren »in« und der daraus resultierende Boom in vollem Gange. Viele Leute in Huntsville wurden schnell reich. Aber für Wernher von Braun, der das Elend eines zusammenbrechenden Deutschlands erlebt hatte und während der Zeit in Fort Bliss kaum genug verdient hatte, um sich täglich ein Päckchen Zigaretten leisten zu können, bedeutete die Gründung einer Familie in Alabama mit dem Gehalt eines Regierungsangestellten sorgfältige finanzielle Planung. Außerdem mußte er seine Eltern unterstützen, die als mittellose Flüchtlinge zu ihm nach Amerika gekommen waren.

Eines schönen Tages im Jahre 1952 kamen von Braun und sein Mitarbeiter, der verstorbene Dr. Hans Hüter, in mein Büro in Washington, um mit mir die Möglichkeit zu besprechen, im Rahmen des *Redstone*-Programms für eine amerikanische Firma die Lizenz zum Bau einer besonders leistungsfähigen Flüssigsauerstoffzusatzpumpe zu erhalten, die in Deutschland, und zwar vom Dräger-Werk in Lübeck, gebaut wurde. Da mein Vater die Vertretung für Dräger in den USA hatte, glaubten wir, daß sich das Problem unschwer lösen ließ. Während einer freundschaftlichen Unterhaltung kamen wir auch auf die Entenjagd zu sprechen, und ich lud von Braun sofort ein, mit mir an der Chesapeake-Bai, einer tief eingreifenden Meeresbucht an der Ostküste, Kanada-Gänse zu jagen.

»Ich würde ja gerne mitkommen«, sagte er, »aber ich besitze keine Schrotflinte.«

In jenen Tagen fuhr von Braun einen alten Chevrolet*, den er gebraucht gekauft hatte. Er erlaubte sich nicht einmal die alltäglichsten Dinge. Seine Kleidung war sehr bescheiden, er besaß keinen Fernsehapparat und spielte seine geliebten klassischen Platten auf einem billigen Grammophon. Wie wir uns erinnern, lieh er sich Geld von Freunden, um die Anzahlungssumme für sein kleines Haus in der McClung Street zusammenzubekommen. Andere Raketenexperten – besonders die in der Privatindustrie tätigen – konnten häufig Reisen zu Fachtagungen und den IAF-Kongressen in Übersee unternehmen. Von Braun war dazu nicht in der Lage. Mehrere Jahre vergingen, bevor er es finanziell verantworten konnte, den alten »Chevy« abzustoßen und auf einen weißen, zweitürigen Mercedes umzusteigen und ein gebrauchtes Chris-Craft-Motorboot zu kaufen, damit die ganze Familie auf dem Guntersville Lake ihren Spaß hatte.

Erst nachdem er Technischer Direktor des Heeresamtes für Ballistische Raketen (ABMA) geworden war und damit eine hohe Sprosse in der Rangskala der Zivilbediensteten der Regierung erklommen hatte, war es ihm gestattet, gewisse Honorare für eine begrenzte Anzahl von Artikeln und Vorträgen anzunehmen, die er allein und in seiner Freizeit verfaßte. Allerdings mußte er sich für die Mehrzahl seiner Reden, Fernsehauftritte und anderen publicitywirksamen Präsentationen »in dienstlichem Rahmen« unentgeltlich zur Verfügung stellen, um die Ziele der Armee und später die der NASA zu propagieren.

All diese Jahre lang hat sich von Braun immer sehr leger angezogen. Wenn auf seinem Terminkalender nicht geschäftliche Konferenzen auf höchster Ebene oder offizielle Präsentationen und ähnliche Verpflichtungen standen, wählte er gern ein sportliches Tweedjackett und eine bequeme Hose. Er hat zugegebenermaßen nie richtig Zeit gehabt, seiner Garderobe große Aufmerksamkeit zu widmen. Manchmal suchten ihm seine Frau Maria oder sogar seine Töchter Iris und Margrit die passenden Krawatten für einen bestimmten Sakko oder einen Anzug aus dem Schrank.

»Das kommt daher, weil er immer soviel im Kopf hat«, erklärte mir

---

* Chevrolet war der billigste amerikanische Wagen. (Anm. d. Ü.)

seine Tochter Iris einmal. »Er denkt ständig über irgendein Problem nach.«

Es erübrigt sich zu sagen, daß sich während der Huntsviller Jahre die Probleme häuften. Das *Redstone*-Raketenprogramm wurde wegen des Korea-Krieges besonders schnell realisiert. Das *Jupiter*-Projekt wurde wegen des Kalten Krieges und der »Raketenlükke« der USA zum Eilprogramm erklärt. Die Verwirklichung des Starts der *Explorer*-Satellitenserien und der *Pionier*-Sonden waren das Ergebnis des hektischen Prestigerennens mit den Russen. Dann kam das *Redstone-Mercury-Man-in-Space*-Unternehmen. Alle diese Vorhaben überschnitten sich und waren Wettläufe mit der Zeit, die von Braun und seinen Männern das Letzte abverlangten. Es gab Hindernisse wie die Regierungsbürokratie in Washington, Ärger mit Zeitplänen, die verschoben werden mußten, Pechsträhnen und mißlungene Tests, ein sich ständig wiederholendes Ausprobieren, politische Machtproben, die sich auch im Raketenprogramm niederschlugen und ein nie endendes Ringen um die finanziellen Mittel. Mehr als einmal wurde das Braunsche Team von Fehlschlägen, Ausfällen und sogar Explosionen während der Erprobung eines Teilsystems, einer Montageeinheit oder einer Trägerrakete selbst betroffen. Von Braun und seine Ingenieure mußten erleben, wie Hoffnungen und Träume zerrannen – und zusehen, wie eine im Frühstadium der Entwicklung befindliche *Jupiter* mit einem Riesenknall in knapp 350 Meter Höhe über der Abschußrampe zerbarst oder wie das Treibstoffzufuhrsystem eines Raketentriebwerks in Flammen aufging und dabei eine Reihe wertvoller Prüfstandinstrumente demolierte.

Nach solchen Vorfällen wurden energische Anstrengungen unternommen, um das Problem zu lösen. Oftmals glich die Suche nach der Fehlerquelle der sprichwörtlichen Suche nach einer Stecknadel in einem Heuhaufen. Wenn von Braun abends nach Hause kam, konnte seine Frau ihm schon ansehen, wie der Arbeitstag verlaufen war, »bevor er ganz zur Tür herein war – auf seinem Gesicht war alles abzulesen«.

In den Anfangstagen ihrer Ehe hatte Maria von Braun ihrem Mann klar zu verstehen gegeben, daß sie nicht die Absicht hatte, eine »Raketenwitwe« zu werden. Um sein Versprechen ihr gegenüber in dieser Hinsicht einzuhalten, machte es von Braun zur Regel, seine Frau ein- bis zweimal jährlich, meist im Herbst, nach New York mitzunehmen. Bei dieser Gelegenheit ging sie gern in Broadway-Musicals und Shows und nutzte die Möglichkeit, einen Teil der Weihnachtseinkäufe für ihre Familie zu erledigen. Wie bereits erwähnt, weckte von Braun ihr Interesse an der Fliegerei, und sie fand auch viel Freude am Wassersport. Mit der Familie und mit Freunden verbrachte sie viele unvergeßliche Tage auf dem ihnen gehörenden Motorboot »Orion« auf dem Guntersville-See.

Sie konnte sich interessantere Orte als Huntsville zum Wohnen vorstellen, glaubte aber nie, daß sie in einer Großstadt wie New York oder Chicago glücklich geworden wäre. Obwohl sie in Berlin geboren und auch dort aufgewachsen war, schätzte sie das stille häusliche Leben mit den Ihren und ein paar engen Freunden sehr und versuchte, sich von der Hektik und Publicity fernzuhalten, die das Berufsleben ihres Mannes mit sich brachte. In der Huntsviller Zeit gehörte es allerdings zu Maria von Brauns anstrengendsten und oft lästigen Pflichten, an den zahlreichen großen und kleinen Partys und Empfängen teilzunehmen, die zu Ehren von auswärtigen Besuchern gegeben wurden oder zu Veranstaltungen zu gehen, auf denen ihr Mann und sie auf die eine oder andere Weise geehrt wurden. Immer wieder stand sie praktisch verloren in der Menschenmenge, sobald sie und ihr Mann zu einem Empfang gekommen waren, denn Wernher von Braun stand sofort im Mittelpunkt, wurde mit wichtigen Besuchern bekanntgemacht, von Autogrammjägern bestürmt, von Bewunderern angesprochen oder von Reportern interviewt. Der ständige Eingang von Verehrerpost und die vielen Leute, die von Braun sehen oder sprechen wollten, zwang ihn dazu, seine Privatadresse in Huntsville geheimzuhalten. Obwohl seine Telefonnummer nicht im Telefonbuch stand, mußte sie alle zwei bis drei Monate geändert werden, denn irgendwie kamen Neugierige immer dahinter.

Während der Jahre in Huntsville fehlte ihm die Zeit, eine Hobbywerkstatt im Keller seines Hauses oder in der Garage einzurichten. Es fiel ihm schon schwer, abends eine Mußestunde für die Himmelsbeobachtung durch sein Teleskop zu erübrigen. Er hatte auch kaum Zeit, im Garten zu arbeiten, obwohl er sich einmal im Pflanzen von Erdbeeren versuchte. Er beschränkte sich seiner Frau zufolge tatsächlich auf die dringendsten Reparaturen im Haus, »und manchmal fand er nicht einmal dafür Zeit...!«

Maria von Braun ist eine außerordentlich schöne Frau. Sie ist blond und ihre Augen sind graublau. Eher schlank, hat sie eine aristokratische Figur – gerade, stolz und doch wunderbar fraulich. Ihr freundliches Lächeln ist fast kindlich. Man spürt immer ihre absolute Ehrlichkeit und Zuvorkommenheit. Ihre Manieren sind tadellos; da gibt es keinen Snobismus und kein übertriebenes Getue. Sie ist für ihre Gastfreundlichkeit bekannt und bei ihren Freunden hauptsächlich deswegen beliebt, weil sie eine gute Hausfrau und Mutter ist. Und doch wird ihr Mann bestätigen, daß es nicht ratsam ist, sich ihren Prinzipien widersetzen zu wollen – wie die meisten tüchtigen Ehefrauen zögert sie nicht, ihrem Mann klarzumachen, wer den Haushalt führt. Die Töchter Iris und Margrit erinnern sich aus den Huntsviller Jahren daran. Sie sind inzwischen beide verheiratet und weggezogen, aber Peter, der noch zu Hause wohnt, hat wirklich gelernt, die festen Grundsätze seiner Mutter zu respektieren.

Das Familienleben der von Brauns in Alabama war durch gesunde Häuslichkeit gekennzeichnet. Ein Besucher konnte fast die schummerige Gemütlichkeit des Braunschen Heims spüren, in dem angeregte Konversation, gute Bücher und anspruchsvolle Musik großgeschrieben wurden. Nur selten gingen die von Brauns abends aus. Obwohl ihr Familienleben sich in einem bescheidenen Rahmen abspielte, konnte der Gast doch den Einfluß des europäischen Lebensstils entdecken und die Freude der Hausbewohner an schönen Dingen, von Blumenvasen bis zu Tellern und Kerzenleuchtern, feststellen. Vor allem aber erkannte er bestimmt schnell, daß die Familie sehr stolz auf den Besitz einer ansehnlichen Bibliothek war, die viele umfangreiche Werke der Weltliteratur enthielt. Im Braunschen Haus ist immer viel gelesen worden. Der Hausherr selbst fand das meiste Vergnügen an Reiseabenteuern, seien es Berichte über die Eroberung des Himalayas oder Thor Heyerdals Bücher über seine Ozeanüberquerung, und er greift auch heute noch gern zu einem geschichtlichen oder politischen Buch. Seit jeher hat sich von Braun darüber beklagt, daß er nicht genügend Zeit zum Lesen findet, und wenn man ihn fragt, was er tun will, wenn er sich – falls überhaupt – eines Tages zur Ruhe setzen wird, dann antwortet er immer dasselbe, daß er nämlich lesen und nochmals lesen will.

»Es gibt so viele Bücher, die ich noch nicht zur Hand genommen habe«, sagt er. »Manchmal bin ich ganz erschlagen bei dem Gedanken, wieviel Lektüre ich nachzuholen habe und es auch tun will!«

In den Anfangstagen des Raketenbooms gab es in Huntsville und Umgebung nicht viele Lokale, in die von Braun seine Geschäftsbesucher und auswärtigen Kollegen einladen konnte. Sie kamen aus dem ganzen Land und repräsentierten die vielen tausend großen und kleinen Vertragsfirmen, die für die Armee, die NASA und von Brauns Raketenteam arbeiteten. Das ständige Herumfeilen am Raumfahrtprogramm in seiner Frühphase verlangte eine Unmenge von Änderungen bei technischen Details und im Zeitplan, die wiederum eine ständige Kontrolle und Gegenkontrolle der zahllosen von den Ingenieuren, Projektmanagern und Zulieferanten vorgenommenen Überarbeitungen erforderten. Ein ununterbrochener Strom von Beauftragten großer Industrieunternehmen, die in das in den fünfziger Jahren relativ neue Raketengeschäft einsteigen wollten, traf zu diesem Zweck täglich in Huntsville ein. Viele von ihnen kamen in das Redstone-Arsenal mit Empfehlungsschreiben an die Topleute und sehr oft an von Braun selbst. Er sah sich gezwungen, die meisten Besucher an seine Kollegen zu verweisen, doch um einige mußte er sich natürlich persönlich kümmern. Daher nahm er gelegentlich einen befreundeten Besucher zum Dinner nach Hause mit, um die häusliche Routine nicht durcheinanderzubringen. War der Besucher ein besonders enger Freund, so konnte es sein, daß von Braun ihn zu einer »Kreuzfahrt« auf der *Orion* mit ihm und den anderen Mitgliedern der von Braun-Familie einlud.

Maria von Braun ist eine vorzügliche Köchin. Zwar wird das Abendessen bei den von Brauns, wenn Gäste erwartet werden, immer nach europäischer Art zubereitet, doch mögen sie, wenn sie unter sich sind, die einfache amerikanische Küche lieber als die europäische. Als kleines Mädchen sollte Margrit von Braun einmal einen Aufsatz über ihren Vater schreiben. Darin war dann unter anderem zu lesen: »... Zu Hause essen wir gern Steak. Und Huhn. Aber lieber Steak.« Zwar liebt von Braun tatsächlich ein gutes Steak, aber für gewöhnlich ist er nicht wählerisch mit dem Essen. Nur einmal in all den Jahren unserer Freundschaft habe ich ihn eine »leise Beschwerde« vorbringen hören. Gegen Ende unserer Alaska-Reise 1974 hatten von Braun, Irvin Singer und ich uns mit Freunden zum Abendessen im *Crow's Nest* im Captain Cook-Hotel verabredet. Als wir ins Restaurant gingen, nahm mich von Braun einen Augenblick beiseite und flüsterte mir zu: »Gibt es jetzt schon wieder Lachssteak mit grünen Erbsen?« Von Braun ißt Fisch und andere Wassertiere ausgesprochen gern. Aber da er seit zehn Tagen mindestens einmal täglich Königslachs vorgesetzt bekommen hatte, konnte ich völlig verstehen, warum er glaubte, nun sei ein saftiges Filet Mignon fällig. Und das aß er dann auch an diesem letzten Abend in Alaska...

Für Maria von Braun wird der Küchenzettel von ihrem Wunsch bestimmt, dazu beizutragen, daß ihr Mann nicht zunimmt. Wernher von Braun achtet auch selbst auf die Kalorien und hält Diät, indem er sich oft ganz bewußt zum Mittagessen auf Salate, Obst und Tee mit Zitrone beschränkt. Bei verschiedenen Besuchen in seinem Büro im Marshall-Zentrum habe ich im Laufe der Jahre festgestellt, daß er den Lunch ausläßt und sich mit ein paar Orangen begnügt, ohne sein Büro zu verlassen und seine Arbeit zu unterbrechen. Die meisten Leute meinen, von Braun würde furchtbar schnell essen. In Wirklichkeit tut er das gar nicht. Er ist nämlich auch bei Tisch ein Freund guter Unterhaltung, und das kann heißen, daß er häufig die anderen Teilnehmer der Tafelrunde »einholen« muß.

Die Tischgespräche im Familienkreis beim Abendessen während der Huntsviller Ära bedeuteten viel für die Kinder. Es waren wundervolle glückliche Stunden, an die von Braun mit Dankbarkeit und einem wehmütigen Gefühl zurückdenkt. Immer wieder gab es nutzbringende Diskussionen. Viele Familienferien wurden geplant und durchgesprochen, unzählige Schul- und Erziehungsprobleme einfach deswegen gelöst, weil von Braun sich die Zeit nahm und Interesse bekundete, bei der Beseitigung der Sorgen zu helfen, die den jungen Gemütern manchmal unaustilgbar erschienen.

Iris und Margrit waren als die hübschesten blonden und blauäugigen kleinen Mädchen der Blossomwood-Grundschule in Huntsville bekannt. Außerdem zählten sie zu den begabtesten Schülerinnen. Vielleicht haben sie daheim ein bißchen mehr gelernt als die amerikanischen Kinder. Trotz eines hektischen, ihn voll in Anspruch nehmenden Arbeitstages kümmerte sich von Braun nämlich abends um die Erziehung seiner beiden Töchter. Er bestand darauf, daß sie zweisprachig aufwuchsen. »Für ein Kind ist es leicht, eine zweite Sprache zu lernen«, pflegte er zu sagen, »einem Erwachsenen fällt es schwer.« Wie in den meisten Einwandererfamilien der ersten Generation sprachen die Kinder untereinander Englisch, und die Eltern unterhielten sich, wenn sie allein waren, in ihrer Muttersprache. Aber wenn die ganze Familie beisammen war, wurde die Unterhaltung mit einer lustigen Mischung aus beidem, Englisch und Deutsch, bestritten. Iris, die 1948 geboren war, erhielt Extraunterricht in deutscher Rechtschreibung während der ersten Schuljahre in Huntsville.

Von Braun lenkte die Mädchen jedoch nicht in eine bestimmte Richtung und vermied es, Bedeutung oder gar Art seiner eigenen Arbeit hervorzuheben. Auf der anderen Seite waren auch die Väter vieler anderer kleiner Mädchen in Huntsville im »Mondgeschäft« tätig, und es war geradezu unvermeidlich für diese Kinder, sich frühzeitig der Bedeutung der Raumfahrtforschung und der Stellung Huntsvilles in der Welt der Raketen bewußt zu werden.

In der von Braun-Familie gab es immer Zeit für gemütliches Beisammensein. Es dauerte lange, bis von Braun sich erweichen ließ und endlich einen Fernsehapparat anschaffte. Einem Freund vertraute er an, daß »das Drängen der Kinder, doch endlich auch Fernsehen zu haben, unerträglich geworden war«. Darüber hinaus argumentierte er, daß »dies wahrscheinlich die einzige Möglichkeit ist, sie zu Hause zu halten, denn sonst würden sie doch nur zu ihren Freundinnen laufen und bei denen daheim fernsehen«. Es gab eine Grenze, spürte von Braun, über die hinaus man trotz eiliger Regierungsprogramme nicht im Büro sitzen oder reisen durfte, wenn das Familienleben nicht darunter leiden sollte. Das Resultat war, daß er einige seiner Geschäftsreisen mit Vergnügungen und Abwechslungen zu verbinden begann, an denen auch Maria teilnehmen konnte.

Von Anfang an arbeitete von Braun mit einem »System«, das ihm erlaubte, die meisten Wochenenden zu Hause zu verbringen. Er war dann überglücklich, wenn er und die Familie eine zweitägige Fahrt mit der *Orion* mit Übernachtung an Bord machten oder er mit seinen Töchtern eine längere Wanderung unternehmen konnte.

Schwimmen und Wasserski wurden die Lieblingssportarten der Familie. Und sobald Peter, der 1960 zur Welt gekommen war, alt genug war, um eine Angelrute zu halten und eine Angelschnurrolle abzuspulen, kam noch das Fischen dazu.

Nach Aussage eines der ältesten und engsten Freunde von Brauns, Austin N. Stanton, des Präsidenten der Varo Engineering Company in Dallas (Texas), war es ein herrlicher Spaß, als Peter seinen ersten Fisch fing. Er kann den Tag nie vergessen, versichert er, denn von Braun, der Vater des stolzen Petrijüngers, sei noch stolzer gewesen als sein Filius.

Stanton und seine Frau Margaret hatten das Ehepaar von Braun und deren Sohn eingeladen, mit ihnen im Restaurant *River's Edge* in Cocoa Beach in Florida zu Abend zu essen. »Nach dem Aperitif und dem Essen unterhielten wir uns über die verschiedensten Dinge und amüsierten uns köstlich«, erinnert sich Stanton, »das heißt, bis auf Peter. Er war gelangweilt von den Gesprächen der Erwachsenen und fragte wohlerzogen, ob er hinausgehen dürfe. Hinter dem Restaurant fand er eine Angel und fing tatsächlich seinen ersten Fisch, ein tolles Biest, vielleicht fünfundzwanzig Zentimeter lang. Peter kam in den Speisesaal gerannt und legte uns seine Beute stolz mitten auf den Tisch. Das Tier war noch mächtig am Leben! Worauf dann Wernher, ebenfalls sehr stolz und glücklich, in die Küche des Restaurants eilte und mit einem großen Gurkenglas, das halb voll Wasser war, zurückkam. Er stellte es auf den Tisch, fing den Fisch ein und setzte ihn zur allgemeinen Betrachtung in das Gefäß – unter unserem Jubelschrei und zum Erstaunen der anderen Gäste. Was für eine wunderbare Art, das Glück seines Sohnes zu teilen...!«

Von Braun teilte mit seinen Kindern noch viele andere glückliche Augenblicke, besonders nachdem sie alle Asse im Tauchen und Sporttauchen geworden waren. Die ersten schüchternen Versuche hatten Iris und Margrit als Kinder während einer Ferienreise zum Karibischen Meer unternommen. Damals hatte die ganze Familie einschließlich Peter mit Tauchermasken, Schwimmflossen und Sauerstoffflaschen umgehen gelernt. Natürlich hält der Fisch im Einmachglas in Florida keinen Vergleich mit den Barracudas und Delphinen in Rekordgröße aus, die Peter heute gewöhnlich am Haken hat, wenn er mit seinem Vater auf Fischfang geht.

In Huntsville, wo Gemeinschaftssinn großgeschrieben wurde, war es selbstverständlich für Iris und Margrit, daß sie sich verschiedenen Mädchengruppen anschlossen, die sich soziale Aufgaben zum Ziel machten. Daneben waren sie stolze Pfadfinderinnen. Beide Mädchen wuchsen in fast jeder Hinsicht wie normale amerikanische Kinder auf. Sie waren angezogen wie andere kleine Mädchen. Sie lasen Comics, aßen Hot dogs und Eiskrem, hockten vor dem Fernsehapparat und gingen sonntags in die Kirche. Von Braun pflegte von Iris zu sagen, sie sei eine gute Musikerin. »Sie spielt Klavierstücke von Schubert und Mozart sehr schön«, berichtete er voll Stolz.

Margrit, 1952 in Huntsville geboren, konnte so gut mit einem echten Südstaatenakzent reden, daß Besucher aus dem Norden der USA platt waren. Während sich Iris besonders für Musik und klassisches Ballett interessierte, war Margrit eine passionierte Reiterin. Sie war stolze Besitzerin eines Pferdes, das »Susie« hieß und in einem Stall nicht weit von ihrem Elternhaus untergebracht war. Es war eine Riesenüberraschung für sie gewesen, als die Eltern es ihr zum siebten Geburtstag geschenkt hatten. Rasch entwickelte sie sich zu einer sattelfesten jungen Amazone. Als der Direktor eines Industrieunternehmens der Raumfahrtbranche, der zu Besuch kam, sie einmal fragte, wie es ihrem Pferd gehe und ob ihr das Reiten Spaß mache, antwortete sie, sie sei ganz verliebt in »Susie« und möge diesen Sport sehr. Doch als der Besucher weiter wissen wollte, ob ihr Vater sich auch für Pferde und die Reiterei interessiere, gab Margrit zur Antwort: »Nein, mein Vater versteht gar nichts von Pferden... Er versteht nur was vom Flug zum Mond!«

Von Braun war zwar in jüngeren Jahren aktiver Reiter gewesen, hatte jedoch später keine Gelegenheit mehr, diesen Sport weiter zu betreiben, weil ihn seine Raketen gepackt hatten und nicht mehr losließen. Dank seiner Töchter raffte er sich auch noch einmal zu einer anderen sportlichen Aktivität auf, die ebenfalls einen gewissen Grad von körperlicher Anstrengung verlangte. Mrs. Sylvia Balch Thomas vom Personalbüro des Marshall-Zentrums erinnert sich noch lebhaft an eine Begebenheit mit den von Braun-Mädchen und ihrer eigenen Tochter Elizabeth. Zur Geselligkeit der jungen Mädchen gehörte allwöchentlich am Freitagabend der Volkstanz, wobei abwechselnd die Eltern ihre Kinder zum Tanzsaal begleiteten. »Ich sehe noch Elizabeths große Augen vor mir«, berichtet Mrs. Balch Thomas, »als sie an jenem Abend hereinstürmte, um mir zu sagen, daß Dr. von Braun mit seinen Töchtern gekommen war. Sie erzählte dann entzückt, daß Dr. von Braun während des ersten Teils der Tanzstunde in einer technischen Fachzeitschrift geblättert hätte, aber als der Twist an die Reihe gekommen sei, sei er aufgestanden und habe mitgetanzt!«

Zu denen, die sich gern daran erinnern, daß von Braun in der Huntsviller Zeit mit ihnen befreundet war und bei diversen Unternehmungen mitgemacht hat, gehört auch der Oldtimer Kenneth E. Bliss, dessen Verbindung zu dem oft geistesabwesenden Raumfahrtprofessor bis ins Jahr 1953 zurückgeht. Er erzählt gern, wie er damals mit von Braun und Major Paul Siebeneichen eine tägliche Fahrgemeinschaft von der McClung Avenue zum Redstone-Arsenal bildete. Jeden Morgen nahm etwa ein Jahr lang abwechselnd einer der drei die beiden Kollegen in seinem Wagen mit ins Büro.

»Ich weiß noch genau, wie seine Töchter ihm vom Vorderfenster seines Hauses aus zuzuwinken pflegten und dann zum Hinterfenster rannten und ihn auch noch über den Gartenzaun hinweg verabschiedeten. Und ich denke auch noch oft daran, wie er und Paul sich über ihre Erfolge bei der Arbeit im Garten unterhielten – Paul war stolz auf seine Orchideen, und von Braun rühmte seine Erdbeerbeete. Eines Morgens war von Braun mit seinen Gedanken entweder bei den Erdbeeren oder eine Million Kilometer entfernt im Weltraum. Jedenfalls vergaß er, mich abzuholen und fuhr glatt an meinem Haus vorbei. Paul mußte ihn darauf aufmerksam machen, und von Braun kehrte um, um mich aufzulesen.«

Die Anstrengungen und der Druck, denen von Braun ausgesetzt war, machten sich auf vielfältige Weise bemerkbar. Es gibt zahlreiche Begebenheiten und Geschichten über seine Zerstreutheit zu Zeiten, wenn er gehetzt war. Er konnte dann geistesabwesend und verwirrt reagieren und ließ manchmal ganz komische und völlig nebensächliche Bemerkungen fallen.

Die Strecke von von Brauns Haus zu seinem rund fünfzehn Kilometer entfernten Büro erlebte mehr als einmal am späten Abend oder frühmorgens eine Art Soloautorennen, wenn der Direktor des Marshall Centers Gas geben mußte, um mit seinem vollgestopften Terminkalender Schritt halten zu können. Auch die Straßen, die zum Flugplatz des Redstone-Arsenals und zum Düsenflughafen von Huntsville führten, wurden oft von einem weißen Mercedes unsicher gemacht, wenn von Braun meist schneller, als es die Polizei erlaubte, darüber brauste, um mal wieder eine Linienmaschine zu erwischen oder selbst eines der NASA-Flugzeuge nach Washington, zur Westküste, nach Seattle, Houston, Miami oder sonstwohin zu steuern.

Schon Jahre zuvor waren von Braun und Bonnie Holmes dazu übergegangen, die Eintragungen in seinem Termin- und Reisekalender mit Bleistift vorzunehmen. Denn sie hatten oftmals festgestellt, daß Ausradierungen und erneuerte Vermerke die Seiten schon dünn werden ließen, bevor der Termin stattgefunden hatte.

Wenn einer von von Brauns engsten Mitarbeitern Bonnie anrief, um sich zu vergewissern, daß seine Verabredung mit dem Boß auf dem Terminkalender stand, lautete die Antwort oft enttäuschend für den Anrufer: »Tut mir leid, etwas Dringendes ist dazwischengekommen; er ist mit den Terminen im Rückstand!«

Ein Abteilungsleiter telefonierte eines Tages um drei Uhr nachmittags mit Bonnie und fragte sie, ob er von Braun noch an diesem Nachmittag sprechen könne. Bonnie seufzte und antwortete: »Ich seh da keine Möglichkeit. Jetzt ist es drei, und eben ist der Elf-Uhr-Besucher drin!«

Viele bekamen die Auswirkungen solcher Hektik zu spüren, und nicht wenige waren leicht ungehalten darüber. Doch litt vermutlich von Braun am meisten unter dieser Belastung. Er wurde dann verlegen und suchte sich zu entschuldigen, und neigte außerdem, wie schon gesagt, dazu, leicht zerstreut zu sein. Das fiel besonders seinem alten Freund Lee B. James, der heute Professor am Raumfahrtinstitut der Universität von Tennessee ist, bei einer gemeinsamen Reise nach Los Angeles im Jahre 1956 auf. Das Flugzeug hatte bei seiner Ankunft in Kalifornien Verspätung, und von Braun fühlte sich unwohl bei dem Gedanken, nun seine Verabredungen und Termine zu versäumen.

»Als wir in der Halle unseres Hotels ankamen«, erinnert sich Professor James, »stellten wir unsere Koffer ab und er sagte ›Lee, kannst du eine Sekunde auf meine Koffer aufpassen? Ich geh mal eben telefonieren!‹ Das war das letzte Mal, daß ich von Braun an diesem Tag sah!«

Aber natürlich gab es auch Zeitabschnitte, in denen er sich entspannen konnte, selbst während der Huntsviller Jahre. Die gebürtigen Huntsviller, die Maria und Wernher von Braun besser kennenlernten und ihre Freunde wurden und auch Gelegenheit hatten, sie bei sich zu Gast zu haben, können von vielen harmonischen Stunden mit den von Brauns berichten. Der berühmte Professor aus Deutschland und seine Frau hinterließen bei ihren Gastgebern aus dem Süden der USA stets Eindrücke, die diesen unvergeßlich sind. Und von Braun seinerseits genoß die ihm und seiner Frau entgegengebrachte offene und herzliche Freundschaft und Gastlichkeit mit vollem Herzen. Er ist noch heute stolz auf die Tatsache, daß er so viele lange Jahre hindurch mit zahlreichen außergewöhnlichen Huntsviller »Ureinwohnern« zusammenarbeiten konnte und auch Gelegenheit hatte, mit ihnen an die Lösung von Gemeinschaftsaufgaben und städtischen Angelegenheiten zu gehen.

Von Braun wurde ein enger Freund von Senator John J. Sparkman, der heute Vorsitzender des einflußreichen Senatsausschusses für Auswärtige Beziehungen ist. Sparkman sprach bei seinen Reden in Alabama häufig von von Braun als einem »Musterbeispiel eines guten Bürgers« und fügte dann stets hinzu: »Für Huntsville ist er noch mehr als ein Musterbürger gewesen.«

Andere nahe Freunde waren der Verleger der *Huntsville Times*, Leroy A. Simms und seine sich sehr für die Belange der Bürger einsetzende Frau Martha, der eine philosophische Betrachtung unvergeßlich geblieben ist, die von Braun eines Abends anläßlich einer netten Party in ihrem Haus anstellte. Von Braun sprach von seinen Vorfahren, die über Generationen hinweg Großgrundbesitzer gewesen waren und ihren Landbesitz zusammengehalten, vermehrt und an ihre Nachkommen weitergegeben hatten. Grund und Boden sei das Wichtigste im Leben – »aber«, so versicherte von Braun Mrs. Simms, »meine Brüder und ich haben erleben müssen, wie das Land unserer Väter aufgrund von politischen Ereignissen verlorenging, und sind zu der Einsicht gelangt, daß im Grunde das einzige, was man seinen Kindern wirklich hinterlassen kann, das ist, was sie im Kopf haben. Mit anderen Worten, Bildung und nicht irdisches Besitztum ist letztlich das einzige Erbe, das einem nicht genommen werden kann.«

Ein wichtiges Ereignis in von Brauns Leben war auch Ende 1959 die Erstaufführung des Columbia-Films *I Aim at the Stars* (»Ich greife nach den Sternen«), der in freier Bearbeitung die Lebensgeschichte von Brauns erzählte. Der Schauspieler Curd Jürgens verkörperte dabei Wernher von Braun.

Von Braun rief mich aus Huntsville an und fragte, ob ich Lust hätte, mit meiner Frau Jean zu einer Vorführung des Films im Privatkino des US-Senats auf dem Capitol Hill zu kommen. Hinterher solle ein Empfang für geladene Gäste stattfinden und viele Prominente würden dabeisein. Wir trafen uns ein paar Minuten vor der Vorstellung, und von Braun bat Jean, ihn zu einer verabredeten Zeit unter einem Vorwand vom Empfang wegzulocken. Wir drei wollten dann schnell davonfahren und bei uns zu Hause in einem der bereits in Virginia liegenden Vororte Washingtons zu Abend essen.

Einige Leute hielten den Film für einen Bombenerfolg, andere fanden ihn ganz unterhaltsam. Ich persönlich hatte gemischte Gefühle: Ich war gegen all die Fiktion, die der Produzent in den Streifen hineingepackt hatte – eine ziemlich rührselige Dreiecksromanze und eine Spionageaffäre, bei der von Brauns Peenemünder Sekretärin eine Rolle spielte. Dazu hatte man noch einen berühmten Zeitungskolumnisten und Rundfunkkommentator genommen, der als »Feind« von Brauns dargestellt wurde und ihn »abschießen« wollte.

Nur ein kleiner Prozentsatz der als historisch und biographisch ausgegebenen Fakten hatte einen gewissen Bezug zur Wirklichkeit. Die vielleicht merkwürdigste Handlung in diesem Film betraf seine damalige Sekretärin, die als Superspionin dargestellt wurde, die hinter von Brauns Rücken in Peenemünde mit einer Miniaturkamera à la James Bond herumlief und Aufnahmen von Blaupausen und Zeichnungen machte, die sie dann nach England schickte. Abgesehen von der Tatsache, daß niemals ein feindlicher Agent nach Peenemünde gelangt war, hatte von Brauns Peenemünder Sekretärin, Fräulein Dorette Kersten, schon 1944 einen Angehörigen seines Teams, den Metallurgen Rudi Schlidt, geheiratet, und beide lebten inzwischen glücklich in Huntsville.

Nach dem Anlaufen des Films in den Kinos wurden beide von Freunden und Leuten, die wußten, daß Dorette von Brauns Sekretärin gewesen war, mit Telefonanrufen überschüttet. Gerüchte aller Art machten noch Jahre danach die Runde, ohne anscheinend die Schlidts zu berühren. Allerdings war Dorette über die Geschichte nicht gerade glücklich, als ich sie zu einem späteren Zeitpunkt darauf ansprach.

Von Braun und der Film erhielten bei der Sondervorstellung im Senat viel Applaus, und die Stimmung auf dem Empfang danach war festlich und ausgelassen. Etwa eine Stunde lang drängten sich die einzelnen Gruppen durcheinander wie Wasserstrudel. Dann kam meine Frau wie verabredet um genau viertel vor neun herein und berührte von Brauns linken Ellbogen: »Dr. von Braun«, sagte sie mit einer Stimme, die wie die einer Mitarbeiterin klang, »der Senator erwartet Sie jetzt in seinem Büro.« Von Braun entschuldigte sich bei den Umstehenden und folgte meiner Frau aus dem Saal. Ich folgte in ein paar Schritten Abstand, und kurz darauf waren wir mit dem Wagen unterwegs und überquerten den Potomac. Seinen Bemerkungen während der Fahrt entnahm ich, daß er den Film genausowenig mochte wie Dorette Schlidt...

Nach dem Abendessen gingen wir auf eine Tasse Kaffee und einen Cognac hinunter in meinen Hobbyraum. Die Tür zum Zimmer meiner Jungen war angelehnt, und von Braun guckte hinein, um einen Blick auf meine schlafenden Söhne Bobby (7) und Paul (4) zu werfen. Als sich der schlaftrunkene Bobby in seinem Bett aufsetzte, ging von Braun zu ihm, schüttelte ihm die Hand und sagte: »Wie geht's dir, Bobby?« Der Junge murmelte etwas und schlief sofort wieder ein.

Als ich ihn am anderen Morgen in der Küche sah, meinte Bobby: »Weißt du, Vati, heute Nacht habe ich einen komischen Traum gehabt. Ich habe geträumt, daß Dr. von Braun in meinem Zimmer gewesen ist!«

»Na, das war er ja auch«, antwortete ich. »Du hast ihm sogar die Hand gegeben.«

»Mensch«, sagte Bobby, »das wird mir aber in der Schule keiner glauben!«

»Er hat ein Buch mit seinem Autogramm für dich dagelassen«, ließ ich ihn wissen. »Damit kannst du es allen beweisen.«

Er war außer sich vor Freude, als er dann losrannte, um seinen Schulbus zu bekommen. Noch heute – mit dreiundzwanzig – erzählt er diese Begebenheit mit Vergnügen.

Die Anteilnahme an den Freuden und Sorgen der Jugend war, wie in früheren Kapiteln schon aufgezeigt, für von Braun in seinem ganzen bisherigen Leben von enormer Bedeutung. Sie sollte in besonderem Maße in zwei Institutionen sichtbaren Ausdruck finden: einmal in seiner Beteiligung an der Schaffung des Nationalen Raumfahrtinstituts, das ich in Kapitel 34 noch eingehend darstellen werde, zum anderen bei der Gründung des größten Raumfahrtmuseums der Welt, des *Alabama Space and Rocket Center* in Huntsville.

Über seine Mitarbeit im Ausschuß für industrielle Expansion von Huntsville, in den städtischen Planungskommissionen und kulturellen Organisationen von Huntsville und im Madison County, bei der Errichtung des Forschungszentrums der Universität von Alabama in Huntsville, in der *Rocket City Astronomical Association,* der Pfadfinderbewegung und einer Reihe anderer bürgernaher Verbände und Clubs hinaus nahm er Mühe und Kosten auf sich, eine Kampagne zur Errichtung des exklusivsten Raumfahrtmuseums der Welt ins Leben zu rufen, das der Aufklärung und Unterhaltung der breiten Öffentlichkeit, besonders aber der Unterrichtung der Jugend dienen sollte. Der Vorschlag, eine geeignete Dauerausstellung einzurichten, die die Fortschritte der Vereinigten Staaten in der Raumfahrt widerspiegelte, fand bei den Lokalpolitikern in Huntsville und anderswo in Alabama ungeteilten Beifall. Bald schon verabschiedete das Staatsparlament von Alabama ein entsprechendes Gesetz, und die Bewohner des Bundesstaates stellten ihr Vertrauen in das Projekt unter Beweis und sprachen sich – ein weiteres Mal – in einer Volksabstimmung für von Brauns Plan aus. Die erforderlichen Mittel wurden 1965 rasch durch die Ausgabe einer Kommunalobligation in Höhe von 1,9 Millionen Dollar beschafft.

Im Besitz des Staates Alabama und von diesem verwaltet, wurde das Raumfahrt- und Raketenzentrum bald zu einer führenden Institution. Fast fünfzehn Hektar hatte die amerikanische Bundesregierung für das Museum unentgeltlich dem Bundesstaat Alabama übertragen. Die Anlage umfaßt neben dem Hauptgebäude einen 1,6 Hektar großen Park, in dem die Großraketen aufgestellt sind und einen Parkplatz für 500 Autos. In dem Museum befinden sich ein Vortragssaal mit 250 Plätzen, eine wissenschaftliche Bibliothek, ein Laden für Raumfahrtsouvenirs, eine Snackbar, ein Verwaltungstrakt und der *Wernher von Braun Recognition Room*. Letzterer beherbergt eine Sammlung von Erinnerungsstücken, die aus 50 000 Exponaten besteht, darunter Dokumenten, Preisen, Ehrendoktorhüten und Urkunden sowie persönlichen Veröffentlichungen und Aufzeichnungen von 1920 bis zur Gegenwart.

Diese einzigartige Sammlung enthält von Brauns Mathematik- und Chemieschulkladden, eine Serie von Entwürfen und Notizen zu Raketen und Flugkörpern und ein Originalmanuskript, das er handschriftlich über das Thema Astronomie verfaßt hat. Die Papiere zeigen, daß von Braun schon mit 15 Jahren Raumfahrzeuge mit Astronauten darin und Weltraumraketen gezeichnet hat. 1927 schrieb er: »Sobald eine solche Station (wobei er sich auf eine die Erde umkreisende Raumstation bezog) existiert, wird die Menschheit nicht eher ruhen, bis die Ergebnisse der Weltraumerkundung auch anderweitig genutzt werden können. Wie bei der Fliegerei wird nach der Anfangsphase des Enthusiasmus über die Raumfahrt die Zeit kommen, wo man nach Zahlen fragt, um ihren Zweck und Nutzen zu beweisen.« 1928 schrieb er in einem Exposé, daß »die astronomische Wissenschaft die ursprünglichen, metaphysischen Vorstellungen des Menschen von der Erde und vom Universum geändert hat«.

Es ist fraglich, ob je ein Mensch unserer Zeit einen solch ungeheuren Einfluß auf eine Stadt gehabt hat wie von Braun auf Huntsville. Während von Brauns Raumfahrterfolge in den USA von Küste zu Küste und über den ganzen Erdball hinweg bekannt wurden, konnten ihn die Huntsviller stolz für sich beanspruchen. Mochten andere von Braun, das Genie, kennen – die Huntsviller kannten ihn als Menschen und Mitbürger. Genauso wie er haben viele seiner mit ihm aus Deutschland herübergekommenen Teamkollegen am Aufstieg Huntsvilles teilgenommen und aktiv dazu beigetragen. Diese Männer, die treibenden Kräfte des Marshall-Zentrums und allesamt eingeschworene Raketenfachleute, führten aber trotzdem nebenbei auch ein Privatleben in ihren Häusern und im Kreis ihrer Freunde und Nachbarn. Zusammen mit allen Bewohnern Huntsvilles und seiner Umgebung genossen sie jahrelang den Boom, den die Raketen unversehens der Stadt beschert hatten. Später, als während der sechziger Jahre eine Wende eintrat, halfen diese Deutsch-Amerikaner, Huntsville zu einer gesunden Stadt zu machen, die sich gemessener, aber nicht weniger zuversichtlich einem stetigen Wachstum verschrieb.

Viele der ehemaligen Deutschen hatten sich auf dem Monte Sano angesiedelt, obwohl Huntsville nie eine »Deutsche Kolonie« gekannt hat. Sie wohnten in Straßen mit so prosaischen Namen wie Locust Street, Hermitage Street, Martha Street und Panorama Drive. Sie mähten ihren Rasen, gingen in die Kirche, machten Urlaub und gaben und besuchten Partys wie alle anderen Bewohner der amerikanischen Vorstädte.

1962 siedelten die von Brauns von der McClung Street zur Big Cove Road über, wo ihr neues Heim auf einer landschaftlich schönen Anhöhe im Hügelland von Ost-Huntsville lag. Als sie später die »Rocket City« verließen und in die Umgebung der Hauptstadt Washington zogen, kaufte der Staat Alabama ihr letztes Haus in der Absicht, es zu einer Dependance des Raumfahrt- und Raketenzentrums zu machen. Es war ein schmerzlicher Abschied für die ganze Familie, als sie ihr Haus in Huntsville verließ, denn sie verband mit den Jahren, während der sie dort wohnten, viele schöne Erinnerungen. Es war ein sich über drei Ebenen erstreckender Besitz auf einem schattigen Hügelgrundstück an einer engen und gefährlichen Straße. Sie wird auch wohl so bleiben, denn ihre früheren Nachbarn in der Big Cove Road möchten, daß ihre Straße ruhig bleibt und keine Durchgangsstraße wird.

Neben je vier Schlaf- und Badezimmern hatte das Braunsche Haus eine große Diele, ein Wohnzimmer, ein Bügelzimmer, eine eingebaute Küche, einen Innenhof und eine angebaute Garage für zwei Wagen. Es lag auf einem Ausläufer des Monte Sano. Eine kleine Veranda mit schmiedeeisernem Geländer an der Treppe bildete den Vordereingang; Blumenkästen zierten die Vorderfenster. Das Haus war aus Ziegelsteinen und Mammutbaumholz gebaut und hatte ein Schindeldach.

Unter der Bevölkerung von Huntsville machte damals das Gerücht die Runde, von Braun habe seinen Vorgarten pflastern und grün anstreichen lassen, um ihn nicht mehr mähen zu müssen. Das ist natürlich nicht ganz wahr, aber die ziemlich große zementierte Auffahrt nahm wirklich viel Platz vor dem Haus ein, und nach einem heftigen Regen schien sie zuweilen tatsächlich eine grüne Schattierung zu haben...

Der Staat Alabama verkaufte das Haus wieder, weil die Nachbarn gegen die Vorstellung protestierten, tagtäglich ganze Scharen von Museumsbesuchern anrücken zu sehen. Sie sahen im Geiste schon die Autobusse und Personenwagen und die daraus erwachsenden Parkprobleme vor sich und fürchteten, die durch ihr Wohnviertel verlaufende Straße könne ihre Ruhe verlieren. Aber heute noch zeigen vorbeifahrende Huntsviller ihren Gästen stolz das Haus als das »Heim Wernher von Brauns«.

Anläßlich der Einweihung des mit einem Kostenaufwand von 14 Millionen Dollar errichteten *Von Braun Civic Center* tanzten 1975 über 2000 Ehrengäste auf einem Galaball. Das große gesellschaftliche Ereignis wurde mit einer Reihe offizieller Trinksprüche eröffnet, und es war kein bloßer Zufall, daß Dr. Ernst Stuhlinger der erste auf der Rednerliste war. In seiner heiteren und chevaleresken Art erhob er sein Champagnerglas und erklärte feierlich: »Vor fünfundzwanzig Jahren, lieber Wernher, als du mit deinen Mitarbeitern noch in Texas lebtest, hast du uns eines Tages mitgeteilt, daß wir bald an einen weit im Osten und tief im Süden gelegenen Ort umziehen würden. Du sagtest, daß Huntsville alles hätte, was wir uns wünschten. Es gebe jede Menge Platz für unsere Arbeit, es sei eine kleine, aber zum Leben wunderschöne Stadt und alle Leute dort seien furchtbar nett. Es existiere sogar ein kleiner Flugplatz in der Nähe. Du erklärtest, du seiest sicher, daß uns ein guter Stern nach Huntsville führe.

… Wir wissen, daß ein Mann, der nach den Sternen greift, nicht lange an einem Fleck auf der Erde zu halten ist, aber wir sind stolz darauf, daß du unsere Stadt zwanzig Jahre lang zu deiner Heimat gemacht hast. Diese Jahre haben ohne Zweifel das Gesicht und das Schicksal dieser Erde verändert… Möge dich weiterhin ein gütiges Geschick geleiten! Möge es dir helfen, Wernher, weiterhin von einem Erfolg zum anderen zu gelangen, und mögest du bald das Vergnügen haben, als Passagier an Bord einer Raumfähre die Erde zu umkreisen, mit dem Blick auf unseren Planeten hinunter, den du so sehr liebst, und mit dem Blick hinauf ins All, dessen Tore du für die Menschheit geöffnet hast.

Wir hoffen jedoch, daß du zwischen den Raumflügen recht oft den Weg nach Huntsville findest, wo dein Geist in diesem *Von Braun Civic Center,* im *Marshall Space Flight Center* und in den Köpfen und Herzen einer ganzen Stadt von Freunden weiterlebt. Wernher… auf dein besonderes Wohl!«

26. Kapitel
Eine Riesenrakete wird gebaut

Amerikas bemanntes Raumfahrtprogramm lief mit dem *Merkur*-Projekt an, und das von Braun-Team war von Anfang an dabei. Man hatte ein Flugtestprogramm in drei Phasen festgelegt. In der ersten Phase sollten *Redstone*-Raketen verwendet werden, um Menschen in ballistische Flugbahnen emporzutragen. In der nächsten Phase sollten *Jupiter*-Raketen längere Flugbahnen ermöglichen – schließlich würden *Atlas*-Interkontinentalraketen die bemannte Raumkapsel in der letzten Phase in eine Erdumlaufbahn bringen. Für erste Erprobungen der Kapsel und ihres Fallschirmsystems wollte man *Little Joe*-Feststoffraketen bündeln.

Hauptaufgabe des *Merkur*-Projekts war es, einen einzelnen Menschen in eine Erdumlaufbahn zu bringen, seine Fähigkeit zu testen, im Weltraum bestimmte Funktionen zu verrichten, und ihn sicher zur Erde zurückzubringen. An das Raumfahrzeug wurden strenge Anforderungen gestellt. Es mußte ein zuverlässiges Notausstiegssystem aufweisen, um den Piloten bei einem Unglücksfall kurz vor, beim oder nach dem Start der Trägerrakete zu retten. Die Raumkapsel sollte vom Piloten gesteuert werden und auf Wasser landen können. Sie sollte Bremsraketen mitführen, die imstande waren, sie aus der Umlaufbahn herauszubringen und ihr den Rückflug zur Erde zu ermöglichen. Und sie würde vor der Landung nicht abwärtsgleiten, sondern eine ballistische Flugbahn verfolgen, bis sich ihre Fallschirme entfalteten und den Fall regulierten.

Das *Merkur*-Programm hatte einen schlechten Start und wurde durch Verzögerungen und eine Reihe von Fehlschlägen bei den Tests beeinträchtigt. Die westliche Welt wartete darauf, daß *Merkur* ein Erfolg wurde und daß Amerika die Russen einholte, denen scheinbar kein Fehler unterlief. Ein spektakulärer Raumfahrterfolg der Russen folgte dem anderen. Es war in aller Welt bekannt, daß die Vereinigten Staaten all ihre Reserven und ihre technische Überlegenheit mobilisiert hatten, um die Russen abzuhängen. So erwartete man allgemein, daß Amerika nun die Spitze übernehmen werde. Doch die NASA wuchs hinsichtlich Kompliziertheit und Umfang, und das *Merkur*-Programm geriet in Rückstand. Erst im Frühjahr 1960 konnte der erste Abschuß vorbereitet werden.

Die Kapsel trug die Bezeichnung *MA-1* oder *Mercury-Atlas 1*. Sie traf am 23. Mai in Kap Canaveral ein, aber eine Unmenge technischer Schwierigkeiten verzögerte den Start bis zum 29. Juli. An diesem Tag sah endlich um 7.25 Uhr früh das Wetter im voraussichtlichen Landegebiet einigermaßen verheißungsvoll aus. Die Bergungsschiffe und Suchflugzeuge meldeten von dort eine Sichtweite von fünf Seemeilen und leichten Seegang. Die Zielsetzungen des ersten Abschusses waren einfach: es galt, die unbemannte Kapsel zu bergen, die Unversehrtheit des Flugkörpers festzustellen sowie seine Erhitzung beim Wiedereintritt, die Flugcharakteristika und die Effizienz des Bergungssystems zu prüfen. Darüber hinaus sollten die mit dem *Merkur*-Projekt beauftragten Männer mit den Start- und Bergungsprozeduren vertraut gemacht werden. Um 9.13 Uhr wurde die *Atlas*-Rakete gezündet. Es war ein erhebender Anblick. Sie hob langsam von der Rampe ab. Innerhalb von Sekunden war sie außer Sichtweite in einer Wolkendecke und verfolgte zischend ihren Kurs. Alles sah großartig aus – und dann ging alles daneben. Eine Minute nach dem Start ging jeder Kontakt mit der *Atlas* verloren. Die Funkkommandoanlagen und Aufzeichnungsinstrumente registrierten nichts mehr. Der Druckunterschied zwischen den Brennstoff- und Flüssigsauerstoffbehältern war auf Null gesunken, kurz bevor die Verbindung verlorengegangen war. Offenbar war die *Atlas* entweder explodiert oder einem katastrophalen Konstruktionsfehler zum Opfer gefallen. Jedenfalls plumpste der Flugkörper sieben Seemeilen vor der Küste ins Meer, wo das Wasser zirka zwölf Meter tief war, und konnte nicht geborgen werden.

Am 8. November 1960 erfolgte der Knopfdruck für die Zündung einer *Little Joe 5*-Rakete auf Wallops Island in Virginia. *Little Joe* trug die *Merkur*-Kapsel Nummer drei. Über ein Jahr lang war dieser erste Testflug einer serienmäßig hergestellten Raumkapsel vorbereitet worden, um den Wiedereintritt aus großer Höhe zu erproben, wobei man dieselben Bedingungen simulierte, denen die Astronauten im Falle einer Fehlzündung während der ersten Phase eines Starts ausgesetzt sein würden.

Die Hoffnung auf einen gelungenen Test dauerte ganze sechzehn Sekunden lang. Die Rettungsrakete und die Abwurfrakete des Fluchtturms zündeten beide zu früh, während der Brennvorgang bei der Trägerrakete noch in vollem Gang war. Rakete, Kapsel und Turm blieben während ihrer ballistischen Flugbahn miteinander verbunden, bis sie beim Aufschlag in tausende von winzigen Fragmenten zersprangen.

Nach diesem Fehlschlag türmten sich weitere Probleme auf. Ausströmendes Helium in der *Mercury-Redstone 1 (MR-1)*-Kapsel bedeutete umfangreiche Umarbeitung und neue Verzögerungen. Der amerikanische Erntedanktag kam und ging vorüber, aber das *Merkur*-Projekt ließ ihn kaum zu einem erholsamen Feiertag für die Männer werden, die so verbissen darum kämpften, Amerikas *Man-in-Space*-Programm voranzutreiben. Der absolute Tiefpunkt der Stimmung bei den *Merkur*-Leuten war am 21. November 1960 erreicht, als der Countdown für die *MR-1* bei Null angekommen war und das einzige, was den Erdboden verließ, der Fluchtturm der Raumkapsel war.

Pünktlich um 9.00 Uhr morgens war die Zündung der *Redstone*-Rakete präzise wie vorgesehen erfolgt. Die Luft um Rampe 56 war vom Dröhnen der Rakete erfüllt, doch wie von Braun und seine Mitarbeiter vom »Blockhaus« aus beobachten konnten, hob sich die große Rakete höchstens zehn bis zwölf Zentimeter und setzte wakkelnd und langsam wieder auf den Starttisch zurück. Das Triebwerk schaltete sich aus, aber der Fluchtturm mit seinem eigenen Notmotor schoß über 1200 Meter in die Höhe und landete etwa 400 Meter vom Startplatz entfernt. Drei Sekunden, nachdem die Not- oder Rettungsrakete gezündet hatte, wurde das Fallschirmbündel in die Luft katapultiert, der Hauptschirm quoll aus dem zylindrischen Oberteil der Kapsel, kurz darauf der kleine Stabilisierungsfallschirm, und beide hingen schlaff längs der *Redstone* zum Boden hinab.

Die Kritiker rieben sich zufrieden die Hände, die Öffentlichkeit war bestürzt, und die Fachpresse schrieb in ihren Leitartikeln, das Programm steuere in die falsche Richtung. Nichts konnte jedoch die

NASA am Weitermachen hindern. Die Raumfahrtbehörde hatte inzwischen einen neuen Administrator, James E. Webb, bekommen. Dieser war entschlossen, das *Merkur*-Programm erfolgreich abzuschließen. Fehlversuche und Pechsträhnen waren für von Braun ein alter Hut. Sie kamen bei jedem Raketenentwicklungsprogramm vor. Für ihn bestand kein Grund zur Verzweiflung. Jedoch war noch härtere Arbeit zu leisten. Größere Anstrengungen und mehr Hingabe waren vonnöten. Auch das war ihm nicht neu.

Der ursprüngliche Plan, *Jupiter*-Raketen im *Merkur*-Programm zu verwenden, war schon im Juli 1959 aufgegeben worden, als festgestellt worden war, daß dieselben aerodynamischen Meßwerte durch eine Verkürzung der Reichweite einer *Atlas*-Rakete zu erhalten waren. Und nur sechs von acht vorgesehenen *Redstone*-Abschüssen wurden im Rahmen des *Merkur*-Programms verwirklicht. Die ersten vier Kapseln waren Testflugkörper, die beiden folgenden waren bemannt.

Am 5. Mai 1961 wurde Fregattenkapitän Alan B. Shepard von der US-Marineluftwaffe mit einer *Redstone* in eine ballistische Flugbahn emporgetragen und dadurch der erste Amerikaner, der in einem ballistischen Flug den Weltraum erreichte. Er flog 16 Minuten lang durch das All. Zwei Monate später, am 21. Juli 1961, wurde der nächste ballistische Flug von Major Virgil I. Grissom von der Luftwaffe absolviert. Auch seine Reise in den Weltraum dauerte nur 16 Minuten. Beide Flüge ermöglichten es den Astronauten, die Steuerungsgeräte ihrer Kapsel auszuprobieren, ihre Reaktion auf raketengetriebene Flüge zu testen und sich mit dem Raumflug vertraut zu machen. Shepard wurde etwa 80 Sekunden nach seinem Start von starken Vibrationen des Raumfahrzeugs beim Übergang zur Überschallgeschwindigkeit so heftig geschüttelt, daß sein mit einem Schutzhelm bedeckter Kopf über die Nackenstütze die Schwingungen mitbekam und er die Instrumente nicht ablesen konnte. Bei Grissom wurde die Luke der Kapsel durch einen unglücklichen Zufall nach seiner Landung im Atlantik herausgesprengt. Die Kapsel füllte sich mit Wasser und sank, und Grissom selbst entrann nur knapp dem Tode, als beim Schwimmen auch Wasser in seinen Raumanzug eindrang. Eine Hubschraubermannschaft fischte ihn dann aber gerade noch rechtzeitig aus dem Meer und brachte ihn sicher zum Bergungsflugzeugträger.

Nach Shepards und Grissoms Flügen drückten alle Amerikaner die

Daumen und schickten Stoßgebete zum Himmel, als John H. Glenn, Oberstleutnant der Luftstreitkräfte des Marinekorps, am 20. Februar 1962 seine *MA-6*-Kapsel bestieg – zehn Monate nach Juri Gagarins gelungener Erdumkreisung vom 12. April 1961. Nach einer ungewöhnlich langen Wartezeit auf der Rampe mit viermaliger Unterbrechung des Countdowns und unglaublicher nervlicher Belastung für den Astronauten hob dann Glenn ab und umkreiste dreimal erfolgreich die Erde.

Mit kleineren Störungen und Schwierigkeiten hatte das *Merkur*-Programm auch weiter zu kämpfen, doch alle vorgesehenen bemannten Flüge konnten mit Erfolg durchgeführt werden. Seinen Höhepunkt erreichte das Programm am 15. Mai 1963 mit dem Flug von Luftwaffenmajor Gordon Cooper in seiner *Faith 7*-Kapsel. Kurz vor Ende des auf 22 Erdumläufe festgelegten Flugprogramms verpaßte Cooper das Ablesen der Instrumente und wurde von einem Kurzschluß betroffen, der das automatische Lagekontrollsystem vorübergehend ohne Strom ließ. Durch glänzendes Manövrieren von Hand konnte Cooper die Kapsel herunterbringen. Eine ärztliche Untersuchung ergab später, daß Coopers Körper infolge des Anstiegs der Temperatur im Raumanzug zuviel Wasser verloren hatte und der Astronaut unter leicht überhöhtem Blutdruck litt.

Trotz allem brachte das *Merkur*-Programm einwandfrei die Erkenntnis, daß die NASA auf dem richtigen Wege war. Ein intensives bemanntes Raumfahrtprogramm konnte – und sollte – nun aufgelegt werden. Vieles war aus dem viereinhalb Jahre laufenden *Merkur*-Programm gelernt worden. Das Nachfolgeprogramm, *Gemini*, das bereits zu einem so frühen Zeitpunkt wie dem 7. Dezember 1961 angekündigt worden war, wurde als natürlicher nächster Schritt betrachtet, ebenso wie die Ankündigung Präsident Kennedys, daß Amerika Menschen auf den Mond entsenden wollte. Unterdessen machte von Brauns Team im heimischen Marshall-Raumflugzentrum in Huntsville Fortschritte bei der Entwicklung der ersten *Saturn*-Raketen – fast hinter den Kulissen, denn *Merkur* und *Gemini* nahmen die Aufmerksamkeit der Öffentlichkeit voll in Anspruch.

Der *Gemini*-Raumflugkörper, in dem zwei Astronauten Platz hatten, hatte dieselbe Glockenform wie die *Merkur*-Kapsel, war aber um 50 Prozent schwerer, größer und geräumiger und benötigte eine *Titan II*-Trägerrakete mit 200 Tonnen Schub zum Erreichen einer

Erdumlaufbahn. Auch waren die *Gemini*-Systeme erheblich komplizierter.

Am 8. April 1964 wurde die erste – unbemannte – *Gemini*-Kapsel auf Kap Kennedy gestartet. Das zweite, ebenfalls unbemannte *Gemini*-Experiment war ein suborbitaler ballistischer Flug. Er fand am 19. Januar 1965 mit zwei Astronautenpuppen an Bord der Kapsel statt. Der erste bemannte *Gemini*-Flug erfolgte dann an von Brauns 53. Geburtstag, am 23. März 1965.

Das *Gemini*-Programm war in Angriff genommen worden, um die Möglichkeiten der USA auf dem Gebiet des bemannten Raumfluges in der Periode zwischen den *Merkur*- und *Apollo*-Programmen zu erweitern. Mit anderen Worten: die Ziele des *Gemini*-Programms lauteten, das Entwicklungs- und Testprogramm abzuwickeln, das erforderlich war, um 1. die Durchführbarkeit von längeren Raumflügen von zumindest der Zeitdauer zu demonstrieren, die nötig war, um eine Mondlandemission durchzuführen; 2. die Technik von Rendezvous- und Anlegemanövern zweier Raumfahrzeuge in der Umlaufbahn zu proben und zu vervollkommnen; 3. einen präzisen Wiedereintritt und eine Landung in einem vorbestimmten Zielgebiet zu erreichen; 4. Untersuchungen darüber anzustellen, welche Aufgaben ein Astronaut frei im Raum schwebend erfüllen kann und 5. den Astronauten und Bodenmannschaften die weniger spektakuläre, aber trotzdem überaus wichtige Routine bei der Abwicklung bemannter Raumflüge zu vermitteln. Der erfolgreiche Abschluß des Programms stellte einen deutlichen Beweis für die Leistungen in jeder dieser Kategorien dar.

Das Ziel zeitlich ausgedehnter Raumflüge des *Gemini*-Programms wurde mit dem gelungenen Flug von *Gemini VII* im Dezember 1965 erreicht. Die schrittweise Steigerung der Flugdauer von vier Tagen bei *Gemini IV* auf acht Tage bei *Gemini V* und vierzehn Tage bei *Gemini VII* beseitigte alle Zweifel, deren es nicht wenige gegeben hatte, ob die Besatzungen und ihre Raumkapseln zufriedenstellend ihre Aufgaben versehen könnten über einen Zeitraum, der dem entsprach, der für eine Landung auf der Mondoberfläche und für die Rückkehr zur Erde eingeplant werden mußte. Darüber hinaus flößte diese Leistung von *Gemini* den verantwortlichen Männern die Zuversicht ein, daß die Astronauten eine sehr viel längere Mission befriedigend erfüllen konnten. Die Langzeitflüge erbrachten auch größere

Erkenntnisse der überaus wichtigen Rolle der Astronauten und ihre Würdigung, des Werts der Flexibilität bei Planung und Durchführung der Raumflugunternehmen und der ausgezeichneten Funktionsweise des Kontrollsystems bei bemannten Raumflügen. Dem ursprünglichen Konzept zufolge sah das *Gemini*-Programm den Abschluß der Langzeitflüge mit dem *Gemini VII*-Flug vor, der dann auch programmgemäß verlief.

Eine der entscheidendsten Leistungen war die erfolgreiche Entwicklung einer Reihe von Techniken für das Rendezvousmanöver zweier auf Umlaufbahnen befindlicher bemannter Raumfahrzeuge. Die Vorbereitung für diesen kompliziertesten Aspekt der *Gemini*-Raumflugunternehmen war zeitraubender als alle anderen. Daß sie mit solcher Perfektion durchgeführt werden konnte, war nur möglich dank der aufopferungsvollen Arbeit des *Gemini*-Teams: der Entwicklungs- und Produktionsingenieure von Raumkapsel und Trägerrakete, der Checkout- und Startmannschaften, der Astronauten und ihrer Ausbilder und schließlich der Männer von der Flugmissionsplanung und -kontrolle.

Die geglückte Durchführung eines Weltraumrendezvous war Hauptvoraussetzung für den Erfolg des *Apollo*-Projekts, und Rendezvousmanöver waren deshalb primäres Ziel jeder Flugmission, die auf den *Gemini VII*-Flug folgte. Zehn Rendezvousmanöver wurden ausgeführt und dabei sieben verschiedene Rendezvoustechniken erprobt; neun verschiedene Anlegemanöver eines Raumfahrzeugs an ein Zielfahrzeug glückten.

Natürlich gab es auch beim *Gemini*-Programm viele »Nahkrepierer«, technische Pannen und Materialschäden. Von einem Flug zum nächsten wurden zahlreiche Konstruktionsänderungen vorgenommen, doch insgesamt gesehen war das Programm ein großer Erfolg. Es flößte den Verantwortlichen zu Recht ein großes Maß an Vertrauen in das gesamte bemannte Raumfahrtprogramm ein.

Von Braun setzte inzwischen die Arbeit an einem größeren Träger fort. Im Oktober 1959 standen vier *Saturn*-Entwürfe auf dem Papier. Jeder hatte im wesentlichen die gleiche erste Stufe; die oberen Stufen wiesen jedoch erhebliche Unterschiede auf. Ein gemeinsamer Ausschuß von NASA und Pentagon wählte einen Entwurf aus, die *Saturn C-1*, und im Dezember wurde mit der Entwicklung begonnen. Dieser höchst bedeutsame Vorgang innerhalb von Amerikas jungem Raumfahrtprogramm leitete eine Reihe von wichtigen personellen Veränderungen in der Managementebene in Washington ein: sowohl im Verteidigungsministerium, das über die ARPA und weiter durch die Kanäle der Armee die Mittel für die *Saturn* bereitstellte, als auch bei der neuen NASA, die bald die Verantwortung für die Entwicklung der *Saturn* übernehmen sollte. An die Spitze der ARPA wurde Armee-Brigadegeneral Austin W. Betts kommandiert; die ARPA selbst unterstand dem neueingerichteten Amt für Forschung und Technik des Verteidigungsministeriums unter Herbert F. York. Gleichzeitig verließ Luftwaffen-Generalmajor Don R. Ostrander, wie wir uns erinnern, sein Amt als geschäftsführender Chef der ARPA, um die Leitung des neuen Amtes für Trägerraketen bei der NASA zu übernehmen.

Die oberen Stufen des ausgewählten Modells der *Saturn C-1* (die später einfach *Saturn 1* genannt wurde) wurden am 31. Dezember 1959 gebilligt, und ein Forschungs-, Entwicklungs- und Testflugprogramm für zehn Raumfahrzeuge wurde aufgelegt. Die zweite Stufe, S-4, sollte vier Triebwerke mit einem Schub von zehn Tonnen haben, die dritte, die S-5-Stufe, zwei solcher Triebwerke. Nach erfolgter Zustimmung erhielt die *Saturn* die begehrte DX-Klassifizierung, was bedeutete, daß sie hohe nationale Priorität hinsichtlich Material, Personal und anderen Mitteln genoß.

Wegen des eigentlichen Verwendungszwecks der *Saturn*-Startrakete begannen die Raumfahrtexperten sie als »Träger« zu bezeichnen.

Im Laufe des Jahres 1960 wurden bei den oberen Stufen mehrere Änderungen vorgenommen. Sechs bewährte Triebwerke vom Typ *Centaur* mit einem Schub von je 7,5 Tonnen, die alle die hochenergetische Treibstoffkombination von Flüssigsauerstoff mit Flüssigwasserstoff verwendeten, ersetzten die vier 10-Tonnen-Schub-Triebwerke der zweiten Stufe, die noch im Planungsstadium waren. (Die 7,5-Schub-Triebwerke von Pratt & Whitney waren identisch mit den 10-Tonnen-Schub-Triebwerken, außer daß der Plan, ihren Schub zu vergrößern, fallengelassen wurde.) Die Idee einer dritten Stufe wurde verworfen, nachdem sich herausstellte, daß die Nutzlast, die mit einer einfacheren Zweistufenversion in eine Erdumlaufbahn gebracht werden konnte, recht beachtlich war. Die Erprobung der ersten Stufe mit einem Triebwerkbündel, das die Treibstoffkombination Kerosin-Sauerstoff benutzte, begann im März, als zwei Triebwerke gezündet wurden. Am 29. April wurden dann alle acht Triebwerke für die Dauer von acht Sekunden gezündet, wobei ein Schub von 650 Tonnen entstand. Das war ein amerikanischer Rekord.

In Huntsville und auf Kap Canaveral wurden neue Anlagen gebaut. Die Montage der ersten begann im Mai 1960, während die Rocketdyne, eine Tochtergesellschaft der North American Aviation Inc., und die Firma Pratt & Whitney, eine Tochtergesellschaft der United Aircraft Corporation, weiter an der Verbesserung der Triebwerke arbeiteten.

1961 wurde die Rolle der *Saturn 1* als Testfahrzeug für ein neues dreisitziges, bemanntes Raumschiff, versuchsweise *Apollo* genannt, festgelegt. Zwei Modelle der Trägerrakete sollten gebaut werden. Die *Saturn*-Raketen der ersten Gruppe sollten Attrappenoberstufen haben und gezündet werden, um das Grundkonzept des achtfachen Triebwerkbündels der ersten Stufe zu erproben. Die erste Stufe der Flugkörper des zweiten Satzes, S-1 genannt, sollte mehr Treibstoff mitführen und mit »frisierten« Rocketdyne-Triebwerken, den H-1, angetrieben werden, die je 94 Tonnen Schub erreichten. Die Trägerraketen dieser zweiten Gruppe wiesen auch echte obere Stufen und eine verbesserte Instrumenteneinheit auf und trugen an der Spitze eine Attrappe der *Apollo*-Kapsel, »Kochplatten«-Modell genannt, weil sie mit Wasserballast gefüllt war.

Nachdem die erste *Saturn* mit der Bezeichnung SA-1 im Mai 1961 in Huntsville statisch getestet worden war, wurden Pläne gemacht, sie nach Kap Canaveral zu transportieren. Ende August wurde die SA-1 auf dem Startplatz montiert. Der rund 49 Meter hohe Träger, der annähernd 500 Tonnen wog, hob am 27. Oktober majestätisch zu einem völlig einwandfreien Jungfernflug ab. Während die Rakete ihre kurze, 320 Kilometer lange Flugbahn hinter sich brachte, wurden mehr als fünfhundert verschiedene Meßwerte durch Telemetrie zur Erde übermittelt und aufgezeichnet.

Die restlichen Raketen der ersten Serie wurden in den Jahren 1962 und 1963 ohne Zwischenfälle getestet. Das erste Projektil der zweiten Serie wurde am 29. Januar 1964 gestartet; seine zweite Stufe beförderte eine Gesamtnutzlast von 18,85 Tonnen in eine Umlaufbahn. Attrappen von *Apollo*-Kapseln wurden im Mai und September des gleichen Jahres von den *Saturn*-Raketen SA-6 und SA-7 in Erdumlaufbahnen getragen. Die Tests bewiesen, daß Raumkapsel und Trägerrakete zueinander paßten. Die letzten drei *Saturn*-Raketen der Serie 2 brachten die von Fairchild gebauten *Pegasus*-Meßsatelliten in Umlaufbahnen, die der Untersuchung der Verteilungsdichte von Meteoriten im erdnahen Raum dienten. Damit endete das *Saturn 1*-Programm, in dessen Verlauf Amerikas stärkste Trägerraketen erprobt worden waren, mit einer noch nie dagewesenen hundertprozentig erfolgreichen Rekordserie von Flugtests.

Gegen Ende dieses Erprobungsprogramms wurde bereits die Arbeit an der noch stärkeren *Saturn 1B* aufgenommen. Ähnlich der ersten *Saturn* wies sie eine von Chrysler gebaute verbesserte S-1-Grundstufe mit acht noch leistungsstärkeren Rocketdyne-Triebwerken von je 100 Tonnen Schub auf. Bei der zweiten Stufe mit der Bezeichnung S-IVB waren die sechs 7,5-Tonnen-Triebwerke von Pratt & Whitney durch ein einziges Rocketdyne-J-2-Triebwerk ersetzt worden, das anfangs (später wurde der Schub noch verstärkt) 100 Tonnen Schub mit einer Flüssigsauerstoff-Flüssigwasserstoff-Treibstoffkombination entwickelte. Die *Saturn 1B* war knapp 70 Meter lang, hatte einen Durchmesser von 6,60 Meter und ein Gesamtgewicht von 650 Tonnen. Die erste Stufe wurde zum ersten Mal am 1. April 1965 in Huntsville statisch erprobt. Zwei Monate später wurde die zweite Stufe in Sacramento (Kalifornien) den Abnahmetests auf den Prüfständen der Firma Douglas unterzogen. Am 25. Oktober wurde auf der Abschußrampe 34 in Kap Kennedy* die erste Rakete vom Typ *Saturn 1B* zusammengesetzt. Weniger als vierzig Monate waren vergangen, seit das Entwicklungsprogramm bewilligt worden war. Ihr ballistischer Erstflug am 26. Februar 1966 von Kap Kennedy aus mit einer unbemannten Apollo-Raumkapsel als Nutzlast war höchst gelungen.

Die zweite und die dritte Erprobung der Trägerrakete fand im Juli und August 1966 statt. Bei dem AS-203-Test im Juli war die S-IVB-Stufe mit etwa 10 Tonnen nicht benötigtem flüssigem Wasserstoff gefüllt worden, um zu beweisen, daß es trotz des fast schwerlosen Zustandes möglich war, den Treibstoff in seinem Tank für eine zweite Triebwerkzündung zu lagern. Da inzwischen die NASA den Auftrag

* Das amerikanische Raketen- und Raumfahrtstartgelände Kap Canaveral war Ende November 1963 zu Ehren des ermordeten Präsidenten John F. Kennedy in Kap Kennedy umbenannt worden. (Anm. d. Ü.)

erhalten hatte, *Apollo*-Raumschiffe nicht nur in eine Umlaufbahn zu bringen, sondern sie zum Mond zu entsenden, war die Verwendung der S-IVB-Stufe der *Saturn 1 B* als dritte Stufe einer weitaus stärkeren Trägerrakete bereits ernsthaft in Erwägung gezogen worden. Mondexpeditionen verlangten jedoch zwei getrennte Zündvorgänge oder eine dritte Stufe. Die AS-202, die nach der AS-203 getestet wurde, war in erster Linie konstruiert worden, um eine unbemannte *Apollo 3*-Besatzungskabine (»Command Module«) (die in eine ballistische Flugbahn gebracht worden war, die bewirkte, daß sie unter dem maximalen Hitzewinkel wieder in die Atmosphäre eintrat), das Antriebsbaugruppen-Triebwerksystem (das zum ersten Mal in den Weltraum geschickt wurde) und die Lenkungs- und Fluglageregelungssysteme zu erproben.

Die *Saturn 1B*-Tests mit der *Apollo*-Kapsel waren für ein Jahr unterbrochen worden, nachdem das Feuer an der AS-204-Raumkapsel im Januar 1967 drei Astronauten bei einem Bodentest das Leben gekostet hatte. Die Trägerrakete wurde erst am 22. Januar 1968 wieder verwendet, als die AS-204 die für den Mondflug vorgesehenen Baugruppenelemente – Kabine plus Triebwerksgruppe – von Kap Kennedy aus in den Weltraum trug. Im Oktober wurden sowohl das umkonstruierte *Apollo*-Raumschiff als auch die *Saturn 1B* für bemannte Raumflüge für völlig sicher befunden. Am 22. Oktober begann die erfolgreiche 10tägige Mission von *Apollo 7* mit Walter Schirra als Kommandant, wobei die *Saturn 1B* einwandfrei funktionierte. Nach diesem Flug, der die ursprüngliche *Saturn 1*-Serie von 15 Raketen (zehn *Saturn 1* und fünf *Saturn 1B*) beschloß, wurden die Startkomplexe Nummer 34 und 37 auf Kap Kennedy zunächst stillgelegt. Sie sollten auf die Verwendung der nächsten *Saturn 1B*-Raketen im künftigen *Apollo*-Einsatzprogramm warten.

Trotz ihrer Größe waren die *Saturn 1* und die *1B* nur der Auftakt für eine noch stärkere Trägerrakete, die erforderlich war, um das Ziel zu erreichen, das Präsident John F. Kennedy im Mai 1961 genannt hatte: innerhalb eines Jahrzehnts einen Amerikaner auf dem Mond landen zu lassen. »Mit dem Beistand des Vizepräsidenten (Lyndon B. Johnson) ... haben wir untersucht, wo wir stark sind und wo nicht, wo wir Erfolg haben könnten und wo nicht«, sagte Kennedy damals. »... Nun ist der Zeitpunkt gekommen, entscheidendere Schritte zu unternehmen, der Zeitpunkt für große neue amerikanische Pioniertaten, der Zeitpunkt, an dem diese Nation klar die führende Rolle bei den Leistungen im Weltraum übernehmen sollte, in dem in vielerlei Hinsicht der Schlüssel für unsere Zukunft hier auf Erden zu finden sein dürfte...«

Um die Erklärung des Präsidenten in die Tat umzusetzen, wurde von NASA und Verteidigungsministerium ein Exekutivausschuß für gemeinsame Mondforschung und ein Amt für gemeinsame Mondforschung ins Leben gerufen. Und die Arbeit an der *Saturn V,* der Trägerrakete, die Amerikaner auf den Mond bringen sollte, wurde im Marshall-Raumflugzentrum beschleunigt.

Am 25. Januar 1962 billigte die NASA ein Entwicklungsprogramm für diese Rakete, dem höchste Priorität eingeräumt wurde. Die *Saturn V* sollte dreistufig sein und aus der S-1C-Stufe, der S-2 und der schon von der *Saturn 1 B* her bekannten S-IVB zusammengesetzt sein.

Die S-1C-Stufe, die von den Ingenieuren und Technikern im Marshall-Raumflugzentrum mit Unterstützung der Boeing Company entwickelt worden war, wurde an die Firma Boeing zur Fertigungsmontage in den großen, der NASA gehörigen Michoud-Werkhallen in New Orleans vergeben. Die S-1C-Stufe ist zirka 42 Meter lang und hat einen Durchmesser von etwa zehn Metern. Das Modell von 1969 wiegt annähernd 150 Tonnen in unbetanktem Zustand und kann etwa 2 350 Tonnen Flüssigsauerstoff und RP-1-Kerosin-Brennstoff mitführen. Der Schub der ersten Stufe der *Saturn V* beträgt etwa 3 850 Tonnen, wobei jedes der fünf F-1-Triebwerke in der Lage ist, mehr als die 750 Tonnen Schub zu leisten, die die erste Stufe der zuverlässigen *Saturn 1* insgesamt erzeugte.

Die S-2-Stufe, die von der North American Aviation Inc. in Downey und Seal Beach in Kalifornien entwickelt worden ist, ist 25 Meter lang und hat zehn Meter Durchmesser. Angetrieben wird sie von fünf J-2-Triebwerken auf Flüssigsauerstoff-Flüssigwasserstofftreibstoffbasis, die 582 Tonnen Schub produzieren. Die dritte Stufe ist die S-IVB, 18 Meter lang und 6,60 Meter im Durchmesser, angetrieben von einem J-2-Motor, dessen Schub sich während des Fluges zwischen 92 und 115 Tonnen variieren läßt. Zusammengebaut ist die *Saturn V* 110 Meter hoch. Voll betankt wiegt sie annähernd 3 200 Tonnen. Sie ist imstande, ein Raumschiff im Gewicht von rund 50 Tonnen zum Mond zu tragen oder eine 150 Tonnen schwere Nutzlast in eine Umlaufbahn um die Erde zu befördern.

Um die Mammutträgerrakete unterzubringen und für den Start vorzubereiten, mußten auf Kap Kennedy ebenso gigantische Anlagen gebaut werden. Das 54stöckige und 160 Meter hohe Montagegebäude ist die größte Fabrikhalle der Welt. Sie enthält vier riesige Montagebuchten, in denen vier Trägerraketen und ihre Raumkapselnutzlast senkrecht aufgestellt und zusammengesetzt werden können.

Mit der Aufrichtung der *AS-501*-Rakete für den ersten *Apollo*-Flug wurde im Herbst 1966 begonnen. Ende August des darauffolgenden Jahres war sie mit der *Apollo 4*-Kapsel auf einen fahrbaren Startturm verladen worden und das Gerät von einem riesigen Raupenschlepper zur Startrampe gezogen worden. Ungefähr zehn Stunden dauerte es, um die Rakete die knapp fünf Kilometer lange Strecke von der Montagehalle zur Rampe zu transportieren.

Alle drei Sufen wurden für den Jungfernflug vorbereitet und betankt. Die erste Stufe hatte einen Treibstoffverbrauch von 15 Tonnen pro Sekunde und erzeugte einen Schub von 3 750 Tonnen, die zweite entwickelte 500 Tonnen und die dritte 200 Tonnen Schub. Die Versorgungs- und Antriebsgruppen, die Besatzungskabine des *Apollo*-Raumschiffs sowie eine Mondflugkapselattrappe wurden ebenfalls einsatzbereit gemacht.

Der Countdown verlief reibungslos, und der Start erfolgte plangemäß um 7.00 Uhr früh am 9. November 1967. Alle Raketenstufen arbeiteten tadellos einschließlich der Wiederzündung der dritten Stufe (S-IVB), die die unbemannte Raumkapsel auf 40 000 Stundenkilometer beschleunigte und dabei die Geschwindigkeit simulierte, die sie bei einem Rückflug vom Mond erreichen würde. Die »Kommandoeinheit« schlug etwa 950 Kilometer vor der Küste von Hawaii im Pazifik auf, genau acht Stunden und 37 Minuten nach dem Abheben in Kap Kennedy, und wurde sicher geborgen.

Saturn V-Raketen wurden ebenfalls bei den *Apollo*-Flügen 6, 8, 9, 10, 11, 12, 13, 14, 15, 16 und 17 verwendet. Die Trägerrakete arbeitete praktisch bei allen Unternehmen bis auf die letzte unbemannte *Apollo 6*-Mission im April 1968 perfekt, in deren Verlauf sich zwei Triebwerke der zweiten Stufe zu früh ausschalteten und die S-IVB, die beim ersten Mal programmgemäß gezündet hatte, nicht auf die Wiederzündung reagierte. Die spätere Analyse zeigte, daß die Trägerrakete unter ziemlich heftigen Längsschwingungen gelitten und das System zur Kontrolle des Brennstoff- und Oxydatorverbrauchs nicht wie vorgesehen funktioniert hatte.

Es dauerte Tausende von Arbeitsstunden, um die Ursachen der Funktionsstörungen festzustellen und zu beheben, aber die Ingenieure im Marshall-Zentrum leisteten so vorzügliche Arbeit, daß die *Saturn V* bei den folgenden *Apollo*-Flügen fehlerfrei blieb. Auf Empfehlung von Lee B. James von der Flugbereitschaftsinspektion des Marshall-Zentrums wurde für das mittlere Triebwerk der zweiten Stufe beim *Apollo 10*-Flug Mitte Mai 1969 der Brennschluß 80 Sekunden früher ausgelöst, um die Längsschwingungen auszuschalten, die kurz vor Brennschluß im S-2-Triebwerk bei *Apollo 8* und *Apollo 9* aufgetreten waren. Um den Schubverlust auszugleichen, brannten die vier Außentriebwerke etwa 15 Sekunden länger. Von dem im Marshall-Zentrum entwickelten Lenksystem dirigiert, schwenkte die S-IVB-Stufe mit der *Apollo 10* so akkurat in eine Umlaufbahn, daß eine frühzeitige Mittelkurskorrektur nicht erforderlich war. Nach ihrer Trennung von der *Apollo 10* schlug die S-IVB-Stufe eine Flugbahn ein, die sie nahe genug an den Mond heranführte, so daß das Schwerefeld des Mondes ausgenutzt und die Raketenstufe mit dem sogenannten »slingshot effect« (Katapulteffekt) in eine Umlaufbahn um die Sonne gebracht werden konnte.

Fast sechs Jahre nach dem *Apollo 11*-Flug mit dem die Astronauten Armstrong, Aldrin und Collins im Juli 1969 auf den Mond und wieder zur Erde gelangt waren, hatte ich wieder einmal Gelegenheit, ein paar Tage mit von Braun in Huntsville zu verbringen. Man hatte ihn eingeladen, am 14. März 1975 der Eröffnung des großartigen *Von Braun Civic Center* beizuwohnen, eines modernen Gebäudekomplexes für kulturelle Veranstaltungen, der eine Sporthalle, einen Vortragssaal, einen Konzertsaal, ein Theater und ein Museum umfaßt. Ich hatte dabei Gelegenheit, mich ziemlich eingehend mit von Braun zu unterhalten. Während des Frühstücks am nächsten Morgen ließen wir seine Huntsviller Jahre im allgemeinen und das *Saturn*-Programm im besonderen Revue passieren.

»Nun sind es schon sechs Jahre her, daß wir den ersten Sprung zum Mond geschafft haben«, bemerkte ich. »Und drei Jahre sind vergangen, seit die letzte *Saturn V* zu ihrer *Apollo 17*-Mission aufbrach. Wenn du heute auf das *Saturn*-Programm zurückblickst, welche herausragenden Dinge fallen dir da ein und was hat dir an diesem Programm einen besonders nachhaltigen Eindruck gemacht?«

»Ich nehme an, daß der enorme Umfang des Programms und die Größe der *Saturn V* selbst schon sehr beeindruckend gewesen sind. Hast du gewußt, daß das *Apollo-Saturn*-System und seine Bodenausrüstung aus neun Millionen Einzelheiten bestanden hat? Und wenn du dir ausmalst, wieviel Dollar das gekostet hat, dann müßte man auf die Frage nach den Kosten einer *Saturn V* sinngemäß den alten John Pierpont Morgan* zitieren und antworten, daß man, wenn man schon fragt, es sich nicht leisten kann, eine zu starten!«

»Wie bist du eigentlich auf den Namen *Saturn* gekommen?«

»Das war ganz einfach. Das Programm erhielt am 3. Februar 1959 den Namen *Saturn,* weil die Armee bei dem Kompetenzstreit der Waffengattungen ihre geliebte *Jupiter*-Rakete an die Luftwaffe verloren hatte und der Saturn einfach der nächste Planet im Sonnensystem war.«

»Ich erinnere mich, daß viele Leute Befürchtungen hinsichtlich der Bündelung von immerhin acht Triebwerken in einer Raketenstufe hegten, und hast Du nicht auch Bedenken gehabt, bei einer der oberen Stufen Flüssigwasserstoff zu verwenden?«

»Anfangs, als wir bei der *Saturn I* nur an den Schub der ersten Stufe von 750 Tonnen dachten, meinte General Medaris, daß eine gut konstruierte Erststufe von uns gleichzeitig die Klärung der Frage passender Oberstufen verlange, obwohl dies nicht zur ursprünglichen Aufgabe der ARPA gehörte. Medaris weckte das Interesse an der neuen Startstufe im Hinblick auf das *DynaSoar*-Projekt der Luftwaffe, und da das Design des *DynaSoar* versuchsweise auf der Verwendung einer noch nicht existenten feststoffgetriebenen *Titan III*-Rakete basierte, schien es, daß seine beiden »Kern«-Stufen mit Flüssigkeitstriebwerken, die identisch mit der bereits vorhandenen zweistufigen *Titan II* waren, als obere Stufe für die *Saturn* recht attraktive Kandidaten waren.«

»Aber das wurde dann doch nicht in die Tat umgesetzt?«

»Nein, denn bald darauf – im November 1959 – wurde das *Saturn*-Programm von der ARPA zur NASA transferiert. Die NASA setzte sofort ein Sonderkomitee ein, das die Auswahl der oberen Stu-

* John P. Morgan (1837–1913), amerikanischer Finanzmagnat (Anm. d. Ü.).

fen der *Saturn* treffen sollte. Vorsitzender dieses Ausschusses wurde Dr. Abe Silverstein, der als stellvertretender Direktor des Lewis Center der NASA in Cleveland jahrelang die Verwendung von Flüssigwasserstoff als Raketenbrennstoff und den damit verbundenen Sicherheitsaspekten untersucht hatte. Ganz sicher aufgrund dieser Forschungsarbeit hatte sich die Luftwaffe ermutigt gefühlt, mit der Firma Pratt & Whitney einen Kontrakt zur Entwicklung eines kleinen 7,5-Tonnen-Schubtriebwerks mit Flüssigwasserstoff und Flüssigsauerstoff als Treibstoff zu schließen, von denen zwei eine neue *Centaur*-Oberstufe der *Atlas*-Interkontinentalrakete der Luftwaffe antreiben sollten. Abe hatte deshalb festen Boden unter den Füßen, als er es fertigbrachte, seinen Ausschuß zu überreden, Bedenken wegen der Gefahren von Wasserstoff zu vergessen und eine Empfehlung zu unterzeichnen, in der es hieß, die Verwendung von niedrigenergetischen Treibstoffkombinationen, wie sie bei den Titanstufen verwendet worden seien, sollen zugunsten von hochenergetischem Flüssigwasserstoff als Brennstoff für die oberste Stufe der *Saturn* eingestellt werden.«

»Aber man wollte immer noch mit der Batterie von acht Triebwerken der ersten Stufe weitermachen?«

»Ja, diese Motoren waren erprobt und schnell verfügbar. Darüber hinaus waren wir – wie gewöhnlich – infolge der großen Fortschritte der Russen in Zeitnot. Im Kielwasser von Juri Gagarins erster bemannter Erdumkreisung am 12. April 1961 wurde dem *Saturn*-Projekt die höchste nationale Dringlichkeitsstufe zuteil, und fürs erste mußten wir mit dem auskommen, was wir zur Verfügung hatten.

Zweifel an der praktischen Durchführbarkeit der Bündelung von acht hochkomplizierten Triebwerken hatten die ARPA schon im Januar 1959 bewogen, dem ABMA zusätzliche Mittel für die Entwicklung zweier neuer Triebwerke zur Verfügung zu stellen. Eines war im Grund eine Verbesserung und Vereinfachung der S-3D-Stufe und führte zum H-1-Triebwerk mit 94 Tonnen Schub. Die zweite Entwicklung zielte auf das sehr starke neue, F-1 genannte Triebwerk ab, das die gesamten 7 500 Tonnen Schub in einer einzigen Brennkammer entwickeln sollte. Beide Verträge gingen wiederum an die Firma Rocketdyne.

Die NASA folgte weiter der Empfehlung des Silverstein-Ausschusses und vergab am 26. April 1959 an die Douglas Aircraft Company einen Kontrakt zur Entwicklung einer zweiten Stufe für die *Saturn*, die unter der Bezeichnung S-IV bekannt wurde. Sie sollte von sechs *Centaur*-Triebwerken der Firma Pratt & Whitney angetrieben werden. Am 8. September desselben Jahres kam Präsident Eisenhower nach Huntsville, um die Anlagen des Heeresamtes für Ballistische Raketen (ABMA) an die NASA zu übergeben.

Der erste Start der *Saturn*-Trägerrakete stand erst fünf Monate später bevor, als Präsident Kennedy am 25. Mai 1961 im Kongreß verlangte, die Vereinigten Staaten sollten sich verpflichten, ›noch in diesem Jahrzehnt‹ einen Menschen auf dem Mond landen zu lassen, und mitteilte, daß eine Studie, die dieses Ziel zum Inhalt hatte und *Apollo* hieß, bei der NASA schon in Angriff genommen sei. Es war ganz klar, daß man für dieses ehrgeizige Vorhaben ein Trägerfahrzeug brauchte, das weitaus stärker sein müßte als unsere *Saturn* mit ihren acht Raketenmotoren.«

»Ich glaube mich zu erinnern, daß ihr auch innerhalb der NASA lautstarke Diskussionen hattet, wegen der tatsächlich zu wählenden Raumschiffkonfiguration – der Raumflugmethode sozusagen, nicht wahr?«

»Das stimmt. Um den exakten Antriebsbedarf für ein Mondfahrzeug zu bestimmen, mußte unter den drei zur engeren Wahl stehenden Operationskonzepten – der ›Direktmethode‹, der ›Erdumlauf-Rendezvous-Methode‹ (EOR) und der ›Mondumlauf-Rendezvous-Methode‹ (LOR) – eine Auswahl getroffen werden. Bei der ›direkten Methode‹ landete das ganze Raumfahrzeug weich auf dem Mond und besaß noch genügend Treibstoff, um zur Erde zurückzufliegen. Gewichts- und Funktionsanalysen bewiesen, daß dies eine Trägerrakete mit einem Startschub von 6000 Tonnen erforderte, den acht F-1-Triebwerke lieferten. Wir nannten diese gigantische Rakete *Nova*.

Der EOR-Modus sah zwei kleinere Raketen vor, die in einer Erdumlaufbahn zusammengeführt werden sollten, um dort ihre Nutzlasten zu kombinieren; das konnte entweder durch einen physischen Zusammenschluß zweier getrennter Nutzlastbaugruppen geschehen oder durch Betanken einer trockenen dritten Stufe, die von einer der beiden Raketen in den Weltraum getragen worden war, in der Umlaufbahn mit Treibstoffen, die von der anderen Rakete befördert worden waren, versorgt werden sollte.

Bei der LOR-Methode schließlich konnte eine einzige Rakete eine aus zwei getrennten Raumkapseln bestehende Nutzlast zum Mond tragen, wo eine separate Antriebseinheit sie in eine Umlaufbahn brachte. Eine zweistufige ›Mondfähre‹ würde sich dann vom umlaufenden Teil lösen und auf der Mondoberfläche landen. Ihre obere Stufe würde anschließend zum Rendezvous mit dem den Mond umkreisenden Raketenteil in die Umlaufbahn zurückkehren. Mit einer zweiten Zündung des Triebwerks würde die Antriebseinheit dann die Wiedereintrittskapsel mit der wiedervereinten Besatzung aus der Mondumlaufbahn zurück zur Erde bringen.«

»Wir alle wissen ja, daß man sich für diese Methode entschied. Aber warum eigentlich?«

»Wie es dazu kam, das ist wirklich eine interessante Geschichte für sich. Zunächst waren nur die Direktmethode und die EOR-Methode in Betracht gezogen worden, und man hatte eine Vereinbarung getroffen, daß Houston die erste und Huntsville die letztere prüfen sollte. Während die beiden Gruppen mit diesen Schemata beschäftigt waren, wurde die LOR-Methode von John Houbolt vom Langley-Forschungszentrum der NASA als dritte Möglichkeit ins Spiel gebracht. Houstons erste Reaktion auf Houbolts Vorschlag war eher negativ. Während man zugestand, daß es im Prinzip möglich sei, Startgewicht dadurch zu sparen, daß man einen Teil des für die Rückkehr erforderlichen Treibstoffs in der Mondumlaufbahn beließ, anstatt damit weich auf dem Mond zu landen und ihn dann wieder aus dem Schwerefeld des Mondes herauszubringen, war Houston der Ansicht, daß Houbolts Voraussetzung für Ausrüstung und Gewicht des Mondlandeteils im höchsten Grade unrealistisch war. So sah sein ursprüngliches Konzept zum Beispiel keine Druckkabine für die Aufstiegsphase vor, und das Lenkungs- und Kontrollsystem für den vertrackten Abstieg zur Mondoberfläche wurde als unzureichende Ausrüstung angesehen, ›die aus einem Bleilot und einem Fadenkreuz bestünde‹. Die Frage war, ob die offensichtlichen Vorteile, die das Mondfähre-Konzept bot, bestehen blieben, wenn man auch das zusätzliche, in der Realität erforderliche Gewicht für doppelte Besatzungsstationen, doppelte Bordsysteme für die Erzeugung künstlicher Atmosphäre, doppelte Lenkungs- und doppelte Kommunikationssysteme bei der Berechnung zugrundelegte.

Heute wissen wir, daß sie bestehen blieben, und John Houbolt verdient dafür die alleinige Anerkennung. Doch die Gewichtsunterschiede zwischen Houbolts erstem Konzept und den später verwirklichten Ideen gaben Houstons Besorgnis voll und ganz recht: Der Mondlandeteil von *Apollo 11* wog vollbetankt mit Treibstoff 16 Tonnen, mehr als dreimal soviel, wie ursprünglich vorgeschlagen. Anfang August 1962 schloß sich das Marshall-Raumflugzentrum Houstons Empfehlung, das verbesserte LOR-Konzept zu verwirklichen, an. Kurze Zeit später gab die NASA offiziell bekannt, dieses Konzept habe den Zuschlag erhalten.

Am 11. September 1962 stattete Präsident Kennedy dem Marshall-Raumflugzentrum einen Besuch ab. Mit Hilfe einer Karte, die vor unserer immensen ersten *Saturn*-Rakete aufgestellt worden war, erläuterte ich gerade die wichtigsten Manöver, auf die es beim Mondumlaufrendezvous ankam, als mich der Präsident unterbrach und bemerkte: ›Wie ich höre, ist Dr. Wiesner nicht der gleichen Ansicht!‹ In die große Schar von prominenten Gästen, Journalisten und Radiokommentatoren blickend, die in der riesigen Montagehalle versammelt waren, fragte er laut: ›Wo ist Jerry?‹ Dr. Jerome Wiesner, der wissenschaftliche Berater des Präsidenten, trat vor und erklärte: ›Ja, das stimmt. Ich halte die Direktmethode für besser.‹ Eine zweiminütige lebhafte Debatte lieferte den Vertretern von Presse, Rundfunk und Fernsehen aufregenden Stoff, bis JFK die Diskussion beendete und weiterging. Jerry Wiesner, der heute Präsident des MIT, der Technischen Hochschule von Massachusetts, ist, erzählte uns später, er habe nie den leisesten Zweifel gehegt, daß alle drei Methoden absolut praktikabel waren. Er meinte sogar, daß unter mehr Beachtung von Gewichtseinsparung, Parameteroptimierung und Verbesserung der Antriebsleistung, eine Trägerrakete von der Größe der *Saturn V* für die ›Direktflugmethode‹ zum Mond genügt hätte.«

»Konntest du denn so aus der hohlen Hand entscheiden, wieviel F-1-Triebwerke ihr brauchtet, als der LOR-Modus einmal gewählt war?«

»Nein, die Frage, wieviel Triebwerke wir in die erste Stufe packen sollten, blieb noch eine ganze Weile unbeantwortet. Hermann Kölle, der unsere Projektplanungsgruppe im Marshall Center leitete, hatte detaillierte Studien für eine Konfiguration ausgearbeitet, die *Saturn IV* hieß und vier F-1-Motoren hatte und für eine andere, *Saturn V* genannte Saturn, mit fünf F-1-Triebwerken in der Startstufe.

Die Unsicherheit hinsichtlich des Gewichts der Mondfähre und der Schubleistung der noch unerprobten F-1-Triebwerke und der J-2-Triebwerke der oberen Stufen führte in Verbindung mit dem Wunsch, ein gewisses Polster für Neuentwicklungen zu haben, schließlich zur Wahl der *Saturn V*-Konfiguration.

Trotz der stärkeren Schubkraft, die Flüssigwasserstoff bot, wiesen Kölles Untersuchungen nach, daß nur wenig gewonnen wurde, wenn man ihn auch in der ersten Stufe verwendete. Da das spezifische Gewicht von Flüssigwasserstoff nur ein Vierzigstel von dem des Wassers beträgt, braucht man für dasselbe Treibstoffgesamtgewicht ein erheblich größeres Tankvolumen. Bei allen mehrstufigen Raketen sind die oberen Stufen leichter als die unteren. Die Verwendung von schwerem, aber weniger energetischem Kerosin in der ersten Stufe und leichterem ergiebigerem Wasserstoff in den darauf sitzenden Stufen führt zu einer befriedigenderen Gesamtkonfiguration des Trägerfahrzeugs. Übrigens hat das Hermann Oberth schon in seinem ersten Buch erwähnt, das 1923 herauskam.«

»Das ist höchst interessant. Aber mit allen diesen neuen Stufen und Triebwerken wäre die *Saturn V* doch ein brandneues Fahrzeug gewesen?«

»Ja, wie sich aus den Entwürfen ergab, sollte die *Saturn* aus drei Stufen bestehen – alle nagelneu. Die erste, die Kerosin und Sauerstoff verwendete, sollte von fünf F-1-Triebwerken angetrieben werden. Wir nannten sie S IC. Die zweite Stufe, die S II, benötigte etwa 500 Tonnen Schub. Wenn diese Leistung ebenfalls von fünf Triebwerken erzeugt werden sollte, war ein neues Wasserstoff-Sauerstofftriebwerk mit zirka 100 Tonnen Schub erforderlich. Ein einziger Motor mit diesem Schub reichte dann aus, um die dritte Stufe anzutreiben. Die zweite S IV-Stufe der *Saturn I* mit ihren sechs kleinen Triebwerken war ganz einfach nicht leistungsstark genug, um als dritte Stufe der *Saturn V* Verwendung zu finden. Dafür wären viel größere Treibstoffbehälter und nicht weniger als 13 der kleinen LR-10-Triebwerke von Pratt & Whitney nötig gewesen, und diese Bedingung erschien nicht sehr attraktiv.

Ich brauche nicht zu betonen, daß die Firma Pratt & Whitney aufgrund ihrer reichhaltigen Erfahrung mit Flüssigwasserstoff als starker Bewerber auftrat, als die Ausschreibung für das neue J-2-Triebwerk erfolgte. Doch als alle Details während der streng kontrollierten Angebotseröffnung geprüft wurden, behielt erneut die Rocketdyne Division der Unternehmensgruppe North American Aviation die Oberhand. Das war ein großer persönlicher Sieg für einen der großen Männer des modernen Raketenwesens in den USA, den Rocketdyne-Präsidenten Sam Hoffman...«

Von Braun fuhr fort in Erinnerungen an viele andere Höhepunkte der Entwicklungsgeschichte des *Saturn V*-Programms zu schwelgen. Ich schoß weiter Fragen auf ihn ab: Wie entschied die NASA darüber, wieviele Hauptunternehmer herangezogen wurden? Wie konnte sie bestimmen, ob man mit einem großen Unternehmen oder je einer Firma pro Raketenstufe zusammenarbeiten sollte? Wie war das bei der wichtigen Instrumenteneinheit, die das Lenkungssystem der Rakete, den digitalen Elektronenrechner und eine Anzahl von Anlagen für den Sprechfunkverkehr und Meßwertübertragungen zum Boden aufnahm? Wer sollte die technische Gesamtüberwachung der Systeme übernehmen und die schwierigen Probleme lösen, die sich bei der Riesenrakete in Verbindung mit den komplizierten Start- und Treibstofftankanlagen auf dem neuen Raketenstartgelände der NASA in Kap Canaveral ergaben? Wo sollten die verschiedenen Stufen statisch erprobt werden?

Von Braun zufolge war es nur verständlich, daß sowohl die Summen, um die es bei den Verträgen ging, als auch die technologischen Ansprüche der *Saturn V* die gesamte Raumfahrtindustrie stark reizten. Hätte man den ganzen ›Kuchen‹ einem einzigen Kontraktor überlassen, wären alle anderen Konkurrenten unmutig geworden. Denn schließlich handelte es sich um ein Programm im Wert von vielen Millionen Dollar! Und was noch wichtiger war, die *Saturn* brauchte, um ein Erfolg zu werden, die fähigsten Techniker und Kaufleute, die die Industrie stellen konnte. Wenn man den ganzen Kuchen in einzelne Stücke schnitt, konnten mehr Spitzenkönner an dem Programm beteiligt werden.

Die Firma Boeing war erfolgreichster Bieter bei der ersten Stufe (S IC), und die Space and Information Systems Division der North American Aviation erhielt den Zuschlag für die zweite Stufe (S-II). An die Douglas Aircraft, die Entwicklungsfirma der wasserstoffgetriebenen S-IV-Stufe der *Saturn I,* wurde auch die dritte Stufe (S-IVB) der *Saturn V* vergeben.

Der Einbau der Systeme und die Gesamtverantwortlichkeit für die

Entwicklung der *Saturn V* wurde dem Marshall-Raumflugzentrum (MSFC) übertragen. Das Lenkungssystem war das Produkt hauseigener Entwicklungsarbeit des MSFC. Und da es in unmittelbarer Nähe anderer Elemente des Zentralnervensystems der gigantischen Rakete eingebaut werden mußte, war es nur logisch, auch die *Instrumenteneinheit* (I.U.), die diese elektronischen und elektrischen Geräte beherbergen sollte, im Marshall-Zentrum selbst zu bauen. Die Herstellung der I.U.-Einheiten wurde später an die Huntsville-Niederlassung der IBM vergeben, der Entwicklungsfirma des Digital-Rechners des Saturn-Trägerfahrzeugs.

»Wie hast du es eigentlich fertiggebracht, die Beschaffung in dieser gigantischen Größenordnung ohne erhebliche Kostenüberschreitung abzuwickeln, wie sie doch bei den meisten Regierungsvorhaben anscheinend gang und gäbe ist?«

»Die strikten Kriterien, die NASA-Administrator Jim Webb für die Beschaffung eingeführt hatte, spielten eine wichtige Rolle bei der Durchführung des *Saturn V*-Programms und natürlich auch der ganzen *Apollo*-Erfolgsstory. Sie machten es möglich, exotische neue Hardware und Spezialanlagen im Werte von vielen Milliarden Dollar zu erwerben, ohne die ursprünglichen Kostenvoranschläge zu überziehen und ohne auch nur den leisesten Verdacht eines Beschaffungsskandals bei diesem ungeheuren Unternehmen zu erwecken... Dank präziser Kontrollen gab es in diesem System einfach keinen Spielraum für irgendwelche Schwindeleien oder Eigenmächtigkeiten.

Der enorme Wertzuwachs bei industriellen Kontrakten in Zusammenhang mit dem *Saturn V*-Programm machte eine umfangreiche Neugliederung des Marshall-Raumflugzentrums unumgänglich. Bisher war der größte Teil unserer Mittel im eigenen Hause verwendet worden, und unsere Kontrakte waren entweder mit Zulieferunternehmen und Lieferanten von Einzelteilen oder mit Herstellern der von uns entwickelten Produkte abgeschlossen worden. Jetzt wurden 90 Prozent unseres Budgets in der Industrie ausgegeben, ein Großteil für komplizierte Entwicklungsaufträge, die Konstruktion, Produktion und Erprobung einschlossen. Am 1. September 1963 gab ich bekannt, daß das Marshall-Zentrum künftig aus zwei großen Abteilungen bestehen sollte: einer Forschungs- und Entwicklungsabteilung (»Research and Development Operations«) und einer Betriebsabteilung (»Industrial Operations«).

Während die erstere hauptsächlich aus meinen alten Redstone-Mitarbeitern und ihren Labors bestand, die von nun an als eine Art von leitenden Ingenieurbüros fungierten und die Vollständigkeit der gesamten *Saturn V*-Rakete als einheitliches System überprüften, sollte letztere den Vertragsfirmen in der Industrie, die die Einzelteile und Schlüsselelemente dieses Gesamtsystems entwarfen und bauten, die nötigen Mittel zur Verfügung stellen und die Zulieferer beaufsichtigen. Die Beziehungen zwischen dem Marshall-Zentrum und unseren Vertragsunternehmen aus der Industrie gestalteten sich etwa so wie das Verhältnis zwischen einem Architekten und seinen Bauunternehmern.«

Im selben Jahr hatte Dr. George E. Mueller sein Amt als stellvertretender NASA-Administrator für Bemannte Raumflüge angetreten. Er war von Robert Seamans, dem späteren Luftwaffenminister, zur Mitarbeit gewonnen worden, der damals drittmächtigster Mann bei der NASA war und einen phantastischen Riecher für gute Leute hatte. Mueller brachte den Luftwaffengeneralmajor Sam Phillips mit, der Programm-Manager des *Minuteman*-Systems gewesen war und nun *Apollo*-Programmdirektor im Hauptquartier der NASA wurde. Beide Männer schweißten erfolgreich die drei großen NASA-Zentren, die mit dem Mondlandeprogramm betraut waren, zu einem eng verflochtenen Team zusammen. Es war ein besonders glücklicher Umstand, daß Sam Phillips seinen alten Freund und Mitarbeiter Oberst (später Generalleutnant) Edmond F. O'Connor überreden konnte, den Direktorenposten der Betriebsabteilung beim Marshall-Raumflugzentrum zu übernehmen. Hans Hüter, ein echter Oldtimer aus den Tagen des Raketenflugplatzes Berlin, der jahrelang für die Entwicklung der fahrbaren Bodenausrüstung der *Jupiter*- und *Redstone*-Raketen zuständig gewesen war, wurde O'Connors Stellvertreter. Arthur Rudolph, der schon in Kummersdorf zu von Braun gestoßen war, wurde zu O'Connors Programmdirektor für das *Saturn V*-Vorhaben ernannt. Lee James, ehemaliger Oberst im ABMA, übernahm dieselbe Position für die Raketen *Saturn I* und *IB* und Leland Belew, einer der Spitzeningenieure für Triebwerke im Marshall-Zentrum, wurde Manager für die hochkomplizierten Programme für den Abschluß von Entwicklung und Herstellung der F-1-, H-1- und J-2-Triebwerke, die alle *Saturn IB*- und *Saturn V*-Raketen antreiben sollten.

Von Braun betonte, daß die Nachschubprobleme, die infolge des weitgespannten Netzes von an diesem Entwicklungsprogramm beteiligten Firmen entstanden, in sich schon enorm waren. Am 7. September 1961 hatte die NASA das ehemalige Michoud-Rüstungswerk des Armeewaffenamtes in New Orleans übernommen. Die riesige Fabrik – 18 Hektar überdachte Fläche – wurde den Firmen Chrysler und Boeing überlassen, um dort die Produktion der ersten Stufen der *Saturn I*, *Saturn IB* und *Saturn V* aufzunehmen. Im Oktober 1961 wurde ein Gelände von 5300 Hektar im Hancock County im Bundesstaat Mississippi erworben. In enger Zusammenarbeit zwischen der Marshall-Testabteilung unter Karl Heimburg und dem Pionierkorps der US-Armee wurden dort riesige Prüfstände für die statische Erprobung der ersten und zweiten Stufe der *Saturn V* gebaut. Von Brauns langjähriger Assistent James (»Jim«) Shepherd bewies seine Fähigkeiten als Bauleiter bei diesem komplizierten Projekt, das 500 Millionen Dollar kostete.

Die Verschiffung der gewaltigen Raketenstufen zwischen Huntsville, Michoud, der Testanlage in Mississippi, den beiden Zulieferern in Kalifornien und dem neuen John F. Kennedy-Raumfahrtzentrum in Florida erforderte Flußkähne und seegängige Schiffe. Bald sah sich Karl Heimburg als Reeder einer kleinen Flotte, zu der die Lastkähne *Palaemon*, *Orion* und *Promise* zählten. Für den Seetransport durch den Panamakanal wurden die *Point Barrow* der Navy und das Frachtschiff *Steel Executive* eingesetzt. Bei eiligen Transporten standen zwei umgebaute Flugzeuge vom Typ *Stratocruiser* mit den bezeichnenden Namen *Pregnant Guppy* (Schwangere Guppy) und *Super Guppy**
zur Verfügung. Ihr zwiebelförmiger Rumpf konnte Frachten bis zur Größe einer S-IVB-Stufe aufnehmen.

»Etwas ist mir immer beim *Saturn-Apollo*-Programm ein Rätsel geblieben«, sagte ich. »1961 hatte Präsident Kennedy zu einer Mondlandung ›in diesem Jahrzehnt‹ aufgerufen – mit anderen Worten, noch vor 1970. In gewisser Weise hast du diese Frist um fast sechs Monate unterboten. Anscheinend glaubten die meisten Leute aber, die Mondlandung würde erst irgendwann im Jahre 1970 oder sogar 1971 stattfinden. Warum ist sie uns eigentlich so früh gelungen?«

»1964 besuchte George E. Mueller das Marshall-Raumflugzen-

---

* Guppy ist ein subtropischer Zierfisch, auch Millionenfisch genannt (Anm. d. Ü.).

trum und machte uns beiläufig mit seiner Philosophie eines ›Gesamttests‹ bekannt. Für die konservativ erzogenen alten Raketenhasen, die auf mühsame Weise gelernt hatten, daß es sich niemals bezahlt zu machen schien, zwischen den Flugtests mehr als eine einzige große Änderung an einer neuen Rakete vorzunehmen, klangen Georges Ideen wirklichkeitsfremd. Statt mit einem Ballastflug der ersten Stufe wie beim *Saturn I*-Programm zu beginnen und dann eine echte zweite Stufe erst dazuzunehmen, wenn die erste Stufe ihre Flugtüchtigkeit bewiesen hatte, bedeutete sein ›Gesamttest‹-Konzept nichts weniger, als daß schon die allererste Flugerprobung mit allen drei echten Stufen der gigantischen *Saturn V* erfolgen sollte. Ja, um den Knalleffekt dieses ersten Fluges noch zu vergrößern, erklärte George, sie müsse einen echten *Apollo*-Versorgungs- und Kommandoteil als Nutzlast haben. Der gesamte Flug sollte auf einer hochkomplizierten Bahn abgewickelt werden, die den Kommandoteil – also der Raumkapsel – einen Wiedereintritt in die Erdatmosphäre zu Bedingungen ermöglichten, wie sie bei einer Rückkehr vom Mond herrschten.

Das hörte sich alles unverantwortlich an, aber George Muellers Argumente waren untadelig. Wasser als Ballast anstelle einer zweiten und dritten Stufe würde wesentlich weniger Tankvolumen als mit Flüssigwasserstoff betankte Stufen voraussetzen; auf diese Weise wäre die Rakete, die mit nur einer echten ersten Stufe getestet würde, erheblich kürzer als die endgültige Konfiguration. Ihre aerodynamische Form und die Dynamik ihres Rumpfes wäre auf diese Weise nicht repräsentativ für das Funktionieren einer ersten Stufe, die eine komplette *Saturn* antriebe. Sollte man die Ballasttanks mit Flüssigwasserstoff füllen? Gut, aber warum diesen dann nicht gleich nach einem erfolgreichen Flug der ersten Stufe als ›Zugabe‹-Experiment verbrennen? So gingen die Vorschläge hin und her, bis George sich am Ende durchsetzte. Aus heutiger Sicht ist es natürlich klar, daß die erste bemannte Mondlandung ohne die ›Gesamttest‹-Philosophie niemals schon 1969 hätte stattfinden können.

Um die Zeit, als George Mueller 1963 an Bord kam, war bereits beschlossen worden, daß insgesamt etwa je zwanzig Exemplare der *Apollo*-Raumkapsel und der *Saturn V*-Rakete nötig waren, um das *Apollo*-Programm zu verwirklichen. Klar, daß mindestens zehn unbemannte Flüge mit der riesigen neuen Rakete erfolgen mußten, bevor jemand den Mut aufbringen konnte, auch eine Besatzung in den

Weltraum zu schicken. Selbst zehn Versuche waren immer noch eine weit kleinere Anzahl als die unbemannten Flugtests mit den *Redstone-*, *Atlas-* und *Titan-*Raketen, die den ersten bemannten *Merkur-* und *Gemini-*Flügen vorausgegangen waren. Die ersten bemannten *Apollo-*Flüge würden dann natürlich auf niedere Erdumlaufbahnen beschränkt bleiben. Allmählich würden wir uns zentimeterweise dem Mond nähern, und Flug Nummer 17 würde uns dann vielleicht die erste Mondlandung bescheren. Das würde uns ein Reservepolster von drei Flügen geben für den Fall, daß die Dinge sich nicht so entwickelten wie geplant.

George Mueller änderte diese ganzen Pläne, und seine riskante Verkürzung des Gesamtprogramms trug reichlich Früchte: Mit der dritten *Saturn V,* die überhaupt abgeschossen wurde, umkreiste Frank Bormans *Apollo 8-*Mannschaft zu Weihnachten 1968 den Mond, und die sechste *Saturn V* trug Neil Armstrongs *Apollo 11* zur ersten Mondlandung. Obwohl das ganze *Saturn V-*Produktionsprogramm später auf fünfzehn Stück verringert wurde, trugen *Saturn V-*Raketen insgesamt zwei unbemannte und zehn bemannte *Apollo-*Missionen plus einer Skylab-Raumstation ins All. Zwei nicht verwendete Raketen wurden eingemottet.«

Von Braun erzählte mir weiter die »Insider«-Geschichte von den mannigfachen Schwierigkeiten bei Konstruktion und Errichtung neuer Anlagen zur Erprobung und Produktion der *Saturn-*Raketenteile. Dieser weniger bekannte Aspekt des Programms erforderte immense Ausgaben und Investitionen – summa summarum mehr als eine Milliarde Dollar. Unter anderem machte die Entwicklung und Herstellung der großen S-II- und S-IVB-Stufen durch zwei Lieferfirmen an der Westküste der USA die Errichtung spezieller Anlagen nötig. Eine nagelneue Fabrik wurde mit staatlichen Mitteln in Seal Beach gebaut, wo die North American die S-II bauen sollte. Entwicklung und Fertigung der S-IVB wurden in das neue Douglas-Entwicklungszentrum in Huntington Beach verlegt, während die statischen Tests in Sacramento stattfanden, wo die Firma Douglas schon die S-IV erprobt hatte.

Die Anlagen des Marshall-Zentrums der NASA in Huntsville wurden ebenfalls für die neue Rolle des MSFC als Chefarchitekt der *Saturn V* erheblich ausgebaut. Neben einer Reihe hübscher neuer Bürogebäude, die prompt den Spitznamen »Von Braun-Hilton« erhielten, wurde eine neue enorm große Montagehalle für die Zusammensetzung der ersten drei S-IC-Stufen an Ort und Stelle errichtet. Ein großer Prüfstand wurde gebaut, um die riesige Stufe mit der vollen Schubkraft von 3750 Tonnen ihrer fünf F-1-Triebwerke statischen Erprobungen unterziehen zu können.

»Gut zwei Minuten lang sollten diese Triebwerke nicht weniger als 180 Millionen PS entwickeln, und wenn auch nur ein Prozent dieser Leistung in Lärm umgewandelt würde, gingen vermutlich die Fensterscheiben in der ganzen Nachbarschaft zu Bruch, und der Putz rieselte von den Decken. Ein sorgfältiges meteorologisches Beobachtungsprogramm mußte aufgestellt werden, damit Probeläufe nur bei günstigen Wetterbedingungen stattfinden konnten«, berichtete von Braun.

Er erklärte weiter, die sicht- und hörbarsten Anzeichen dafür, daß das Marshall-Zentrum an der *Saturn V* gearbeitet habe, seien zweifellos die gewaltigen und geräuschvollen S-IC-Stufen gewesen, doch ebenso wichtige Arbeit sei im *Astrionics Laboratory* geleistet worden. Dort sei die Geburtsstätte der Kreiselplattform der *Saturn V* und einer Menge anderer hochkomplizierter elektrischer und elektronischer Komponenten gewesen. Einige der wichtigsten Aktivitäten fanden von Braun zufolge in der Simulatoranlage dieses Labors für Astronavigation statt, wo die Lenkungs- und Fluglageregelungsaspekte eines kompletten dreistufigen Fluges der großen Rakete elektronisch unter allen möglichen Einsatzbedingungen simuliert werden konnten. So war es zum Beispiel möglich, die Überschallphase der Rakete beim Durchqueren einer Strahlwindzone in großer Höhe oder den plötzlichen Ausfall eines der fünf Triebwerke der S-II-Stufe täuschend nachzuahmen. Der Simulator gab auch getreu die Abweichungen der kardanisch aufgehängten Raketentriebwerke unter dem Einfluß der Windeinwirkung von außen her oder des asymmetrischen Schubverlustes wieder und bestimmte die Reaktionen der gesamten Rakete hinsichtlich der Dynamik und der sich daraus ergebenden strukturellen Belastungen.

»Das Lenkungssystem der *Saturn V* sollte die *Apollo*-Flüge nicht nur in eine vorübergehende Parkbahn, sondern die ganze Strecke bis zum Einschuß in die Flugbahn zum Mond bringen. Warum hatten wir überhaupt vor, eine Parkbahn einzuschalten? Der Grund war ein zweifacher: Zum einen ist es im Fall einer technischen Störung wesentlich leichter und sicherer für die Astronauten, aus einem niederen Erdumlauf zurückzukehren als aus einer Hochgeschwindigkeitsflugbahn, die sie zum Mond führen soll. Die Parkumlaufbahn bietet sowohl der Besatzung als auch der Bodenkontrolle eine letzte Möglichkeit, das Raumfahrzeug noch einmal zu überprüfen, bevor man es auf die lange Reise zum Mond schickt. Aber da war zweitens auch die Überlegung der Einsatzflexibilität. Wenn der Start genau im richtigen Augenblick erfolgte, mußte man den Berechnungen nur eine Flugbahn von der Abschußrampe bis zum Mond zugrundelegen. Doch da immer die Möglichkeit einer Verzögerung in der letzten Minute bestand, schien es höchst wünschenswert, sich ein ›Abschußfenster‹ von angemessener Dauer offenzuhalten. Das bedeutete nicht nur, daß das Startazimut geändert werden mußte, sondern auch, daß der Mond wegen der Erdrotation und seiner eigenen Bewegung um die Erde seine Stellung am Himmel änderte. Die Parkbahn bot auf ideale Weise die Chance, diesen Unterschied auszugleichen, denn je länger die Startverzögerung dauerte, desto kürzer wurde dann der Aufenthalt in der Parkbahn. Die Wiederzündung der dritten Stufe in der Parkbahn für den Einschuß in die Flugbahn zum Mond konnte dann fast zur selben Tageszeit ohne Rücksicht auf Startverzögerungen erfolgen.«

Er betonte, daß Lenkung und Fluglageregelung nicht die einzigen Manöver der *Saturn V*-Flüge waren, die von Simulatoren nachgeahmt wurden. Das Marshall-Raumflugzentrum hatte auch einen Simulator für alle Systeme gebaut, auf dem die anderen wichtigen Untersysteme der dreistufigen Rakete erprobt werden konnten. Diese Anlage verfügte über Nachbildungen von Treibstofftanks aller drei Stufen, die betankt und entladen, mit Druckausgleich versehen oder entlüftet wurden und in denen die auftretenden pneumatischen und hydraulischen Dynamikverhältnisse vorgegeben werden konnten. Ferner simulierte sie das komplette Stromnetz des Trägerfahrzeugs und die damit in Verbindung stehenden Versorgungseinrichtungen am Boden. Er erläuterte dann eine Einrichtung des Marshall-Zentrums, die er »von allergrößter Bedeutung für das Programm« nannte, nämlich den *Dynamic Test Tower,* den riesigen Prüfturm. Er war die einzige Anlage außerhalb von Kap Kennedy, auf der das ganze *Saturn V-Apollo-*Raumfahrzeug vertikal montiert werden konnte. Mit Hilfe elektrisch angetriebener Rüttler konnte das Fahrzeug in verschieden starke Vibrationen versetzt und dabei seine elastische Verformung und die Wirksamkeit der eingebauten Stoßdämpfer bestimmt werden. Die in dieser Anlage gesammelten Daten wurden dann beim endgültigen Zusammenbau und der Justierung des *Saturn V*-Fluglageregelungssystems verwendet.

Der dynamische Prüfturm spielte eine wichtige Rolle bei der schnellen Lösung eines Problems, das während des zweiten Fluges einer *Saturn V* unerwartet aufgetreten war. Die Telemetriedaten dieses Fluges zeigten an, daß während der Antriebsphasen aller drei Stufen Schlingerbewegungen um die Längsachse auftraten, bei denen sich die Rakete abwechselnd zusammenzog und wieder ausdehnte wie eine Ziehharmonika. Dieser Schwingungseffekt machte sich besonders stark an der Spitze der Trägerrakete bemerkbar, auf der die Kommandokapsel mit den Astronauten saß.

»Eine Analyse, die sich auf Daten stützte, die bei Probeläufen von Raketentriebwerken gewonnen worden waren, bestätigte bald den Verdacht, daß der Schwingungseffekt auf eine Resonanzkoppelung zwischen der wie eine Springfeder wirkenden elastischen Struktur des Tanks und den Treibstoffzufuhrleitungen der Raketentriebwerke zurückzuführen war«, berichtete von Braun weiter. »Das Überraschende an diesem Phänomen war, daß die Anfälligkeit für Oszillationen, der sogenannte ›Pogo-Effekt‹, eine den Raketenkonstrukteuren nicht unbekannte Erscheinung, von allen drei *Saturn*-Stufenherstellern gründlich untersucht worden war. Alle drei hatten bestätigt, daß ihre jeweiligen Stufenkonstruktionen schwingungsfrei seien. Nun stellte sich heraus, daß diese mathematischen Analysen von unzureichenden Daten ausgegangen waren.

Nachdem das Problem entdeckt war, konnte schnell eine Lösung gefunden werden. Synchron mit den Oszillationen fluktuierten die Druckstände in den Zufuhrleitungen des Brennstoffs und des Oxydators heftig. Wenn es gelang, diese Fluktuationen durch gasgefüllte Hohlräume zu drosseln, die an die Treibstoffleitungen angeschlossen wurden und so als Stoßdämpfer wirkten, wurden die unangenehmen Schwingungen drastisch reduziert. Solche Hohlräume boten sich in den Flüssigsauerstoff-Vorsatzventilen an, deren Rückseiten mit unter Druckausgleich stehendem Helium gefüllt wurden, das dem Hochdruckkontrollsystem entnommen war. Nach ein paar Wochen hektischer Arbeiten trug dann der schwingungsfreie *Saturn V*-

Flug Nummer drei Frank Borman mit seiner *Apollo 8*-Mannschaft auf ihrem Weihnachtsflug 1968 in eine Mondumlaufbahn.«

Von Braun erläuterte mir auch noch, welch kniffliges Problem die Versorgungs- und Meßleitungen zwischen dem Boden und dem hochaufragenden Raumfahrzeug von Anfang an dargestellt hatten. Es bedurfte eines »umbilical tower«, eines Startturms, der noch höher als die Rakete selbst sein mußte, um eine Anzahl von Drehkränen zu tragen, von denen in verschiedener Höhe die Kabel und die mit Druckluft arbeitenden Treibstoffbetankungs- und Entleerungsleitungen zu der entsprechenden Raketenstufe oder der Raumschiffbaugruppe liefen. Die Kräne mußten noch an Ort und Stelle sein, während das Raumfahrzeug den letzten Countdown-Prozeß durchlief, mußten dann aber schnell weggezogen werden, um der Rakete das Abheben zu ermöglichen. Es gab indessen immer noch die Möglichkeit, daß Schwierigkeiten auftraten, nachdem die Drehkräne entfernt worden waren. Zum Beispiel gaben die Haltemechanismen die Rakete erst frei, wenn alle fünf Triebwerke der ersten Stufe gezündet waren. Wenn dies sich nicht innerhalb von Sekunden erreichen ließ, schalteten sich alle Triebwerke wieder aus. In einer solchen Situation war das Startkontrollzentrum außerstande – wenn nicht besondere Vorkehrungen zur Wiederankoppelung einiger Drehkräne getroffen worden waren –, das Raumfahrzeug heil zu »bergen« und die Raumschiffbesatzung aus ihrem gefährlichen Hochsitz auf einer potentiellen Bombe zu befreien.

Er erzählte mir, diese Überlegungen hätten im Marshall-Zentrum zur Errichtung einer eigens konstruierten Drehkranerprobungsanlage geführt, wo das Abkoppeln und Wiederankoppeln der verschiedenen Greifarme unter absolut realistischen Bedingungen stattfinden konnte. Auf der »Kranfarm« konnten extreme Bedingungen (wie etwa ein Startabbruch während eines aufziehenden Unwetters über der Küste von Florida) simuliert werden. Künstlicher Regen wurde durch Flugzeugpropeller gegen die Kräne und »Nabelschnüre« geblasen, während das Unterteil des Krans sich hin und her bewegte und die schlingernden Bewegungen der aufrechtstehenden Rakete während eines Sturms nachahmte.

»Ich nehme an«, sagte ich, »die meisten Leute glauben, alle *Saturn V*-Raketen seien genormte Serienmodelle und somit alle gleich in der Funktionsweise gewesen. Stimmt das?«

»Während des gesamten Einsatzlebens der *Saturn V* waren ihre Entwicklungsingenieure einem unerbittlichen Druck von seiten des Programmanagements ausgesetzt, das die Nutzlastkapazität erhöht haben wollte. Zunächst war es der ständige Gewichtszuwachs der Mondfähre, der hauptsächlich infolge der zusätzlichen Aufnahme weiterer Anlagen und Komponenten in Mehrfachausführung entstand. Später wuchs nach den ersten erfolgreichen Mondlandungen der Appetit auf längere Aufenthalte auf dem Erdtrabanten. Die Wissenschaftler wollten Landeplätze auf höheren Mondbreitengraden haben, und die Astronauten selbst äußerten den wohlbekannten Wunsch aller Touristen, bei der Ankunft an ihrem Zielort einen Mietwagen vorzufinden. Die *Saturn V* Nummer 503, die *Apollo 8* auf den Mond brachte, hatte beim Einschuß in die Flugbahn zum Mond eine Nutzlast von insgesamt weniger als 40 Tonnen. Im Vergleich dazu führte die *Saturn V* Nummer 512, die das letzte Mondschiff, *Apollo 17,* in den Weltraum trug, eine Nutzlast von 58 Tonnen mit sich.«

»Bei derart enormen Unterschieden zwischen den einzelnen *Apollo*-Raumflugmissionen war doch anscheinend ein ungeheures Maß an Koordination zwischen deinen Raketenfachleuten im Marshall-Zentrum und euren Kollegen in den beiden Schwesterzentren in Houston und auf Kap Kennedy nötig«, sagte ich. »Wie habt ihr das denn bewerkstelligt?«

»Das ist eine ausgezeichnete Frage«, erwiderte von Braun, »und das Managementverfahren, das George Mueller und Sam Phillips für diese Koordination ersonnen hatten, war wirklich ein entscheidender Faktor für das Gelingen des *Apollo*-Programms. Einmal im Monat tagte im NASA-Hauptquartier in Washington ein sogenannter *Apollo Management Council.* Erster Vorsitzender war George Mueller, sein Stellvertreter Sam Phillips, und die anderen Mitglieder waren die Direktoren der drei am unmittelbarsten beteiligten NASA-Zentren, nämlich Bob Gilruth für Houston, Kurt Debus für Kap Kennedy und ich selbst für das MSFC. Gewöhnlich brachte jeder von uns seinen Stellvertreter mit. Wir saßen dann im Halbkreis um einen U-förmigen Tisch herum und schauten auf eine Leinwand, auf die Diagramme und Bilder projiziert wurden. Hinter uns befanden sich ein paar Stuhlreihen mit vielleicht achtzig Plätzen, auf denen Präsentatoren, Detailprogrammanager und Experten aller Art saßen.

Nach einer kurzen Unterrichtung über den Stand des *Apollo*-Programms durch Sam Phillips wurden dann zehn oder fünfzehn Männer nacheinander aufgerufen, um anhand vorbereiteter Grafiken die Fortschritte oder aufgetretenen Probleme auf den Gebieten zu zeigen, für die sie persönlich verantwortlich waren. Ein paar Karten, die unser Kollege Leland Belew vorführte, zeigten zum Beispiel, welche Erfolge seit der Sitzung im vergangenen Monat bei der Bereinigung eines Leistungsabfalls oder eines Gewichtsproblems des F-1-Triebwerks erzielt worden waren.

Am Nachmittag erfuhren wir dann gewöhnlich von Deke Slayton aus Houston, wie es mit dem Simulatorentrainingsprogramm der Astronauten von *Apollo 14* vorwärtsging. Oder wir hörten von Davy Jones, der mit dem weltweiten Unterstützungsprogramm für *Apollo* betraut war, daß für den nächsten Mondflug ein Suchschiff auf dem Weg in den Indischen Ozean war, um eine Nachrichten- und Ortungslücke zu schließen, die von einer neuen unfreundlichen Regierung in irgendeinem afrikanischen Staat gerissen worden war, der das amerikanische Außenministerium kurzfristig aufgefordert hatte, die NASA-Bahnverfolgungsstation zu schließen, die sich auf seinem Territorium befand.

Diese monatlichen Management-Konferenzen gaben allen wichtigen Mitarbeitern einen wunderbaren Überblick über Stand und Vorankommen des ganzen umfangreichen Projektes. Sie stellten kritische Problemkreise zur Diskussion, die sofortige Maßnahmen oder zusätzliche Mittel erforderten, und sie erlaubten auch die Einbringung neuer wissenschaftlicher Zielsetzungen oder verbesserter Lösungen für die Versorgung der Astronauten auf der Mondoberfläche (wie zum Beispiel die Idee eines »Mondautos«), als die Nutzlastkapazität der *Saturn V* wuchs. Das Wichtigste war, daß sie jeden stolz darauf sein ließen, Mitglied eines großartigen Teams zu sein und dazu beizutragen, die Probleme der anderen Burschen zu begreifen. Vielleicht beweist die Tatsache, daß alle, die in diesem *Apollo*-Gremium saßen, bis auf den heutigen Tag gute Freunde geblieben sind, daß es eine gute und wirksame Sache war.«

»Eine Schlußfrage noch«, sagte ich. »Wenn du das alles noch einmal tun müßtest, würdest du etwas ändern?«

»Nur eines: ich hätte viele Jahre eher mit dem *Apollo*-Programm angefangen...!«

27. Kapitel
Endlich betritt ein Mensch den Mond

Als sich Wernher von Braun an diesem Abend – man schrieb den 15. Juli 1969 – auf sein Zimmer in Cocoa Beach südlich von Kap Kennedy zurückzog, verbrachte er noch eine Stunde mit der Durchsicht des Startplans für den darauffolgenden Morgen. Er hatte dies schon viele Male getan. Doch diesmal war alles anders. Sehr viel anders. Er saß auf dem Boden, die Beine übereinander geschlagen und in Hemdsärmeln. Durch das Fenster drang die schwüle, dunkle Nacht von Florida. Er griff zum Telefon und rief seinen alten Freund und Mitarbeiter Kurt Debus, den Direktor des Kennedy-Raumfahrtzentrums der NASA an, um ihm für den nächsten Tag viel Glück zu wünschen und noch einige unwesentliche Fragen zu klären. Dann kroch er endlich ins Bett. Auf dem Rücken liegend und mit hinter dem Kopf verschränkten Händen, schloß er die Augen und betete. Vielleicht tat er das an diesem Abend irgendwie inbrünstiger als sonst.

Er schlief nicht allzu gut. Doch vor dem Morgengrauen war er wieder auf den Beinen. Während er duschte und sich rasierte, war er mit seinen Gedanken ganz woanders. Diese Gedanken weilten schon bei der *Saturn*-Mondrakete, die auf ihrer Rampe am Kap nur ein paar Kilometer entfernt bereitstand. Schnurgerade aufgerichtet und voll Ungeduld der Dinge harrend, wurde das eindrucksvolle *Saturn*-Raketensystem mit seinen Tausenden von in ein schlankes und schlicht aussehendes Chassis verpackten Einzelteilen für das epochemachendste und kolossalste Abenteuer der Menschheit hergerichtet. Diesmal sollte wirklich der Versuch unternommen werden, einen Menschen auf dem Mond landen zu lassen...

Riesige Menschenmengen waren im Kennedy-Raumfahrtzentrum versammelt, als von Braun um vier Uhr früh das Startkontrollzentrum betrat. Ein Aufzug brachte ihn in den riesigen Kontrollraum hinauf, wo Kurt Debus ein Team von über fünfzig Männern leitete, die vor ihm in langen Reihen vor Instrumententafeln saßen, mit deren Hilfe sie jede aktive Komponente der riesigen Rakete und des Raumfahrzeugs in gut sechs Kilomter Entfernung überwachen konnten. Von Braun erkundigte sich schnell bei Debus und erfuhr, daß der »Countdown« bisher glatt verlief. In der angrenzenden Glaskabine setzte er sich dann die Kopfhörer auf, rückte sie zurecht, warf einen prüfenden Blick auf einige Fernsehbildschirme, die hoch an der Wand vor ihm angebracht waren, schaute auf ein paar Skalen auf der Instrumentenbank vor sich und war sofort mitten im Countdown.

Der Augenblick war voll Beklemmung, doch der Operationsablauf vollzog sich sachlich und systematisch, während die Minuten verstrichen.

Etwa fünf Kilometer vom Startkomplex waren Staatsmänner und Ehrengäste aus aller Welt versammelt und drängten sich bei der Suche nach ihren Plätzen auf der Tribüne durcheinander. Ex-Präsident Lyndon B. Johnson war gekommen, ferner 206 Kongreßabgeordnete, 20 Senatoren, 19 Gouverneure, 49 Bürgermeister, eine Reihe Mitglieder des Obersten Bundesgerichtshofes und des US-Kabinetts, 69 Botschafter, 102 ausländische Wissenschaftsminister und Militärattachés, über 3000 Presseleute aus allen Ländern – und Tausende und Abertausende von amerikanischen Bürgern. Sie alle waren sich einig, daß sie einem epochemachenden Ereignis beiwohnten. Entweder klappte die Sache nicht – die Rakete konnte ja sogar vor ihren Augen auf der Startrampe explodieren – oder sie würde ein Erfolg. Schließlich hatten ja bisher alle *Saturn*-Raketen von Brauns tadellos funktioniert. Aber andererseits durfte man nicht vergessen, daß das ganze komplizierte Flugprogramm für die gesamte Strecke bis zur Mondoberfläche und zurück, viel mehr einschloß als nur die Startphase. Es konnte sehr viel schieflaufen...

Die Spannung im Kontrollraum stieg noch weiter, als auf dem Fernsehbildschirm die drei Astronauten zu sehen waren, wie sie in luftiger Höhe die Laufplanke betraten, um an Bord der Raumkapsel zu gehen, die oben auf der turmhohen Rakete saß. Nur noch ein paar Minuten!

Und nun zählt der Sprecher im Endstadium des Countdown laut mit: »Zehn..., neun..., acht...« Dann lassen die fünf Triebwerke der ersten Stufe der *Saturn* den Starttisch mit ihrem Schub von 3800 Tonnen erbeben – was 180 Millionen PS oder dem Doppelten aller elektrischen Energie entspricht, die erzeugt werden könnte, wenn jeder Fluß in Nordamerika dafür nutzbar gemacht würde. Während der Brennzeit der ersten Stufe, die zwei Minuten und vierzig Sekunden dauert, schlucken die fünf Triebwerke 2113844 Liter flüssige Treibstoffe – Flüssigsauerstoff und Kerosin –, 13230 Liter pro Sekunde. Das majestätische Raumfahrzeug hebt langsam ab. Dann gewinnt es an Geschwindigkeit, und jetzt erst hat der donnernde Lärm, der im Startkontrollraum zunächst nicht zu vernehmen war, die sechs Kilometer Entfernung von der Startrampe überbrückt und erfüllt den Saal. Während der weiße Riesenvogel höher und höher steigt, befürchten manche, daß das Dröhnen der fünf Raketenmotoren die Fensterscheiben des Kontrollzentrums zerspringen läßt. Doch allmählich schwillt der Lärm ab, und die Feuerstrahlen speiende Rakete verschwindet in einer Wolke. Aus dem Lautsprecher kommt die Mitteilung: »All systems are go« –, was bedeutet, daß alle Systeme an Bord wie vorgesehen arbeiten. Die vielen tausend Einzelteile und Komponenten, aus denen sich das Raketensystem zusammensetzt, funktionieren einwandfrei. Bisher also keine Defekte. Die riesige Rakete, die Wernher von Braun und eine aus 15000 Ingenieuren und Wissenschaftlern bestehende Mannschaft in staatlichen Betrieben und in der Privatindustrie konstruiert und entwickelt haben und deren Bauteile von 8000 verschiedenen amerikanischen Firmen stammen, ist auf dem Wege zum Mond...

Überall auf der Erde wartet man während der nächsten drei Tage voll Spannung, während die drei Astronauten Neil Amstrong, Edwin Aldrin und Michael Collins tapfer die gefährlichste und riskanteste Reise aller Zeiten fortsetzen.

Nach dem Abtrennen der ersten und zweiten Stufe der *Saturn V* und der ersten Zündung des Triebwerks der dritten Stufe, erreicht *Apollo 11* eine annähernd kreisförmige Erdumlaufbahn – die Parkbahn. Die Astronauten und die Männer von der Bodenkontrolle überprüfen noch einmal mit Hilfe eines komplizierten Systems von Computern und anderen elektronischen Meßgeräten die Funktionsfähigkeit aller Bordsysteme, bevor die endgültige Entscheidung getroffen wird, nach anderthalb Umkreisungen den Bereich der Erde zu verlassen und in den Weltraum zu fliegen.

Am 16. Juli, um 12.16 Uhr, als das Raumfahrzeug über den Pazifik hinwegzog, war von Braun aufmerksamer Zeuge, wie Debus mit Einverständnis des Flugkontrollzentrums in Houston das Signal zum erneuten Zünden der dritten Stufe der *Saturn* gab, um das Fahrzeug aus der Parkbahn in die Flugbahn zum Mond einzuschießen. Das Manöver klappte wie am Schnürchen und Jubel erfüllte den Startkontrollraum, als der Brennschluß als absolut präzise bestätigt wurde. Alle Systeme funktionierten weiterhin ohne Ausfall.

Ein neuer spannungsgeladener Augenblick kam für von Braun und seine Freunde um 12.40 Uhr. Das Kommando zur Trennung der Raumkapsel und ihres Versorgungsteils von der *Saturn IVB*-Rakete erfolgte. Die Astronauten vollzogen eine 180 Grad-Drehung mit ihrem Fahrzeug und trennten die dritte Stufe der Trägerrakete vom Mondlandefahrzeug, dem »Lunar Module« (LM), ab. Dieses kombinierte Raumfahrzeug, das aus der *Columbia* genannten Raumkapsel und Versorgungsteil und der Mondfähre, *Eagle* getauft, bestand, setzte seine Reise zum Mond fort. Von Braun machte sich auf den Weg zum Flugkontrollzentrum in Houston, während die Astronauten ihren antriebslosen Flug durch den Weltraum fortsetzten. Er dauerte von Mittwoch, dem 16. Juli, 14.15 Uhr bis zum Samstag, dem 19. Juli, kurz nach 13.00 Uhr. Sie nahmen einige Kurskorrekturen vor und bekamen vom Flugkontrollzentrum das Lob, daß sie ihre Sache »glänzend« machten und eine »schnurgerade Bahn« zögen. Am Donnerstagnachmittag hatten sie dann den Punkt passiert, von dem es kein Zurück mehr gab.*

Am Samstag, dem 19. Juli, saß von Braun bereits seit mehreren Stunden auf seinem Platz in der Bodenkontrollstation in Houston, als um 13.26 Uhr das Raketentriebwerk des Antriebsteils der Raumkapsel gezündet wurde, um das Fahrzeug in eine elliptische Umlaufbahn um den Mond einschwenken zu lassen. Vier Stunden lang umkreisten die Astronauten den Erdtrabanten, bevor um 17.52 Uhr ihr Triebwerk erneut eingeschaltet wurde, um die *Columbia* in eine kreisförmige Mondumlaufbahn zu bringen, die ungefähr 115 Kilometer über der Mondoberfläche lag.

* Der Verfasser meint den sogenannten »Abarischen Punkt«, der nach Zurücklegung von neun Zehntel der direkten Entfernung Erde – Mond erreicht wird und an dem sich die Anziehungskraft von Erde und Mond die Waage hält, während jenseits dieses Punktes die Mondanziehung, diesseits die Erdanziehung überwiegt (Anm. d. Ü.).

Nachdem die Astronauten die Nacht über geschlafen hatten, krochen Neil Armstrong und Edwin Aldrin in die Mondfähre »Adler« und koppelten sich am Sonntag, dem 20. Juli, um 13.42 Uhr von Mike Collins ab, der im *Apollo*-Mutterschiff *Columbia* zurückblieb. Sie bereiteten die spinnenförmige Mondfähre für den Abstieg zur Mondoberfläche vor. Der kritische Augenblick des ganzen Unternehmens war in Sicht. Die ganze Welt hing an den Radios und saß vor den Fernsehgeräten. Um 15.12 Uhr wurde das Abstiegstriebwerk des Adler gezündet, und das Fahrzeug begann abzubremsen, um auf die Mondoberfläche herunter zu gelangen. Eine Vielzahl aufleuchtender Kontrollichter im Flugkontrollzentrum zeigte an, wie sich die Mondfähre, ständig langsamer werdend, der Mondoberfläche näherte. Aber etwa fünfzehn Meter über dem Boden standen die Lichter plötzlich ominöserweise still. Sie blitzten zwar immer noch auf, doch die Sinkgeschwindigkeit war auf Null abgefallen. Die letzten Sekunden waren für von Braun und die Männer im Kontrollzentrum das reinste Martyrium. Die Treibstoffreserven der Abstiegsstufe gingen bedenklich zur Neige, während Neil Amstrong, ganz knapp über der Mondoberfläche dahintreibend, die Fähre immer noch in eine geröllfreie Zone zu manövrieren suchte. Die Stille wurde von Armstrongs Stimme durchbrochen: »Hier Meer der Ruhe! Der Adler ist gelandet!« Die Uhren in Houston zeigten 16.19 Uhr. Es war unglaublich und doch stimmte es und war Wirklichkeit. Fernsehkameras auf der Außenseite des Adler bestätigten den staunenden Erdbewohnern, daß es kein Märchen war.

Jubel erfüllte das Kontrollzentrum, und plötzlich war auf den Fernsehgeräten zu beobachten, wie die Männer an den Konsolen kleine amerikanische Fahnen zum Vorschein brachten. Viele Augen wurden feucht.

Columbia mit Pilot Mike Collins umkreiste unterdessen den Mond, während Armstrong und Aldrin noch ein paar Stunden in ihrem *Adler* blieben. Zuerst berichteten sie über Sprechfunk nach Houston, was sie durch die Fenster ihrer Landefähre sahen. Dann begannen sie mit der Überprüfung all der hochkomplizierten Systeme, die für einen sicheren Wiederaufstieg in die Umlaufbahn sorgen sollten, und bereiteten sich schließlich auf den historischen Augenblick vor, in dem es galt, auszusteigen und die schwärzliche Mondoberfläche, eine staubige, holzkohleartige Substanz, zu betreten.

Am 20. Juli 1969, um 22.56 Uhr ostamerikanischer Sommerzeit* streckte Neil Armstrong, auf der untersten Sprosse der Leiter seiner Landefähre stehend, seinen linken, in einem Stiefel steckenden Fuß aus und hinterließ den ersten menschlichen Fußabdruck auf dem Mond. Dann sprach er die Worte, die sicher unsterblich werden: »Das ist ein einziger kleiner Schritt für einen Menschen, aber ein riesenhafter Sprung für die Menschheit!« Siebenundzwanzig Minuten später kam Aldrin dazu, und beide begannen mit einer Darbietung, die zur größten Fernsehshow aller Zeiten werden sollte.

Während die zwei Astronauten sich auf dem Mond herumbewegten, wissenschaftliche Experimente vorbereiteten und ihre Fernsehkameras justierten, sahen ihnen Millionen von Menschen mit dem Gefühl zu, einem unheimlichen, mysteriösen Schauspiel beizuwohnen. Die Sonne schien auf dem Mond, aber das Firmament war schwarz. Der Bogen des Mondhorizonts war strahlend weiß, genauso wie die Astronauten in ihren hellen Raumanzügen. Die Schatten, die die beiden Männer und *Adler* warfen, waren schwarz. Es war ein Bild tiefer Kontraste. Dann war auf der Erde zu beobachten, wie die Astronauten eine Stange mit der Flagge der Vereinigten Staaten von Amerika in den Mondboden pflanzten und die Fahne grüßten. Danach unterhielt sich der Präsident über Sprechfunk mit den Männern. Es war also Wirklichkeit geworden! Es war kein fauler Trick und kein Science-fiction-Film! Und die Welt wußte das auch...

Viele Prominente Politiker, Wissenschaftler und Kommentatoren aller Erdteile überboten sich mit ihren Lobliedern: die größte Leistung aller Zeiten, die stolzeste Stunde der Menschheit, eine Tat ohne Beispiel in der Geschichte der Menschheit... Präsident Richard M. Nixon erklärte: »Dies ist die längste Woche der Weltgeschichte seit der Schöpfung!«

Es hatte nur eine gute Woche gedauert, um die Astronauten Neil A. Armstrong, Edwin E. Aldrin und Michael Collins auf den Mond zu schicken und sie wieder zur Erde zurückzuholen. Sie hoben mit ihrem *Apollo 11*-Raumfahrzeug in den frühen Morgenstunden des 16. Juli von Kap Kennedy ab und wurden vom Flugzeugträger *Hornet* am frühen Morgen des 24. Juli 2 200 Kilometer südwestlich von Hawaii aus dem Pazifik geborgen.

* 21 Juli 1969, 3.56 Uhr mitteleuropäischer Zeit (MEZ) (Anm. d. Ü.).

Viele hundert Millionen Menschen – vermutlich das zahlenmäßig größte Publikum, das es je gab – verfolgten in aller Welt den denkwürdigen *Apollo 11*-Flug auf den Fernsehschirmen und lauschten den Stimmen der Astronauten, die über Sprechfunk vom Mond kamen. Die Menschen waren wie betäubt, überall war der Mann auf der Straße außer sich. Freudentränen wurden vergossen und Dankgebete gesprochen. Im Observatorium des Vatikans sah Papst Paul VI. der Fernsehübertragung zu, hob seine Hand und rief aus: »Ehre sei Gott in der Höhe und auf Erden Friede den Menschen, die guten Willens sind!«

Hinter dem Eisernen Vorhang hob Radio Zagreb für die Jugoslawen den Kontrast zwischen der amerikanischen Offenheit und der sowjetischen Geheimniskrämerei bei Raumflügen hervor. Die Tschechoslowakei gab besondere Sonderbriefmarken heraus, und die Polen enthüllten im Krakauer Sportstadion ein Denkmal zu Ehren der *Apollo*-Astronauten. Radio Warschau verkündete: »Hoffentlich kommen sie glücklich zurück! Ihr Scheitern wäre ein Scheitern für die ganze Menschheit!« Dieselben Gefühle kamen als Echo aus allen Ecken der Welt. »Nein, das ist nicht das Ereignis des Jahrhunderts«, schrieb der *Parisien Libéré*. »Dieses Abenteuer ist das aufregendste Unternehmen in den eineinhalb Millionen Jahren, seit der Mensch auf dem Planeten Erde erschien.«

»Ich habe seit zwanzig Jahren nicht mehr geweint oder gebetet«, gestand von Brauns Freund Arthur C. Clarke einem Reporter, »aber heute habe ich beides wieder getan. Es war endgültig der letzte Tag für die alte Welt!« Auch in von Brauns Haus an der Big Cove Road in Huntsville herrschte eitel Freude, und Maria, Iris und Margrit und auch der kleine Peter weinten ein bißchen.

Überall in den Vereinigten Staaten stockte das Alltagsleben, als die Astronauten auf dem Mond landeten. Einige wenige verstanden das Geschehen und seine Folgen nicht. Eine ältere Hausfrau aus Atlanta gab ihrem Mißvergnügen Ausdruck: »Das ist doch alles ein Haufen Blödsinn! Hat man das nicht von Columbus auch behauptet?«, wurde sie gefragt. »Ja, der machte genauso einen Blödsinn!« Aber auf dem O'Hare-Flughafen in Chicago stand eine andere ältere Dame, als sie hörte, daß die Landung geglückt sei auf und begann laut *America the Beautiful* zu singen.

Ralph Abernathy, Nachfolger des ermordeten Martin Luther King als Führer der *Southern Christian Leadership Conference*, einer Vereinigung von farbigen Geistlichen der US-Südstaaten, zählte zu den etwa 400 Demonstranten, die vor den Toren des staatlichen Raumflugzentrums in Houston mit Schildern und Sprechchören gegen die riesigen Ausgaben für das *Apollo*-Programm protestierten und mehr Mittel für den Kampf gegen die Armut verlangten. Aber in diesem Augenblick dachte er nicht mehr daran. »Ich hatte wirklich vergessen, daß wir so viele hungernde Menschen haben«, sagte er. »Ich war einer der stolzesten Amerikaner, wie ich so dastand.«

In einer Proklamation, die er wenige Stunden, nachdem er die Fernsehübertragung vom Start des *Apollo 11*-Unternehmens verfolgt hatte, unterschrieb, verkündete Präsident Nixon einen Nationalen Gedenktag für die Mondforschung. »Das *Apollo 11*-Raumschiff ist auf dem Weg zum Mond«, schrieb er. »Es hat drei tapfere Astronauten an Bord und ebenfalls die Hoffnung und Gebete von Hunderten von Millionen Menschen hier auf der Erde, für die das erste Aufsetzen eines menschlichen Fußes auf dem Mond ein Augenblick von außerordentlicher Dramatik sein wird. Nie zuvor hat der Mensch sich auf ein solch heldenhaftes Abenteuer eingelassen.«

Die Zeit wird zeigen und die Geschichte darüber richten, welche Bedeutung und welchen Sinn die Eroberung des Mondes durch den Menschen gehabt hat und wie ihre Wirkung und ihre Folgen zu beurteilen sind, soweit sie das menschliche Streben nach Frieden und Fortschritt betreffen. Niemand jedoch – so scheint es – wird ernstlich bestreiten wollen, daß der 21. Juli 1969 als wichtigstes Datum der Menschheitsgeschichte herausragt – bis heute jedenfalls.

Während ihres zweieinhalbstündigen Aufenthaltes auf der Mondoberfläche sammelten Armstrong und Aldrin mehr als zwanzig Kilogramm Mondgestein, bereiteten ein seismographisches und ein Laser-Experiment vor und entfalteten ein sogenanntes »Sonnenwindsegel«, ein Gerät, das auf seinem Aluminiumschirm Sonnenmaterie einfangen sollte. In ihre Landefähre zurückgekehrt, verriegelten sie die Luke und legten sich schlafen. Am Nachmittag dieses Tages, also am Montag, dem 21. Juli, um 13.55 Uhr, verlief dann die kritische Abhebephase auf die Sekunde genau nach Flugplan. Das Flugkontrollzentrum in Houston hatte, ganz wie es sich gehört, über Sprechfunk eine formelle Mitteilung zum Mond gehen lassen: »Adler, Sie sind klar zum Start!« Neil Armstrong gab mit unbewegtem Gesicht im Jargon eines Luftfahrtpiloten zurück: »Verstanden. Wir sind Nummer 1 auf der Startbahn!« Dann zündete er das Triebwerk der »Aufstiegsstufe«, und sie erhoben sich. »Buzz« Aldrin, der neben Armstrong saß, vertraute von Braun später an, daß Neils Antwort ihm unter diesen Umständen so komisch vorgekommen sei, daß er vergessen habe, die Startuhr zu drücken (ein Fehler, der von der Bodenkontrolle bald korrigiert wurde).

Nach vierstündigem Manövrieren, das dazu diente, die Mondfähre in die richtige Position zu bekommen, koppelte sich der *Adler* mit *Columbia* so gekonnt zusammen, daß die Wissenschaftler von einem perfekten Weltraumrendezvous sprachen. Die drei Pioniere konnten nun mit den Vorbereitungen für ihre Rückkehr zur Erde beginnen.

Noch während sie auf dem Rückflug waren, wurden von Braun und seine wissenschaftlichen Kollegen von der NASA bereits nach den nächsten Schritten im Rahmen des Raumfahrtprogramms der USA gefragt. Man sprach von wiederverwendbaren Raumtransportern und riesigen Raumstationen. Zu jenem Zeitpunkt jedoch, schien es wichtiger zu sein, noch einen weiteren *Apollo*-Flug zum Mond im Jahr 1969 zu starten und vielleicht acht bis zehn *Apollo*-Unternehmen in den Jahren 1970 – 1972. Daher gingen auch von Braun und die Ingenieur- und Technikerteams bei der NASA und in der privaten Raumfahrtindustrie, nachdem sich die Begeisterung über die glückliche Rückkehr der *Apollo 11*-Besatzung gelegt hatte, wieder an die mühsame Arbeit, das *Apollo 12*-Mondfahrzeug für seinen geplanten Flug im November fertigzustellen. Für die Politiker war *Apollo 11* ein entscheidender Höhepunkt gewesen, ein ideologischer Triumph. Doch für von Braun und seine Wissenschaftler und die Raumfahrtenthusiasten auf der ganzen Welt war es nur ein Anfang.

Die Bedeutung von *Apollo 11* für die wissenschaftliche Welt war beachtlich. Aber man benötigte noch weitaus mehr Gesteinsproben und viele weitere Experimente, bevor die Laboratorien und Forschungsinstitute in aller Welt in der Lage waren, das mitgebrachte Material voll auszuwerten und Schlüsse daraus zu ziehen. Es sollte viele Monate dauern, bis eine abschließende Analyse über die erste Ladung Mondgestein vorgelegt werden konnte. Die Wissenschaftler vermochten ja aus diesen wenigen Gesteinsproben nichts darüber auszusagen, wie der Mond insgesamt beschaffen, wie alt und wie er entstanden war. Daher waren im Interesse der Wissenschaft weitere *Apollo*-Flüge unumgänglich.

Für viele Menschen, besonders für die Politiker auf beiden Seiten des Eisernen Vorhangs, bedeutete das Betreten des Mondes durch einen Menschen das Ende eines gigantischen internationalen Propagandawettrennens. Für die Völker der freien Welt bedeutete es, daß die Amerikaner endgültig die Russen beim Wettlauf um die Eroberung des Kosmos abgehängt hatten. Das wurde dann in aller Welt zur unbestrittenen Tatsache, als den USA mit *Apollo 12* und den Astronauten Charles Conrad, Richard F. Gordon und Alan L. Bean selbstbewußt eine zweite Mondlandung gelang. Am 19. November 1969 machte diese Mannschaft durch eine gelungene, bisher noch nie dagewesene haargenaue Landung im vorhergesehenen Zielgebiet auf dem Mond Geschichte. Richard F. Gordon, der Pilot der Kommandokapsel, landete nicht auf dem Erdtrabanten, sondern umkreiste während der Forschungsphase des Programms den Mond, wie es Michael Collins beim *Apollo 11*-Flug getan hatte.

Für diejenigen Erdenbürger, die politisch interessiert waren und sich in der Propaganda der Großmächte auskannten, war es gar keine Frage: die Vereinigten Staaten waren jetzt Nummer eins. Zwölf Jahre hatte es gedauert, um dieses Ziel zu erreichen – seit die Sowjets am 4. Oktober 1957 die Welt mit ihrem ersten künstlichen Satelliten, dem *Sputnik*, verblüfft hatten.

Am 12. April 1961 war der russische Kosmonaut Juri Gagarin der erste Mensch gewesen, der die Erde umkreiste. Ministerpräsident Nikita Chruschtschow hatte, als er sich mit Gagarin unterhielt, während dieser noch in seiner Kapsel *Wostok 1* unterwegs war, geprahlt und gesagt: »Das sollen uns die kapitalistischen Länder erst einmal nachmachen!«

Am gleichen Nachmittag hatte wenige Stunden später Präsident John F. Kennedy im Weißen Haus eine Pressekonferenz abgehalten und ein Journalist ihn gefragt: »Heute hat ein Kongreßabgeordneter erklärt, er sei es leid, uns hinter den Russen nur auf dem zweiten Platz in der Raumfahrt zu sehen. Welche Aussichten haben wir, die Russen einzuholen?« Die Antwort des Präsidenten hatte gelautet: »Wenn man es auch leid ist, und niemand ist es mehr als ich – es wird noch eine Weile dauern!«

Er hatte dann seine Spitzenexperten und Ratgeber aufgerufen, ihm die Unterlagen zu liefern, die er brauchte, um – am 25. Mai 1961 – die wichtige Entscheidung treffen zu können, »noch in diesem Jahrzehnt« einen Menschen auf dem Mond landen zu lassen und ihn sicher zur Erde zurückzubringen. Genau acht Jahre und sechzig Tage, nachdem er dies vor dem Kongreß angekündigt hatte, schlug *Apollo 11* wohlbehalten am 24. Juli 1969 im Pazifik auf.

Haarsträubende Augenblicke erlebte von Braun knapp eine Minute nach dem Abheben von *Apollo 12*, als zweimal ein Blitz in die große Rakete einschlug, fast alle Sicherungen heraussprangen und den Stromkreis des Raumfahrzeugs lahmlegten und die Astronauten eine Zeitlang ohne Orientierung über das Geschehen um sie herum waren. Aber das automatische Lenkungssystem der *Saturn V* funktionierte zum Glück weiter, und als die Besatzung alle Sicherungen wieder hineingedrückt hatte und meldete, daß alle Systeme wieder in Ordnung waren, hatten sie schon halbwegs ihre Umlaufbahn erreicht. Diese Raumflugmission wurde ebenso erfolgreich zum Abschluß gebracht wie das *Apollo 11*-Unternehmen.

In erster Linie war *Apollo 11* die technische Aufgabe zugedacht gewesen, das Transportsystem zu entwickeln und zu erproben, das es ermöglichte, Menschen auf dem Mond landen und sie zur Erde zurückkehren zu lassen. Mit *Apollo 11* wollten die Wissenschaftler Antwort finden auf Fragen wie etwa die, ob unsere Technologie und unser Know-how angemessen und ausreichend war, um ein sicheres Raumschiff zu bauen, das die große Entfernung zum Mond und zurück bewältigen, und unversehrt auf dem Erdtrabanten landen konnte, die widrigen Bedingungen dort überstand und von der Mondoberfläche ohne Gefahr für die Astronauten zum Rückflug zu starten vermochte. Würden die Astronauten auf dem Mond sicher herumgehen können? War es ihnen möglich, mit der Erde in Sprech- oder Funkverbindung zu bleiben? Konnten sie dort oben arbeiten?

Die Antworten auf diese und viele andere ähnliche Fragen lauteten ja. Auf diese Weise wurde die *Apollo 12*-Mission der erste einer Reihe von Flügen, bei denen in zunehmendem Maße die Betonung auf der wissenschaftlichen Erkundung lag. Die *Apollo 12*-Astronauten, die eine Vielzahl von wissenschaftlichen Experimenten und Arbeiten auf dem Mond ausführten, blieben anderthalb Mal länger auf dem Gestirn als ihre Kollegen von *Apollo 11*. Conrad und Bean waren insgesamt einunddreißig Stunden und dreißig Minuten auf dem Mond.

Während ihres verhältnismäßig langen Aufenthaltes hatten die

Astronauten ein umfangreiches Arbeitsprogramm zu absolvieren. Es bestand hauptsächlich aus der Errichtung eines wissenschaftlichen Labors mit fünf komplizierten Forschungsinstrumenten, die so gebaut waren, daß sie etwa ein Jahr lang Informationen über den Mond zur Erde funken konnten. Die Astronauten sammelten etwa einen Zentner Gesteins- und Bodenproben und fotografierten dabei die Lage eines jeden Steins bevor und nachdem sie ihn aufgelesen hatten. Die Wissenschaftler, die dieses Material später untersuchten, um daraus Rückschlüsse auf die Entstehung des Mondes und des Sonnensystems zu ziehen, waren der Ansicht, daß diese Muster »mit Quellennachweis« erheblich größeren Wert für die Forschung hatten als die Engrosmuster, die von der *Apollo 11*-Crew aufs Geratewohl eingesammelt worden waren.

Der eindrucksvollste Aspekt des *Apollo 12*-Fluges war unzweifelhaft das fast zentimetergenaue Aufsetzen der Landefähre im voraus – nämlich in Reichweite der Instrumentensonde *Surveyor 3*, die am 20. April 1967, also mehr als zwei Jahre zuvor, im sogenannten »Ozean der Stürme« gelandet war. Die eingehende Inspektion, der die Astronauten diese Sonde unterzogen, und bestimmte Einzelteile, die sie mit zur Erde zurückbrachten, vermittelten den Wissenschaftlern zahlreiche Aufschlüsse über die langfristige Auswirkung der Mondumwelt auf das Material eines Raumfahrzeugs. Sie stellten sich später als außerordentlich wertvoll für den Entwurf neuer Raumfahrtgeräte heraus.

Nur eine Sache lief während des *Apollo 12*-Fluges schief. Irgendwie war der Mechanismus des Objektivs der Fernsehkamera der Astronauten dadurch defekt geworden, daß die Kamera unachtsam gegen die grelle Sonne geschwenkt worden war. Dadurch fiel die Fernsehübertragung der Aktivität der Astronauten für Millionen von Zuschauern auf der Erde ins Wasser. Dieses Mißgeschick war jedoch geringfügiger Natur und hatte keinen Einfluß auf die Raumflugmission selbst.

Als die *Apollo 12*-Kommandokapsel *Yankee Clipper* heil zur Erde zurückkehrte, gab es die üblichen Ehrungen für die Astronautenhelden: Beförderungen, Empfänge mit Lobreden, Orden und Konfettiparaden. Mit *Apollo 12* hatten die USA ein bisher noch nicht erreichtes Niveau in ihrem zwölf Jahre alten, fieberhaft vorangetriebenen Raumfahrtprogramm erreicht. Natürlich wurden im Laufe des Jahres

1969 viele unbemannte Nachrichten- und Wettersatelliten erfolgreich gestartet, aber alle diese Experimente wurden vom größten menschlichen Unternehmen aller Zeiten, der Landung auf dem Mond, völlig in den Schatten gestellt.

Das *Apollo 13*-Raumfahrzeug wurde am 17. Dezember zur Startrampe gerollt und aufgerichtet – genau am sechsundsechzigsten Jahrestag des ersten Fluges des Luftfahrtpioniers Orville Wright. Das Unternehmen sollte im März 1970 starten.

Für von Braun und die anderen Mitglieder der amerikanischen Raumfahrtgemeinschaft war das Jahr 1970 von gemischten Gefühlen gekennzeichnet. Es war ein Jahr, das weitere glanzvolle Flüge zum Mond bringen sollte, aber in dessen Verlauf auch eine eingehende Überprüfung der gesamten US-Raumfahrtprogramme stattfand, Verzögerungen auftraten, Mittel gekürzt wurden und viele Enttäuschungen seitens von Kongreßabgeordneten und anderen Vertretern der Öffentlichkeit hingenommen werden mußten. Paradoxerweise war es auch ein erfolgreiches Jahr für die Russen, die 1969 die Hände in den Schoß gelegt hatten und 1970 große Comebacks mit bemannten und unbemannten Raumflügen und ihrem fortgesetzten Bemühen, den Kosmos zu erobern, inszenierten.

Für die Vereinigten Staaten hätte das Raumfahrtjahr 1970 beinahe mit einer Katastrophe begonnen. Vier Tage lang, vom 13. bis zum 17. April, warteten Millionen von Amerikanern und Menschen auf dem ganzen Erdball krampfhaft und voll Spannung auf Nachrichten über das Schicksal von drei Astronauten, die sich abmühten, in einem völlig beschädigten Raumschiff zur Erde zurückzugelangen.

Wie gewöhnlich verfolgte von Braun den Start an einem Monitorgerät. Wieder einmal trug die *Saturn*-Rakete die Raumkapsel glatt in die Höhe. Die Astronauten James A. Lovell, Fred W. Haise und John L. Swigert stiegen mit ihrem *Apollo 13*-Schiff am 11. April durch aufgelockerte Wolkenfelder über Florida in einen klaren und sonnigen Himmel hinein, dem Mond entgegen. Alles war okay. Sämtliche Systeme funktionierten 1a. Sogar die verantwortlichen NASA-Leute im Startkontrollzentrum auf Kap Kennedy und im Flugkontrollzentrum in Houston erwarteten eine weitere »Routine«-Expedition zum Mond.

Nachdem *Apollo 13* die Reise durch den Weltraum angetreten hatte, sprachen alle Anzeichen dafür, daß dieses Raumschiff sein Ziel in der gebirgigen Fra Mauro-Region auf dem Mond erreichte und ebenfalls seine Aufgabe erfüllte. Abgesehen von der Tatsache, daß dieser Flug der erste war, dessen Landung im Hochland des Mondes und nicht in einem der flachen Mare erfolgen sollte, hatte die NASA für die dreiköpfige Besatzung einige neue Rekorde eingeplant: Die Astronauten sollten zwei Stunden länger auf dem Mond bleiben als die einunddreißigeinhalb Stunden, die die Besatzung von *Apollo 12* dort verbracht hatte; sie sollten ferner zwei Fußmärsche auf der Mondoberfläche unternehmen, die jeweils vier bis viereinhalb Stunden dauerten, einen Bohrer drei Meter tief in die Mondkruste treiben, um Bodenproben zu entnehmen und 50 Kilogramm Gestein und Mondstaub zurückbringen.

Die amerikanische Öffentlichkeit war inzwischen schon ein wenig selbstgefällig angesichts der erfolgreichen bemannten Flüge zum Mond geworden. Millionen von Menschen hatten bereits diese Ereignisse live im Fernsehen erlebt. Zum Zeitpunkt des *Apollo 12*-Starts war das öffentliche Interesse merklich abgekühlt. Während Präsident Richard M. Nixon die erste Mondlandung noch als größtes Ereignis seit der Schöpfung bezeichnet hatte, wurde die Mannschaft von *Apollo 12* schon mit viel weniger Trara begrüßt, gerade so, als ob Mondflüge schon zur Tagesordnung gehörten.

Doch dann kam der 13. April 1970. Rundfunk und Fernsehen brachten die Meldung, daß sich eine Explosion an Bord des *Apollo 13*-Raumschiffes ereignet hatte, das zwei Tage zuvor gestartet war und derzeit etwa 330 000 Kilomter von der Erde und 54 000 Kilometer vom Mond entfernt durch den Weltraum flog.

Die Weltöffentlichkeit war entsetzt. Die NASA-Offiziellen waren wie gelähmt. Eine Katastrophe im Weltraum, die mit dem Tod der drei Astronauten endete, konnte unübersehbare Folgen haben. Der bloße Gedanke daran, daß diese Männer hilflos auf dem Mond aufschlugen, oder daß die *Apollo 13*-Kapsel für sie zum Sarg wurde, der für alle Zeiten die Sonne umkreisen würde, war furchtbar. Ein Unglück bei einem Raumflug bedeutete mit Sicherheit nicht nur eine Tragödie für die Familien dieser Männer, sondern würde auch langwierige Untersuchungen, Unterbrechungen, Verzögerungen, ja vielleicht sogar eine Annullierung des gesamten noch verbleibenden *Apollo*-Programms nach sich ziehen.

Unmittelbar nachdem die Astronauten die Explosion gemeldet

hatten, zeigten die Telemetriedaten in Houston einen Druckabfall in einem Sauerstofftank des *Apollo 13*-Versorgungsteils an. Innerhalb weniger Stunden konnten die Astronauten selbst nach sorgfältigem Studium der Unregelmäßigkeiten, die ihre Instrumententafeln anzeigten, und nach Einschalten verschiedener Hilfssysteme bestätigen, daß ein Sauerstofftank für die Zufuhr von künstlicher Atmosphäre und Energie explodiert war. Dabei waren unersetzliche Baugruppen und Bestandteile der Raumkapsel zerstört worden. Die Situation war kritisch. Es ging um Leben oder Tod. Eine Landung auf dem Mond stand völlig außer Frage. Alles, worauf es jetzt ankam, war, ob die Astronauten imstande waren, lebend zur Erde zurückzukehren. War noch genügend Sauerstoff an Bord des Raumschiffs vorhanden, und konnten trotz der beschädigten Systeme die drei Männer die vier Tage, die der Rückflug zur Erde dauerte, am Leben erhalten werden?

Die Antriebs- und Versorgungsgruppe des Raumschiffs war fast hundertprozentig ausgefallen. Nicht nur, daß sie den Astronauten in ihrer Raumkapsel keine frische Atemluft mehr zuführen konnte, auch ihr Raketentriebwerk konnte nicht mehr dazu benutzt werden, das Raumfahrzeug – nachdem die Anziehungskraft des Mondes es zu einem Vorbeiflug am Mond gezwungen hatte – in eine Rückkehrbahn zu bringen, aus der der endgültig rettende Wiedereintritt in die Erdatmosphäre erfolgen konnte. Glücklicherweise waren sie noch immer an die Mondfähre mit ihrem autonomen Antriebs- und Umweltversorgungs-System gekoppelt. Aber die Mondfähre, für die sonnendurchglühte Umwelt auf der Mondoberfläche gebaut, war nicht geeignet für die thermischen Bedingungen einer viertägigen Reise durch den Weltraum. Ihre Besatzungskabine würde rapide abkühlen.

Beim Sprechfunkverkehr zwischen der *Apollo*-Besatzung und den Männern im Flugkontrollzentrum, bei dem man alle Ausrüstungsgegenstände durchging, die den Astronauten zur Verfügung standen, sogar das Einwickelpapier ihrer Nahrungsmittel, ihre elastischen Binden und die Reparaturwerkzeuge, wurde schließlich eine Lösung erarbeitet, die vorsah, Kartons und Plastiktüten zu benutzen, um Luft von der Mondfähre in die besser wärmeisolierte Kommandokapsel zu leiten.

Das Triebwerk der Landestufe der Mondfähre, das eigentlich dazu dient, die Männer weich auf dem Mond landen zu lassen, wurde jetzt umfunktioniert, um sie zur Erde zurückzubringen. Als alles durchgesprochen und ausgeführt war, schätzten *Apollo*-Besatzung und Flugkontrollzentrum die Chancen einer heilen Rückkehr von *Apollo 13* auf ungefähr fünfzig Prozent. Zunächst verlief die Flugbahn weiter in Richtung Mond, und viele Dinge mußten noch klappen, bevor die Raumkapsel sicher an ihren drei Fallschirmen hing. Darüber hinaus war zu befürchten, daß der verbleibende Sauerstoff gerade während des kritischen Wiedereintrittmanövers zur Neige ging.

Erneut saß das Publikum wie gebannt vor den Fernsehschirmen. Selbst diejenigen, die nach den Flügen von *Apollo 11* und *Apollo 12* gleichgültig geworden waren, drückten nun die Daumen. Millionen von Menschen beteten. In diesen spannungsgeladenen Tagen, vielleicht den spannungsreichsten der modernen Geschichte, konnte man überall Besorgnis und Angst in den Augen der Mitmenschen lesen – auf der Straße, in den Büros, in den Aufzügen. Würden die Astronauten es schaffen?

Es war ein Wunder. Doch menschlicher Erfindungsgeist trug seinen Teil dazu bei. Teamwork zwischen den kaltblütigen und gelassenen Astronauten und Houston, wo eine gründliche Analyse aller Aspekte des Problems erfolgte, führte zum Erfolg. Dank der Verwendung behelfsmäßiger Techniken, schnell neuerstellter Flugbahnberechnungen und im übrigen ruhiger Disziplin der Beteiligten konnte das schwer beschädigte, an Sauerstoff knappe Raumfahrzeug in den richtigen Wiedereintrittskorridor eintauchen und am 17. April 1970 sicher im Pazifik landen. Es war die glücklichste von allen Landungen in dem zwölfjährigen Raumflugprogramm der USA. Und sie bewies sicherlich, daß ein erfolgreicher bemannter Raumflug nicht nur eine Frage des Glücks war, sondern daß sich die Besatzung eines Raumschiffs mit entsprechendem Training und einer qualifizierten Bodenunterstützung sehr wohl aus einer fatalen Lage befreien kann. Es erübrigt sich zu sagen, daß die führenden Männer der NASA und die Experten der US-Raumfahrtindustrie sofort damit begannen, die Konstruktionsdetails des fehlerhaften Sauerstoffbehälters im Apollo-Versorgungsteil genauestens zu überprüfen, um herauszubekommen, was schiefgegangen war. Zunächst wurde erst einmal der für Oktober geplante Start von *Apollo 14* in Erwartung notwendiger Konstruktionsänderungen verschoben.

Nach monatelanger sorgfältiger Kleinarbeit in den Laboratorien stellten die Fachleute fest, daß die Explosion durch einen unzulänglich konstruierten Schalter an der automatischen Aufheizung im Sauerstofftank verursacht worden war. Der Ausfall dieses daumennagelgroßen Schalters, der sich bei Hitze automatisch abschalten sollte, ließ es zu, daß sich die Drähte im Sauerstofftank auf Temperaturen von ungefähr 540 Grad Celsius erhitzten. Die Isolierung der Drähte brannte durch, sie fingen an, Funken zu sprühen und entzündeten den umgebenden Sauerstoff. So gab es neue Reißbrettarbeit für die Ingenieure und eine erneute Verschiebung für *Apollo 14*. Das gesamte Sauerstoffsystem des Versorgungsteils wurde im Entwurf überarbeitet. Man gab bekannt, *Apollo 14* werde wohl bis 1971 auf den Start warten müssen. Die *Saturn*-Trägerrakete war weder in das *Apollo 13*-Problem verwickelt gewesen noch dabei in Mitleidenschaft gezogen worden. Und doch nutzte das Braunsche Team die folgenden Monate, um ihren *Apollo 14-Saturn*-Giganten »aufzupolieren«. Ohnehin wurden nach jedem *Saturn*-Flug Verbesserungen an der Rakete vorgenommen.

Auf diese Weise machte das Raumfahrtprogramm weitere Fortschritte im Rahmen des für jenes Jahr bewilligten Etats von 3,5 Milliarden Dollar. Große Fortschritte konnten in Laboratorien und auf Gebieten erzielt werden, die der Presse nicht spektakulär genug erschienen, um sich damit zu beschäftigen und darüber zu berichten. So gelang zum Beispiel im Laufe des Jahres einem gemeinsamen Team von Wissenschaftlern der NASA und der US-Atomenergiekommission ein entscheidender Schritt bei der Weiterentwicklung eines Kernenergietriebwerks für Raketen, das für bemannte interplanetare Flüge Verwendung finden konnte. Selbstverständlich war von Braun an diesem Programm stark beteiligt.

Der glückliche Ausgang des *Apollo 13*-Dramas hatte eindrucksvoll bewiesen, wie schmal der Spielraum zwischen Erfolg und Fehlschlag beim bemannten Raumflug sein konnte, wenn ein neuartiges Gerät eingesetzt wurde. Am Morgen des 30. Juni 1971 unterbrach Radio Moskau sein normales Sendeprogramm, um bekanntzugeben, daß drei heldenhafte Kosmonauten der Sowjetunion bei einem Unfall auf ihrer Rückkehr von einem Raumflug ums Leben gekommen seien. Das war ein schwerer Schlag für die Raumfahrtenthusiasten in der ganzen Welt und eine schreckliche Tragödie für die Sowjets, ein Unglück, von dem sich jeder Russe persönlich betroffen fühlte. Damit hatten die Russen zum zweiten Mal Raumfahrer bei ihrer Rückreise aus dem Weltraum verloren. Das erste *Sojus*-Raumschiff war am 24. April 1967 zerschellt, nachdem es sich in den Halteseilen der Bremsfallschirme verfangen hatte. Der Kosmonaut Oberst Wladimir Komarow fand dabei den Tod. Bei der zweiten Katastrophe kamen Oberstleutnant Georgi Dobrowolski, Flugingenieur Wladislaw Wolkow und Testingenieur Viktor Patsajew ums Leben. Sie hatten ihr Flugprogramm beendet und waren während des Abstiegs mit der Bodenkontrolle in Sprechfunkverbindung geblieben. *Sojus 2* landete weich an der vorgesehenen Stelle, aber die Bergungsmannschaft, die die Luke der Kapsel öffnete, fand die Männer tot auf.

Sofort wurden Spekulationen über einen plötzlichen Druckabfall im Lebensversorgungssystem laut. Die psychologische Belastung, von der einige Kommentatoren sprachen, wie beispielsweise die Schockwirkung der Erdanziehungskraft auf das Herz der Besatzungsmitglieder nach dem langen Zustand der Schwerelosigkeit im Weltraum, klang nicht sehr überzeugend im Hinblick auf die vielen vorangegangenen problemlosen Raumflüge und auf die Tatsache, daß offenbar alle drei Männer zur gleichen Zeit bewußtlos geworden waren.

Das Unglück war ein um so bitterer Verlust für die Sowjets, weil die drei Kosmonauten ihr Leben lassen mußten, nachdem sie mit Erfolg die großartigste Umlaufbahn-Flugmission seit dem Start des ersten *Sputnik* abgeschlossen hatten.

Das Landegebiet wurde von Moskau nicht angegeben, aber vermutlich lag es im Steppengebiet im Osten der Sowjetrepublik Kasachstan, wo bei den vorangegangenen Raumflügen die meisten *Sojus*-Kapseln gelandet waren. Die frühmorgens durch den Äther verbreitete Meldung von der Tragödie löste in ganz Moskau Trauer aus. Die Leute fuhren mit gesenkten Köpfen und sorgenvollen Gesichtern zur Arbeit. Das lebhafte Geplapper und Lachen all derer, die die Nachricht noch nicht gehört hatten, verstummte, sobald man ihnen von dem Unglück erzählte.

Der sowjetische Rundfunk sendete nach der ersten Meldung eine Stunde lang ernste Musik. Das Moskauer Fernsehen, das normalerweise am Vormittag kein Programm ausstrahlt, zeigte von einem Trauerflor umrahmte Porträts der drei Toten, während dazu bis zur Aufnahme des regulären Programms Trauermusik erklang.

Erst mehrere Monate nach dem Unglücksfall erfuhren die Raumfahrtwissenschaftler in der ganzen Welt, daß die Kosmonauten infolge Sauerstoffmangels ums Leben gekommen waren. Eine undichte Stelle im Lukensystem des Rückkehrfahrzeugs hatte den Sauerstoff aus der Kapsel austreten lassen, und zwar so schnell, daß die Kosmonauten nicht mehr imstande waren, die Havarie der Bodenstation zu melden.

In der Zwischenzeit waren die Vorbereitungen für Amerikas *Apollo 15*-Expedition zum Mond so weit gediehen, daß ein Starttermin anberaumt werden konnte, der knapp einen Monat nach dem *Sojus 2*-Unglück lag. Aber war es überhaupt ratsam, diesem Unternehmen grünes Licht zu geben im Hinblick auf das, was den Russen passiert war? Sollte der Mondflug nicht besser verschoben werden, bis die Russen ihre Untersuchungen über das *Sojus*-Desaster abgeschlossen und ihre amerikanischen Kollegen unterrichtet hätten, wo der Fehler für das Versagen lag? Das konnte Monate dauern.

Die NASA entschloß sich, ein Fernschreiben nach Moskau zu schicken und die verantwortlichen Leute der sowjetischen Raumfahrt ganz einfach zu fragen, ob ihre Ermittlungen schon irgendeinen bislang unbekannten Faktor aufgedeckt hätten, der es nahelege, das *Apollo 15*-Unternehmen zu verschieben – das inzwischen fertig zum Countdown war. Innerhalb von zwei Tagen traf die Antwort der Russen ein. Es hieß darin, daß ihre Befunde nichts ergeben hätten, was eine Verschiebung des *Apollo 15*-Fluges zweckmäßig erscheinen lasse, und daß sie der Raumflugmission vollen Erfolg wünschten.

Daher startete am 20. Juli *Apollo 15* auf Kap Kennedy mit dem üblichen Trara. Das Fernsehen berichtete in allen Einzelheiten darüber. Ein neues Mondabenteuer stand bevor – unmittelbar nach der schlimmsten Weltraumtragödie der Geschichte. Ziel von *Apollo 15* war das Hadley-Apenninen-Gebiet auf dem Mond und darin eine Stelle, die leicht über dem Mittelpunkt des Mondes, wie man ihn von der Erde aus sieht, in östlicher Richtung lag. Hadley ist eine nach einem englischen Astronomen des 18. Jahrhunderts benannte Rille oder sich schlängelnde Einkerbung. In der Nähe gibt es auch noch einen Berg gleichen Namens. Apennin heißt ein sattelförmiger Gebirgszug, der seinen Namen nach der geographischen Region auf der Erde trägt.* Zwischen diesen beiden tektonischen Erscheinungsfor-

---

* Der Apennin oder die Apenninen sind der Gebirgszug, der die italienische Halbinsel von Norden nach Süden durchzieht (Anm. d. Ü.).

men hofften die Wissenschaftler ermitteln zu können, wie diese Rillen entstanden sind, die wie Erosionskanäle oder Lavaabflüsse aussehen, und wie die fast 5 000 Meter hohen Berggipfel der Apenninen, die höchsten Erhebungen auf dem Mond, zustandekamen.

Der Landeplatz sollte der am weitesten nördlich liegende sein, den die NASA bisher ausgewählt hatte. Er lag 26 Grad und zirka 750 Kilometer vom Mondäquator und von der Kette der von den *Apollo*-Mannschaften 11, 12 und 14 zurückgelassenen wissenschaftlichen Instrumente entfernt. Wie bei den vorangegangenen Mondflügen sollten der Kommandant von *Apollo 15*, David R. Scott, und der Pilot der Mondfähre, James B. Irwin, auf dem Erdtrabanten landen und eine Reihe wissenschaftlicher Experimente durchführen, während der Pilot der Raumkapsel, Alfred M. Worden, den Mond umkreiste. Dennoch war bei dieser Mission etwas anders. Scott und Irwin sollten zweimal so lange wie ihre Vorgänger – insgesamt 76 Stunden – auf der Mondoberfläche bleiben und außerdem in einem kleinen Auto mit Elektroantrieb, dem »Rover«, herumfahren. Die Entwicklung dieses Fahrzeugs als Gemeinschaftsprojekt mit der Firma Boeing war wiederum in die Verantwortlichkeit von Brauns und des Marshall-Raumfahrtzentrums gefallen.

Der *Apollo 15*-Flug klappte einwandfrei. Für den Mann auf der Straße war es die größte Fernsehshow, seit Neil Armstrong zwei Jahre zuvor seinen Fuß auf den Mond gesetzt hatte. Aus der Sicht eines Laien war das Herumkutschieren der beiden Astronauten in einem »Auto« auf der Mondoberfläche unzweifelhaft der interessanteste Aspekt des Unternehmens. Das war derart unwirklich und phantastisch, daß es kaum zu glauben war. Für die Wissenschaftler auf dem ganzen Erdball waren hingegen die durch den »Rover« ermöglichten Entdeckungen »unwirklich und phantastisch«.

Diese wissenschaftliche Ausbeute war wie ein Blitzstrahl bei Beginn eines Gewitters. Sie überraschte jeden, der etwas mit Raumfahrt und Wissenschaft zu tun hatte. Die Fülle von neuen Erkenntnissen, die vom Mond zur Erde übermittelt wurden, war noch weniger zu erwarten gewesen. »Ich bezweifle ernstlich, ob ich so etwas wie *Apollo 15* noch einmal in meinen Leben sehen werde!« Auf diese Weise drückte der stellvertretende Direktor des Zentrums für bemannte Raumfahrzeuge auf Kap Kennedy, Christopher Columbus (»Chris«) Kraft junior, seine Bewunderung aus, ein Mann, der in den vergangenen zehn Jahren als Flugleiter jeden einzelnen der vierundzwanzig bemannten Raumflüge der USA erlebt und überwacht hatte.

Der Flug von *Apollo 15* bewirkte weit mehr als eine bloße Verlängerung der Reichweite des Menschen in die Unendlichkeit des Alls. Er zeigte auf dramatische Weise, daß der Mensch in den Weltraum gehört. Nach der unversehrten Rückkehr der Astronauten zur Erde wurde bekannt, daß die *Apollo 15*-Besatzung mehr wissenschaftliche Informationen über den Mond gesammelt hatte als alle unbemannten und bemannten Mondexpeditionen vor ihnen zusammen. »Der Mond ist nicht einfach nur ein Eimer voll Steine«, erklärte der neue *Apollo*-Programmdirektor im NASA-Hauptquartier, Rocco A. Petrone. »Die Beobachtungen und Funde dieser Besatzung haben uns das ein für allemal beigebracht.« Einer der Gründe für die riesige Menge an neuen Daten war, daß »Al« Worden, der einsame Kommandant an Bord der Raumkapsel von *Apollo 15*, eine gewundene Flugbahn nördlich und südlich des Mondäquators verfolgte, während er in der Mondumlaufbahn war. Auf diesen Umläufen konnte er 22 Prozent der Mondoberfläche beobachten und fotografieren. Ein anderer Grund war, daß der »Rover« es den Mondfahrern ermöglichte, ein viel größeres Gebiet auf dem Mond zu erkunden, als es ein Astronaut zu Fuß hätte schaffen können. Schließlich hatte die Mannschaft von *Apollo 15* doppelt so viel Mondmaterial mitgebracht, wie bei vorangegangenen Flügen eingesammelt worden war.

Die Wissenschaftler sollten mehrere Jahre benötigen, um die gesamten Funde von *Apollo 15* in ganzem Umfang auszuwerten und zu interpretieren, doch einige Funde erbrachten bereits bei oberflächlicher Analyse viele erstaunliche Erkenntnisse. Man konnte nun feststellen, daß der Mond viel länger ein rotglühender Himmelskörper gewesen sein muß, als die Wissenschaftler bisher angenommen hatten, und daß der Ausstoß vulkanischen Materials an die Mondoberfläche ebenfalls länger gedauert haben muß, als die Experten es erwartet hatten. Ein Haufen geschwärzter vulkanischer Aschenkegel, die von den Astronauten entdeckt wurden, sind vermutlich nicht älter als 1,5 Milliarden Jahre. Daher war der Mond wahrscheinlich während zwei Dritteln seines Bestehens vulkanisch aktiv. (Zur Entstehung des Sonnensystems kam es nach jüngsten wissenschaftlichen Berechnungen vor etwa 4,6 Milliarden Jahren.)

Aus der Entdeckung der Aschenkegel schloß man auch, daß mit

einiger Wahrscheinlichkeit auf dem Mond einmal Kohlendioxyd und sogar Wasser vorhanden gewesen sein mußte. »Ich glaube, wir können nicht umhin, diesen Schluß zu ziehen«, erklärte Dr. Paul Gast, der für Astronomie zuständige Direktor im Zentrum für bemannte Raumfahrzeuge, »denn es bedarf einer erheblichen Menge Kohlendioxyd und Wasser, um diese Asche herauszudrücken und sie an der Oberfläche zu verteilen.«

Die Instrumente an Bord von *Apollo 15* ermittelten auch, daß der Mond eine Atmosphäre hat, wenn auch nur eine extrem dünne. Ein Massenspektrometer registrierte Spuren von Neon und Argon, während die Raumkapsel die Mondoberfläche überflog und stieg sogar einmal auf Kohlendioxid, das offensichtlich gerade aus einer Bodenspalte in der Nähe einer Stelle strömte, an der die Sonne gerade bei Tagesanbruch die Mondoberfläche beleuchtete. »Gar keine Frage, daß aus dem Mond Gas ausströmt. Das Spektrometer hat es nachgewiesen«, sagte einer der Wissenschaftler von der NASA über diesen speziellen Aspekt der Mission.

Viele vulkanische Krater wurden von den Astronauten entdeckt und in Karten eingetragen, Lavaschmelze angetroffen, einzigartige geologische Erscheinungsformen fotografiert und mit Hilfe eines Bohrers Proben des Mondinnern aus tieferen Schichten an die Oberfläche geholt. Der Astronaut Scott führte Wärmesensoren in die Löcher ein, die er gebohrt hatte, und ermittelte auf diese Weise, wie kalt der Mond wirklich direkt unter der Oberfläche ist. Die Sensoren verzeichneten eine Temperatur von 80 Grad Celsius direkt auf der Oberfläche und in nur 1,70 Meter Tiefe eine Temperatur von minus 65 Grad Celsius.

Ein Gammastrahlenspektrometer am Ende eines langen Auslegers an Bord der den Mond umkreisenden *Apollo 15*-Kommandokapsel entdeckte auf dem Mond an der Grenze zwischen »Regenmeer« und »Ozean der Stürme« ein Gebiet verstärkter Radioaktivität. Es ist rund 180 Kilometer lang und fast achtzig Kilomter breit, was die Vermutung nahelegte, daß dieses ganze Gebiet einmal eine Quelle des Vulkanismus auf dem Mond gewesen ist.

»Wir wissen noch immer nicht, ob es auf dem Mond seit jeher Radioaktivität gegeben hat oder ob sie von Planetoiden dorthin gebracht wurde, die auf der Mondoberfläche aufschlugen«, sagte ein Wissenschaftler. »Aber gleichgültig, woher die Radioaktivität gekommen sein mag, es gibt sie immer noch in großer Menge an verschiedenen Stellen.«

Einem Röntgendetektor ist die Erkenntnis zu verdanken, daß das Hochland auf dem Mond reich an Aluminium und arm an Magnesium ist. In den wasserlosen Tälern war es genau umgekehrt. Die meisten Hochlandgebiete enthielten dreimal so viel Aluminium wie die tiefer liegenden Zonen, und eine gebirgige Gegend am Rande des »Meers der Gefahren« (Mare Crisium) wies fünfmal soviel Aluminium auf wie ein typisches Mondbecken.

»Alles, was wir vorher über die Mondhochlandzonen wußten, war, daß sie alle verschieden aussehen«, sagte Dr. Isadore Adler vom Goddard-Raumfahrtzentrum. »Das hier ist ein historisches Novum!«

Für einen Laien mögen alle diese und vermutlich noch viele tausend andere Entdeckungen und Funde nicht sehr »sensationell« gewesen sein oder ihn zumindest damals kaum etwas gesagt haben. Doch die Mitglieder der weltweiten Gemeinde der Wissenschaftler waren begeistert. Und eine beträchtliche Anzahl Gelehrter wußte sehr wohl zu schätzen, daß es in nicht geringem Maße von Braun zu verdanken war, daß die *Saturn*-Mondrakete entwickelt werden konnte, die diese enormen wissenschaftlichen Fortschritte erst möglich gemacht hatte. Sie erkannten die Auswirkungen und die Bedeutung dieser neuen Erkenntnisse für die Zukunft der Menschheit.

»Wir haben uns entschlossen, in diesem Jahrzehnt zum Mond zu fliegen«, sagte John F. Kennedy im September 1962 vor Studenten der Rice University, »nicht, weil es leicht ist, sondern weil es schwer ist; weil uns dieses Ziel dazu dienen wird, das Beste aus unseren Energien und Fähigkeiten herauszuholen und sinnvoll einzusetzen...« Genau zehn Jahre und zwei Monate nach dieser klangvollen Ankündigung lief das epochemachende amerikanische Weltraumprogramm, das den Namen *Apollo* trug, aus. Der erfolgreiche Abschluß des *Apollo 17*-Fluges Ende 1972 zog den Schlußstrich unter eine Kette der ungewöhnlichsten menschlichen Großtaten, die je eine Nation im Verlauf der Weltgeschichte vollbracht hatte. Es war in der Tat eine schwere Aufgabe gewesen. Sie hatte wirklich die besten Energien und größten Fähigkeiten von den Amerikanern verlangt. Und die ungeheuren Summen für das *Apollo*-Projekt waren weder zum Fenster hinausgeworfen worden noch diente das Programm der Ablenkung von den inneren Problemen Amerikas, wie manche Kritiker behauptet hatten. *Apollo* war der konkrete Ausdruck menschlichen Geistes gewesen, der nach Entdeckungen und der Errichtung beständiger Verbindungen zum Universum strebte...

Das »Raumfahrtjahr« 1972 war in mehr als einer Hinsicht paradox. Soweit es technologische Neuerungen und Errungenschaften anbetraf, brachte es reiche »Ausbeute«. Das Raumfahrtprogramm und die Nation wurden mit Erfolgen belohnt, aber auch von Schmerzen geplagt. Das Jahr begann mit dem erfolgreichen Flug von *Apollo 16* am 16. April. Die Astronauten John W. Young und Charles M. Duke wurden der neunte und zehnte Amerikaner, die ihren Fuß auf den Mond setzten. Während sie den Mond mit Hilfe wissenschaftlicher Instrumente erforschten und mit ihrem für viele Millionen Dollar gebauten »Auto« die Mondlandschaft im Hochland von Descartes durchqueren, umkreiste ihr Kollege Thomas K. Mattingly II im Mutterschiff den Mond und sammelte zusätzliches Datenmaterial.

Am 27. April schlug die *Apollo 16*-Kapsel im Pazifik auf. Zunächst unterstrich dieser Flug, was schon vorher feststand: daß Mondexkursionen mittlerweile zur Routine geworden waren. Darüber hinaus trug er dazu bei, den Weg für eine vertretbare und sichere Reise von *Apollo 17* zu ebnen, des Mondschiffes, das als letztes im *Apollo*-Programm kurz vor der Jahreswende 1972/73 starten sollte. Nach vielen beiläufigen Defekten und dem beinahe verhängnisvollen Flug von *Apollo 13* hatte *Apollo 16* den Beweis erbracht, daß das Programm in technischer Hinsicht ausgereift war. Doch zu dieser Zeit war nur noch ein einziger weiterer Flug geplant – vielleicht der letzte bemannte Mondflug der Amerikaner auf lange Zeit.

Die zweite bedeutsame Entwicklung auf dem Gebiet der Raumfahrt im Jahre 1972 zeichnete sich nur wenige Tage nach dem Flug von *Apollo 16* ab. Sie hatte nichts mit dem Start eines Raumfahrzeugs oder künstlichen Satelliten zu tun, sondern bahnte sich in Form einer international weithin beachteten gleichzeitigen Mitteilung des Kremls und des Weißen Hauses an. Die beiden Nationen, die sich seit 1957 eine Art Kalten Krieges bei ihrem Wettrennen zum Weltraum geliefert hatten, gaben der Welt bekannt, daß die Sowjetunion und die Vereinigten Staaten ein gemeinsames, bemanntes Raumfahrtprogramm unternehmen wollten, in dessen Mittelpunkt die Kopplung eines *Sojus*-Raumfahrzeugs mit einer *Apollo*-Kapsel in einer

Erdumlaufbahn stand. Das Unternehmen wurde in den Verlautbarungen als »internationale Rendezvous- und ›Kopplungs‹-Mission« mit Mehrzweckbestimmung bezeichnet, wobei wichtigstes Ziel die Schaffung und Erprobung von Rettungsmöglichkeiten für künftige in »Weltraumnot« geratene amerikanische und sowjetische Astronauten und Kosmonauten war.

Während seines Moskauer Aufenthalts anläßlich des historischen Gipfeltreffens mit Breschnjew und Kossygin im Mai 1972 bestätigte Präsident Nixon offiziell, daß das gemeinsame Raumfahrtunternehmen im Juli 1975 stattfinden sollte. Dabei sollte die Sowjetunion zunächst eine unbemannte *Saljut*-Raumstation starten. Drei Tage später sollten drei Kosmonauten mit ihrem *Sojus*-Raumfahrzeug in eine Umlaufbahn um die Erde eintreten und an einem Ende der etwa zehn Meter langen *Saljut*-Station anlegen. Drei amerikanische Astronauten traten dann von Kap Kennedy aus ihre Weltraumreise an. Während einer Überquerung des Atlantischen Ozeans bei ihrer fünfzehnten Erdumkreisung sollten sie ihr *Apollo*-Raumfahrzeug mit dem anderen Ende von *Saljut* koppeln. In den folgenden sechsundfünfzig Stunden umkreisen dann die drei Amerikaner und die drei Russen gemeinsam die Erde und arbeiteten, navigierten, aßen und schliefen zusammen.

Ihre Anweisungen erhielten die sechs Männer von zwei Flugkontrolleitungen: einer in Houston und einer in Baikonur. Zum ersten Mal in der Geschichte würden damit Angehörige zweier Nationen miteinander den Weltraum durchqueren und aus demselben Raumfahrzeug würde mit den Bodenstationen Englisch und Russisch gesprochen. Erste Gespräche, die diese erstaunliche Leistung vorbereiten sollten, waren im Oktober 1970 zwischen Wissenschaftlern beider Nationen aufgenommen worden. Schließlich wurde ein entsprechendes Abkommen getroffen, das auf dem Gipfeltreffen in Moskau 1972 offiziell verkündet wurde.

Hauptzweck war, wie erwähnt, es den Raumfahrzeugen beider Länder zu ermöglichen, bei Notfällen den jeweiligen Astronauten oder Kosmonauten des anderen Landes zu Hilfe zu kommen und sie zu retten. Von Braun dazu: »Es ist schon viel gesagt und geschrieben worden über spezielle Rettungsschiffe, doch haben die Analysen immer wieder gezeigt, daß in vielen potentiellen Notfällen rechtzeitige Hilfe nur von einem bereits im Raum befindlichen Fahrzeug kommen kann. Angesichts des zunehmenden Weltraumverkehrs auf beiden Seiten ist es in nicht allzu ferner Zukunft gut denkbar, daß eine Situation eintritt, in der Astronauten und Kosmonauten einander zu Hilfe kommen könnten.«

Von Brauns Team, die Laboratorien der NASA, die US-Raumfahrtindustrie und die wissenschaftlichen Institute und Forschungszentren in ganz Amerika erlebten im Verlauf des Jahres 1972 eine Unzahl kleinerer und größerer technologischer Durchbrüche. Es wurden Fortschritte auf dem Gebiet der Metallurgie, der Kryogenetik, der Festkörper-Physik und in vielen anderen Bereichen erzielt. Technische Fachzeitschriften brachten laufende Berichte über die bei der Entwicklung anfallenden Nebenprodukte des Raumfahrtzeitalters. Die Aktienkurse und Dividende zeigten, daß es der Raumfahrtindustrie prächtig ging. Ihr Gesamtbild war vom Fortschritt geprägt.

Und doch herrschte unter der Oberfläche bei den Fürsprechern und Insidern der Raumfahrt große Sorge. *Apollo 17* zog am Horizont als »Ende einer Ära« herauf. Der Kongreß war nicht gerade begeistert von dem Gedanken, weiterhin etwas zu finanzieren, was für viele lediglich »Kunststücke voll Glamour im Weltraum« zu sein schienen. Wieder einmal war die breite Masse der amerikanischen Bevölkerung selbstgefällig geworden. Zu alledem wurde im Juni 1972 bekanntgegeben, daß Wernher von Braun aus der NASA auf eigenen Wunsch ausgeschieden sei. Gerüchten zufolge war er so enttäuscht über das ständige Gezänk in Washington um die Mittel für die Raumfahrt, daß er sich entschieden hatte, einen Posten in der Privatindustrie anzunehmen. Die wahren Gründe für seine Entscheidung, den Kurs zu wechseln, sollen im nächsten Kapitel behandelt werden. Zuerst soll noch der erfolgreiche Flug der letzten bemannten Mondmission im *Apollo*-Programm gewürdigt werden.

Eine perfekt ablaufende *Apollo 17*-Mission konnte dem gesamten *Apollo*-Programm den Stempel uneingeschränkten Erfolges aufprägen. Sie würde wirklich außerordentlich große Bedeutung für die künftige Weltraumforschung haben – und auch viel für von Braun persönlich bedeuten.

Alle, die sich in jener Nacht in Sichtweite der Abschußrampe von *Apollo 17* befanden – sei es beruflich oder als Zuschauer – und gespannt auf das Abheben der *Saturn* in die pechschwarze Nacht warteten, waren irgendwie innerlich bewegt angesichts dieses prachtvollen

Werks einer verschworenen Gemeinschaft hervorragender Männer. Getaucht in bläulich-weißes Licht stand die hoch aufragende *Saturn V* mit dem *Apollo*-Raumfahrzeug auf ihrer Spitze auf ihrem Gerüst, ein Anblick, den ein Bildhauer als Sinnbild physischer Vollkommenheit in Stein gehauen wiedergeben könnte. Es war ein besonders bedeutsamer Augenblick für von Braun.

Der Kalender zeigte den 6. Dezember 1972. Die Besatzung setzte sich aus zwei Astronauten und einem Wissenschaftler zusammen: Eugene A. Cernan, Ronald Evans und Harrison (Jack) Schmitt. Der letztere war ein am CALTECH, der Technischen Hochschule von Kalifornien, und an der Harvard Universität ausgebildeter Geologe. Seine beiden Kameraden hatten viele Jahre lang als Piloten bei der US-Marine Dienst getan. Nun sollten sie gemeinsam die lange Reise zum Mond und zurück antreten. Viele hatten das Gefühl, als ob *Apollo 17* der letzte bemannte Mondflug in diesem Jahrhundert werden würde. Für Tausende von erfahrenen Technikern und Ingenieuren konnte das Arbeitslosigkeit bedeuten – besonders, wenn der Flug ein Erfolg werden sollte! Wieder ein Fall von paradoxer Agonie. Angesichts des Abschlusses des vielgepriesenen *Apollo*-Programms sah sich die Nation mit einer Drosselung der weiteren Eroberung des Weltraums konfrontiert.

Obwohl der Flug von *Apollo 17* der erste war, der einen hauptberuflichen Wissenschaftler auf den Mond bringen sollte, war der Flugkommandant entschlossen, nicht als der Chauffeur dieses Akademikers in die Geschichte einzugehen. »Es hat Leute gegeben, die meinten, meine Arbeit bestände doch bloß darin, einen Geologen zum Mond zu fliegen und da oben auf ihn zu warten«, erzählte Eugene A. Cernan Reportern vor dem Start. »Doch dazu bin ich zu stolz. Ich habe mich ausführlich mit Geologie beschäftigt und möchte der beste Geologe sein, der jemals den Mond betreten hat.«

Die wissenschaftliche Ausbeute von *Apollo 17* übertraf die aller vorangegangenen Flüge, doch zum Zeitpunkt des Entstehens dieses Buches ist die Frage nach dem besten oder zweitbesten Geologen auf dem Mond zwischen Cernan und Schmitt noch immer nicht entschieden. »Sie gehörten mit Sicherheit beide der Spitzenklasse an«, urteilt von Braun heute.

Apollo 17 war als Rekordflug geplant, der dreizehn Tage dauern sollte. Die Mondrakete sollte in den späten Abendstunden abheben und ihre Reise antreten. Es war der erste Nachtstart im *Apollo*-Programm. Doch bei »T minus 30 Sekunden« – also dreißig Sekunden vor dem Zünden der Triebwerke der ersten Stufe – unterbrach ein Computer den automatischen Countdown und »fror« die Operation »ein«. Irgendwie war der automatische Druckanstieg im Flüssigsauerstofftank der dritten Stufe der *Saturn V* nicht erfolgt, und als es manuell nachgeholt wurde, weigerte sich der Computer, das »anzunehmen«. Die Startmannschaft im *Kennedy*-Raumflugzentrum und die Ingenieure im Marshall-Raumflugzentrum in Alabama brauchten zweieinhalb Stunden, um ein Schema auszuarbeiten, mit dem sie den Computer »überlisten« konnten und hatten damit auch Erfolg. Der Countdown wurde um 0.26 Uhr am 7. Dezember wieder aufgenommen, und Minuten später waren die Astronauten auf dem Weg zum Mond. Millionen von Amerikanern konnten ihre Fernsehgeräte ausschalten und zu Bett gehen.

Der Flug verlief einwandfrei. Die ganze Strecke bis zum Mond blieb das Raumfahrzeug auf der vorausberechneten Bahn, ohne daß eine Kurskorrektur erforderlich war. »Houston, ihr könnt aufatmen!« teilte Cernan dem Zentrum für bemannte Raumfahrt am 10. Dezember um 15.15 Uhr mit. »*America* (das war der Name der Kommandokapsel) hat ihren Standort für die bevorstehende Herausforderung erreicht.«

Um 19.30 Uhr unternahmen die Astronauten ein zweites Bremsmanöver, während sie sich auf ihrer dritten Umkreisung hinter dem Mond befanden. Das brachte sie in eine Umlaufbahn, die an ihrem höchsten Punkt 110 Kilometer und am niedrigsten 24 Kilometer von der Mondoberfläche entfernt war. Beim Überfliegen des Taurus-Littrow-Tales erklärte Cernan, er könne Einzelheiten in der Mondlandschaft ausmachen, die er und Schmitt erkunden wollten, sobald sie mit ihrer »vierbeinigen« Landefähre *Challenger* aufgesetzt hatten. Die Astronauten waren ganz aufgeregt. »Wir können den Horizont hoch vor uns im Erdschein sehen«, sagte Cernan. »Und den von der Erde beleuchteten Mond sehen wir auch vor uns, sogar im Dunkeln.«

Apollo 17 folgte weiter tadellos dem Flugplan. Am Montag, dem 11. Dezember, glückte Cernan und Schmitt um 14.55 Uhr im Taurus-Littrow-Tal eine perfekte Landung. Das Tal ist neun Kilometer breit und trägt seinen Namen wegen des Taurus-Gebirges in der Nähe und wegen des Kraters Littrow. Nach allen Seiten ist es von mehreren tausend Meter hohen Bergmassiven eingeschlossen, von denen die Geologen glauben, daß sie durch eine Planetenkollision vor vier Milliarden Jahren aus dem Mond »herausgedrückt« worden sind. Die Talsohle ist von schwarzer, vulkanischer Asche bedeckt, die dort nach Meinung der Geologen von den letzten vulkanischen Ausbrüchen auf dem Mond abgelagert wurde. Diese Vulkantätigkeit könnte entweder vor langer Zeit, schätzungsweise drei Milliarden Jahren oder vor »nur« hundert Millionen Jahren stattgefunden haben. Das macht das Taurus-Littrow-Tal zu einer der zerklüftetsten Mondlandschaften, deren Beschaffenheit mindestens eine Milliarde Jahre, vielleicht auch vier Milliarden Jahre Mondgeschichte widerspiegelt. Das war auch der Hauptgrund, warum man das Taurus-Littrow-Tal als Landeplatz für den letzten *Apollo*-Mondflug ausgesucht hatte.

Wie erwartet, machten die Astronauten während ihres dreitägigen Aufenthalts viele wertvolle Entdeckungen. Neben den verschiedenen Meßgeräten, die Cernan und Schmitt auf der Mondoberfläche aufgestellt hatten, lag die Betonung eindeutig auf geologischen Erscheinungsformen und Erkundungen.

Das *Apollo 17*-Team verließ am 14. Dezember um 17.57 Uhr den Mond und verbrachte fast zwei volle weitere Tage in der Mondumlaufbahn, bevor es am 16. Dezember um 18.33 Uhr nach Abschluß der fünfundsiebzigsten Mondumkreisung der Kommandokapsel die Heimreise antrat. Am frühen Nachmittag des 19. Dezember schlug die *Apollo 17*-Kapsel dann südöstlich von Samoa im Pazifik auf. Das Bergungsschiff für den letzten *Apollo*-Flug war der Flugzeugträger *Ticonderoga* der amerikanischen Kriegsmarine.

Nur wenige Proben, die jemals auf einer geologischen Exkursion gesammelt wurden, vielleicht auch gar keine, sind mit solcher Spannung erwartet worden wie diejenigen, die im Probenbeutel Nr. 509 und in den Röhrchen 35 und 44 vom Mond zur Erde mitgebracht wurden. Sie enthielten nämlich den einzigartigen, buntgefärbten Mondstaub, der die Geologen in aller Welt in Aufregung versetzt hatte. Wenn diese Proben, was man stark annahm, ihre Farbe durch aus dem Schlund eines vulkanischen Kraters austretende Gase erhielten, dann eröffnete diese Entdeckung neue Perspektiven für die Geschichte und Chemie des Mondinnern.

Das erfolgreiche Unternehmen wurde, wie gesagt, von vielen als

»letzter bemannter Flug zum Mond in diesem Jahrhundert« angesehen. Aber von Braun meinte optimistisch, es würde ihn nicht erstaunen, wenn »innerhalb eines Jahrzehnts wieder Menschen den Mond beträten«. Präsident Nixon nannte *Apollo 17* »das Ende vom Anfang« und ließ dabei durchblicken, daß die Nation gewillt sei, weiterhin den Weltraum zu erforschen und erobern.

Apollo als Raumfahrtprogramm war abgeschlossen worden. Die nächsten großen Aufgaben für die NASA waren die erste amerikanische Raumstation – Skylab, das Himmelslabor –, die 1973 gestartet werden sollte und das Raumtransporter-Programm, zwei Projekte, die die Raumfahrt während des letzten Teils dieses Jahrzehnts prägen sollten. Anschließend – falls die Erfolge anhielten – glaubten viele Experten sei dann die Zeit reif, »die nächste Phase« der Monderforschung in Angriff zu nehmen und mit der Errichtung von Stützpunkten und bemannten Observatorien auf dem Erdtrabanten zu beginnen. Es war von Braun zufolge »unvorstellbar, daß wir den Mond in den nächsten Jahren in Ruhe lassen«.

Es steht außer Frage, daß Anfang der siebziger Jahre von Brauns immense Leistungen mit dem großen *Apollo*-Erfolg ihren Höhepunkt erreichten. Doch er war nicht bereit, sich auf seinen Lorbeeren auszuruhen, nicht willens, sich zur Ruhe zu setzen und die Hände in den Schoß zu legen. Er war ein junges, sechzig Jahre altes Energiebündel. Im Sog des *Apollo*-Programms war er so voll Ideen und voll Enthusiasmus wie man nur sein konnte. Er brannte darauf, weiterzumachen und war, wie es seiner Art entsprach, bereit, sich mit voller Kraft zusätzlichen Herausforderungen zu stellen.

28. Kapitel
Von Braun verläßt
enttäuscht die NASA

Nachdem das *Apollo*-Programm erfolgreich angelaufen war, erlebte die amerikanische Luft- und Raumfahrtindustrie einen ungeheuren Aufschwung. Viele tausend kleine und große Unternehmen mit insgesamt an die 500 000 Menschen arbeiteten für Raumfahrtprojekte. Die NASA selbst war zu einem Konglomerat von gigantischen Ausmaßen geworden. Die amerikanische Öffentlichkeit wurde im großen und ganzen allmählich immer selbstzufriedener, als der Nation eine problemlose Mondlandung nach der anderen glückte. Jahr für Jahr mußten von Braun und seine Mitdirektoren, an der Spitze der unerschütterliche NASA-Administrator Jim Webb, den Kongreß um die Mittel für die Fortsetzung des Raumfahrtprogramms ersuchen. Das entsprechende Budget erreichte 1962 mit zirka sechs Milliarden Dollar seinen Höchststand und ging dann rapide auf die Drei-Milliarden-Marke zurück, bei der es sich heute eingependelt hat. Die Kritiker der US-Weltraumunternehmen hatten eine harte Nuß zu knacken. Die Erfolge konnten sie nicht bestreiten. Und es war ihnen nicht möglich, zu widerlegen, daß die vielen Milliarden Dollars in den Vereinigten Staaten und nicht auf dem Mond ausgegeben wurden.

Die Verantwortlichen der NASA, darunter auch von Braun, konnten jedoch schon Schriftzeichen an der Wand erkennen. Nachdem man die Russen beim Wettrennen zum Mond geschlagen hatte und sich eine ganze Serie von erfolgreichen Landungen auf dem Mond anschloß, erhob sich die Frage, welche Aufgaben die NASA nach dem letzten Flug einer *Apollo*-Kapsel erwarteten und welches Raumfahrtprogramm die USA dann auflegten.

Amerikas Industrie war für eine gewaltige Aufgabe mobilisiert worden. Als *Apollo 11* auf dem Mond landete, war das US-Raumfahrtprogramm mit seinen Arbeitskräften und seinem Wissenspotential zu einem nationalen Aktivposten, einer wertvollen Hilfsquelle und einer wissenschaftlichen Goldmine geworden. Die Zukunftsplaner der NASA steckten schon die Köpfe zusammen und berieten über eine Vielzahl von Vorhaben und Ideen, um sinnvolle Vorschläge als *Apollo*-Nachfolge-Projekte unterbreiten zu können. Auf diese Weise kamen das *Skylab*-Programm und die *Raumtransporter*-Projekte zustande. Gleichzeitig wurden die Mittel für eine breite Palette unbemannter Satellitenprogramme flüssiggemacht. Trotzdem wurden im Verlauf des Bewilligungsverfahrens des Kongresses für diese Unternehmungen viele Vorschläge für andere vielversprechende Vorhaben abgelehnt. Etatkürzungen wurden eher zur Regel als zur Ausnahme, und die Entlassung von Ingenieuren und Arbeitern war in der Luft- und Raumfahrtgemeinschaft an der Tagesordnung. Viele »Ideen-Macher« bei der NASA und in der Industrie waren enttäuscht und entmutigt. Selbst zur Glanzzeit des gigantischen und unglaublich erfolgreichen *Apollo*-Programms gab es Leute, die bedrückt waren. Einige dachten, über kurz oder lang würde die Aktivität der USA im Weltraum doch völlig eingestellt werden, gewissermaßen im Nichts versickern. Andere wieder glaubten, die Nation käme an einen Scheideweg und müßte im Zuge einer Neuorientierung mehr Betonung auf den Nutzen für die Menschheit legen und dafür die Nebenprodukte der Raumflüge und Raumforschung verwenden. Tatsächlich sollte es nach dem Abschluß von *Apollo* und *Skylab* Anfang der siebziger Jahre keine bemannte Expedition zum Mond und keine bemannte Erdumkreisung mehr geben, bis der Raumtransporter nach 1980 zum Einsatz gekommen war.

Natürlich sollte die Technologie unbemannter Satellitenvorhaben – wissenschaftliche, kommerzielle oder experimentelle Satelliten – weiter entwickelt werden. Es lag auf der Hand, daß Unmengen solcher Satelliten – gleichzeitig – die Erde umkreisen würden und den Menschen auf dem gesamten Erdball wertvolle und nützliche Dienste leisteten. Doch wie stand es mit den Träumen und den Hoffnungen auf den Bau von nuklearen Superraketen, die Errichtung von Mondkolonien, die Konstruktion von wissenschaftlichen Großstationen im Weltraum mit fünfzigköpfiger Besatzung und die Erforschung und vielleicht sogar Besiedlung von Mars und Venus?

Sollte es für Amerika keine Raumforschungsprogramme im Sinne eines nationalen Zieles mehr geben? In Washington machte man sich Sorgen wegen der Not in Vietnam, der Rassenauseinandersetzungen und -unruhen im eigenen Land, über das Anwachsen der Kriminalität, die Korruption im Staatsapparat, den Raubbau mit der Umwelt, die Nahrungsmittelknappheit in der Welt, die Bevölkerungsexplosion und die Energiekrise. Die Frage war, ob die Auswirkung all dieser Probleme nicht schon so groß geworden war, daß die USA sich nicht mehr ein leistungsstarkes und lebensfähiges Raumfahrtprogramm leisten konnten.

1969 nahm der unermüdliche Jim Webb seinen Abschied. Sein ehemaliger Stellvertreter, Dr. Thomas O. Paine, wurde sein Nachfolger und entschied sich dafür, im Kampf für die gute Sache weiterzumachen. Er faßte die Idee eines bemannten Mars-Projektes als logische Fortsetzung von *Apollo* auf, sobald – und falls überhaupt – *Apollo* erfolgreich zum Abschluß gebracht werden konnte. Es war für ihn eine natürliche Sache, aus den enormen Investitionen in die *Saturn V*-Trägerrakete und andere *Apollo*-Hardware noch sehr viel mehr wissenschaftlichen Nutzen zu ziehen.

Es war daher nicht weiter erstaunlich, daß der neue NASA-Chef von Braun ersuchte, seine Vorstellungen über ein bemanntes Mars-Projekt auszuarbeiten und dem Kongreß vorzulegen. Zu diesem Zeitpunkt waren die Besatzungen von *Apollo 11* und *Apollo 12* bereits erfolgreich vom Mond zurückgekehrt, und von Brauns *Saturn V* hatte ihre Leistungsfähigkeit und Zuverlässigkeit längst eindeutig unter Beweis gestellt. In Männern wie Eberhard Rees, Ed O'Connor, Arthur Rudolph und Lee James hatte er enge Mitarbeiter gefunden, die auch ohne ihn die verbleibenden Probleme beim Programmanagement lösen konnten.

War es nicht eine kluge Maßnahme von Paine – gerade zum richtigen Zeitpunkt –, von Braun von Huntsville nach Washington zu holen und ihn zum stellvertretenden Administrator der NASA zu machen, ihm die Planung künftiger Projekte bei der Hauptverwaltung zu übertragen und ihn als erste Aufgabe den Versuch unternehmen zu lassen, im Kongreß für ein bemanntes Mars-Projekt Zustimmung zu finden? Hatte es für Paine nicht Sinn, dem Kongreß – die vorherrschende Begeisterung der Öffentlichkeit ausnutzend – einen einfallsreichen, soliden Vorschlag über ein Anschlußprojekt zu unterbreiten?

Paine und andere führende Leute der NASA hatten von Brauns Vorschlag und sein Konzept, eine Gruppe von Astronauten zum Mars und zurück zur Erde fliegen zu lassen, sorgfältig studiert. Der Plan sah eine Flotte von *Saturn V*-Raketen vor, die Material und Treibstoff für zwei mit einem NERVA-Raketentriebwerk* ausgestattete interplanetarische Raumfahrzeuge in eine niedrige Erdumlaufbahn bringen sollten. Dort war vorgesehen, die beiden Mars-Schiffe zusammenzubauen und zu betanken und sie dann auf die Reise zum Nachbarplaneten zu schicken. Die Landung war mit einem Gegenstück der *Apollo*-Mondfähre geplant. Das ganze Unternehmen wurde von den NASA-Leuten als eine Art »Super-*Apollo*-Projekt« angesehen – ein Vorhaben der zweiten Generation, das wie das *Apollo*-Programm zum nationalen Anliegen der USA werden sollte.

Administrator Paine stellte sich dabei vor, daß ein solches Programm den riesigen industriellen Apparat retten würde, der für *Apollo* aufgebaut und zu einer volkswirtschaftlichen Größe geworden war. Für die NASA könnte es wahrscheinlich weitere zehn oder noch mehr Jahre massiver Anstrengungen von ähnlichem Umfang wie beim *Saturn/Apollo*-Entwicklungsprogramm bedeuten.

Nach langen Diskussionen, in deren Verlauf Paine sich zusehends mehr für das Mars-Projekt begeisterte, das in vieler Hinsicht eine modernisierte Version der Ideen war, die von Braun Anfang der fünfziger Jahre in einer Serie populärwissenschaftlicher Artikel in der Zeitschrift *Colliers* und in einem Buch dargelegt hatte, entschloß er sich Ende 1969, eine Lanze für diese Pläne zu brechen.

Von Brauns prompte Reaktion war Glücksgefühl, ja sogar überschwengliche Begeisterung. Eine neue große Herausforderung stand ihm bevor. Zur Hälfte hatte er schon den Traum seiner Knabenjahre verwirklicht: Männer in einem Raumschiff zum Mond zu schicken. Die andere Hälfte des Traums bestand darin, Männer durch die Unendlichkeit des interplanetaren Raums auf den Mars zu entsenden.

Aber die Frage, die ihn bedrückte, lautete: Würde er wirklich imstande sein, diesen ehrgeizigen und kostspieligen Plan dem Kongreß schmackhaft zu machen? Würde wiederum ein amerikanischer Präsident vor die Nation treten und eine Botschaft wiederholen, wie sie

---

* NERVA = Abkürzung für *N*uclear *E*ngine for *R*ocket *V*ehicle *A*pplication; in den USA entwickeltes thermonukleares Raketentriebwerk. (Anm. d. Ü.)

Präsident Kennedy am 25. Mai 1961 verkündet hatte – außer, daß diesmal die Botschaft den nachdrücklichen Aufruf enthielte, »Menschen innerhalb der nächsten ein bis zwei Jahrzehnte auf den Mars zu bringen«? Als Präsident Kennedys historische Ankündigung im Kongreß verhallt war, hatte man von Braun gebeten, dazu Stellung zu nehmen, und hatte damals erklärt: »Ich glaube, das ist die vernünftigste Investition, die Amerika je gemacht hat. Ich sage das nicht nur, weil ich ein Raumfahrtmann bin, sondern weil dies genau die Art von Stimulans ist, die Wirtschaft, Wissenschaft und Industrie brauchen. Der echte Nutzen liegt nicht im Schürfen von Gold und seinem Zurückbringen vom Mond, sondern in der Bereicherung unserer Wirtschaft und unserer Wissenschaft mit neuen Methoden, neuen Verfahrenstechniken, neuem Wissen und überhaupt mit fortschrittlicher Technologie schlechthin.«

Ganz sicher konnte er – wenn er mit dem Mars-Projekt der NASA vor den Kongreß treten mußte – seine eigenen Worte aus dem Jahr 1961 fast verbatim wiederholen. Doch würde sie ihm der Kongreß abkaufen? Oder war dieser nach dem gewonnenen Wettlauf zum Mond gegen die Russen so selbstgefällig geworden – und so überhäuft mit vielfältigen irdischen Problemen –, daß die Männer auf dem Capitol Hill kein weiteres umfangreiches Technologie-Programm wie die Expedition zum Mars unterstützen würden? Dollar für Dollar hatte das *Apollo*-Programm den amerikanischen Steuerzahler jährlich ungefähr die gleiche Summe gekostet wie das Auslandshilfeprogramm der USA. Ein Mars-Programm würde jedenfalls nicht mehr kosten.

Als Paine sich dazu entschloß, seine Pläne zu verwirklichen und von Braun nach Washington zu holen, damit er dort das Mars-Programm weiter vorantreiben konnte, und als von Braun loyal diese Herausforderung annahm, erhob sich in Huntsville ein Sturm der Entrüstung. Würde das für »Rocket City« den Todesstoß bedeuten?

Nein, natürlich nicht. Das Raumflugzentrum war bereits mitten in bestimmten Entwicklungsphasen sowohl des *Skylab*- als auch des *Raumtransporter*-Programms. Über viele weitere Jahre würde sich noch eine Vielzahl anderer Forschungs- und Entwicklungsprojekte hinziehen. Überdies besaß Huntsville inzwischen dank von Braun das Forschungszentrum der Universität von Alabama und war seinem Rat gefolgt, seine Industrie zur Erlangung einer stabileren wirtschaftlichen Basis breit zu fächern. Dennoch hatten viele böse Ahnungen, als sie hörten, daß ihr berühmtester Mitbürger Alabama verlassen wollte.

Trotz des regnerischen und unfreundlichen Wetters an diesem 24. Februar 1970 schlug von Braun fast genau einen Monat vor seinem 58. Geburtstag die Huntsviller noch einmal bei einer Rede unter freiem Himmel mit seinen Worten über den Weltraum und die Männer, die so entscheidend dazu beigetragen hatten, Menschen dorthin zu entsenden, in seinen Bann. Wie gewöhnlich schrieb er die Raumfahrterfolge, die in Huntsville ihren Ausgang genommen hatten, dem »Teamgeist« der Mitarbeiter des Marshall-Zentrums, der Armee, den Vertragsfirmen und den Vertretern der Stadtverwaltung zu.

»Wir haben große Höhen erklommen, weil wir als Team auf den Schultern all derer standen, die vor uns waren«, sagte er in seiner Abschiedsrede. Von Braun erklärte der Menge, er erinnere sich gut daran, daß es in der Frühzeit seiner Arbeit in Huntsville auch Leute gegeben habe, die ihn und seine Kollegen für verrückte Wissenschaftler gehalten hätten, die Luftschlösser bauten.

»Doch dann entdeckten einige, daß wir es ernst meinten. Sie hier wurden zu unseren treuesten Anhängern«, hob er hervor und versicherte, er stehe tief in der Schuld der Huntsviller, denn ohne ihre Unterstützung hätten die Flüge zum Mond wahrscheinlich gar nicht stattfinden können.

Zu den zahlreichen Ehrungen und Geschenken, die von Braun zuteil wurden, zählten unter anderem: Das Huntsviller Bürgerzentrum im Wert von 15 Millionen Dollar, das noch gebaut werden und seinen Namen tragen sollte; ein permanenter Stipendienfonds zur Unterstützung mittelloser Studenten, den die Alabama A & M Universität und die Universität von Alabama in Huntsville bereitstellten; ein Farbfernsehgerät; eine alte Standuhr; zwei Stühle von der Handelskammer für das Huntsville-Madison-County; ein Porträt von Generalmajor H. N. (»Ludy«) Toftoy, überreicht durch Generalmajor E. I. Donley, dem Kommandierenden General des *Army Missile Command* sowie Urkunden und Erinnerungsmedaillen von Stadt und County...

Harry M. Rhett, ein prominenter lokaler Geschäftsmann, war der Vorsitzende des Festkomitees für einen »Wernher-von-Braun-Tag«.

Er war jahrelang Präsident des Ausschusses für industrielle Expansion von Huntsville gewesen. Höhepunkt des Festakts war die Enthüllung einer Granittafel, auf der einige der Verdienste des berühmten »Sohnes der Stadt« in den zwanzig Jahren seiner Tätigkeit in Regierungsdiensten verzeichnet waren.

Am Abend desselben Februartages nahmen annähernd tausend Angestellte des Marshall-Zentrums mit ihren Ehepartnern an der Abschiedsparty für die von Brauns im Offiziersclub des Redstone-Arsenals teil. Den ganzen langen Tag über, der mit Feierlichkeiten und Feiern ausgefüllt war, behielten Wernher und Maria von Braun die gute Laune, die man bei ihnen kannte, wobei Maria fast noch mehr die Fassung bewahrte als ihr Gatte. Beide vergossen auch ein paar Tränen, oder zumindest behaupteten das einige Freunde aus dem alten Team, als sie an diesem Abend ihren Toast ausbrachten.

Und so endete der Abschied, den die von Brauns und die Bürger von ›Rocket City‹ an jenem wehmütigen, aber doch in festlicher Atmosphäre verlaufenden Februartag voneinander nahmen. Es ist bezeichnend, die Aufschrift auf dem langen Spruchband wiederzugeben, das während der Farewell-Party quer über die Tribüne gespannt war. Sie lautete: »DR. WERNHER VON BRAUN, EHRENBÜRGER VON HUNTSVILLE, LEIHGABE FÜR WASHINGTON D. C.«

Die Übersiedlung der von Brauns in die Nähe der Hauptstadt bedeutete für jedes Mitglied der Familie eine Umstellung. Iris, die Älteste, war schon zum Globetrotter geworden und hatte bereits einige Zeit in New Delhi in Indien gearbeitet. Margrit ging noch aufs College, und Peter war ein waschechter »Konföderierter« geworden. Er und seine Schwester Margrit liebten das Leben im amerikanischen Süden und vermißten ihre Freunde in Huntsville und die Abwechslungen, die ihnen das Pfadfinderleben bot, den Wassersport auf dem Guntersville Lake, kurz, alle die Möglichkeiten, die sich in »Rocket City« jungen Leuten eröffneten, und natürlich auch das angenehme Klima von Alabama. Der Abschied von Huntsville war ihnen nicht leicht gefallen.

Für Maria von Braun bedeutete der Umzug in den Norden in vieler Hinsicht eine schwierige Umstellung. Nach zwanzigjährigem Aufenthalt in Huntsville sah sie sich plötzlich der immensen Aufgabe gegenüber, sich im anspruchsvollen Washington einzurichten. Sie mußte eine gemütliche Bleibe für die Familie in den bereits in Virginia liegenden Vororten der Hauptstadt finden, dazu die richtigen Schulen für Margrit und Peter, eine Gemeinde der *Episcopalian Church* ausfindig machen und – wenn möglich – eine Umgebung wählen, die genauso unprätentiös und angenehm war wie die an der Big Cove Road in Huntsville. Probleme dieser Art sind immer von grundlegender Bedeutung für eine Hausfrau und Mutter, die sich um das Wohl jedes einzelnen in ihrer Familie sorgt. Doch sie ging mit großer Entschlossenheit an die Arbeit, und es dauerte nicht lange, da hatten sich die von Brauns so glücklich eingelebt, daß jedes Familienmitglied gestand, das neue, hübsche Haus in Alexandria sei »einfach prima«. Es lag in einer ruhigen Gegend und zudem in einer Sackgasse und war von riesengroßen Nachbargrundstücken mit alten Eichen und Hickorybäumen umgeben. Der Garten war groß genug, um von Braun den Bau eines geheizten Swimmingpools zu ermöglichen und auch die Errichtung des bereits erwähnten kleinen kuppelförmigen Observatoriums, das sein Spiegelteleskop beherbergte.

Sein Büro an der Maryland Avenue in Washington lag direkt neben dem des NASA-Administrators. In den ersten Wochen nach seiner Versetzung wurde ihm die Umstellung beträchtlich dadurch erleichtert, daß Bonnie Holmes nach Washington kam, um ihn bei der Einrichtung seines neuen Arbeitsplatzes zu helfen. Sie mußte dabei auch die Bewerberinnen empfangen, die sich um eine Stelle als Sekretärin bei Wernher von Braun bewarben. Doch diese Wahl machte ihr keine Schwierigkeiten. Wie sich herausstellte, kam nur Julia (»Julie«) Kertes in Frage. Sie hatte mehrere Jahre für Sam Phillips, Generaldirektor des *Apollo*-Programms bei der NASA gearbeitet und hatte langjährige Erfahrung mit Raketen- und Raumfahrtproblemen bei der Luftwaffe, der Marine und der Privatindustrie in Dayton (Ohio) und später in Washington gesammelt.

Dr. Paine hatte bei Präsident Richard M. Nixon noch vor Ende des Jahres 1969 wegen des Projekts einer bemannten Mars-Expedition vorgefühlt, und der Präsident gab dann auch wirklich eine Erklärung ab mit dem Inhalt, daß es ein für die Nation erstrebenswertes Ziel sei, spätestens 1982 einen Menschen auf dem Mars landen zu lassen. Doch war Nixon auch mit dem Herzen dabei? Wahrscheinlich nicht.

Wie dem auch sei, jedenfalls marschierten Dr. Paine, von Braun und andere führende Vertreter der NASA mit ihrer detaillierten Studie vor den Kongreß. In seiner üblichen Art, nämlich mit Sachverstand, Präzision und Charme, trug von Braun die sorgfältig vorbereiteten Pläne für eine bemannte Expedition zum Mars vor. Er erläuterte dabei, wie er sich das Gesamtsystem von Trägerraketen, Raumkapseln, Raumfähren, Auftanktechniken in der Umlaufbahn und Kernenergietriebwerken vorstellte, das auf Hardware und Techniken beruhte, die entweder schon vorhanden waren oder sich mehr oder weniger in der Entwicklung befanden. Jedes der beiden Mars-Schiffe, die in einer Erdumlaufbahn zusammengebaut werden sollten, sollte eine sechsköpfige Besatzung an Bord haben. Sie würden in einem Fahrzeug fliegen, das natürlich im Hinblick auf die gesamte Hin- und Rückflugzeit von 640 Tagen bei weitem komfortabler und geräumiger wäre als die Kommandokapsel des *Apollo*-Mondschiffes. Die beiden Raumfahrzeuge sollten sich aufs Haar gleichen.

»Wir könnten natürlich auch die gesamte Mission halbieren und nur mit einem Schiff fliegen«, sagte von Braun dazu. »Das wäre dann immer noch eine gute und beachtliche Expedition. Unser Vorschlag, zwei Raumfahrzeuge zu verwenden, basiert auf der Überlegung, daß eine Schiffsredundanz, also eine Mehrfachausführung der Geräte und Anlagen, besonders dann vorteilhaft sein könnte, wenn die Besatzung so weit von der Erde entfernt ist, daß jeder Gedanke an Hilfe von dort völlig außer Frage steht. Deswegen greifen wir auf die Tradition der alten Segelschiffe zurück. Kolumbus fuhr, wie Sie sich erinnern werden, mit einer kleinen Flotte von Schiffen, als er sich nach Westen aufmachte, und ich glaube, die Geschichte beweist, daß er niemals hätte zurückkehren können, um von seiner Entdeckung zu berichten, wenn er diese Redundanz nicht in sein System einbezogen hätte. So könnten also, sollten wir ein Fahrzeug auf seiner langen Reise verlieren oder sollte eines defekt werden und keine Rückführung möglich sein, die sechs Mann Besatzung mit dem anderen Raumschiff zur Erde zurückkehren. Es wäre dann ein bißchen eng darin, doch es wäre immer noch unschwer möglich, alle zwölf Männer in einem Schiff zurückzubringen«, sagte von Braun erläuternd zu seinem Vorschlag.

Die Mitglieder beider Ausschüsse sowohl im Senat als auch im Abgeordnetenhaus hörten mit großem Interesse zu und stellten eine Menge scharfsinniger Fragen. Doch es war offensichtlich, daß kaum einer von ihnen gewillt war, Amerika auf ein neues gigantisches

Raumfahrttechnologie-Programm festzulegen, nachdem die Serie erfolgreicher *Apollo*-Flüge der Welt bewiesen hatte, daß die USA keine ausländische Konkurrenz zu befürchten hatte. Man war auf dem Capitol Hill also nicht in der Stimmung, solch einem »Super-Apollo« zuzustimmen. Darüber hinaus hatte Präsident Nixon bei einer unübersehbaren Reihe anderer Vorlagen seine Schwierigkeiten mit dem Kongreß, und schon bald wurde offenbar, daß ihm das Mars-Projekt wirklich kein Herzensanliegen war. Er drängte den Kongreß nicht mit solchem Nachdruck um Zustimmung, wie ihn Präsident Kennedy bei seiner historischen Rede im Mai 1961 an den Tag gelegt hatte.

Die enttäuschten NASA-Führungskräfte verließen das Capitol und hatten nur einen Gedanken: Ihre Pläne für die künftigen Raumfahrtunternehmen der Nation mußten revidiert werden, zugeschnitten auf ein Sparbudget, von dem sie annahmen, daß der Kongreß es ohne großes Trara billigen würde.

Bei einer Pressekonferenz im NASA-Hauptquartier am 13. Januar 1970 hörte ich eine Erklärung Dr. Paines, in der er gestand, er sei dabei, »Teile unseres Raumfahrtprogramms zu überarbeiten, um die gesamten NASA-Operationen mit dem Budget in Einklang zu bringen, mit dem wir im Haushaltsjahr 1971 zurechtkommen müssen... Wir wissen um die vielen wichtigen Bedürfnisse und dringenden Probleme, denen wir hier auf der Erde gegenüberstehen«, sagte Paine weiter. »Amerikas Errungenschaften im Weltraum in den sechziger Jahren haben zu Recht die Hoffnung erweckt, daß dieses Land und die gesamte Menschheit mehr tun können, um die belastenden sozialen Probleme zu lösen. Das Raumfahrtprogramm kann zu mutigeren Schritten ermuntern und neue Wege aufzeigen. Es hat bereits in direkter und indirekter Weise viel Nutzen gebracht, schafft ständig neuen Wohlstand und eröffnet neue Möglichkeiten.

Ein starkes Raumfahrtprogramm bleibt weiterhin für dieses Land eine der Hauptprioritäten. Wir sehen jedoch ein, daß angesichts der gegenwärtigen finanziellen Beschränkungen die NASA neue Wege finden muß, um unsere laufenden Programme zeitlich zu strecken und unsere gegenwärtige Operationsbasis zu verkleinern...«

Kurz nachdem er dieses Paket mit verwässerten Vorschlägen präsentiert hatte, verließ Paine die NASA und nahm wieder einen Job in der freien Wirtschaft an. Er war sichtlich enttäuscht über die mangelnde Unterstützung seitens des Präsidenten und des Kongresses für den bemannten Mars-Flug und über die Tatsache, daß man ihn gezwungen hatte, sich mit einem stark beschnittenen NASA-Programm zufriedenzugeben. Da saß nun von Braun in der NASA-Hauptverwaltung – ziemlich verstimmt und in einer einigermaßen prekären Lage. Man kann ohne weiteres davon ausgehen, daß er Paines Angebot, nach Washington zu kommen, nicht angenommen hätte, wenn er gewußt hätte, daß Paine nach dem Durchfall des Mars-Projekts im Kongreß die Flinte ins Korn werfen und die NASA verlassen würde. Darüber hinaus erklärte Paines Nachfolger, Dr. James C. Fletcher, von Braun gleich von Anfang an, daß er sich mit dem drastisch gekürzten NASA-Sparbudget zufriedengeben und das Beste daraus machen wolle.

Das bedeutete natürlich, daß anstelle eines Beitrages zur Formulierung großer langfristiger Pläne für die NASA von Brauns Rolle in der Hauptverwaltung sich auf die Tätigkeit eines Buchhalters für die vielen existierenden kleineren Projekte im Rahmen eines sehr knappen Etats beschränken würde.

Von seiner Position in der Hauptverwaltung als einer der Stellvertreter des Administrators aus ging er sofort daran, die neue Situation zu überdenken. Schließlich gab es noch zwei aufwendige Programme, die von der Axt der Etatkürzer nicht getroffen worden waren: die Fertigstellung der *Skylab*-Raumstation und des wiederverwendbaren Raumtransporters. Letzterer wurde zu einem äußerst wichtigen Problem, weil die veranschlagten Entwicklungskosten von zehn Milliarden Dollar für die damals vorgesehene Raumtransporter-Konfiguration praktisch die vielen anderen wissenschaftlichen Raumfahrtprogramme und ihre Auswertung zu ersticken drohten, die von der NASA aufgelegt worden waren.

Das *Skylab*-Programm für eine bemannte Raumstation war inzwischen gut vorangekommen und stand zu Beginn des Jahres 1970 in großen Umrissen ziemlich genau fest. Doch der Raumtransporter steckte noch in den Kinderschuhen und befand sich in der allerersten Entwurfsphase. *Skylab* hatte sich im Laufe der Jahre zum Lieblingsprojekt von Brauns gemausert, genaugenommen seit Beginn des *Saturn*-Programms. Zwar waren die Raketenfachleute beim Marshall-Zentrum aufgerufen, ein *Saturn*-System von aufeinandergesetzten Raketenstufen zu entwickeln, die in erster Linie als Mondraketen dienen sollten, aber es war klar, daß der große Träger auch für viele andere Zwecke eingesetzt werden konnte. Die dritte Stufe zum Beispiel war praktisch als rudimentäre Raumstation für einen bemannten Flug in einer Umlaufbahn zu verwenden.

Anfang der sechziger Jahre führte ein Memorandum, das sich mit Nebenprojekten des *Apollo*-Programms beschäftigte, die Möglichkeit zusätzlicher Raumflüge an, bei denen Startraketen und Raumschiffkomponenten Verwendung finden konnten, die ursprünglich für das Mondlandeprogramm entworfen worden waren. So bestand eine Möglichkeit, die man damals in Erwägung zog, in der Entsendung einer *Apollo*-»Kommando- und Versorgungseinheit«, die eine Anzahl kleiner Sonnenteleskope in eine Umlaufbahn tragen sollte, wo sie dann mit Hilfe der Astronauten an dem »Versorgungsteil« angebracht und bedient wurde. Die belichteten Filme wurden anschließend an Bord der »Raumkapsel« zur Erde zurückgebracht. Diese Anordnung wurde 1963 *Apollo*-Teleskopmontierung (ATM) genannt.

Aus diesen ersten Bemühungen, das *Apollo*-Programm auf neue Anwendungsbereiche zu übertragen, erwuchs eine ständige Organisation. Am 6. August 1965 wurde das Büro für *Apollo*-Anwendungen bei der NASA-Hauptverwaltung in Washington, ins Leben gerufen. Das *Apollo*-Anwendungs-Programm (AAP) sollte auch Langzeitflüge in der Erdumlaufbahn einschließen, bei denen die Astronauten wissenschaftliche und technische Experimente ausführten. Nach Abschluß des *Apollo*-Programms sollten daher Raumfahrzeuge und *Saturn*-Trägerraketen, die ursprünglich für die Monderforschung konzipiert worden waren, modifiziert werden, um es der Besatzung zu ermöglichen, über längere Zeiträume in einer Erdumlaufbahn zu bleiben.

Während diese Studien vorangetrieben wurden, wurden auch Pläne für eine genauere Sonnenbeobachtung mit einer Batterie von parallel montierten Sonnenteleskopen entwickelt. Ein erstes, im März 1966 aufgestelltes Programm sah drei Experimental-Einheiten vor, die aus einer ausgebrannten *Saturn*-S-IVB-Stufe, die zur Werkstatt in der Umlaufbahn wurde, und einer Kombination aus Adapter und Luftschleuse bestanden. Die Werkstatt in der Umlaufbahn, also die umgebaute, leere S-IVB-Stufe, sollte als aktive zweite Antriebsstufe der *Saturn* IB-Trägerrakete in den Weltraum aufsteigen und die

Anlegeadapter-Luftschleusenkombination und eine bemannte »Raumkapsel samt Versorgungsteil« als Nutzlast mitführen. Nachdem die S-IVB-Stufe ihren Treibstoff aufgebraucht hatte und mit der Nutzlast in eine Umlaufbahn eingetreten war, sollten die Astronauten mit ihrer Raumkapsel an Adapter und Luftschleuse anlegen und durch dieses Gerät hindurch in den Wasserstofftank der Stufe hineinkriechen. Der Tank sollte sorgfältig gereinigt und mit Sauerstoffatmosphäre als Atemgas für die Besatzung unter Druckausgleich gesetzt sein. Bestimmte wissenschaftliche Ausrüstungsteile, die während der Startphase in der Luftschleuse gelagert worden waren, würden nun in die Raumwerkstatt gebracht. Die Apollo-Raumkapsel selbst würde weiterhin als Quartier für die Astronauten dienen. Dieses Konzept, der sogenannte *Wet Orbital Workshop* (wörtlich: »Nasse Werkstatt in der Umlaufbahn«), dem die Wiederverwendung einer ausgedienten S-IVB-Antriebsstufe zugrundelag, war der Vorläufer von *Skylab*.

Eine wichtige Neuorientierung der Aktivitäten im Rahmen des *Apollo*-Anwendungsprogramms erfolgte am 27. Juli 1969, sechs Tage nach der ersten Mondlandung. Die NASA kündigte Pläne an, wonach sie beabsichtigte, die Werkstatt und eine sorgfältig durchdachte *Apollo*-Teleskopmontierung gemeinsam auf der Spitze einer zweistufigen *Saturn V* zu starten. Die (dritte) S-IVB-Stufe sollte keinen Treibstoff transportieren (daher ihre Bezeichnung *Dry Workshop*, also »Trockene Werkstatt«) und bereits auf dem Boden komplett als Wohnsystem ausgestattet werden, das die Astronauten in der Umlaufbahn betreten konnten. Diese Entscheidung wurde von der gelungenen Mondlandung begünstigt, die *Saturn*-Trägerraketen für andere Zwecke frei werden ließ. Pläne für den Abschuß zweier *Saturn V*-Raketen mit zwei Labors, von denen jedes mit einer ATM ausgerüstet sein sollte, und für sieben *Saturn* IB-Starts wurden 1969 bekanntgegeben. Der erste Werkstatt-Start war für Juli 1972 vorgesehen.

An genau demselben Tag, an dem die Einwohner von Huntsville für die Familie von Braun die berühmte Abschiedsparty gaben, am 24. Februar 1970, wurde das AAP-Werkstatt-Programm in *Skylab*-Programm umbenannt. Zu dem Zeitpunkt, als von Braun sein neues Büro in Washington bezog, sollte die *Skylab*-Bündelung aus der S-IVB-»Werkstatt«, der Luftschleuse, dem Mehrfachkopplungsadapter und der *Apollo*-Teleskopmontierung bestehen. Anfang 1971 wurde der 30. April 1973 als provisorischer Starttermin festgelegt.

Von seiner neuen Dienststelle aus konnte von Braun die Koordination zwischen dem *Skylab Programm-Büro* innerhalb des *Büros für bemannten Raumflug* im NASA-Hauptquartier, das für das Gesamtmanagement des Programms verantwortlich war, und dem *Marshall-Raumflugzentrum* in Huntsville verfolgen, dem die Verantwortung für die Entwicklung und Integrierung der Mehrzahl aller wichtigen unter von Braun entwickelten Komponenten übertragen worden war. Überdies lag beim Marshall-Zentrum die gesamte Systemtechnik und die Integration aller Systemkomponenten für jeden Flug. Während der Einsätze von *Skylab* und danach sollte das Marshall-Zentrum Hilfestellung bei den Start- und Flugoperationen leisten, und natürlich war es auch verantwortlich für die *Saturn IB* und die *Saturn V*.

Das Lyndon-B.-Johnson-Raumfahrtzentrum (JSC) in Houston (Texas)* war zuständig für die Flugoperationen, die Bergung, Auswahl und Training der Besatzung, die während der Mission stattfindenden Experimente sowie die Entwicklung der modifizierten Kommando- und Versorgungs-Einheiten und des Mehrfach-Kopplungsmoduls. Zusätzlich entwickelte das JSC Einrichtungen für die Besatzung, die medizinische Ausrüstung, die Verpflegung und andere Komponenten, die der Versorgung der Astronauten dienten. Es sorgte für die Speicherung der Experimentierdaten und der Proben, die aus der Umlaufbahn mit zur Erde zurückgebracht werden sollten. Das JSC war ebenfalls für die Fluggesamtanalyse und die Auswertung der Mission verantwortlich, besonders hinsichtlich der Leistung der Besatzung.

Das John-F.-Kennedy-Raumfahrtzentrum (KSC) in Florida hatte die Verantwortung für die Starteinrichtungen aller *Skylab*-Flüge, die Startvorbereitung und die Planung und Durchführung der Startoperationen, wobei zwei innerhalb von 24 Stunden stattfinden konnten.

Der größte Teil der Konstruktion und Fertigung von *Skylab* wurde von einer Vielzahl von Industrieunternehmen ausgeführt, die entweder direkt bei der NASA unter Vertrag standen oder als Subkon-

---

* Das frühere Zentrum für Bemannte Raumfahrzeuge (Anm. d. Ü.)

traktoren für eine der großen Vertragsfirmen auftraten. Vom Beginn des Projekts an gab es jedoch zwischen NASA, wissenschaftlichen Forschungsinstituten und Industrie eine enge Zusammenarbeit, die sich auf alle Ebenen der Programmstruktur erstreckte. Tatsächlich waren die einzelnen Arbeitsgruppen so eng integriert, daß es oftmals schwer gewesen wäre, bei diesen Teams zwischen Kontraktoren, NASA-Angehörigen und Hochschulwissenschaftlern zu unterscheiden, als das Projekt nach dem Frühstadium der Konzeption die einzelnen Phasen Entwicklung, Fabrikation, Erprobung, Endmontage und letzte Kontrolle durchlief.

Planungen und erste Entwurfsarbeiten für Skylab hatten zu einer Zeit begonnen, als das *Merkur*-Projekt zu Ende war und man mit der *Gemini*-Serie gerade anfing, Erfahrungen im bemannten Raumflug zu sammeln. Als sich in den sechziger Jahren die Pläne für das *Skylab*-Projekt herauskristallisierten, lieferte eine Anzahl anderer Raumfahrtprojekte jenes Zeitabschnitts Raumflugerfahrung, technische Daten und wissenschaftliche Ergebnisse, die sich als höchst wertvoll für *Skylab* erwiesen. Besonders die *Apollo*-Flüge trugen dazu bei, das Profil der *Skylab*-Mission formen zu helfen. Mehr als jedes andere Raumflugprojekt zuvor umfaßte die *Skylab*-Mission eine Vielzahl von Elementen von beträchtlicher Komplexität; darunter die längsten Zeiträume im Zustand der Schwerelosigkeit für die Astronauten, die Bedienung eines hochkomplizierten Sonnenobservatoriums durch Menschenhand, eine Reihe von technischen Aufgaben, wissenschaftliche Experimente innerhalb des »Himmelslabors«, Beobachtungen der Erde und biomedizinische Studien von und an den Astronauten. Mehr als 270 verschiedene wissenschaftliche und technische Untersuchungen sollten an Bord von *Skylab* im Verlauf seines achtmonatigen »Lebens« erfolgen.

Skylab hatte das Hauptziel, die Raumfahrt für das menschliche Alltagsleben auf der Erde nutzbar zu machen. Es sollte Wissen, Erfahrung und technische Systeme, die während des *Apollo*-Programms entwickelt worden waren, in die Dienste eines weiten Bereichs wissenschaftlicher und technischer Disziplinen stellen. Zu den Raumflugsystemen, die ihre Zuverlässigkeit bei *Apollo*-Flügen unter Beweis gestellt hatten, gehörten Triebwerke, Raumfahrtenergiequellen, Lenkungs- und Kontrolleinrichtungen, Nachrichten- und Datenspeicherungsanlagen, wissenschaftliche Sensoren, Bordgeräte zur Versorgung der Astronauten mit künstlicher Atmosphäre, Brems- und Landehilfsmittel für die Rückführung zur Erdoberfläche und Bodenanlagen. *Skylab* stellte, wie gesagt, den nächsten Schritt dar, dessen Zweck die praktische Anwendung der Erkenntnisse des Raumflugs auf irdische Bedürfnisse war. Diese umfaßten ein breites Spektrum menschlicher Aktivitäten, so die Erweiterung unserer wissenschaftlichen Erkenntnisse auf dem Gebiet der Physik und Astronomie, das Studium des Sternenhimmels, die Verwendung und Herstellung neuer Werkstoffe, die Beobachtung und Überwachung der Erdoberfläche und die Forschungsarbeit auf dem Gebiet der lebenden Organismen einschließlich des Menschen, die sich längere Zeit in einem Zustand der Schwerelosigkeit befinden.

Viele Ziele der *Skylab*-Missionen, genaugenommen das ganze Konzept einer bemannten Raumstation, hatte von Braun schon mehrere Jahrzehnte zuvor in ihren Grundzügen vorgezeichnet. Es muß besonders befriedigend für ihn gewesen sein, zu erleben, wie das *Skylab*-Programm Gestalt annahm und erfolgreich verwirklicht wurde.

»Eigentlich«, so berichtet von Brauns langjähriger Mitarbeiter Arthur Rudolph, »sprach von Braun schon in den dreißiger Jahren in seiner Unterkunft in der Offiziersmesse in Kummersdorf von solchen Raumfahrtprojekten.« Ein anderer Freund und Pionier der Frühzeit des Raketenwesens, Wilhelm (heute William) A. Schulze, bestätigt das: »Mir kommt es wie gestern vor, daß wir dort in Kummersdorf seinen fünfundzwanzigsten Geburtstag begingen. Bei der Feier kam er auch auf Raumfahrtprojekte der Zukunft – nach Art von *Skylab* – zu sprechen. Heute wissen wir alle, daß die von ihm damals skizzierten Zukunftspläne längst mit großem Erfolg verwirklicht worden sind.«

Skylab wurde am 14. Mai 1972 gestartet. Das Abheben verlief reibungslos, aber schon Sekunden später traten ernste Schwierigkeiten auf. Ein großer Schild zum Schutz gegen Mikrometeoriten löste sich vom zylindrischen Hauptteil des *Skylab*, dem Labor. Er riß eine noch nicht ausgefahrene Sonnenzellenfläche ab und verbog einen Metallstreifen, der die zweite Sonnenzellenfläche einklemmte und dadurch die Inbetriebnahme dieser verbleibenden, lebenswichtigen Stromquelle verhinderte. Immerhin arbeiteten vier andere Sonnenzellenflächen, die an der *Apollo*-Teleskopmontierung angebracht waren, wie geplant.

Die überhitzte, ohne ausreichende Stromversorgung dahinfliegende Raumstation stellte die Geschicklichkeit und den Erfindungsreichtum der Flugkontrolleure im Kontrollzentrum auf eine harte Probe, denn sie mußten versuchen, auf irgendeine Weise das 100 Tonnen schwere Raumfahrzeug zu stabilisieren, bis es von einer Astronautenmannschaft erreicht werden konnte, die eine Reparatur vornehmen sollte.

Elf Tage nach dem Start von *Skylab* trafen die »Monteure« mit funktionsfähigen Sonnenschilden und einigen Spezialwerkzeugen ein, die in aller Eile entworfen und hergestellt worden waren. Das Team hatte die meisten Arbeitsstunden im Unterwassertank des Marshall-Raumflugzentrums verbracht, wo jeder Schritt der komplexen Rettungsaktion im Zustand der Schwerelosigkeit sorgfältig eingeübt und simuliert worden war. Die minuziöse Vorbereitung machte sich bezahlt. Charles Conrad, Joseph Kerwin und Paul Weitz – das *Skylab*-Astronautenteam – demonstrierten, daß der Mensch auch mit komplizierten Reparatur- und Bauarbeiten im Weltraum fertig wird. Sie retteten das *Skylab*-Programm, das zwei Milliarden Dollar gekostet hatte und verwandelten das Unternehmen, das am Rande einer Katastrophe gestanden hatte, in einen fabelhaften Erfolg. Mit einem aufgespannten Sonnensegel und der anderen Sonnenzellenfläche, die freigelegt worden war und wieder die nötige Menge elektrischer Energie erzeugte, war *Skylab* zur Ausführung der ihm zugedachten Aufgaben bereit.

Auf dem Höhepunkt des *Apollo*-Programms war von Braun kritisiert worden, weil er darauf bestanden hatte, daß im Marshall-Raumflugzentrum ein Unterwassertank für Schwerelosigkeitssimulationen gebaut wurde. Doch als die ersten *Skylab*-Astronauten zur Erde zurückkehrten, bestätigten sie, daß die Reparaturarbeiten am *Skylab* und die gelungene Mission der Raumstation ohne die Vorbereitung im Unterwassertank nicht zu bewerkstelligen gewesen wären.

Bis Ende 1972 hatte *Skylab* die Erde mehr als 3 350 Mal umkreist und drei Mannschaften von je drei Astronauten als Heim in der Erdumlaufbahn gedient. Die Conrad-Mannschaft verbrachte 28 Tage im Weltraum. Das zweite Team, das am 28. Juli zu einer 59 Tage dauernden Mission aufgebrochen war, bestand aus Alan L. Bean, Dr. Owen K. Garriott und Jack R. Lousma. Die dritte und letzte Mannschaft wurde am 16. November 1972 mit Raketenunterstützung zur

Skylab-Station gebracht für eine Mission, die schließlich nach 84 Tagen mit dem Aufsetzen im Pazifik am 8. Februar 1973 zu Ende ging. Die Besatzungsmitglieder hießen Gerald P. Carr, Dr. Edward G. Gibson und William R. Pogue.

Das *Skylab*-Programm war ein ungeheurer Erfolg. Auf dem Gebiet der Sonnenforschung allein wurden die Wissenschaftler in aller Welt »kilometer- und tonnenweise« mit Material versorgt, wie ein Experte sich ausdrückte. Die Astronauten hatten die Sonne fotografiert und im Detail die Phänomene auf der Sonnenoberfläche in Ultraviolett und Infrarot in einmaliger Schärfe aufgenommen.

Ebenso hatten die *Skylab*-Astronauten den Grundstein für eine neue Wissenschaft gelegt: Werkstoffbearbeitung und Herstellung unter Schwerelosigkeit. Sie fertigten große künstliche Kristalle aus Materialien, die unter dem Einfluß der Schwerkraft keine Kristalle bilden, dafür aber im schwerelosen Raum. Damit sollte die Möglichkeit untersucht werden, bessere Kristalle für die rapide wachsende Mikroelektronikindustrie zu produzieren. Die Astronauten erzielten auch perfekte Legierungen einer Reihe von Metallen und Nichtmetallen, die wegen ihrer unterschiedlichen spezifischen Gewichte bei normaler Schwerkraft niemals zustandekommen. Und sie konnten mit Erfolg demonstrieren, daß sich die Trennung von Substanzen von leicht voneinander abweichender Dichte auf dem Wege der Elektrophorese unter Schwerelosigkeitsbedingungen um ein Vielfaches besser durchführen läßt. Diese Technik wird als äußerst vielversprechend für die pharmazeutische Industrie beurteilt, wo die Reinheit, mit der ein Medikament oder ein Serum hergestellt werden kann, oftmals der Limitierungsfaktor für deren gefahrlose Anwendung ist.

Die *Skylab*-Astronauten sammelten auch medizinische Daten und belieferten damit eine Datenbank für zeitlich ausgedehnte bemannte Raumflüge unter Schwerelosigkeitsbedingungen, die *Apollo* wegen der Vielfalt anderer Aufgaben nicht aufzubauen erlaubt hatte.

Nach Abschluß des Unternehmens waren viele Wissenschaftler einhellig der Ansicht, daß *Skylab* bewiesen hatte, daß der Erfolg und der Nutzen dieses Programms es verdiente, daß Amerika seine Pläne für den Bau permanenter Raumstationen so bald wie möglich realisierte. Es war denkbar, daß sie zwölf, zwanzig, ja sogar fünfzig Astronauten, Forschern und Naturwissenschaftlern und ihrer Ausrüstung Platz boten. Viele US-Raketenexperten glauben, daß dieses Konzept genau dem entspricht, was die Russen in nicht allzu ferner Zukunft fertigzubringen hoffen.

Da die Arbeit am *Skylab* zufriedenstellende Fortschritte machte, als von Braun sich mit seinen neuen Aufgaben als stellvertretender Administrator bei der NASA-Hauptverwaltung in Washington vertraut machte, konnte er sich ganz den lästigen Problemen im Zusammenhang mit dem Aufpolieren des *Raumtransporters*, eines 10 Milliarden-Dollar-Programms, widmen. Sobald das Projekt aus dem Stadium der Vorbesprechungen Anfang 1970 in die Phase umfangreicher Planung, Entwürfe und Kostenvoranschläge durch das *Büro für den bemannten Raumflug* eingetreten war, bat mich die Zeitschrift *Holiday*, von Braun zu diesem Thema zu interviewen. Zu diesem Zeitpunkt stellten sich die Planer der NASA den *Raumtransporter* als Kombination zweier Raumfahrzeuge mit Tragflächen vor, die huckepack aufeinandersaßen. Das größere der beiden Segmente sollte die erste Stufe bilden, während die kleinere Huckepacksektion als bemanntes Umlaufbahn-Fahrzeug verwendet wurde. Beide Stufen konnten im Gleitflug auf einem Flugplatz landen und erneut verwendet werden.

»Der wiederholte Gebrauch der beiden Sektionen des *Raumtransporters* wird, vorausgesetzt, daß sie imstande sind, zum Startplatz zurückzukehren, die Möglichkeiten für Weltraumoperationen künftig außerordentlich vergrößern«, erklärte von Braun in dem *Holiday*-Interview. »Das *Raumtransporter*-System wird teuer in der Entwicklung sein, doch allein die Tatsache, daß seine Elemente immer wieder verwendet werden können, wird wiederholte Flüge ziemlich billig machen und daher alle Arten von künftigen Raumfahrtunternehmen weit attraktiver auf der Kostenseite gestalten.«

Er erläuterte weiter, daß der *Raumtransporter* zumindest bei einigen Raumflugmissionen den Gebrauch normaler Laboreinrichtungen und Instrumente im Weltraum erlauben werde. Das sei insofern von Bedeutung, als manche automatisierten und hochkomplizierten Anlagen an Bord einiger unbemannter amerikanischer Raumfahrzeuge zwischen 10000 und 30000 Dollar pro Pfund kosteten, während Standardlaborgeräte für ein oder zehn Prozent dieser Summe zu haben seien.

»Wir gehen davon aus, daß der *Raumtransporter* für drei völlig verschiedene Arten von Flugmissionen eingesetzt werden kann. Die erste ist eine direkte Transportmission in eine relativ niedrige Erdumlaufbahn. Das kann zum Beispiel ein Passagier- und Frachtflug zu einer Raumstation sein mit anschließendem Rückflug mit anderen Passagieren und Meßwertaufzeichnungen, die auf der Station gemacht worden sind. Oder sie kann in dem Einschuß eines unbemannten Raumfahrzeugs in eine niedrige Erdumlaufbahn bestehen und deren nachfolgender Aktivierung unter Aufsicht einer speziellen *Raumtransporter*-Mannschaft. Sie kann auch hinauf zu einem Satelliten führen, der ausgefallen ist oder überholt werden muß. Der *Raumtransporter* könnte ihn inspizieren und die Besatzung den Flugkörper in den Frachtraum hineinziehen, wo die notwendige Überholung stattfinden könnte.

Zweitens gehen wir bei der NASA davon aus, daß wir *Raumtransporter*-Flüge mit Einzelaufträgen benötigen werden. Das würde eine wissenschaftliche Mission von beschränkter Dauer, etwa einer Woche oder einem Monat, bedeuten, die in einer Umlaufbahn stattfände, wo es keine Raumstation gibt. Eine solche Aufgabe könnte zum Beispiel in einer speziellen Untersuchung der Sonne während eines Zeitraums von zwei Wochen in einer fast polarnahen, sonnensynchronen Umlaufbahn bestehen, in der man nie durch den Erdschatten fliegt. Das Sonnenteleskop würde im Frachtraum des *Raumtransporters* ebenso wie ein »Labor« mit Druckausgleich, in der die Beobachter genau wie in einem Wohnwagen arbeiten, essen und schlafen könnten, in den Weltraum gebracht werden.

Drittens erwarten wir eine ständige Nachfrage nach Flugmissionen mit großer Nutzlast. Solche Operationen würden voraussetzen, daß der Huckepackteil des *Raumtransporters* durch einen großen, bombenförmigen Frachtraum ersetzt würde, bei dem achtern die drei Orbiter-Raketentriebwerke montiert wären. Die erste *Raumtransporter*-Stufe würde sich bei ungefähr fünffacher Schallgeschwindigkeit wieder ausklinken und das tragflächenlose Frachtgehäuse allein weiter in die Erdumlaufbahn steuern. Eine etwas leichtere Nutzlast könnte sich sogar die gesamte Strecke bis in eine synchrone Umlaufbahn oder in eine Mond- oder Planetenflugbahn durch Eigenantrieb bringen.«

»Glaubst du, daß sich gegen Ende dieses Jahrhunderts hunderte, wenn nicht sogar tausende von Menschen aus allen Lebensbereichen wirklich auf das Wagnis des Raumflugs einlassen werden?«

»Ja, ich sehe schon viele Aktivitäten da oben voraus. Reisen im Weltraum werden natürlich immer anders sein als Reisen auf der Erde. Wir sollten jedoch nicht vergessen, daß Dinge, die heute noch dramatisch sind, morgen schon Routine sein können. Viele Gegenden auf unserem Planeten waren bis zur Entwicklung moderner Maschinen und Apparaturen und ohne technischen Fortschritt für Reisende unzugänglich. Verbrennungsmotor, Flugzeug und Hubschrauber, Unterseeboot und andere Transportmittel haben uns zusammen mit leistungsfähigen Nachrichtenverbindungen und Navigationsgeräten ermöglicht, die Gebirge und Meere auf dem ganzen Erdball zu erforschen. Abgelegene Gebiete wie die Antarktis und unwirtliche Gebiete wie die Sahara liegen heute in bequemer Reichweite. Jahrelang hatten mir die Geschichten über Roald Amundsen und andere heldenhafte Abenteurer, die die arktischen und antarktischen Regionen unseres Planeten erforschten, imponiert, und ich fühlte mich sehr unbedeutend, als ich Gelegenheit hatte, den Südpol zu besuchen. Denn wohin Amundsen noch mit Segelschiff und Hundeschlitten reisen mußte, gelangten meine Begleiter und ich bequem in einem geheizten Flugzeug mit Druckausgleich.« »Dann glaubst du also wirklich, daß eines Tages die breite Öffentlichkeit vom Gedanken der Raumfahrt so hingerissen sein wird, daß sie sich darum reißen und keine Angst haben wird?«

»Nein, ich glaube nicht, daß sie ängstlich sein werden. Raumflüge werden dereinst nicht gefährlicher sein als Flugreisen heutzutage. Darüber hinaus darf man nicht vergessen, daß die menschliche Reiselust sich ständig weiterentwickelt hat, seit der Mensch aus einer Höhle kroch und heute fast instinktiv geworden ist. Der Mensch ist gereist – und reist immer noch – aus purer Notwendigkeit, um zu überleben, auf der Suche nach einer besseren Wohnstätte. Oder er wandert über den Globus als Flüchtling, als Pilger oder als Schatzsucher. Egal, welches Motiv ihn leitet, ob der moderne Mensch zu Ferienzielen reist, um dem Alltag zu entfliehen und sich zu amüsieren oder ob er auf Geschäftsreisen in ferne Länder geht, er wird immer Forscher und Entdecker sein.

Der Hauptgrund für die Raumfahrt kann in diesen beiden Worten zusammengefaßt werden – Entdeckung und Erforschung. Selbst wenn ein Mensch bloß zum Spaß einen Raumflug unternimmt, so tut er es als Forscher oder Entdecker, ob er will oder nicht. Wenn der

Mensch die Sahara durchqueren oder den Südpol sehen will, weil das vielleicht gerade ›in‹ ist oder weil er damit angeben will, er kann es einfach nicht vermeiden: er kommt als Entdecker zurück.

Die Annahme ist berechtigt, daß die Weltraumreisenden der Zukunft Männer und Frauen sein werden, denen es um wissenschaftliche Forschung und Entdeckungen geht. Hunderte und Aberhunderte von Raumfahrern werden jede nur denkbare wissenschaftliche Disziplin und jede dem Menschen bekannte Technologie vertreten. Sie werden sich ins All hinaus zu einer Raumstation oder auf den Mond wagen und in nicht allzuferner Zukunft auch auf die Planeten, um das menschliche Betätigungsfeld zu erweitern und Dinge zu entdecken, die vielleicht der gesamten Menschheit zugutekommen können; vom Umgang mit unseren eigenen Hilfsquellen und ihrer Erhaltung bis zur Nutzbarmachung jener Art von Energie, die von der Sonne geliefert wird.

Unter den Passagieren des ersten *Raumtransporters* werden sich Techniker und Mechaniker befinden, Leute, die einen Satelliten in seiner Umlaufbahn reparieren oder Komponenten zusammenfügen und aus Einzelteilen eine Raumstation bauen können. Geologen werden dabei sein, die den Mondboden aufgraben, und vielleicht sogar Archäologen, die Grabungen auf dem Mars veranstalten, Forschungsmediziner, die Versuche unter vollkommenen Vakuumbedingungen im schwerelosen Raum anstellen werden. Elektriker, Lastwagenfahrer, Funker, Ärzte, Krankenschwestern und Köche werden nötig sein, um ein Labor oder einen Stützpunkt auf dem Mond zu betreiben und zu unterhalten. In ihre Fußstapfen werden die Aufnahmeteams aus Hollywood und von den Lehrfilmgesellschaften treten, die Unterhaltungs-, Lehr- und Dokumentarfilme drehen.

Schon heute wird der Weltraum kommerziell genutzt. Das US-Landwirtschaftsministerium und verschiedene Wirtschaftsunternehmen sind bereits dabei, Projekte zu starten, um die Nährstoffe im Mondboden zu untersuchen, die einmalige Aussichten für den Gartenbau auf dem Erdtrabanten und bei uns auf der Erde eröffnen. Man kann über den künftigen Bedarf an einem regelmäßigen Reiseverkehr in den Weltraum, sei es für Wissenschaftler, Forscher, Geschäftsleute oder auch für Krankenschwestern und Köche und natürlich auch für neugierige Reporter, nur Vermutungen anstellen.«

Soweit das *Holiday*-Interview. Und soviel zum *Raumtransporter* des Jahres 1970. Es dauerte nicht lange, und von Braun – besorgt über die zehn Milliarden Dollar Entwicklungskosten für den *Raumtransporter* und die verheerende Wirkung, die solche Kosten angesichts des geschrumpften NASA-Etats auf viele andere raumfahrtwissenschaftliche und raumfahrtanwendungstechnische Projekte haben konnten – wurde wiederholt beim neuen NASA-Administrator Dr. James Fletcher und dessen Stellvertreter Dr. George Low vorstellig und präsentierte Berechnungen, die darauf hinausliefen, dieses kostspielige Entwicklungskonzept durch ein billigeres zu ersetzen. Fletcher und Low teilten seine Besorgnis; und bald widmete von Braun sich dieser neuen Aufgabe mit Elan und Entschlossenheit. Er arbeitete von seinem Büro in der NASA-Hauptverwaltung aus eng mit seinen alten Teamgefährten in Huntsville und Houston und Industriefirmen in anderen Städten zusammen.

Nach einem Monat legte er eine neue *Raumtransporter*-Konfiguration vor, die der NASA und den Steuerzahlern fünf Milliarden Dollar – genau die Hälfte – der Entwicklungskosten ersparen sollte! Der Haken an dem neuen Entwurf war nur, daß die geflügelte erste Stufe des ursprünglichen Konzepts durch Festtreibstoff-Starthilfsraketen ersetzt werden sollte, die an Fallschirmen im Meer landeten und geborgen, neu betankt und wieder verwendet werden konnten. Im Endeffekt war das ein vereinfachter *Raumtransporter*, der da für fünfzig Prozent weniger Kosten entwickelt wurde – obwohl die regelmäßigen Kosten für die Beförderung von einem Pfund Nutzlast in eine Umlaufbahn wahrscheinlich von 80 auf über 160 Dollar stiegen.

Am 5. Januar 1972 erteilte Präsident Nixon diesem Konzept seine endgültige Zustimmung, als er bekanntgab, daß die NASA die Entwicklung eines wiederverwendbaren *Raumtransporter*-Systems auf Niedrigkostenbasis fortsetze. Wörtlich sagte er: »Dieses System wird sich auf ein Raumfahrzeug konzentrieren, das wiederholt von der Erde in eine Umlaufbahn und wieder zurück fliegen kann. Es wird den Transport in den nahen Weltraum revolutionieren, indem es ihn zur Routine macht. Es wird die Astronautik von den astronomischen Kosten befreien. In Kürze wird es sich auf seinen langen Weg machen, um eines Tages mit der reichen Ausbeute der praktischen Raumfahrtanwendung und den wertvollen Nebenentwicklungen der Raumfahrt den Amerikanern und allen Menschen das Leben zu erleichtern. Alle diese Möglichkeiten und zahllose andere mit direkten und folgenreichen Auswirkungen auf die Verbesserung der Lebensbedingungen des Menschen können jedoch nur bruchstückhaft verwirklicht werden, solange jeder einzelne Flug von der Erde in eine Umlaufbahn ungeheure Anstrengungen und extrem hohe Kosten erfordert. Das ist der Grund, warum eine Festlegung auf das *Raumtransporter*-Programm für Amerika der richtige nächste Schritt ist, um von unserem gegenwärtigen Brückenkopf im All aus eine solide und dauerhafte Präsenz im Weltraum zu erreichen. Denn der *Raumtransporter* wird uns einen routinemäßigen Zugang zum Weltraum verschaffen, weil er uns weniger Dollars und weniger Vorbereitungszeit kostet!«

Am 15. März 1972 gab Dr. James Fletcher bekannt, daß der *Raumtransporter* mit eigenen Zwillingstriebwerken auf Feststoffbasis, die bergungs- und wiederverwendungsfähig waren, in einem abwerfbaren Außentank seine Kryogen-Treibstoffe – Flüssigwasserstoff und Flüssigsauerstoff – mit sich führen werde. Das Konzept für einen solchen Treibstoffaußentank der Orbiter genannten bemannten Baugruppe war ein weiterer Schritt zur Reduzierung der Entwicklungskosten und hatte entscheidende Auswirkungen. Es erlaubte nämlich, den Orbiter sehr viel kleiner auszulegen. Das bedeutete eine große Gewichtsersparnis, da die ganze Außenfläche des Orbiters mit einer hitzeisolierenden Schicht überzogen werden mußte. Überdies machte es der Austausch der mit Tragflächen versehenen, kryogengetriebenen Rückkehrstufe gegen zwei Feststoffraketen erforderlich, den Brennschluß dieser Starthilfsraketen und ihre Abtrennung in viel geringerer Höhe und bei reduzierter Geschwindigkeit vorzunehmen.

Kurz darauf gab die NASA den Abschluß einer Serie von *Raumtransporter*-Verträgen bekannt. Die erste Entwicklungsphase konnte beginnen. Die Geheimnisse wurden gelüftet. Sie lauteten, knapp dargestellt, wie folgt: Beim Start sollten die beiden Starthilfsraketen, von denen jeder zirka 3,75 Meter Durchmesser hatte und 45 Meter lang war, gleichzeitig mit den drei Flüssigstofftriebwerken des Orbiters gezündet werden und zeitgleich mit den Orbitertriebwerken bis in eine Höhe von 40 Kilometern Schub erzeugen. Dann würden die Feststoffraketen abgeworfen und an Fallschirmen niederschweben, um nach der Bergung aufgearbeitet und erneut verwendet zu werden.

Von den Feststoffraketen erwartete man, daß sie eine mindestens zwanzigfache Wiederverwendung erlaubten. Der Gesamtschub beim Abheben sollte rund 3 000 Tonnen betragen, der durch die je 185 Tonnen Schub der drei Haupttriebwerke in Meereshöhe und je 1 250 Tonnen der beiden Feststoff-Raketen erbracht wurde.

Der Orbiter, der ungefähr die Größe eines DC 9-Verkehrsflugzeuges haben sollte, würde etwa 37 Meter lang sein und eine Spannweite von 24 Metern haben. Der Frachtraum oder die Landebucht sollte annähernd 4,50 Meter Durchmesser haben und 18,50 Meter lang sein. Die maximale Nutzlastkapazität sollte 32 Tonnen betragen, wenn der Orbiter in genau östlicher Richtung in eine Umlaufbahn in 280 Kilometer Höhe gebracht würde. Die Luken waren so groß wie der Laderaum selbst und erlaubten die Aufnahme und den Ausstoß entsprechend sperriger Nutzlasten. Der Orbiter sollte imstande sein, auf einer herkömmlichen Flughafenlandebahn mit einer Nutzlast von maximal 16 Tonnen aufzusetzen.

Im Gegensatz zu den bisherigen bemannten Raumfahrzeugen sollte der *Raumtransporter*-Orbiter eine wiederverwendbare Außenisolierung haben. Jedes Fahrzeug war so konstruiert, daß es mindestens hundert Flüge ohne größere Überholung durchführen konnte.

Am 10. Juni 1972 wurde dann plötzlich bekanntgegeben, daß von Braun von seinem Posten als stellvertretender Administrator bei der NASA zurückgetreten war. Er hatte fünfzehn Jahre für die US-Armee gearbeitet (1945–1960) und zwölf für die NASA) 1960–1972). Zwar hätte er schon viel früher mit dem Anspruch auf ein Ruhegehalt zurücktreten können, hatte jedoch jetzt noch nicht das von der NASA für diese Position vorgeschriebene Pensionsalter von fünfundsechzig Jahren erreicht.

Was war geschehen? Seine Beziehungen zu Jim Fletcher und dessen Stellvertreter George Low konnten nicht besser sein. Fletcher drängte von Braun zum Bleiben. Aber von Braun war der festen Überzeugung, daß er sich nicht mehr so recht für die NASA nützlich machen konnte. Es gab viele hervorragende Pläne für gut abgesteckte NASA-Programme auf zehn Jahre hinaus. Ihre praktische Durchführung war der »Organisationshierarchie«, den ausgezeichneten Abteilungsleitern der NASA und den Direktoren der einzelnen Zentren, übertragen worden. Von Braun war jedoch inzwischen Mitglied der

Direktion in der NASA-Hauptverwaltung, und seine Hauptaufgabe hätte somit darin bestanden, über diejenigen Projekte hinaus zu planen, die bereits »aktenkundig« waren. Doch die generelle Budgetkürzung bei der NASA ließ praktisch keinen Spielraum mehr für den Neubeginn größerer Raumfahrtunternehmungen.

Das bemannte Mars-Projekt war gestorben. Das *Apollo*-Mondlandeprogramm näherte sich dem Abschluß, die Vorbereitungen für das achtmonatige Flugprogramm von *Skylab*, die inzwischen unter Eberhard Rees' kompetenter Leitung im Marshall-Raumflugzentrum standen, gingen ohne Schwierigkeiten über die Bühne, und das große Projekt der nächsten Generation, der *Raumtransporter*, war dem Lyndon-B.-Johnson-Raumfahrtzentrum in Houston übertragen worden und auf der Basis des neuen, fünf Milliarden Dollar kostensparenden Entwurfs angelaufen.

Von Braun war erst sechzig Jahre alt, und es gab sofort Spekulationen darüber, daß er zur Privatindustrie gehen wollte, wahrscheinlich zu einem der Giganten der Branche wie Rockwell International (North American Aviation), dem Hauptauftraggeber für den Raumtransporter. Die Vermutungen erstreckten sich auch auf die Firmen Boeing, TRW, IBM und ein weiteres Dutzend große Industriekonzerne. Natürlich hatte von Braun bereits im Laufe der Jahre eine Reihe von attraktiven Stellenangeboten von der Industrie bekommen.

Als ich im Radio von seinem Rücktritt hörte, war ich nicht überrascht. Mir war vollkommen klar, daß er seine Aufgabe, die Konfiguration für den *Raumtransporter* zu ändern, in der NASA-Hauptverwaltung für beendet ansah und daß kein anderes langfristiges Unternehmen von nationaler Bedeutung für die Raumfahrt in Sicht war. Ich war auch sicher, daß er zu einer großen Firma überwechselte, die mit der Raumfahrt zu tun hatte – vorzugsweise zu einer, die sich für die sozialpolitischen Aspekte der Raumfahrt engagierte und die Erkenntnisse aus dem Weltraum zur Verbesserung der Lebensbedingungen auf der Erde nutzbringend verarbeitete. Ich wußte zudem, daß alle von Brauns die Gegend um die Hauptstadt Washington liebten und wahrscheinlich dort bleiben und weiter in ihrem hübschen Haus im Vorort Alexandria wohnen wollten. Mir war bekannt, daß von Braun den Präsidenten von Fairchild, Edward G. Uhl, als Industriekapitän wie auch als Jagdfreund sehr schätzte. Unter diesen Umständen war es für mich nicht schwer, vorauszusehen, was passieren würde. Die Fairchild-Verwaltungszentrale liegt in Germantown in Maryland, nur wenige Kilometer vom Braunschen Haus entfernt.

»Ich nehme an, du wirst zu Fairchild gehen«, sagte ich.

»Na, hör mal, wer hat dir denn diese Information zugesteckt«, erwiderte von Braun mit breitem Grinsen.

Im Verlauf unserer Unterhaltung betonte er auch, daß er seit jeher von den verschiedenen Unternehmensbereichen bei Fairchild beeindruckt gewesen sei. Er hegte für dieses Unternehmen große Achtung wegen der eindruckvollsten Leistung beim *Pegasus*-Satellitenprogramm, mit dem er ein paar Jahre zuvor zu tun gehabt hatte. Drei erfolgreiche *Pegasus*-Satelliten, die konstruiert waren, um statistisches Material über die Gefahren von Mikrometeoriten für Raumfahrzeuge zu sammeln, waren von seinen *Saturn I*-Raketen in Umlaufbahnen getragen worden. Von Braun beurteilte auch Fairchilds ATS-F-Satelliten für direkte Fernsehübertragungen als eine der vielversprechendsten der künftigen Weltraumaktivitäten, die auf die direkte Nutzanwendung für den Menschen abzielte. Ed Uhl hatte von Braun seit dem gemeinsamen zehntägigen Ausflug nach Yukatan in Mexiko gedrängt, es ihn wissen zu lassen, »wenn die Zeit reif war« und er zu Fairchild kommen wollte.

1971 hatte John Stack, einer der führenden Aerodynamiker der Welt und in seiner NASA-Zeit der Vater des epochemachenden X15-Raketenflugzeuges, seine Stelle als Fairchild-Vizepräsident mit Verantwortung für die technische Entwicklung aufgegeben und war in Pension gegangen. Ed Uhl bot nun von Braun den freien Posten an. Und im Juli 1972 nahm von Braun – zum ersten Mal in seinem Leben – die Arbeit in einem Privatunternehmen auf.

29. Kapitel
Die Raumfahrt im Dienst der Erde

Als man 1970 bei Fairchild das fünfzigjährige Bestehen des Unternehmens beging, war der angesehene Luftfahrtkonzern längst in die erste Reihe der auf den modernsten Erkenntnissen der Technologie aufbauenden Industriefirmen Amerikas gerückt. Trotzdem hatte man den Bau von Flugzeugen nie ganz aufgegeben. In der Tat dachten damals die meisten Leute noch an Flugzeuge, wenn sie den Namen Fairchild hörten. Warum wollte von Braun eigentlich zu einer Flugzeugfabrik überwechseln? Das war eine logische Frage, die sich viele seiner Bekannten stellten. Der breiten Öffentlichkeit war nicht bekannt, daß die Fairchild Industries – obwohl sie nicht zu den echten Industriegiganten zählten – zu einem Konglomerat mit verschiedenartigen Geschäftszweigen durch eine weitverzweigte Unternehmensstruktur geworden waren, die sechs Hauptabteilungen und acht Tochtergesellschaften in sieben US-Bundesstaaten umfaßte. Die Angebotspalette setzte sich aufgrund dieser weitgespannten Interessen aus Militär- und Zivilflugzeugen, bemannten Raumfahrzeugen, Subunternehmen für *Skylab* und den Raumtransporter *Space Shuttle,* unbemannten Raumsatelliten, Satellitenkommunikationssystemen, Untersystemen und Komponenten für Flug- und Raumfahrzeuge, Flugzeugsitzen, Bordverpflegungseinrichtungen sowie Radar- und meteorologischen Systemen zusammen. Darüber hinaus war das Unternehmen an der Entwicklung und Herstellung von industriellen Kontrollausrüstungen, Sicherheitsvorrichtungen für Autos, automatischen Briefsortiermaschinen und Abwasseraufbereitungsanlagen beteiligt, beschäftigte sich schließlich noch mit Geländeerschließungsprogrammen und besaß sogar drei Radiostationen.

Der Erfinder Sherman Mills Fairchild, bis 1971 Aufsichtsratsvorsitzender des Unternehmens, hatte sich nach dem Ersten Weltkrieg als Pionier auf dem Gebiet der Luftaufnahmen und Lufterkundung einen Namen gemacht und im Februar 1920 die Fairchild Aerial Camera Corporation gegründet. Es dauerte nicht lange, bis er selber Spezialflugzeuge für Luftbildaufnahmen baute. Die Entwurfs-Parameter solcher Flugzeuge erforderten besonders robuste und gut gebaute Maschinen. Fairchild-Flugzeuge wurden bald für diese Charakteristika bekannt; sie hatten darüber hinaus einen niedrigen Treibstoffverbrauch und geringe Wartungskosten.

Im Laufe der Jahrzehnte hatte die Entwicklung des Flugzeugbaus bei Fairchild drei ausgeprägte Höhepunkte zu verzeichnen: den Zeitabschnitt unmittelbar vor und im Zweiten Weltkrieg, als das Unternehmen Tausende von zweisitzigen Tiefdecker-Schulflugzeugen für das Army Air Corps (und viele verbündete Nationen) herstellte; die Zeitspanne gegen Ende des Krieges und direkt danach, in der Fairchild die bekannten Doppelheck-Fracht- und Truppentransporter der Typen C-82 (*Pacet*) und C-119 (*Boxcar*) und die C-123 (*Provider*) mit einem Heck lieferte, und die Periode in den fünfziger und sechziger Jahren mit der Indienststellung der F-27 und FH-227, zweimotorigen Turboprop-Frachtmaschinen für den kommerziellen Luftverkehr, von denen mehrere hundert noch heute in der ganzen Welt von kleineren Fluggesellschaften eingesetzt werden. Die Entwicklung von Militär-Flugzeugen im großen Maßstab hörte jedoch für Fairchild Ende der Fünfziger Jahre auf, und das war vielleicht die größte Sorge für Edward G. Uhl, als er 1961 mit 43 Jahren Präsident von Fairchild wurde. In der Tat war das Unternehmen damals in keinem guten Zustand, und angesichts des Rückgangs des militärischen Flugzeugbaues und der beginnenden Lenkraketenära gaben sehr wenige Insider der Luftfahrtbranche Ed Uhl große Chancen, Fairchild wieder auf das ansehnliche Niveau zu bringen, auf dem die Gesellschaft so viele Jahre gestanden hatte.

Fairchild hatte stets – sogar bevor Ed Uhl zu der Gesellschaft stieß – als äußerst konservatives Unternehmen gegolten. Man machte wenig Aufhebens von seiner Aktivität, und Publik relations war ein Wort, das bei Fairchild klein geschrieben wurde und nicht zum Stil der Firma passen wollte. Ebenso schien dieses Unternehmen seine Geschäfte immer mit einem Flair von Eleganz abzuwickeln. Es genoß einen ausgezeichneten Ruf wegen seiner fairen und ehrenhaften Geschäftspraktiken. Ein Angebot von Fairchild wurde von den Hauptkontraktoren und vom Pentagon immer besonders beachtet. Den langsamen und robusten Maschinen, die Fairchild baute, fehlte zwar der Glanz der Überschallflugzeuge und der Geschwindigkeitsrekorde, aber die Eingeweihten – beim Militär ebenso wie in der Industrie – waren sich völlig einig über die hervorragenden Leistungen und Qualitäten der von Fairchild gebauten Maschinen. Diese Flugzeuge erfüllten die Aufgaben, für die sie konstruiert waren.

Uhls Überlegungen gingen dahin – und tun es immer noch –, daß es für ein amerikanisches Luft- und Raumfahrtunternehmen unerläßlich ist, einen größeren Entwicklungsauftrag für ein Militärflugzeug oder für ein anderes komplettes Waffensystem zu erhalten. Unter seiner Führung und dank seiner Hartnäckigkeit gelang es Fairchild zum Erstaunen der gesamten Luft- und Raumfahrtbranche, die Firma Republic Aviation aufzukaufen, die berühmt war für ihre P-47 *Thunderbolt*-Kampfflugzeuge aus dem Zweiten Weltkrieg und ihre Serie von Düsenjägern vom Typ F-84 und F-105, die in vielen Modellen und Versionen existieren. Zu dieser Zeit schien es ganz so, als ob die Air Force ihre F-105-Maschinen ausrangieren wollte, doch Uhl argumentierte, daß die traditionsreiche Republic-Gesellschaft und Fairchild mit seinem zunehmend an Bedeutung gewinnenden Elektronikpotential nach dem Zusammenschluß gute Aussichten hätten, den Zuschlag für die Entwicklung eines von der Luftwaffe ausgeschriebenen neuen taktischen Düsenkampfflugzeuges zur Unterstützung der Bodentruppen zu erhalten, ein Auftrag, der viele Millionen Dollar wert war. Und tatsächlich bekam Fairchild dann den Vertrag.

Mitte 1975 befand sich die neue A-10, nachdem sie einen harten Wettbewerb gegen Northrop gewonnen hatte, im Anfangsstadium der Produktion und versprach ein massives, gewinnträchtiges Programm im Wert von einer Milliarde Dollar zu werden. Heutzutage sind solche Rosinen zur Seltenheit geworden. Nur noch sehr wenige neue Flugzeuge werden heute für das Militär entwickelt. Die Großkonzerne der Luftfahrtindustrie hatten sich jahrelang bemüht, Hauptauftragnehmer für die wenigen neuen Düsenflugzeuge zu werden, die entwickelt werden müssen, aber später auch in großen Stückzahlen von den Streitkräften gekauft werden. Da kam dann die bescheidene und elegante, konservative und mittelgroße Firma Fairchild daher und gewann die Ausschreibung für einen echten Riesenbrocken...

Als von Braun 1972 zu diesem Unternehmen stieß, war der Wettbewerb um den Zuschlag des A-10-Entwicklungsvertrages schon auf dem Siedepunkt. Von Brauns fünfundzwanzigjährige Erfahrung bei Verhandlungen mit Militärs und Regierungsstellen, sein Ringen um die Erteilung der höchsten Dringlichkeitsstufe für hochkomplizierte Waffen- und Raumfahrtsysteme wurde für Fairchild rasch zu einem großen Plus. Uhl, der ehemalige Oberstleutnant der Pioniertruppen und Miterfinder der »Bazooka«, hatte das offensichtlich schon 1964 erkannt und bereits damals im Auge gehabt, als er zum erstenmal an von Braun mit dem Vorschlag herangetreten war, doch eines Tages zu Fairchild zu kommen.

Doch von Braun hatte zunächst einmal sein Talent und seine Kraft zum größten Teil der Sondierung und Akquisition neuer Konstruktions- und Entwicklungsaufträge für das Unternehmen zu widmen. Diversifikation war zum Leitmotiv der amerikanischen Industrie geworden, seit Ed Uhl 1961 die Geschicke von Fairchild in die Hand genommen hatte. Er wollte, daß sich von Braun einer gründlichen Erforschung der neuen Möglichkeiten widmete, die die technologische Revolution eröffnete – raumfahrtorientierte Möglichkeiten oder solche auf anderen Gebieten.

Die Firma Fairchild Industries hatte bereits Aufträge im Zusammenhang mit Entwicklung und Bau amerikanischer Satelliten erhalten und die Anwendung der dabei gewonnenen Erkenntnisse und Techniken für erdgebundene Produkte, die das Leben der Menschen auf seinem Heimatplaneten verbessern helfen, hatte sicherlich entscheidend dazu beigetragen, daß von Braun das Angebot Uhls annahm. Von Braun hoffte, seine Zeit und sein Können der Förderung einer Vielzahl von solchen technologischen Projekten widmen zu können: Satelliten für Unterrichtszwecke, Nachrichtensatelliten, Satelliten für Gesundheitspflege, für die kartenmäßige Erfassung der Bodenschätze und zur Kontrolle der Umwelt – von der Bewahrung des Wildbestandes, der Feststellung von Umweltverschmutzung und Ölpest auf den Weltmeeren bis zur Verbesserung der ozeanographischen und ökologischen Forschung. Es gab auch viele Verwendungsmöglichkeiten für Satelliten auf den Gebieten der Wettervorhersage, der Flugzeugnavigation und sogar der Erdbebenwarnung und der Erdbebenforschung, so daß er allein auf diesem Gebiet ein fast unbegrenztes Betätigungsfeld für Fairchild voraussah.

Im Laufe der Jahre hatte Fairchild erkannt, daß das Potential der Weltraumkommunikation praktisch unbegrenzt ist. Das Unternehmen hatte sich intensiv mit Studien, Konzeptentwicklungen und Forschungsarbeiten beschäftigt, aus denen moderne Systeme resultierten, die kommerziellen und militärischen Anforderungen entsprachen. Seine Raumfahrzeuge und Systeme hatten bei ihren Flugmissionen stets hundertprozentigen Erfolg gehabt. Das Unternehmen war Hauptkontraktor der NASA für die drei *Pegasus*-Meßsatelliten zur Untersuchung der Verteilungsdichte von Meteoriten für Wiedereintrittstest-Raumfahrzeuge, Satelliten für Navigationstechnologie und in jüngster Zeit für einen Fernseh-Direktübertragungssatelliten (ATS-F) gewesen und als Lieferant größerer Baugruppen für den *Viking*-Orbiter, für die radioastronomischen Messungen der *Explorer*-Satelliten, den *Nimbus*-Wettersatelliten, der ERTS-Satelliten für Bodenschatzerkundung, *Skylab* und andere Satelliten aufgetreten. Als von Braun zu Fairchild stieß, waren Vertragsstudien abgeschlossen oder im Gange für Fernseh-Direktübertragungssatelliten der zweiten Generation und einen *Intelsat* der nächsten Generation für weltweite Nachrichtenübermittlung, für einen Ortungs- und Datenrelaissatelliten, für die Satelliten *Timation* und *Solrad*, Erdbeobachtungssatelliten, Luftverkehrskontrollsatelliten, vielseitig verwendbare Satellitenplattformen, die Kernenergiequellen nutzten und eine Anzahl von militärischen, der Geheimhaltung unterliegenden Raumflugkörpern.

In der Tat, von Braun war in die Dienste einer Organisation getreten, die für seinen Pioniergeist und seine Entdeckerfreudigkeit Herausforderungen par excellence bot. Hier fand er fruchtbaren Boden für seine Energie und seinen ständigen Drang, zum Wohle der Menschheit die Konzepte für die Anwendung des Know-how der Raumfahrt, das bisher erreicht worden war und in absehbarer Zukunft erreicht werden konnte, weiterzuentwickeln.

Hinzu kam, daß einige Abteilungen und Tochtergesellschaften von Fairchild dabei waren, andere reizvolle Technologien zu entwickeln. So arbeiteten sie unter anderem an Projekten zur Lösung der Energiekrise, am Bau des zweimotorigen *Swearingen*-Flugzeugs und der Turboprop-Geschäfts- und Zubringerflugzeuge vom Typ *Metro* und

Merlin (einer kleineren »Version« der *Grumman Gulfstream I*, die von Braun so gern im Marshall-Zentrum geflogen hatte).

Im Juli 1972 stand das Unternehmen knapp zwei Jahre vor dem Start des eindrucksvollsten aller bisherigen unbemannten Weltraumsatelliten: des ATS-F-Nachrichtensatelliten. Neben vielem anderen, was dieser hochkomplizierte Satellit leisten konnte, war er imstande, Fernsehprogramme für billige Empfangsanlagen in abgelegene Gebiete zu übertragen – zu den Eskimos in Alaska, der verstreuten Bevölkerung in den Appalachen und den US-Bundesstaaten in den Rocky Mountains und zu den nachrichtenhungrigen Dorfbewohnern in Indien. Wo ein Bedarf an doppelseitiger Fernsehverbindung durch Sender und Empfänger bestand, zum Beispiel für Ferndiagnosen bei Patienten in Dörfern oder ärztliche Versorgung, konnte eine etwas größere und teurere Bodenstation auch dieser Anforderung genügen. Sehr schnell begeisterte sich von Braun für die Entwicklung des ATS-F und dessen weitergehende Anwendungsmöglichkeiten in einer Reihe anderer Länder.

Zuerst sollte der ATS-F nur ausgewählte Gebiete in den Vereinigten Staaten bedienen. In einer erdsynchronen Umlaufbahn in etwa 36 000 Kilometer Höhe über den Galapagos-Inseln auf dem Äquator würde der ATS-F der NASA die Erde alle 24 Stunden einmal umkreisen und daher scheinbar über einem festen Punkt auf dem Erdball »stehenbleiben«. Er sollte eingesetzt werden, um eine Vielzahl neuer Weltraumkommunikationskonzepte zu testen: Übertragungen von medizinischen und Erziehungsprogrammen zu kleinen, kostengünstigen Empfängern in abgelegenen Gebieten, Luft- und Schiffahrtsnachrichtenverkehr, Standortbestimmungs- und Verkehrsregelungstechniken, Bahnverfolgung von Raumfahrzeugen sowie Datenübermittlung. Alles in allem sollte der ATS-F über zwanzig technologische und wissenschaftliche Experimente durchführen, von denen viele internationale Bedeutung hatten.

Die Crux mit dem ATS-F-Entwurf – und die Tatsache, die diesen Satelliten von allen vorangehenden Nachrichtensatelliten unterschied – war das Konzept, die Leistung in den Satelliten einzubauen statt sie in der Bodenstation zu erbringen. Dadurch war es auch mit bescheidenen Empfangsgeräten auf der Erde möglich, direkte Fernseh- und Radiosendungen vom Satelliten zu übernehmen. Mit Hilfe einer regenschirmförmigen, spitz zulaufenden Antenne auf der Erde mit einem Durchmesser von knapp zwei Meter, die auf den Dauerstandort des Satelliten im Weltraum ausgerichtet war, konnten die Sendungen mit gewöhnlichen Fernsehgeräten in weiten Gebieten empfangen werden.

Der ATS-F wurde gerade bei der Fairchild Space & Electronics Company (FSEC) in einer Werkshalle neben der Hauptverwaltung der Fairchild Industries montiert, als von Braun in dieses Unternehmen eintrat. Tagtäglich wurde er vom Präsidenten der FSEC, Harry Dornbrand, und von den führenden Technikern, wie Programmdirektor Bill Johnston und dem Leiter der Maschinenbauabteilung, Jack Feinstein, über den Fortgang der Arbeiten auf dem laufenden gehalten, als der ATS-F kurz vor der Fertigstellung stand.

Der ATS-F sollte rund 1,5 Tonnen wiegen und im wesentlichen aus einer der Erde zugewandten Baueinheit bestehen, die mit einer ausfahrbaren Reflektorantenne verbunden war, die etwa zehn Meter lang war. Die Stromzufuhr erfolgte über zwei halbzylindrische Sonnenzellenflächen, die gleich Armen über die Antenne hinausragten. Es war ein komplizierter, vielseitiger und leistungsfähiger Raumflugkörper. Als Starttermin war der 30. Mai 1974 festgelegt worden.

Kurz nachdem der Satellit seinen Standort erreicht hatte, sollte das Experiment des US-Gesundheitsministeriums*, das sogenannte Gesundheits- und Erziehungs-Fernsehübertragungsexperiment (HET), in den Rocky Mountains, den Appalachen-Staaten und den Bundesstaaten Washington und Alaska anlaufen. HET sollte versuchsweise erstklassige Bildungs- und Gesundheitspflegeprogramme für Millionen Amerikaner in abgelegene Teile dieser Gebiete ausstrahlen, deren gebirgige Struktur normalerweise den Fernsehempfang von Sendern am Boden erschwert.

Die Bodenempfangsanlage, die aus der kleinen Schirmantenne und einem kleinen Frequenzwandler bestand, sollte entweder direkt einen einzigen Fernsehapparat beliefern, beispielsweise in einem Klassenzimmer oder einem Krankenhaus, oder die Übertragung konnte in ein bestehendes örtliches öffentliches Fernseh-Mikrowellen- oder Kabelsystem eingespielt werden und auf diese Weise eine große Zahl weiterer Zuschauer erreichen. Der Preis für die Emp-

---

* Die genaue Bezeichnung des Ministeriums lautet: Department of Health, Education and Welfare (im amerikanischen Sprachgebrauch auch abgekürzt HEW), also Ministerium für Gesundheit, Erziehung und Soziales. (Anm. d. Ü.)

fangsanlage an jedem der annähernd 300 ATS-F-Empfängerstandorte wurde auf weniger als 3 000 Dollar pro Stück geschätzt.

Der ATS-F war so konstruiert, daß er zwei verschiedene Farbfernsehprogramme mit je vier Tonkanälen ausstrahlen konnte. Die Programme sollten gleichzeitig in mehreren Sprachen gesendet werden und die Auswahl zwischen Englisch, Spanisch oder einem amerikanischen Indianerdialekt ermöglichen.

Lange vor dem Start des ATS-F war von Braun damit betraut, bei einer Vielzahl möglicher Abnehmer für das ATS-F-Konzept zu werben. Eine weitere Herausforderung an ihn war die Tatsache, daß der ATS-F durch ein Abkommen zwischen den Regierungen Indiens und der USA im Sommer 1975 in eine Position über dem Viktoria-See in Afrika gebracht werden sollte. Dann mußten die Sendungen im Rahmen des Gesundheitswesen-Bildungsprogramms für Alaska, die Rocky Mountain-Staaten und die Appalachen eingestellt werden. Während der ATS-F für ein Jahr an Indien ausgeliehen war, um bei einem ähnlichen TV-Experiment für 5 000 Dörfer eingesetzt zu werden, würde es keinen entsprechenden Ersatz für die amerikanischen Zuschauer geben. Daher glaubte von Braun zuversichtlich, daß für den Fall, daß sich der ATS-F als Erfolg herausstellte, es möglich sein könnte, in den kommenden Jahren eine ganze Serie solcher Satelliten für viele Teile der Welt im Weltraum zu stationieren. Im Verlauf der Studien für diese Idee unternahm er ausgedehnte Reisen und hatte Gelegenheit, die künftigen Möglichkeiten von Nachrichtensatelliten mit Staats- und Regierungschefs wie dem Schah von Persien und der indischen Ministerpräsidentin Indira Gandhi zu erörtern. Brasilien und Venezuela waren weitere Länder, in denen es ihm gelang, Interesse für Fairchilds weltumspannende Pläne und Möglichkeiten zu wecken.

Nachdem er im Sommer 1972 zu Fairchild gekommen war, hatte von Braun auf Drängen Ed Uhls auch die Grundlagen für ein breitangelegtes strategisches Planungsverfahren geschaffen, das einen Mechanismus liefern sollte, anhand dessen das Topmanagement des Unternehmens in der Lage war, umsichtige Langzeitprogramm- und Investitionsentscheidungen in einer extrem veränderlichen wirtschaftlichen Umwelt zu treffen. Im Frühsommer 1973 nahm sich von Braun dann während einer technischen Konferenz in Texas die Zeit, sich der von der US-Bundesluftfahrtbehörde vorgeschriebenen halbjährlichen ärztlichen Untersuchung für seine Pilotenlizenz zu unterziehen. Die Ärzte machten dabei eine Entdeckung, die ihn wie ein Blitz aus heiterem Himmel traf.

Mit einundsechzig war er zu diesem Zeitpunkt noch immer ein muskulöses, starkes und gesundes Energiebündel voll Männlichkeit und Ausdauer – mit einem unverwüstlichen Sinn für Humor, stets zum Scherzen aufgelegt und mit einem Lächeln für jedermann. Seit er 1945 in die Vereinigten Staaten gekommen war, hatte er nur ab und zu eine Grippe gehabt und den üblichen Schnupfen wie andere Leute auch. Natürlich hatten ihm im Frühjahr und Sommer 1945 sein gebrochener Arm und die Gelbsucht, die er sich in den letzten Kriegstagen zugezogen hatte, erheblich zu schaffen gemacht. Sicher, er hatte später drei Tage in seinem Hotelbett in Amsterdam wegen eines verknacksten Fußes verbringen müssen, doch insgesamt gesehen war er all die Jahre über stets bei ausgezeichneter Gesundheit gewesen. Daher war er, gelinde gesagt, überrascht, als die Ärzte bei der Routineuntersuchung für seinen Flugschein feststellten, daß er an einer sehr ernsten Erkrankung der linken Niere litt und ihm einen sofortigen Eingriff empfohlen.

Aber von Braun fühlte sich vollkommen gesund und war so stark von einer Reihe wichtiger Projekte in Anspruch genommen, daß er für die Operation erst im September 1973 Zeit fand. Im Johns Hopkins Universitäts-Hospital in Baltimore wurde die Diagnose von Texas bestätigt und beschlossen, die kranke Niere zu entfernen. Doch in echtem von Braun-Stil war er schon kurz danach wieder auf den Beinen und konnte, völlig wiederhergestellt, die Klinik verlassen. Lachend erzählte er mir, daß der Arzt ihm gesagt habe: »Wo Sie jetzt nur noch eine Niere haben, sollten Sie mehr trinken...«

»Ich habe mir seine Ratschläge nicht zu Ende angehört und ihn unterbrochen, bevor er ins Detail ging«, fügte von Braun hinzu, »denn ich hatte den Verdacht, daß der Doktor beim Wort ›trinken‹ an Wasser dachte!«

Ein paar Wochen später konnte er auch sein tägliches Schwimmtraining wieder aufnehmen. Er hatte etwas abgenommen, worüber er sich sehr freute, und als er wieder in sein Büro bei Fairchild kam, stellte seine Sekretärin Pat Webb fest, daß er so unternehmungslustig war wie eh und je. »Er sah glänzend aus«, berichtete sie. Die Jagdsaison 1973 stand vor der Tür, doch von Braun hatte so viel aufzuarbeiten, daß er die vorher gemachten Pläne für Jagdausflüge streichen mußte. Immerhin fand er noch Zeit, mit mir ein paarmal kurz zum Forellenangeln zu fahren. Dabei nahmen wir dann unsere Söhne mit – er seinen Peter und ich Paul, meinen Jüngsten – und genossen gemeinsam die freie Natur.

Peter war inzwischen ein großer Junge geworden. Nachdem die Brauns nach Washington übergesiedelt waren, nahm ich ihn verschiedentlich zu Angelpartien ins Gebirge westlich vom Shenandoah-Tal oder an die Chesapeake-Bai mit, während sein Vater mit Arbeit überlastet war und der Terminkalender ihm ständig hektische Reisen diktierte. Peter war von kleinauf begeisterter Angler gewesen, und es überraschte mich nicht, als er einmal einen sieben Kilogramm schweren »Brocken« von einem Klippenbarsch fing, wo doch der Rest unserer sechsköpfigen Mannschaft nur Drei- oder Vierpfünder gefangen hatte. Als dieses Monstrum bei ihm anbiß, war Peter so aufgeregt, daß er auf die Heckreling unserer gemieteten *Sea Hag III* kletterte und aufgeregt mit den Armen fuchtelte. Ich hielt ihn gerade noch am Hemd fest, als er das Gleichgewicht zu verlieren drohte und riß ihn ins Boot zurück, wobei ich ihm mit strenger Stimme erklärte, daß ich ihn über Bord werfen würde, wenn er so etwas noch einmal täte!

Als wir am Nachmittag nach Alexandria zurückkamen, zeigte Peter seinem Vater stolz den großen Barsch und schluchzte ein wenig, als er ihm von meiner Drohung erzählte. Doch von Braun zeigte kein großes Mitleid, sondern meinte: »Wenn ich dabei gewesen wäre, hätte ich dir wahrscheinlich dasselbe gesagt!« Ich weiß nicht, ob Peter mir je verziehen hat, aber ich hoffe es doch.

Nach dem Umzug der Familie von Huntsville nach Washington begann Peter sich sehr für Großstadtplanung zu interessieren und verbrachte ein Gutteil seiner Freizeit in seinem Hobbyraum mit dem Bau von Modellstädten auf riesigen Sperrholzplatten. Er vergaß dabei auch Grüngürtel, Wohnhauskomplexe, Gas- und Elektrizitätswerke, Einkaufszentren, Parkplätze und so weiter nicht. Ich stellte eine ausgeprägte technische Begabung bei ihm fest, Interesse an der Architektur und Neigung für Planung und Konstruktion. Er war damals allerdings erst zwölf Jahre alt, und es war wahrscheinlich noch viel zu früh, um zu mutmaßen, ob er einmal in die Fußstapfen seines Vaters treten würde.

Kurze Zeit später legte Peter ein ungeheures Interesse für den Naturschutz an den Tag und beteiligte sich mit großer Begeisterung an Gesprächen über Ökologie und aktuelle Umweltschutzprobleme. Wenn sein Vater zu beschäftigt war, überredete er seine Mutter, mit ihm ins Chesapeake-Gebiet zu fahren, damit er den Zug der Kanada-Gänse beobachten konnte. Er konnte wie gebannt daheim vor dem Fernsehapparat sitzen, wenn Naturfilme gezeigt wurden und suchte gewissenhaft in jeder Zeitschrift und jedem Buch, das er in die Finger bekam, nach Informationen zum Thema Naturschutz. Ich machte mir ein Vergnügen daraus, den jungen blonden Naturburschen zu seinem fünfzehnten Geburtstag als Mitglied bei der *National Wildlife Federation* anzumelden.

Im Verlauf eines unserer Ausflüge mit unseren Söhnen fand von Braun Gelegenheit, mir einige seiner geheimsten Gedanken über die Anwendung der für die Raumfahrt entwickelten Neuerungen und Techniken auf der Erde mitzuteilen – und das, von dem er hoffte, daß es sich innerhalb der nächsten Jahre auf dem Sektor der Hilfsquellen und der Ausnutzung technologischer Satelliten verwirklichen ließ. 1973 hatte die NASA bekanntgegeben, daß allein in jenem Jahr über 2 000 neue Raumfahrt-Nebenprodukte im Rahmen ihres umfassenden »Technologie-Anwendungsprogramms« gemeldet worden waren.

»Insgesamt sind mehr als 30 000 solcher Artikel seit Beginn des Programms vor elf Jahren gemeldet und registriert worden«, sagte von Braun. »Diese Prozedur ist der Brennpunkt für die Weitergabe potentieller nutzbringender Raumfahrttechnologie an die Erdbewohner. Das Ergebnis ist, daß Hunderte von wichtigen neuen Produkten und Verfahrenstechniken Teil unseres täglichen Lebens geworden sind.«

Während einer Verschnaufpause hatten wir uns im dichten Gras am Ufer eines klaren Forellenbachs in der Nähe von Goshen in Virginia ausgestreckt. Peter und Paul waren noch mit ihrem Angelgerät beschäftigt.

»Du willst also sagen«, meinte ich, »daß unsere Raumfahrtunternehmen anfangen, sich in großem Stil auch für den Mann auf der Straße bezahlt zu machen und nicht nur für die Wissenschaft?«

»Wir haben von Anfang an Ableger des Raumfahrtprogramms gehabt. Einige von ihnen sind ziemlich trivial wie beispielsweise die vielgepriesene Teflonbeschichtung bei Kochtöpfen und Bratpfannen. Diese leicht sauber zu machenden Küchengeräte wurden aufgrund der Forschungsarbeit entwickelt, die wir in den fünfziger Jahren für Wiedereintrittsraketenspitzen leisteten.«

»Soviel ich weiß, erwarten die Leute vom Technologie-Anwendungsprogramm der NASA in diesem Jahr annähernd 60 000 Anfragen seitens der Industrie wegen eventueller neu verfügbarer Technologien. Das scheint doch ein immenses Verfahren zu sein...«

»Ja, das stimmt. Das Programm zur Verfügbarmachung neuer Technologien für potentielle Abnehmer verlangt ein breites nationales Verbreitungsprogramm. Zusätzlich zu Veröffentlichungen, in denen Neuentwicklungen bekanntgegeben werden, arbeiten sieben spezialisierte regionale Verbreitungszentren direkt mit etwa 2 000 Firmen im Jahr zusammen. Im Rahmen eines Pilotprogramms, das vergangenes Jahr aufgelegt wurde, hat man in New York ein Verbindungsbüro der NASA eröffnet, um direkt mit städtischen Behörden in Problembereichen wie öffentlicher Sicherheit und sogar Rauschgiftfahndung und Brandschutz zusammenarbeiten zu können. Diese Bemühungen haben sich dann auch tatsächlich als höchst erfolgreich erwiesen.«

»Wenn du ein markantes Beispiel für ein solches Raumfahrt-›Nebenprodukt‹ nennen solltest, was käme dir da als erstes in den Sinn?«

»Vielleicht ist die interessanteste Neuentwicklung, die in diesem Jahr durch das Technologie-Anwendungsprogramm erfolgte, der wiederaufladbare Herzschrittmacher gewesen. Dieses einzigartige Gerät, das elektronische Komponenten verwendet, die ursprünglich für die Verwendung im Weltraum konstruiert worden waren, wurde unter der Schirmherrschaft der NASA im Labor für Angewandte Physik der Johns Hopkins-Universität entwickelt. Einmal eingepflanzt, kann das Gerät zu Hause vom Patienten selbst mit Hilfe einer Energiequelle von außen aufgeladen werden. So vermeidet man eine alle zwei Jahre zu wiederholende Operation, bei der herkömmliche Geräte ausgetauscht werden mußten. Das neue Gerät ist auch kleiner und leichter als die früheren Schrittmacher.

Aber es hat auch viele andere Fortschritte auf dem Gebiet der Biomedizin gegeben, die diesem Programm entstammten. Da ist die Entwicklung einer ›Temperaturpille‹ mit einem winzigen Sendegerät darin zu nennen, die das Verdauungssystem des Patienten durchläuft und es den Ärzten ermöglicht, genau zu lokalisierende Veränderungen der Körpertemperatur festzustellen, die möglicherweise eine Infektion oder eine andere Störung anzeigen. Eine weitere Erfindung dieser Art ist ein von einem Techniker zu bedienendes, tragbares Sehtestgerät, der sogenannte ›Automated Visual Sensitivity Tester‹, mit dem sich frühzeitig Störungen der Sehkraft und Augenleiden feststellen lassen. Wir haben auch mit Erfolg einen Krankenhausversuchssaal für gelähmte Patienten vorgestellt, in dem für den Weltraum entwickelte Geräte wie Blickschalter, Bildschirme und Servo-Geräte verwendet werden, um eine Fernbedienung von Kommunikationsgeräten und anderen Vorrichtungen für das Wohlbefinden und die Unterhaltung bettlägeriger Personen zu ermöglichen. Dann gibt es noch das kompakte, leichte Erste-Hilfe-Päckchen, *Telecare* genannt, das die wichtigste medizinische Ausrüstung für die Versorgung Verletzter am Unfallort enthält. Auf anderen Gebieten sind unter den von der NASA in diesem Jahr angekündigten Neuentwicklungen eine winzige Alarmanlage gegen Einbrecher, die auf einer NASA-Erfindung beruht, die ursprünglich für die Blutdruckmessung im menschlichen Herz bestimmt war; ein radarreflektierendes, sich automatisch aufblasendes Rettungsfloß; ein Werkstoff aus einer Fluorid-Metallverbindung, der sich bei hohen Temperaturen selbst abschmiert und von der Industrie sehr gefragt sein dürfte; ein neues psychomotorisches Testgerät und nicht zu vergessen die Entwicklung eines Hohlraumtechnik-Verfahrens, mit dessen Hilfe man ausgelöschte Seriennummern auf verschiedenen Metallen wieder sichtbar machen kann.«

»Natürlich nehme ich an«, warf ich ein, »daß es fast unmöglich ist, auch die abstrakteren Nebenprodukte zusammenzufassen – wie zum Beispiel die Gewinnung neuer Erkenntnisse für anerkannte naturwissenschaftliche Disziplinen und Technologien?«

»Weißt du, unsere Erfahrungen bei den Anwendungen der Technologie haben uns, besonders seit Ende des Zweiten Weltkrieges, gelehrt, daß sie sich einer genauen Klassifizierung entziehen. Zum Beispiel ist das im Krieg entwickelte und angewendete Know-how inzwischen bei zahllosen Gelegenheiten angewendet worden, um unsere Wohnungen, Haushaltsgeräte und -produkte, industrielle Verfahren und wirtschaftliche Tätigkeiten zu verbessern.

Auch das Raumfahrtprogramm hat technologische ›Ableger‹ hervorgebracht, die ein weites Anwendungsgebiet für die heutigen nationalen und weltweiten Probleme haben. Vor einigen Jahren haben wir Wettersatelliten eingeführt, die Sandstürme im Nahen Osten, Waldbrände in Kalifornien und Wasserverschmutzung in verschiedenen Gebieten rings um den Erdball entdeckt haben. Untersuchungen durch unabhängige Behörden, die vom US-Kongreß beauftragt waren, haben ergeben, daß bald der Weltbevölkerung Einsparungen im Wert von mehr als 80 Milliarden Dollar pro Jahr möglich sein werden durch das Wissen, das sich aus der Raumfahrtforschung ableitet. Nutznießer werden sein die Medizin, das Nachrichtenwesen, die Nahrungsmittel, die Mineral- und Wasservorkommen, die Kartographie, die Geodäsie, die Wettervorhersage und -kontrolle, die Luftverschmutzung, die Verkehrskontrolle in der Luft und auf See und eine Fülle von Anwendungsbereichen in Industrie und Management.«

»Würdest du nicht auch meinen, daß wir bereits in großem Stil ›im Geschäft‹ sind?«

»Keineswegs soviel, wie wir es gekonnt hätten! Ich finde es wirklich unverständlich, daß trotz dieses enormen Potentials zur Verbesserung des Wohlergehens der Menschheit die Raumfahrt gelegentlich als Fehlinvestition von Mitteln und Mühen gebrandmarkt wird, die eigentlich den vordringlichen sozialen und wirtschaftlichen Problemen gelten müßten, mit denen wir konfrontiert sind. Ich glaube, es ist eine weit fairere Beurteilung des Raumfahrtprogramms, wenn man sagt, daß es unserem Land großen Reichtum verleiht – nämlich fortschrittliche Technologie –, der uns instand setzt, viele der Probleme zu lösen, von denen unser Planet heimgesucht ist.«

»Aber wir haben doch wenigstens einen Anfang gemacht, nicht wahr?«

»Was wir bis jetzt erreicht haben, sollte die Aufmerksamkeit auf die Notwendigkeit lenken, daß wir noch weit mehr tun müssen! Wir haben jetzt den Beweis, daß wir imstande sind, die Raumfahrttechnologie zum direkten, unverminderten Nutzen der Erde zu verwenden – die Raumfahrt also in den Dienst der Erde, der Ökologie und der Energie zu stellen, wenn du willst...«

In diesem Augenblick kamen die beiden Jungen mit einer beachtlichen Ausbeute an Regenbogenforellen zurück, und da schon allmählich die Nacht hereinbrach, rüsteten wir, wenn auch widerstrebend, zur langen Heimfahrt. Während wir mit leerem Magen zurück in die Umgebung von Washington fuhren, sprachen wir weiter über unbemannte Satelliten und die Möglichkeit, mit ihrer Hilfe das Leben lebenswerter zu machen.

30. Kapitel
Zwei Flaschen unverzollter Rum

Viele Leute, die von Braun kennen, schreiben seine große Vitalität und Energie zu Recht der Tatsache zu, daß er außergewöhnlichen Sinn für Humor hat. Ein herzliches Lachen ab und zu läßt einen länger leben, heißt es ja. Er erzählt urkomische Witze und hat Spaß daran, wenn andere lustige Geschichten zum besten geben. Dabei ist es bezeichnend für ihn, daß er über die Anekdoten lacht, die über ihn erzählt werden; er genießt es geradezu, mit seinen Freunden aus der Welt der Raketen in Erinnerungen an merkwürdige und humorvolle Zwischenfälle zu schwelgen, mit denen sie auf ihrem Gebiet der Raumfahrt einmal konfrontiert wurden. Bei diesen Begebenheiten geht es um Schnitzer der Beteiligten, Fehler bei Raketenstarts, Mißverständnisse, Verwechslungen und andere Ereignisse außer der Reihe. Ebenso hat von Braun die Gabe, in seine Schilderungen der alltäglichsten Dinge ein humorvolles Wort einzuflechten.

Seine meteorhafte Karriere, die ihren glanzvollen Höhepunkt erreichte, als die Amerikaner die Russen beim Wettrennen zum Mond besiegten, beweist, daß ein einziger Mensch in dieser modernen Welt eine Wende herbeiführen kann – vorausgesetzt, daß dieser Mensch ein Gigant ist. Fast sollte man annehmen, daß dieser Mensch ein Geist ist: grübelnd in seinem Labor hockend, umgeben von Rechenschiebern, Mikroskopen, Reagenzgläsern, Computern und Büchern voll mathematischer Formeln. Sicher würde man nicht vermuten, daß dieser Mann ganz gewöhnliche Fehler macht, gern Dummheiten begeht, verspielt sein kann wie ein Kind und dann auch so reagiert, seinen Freunden Streiche spielt – und nur mit einem Badetuch um die Hüften um die Fahnenstange am Südpol herumtanzt.

Es kommt sogar vor, daß er bei seriösen Vorträgen und Diskussionen witzige Wortspiele und Vergleiche in seine Ausführungen einbaut. Wir erinnern uns, daß Himmler dafür keinen Sinn hatte. Als von Braun damals das Angebot des Reichsführers der SS ablehnte, ihm unbegrenzte Mittel für das V2-Entwicklungsprogramm zur Verfügung zu stellen, tat er das mit den Worten: »Reichsführer, mit der V2 verhält es sich wie mit einer kleinen Blume. Um blühen zu können, braucht sie Sonne, genau die richtige Menge Dünger und einen verständigen Gärtner. Ich fürchte, was Sie planen, ist ein dicker Strahl Jauche! Und der könnte unsere kleine Blume eingehen lassen!« Himmler liebte diese Art Scherze überhaupt nicht, und das, was von Braun »durch die Blume« sagte, könnte sehr wohl zu Himmlers Entschluß beigetragen haben, von Braun vorübergehend verhaften zu lassen. Himmler war eben kein verständiger Gärtner.

Bei einem typischen »Verkaufsgespräch« zum Thema, warum er unbedingt Mittel für einen bestimmten Satelliten brauchte, erklärte von Braun vor einem Kongreßausschuß den bedrückt dreinschauenden Abgeordneten, die der langen Budgetdebatten überdrüssig waren: »Lassen Sie diesen nützlichen Satelliten nur ein Jahr lang in seiner Umlaufbahn, und er wird in der Meilenleistung pro Gallone Treibstoff einen Volkswagen in den Schatten stellen!« Einem anderen Kongreßkomitee interpretierte er die Gründe für einen Flug zum Mond so: »Unser Mondprogramm ist weit mehr als ein Versuch, um jeden Preis die erste Nation zu sein, die in irgendeinem Mondkrater ein Schild mit den Worten ›Kilroy was here!‹ aufstellt!«

Nach dem Versagen eines Meßsatelliten aus der *Explorer*-Serie, der in geringer Höhe seinen Geist aufgegeben hatte, kamen die Topleute des Projekts zu einer post mortem-Konferenz in von Brauns Büro zusammen. Einer von ihnen weiß noch genau, wie nervös alle waren. Sie erwarteten von ihrem Boß einen ungeheuren Anpfiff. Sie alle hatten tagelang an Analysen des Fehlschlags gearbeitet, hatten jedoch Bedenken, neue Ideen und Verbesserungen für den nächsten Satellitenstart vorzuschlagen. Was würde von Braun zu dem verhängnisvollen Flug sagen? Würde er jetzt auf den Tisch schlagen?

Sie kamen herein wie Schuljungen, die vor ihrem Lehrer Angst haben. Graphische Darstellungen und Karten mit Flugbahnen wurden auf dem Konferenztisch ausgebreitet. Im Raum herrschte absolute Stille. Von Braun studierte eine Weile die Flugbahndiagramme des *Explorer*. Dann sagte er trocken: »Da ist absolut nichts falsch gewesen, außer daß das Perigäum* zu gering war!« Alles brüllte vor Lachen. Bevor sie an ihre Reißbretter zurückkehrten, waren alle von dieser nervlichen Belastung befreit. »Auf diese Weise«, sagte mir Bonnie Holmes einmal, »hielt er das Team zusammen. Nicht nur das – so wurde es auch zum besten Team von allen. Von Brauns Sinn für Humor und seine menschliche Art im Umgang mit anderen waren mit die größten Aktivposten des ganzen Programms.«

Eines Tages Ende 1957 – kurz nachdem der *Sputnik* gestartet worden war – rannten von Braun und ich durch die Halle des National Airport in Washington, um eine Maschine der Capital Airlines nach Huntsville zu erwischen. Ein paar Tage zuvor hatte er vom Verteidigungsminister Neil M. McElroy grünes Licht für die Vorbereitungen zum Start von *Explorer I* erhalten. Dadurch wurde von Braun Teilnehmer eines Wettlaufs – diesmal nicht mit den Russen, sondern mit dem zweiten Satellitenteam der USA, der *Vanguard*-Gruppe mit ihrem »Steuermann« Dr. John P. Hagen. Gerade als wir das Ende der Halle erreichten, wollte es der Zufall, daß wir beinahe mit Hagen zusammengestoßen wären! Der letzte Aufruf für unseren Flug war schon erfolgt, und wir waren wirklich in großer Eile. Doch von Braun blieb kurz stehen und sagte: »Hi, John! Wie geht's?« Dr. Hagen nahm die Pfeife aus dem Mund und erwiderte: »Soweit ganz gut, Wernher.« Dann lächelte von Braun und meinte: »Gut, wir treffen uns ja dann in der Umlaufbahn!«

Zwei Wochen später explodierte der erste *Vanguard*-Satellit beim meistbeachteten Raketenstartversuch der amerikanischen Geschichte, und wiederum ein paar Wochen danach erreichte von Brauns *Explorer I* erfolgreich seine Umlaufbahn. Von Brauns Vorschlag, den er bei seinem Treffen en passant Dr. Hagen gemacht hatte, wurde dann schließlich doch noch Wirklichkeit, als sie sich »in der Umlaufbahn trafen«, nämlich als ein *Vanguard* später am 17. März 1958 *Explorer I* in den Weltraum folgte.

Ich glaube nicht, daß ich jemals mit von Braun – wenn auch nur für einen Augenblick – zusammen war, ohne daß er den einen oder anderen Witz erzählt hätte. Je größer sein Publikum ist, desto lauter spricht er, und sein herzliches Lachen wirkt ansteckend.

Was die Lautstärke betrifft, so muß ich unbedingt eine Anekdote

---

* Erdnächster Punkt der Umlaufbahn eines Flugkörpers (Anm. d. Ü.).

über den verstorbenen Dr. Theodore von Karman, den »Einstein der Luftfahrt«, anfügen. Als Doyen aller aeronautischen Wissenschaftler der fünfziger Jahre war der gebürtige Ungar bekannt dafür, sich alt genug zu fühlen, um über jedermann fast alles sagen zu können. Obwohl von Braun seit zwölf Jahren in den USA lebte und an zahlreichen technischen Konferenzen, Luftfahrtseminaren und vielen gesellschaftlichen Veranstaltungen der Luftfahrtindustrie teilgenommen hatte, war er bisher noch nie mit Dr. von Karman zusammengetroffen, den er sehr bewunderte. Mir war es eine besondere Freude, ihn dem »ungarischen Zauberer« vorzustellen. Von Braun war von der Intelligenz von Karmans stark beeindruckt. Als sie sich kennenlernten, schüttelten sie sich die Hand, und von Braun machte, galant und ehrerbietig wie er ist, eine tiefe Verbeugung.

Anlaß der Begegnung war das Halbjahrestreffen der *American Rocket Society* in Washington anno 1957. Am Abend konnte ich von Braun für einen Augenblick allein in seinem Hotelzimmer sprechen. Mitte der fünfziger Jahre war von Braun – wie geschildert – ein prominenter und gefragter Mann, dessen Name ständig in den Nachrichten von Radio und Fernsehen, Zeitungen, Zeitschriften, Büchern und Dokumentarfilmen erwähnt wurde. Diese Publicity kam auch seinen Bemühungen um die öffentliche Anerkennung und Unterstützung eines großen Raumfahrtprogramms zugute. Einige Hohepriester der Naturwissenschaft waren – wie konnte es anders sein – so versnobt, daß sie angesichts dieses »Rummels« die Stirn runzelten.

Von Braun gestand mir, wie sehr er sich gefreut habe, Dr. von Karman kennenzulernen, und mir fiel dabei noch eine Anekdote über den alten Herrn ein. Ich erzählte von Braun, daß eine Gruppe von Journalisten kürzlich von Karman fragte, welches Land, Rußland oder die USA, nach dem Krieg die besten deutschen Raketenforscher »erbeutet« habe. Worauf von Karman antwortete: »Ich weiß nicht, wer die besten bekommen hat, aber ich bin ganz sicher, daß wir hier die lautstärksten haben!«

Ich war nicht überrascht, als von Braun in solch brüllendes Gelächter ausbrach, daß er nach Luft schnappte und sich auf sein Bett setzen und die Tränen aus den Augen wischen mußte.

Etwa ein Jahr später hatte ich dann das Vergnügen, von Braun mit Professor Leonid Sedow bekanntzumachen, dem führenden Mann der russischen Raumfahrt, den die Delegationen aus Moskau während der *Sputnik*-Ära gern präsentierten. 1958 nahm von Braun zum erstenmal persönlich an einem Kongreß der Internationalen Astronautischen Föderation teil. In jenem Jahr wurde er in Amsterdam abgehalten. Er und Sedow trafen am Eröffnungstag bei einem Cocktailempfang zusammen.

Das war jedoch das letzte, was von Braun von Professor Sedow für vier oder fünf Tage sah. Am folgenden Tag verstauchte sich von Braun einen Fuß und war in seinem Hotelzimmer ans Bett gefesselt. Sofort kursierten Gerüchte auf dem Kongreß, daß von Braun die Begegnung mit Sedow peinlich gewesen sei und er sich geweigert habe, weiter am Kongreß teilzunehmen. Ich besuchte von Braun in seinem Hotelzimmer, wo ihm ein Sicherheitsoffizier der US-Armee Gesellschaft leistete. Die USA und die Sowjetunion befanden sich im Kalten Krieg, und General Medaris wollte von Braun auf Reisen außerhalb der Vereinigten Staaten nicht ohne Sicherheitseskorte lassen. Von Zeit zu Zeit hatte es Meldungen gegeben, wonach Wissenschaftler der westlichen Welt durch entschlossene Leute von der anderen Seite des Eisernen Vorhanges entführt worden waren.

Ein Arzt hatte gerade von Brauns Zimmer verlassen. Dieser fühlte sich äußerst ungemütlich; auf seinem Bett festgeschnallt, war er nicht in der Lage, sich zu bewegen. Man hatte ihm gesagt, daß der Unfall ernst gewesen sei und daß er für einige Tage »völlige Ruhe« brauche. Ich informierte von Braun über die Gerüchte und Verwirrung, die unter den Kongreßteilnehmern herrschte, nachdem es hieß, von Braun sei von einer angeblich schnippischen Bemerkung Sedows, nur der zweitbeste zu sein, gekränkt.

»Na«, sagte von Braun, »wenn das wirklich der Fall ist, warum gehen Sie dann nicht hinunter, halten eine Pressekonferenz ab und erzählen allen Leuten, daß von Braun Sedow einlädt, zu ihm auf sein Zimmer zu kommen, um sich dafür zu entschuldigen, daß er uns mit seinem verdammten *Sputnik* geschlagen hat!«

Natürlich hätte sich von Braun über das Gerede viel weniger zu kümmern brauchen. Doch um jeden möglichen Zweifel daran zu beseitigen, daß sein Mißgeschick nicht nur ein Vorwand gewesen war, nahm von Braun Fred Durants Einladung an, vor seiner Abreise aus Amsterdam mit Sedow zu Abend zu essen. An diesem Essen nahm auch Professor Kyril Ogorodnikow teil, ein Astrophysiker vom Leningrader Observatorium. Die Atmosphäre war betont herzlich. Bei dieser Gelegenheit diskutierten die Wissenschaftler auch die Neutralitätsaspekte bei der Erkundung des Mondes. Später verriet mir von Braun, daß er Sedow von den Gerüchten erzählt habe und auch davon, daß ich ihn hätte auffordern sollen, sich zu entschuldigen. »Sogar Sedow mußte herzlich lachen«, berichtete von Braun.

Zuweilen tut er höchst belustigende Dinge, und ich bin sicher, daß viele seiner Freunde und Mitarbeiter bestätigen können, daß er eine bestimmte Art hat, etwas zu tun oder zu sagen, die spontanes Gelächter auslöst, während andererseits dieselben Dinge – von anderen Leuten getan oder gesagt – ganz alltäglich erschienen und völlig humorlos klängen.

Ein anderer international bekannter Raumfahrtfachmann und enger Freund von Brauns ist der Schriftsteller Arthur C. Clarke. Dieser erinnert sich lebhaft an eine Episode anläßlich seines Besuches in Huntsville 1958 kurz nach dem Start von *Explorer I*. Von Braun und Clarke waren gerade in von Brauns bescheidenem Haus in der McClung Street eingetroffen und von Maria von Braun begrüßt worden. Dabei erfuhren sie, daß keine Eiswürfel im Haus waren. Falls sie sich bei einem Drink entspannen wollten, täten sie gut daran, in die Stadt zur nächsten Eismaschine zu fahren und eine Tüte voll Eisstücke mitzubringen.

Clarke hatte noch nie einen Münzautomaten für Eiswürfel gesehen und sah interessiert zu, wie von Braun einen Vierteldollar in den Schlitz schob. Und heraus kam ein riesiger »Eisberg« in einer Plastiktüte, die sie in den Kofferraum des Wagens packten. Als sie davonfahren wollten, gab die Maschine einen krächzenden Ton von sich und schob noch einen Eisberg heraus. Irgendetwas stimmte nicht, doch was ging sie das an? Sie luden also auch das zweite Eispaket in den Kofferraum. Da spuckte der Automat schon die dritte Ladung aus. Für noch mehr Eis war kein Platz mehr im Auto. Sie berieten noch, was sie tun sollten, als noch eine vierte Packung Eis herauskam...

Bevor eine neue Eiszeit über Huntsville hereinbrechen konnte, versuchte es von Braun mit einer bewährten Reparaturmethode: er trat dem defekten Roboter in die Eingeweide. Prompt gab der Apparat von Brauns Vierteldollarstück zurück!

»In diesem Augenblick war mir klar«, erinnerte sich Clarke, »daß er tatsächlich ein Mensch war, der Macht über Maschinen hatte.«

Doch die Ehrlichkeit gebot Clarke, zuzugeben, daß dieser Eindruck nur zehn Minuten dauerte. Als sie nämlich in von Brauns Haus zurückkamen und ihr Gratiseis in den Küchenausguß schütteten, ging von Braun mit einem Eispickel zu Werk und richtete eine solche Schweinerei an, daß Maria ihn aus der Küche warf und das Eis allein zerkleinerte.

»Schön«, sagte Clarke einige Jahre danach, »niemand kann auf allen Gebieten eine Koryphäe sein. Ich glaube, die *Saturn V* macht solche kleinen Schwächen wett!«

Etwas Ähnliches passierte bei einem Jagdausflug in West-Virginia, bei dem von Braun in unserem Biwak mit seiner 30-06 Springfield-Büchse ankam, in deren Lauf eine 7-mm-Mauser-Patrone eingeklemmt war.

Mehrere Jahre hintereinander hatte ich ein altes Steinhaus in der Nähe von Wardensville im Hardy Country in West-Virginia gemietet. Die Mitglieder des *American Viking Club,* gewöhnlich waren es an die zehn Jagdkameraden, hatten schon viele wundervolle Jagdpartien in den umliegenden Revieren und dem naheliegenden George Washington National Forest unternommen. 1966 fand von Braun, daß er ein bißchen Zeit einschieben und sich uns am frühen Morgen des Eröffnungstages der Bockjagdsaison anschließen könne. Unsere Gruppe war am Samstag im Steinhaus angekommen, und von Braun wollte am Sonntagabend mit dem Flugzeug von Huntsville heraufkommen und am Montag weiter nach Washington zu einer Mittagsbesprechung in der NASA-Hauptverwaltung fliegen.

Mit Al Zukas, dem einzigen Club-Mitglied aus Kalifornien, fuhr ich die fünfzig Kilometer nach Winchester, um von Braun abzuholen. Doch wie üblich kam er zu spät.

Kurz vor Mitternacht hörten wir das Geräusch eines Flugzeuges, das von Süden kam. Wir beobachteten die Blinklichter an den Tragflächenenden vor dem Hintergrund des sternenklaren Himmels und sahen zu, wie von Braun mit der Maschine behutsam in Schräglage ging und zum Landeanflug ansetzte. Er setzte auf und rollte langsam in Richtung Vorfeld aus, wo wir standen. Die Motoren stoppten, die Tür flog auf, und da stand von Braun in der Luke und winkte. »Tut mir leid, ich bin ein bißchen (!) spät dran«, sagte er mit dem bekannten breiten Lächeln. Als wir auf die alte DC 3 zugingen, um ihn zu begrüßen und ihm mit seinen Sachen zu helfen, meinte von

Braun mit bedrückter Stimme: »Ich habe da ein Problem. Wißt ihr, mir ist eine Patrone im Gewehr steckengeblieben. Ich kann sie partout nicht 'rauskriegen, und das Schloß geht nicht mehr zu. Ich glaube fast, daß ich ein falsches Kaliber drin habe. Was schlagt ihr vor? Habt ihr irgendwelches Werkzeug hier, damit wir das Gewehr auseinandernehmen können?«

Ich sah Al an und Al sah mich an. Wer würde denn Büchsenmacherwerkzeuge mitten in der Nacht zum Flughafen von Winchester mitbringen? »Nein«, sagte ich mit einem Gesichtsausdruck, der ebenso bestürzt gewesen sein muß wie der von Brauns, »aber gib mir 'mal das Gewehr.«

Ich nahm die Waffe aus dem Futteral und sah sie mir im aufgeblendeten Licht der Scheinwerfer unseres Wagens an. Natürlich! Eine Patrone steckte so richtig schön auf halbem Weg im Lauf.

»Wie zum Teufel hast du das denn fertiggekriegt?« fragte ich.

»Na, letzten Monat war ich zur Elchjagd in Kanada, und irgendwie muß mir eine fremde Patrone dazwischen geraten sein. Ich habe meine restliche Munition überprüft: alles Kaliber 30-06!«

»Und was ist mit deiner Winchester-Büchse? Warum hast du die nicht mitgebracht?«

»Das wollte ich auch zuerst«, antwortete er, »aber ich war ganz nervös, wenn ich an die Springfield mit der verklemmten Patrone dachte. Da habe ich mir gedacht, ich bringe lieber dieses Gewehr hier mit, damit ihr mir helfen könnt, die Patrone wieder herauszukriegen. Ich dachte, ihr Jungens seid doch Fachleute!«

»Ich weiß zwar nicht, was die Gesetzbücher über das Mitführen von geladenen Schußwaffen in Flugzeugen sagen«, meinte ich mit einem Lächeln, »doch du solltest wissen, daß man hier in Virginia und West-Virginia ganz schön streng ist, was die Mitnahme von geladenen Schußwaffen in einem Kraftfahrzeug anbetrifft!«

»Also was schlagt ihr jetzt vor?«

»Wir haben noch eine halbe Stunde Fahrt vor uns und müssen um halb fünf aufstehen. Wir zerbrechen uns wegen der Patrone den Kopf, wenn wir im Steinhaus angekommen sind.«

Die meisten Jäger schliefen schon, als wir ankamen, aber Richard Williams vom NASA-Hauptquartier, der damals beim *Gemini*-Programm in leitender Funktion mitwirkte, und Ray Walters aus Grand Rapids (Michigan) hatten auf uns gewartet und anständig Scheite in den Wohnraumkamin nachgeschoben. Sie hatten auch den Eiseimer der Hausbar mit Würfeln gefüllt und servierten uns zur Begrüßung ein paar starke Whiskys. Als von Braun seine Sachen auspackte, nahm ich Ray beiseite und erklärte ihm das mit der Büchse und der verflixten Patrone.

»Du machst doch wohl Witze!« sagte Ray. »Wie in aller Welt will der denn auf den Mond kommen?« Ich hatte das unangenehme Gefühl, daß von Braun diese Bemerkung mitbekommen hatte.

»Mach dir darüber keine Sorgen«, antwortete ich ungeduldig, »wir müssen jedenfalls unbedingt diese verfluchte Patrone aus dem Gewehr kriegen. Was glaubt ihr wohl, was die anderen morgen früh sagen? Sie werden Wernher für den Rest seines Lebens damit aufziehen.«

»Gib mir mal das Gewehr«, ordnete Ray an. Er nahm die Flinte mit nach draußen zu einem Holzstoß, versetzte dem Schloß einen energischen, raschen Hieb mit einem schweren Holzscheit und kam mit dem Gewehr unter dem Arm zurück, das Magazin völlig offen und die 7 mm-Patrone in seiner Hand. Ich war hinter einer dicken Steinmauer in Deckung gegangen und hatte mir Rays Aktion angeschaut. Nun atmete ich auf. Er ging bedächtig, in echter Walterscher Art, die Stufen hinauf zur Küche und sagte: »Hier, Wernher, Ihr Gewehr und Ihre Patrone. Ich schlage vor, die werfen Sie sofort weg!«

»Darauf können Sie aber Gift nehmen«, sagte von Braun und dankte Ray überschwenglich. Nach diesem Zwischenfall hockten wir uns alle in der Küche zusammen und aßen einen Happen, während ich den Plan für die morgendliche Jagd erläuterte. Es war sehr spät geworden, und viel Schlaf würden wir sowieso nicht mehr bekommen. Außerdem mußte von Braun am Vormittag um zehn Uhr auf dem Flugplatz von Winchester sein, um das Flugzeug für seine Besprechung im NASA-Hauptquartier zu erwischen, das gute zwanzig Flugminuten entfernt war. Ich schätze, wir konnten gerade für drei Stunden die Augen zumachen. Ich erinnere mich, zu mir selbst gesagt zu haben: Die richtige Art von Jagd ist das ja nicht gerade. Unsere ganze Gruppe war zusammengekommen, um mindestens drei Tage lang auf Jagd zu gehen, aber von Braun mußte sich mit drei Stunden morgendlicher Pirsch begnügen. Tja, nur so konnte er eben damals überhaupt auf die Jagd gehen. Wir waren auf dem besten Wege, die Russen beim Wettrennen zum Mond abzuhängen, und das war natürlich viel wichtiger. Das *Apollo*-Projekt hatte auch für von Braun absoluten Vorrang...

Es war eine Jagd für echte »Profis«. Doch nichts rührte sich. Wir warteten mehr als zwei Stunden, doch hatten wir noch kein Wild gesehen, als die Treiber unsere Feuerkette erreichten. Wir hatten eben Pech gehabt.

»Mach dir keine Gedanken, Erik. So ist das nun mal mit der Jagd! Wir haben es wenigstens versucht«, sagte von Braun tröstend.

»Ja«, meinte ich mit echter Enttäuschung in der Stimme. »Aber daß wir nicht ein einziges Mal zu Schuß gekommen sind...«

»Weißt du was?« fragte er. »Mir fällt dazu eine Geschichte über Hermann Göring ein. Er sagte einmal: ›Ich bin gewöhnt, von Zeit zu Zeit zu schießen, und wenn ich 'mal daneben treffe, dann habe ich doch wenigstens geschossen!‹«

»Ja?«

»Na ja, du weißt doch, was aus Göring geworden ist...!«

Wir lachten. Wieder einmal hatte er mich mit seinem jungenhaften Humor aufgemuntert. »Du weißt selbst verdammt gut«, sagte er noch, »daß in der Jägerei sehr viel mehr steckt als das Schießen und Erlegen von Wild!«

Wir beschlossen, uns neu zu formieren und eine Treibjagd aus der entgegengesetzten Richtung zu versuchen. Das hieß, daß Zukas, Walters, von Braun und ich ein bis zwei Kilometer über einen bestimmten Hügel wandern mußten und uns auf dem nächsten Bergrücken wieder in Stellung zu bringen hatten: Die Treiber würden mindestens eine Stunde brauchen, um diese Stelle zu erreichen, dachten wir und genehmigten uns einen kleinen Imbiß.

Wir saßen auf einem Baumstamm in der Nähe einer Lichtung und unterhielten uns in aller Ruhe über die neuen Standorte, die wir einnehmen wollten.

Da sah ich mit einem Mal ein großes Stück Rehwild, das auf der anderen Seite der Lichtung aussprang. »Da, ein Stück!« flüsterte ich aufgeregt. Wir ließen die kalten Hühnerschenkel und Kartoffelchips fallen und griffen nach unseren Gewehren. Das Wild hatte uns in demselben Augenblick geäugt, als ich es ausgemacht hatte und erstarrte vollends, direkt unter einer großen Kiefer. Sein Haupt war in den unteren Ästen verborgen, und man konnte unmöglich ausmachen, ob es ein Bock oder eine Geiß war. Da aber um diese Jahreszeit nur die Böcke zum Abschuß freigegeben waren, mußten wir ganz schön aufpassen.

Jetzt waren wir vier in der richtigen Schußstellung – etwa drei oder vier Meter voneinander entfernt. Wir standen genauso reglos wie das Wild und starrten und starrten, um festzustellen, ob das Tier nicht doch anzusprechen war, das heißt, ob es ein Gehörn trug oder nicht. Walters war der einzige, der ein Zielfernrohr auf seiner Büchse hatte, und nach einer Weile sagte er: »Ich könnte schwören, daß er ein Gehörn auf hat!«

Die Minuten verrannen. Mir war so etwas noch nie passiert. Das Stück Wild stand einfach da – wie eine Statue.

Jetzt lagen wir vier auf dem Bauch und krochen wie die Apachen näher in diese Ecke der Lichtung. Es war immer noch eine ganz schöne Strecke für Büchsen ohne Zielfernrohr. Dann wiederholte Ray, daß das Wild ein Gehörn trüge. Ich war mir nicht ganz sicher, was ich sah, ob Kiefernzweige oder Äste oder Gehörnstangen.

Dann äußerte sich von Braun: »Paßt auf! Das ist eine verdammt weite Entfernung. Doch wenn ihr alle sicher seid, daß das Wild ein Gehörn hat, dann schlage ich vor, ich mache einen Countdown von drei an – so: drei, zwo, eins, Feuer! – und wir schießen alle gleichzeitig!«

Der ist wohl von allen guten Geistern verlassen, dachte ich! Und das Reh mußte etwas Ähnliches gedacht haben, denn in diesem Moment tat sich das Wild einfach nieder! Ich rief aus: »Der ist waidwund! Richtig waidwund! Wir kriegen ihn jetzt!«

Wir standen von dem Holzfällerweg auf, über den wir gekrochen waren, triefend vor Schlamm und rannten wie ein Sturmtrupp, die Gewehre im Anschlag, auf die Lichtung zu. Doch jetzt hatte das Reh genug von dem Theater. Es machte einen himmelhohen Satz und sprang ab wie von der Tarantel gestochen. Bevor es im Wald verschwand, konnten wir alle einen genauen Blick erhaschen – es war eine große, aber sehr grazile Geiß...

»Wo ist der Kerl, der gesagt hat, er hätte ein Geweih?« fragte von Braun und sah Walters an. Ray wurde ein wenig rot, und von Braun klopfte ihm freundschaftlich auf die Schulter. Al Zukas und ich lachten.

Doch für diesen Morgen war für von Braun die Jagd vorbei. Es war für ihn höchste Zeit, sich auf den Rückweg zu machen. So durchquerten wir die Wiesen mit dem knirschenden Reif im Gras, fühlten den milden Sonnenschein auf unseren Gesichtern und lachten und machten Witze über den vermutlichen Ausgang unserer Begegnung mit den Gesetzeshütern, falls wir das Stück Rehwild doch geschossen hätten.

Wir verabschiedeten uns mit einem festen Händedruck voneinander. Als Walters die Tür des Kombiwagens öffnete, blieb von Braun eine Sekunde lang stehen und sagte zu Ray: »Ich kann Ihnen nicht versprechen, daß die Sache mit der falschen Patrone, die in meinem Gewehr steckengeblieben ist, nicht wieder passiert, aber ich verspreche Ihnen, daß ich genau darauf achten werde, daß nichts in den Düsen der *Saturn-Apollo*-Triebwerke steckenbleibt!«

Von Braun erzählte mir einmal, daß ihm etwas Ähnliches in Arkansas ein Jahr, bevor wir dort zusammen auf Entenjagd gingen, passiert war. Beim ersten Ausflug machten er und seine Jagdfreunde dumme Gesichter; sie erlegten wegen des schlechten Wetters keine einzige Ente. Kein Vogel war in Schußweite gekommen, und von Braun hatte sogar nur ein paar Schüsse abgegeben. »Und weißt du, was passierte?« fragte er mit einem maliziösen Lächeln. »Der Reporter von der Lokalzeitung erfuhr erst von dieser Expedition, als wir schon wieder zur Heimfahrt nach Huntsville rüsteten. Rate mal, was dieser Bursche über mich geschrieben hat: ›Wie kann Wernher von Braun erwarten, den richtigen Schuß zum Mond zu tun, wenn er nicht einmal imstande ist, eine Arkansas-Ente zu schießen?‹« Wie üblich, machte es von Braun Freude, eine solche Geschichte über sich zu erzählen.

Harry F. Vincent, Projektdirektor für Heeresraketen im Redstone-Arsenal in Huntsville, gibt ebenfalls zu, daß er seinerzeit Zweifel an von Brauns Idee eines Mondfluges hatte. »Ich erinnere mich, daß wir einmal zusammen zu derselben Gruppe von Booten auf dem Tennessee gehörten, die versuchten, die Schleuse am Guntersville-Damm zu passieren«, sagte er. »Die Stromschnellen um die Schleuse herum sind tückisch, und von Braun hatte dieselben Schwierigkeiten wie wir alle. Ich dachte immerzu: ›Wenn dieser Bursche nicht aus ein paar Yards Entfernung ein Boot durch eine enge Stelle steuern kann, wie kann er da hoffen, ein Raumfahrzeug aus 380 000 Kilometer Entfernung auf den Mond zu dirigieren?‹ Am Ende manövrierte sich von Braun dann doch mit Erfolg in die Schleuse hinein. Vincent bemerkte dazu: »... Genauso, wie der Abschluß aller größeren Vorhaben von Brauns in den vergangenen Jahren von Erfolg gekrönt war!«

Es ist eine alte Erfahrungstatsache für alle Sportsleute, daß sich bei ihren Exkursionen in der freien Natur lustige und außergewöhnliche Dinge ereignen. Ich möchte hier nicht über eines der vielen Abenteuer von Brauns während seiner unzähligen Angelpartien in der Karibik berichten, aber dieses Buch wäre sicherlich nicht vollständig ohne eine lückenlose Aufzählung der Ereignisse, die sich zutrugen, als er mit der Schaluppe *Josephine III* in der letzten Märzwoche 1972 in der Karibik herumschipperte. Die Geschichte wurde mir von seiner Sekretärin Julie Kertes zugetragen, die dazu meinte: »Mr. Bergaust, diese Geschichte ist so unglaublich, daß ich Ihnen Fotokopien von den fraglichen ›echten Dokumenten‹ schicken muß!«

Ein paar Tage später kamen sie mit der Post. Die Kopie eines Zollformulars für Paketsendungen, ein Vordruck des Postministeriums, der die Versendung von »1 Schachtel mit dem Inhalt: 1 Flasche plus 1 Schriftstück« bestätigte, die von der Insel St. Vincent an »Miss Julie Kertes, NASA-Hauptquartier, Code AAD, 400 Maryland Avenue, Washington D.C.« aufgegeben worden war, ferner eine in Langschrift geschriebene Mitteilung mit den Unterschriften »Ruthie, Frank, Ian und Wernher«, eine Notiz ohne Unterschrift und ein Brief an eine »Liebe Miss Kertes«, datiert vom 15. April 1972 von einem gewissen H. Richardson.

Nach genauer Durchsicht dieser wichtigen Papiere entschied ich, daß ich noch mehr Hintergrundinformationen brauchte. Also rief ich Julie an und schlug ihr vor, doch mit mir im Rotunda-Restaurant auf dem Kapitol-Hügel zu Mittag zu essen. »Ich glaube wirklich, Mr. Bergaust, Sie sollten sich von Dr. von Braun diese ganze Geschichte bestätigen lassen – und vielleicht auch seine Erlaubnis einholen, um sie zu drucken« sagte sie, bevor wir uns gesetzt hatten.

»Und warum das, Julie?«

»Ganz unter uns«, sagte sie im Flüsterton, »ich glaube, sie müssen gebechert haben! Im Ernst, so muß es gewesen sein!«

»Tatsächlich?«

»Nun ja, Sie wissen, er hat schon viel Sinn für Humor, doch dies übertrifft alles, was ich bis jetzt gehört und gesehen habe!«

Julie war natürlich genau wie ihre Kolleginnen Bonnie Holmes, Pat Webb und Kayren Governale und die meisten anderen großartige Sekretärinnen von Brauns gegenüber ihrem Chef äußerst pflichtgetreu. Nachdem von Braun die NASA verlassen hatte, wurde Julie die Sekretärin vom obersten NASA-Boß Dr. James Fletcher. Ich versprach ihr, ich würde kein Wort in Druck geben, ohne es mit von Braun abgestimmt zu haben.

In ihrer charmanten und direkten Art erzählte sie mir dann, wie von Braun dazu gekommen war, die Schaluppe *Josephine III* zu mieten. Er hatte seine guten Freunde Ruth und Ian Dodds und Frank Williams eingeladen, mit ihm auf einem ausgedehnten Törn die wunderschönen Gewässer und Inseln der Windward-Gruppe zwischen Trinidad und Guadeloupe zu erkunden. Dodds und Williams waren beide seine engsten Mitarbeiter bei der NASA. Ian ist heute für Rockwell International tätig, Frank immer noch bei der NASA, wo er im Washingtoner Hauptquartier als Direktor für Spezialprogramme fungiert.

Von Braun hatte mir das Album mit den Fotos von dem Trip mit der *Josephine III* gezeigt. Es war offensichtlich, daß er und seine Mannschaft einen außerordentlich erlebnisreichen und bestimmt unvergeßlichen Urlaub auf diesem herrlichen Boot verbracht hatten. Aber die Fotos hätten nichts gezeigt, sagte ich zu Julie, was mich den Verdacht schöpfen ließ, daß Trinkorgien stattgefunden hätten.

»Vielleicht hat er Ihnen solche Bilder unterschlagen?« sagte Julie lachend.

»Aber Sie kennen ihn doch, Julie«, antwortete ich. »Er könnte sogar beabsichtigt haben, bei Ihnen den Eindruck zu erwecken, als wären sie alle angeheitert gewesen, um der Geschichte eine gewisse ›Glaubwürdigkeit‹ zu verleihen und um die menschliche Seite dieser sorglosen Urlaubskreuzfahrt zu betonen. Ich glaube eher, er wollte Sie wissen lassen, daß sie eine herrliche Zeit verbrachten.«

»Das ist ganz klar!«

Um endlich mit der Geschichte anzufangen: Es scheint, daß von Braun am 30. März 1972 beschloß, Julie per Flaschenpost eine dringende Nachricht zukommen zu lassen. Eine leere Grenada-Rumflasche griffbereit neben sich, schrieb er in seiner typischen kräftigen Handschrift die folgende Mitteilung:

»JOSEPHINE III
30. März A. D. 1972

Liebe Julie,
Hatten eine rauhe Fahrt. Nur noch ein zerrissenes Segel und zwei Flaschen Rum unter Zollverschluß übrig. Wale backbords, Haie steuerbords und Riffe voraus. Sonne gnadenlos. Alle zwanzig Minuten Ablösung an den Pumpen. Ein Besatzungsmitglied stirbt an Wundstarrkrampf. Skorbut grassiert. Steuermann im Delirium. Beenden unsere letzten Tage mit den zwei restlichen Flaschen Rum und treiben der untergehenden Sonne entgegen!

Ruthie, Frank, Ian, Wernher

P.S. Bitte mit Rückantwortflasche Frage klären: Ist Nixon noch im Rennen?«

Dann schrieb von Braun eine zweite Botschaft – wieder in kräftigen Buchstaben und in gut lesbarem Englisch:

»An den Finder:
Bitte auf schnellstem Wege senden an:
Miss Julie Kertes
NASA Hauptquartier, Code AAD
400 Maryland Avenue
Washington D.C. USA

Die Besatzung der *Josephine III*

N.B. Der Finder erhält eine Belohnung von 10 Flaschen Tang*!«

Dann faltete von Braun die Dokumente feierlich zusammen – wahrscheinlich nicht ahnend, daß sie einmal historische Bedeutung erlangen sollten, und stopfte sie in die leere Flasche. Er verschraubte sorgfältig den Verschluß und warf das Ding über Bord. Von den Passatwinden sanft von Wellenkamm zu Wellenkamm gewiegt, wurde die Literflasche schließlich nach einer Reise von genau zwei Wochen von der blauen See an den Sandstrand einer kleinen, verlassenen Insel Westindiens gespült.

Unterdessen kehrte von Braun in sein Büro im NASA-Hauptquartier an der Maryland Avenue zurück und erzählte Julie in allen Einzelheiten, wie sein großartiger Urlaub verlaufen war. Die dringende Botschaft muß er allerdings vergessen haben, denn davon erwähnte er überhaupt nichts. Eines Tages im Juni bekam Julie dann mit der

---

* Ein Spezialgetränk für die Astronauten, das einen umstrittenen Ruf hat (Anm. d. Ü.).

Post ein Paket von der Größe eines Schuhkartons. Die entwerteten Briefmarken zeigten, daß es in Bequia auf St. Vincent in Britisch-Westindien aufgegeben worden war. Es erübrigt sich zu erwähnen, daß es die Flasche mit den beiden Botschaften enthielt, die von Braun in seiner Verzweiflung in einer hoffnungslosen Situation geschrieben hatte. Außerdem lag dem kleinen Paket noch eine höchst bemerkenswerte Mitteilung des Finders bei, der offenbar sowohl liebenswürdig als auch hilfsbereit war, aber auch einen ausgeprägten Sinn für Humor haben mußte. Seine Zeilen lauteten wie folgt:

15. April 1972

»Sehr geehrte Miss Kertes,
die beigefügte Flasche wurde von mir auf einer verlassenen Insel gefunden, als ich dort nach Schildkröten suchte. Fand keine Schildkröten, doch bin ganz scharf auf Tang, wie Ihr Amerikaner das nennt. Keine Spur von einem Boot oder einer Crew, doch lokale Berichte sprechen davon, daß eine unter Rum stehende, von Skorbut befallene Besatzung immer noch im Karibischen Meer herumgeistert. Schicken Sie den Tang als Zollpaket an H. Richardson, Petit St. Vincent, Petit Martinique, Grenada, West Indies.

P.S. Wer ist Nixon, und wohin rennt er?«

Während unseres netten Mittagessens frischte Julie Kertes weitere Erinnerungen an ungewöhnliche Begebenheiten in von Brauns Leben als hohes Tier bei der NASA in Washington auf. Sie arbeitete damals oft bis in die Nacht hinein und war immer da, wenn man sie brauchte. Manchmal spielte sie Babysitter für Peter im neuen Haus von Brauns in Alexandria (Virginia). Sie hatte auch die (einmalige) Korrespondenz mit seltsamen Briefschreibern zu erledigen – von Brauns Sekretärinnen nannten solche Eingänge »Verrückten-Post« –, und das zusätzlich zur Beantwortung der mehr konventionellen Fan-Post.

Manchmal enthielten die Briefe obszöne und unsinnige Dinge. Eine der hartnäckigsten Schreiberinnen, die immer noch in Aktion ist, ist eine Frau, die mit »Clara« zeichnet und im Laufe der Jahre schreckliche Briefe mit Röntgenaufnahmen ihres Knochenbaus geschickt hat. Es war Julies Urteil überlassen, ob sie von Braun schmutzige Briefe zeigen oder sie wegwerfen und ihm überhaupt nichts davon sagen sollte.

Alle Sekretärinnen von Brauns, die sicherlich eine wertvolle

Quelle für Braun'sche Anekdoten darstellen, sind sich darüber einig, daß eine seiner angenehmsten Seiten seine vornehme Art sei. Pat Webb, seine attraktive Sekretärin während der ersten Jahre bei Fairchild, gesteht, daß sie deswegen öfter in Verlegenheit gekommen sei.

»Die leitenden Angestellten bei Fairchild dürfen Erster Klasse fliegen«, erzählte sie mir, »die übrigen müssen in der Touristenklasse reisen. Für unseren Trip nach Florida, wo von Braun den letzten *Apollo*-Start, also *Apollo 17*, miterleben wollte, hatte ich eine Flugkarte Erster Klasse für ihn und ein Touristenklasseticket für mich selbst besorgt. Als wir zum Flughafen kamen und uns am Flugschalter meldeten, war Dr. von Braun bestürzt, festzustellen, daß ich nicht mit ihm und den anderen Direktoren in der Ersten Klasse fliegen würde. Er bestand darauf, daß ich mein Ticket mit ihm tauschte. Das war in meinen Augen die Tat eines echten, aber selten gewordenen Gentleman!«

»Können Sie sich nicht an etwas Komisches erinnern, das in Verbindung mit Ihrer Arbeit für ihn passiert ist?«

»Na, und ob. Wie könnte ich so etwas auch vergessen?« Ihre Augen begannen zu strahlen. »Sie wissen doch sicher, daß er gerne anderen einen Streich spielt?«

»Ja, natürlich. Was hat er denn mit Ihnen gemacht?«

»Bei Rückkehr von einer Südamerikareise brachte mir Dr. von Braun einen echten Schrumpfkopf als Trophäe mit. Er behauptete, aus irgendeinem Grunde erinnerte er ihn an mich und schlug vor, den Kopf doch über seine Türschwelle zu hängen, um unangemeldete Besucher davon abzuhalten, in sein Büro zu stürmen. Darüber hinaus sollten wir noch all diesen Leuten erzählen, der Kopf sei ein abschreckendes Beispiel für das, was mit solchen Eindringlingen geschähe!«

»Na, half es denn?«

»Wir brauchten ihn eigentlich nie aufzuhängen«, sagte sie mit einem charmanten Lächeln. »Ich erinnere mich auch noch sehr lebhaft, daß er einmal nach seiner Rückkehr aus Indien, wo er auf dem Rückflug in Tokio zwischengelandet war, mit besonders hinterhältigem Grinsen auf dem Gesicht und einem Zwinkern in den Augen aus seinem Büro kam. Er hielt irgend etwas zwischen seinen Handflächen, drückte dann auf eine Art Knopf, und plötzlich war die absolute Stille dahin, die sonst in den Vorstandsetagen in Germantown herrscht. Das Geräusch hörte sich an wie die krächzende Stimme der ›Fat Lady Box‹ auf einem Rummelplatz. Er hatte mir einen ›Lachsack‹ mitgebracht, ein batteriebetriebenes kleines Etui, das man aufziehen muß und aus dem dann ein Lachanfall kommt. Er sagte mir, ich sollte ihn immer dann benutzen, wenn ich mich so richtig ›fertig‹ fühlte, denn Lachen sei doch ansteckend. Dann ging er in sein Büro zurück und kam während des restlichen Tages ab und zu herausgestürzt, drückte auf den Knopf der Lachmaschine und eilte in sein Zimmer zurück, um alle glauben zu machen, daß ›Pat mal wieder ihren albernen Tag hat‹!«

»Ach, übrigens, Pat, war er eigentlich ein richtiger Sklaventreiber?«

»Absolut nicht. Wir waren ja sowieso in unserem Büro an hartes Arbeiten gewöhnt. Er hat mir nie einen Auftrag erteilt, egal, wie unbedeutend dieser auch war, ohne ihn mit dem Wörtchen ›bitte‹ anzufangen, und hat auch nie vergessen, ›danke‹ zu sagen. Nach meiner anfänglichen Probezeit von drei Monaten ging ich eines Tages zu ihm, um – in Form einer Beschwerde – ein paar Dinge zur Sprache zu bringen. Am Ende unserer Unterhaltung schien er wirklich dankbar für meine Offenherzigkeit zu sein und meinte: ›Wenn ein Rädchen geölt werden muß, quietscht es. Danke für's Quietschen!‹ Am nächsten Tag wurden die paar unwichtigen Dinge in Ordnung gebracht.«

»Sie haben ihn im März 1974 verlassen, weil Sie ein Baby erwarteten, nicht wahr?«

»Ja, und das bringt mich dazu, Ihnen noch meine Lieblingsanekdote über ihn zu erzählen. Während meiner ganzen Schwangerschaft sprach Dr. von Braun immer von der Niederkunft als ›Raketenabschuß‹. Ab und zu pflegte er zu fragen: ›Pat, wann ist denn nun der Abschuß?‹ Als ich schließlich mein Baby bekam, war Dr. von Braun gerade in Spanien. Wer beschreibt meine große Freude, als ich in der Klinik am nächsten Tag Post bekam und ein Telegramm aus Madrid dabei war mit dem Text: ›Glückwünsche zu Ihrem erfolgreichen Abschuß. Herzlichst, Wernher von Braun.‹«

31. Kapitel
Mit Leib und Seele Ingenieur

Bevor er Ende 1958 Huntsville wieder verließ, schrieb Professor Hermann Oberth, von Brauns großes Vorbild in der Frühzeit der Raketenforschung in Deutschland, über seinen ehemaligen Schützling: »Wernher von Braun, der trotz aller Hindernisse nie von seinem Ziel abwich, ist einer der Vorkämpfer für den ersten Schritt des Menschen ins Universum. Er zählt zu jenen, denen wir eine neue Technologie verdanken. Er stellt einen neuen Typus des Wissenschaftlers dar: Gelehrter, Ingenieur und Manager – er vereint alle diese Fähigkeiten in seiner Person wie ein Dirigent, der die einzelnen Solisten lenkt und genau weiß, wie er sie zu einem gemeinsamen Ziel führen kann... Sein Erfolg beruht auf seinem Genie und seiner Tatkraft, aber nicht zuletzt auch auf seinen menschlichen Qualitäten...«

Gerade in den Huntsviller Jahren lernten die Vertreter der amerikanischen Luft- und Raumfahrtindustrie sowie die offiziellen und offiziösen Repräsentanten der Regierung in Washington die Fähigkeiten des Gelehrten-Ingenieurs-Managers von Braun schätzen. Viele der Hunderte von Experten, die in jener Zeit eng mit von Braun zusammenarbeiteten, erinnern sich noch lebhaft einer Unmenge von lustigen und weniger lustigen Zwischenfällen bei der Entwicklung und Montage der Großraketen-Episoden, bei denen von Braun stets einen kühlen Kopf behielt und selbst in der verfahrensten Situation ein Scherzwort fand.

Kap Canaveral, ungefähr in der Mitte zwischen Jacksonville und Miami an der Ostküste des Bundesstaates Florida gelegen und früher ein riesiger Streifen flachen Ödlands, wurde zu einem Konglomerat der modernsten technischen Systeme und Ausrüstungen des Menschen, von mit Transistoren bestückten Miniaturrobotergehirnen bis zum gigantischen »Komplex 39«, und in ihm dem größten Montagegebäude der Welt, das dazu diente, vier der riesigen, 110 Meter hohen *Saturn V*-Raketen mit den obenauf sitzenden *Apollo*-Raumkapseln zusammenzubauen und startklar zu machen.

Die verschiedenen Anlagen auf Kap Canaveral waren in ein unwirkliches Niemandsland eingebettet worden, wo dann im Laufe der Jahre zahllose Fernlenkkörper und Raketen mit ohrenbetäubendem Donnern, dem Druckwellen folgten, gen Himmel stiegen, wo in der Anfangszeit Raketen auf den Starttischen explodierten und dabei meterhohe Flammen aus den Nahtstellen der Treibstoffleitungen schossen, durch die supergekühlter Flüssigsauerstoff und sich rasch verflüchtigende Brennstoffe flossen, und wo vor den Augen unzähliger faszinierter Zuschauer leuchtende Tröpfchen und langgezogene weiße Rauchstreifen aus kilometerlangen Zufuhrleitungen und unübersehbaren Mengen elektronischer Geräte verdampften.

In der Anfangszeit waren derartige Explosionen, Fehlstarts und Mißerfolge so häufig, daß sowohl die Experten als auch die Öffentlichkeit sie als selbstverständlich hinnahmen. Natürlich hatten auch für von Braun Vorfälle dieser Art zur Routine gehört, seit er in den dreißiger Jahren die ersten Raketen auf der Greifswalder Oie in der Ostsee gestartet hatte. Einerseits war jeder Fehlschlag eine Lektion in Raketentechnik mit dem Ergebnis, daß jedesmal bei Konstruktion und Auslegung des Projektils Verbesserungen vorgenommen werden konnten. Andererseits wurden dadurch harte Arbeit und Begeisterung zu unabdingbaren Voraussetzungen für Konstrukteure, Ingenieure und Techniker.

Als jedoch die Raketenforschung endgültig aus den Kinderschuhen heraus war, wurde von Braun von Mal zu Mal ungehaltener, wenn eine seiner Raketen während der Startphase in Flammen aufging. Er träumte immer von dem Tag, an dem Weltraumraketen so zuverlässig wie Passagierflugzeuge sein würden. Er bestand darauf, Komponenten und Triebwerke x-mal zu testen; er warnte immer wieder vor Selbstgefälligkeit und Schlampigkeit und ließ nicht nach, auf die Bedeutung der Sauberkeit aller Röhren, Ventile und Brennkammern hinzuweisen. Kurz gesagt, er verlangte einen Arbeitsablauf von der Präzision eines Schweizer Uhrwerks und untadelige Leistungen von allen Angehörigen seines Teams und von den Zulieferern aus der Privatindustrie.

Sein alter Freund Sam Hoffman, Präsident der zum North American Rockwell-Konzern gehörenden Firma Rocketdyne, des größten Herstellers von Raketentriebwerken in den USA, weiß in faszinierender Weise über von Brauns Enthusiasmus und Perfektionismus zu erzählen. Am 5. Mai 1954 weilte Hoffman zu Besuch auf Kap Canaveral, um dem Start der *Redstone*-Rakete Nummer drei beizuwohnen. Mit einer kleinen Gruppe von Männern, darunter auch Wernher von Braun und dem damaligen General Toftoy, stand er auf der obersten Plattform des alten Leuchtturms, der etwa zwei Kilometer von der Startrampe entfernt war und den Raketenfachleuten als Tribüne diente.

Es war bestimmt ein sehr ernüchterndes Erlebnis für ihn, als die Rakete infolge eines Defekts am Rocketdyne-Triebwerk, dem dritten, das eine Rakete emportragen sollte und dem ersten Versager, nur knapp hundert Meter hoch stieg, zu torkeln und schlingern anfing und inmitten eines weißen Feuerballs explodierte. General Toftoy sah Hoffman an und fragte: »Du kommst doch auch zum nächsten Start, Sam?« Es war natürlich mehr eine rhetorische Frage ›voll beißender Ironie‹. Von Braun dagegen sagte kein Wort. »Aber sein Schweigen sprach Bände und beeindruckte mich mehr, als wenn er irgendeine Kritik geäußert hätte. Ich kehrte mit einem neuen Gefühl der verbissenen Hingabe und fest entschlossen, daß so etwas nicht wieder vorkommen durfte, an meinen Schreibtisch zurück«, erinnert sich Hoffman.

Die Chrysler Corporation zählte ebenfalls zu den Hauptkontraktoren für die Raketen der Typen *Redstone, Jupiter* und *Saturn*. Der Präsident der Chrysler-Raumfahrtabteilung, H. D. Lowrey, sagte mir einmal, als das Gespräch auf die Zusammenarbeit mit von Braun kam: »Besonders gern erinnere ich mich daran, wie wir gemeinsam danach strebten, bei der Entwicklung der *Saturn* eine Qualität und besondere Güte des Produkts zu erreichen. Bei der Abnahme unserer ersten Trägerrakete erklärte Dr. von Braun wörtlich: ›Qualität und Zuverlässigkeit sind Dinge, die man nicht durch Inspektionen in eine Rakete hineinzaubern kann. Sie müssen gewissermaßen unsichtbar eingebaut sein... mit einem fast religiösen Streben nach Perfektion...‹ Ich glaube fest daran, daß diese persönliche Einstellung von Brauns und seiner Mannschaft entscheidend dazu beitrug, daß unser Raumfahrtprogramm so große Erfolge gebracht hat und es auch noch künftig tun wird.«

Ein weiterer Oldtimer im Raketengeschäft, General James M. Gavin, erkannte und schätzte von Braun von Anfang an als technisches Genie. Gavin erinnert sich: »Bei der Auswertung von Informationen über die sowjetischen Raketenprogramme und Raumfahrtpläne hatten wir auch umfangreiches Bildmaterial zur Verfügung. Aber die Experten im Pentagon waren ziemlich hilflos, denn sie verstanden es nicht, aus den Luftaufnahmen der neuen sowjetischen Raketenstartplätze die richtigen Erkenntnisse zu ziehen. Ich machte den Vorschlag, Dr. von Braun hinzuzuziehen und ihn die Bilder begutachten zu lassen. Man erklärte mir jedoch, er dürfe die Fotos nicht sehen, weil er nicht die erforderliche Unbedenklichkeitsbescheinigung besaß! Da sie indessen ohne ihn nicht vorankamen, holten sie ihn schließlich dann doch. In meinem Büro wurden ihm sämtliche Fotos vorgelegt, und er war sofort in der Lage, die kompletten Einrichtungen der Sowjets zu beschreiben, wo die Zuleitungen saßen, welche Art Treibstoff sie verwendeten, wo sie ihn speicherten, wo die Rakete betankt wurde und so weiter. Kurz und gut, er teilte uns alles Wissenswerte über das Startzentrum und die Raketen selbst mit.«

Defekte in der Mechanik, Versagen einzelner Komponenten und Fehler im Entwurf lassen sich von Braun zufolge »wegkonstruieren«. Doch wenn menschliche Überheblichkeit und Nachlässigkeit die Gründe für einen Fehlschlag sind, müssen andere Gegenmittel gefunden werden. Und wenn darüber hinaus Pannen dieser Art zu Unfällen oder Katastrophen führen, ist die Stimmung der Beteiligten schnell von Bestürzung und Kummer gekennzeichnet. Am 27. Januar 1967 erlebten von Braun und mit ihm Millionen anderer Amerikaner solche qualvolle Situation.

An jenem Tag schlängelten sich am frühen Abend schwere Limousinen durch den um diese Stunde gewohnt starken Washingtoner Verkehrsstrom. Sie kamen nur schrittweise voran. Ihr Ziel war die Auffahrt des Weißen Hauses. Präsident Lyndon B. Johnson war in seinem Amtssitz Gastgeber eines Empfangs für Anatoli F. Dobrynin, den sowjetischen Botschafter in den Vereinigten Staaten. Nach einem erbitterten zehnjährigen Wettlauf in den Weltraum, der Milliarden von Dollar und Rubeln verschlungen hatte, waren beide Nationen übereingekommen, ein *Space for Peace* (Raumfahrt für friedliche Zwecke-)Abkommen zu schließen.

Die Unterzeichnung des Vertrages hatte am Nachmittag dieses Tages in Gegenwart hoher sowjetischer Regierungsvertreter und prominenter US-Politiker, von Vertretern des Außenministeriums und den Mitgliedern der Raumfahrtausschüsse des Repräsentantenhauses und des Senats stattgefunden. Die NASA hatte eine ansehnliche Delegation ihrer führenden Vertreter und Topwissenschaftler mit dem neuen Administrator James E. Webb an der Spitze entsandt. Wie gewöhnlich hatte Präsident Johnson unter den Anwesenden eine Reihe von Füllfederhaltern verteilt, die bei der Unterschriftsleistung benutzt worden waren.

Und jetzt genossen dieselben Offiziellen auf dem Empfang jene luxuriöse und eindrucksvolle Atmosphäre, wie sie nur das Weiße Haus zu bieten vermag. Es gab ausgezeichneten Bourbon-Whisky und importierten Wodka und Kaviar. Der Präsident war in gehobener Stimmung. Der Vertrag war unter Dach und Fach. Es war ohne Zweifel ein politischer Erfolg für »LBJ« und seine Regierung.

Die Führungsspitzen der NASA unterhielten sich angeregt mit Vertretern der sowjetischen Botschaft. Drei der NASA-Direktoren äußerten sich dabei zuversichtlich über den weiteren reibungslosen und termingerechten Ablauf von Amerikas bemanntem Raumfahrtprogramm. Von Braun konnte stolz von den Fortschritten bei der Entwicklung der Trägerraketen für das *Apollo*-Programm, der mächtigen *Saturn,* berichten; Dr. Robert R. Gilruth, der Leiter des Zentrums für bemannte Raumfahrzeuge, in Houston und Dr. Kurt Debus, Startleiter auf Kap Canaveral, konnten bestätigen, daß auch andere Aspekte des *Apollo-*Programms erfolgverheißend waren.

Andere Raumfahrtfachleute und Kongreßabgeordnete diskutierten zwanglos mit den Vertretern der Sowjetunion über die Möglichkeit eines künftigen gemeinsamen amerikanisch-sowjetischen Raumfahrtprogramms. Und die sowjetischen Diplomaten strahlten vor Zufriedenheit. In ihren Augen kam die Unterzeichnung dieses Abkommens, das gewissermaßen den Mond als Schlachtfeld ausschloß, einem Sieg sowjetischen Verhandlungsgeschicks gleich.

Gegen sieben Uhr bahnte sich ein Mitarbeiter des Präsidenten den Weg durch die Menge zu NASA-Boß James Webb und teilte ihm mit, er werde dringend am Telefon verlangt. Webb entschuldigte sich bei den Umstehenden und verließ den »East Room«.

Als er zum Telefonhörer griff, vernahm er die aufgeregte Stimme seines PR-Direktors Julian Scheer. Scheer teilte Webb stockend mit, auf Cap Canaveral habe es ein Unglück gegeben; drei amerikanische Astronauten seien vor wenigen Minuten bei einem Feuer mit anschließender Explosion auf *Startkomplex 34* ums Leben gekommen.

James Webb war wie vor den Kopf geschlagen. Das Entsetzen stand ihm im Gesicht geschrieben, als er auf den Empfang zurückkehrte und Präsident Johnson Bericht erstattete. Einen schlechteren Augenblick für die Übermittlung einer solch furchtbaren Nachricht hätte er kaum wählen können. Die Party endete abrupt.

Die NASA ergriff sofort die Initiative. Webb beorderte seine führenden Mitarbeiter ins NASA-Hauptquartier an der Maryland Avenue 400, gar nicht weit vom Weißen Haus entfernt. Die NASA-Leute waren natürlich tief betroffen vom tragischen Tod der Männer, die sie persönlich kannten und die ihre Freunde geworden waren. Aber neben ihren schmerzlichen Gefühlen machten sich berufliche Befürchtungen breit: alle waren der Ansicht, daß der Kongreß eine genaue Aufklärung des Dramas verlangen würde, und einige sahen sogar schwarz für die Fortsetzung des gesamten Raumfahrtprogramms. Dr. Gilruth ordnete sofort eine Nachrichtensperre für die NASA-Anlagen auf Kap Canaveral und in Houston an. Generalmajor Samuel C. Phillips, der neuernannte Washingtoner Chef des *Apollo*-Mondflugprogramms, verfügte die Beschlagnahme und Aufbewahrung der übriggebliebenen Ausrüstungsteile, Triebwerke und Tonbandaufzeichnungen des Sprechverkehrs zwischen Raumkapsel und Kontrollbunker bis zu seinem Eintreffen. Unmittelbar darauf startete er mit einem Sonderflugzeug der NASA nach Florida, um auf Startrampe 34 in Kap Canaveral persönlich die Untersuchungen über den Hergang des Unglücks zu leiten. Am Schauplatz der Katastrophe und an der Maryland Avenue in Washington wurde bis tief in die Nacht hinein gearbeitet, denn eines war sicher: am nächsten Morgen würde die Hölle los sein, was die Reaktionen im Kongreß und die Berichterstattung und die Kommentare in der Presse anging. Die NASA-Leute hatten mit ihren Befürchtungen nicht unrecht; während sie noch in ihrem Hauptquartier debattierten, telefonierten bereits die Mitglieder der Raumfahrtkomitees des Kongresses miteinander und bereiteten Presseerklärungen vor.

Virgil I. Grissom, 40 Jahre alt, Edward H. White, 37, beide Oberstleutnant der US-Luftwaffe und Korvettenkapitän Roger B.

Chaffee von der Marine, 31 Jahre alt, hatten nach dem Test auf Kap Canaveral am 27. Januar in ihr Standquartier nach Houston zurückkehren sollen. Sie wollten dort an einer Konferenz teilnehmen, auf der Einzelheiten des Flugplans für ihre *Apollo*-Raumflugmission festgelegt wurden. Als eigentlicher Starttermin für ihr Unternehmen war der 21. Februar vorgesehen. Es sollte der erste in einer langen Serie von Probeflügen sein, die in Erdnähe unseren Planeten umkreisten und Teil des großen *Apollo*-Programms waren, dessen Ziel es war, vor 1970 drei Astronauten auf dem Mond landen zu lassen.

Gegen 18.45 Uhr wurde an diesem Freitag, dem 27. Januar 1967, jede der Familien der drei toten Astronauten von einem anderen Mitglied der NASA-Astronautenteams und einem Arzt aufgesucht, die von dem Brand, der Explosion und dem Tod auf Startrampe 34 berichteten.

Bei den Vereinten Nationen in New York drückte Generalsekretär U Thant in einer Botschaft ans Weiße Haus das Mitgefühl der Weltorganisation aus. In Moskau brachte die amtliche sowjetische Nachrichtenagentur TASS eine Sondermeldung, in der es hieß, die Raumfahrer hätten »infolge eines Feuers bei einem Bodentest für *Apollo* den Tod gefunden«. Die führenden Vertreter der NASA erklärten ihre Betroffenheit über das Unglück. »Wir alle im *Zentrum für bemannte Raumfahrzeuge* haben einen schmerzlichen Verlust erlitten«, erklärte Gilruth. »Ich habe Gus Grissom im April 1959 kennengelernt und mit ihm bei seinen beiden früheren Raumflügen Wasser und Blut geschwitzt.«

NASA-Administrator Webb wies auf die Bedeutung der Tragödie für das gesamte Raumfahrtprogramm hin. »Wir haben immer gewußt, daß sich etwas Ähnliches früher oder später ereignen würde«, gestand er, »aber es darf nicht geschehen, daß deswegen das Raumfahrtprogramm gestoppt wird! Wir werden weitermachen! Zunächst werden wir eine Unterbrechung einlegen, um herauszufinden, worauf das Unglück zurückzuführen ist, aber dann fahren wir mit den Vorbereitungen fort. Obwohl es jedermann klar war, daß eines Tages Raumflugpiloten sterben würden, hätte niemand gedacht, daß sich die erste Tragödie dieser Art auf der Erde abspielen würde.«

Von Braun sagte zum Tod der drei Astronauten: »Durch den Weggang von Gus Grissom, Ed White und Roger Chaffee haben wir alle, die wir am *Saturn-Apollo*-Programm arbeiten, gute Freunde und tapfere Pioniere der Erforschung des Weltraums verloren. Ihr Tod hat uns den Wahlspruch der alten Römer *Par aspera ad astra* ins Gedächtnis zurückgerufen – ein steiniger Weg führt zu den Sternen. Das Sterben dieser drei Männer erlegt uns die Pflicht auf, ohne Zögern weiterzumachen und sicherzustellen, daß sie nicht umsonst in den Tod gegangen sind. Wir wissen, daß sie nichts anderes von uns erwarten, denn sie selbst haben oft betont, daß die Erforschung des Weltalls eine Aufgabe darstellt, für die sich der Einsatz des Lebens lohnt!«

In den allerersten Tagen nach dem Unglück mochte die Öffentlichkeit von Braun noch zustimmen, daß diese Männer für eine Sache gestorben waren, die Mühe und Aufwand lohnte und ihren Tod rechtfertige und daß man daher unverzüglich das Bemannte Raumfahrtprogramm fortsetzen müsse. Aber dann begannen doch viele Leute Überlegungen anzustellen, ob das Unglück nicht vermeidbar gewesen wäre. Während noch die Vorbereitungen für die Beisetzung der Opfer getroffen wurden, hatten Journalisten und Kongreßmitglieder begonnen, nach der Ursache oder den Ursachen für die Katastrophe zu forschen.

Die Beisetzungsfeierlichkeiten wurden von Rundfunk und Fernsehen live übertragen. Millionen von Amerikanern hörten und sahen ergriffen zu. Es war ihnen, als ob sie noch einmal das Trauerzeremoniell für Präsident John F. Kennedy erlebten. Dieselben Munitionswagenräder quietschten, und wie damals hallten die Hufe der Pferde auf dem winterkalten Pflaster von den Häusern und öffentlichen Gebäuden wider, an denen vorbei der Trauerzug seinen Weg nahm. Militärkapellen spielten Trauermärsche, und die amerikanischen Flaggen, die die Särge bedeckten, wurden sorgfältig zusammengefaltet und den Witwen überreicht.

Man schrieb den 31. Januar 1967. Auf den Tag genau waren es neun Jahre her, seit von Braun seinen ersten Weltraumsatelliten, den *Explorer I*, gestartet hatte.

In Amerika machten nach und nach Gerüchte die Runde, wonach es hinreichende Warnsignale gegeben habe, die auf ein mögliches Unglück hingewiesen hätten – Warnungen, die vermutlich übersehen oder absichtlich ignoriert worden seien. Howard Benedict, Redakteur für Raumfahrtfragen bei der Nachrichtenagentur Associated Press, gehörte zu den wenigen Journalisten, die nach sorgfältigen Recherchen die fatalen Fehler im *Apollo*-System aufzählen konnten.

»Nichts schien nach Plan zu verlaufen«, schrieb er am 11. März 1967. »Raketen flogen bei den Tests in die Luft; es gab Schwierigkeiten mit der *Apollo I*-Raumkapsel; die Zeitpläne waren arg durcheinandergeraten. In Regierungskreisen und bei der Industrie hegten einige Leute bereits den Verdacht, daß das *Apollo*-Projekt gefährlich in den Fugen krache und auseinanderzufallen drohe.

Im Dezember erklärte Joseph F. Shea, der für das *Apollo*-Raumfahrzeug zuständige Abteilungsleiter im *Zentrum für bemannte Raumfahrzeuge*, vor Pressevertretern auf einem Raumfahrtsymposium in Houston, daß ›an die 20 000 Fehler jeglicher Art bei Versuchen mit den Besatzungskabinen und Antriebseinrichtungen des *Apollo*-Raumfahrzeugs‹ aufgetreten seien. Wörtlich führte Shea damals aus: ›Wir beten zum Himmel, daß bei den Dingen, die durchrutschen, die Sicherheit der Astronauten nicht gefährdet ist!‹

Es gab schon geraume Zeit vor der Tragödie von Ende Januar auftretende Mängel. Reparaturen an Zuleitungskabeln außerhalb des Raumfahrzeugs und an einem Regler im Sauerstoffversorgungssystem, das erforderliche Auswechseln eines defekten Transistors in einem Wechselrichter sowie der Austausch eines geplatzten Treibstoffbehälters zwangen immer wieder zu Unterbrechungen der Tests. Der Starttermin wurde zunächst vom 15. November 1966 auf Dezember verschoben. Dann wurde er verbindlich auf den 21. Februar 1967 festgelegt. Der zähe Grissom, ein Veteran der *Merkur*- und *Gemini*-Raumflüge, wurde zum Kommandanten des ersten bemannten *Apollo*-Fluges bestimmt. Er war über die zahlreichen Probleme und fehlenden Simulationsgeräte aufgebracht und erklärte, dieser erste Flug habe nur ›eine ziemlich dünne Chance, wie geplant stattzufinden‹. Zwei Tage lang erörterten auf dem Symposium in Houston die offiziellen Vertreter der NASA das *Apollo*-Programm bis ins Detail und nannten offen die Probleme, die sie hatten.

Shea berichtete von den gründlichen Tests, denen alle Systeme unterzogen wurden. ›Wenn man sich die Mängel vornimmt, kann man sie in zwei Gruppen einteilen: Teile, die unbedingt repariert werden müssen, und solche, die zum Beispiel zu einem größeren Instrument gehören und dessen Funktionen nur wenige Prozent von der Norm abweichen lassen. Die Frage ist, ob das in Hinsicht auf das Gesamtprogramm eine Rolle spielt? Ich würde sagen, zwischen 60 und 70 Prozent der Ausfälle sind in die letztere Kategorie einzuordnen.

Wir haben uns angewöhnt, das Programm gewissermaßen ausbalanciert zu halten und sagen uns: Es ist besser, nicht zu versuchen, alles zu kompliziert zu machen, sonst werden wir mit unserem Job nie fertig!'«

Gus Grissom selbst machte kein Hehl aus seinen bösen Ahnungen. Er hängte einmal eine Zitrone an die Außenseite eines *Apollo*-Simulators in Houston, weil er mit der Ausführung nicht zufrieden war. Ein paar Jahre zuvor hatte er die *Titan II*-Trägerrakete seines Raumfahrzeugs, der *Molly Brown,* inspiziert und mitleidig gemeint: »Die kommt doch nie vom Boden hoch!« Mit jener bestimmten *Titan*-Rakete hatte er unrecht behalten, denn der Flug verlief reibungslos. Aber bei Walter Schirras *Gemini 6*-Trägerrakete trat ein solcher Defekt auf, der eine Startverschiebung notwendig machte; die Raumkapsel mit Wally Schirra und Thomas Stafford blieb buchstäblich auf Kap Kennedy stehen, während *Gemini 7* mit Frank Borman und James Lovell an Bord in seiner Umlaufbahn über das Kap hinwegzog und das vorgesehene erste Rendezvous zweier Raumfahrzeuge um drei Tage verschoben werden mußte. Der Fehler war bald gefunden: Ein winziger Stecker, der Sekunden nach dem Zünden der *Titan*-Triebwerke abgesprengt werden sollte, um einem Schaltkreis anzuzeigen, daß die Rakete ihren »Lift-off« vollendet, also abgehoben hatte, löste sich infolge der Triebwerksvibrationen schon nach einer Sekunde, weil er vermutlich nicht richtig festgeschraubt worden war. Dabei war die Arbeit von einem Abnahmeprüfer begutachtet worden, der alles »okay« gemeldet hatte.

Grissom und seine Astronautenkollegen waren auch der Ansicht, daß Zeit und Testgeräte, die für ihr Training für den ersten bemannten Raumflug der USA zur Verfügung standen, ziemlich knapp kalkuliert waren. Die Astronauten waren mit vielen Komponenten des *Apollo*-Raumfahrzeugs unzufrieden. Aber als erfahrene Testpiloten wußten sie, daß jede noch nicht erprobte Flugmaschine ihre Tücken hat und waren nicht sehr überrascht, daß man ihrem Wunsch nicht nachkam, wenn sie Konstruktionsänderungen vorschlugen.

Sowohl Laien als auch Fachleute wurden von der unerträglichen Vorstellung verfolgt, daß Fahrlässigkeit von seiten des Personals beim industriellen Auftraggeber und bei der NASA das Unglück ausgelöst hatte. Von Braun, der für seine hervorragenden Fähigkeiten und bravourösen Leistungen beim Raumfahrtprogramm bekannt war und im Ruf stand, viele Geräte eher zu oft zu testen, wurde an die bittere Wahrheit seines Lieblingsausspruchs erinnert, daß in der Raumfahrt eine 99prozentige Perfektion gleichbedeutend mit einer Katastrophe ist.

Er war nicht unmittelbar an der Entwicklung der Kapseln oder den Baueinheiten beteiligt, aus denen sich das *Apollo*-Raumfahrzeug zusammensetzte. Seine Aufgabe bestand darin, die *Saturn*-Trägerraketen zu bauen, die das Mondschiff ins Weltall tragen sollten.

Zu guter Letzt wurde nach langwierigen und gründlichen Untersuchungen durch NASA und US-Kongreß tatsächlich ermittelt (und offiziell Anklage erhoben), daß Fahrlässigkeit, Gleichgültigkeit und Schlamperei die Ursache waren. Einige Manager mußten gehen, neue Vorschriften wurden erlassen und viele Konstruktionsänderungen vorgenommen.

Trotz aller an sich hieb- und stichfesten Methoden von Kontrolle und Gegenkontrolle war von Braun immer sehr besorgt gewesen, daß etwas Ähnliches mit seinem Bestandteil des *Apollo*-Projekts passieren konnte. Fahrlässigkeit und Unachtsamkeit konnten natürlich auch beim *Saturn*-Raketenprogramm vorkommen und zu einer ähnlichen Katastrophe führen. Viele Fachjournalisten (darunter ich selbst) und Experten, die im Rahmen des amerikanischen Raumfahrtprogramms arbeiteten oder außerhalb tätig waren, hatten bereits wiederholt die NASA für ihr offensichtlich mangelndes Interesse kritisiert, für die bemannten Raumfluggeräte eine Bergungstechnik zu entwickeln. Aufgegebene Astronauten, die in der Umlaufbahn in Not geraten waren und für die keine Rettung möglich war oder Astronauten, die infolge von Explosionen oder Triebwerkschäden der verschiedenen Trägerraketenstufen den Tod fanden, konnte es jederzeit geben.

Unter dem Eindruck des furchtbaren Geschehens auf Startrampe 34 auf Kap Kennedy vergewisserte sich von Braun doppelt und dreifach, daß innerhalb seines Verantwortlichkeitsbereiches ein solcher Fehler nach menschlichem Ermessen nicht auftreten konnte. Er hielt mit seinen führenden Mitarbeitern eine Reihe von Besprechungen im *Marshall-Raumflugzentrum* ab und teilte auch den industriellen Kontraktoren unmißverständlich mit, er werde nicht dulden, daß Raketensysteme und Komponenten montiert würden, die nicht in jeder Hinsicht technisch einwandfrei und bestens verarbeitet seien und jeder Qualitätskontrolle standhielten.

Eigentlich hatte er diese Forderungen seit jeher gegenüber den *Saturn*-Kontraktoren erhoben; er brauchte sie jetzt nur noch einmal deutlich zu wiederholen. Einige Monate nach dem *Apollo*-Unglück enthüllte der Redakteur J. V. Reistrup von der *Washington Post* in einem Artikel, er habe vom New Yorker Kongreßabgeordneten William F. Ryan von der Demokratischen Partei erfahren, daß von Braun am 15. Februar 1967 einen Brief an die *Rocketdyne*-Tochtergesellschaft des *North American Aviation*-Konzerns geschrieben und diesem Kontraktor Praktiken vorgeworfen habe, »die zu einem ernsten Unfall führen, wenn sie nicht abgestellt werden«.

In einem Schreiben an den Abgeordneten Ryan teilte NASA-Administrator James E. Webb am 14. September 1967 mit, daß »winzige Teilchen fremder Materie nach den Tests und der Reinigung in den Triebwerken gefunden wurden. Dr. von Braun handelte rasch und energisch und wies die betreffenden Kontraktoren an, diese Mängel abzustellen«.

»Ein NASA-Sprecher erklärte gestern abend, soweit ihm bekannt sei, sei der spezielle Defekt, auf den der Brief von Brauns anspiele, inzwischen behoben worden«, schrieb Reistrup in seinem Bericht. »Webb hat wiederholt vor Kongreßausschüssen ausgesagt, solche Rügen gegenüber Zulieferern seien nicht ungewöhnlich, doch die Bekanntgabe des Inhalts solcher Mahnschreiben gefährde das Vertrauensverhältnis zwischen den betreffenden Gesellschaften und der NASA.«

Weiter hieß in dem Artikel in der *Washington Post*:
»Der Von Braun-Brief bezieht sich auf das H 1-Triebwerk, das Antriebsaggregat der *Saturn 1 B*-Rakete, die im kommenden Jahr drei Astronauten in einer Erdumlaufbahn zu einem Übungsflug vor der Mondreise bringen soll und auf das J 2-Triebwerk, mit dem durchweg die oberen Stufen sowohl der *Saturn 1 B* als auch der gigantischen *Saturn V*-Mondrakete ausgerüstet sind. Die Triebwerke werden von Rocketdyne gebaut, die Stufen selbst von der Chrysler Corporation.

Von Brauns Brief, der in Wirklichkeit die Unterschrift seines Stellvertreters Eberhard Rees trägt, der für seinen Direktor unterschrieben hat, bezieht sich auf ein früheres Schreiben, in dem Mängel an Raketenkomponenten aufgezählt und gerügt wurden. ›Die meisten gehen auf menschliches Versagen, ungenügende Verarbeitung, unzureichende Qualitätskontrolle und mangelhafte Testverfahren zurück‹, schrieb von Braun und fuhr in seinem Brief (an Rocketdyne) fort: ›Zusätzliche Berichte über die Triebwerke tragen dazu bei, mich in der Überzeugung zu bestärken, daß Sie, Chrysler und/oder andere große Kontraktoren für die Raketenstufen die verantwortungsvolle Aufgabe haben, die zahlreichen Fehler auszumerzen, die bei Ihrer Hartware auftreten… Ich kann einfach nicht glauben, daß diese Art von Befunden und Fehlern dann noch so zahlreich auftreten…

Gleichgültig, ob diese Vorfälle bei Rocketdyne oder bei einem anderen Lieferunternehmen für die Raketenstufen registriert worden sind, sie veranlassen mich, die Frage zu stellen, ob Ihre Fachingenieure hundertprozentige Arbeit leisten. Schließlich sind es Ihre Triebwerke, die zu einem ernsten Unfall führen, wenn die schlechten Praktiken nicht abgestellt werden!‹«

Im Rückblick läßt sich sagen, daß der Erfolg des *Saturn*-Raketenprogramms unglaublich groß war. Viele Wissenschaftler erklärten übereinstimmend seine Bedeutung für ungeheuer. Aus technischer Sicht könnte es mit dem Manhattan-Projekt verglichen werden, aus dem die Atombombe hervorging. Das *Apollo*-Programm als Ganzes war noch gewaltiger. Man kann es als das eindrucksvollste Unternehmen der Menschheit bezeichnen.

Von Brauns Unternehmungsgeist und Energie müssen in Verbindung mit seiner Forderung nach beispielloser Präzision und Hingabe erheblich dazu beigetragen haben, daß *alle Saturn*-Raumflüge erfolgreich verliefen, daß alle Flugmissionen erfüllt wurden, daß keine Astronauten ums Leben kamen und auch keine unterwegs in »Weltraumnot« gerieten. Tatsächlich kann man doch die Frage stellen, ob nicht die Ingenieure in der Industrie und im Marshall-Zentrum, gegenüber denen er unnachgiebig war und an die er höchste Ansprüche stellte, ihm eigentlich sehr dankbar sein müßten?

Teamarbeit spielte seit jeher eine wichtige Rolle für von Braun bei seinen Planungen und technischen Entwicklungsarbeiten. Diejenigen, die ihn gut kennen, warten förmlich darauf, daß er die Worte »Team« oder »Teamarbeit« bei jeder Diskussion, in der es um Raketen- oder Raumfahrtfragen geht, in die Debatte wirft. In fast jeder seiner Reden, besonders in denjenigen, mit denen er für die Verleihung eines Preises oder einer Trophäe dankte, hat er auf die Verdienste seines Teams hingewiesen. Als ich ihn in meiner Eigenschaft als

Vorsitzender des Festausschusses für den zehnten Jahrestag des Starts von *Explorer I* einlud, auf einem Bankett des *Nationalen Presse-Clubs* in Washington zu sprechen, wollte er nur unter der Bedingung zusagen, daß auch die Wissenschaftler Dr. James Van Allen und Dr. William H. Pickering als Gäste dabei waren und gleichermaßen geehrt wurden: Dr. Pickering als Leiter des *Jet Propulsion Laboratory*, des Laboratoriums für Strahlantrieb, das den *Explorer*-Satelliten gebaut hatte, Dr. Van Allen als Erbauer der Instrumentierung, die das Experiment im Weltraum unternahm, dem eine wichtige Entdeckung zu verdanken ist: der Van Allensche Strahlungsgürtel, der die Erde umgibt.

Das Teamkonzept hatte in Peenemünde funktioniert. Und es mußte auch im Redstone-Arsenal klappen, weil von Braun darauf bestand. Die Raketenforschung und Raketentechnik, die heute so entfernte komplexe Bereiche wie Treibstoffchemie und Funkverkehr im Ultrakurzwellenbereich, Belastbarkeitsanalysen und Überschallaerodynamik, Materialforschung und Gyroskope, reine Mathematik und Unternehmensmanagement umfaßt, kann einfach nicht von einem einzigen Gehirn konzipiert werden, meint von Braun. Und er hat auch einen passenden Vergleich zur Hand: Auch in einer Fußballmannschaft sind gute Spieler notwendig, aber die Qualität der Teamarbeit zwischen diesen Spielern endscheidet letztlich, ob ihr Verein der Bundesliga oder der Kreisklasse angehört.

Von Brauns Leidenschaft für Teamarbeit geht, wie wir erfahren haben, bis in die Schulzeit auf Spiekeroog zurück, als er mit Hilfe von Kameraden ein Observatorium baute. Seine technischen und wissenschaftlichen geistigen Kräfte begannen sich bereits zu entfalten, als er noch ein kleiner Junge war. Das wußten seine betagten Eltern sehr lebendig zu schildern. Als sie nach ihrem längeren Amerikaaufenthalt Huntsville verließen, um nach Deutschland zurückzukehren, wurden Magnus Freiherr von Braun und seine Gattin von Zeitungs- und Zeitschriftenreportern bestürmt, etwas zur glanzvollen Karriere ihres Sohnes zu sagen. Magnus von Braun erzählte dabei: »Als Wernher vier Jahre alt war, konnte er schon eine Zeitung lesen, sogar verkehrt herum! Er stellte ständig Fragen, die seine Lehrer ihm nicht beantworten konnten und besaß die bemerkenswerte Fähigkeit, sich völlig in das hineinzudenken, was ihn gerade interessierte. Meine beiden anderen Söhne waren zwar auch gut in der Schule und kluge

Jungen, aber ihre Klugheit war mehr alltäglich. Wernher ist ein Genie!«

Baronin Emmy von Braun berichtete über die früheste Jugend ihres berühmten Sohnes: »Ich fragte ihn häufig: ›Was möchtest du einmal werden, Wernher?‹ Er mag damals zehn Jahre alt gewesen sein, als er mir antwortete: ›Ich möchte am Rad des Fortschritts drehen helfen!‹ Das klang aus dem Mund eines kleinen Jungen direkt komisch. Aber er hat sich seinen Wunsch erfüllt, nicht wahr?«

Am dankbarsten für von Brauns technische Brillanz und seinen Enthusiasmus sind zweifellos die amerikanischen Astronauten. In seiner Privatbibliothek steht die in Leder gebundene Ausgabe des Buches, das die drei ersten Menschen verfaßten, die den Mond erreichten. Es enthält die folgende Widmung: »FÜR WERNHER, DER ES ALS SELBSTVERSTÄNDLICH ANNAHM, ES VORHERSAGTE, PROPAGIERTE, IM KOMMANDOTURM SASS, ALLE HEBEL IN BEWEGUNG SETZTE UND SCHLIESSLICH KRÄFTIG ANSCHIEBEN HALF, UM UNS DIE ERSTEN AUF DEM MOND WERDEN ZU LASSEN!
NEIL ARMSTRONG
BUZZ ALDRIN
MIKE COLLINS.«

32. Kapitel
Steht es in den Sternen?

Im Monat März ist der Winter sprunghaft und launisch geworden; er macht nur noch schwache Sprünge, denn seine Kraft ist geschwunden. Zwar gibt es noch Wind und unfreundliches Wetter, und auch die Böen mögen noch eisig sein, aber die Stimme der kalten Jahreszeit ist rauh und brüchig geworden, weil sie im Januar und Februar ihre Lungen leergepustet hat. In den Wäldern versuchen schon einige Bäume aus dem Winterschlaf aufzuwachen und haben ihre kahlen Äste schon mit leichtem Grün bedeckt. Die Singvögel zwitschern noch unsicher und schüchtern und warten auf den April und Mai. Aber die Natur beginnt sich zu regen. Die Erde bereitet sich auf neues Wachsen, neues Leben vor.

Es ist März. Und es ist von Brauns Monat. Abgesehen von der Tatsache, daß er Ende März geboren wurde, also ein Widder ist, haben viele außergewöhnliche Ereignisse in seinem Leben im Monat März stattgefunden.

Im März (1939) traf er zum ersten Mal mit Hitler zusammen, und im März (1944) wurde er auch von der Gestapo verhaftet. Am 1. März 1946 heiratete er Maria von Quistorp und kehrte im Laufe desselben Monats in Begleitung seiner jungen Ehefrau und seiner Eltern in die Vereinigten Staaten zurück. Sein dramatischer Artikel über bemannte Raumflüge, der ihn über Nacht berühmt machte, erschien am 22. März 1952 in der Zeitschrift *Colliers*. In den Annalen des Redstone-Arsenals sind zahlreiche wichtige und erfolgreiche Probeläufe und Raketenabschüsse zwischen 1950 und 1958 in den Monaten März verzeichnet. Der US-Marineminister gab das grüne Licht für das *Orbiter*-Programm am 17. März 1955. Zwei Jahre später, im März 1957, machte von Braun anläßlich einer Tagung der

Amerikanischen Raketengesellschaft den Vorschlag, zu Ehren des Raketenpioniers Dr. Goddard ein Denkmal zu errichten. (Goddards erste Flüssigkeitsrakete war am 16. März 1926 gestartet worden.) Am 17. März 1958 gesellte sich endlich der erste erfolgreiche *Vanguard* zum *Explorer I* in eine Erdumlaufbahn, und im selben Monat startete die Marine die erste einwandfreie U-Boot-Raketenattrappe vom Typ *Polaris.* Im Jahr darauf – am 3. März 1958 – startete von Braun die *Pionier-*Sonde, den ersten Satelliten, der in eine Umlaufbahn um die Sonne eintrat.

Zu seinem 50. Geburtstag am 23. März 1962 erhielt er sein erstes amerikanisches Jagdgewehr zum Geschenk. Zum 60. Geburtstag schenkten ihm seine Freunde das erwähnte kostbare Celestron-Teleskop. Die feierliche Eröffnung des *Alabama-Raumfahrt- und Raketenzentrums* fand am 17. März 1970 statt, und am 30. März 1972 warf von Braun seine Flaschenpost von der *Josephine III* ins Karibische Meer. Am 14. März 1975 war er Ehrengast bei den offiziellen Feierlichkeiten und Festveranstaltungen aus Anlaß der Eröffnung des großartigen Von Braun Civic Center in Huntsville. Die Benennung dieses Gebäudekomplexes betrachtete er als eine der größten ihm jemals zuteil gewordenen Ehrungen. Weil die Einweihung neun Tage vor seinem Geburtstag stattfand, schrieb die Huntsviller Tageszeitung *Times,* er solle die Übergabe als »Geburtstagsgeschenk« ansehen.

»Kannst du dir vorstellen«, sagte von Braun später zu mir, »daß du ein Kunst- und Kulturzentrum im Wert von 15 Millionen Dollar zum Geburtstag bekommst?«

Es ist natürlich purer Zufall, daß der Monat März für von Braun eine besondere Bedeutung zu haben scheint. Denn schließlich wurde die erste erfolgreiche V2 im Oktober gestartet, *Explorer I* im Januar und *Apollo 11* im Juli. Andere denkwürdige Ereignisse, die für sein Privatleben von Bedeutung waren, fanden und finden das ganze Jahr über statt. Trotzdem habe ich, scheint mir, in den vielen Jahren unserer Bekanntschaft die Feststellung gemacht, daß er sich im Frühjahr offenbar besondere Mühe gibt. Oder ist der Grund für diese Aktivität darin zu suchen, daß wir alle dazu neigen, um diese Jahreszeit mit besonderer Kraft und neuen Vorsätzen an die Arbeit zu gehen?

Als ich im Sommer 1975 von einem Abstecher nach Europa wieder auf dem internationalen Flughafen von Dulles in Washington landete, holte mich mein Freund Jack Pruitt ab und lud mich zum Mittagessen in den Nationalen Presseclub ein. Wir fanden nur mit Mühe einen Parkplatz, fünf Häuserblöcke vom Hotel *Washington* entfernt, gingen bei sengender Hitze langsam die F-Street herunter und waren froh, als wir im 13. Stockwerk des Pressegebäudes eintrafen, wo eine Klimaanlage uns kühle Luft zufächelte. Jack bestellte uns Getränke, und wir ließen uns in zwei bequeme Sessel plumpsen.

»Was macht denn dein Buch?« fragte Jack nach einer Weile. Er fungierte nämlich als Berater für dieses Buch. Er hatte bis zu diesem Zeitpunkt die meisten Kapitel durchgelesen und mir einen großen Dienst erwiesen.

»Danke, ich komme ganz gut voran«, erwiderte ich.

Er nahm einen Schluck Wodka-Martini und bemerkte dann nachdenklich: »Weißt du, mir fällt auf, daß überhaupt nichts *Kritisches* über Wernher in deinem Buch steht. Meinst du nicht auch, daß eine Biographie auch eine kritische Beurteilung des Betreffenden enthalten sollte?«

»Ich weiß gar nicht, was es bei Wernher zu kritisieren geben sollte«, bemerkte ich, »soll ich denn etwa schreiben, daß er, geistesabwesend wie er ist, deinen Kugelschreiber einsteckt und davongeht, nachdem er dir sein Autogramm gegeben hat? Oder daß er leidenschaftlich gern eine gesunde Bräune mit nach Hause bringt, wenn er von einer Segelpartie in der Karibik heimkommt? Daß er deine Einladung, als prominenter Gast bei einem Schulfest zu sprechen, ablehnt, weil er zu beschäftigt damit ist, den ersten Amerikaner zum Mond zu entsenden? Oder daß er ein ziemlicher Snob ist, weil er seine Privatnummer nicht ins Telefonbuch eintragen läßt und das damit begründet, daß er es haßt, die Anrufe von Dummköpfen entgegenzunehmen? Sag du doch – du kennst ihn ja genauso gut wie ich –, fällt dir denn etwas ein, was du an Wernher kritisieren könntest?«

»Nnnein, eigentlich nicht!« antwortete er. »Ich weiß ja, daß es nichts zu kritisieren gibt. Aber meinst du denn, daß der Leser dafür Verständnis hat?«

»Jetzt hör mal her«, sagte ich, »in seinem ganzen Leben hat er nichts Unrechtes getan. Er ist absolut ehrlich – sogar in seinem Umgang und seinen politischen Gesprächen mit offiziellen Stellen in Washington. Er kann zwar manchmal ziemlich zerstreut sein und dann barsche Antworten geben, aber im allgemeinen behält er die

Ruhe und ist ein echter Gentleman. Wenn man ihm den Vorschlag macht, mit nach Finnland zu kommen und Schneehühner zu schießen, dann liest er alles über diese Vogelart, die Art und Weise, wie man diese Tiere jagt und hält einem dann während des Fluges über den Atlantik einen Vortrag, als sei er ein erfahrener Ornithologe und habe sein ganzes Leben lang Schneehühner gejagt. Nebenbei schildert er einem dann noch die wichtigsten Ereignisse aus der Geschichte Finnlands – wo er noch nie gewesen ist – und schließt noch eine Reihe von Anekdoten über den Komponisten Sibelius an!«

»Ich weiß, er ist ein unglaublicher Mann.«

»Nimm nur mal als Beispiel, wie er lebt und arbeitet: Er hält sich gut in Form; er schwimmt, er achtet auf sein Gewicht, er liebt jede Art von Sport im Freien, er ist ein ausgezeichneter Pilot, Segler, Sporttaucher, Segelflieger und Schütze. Er hilft gerne der Jugend, und er liebt seine Familie. Er ist immer für Freunde da, wenn sie ihn brauchen. Er hat sich für bessere Lebensbedingungen für die hungernden Menschen in Indien ausgesprochen und sich für eine bessere medizinische Versorgung der Eskimos in Alaska eingesetzt. Ich kann dir auch ein Beispiel für seine Sorge um das Wohlergehen seiner Freunde erzählen. Einer der alten Mitarbeiter von Brauns, Helmuth M. Zoike, erinnert sich noch heute an einen dramatischen Flug mit von Braun am Steuerknüppel der Maschine. Man schrieb das Jahr 1944 und die beiden befanden sich mit einer neuen zweimotorigen Siebel 210 auf dem Weg von Peenemünde nach Nordhausen. Von Braun hatte niemals eine Maschine dieses Typs gesteuert, aber er hatte keine Schwierigkeiten, bis er zur Landung ansetzte. In diesem Augenblick sorgte ein Kurzschluß im elektrischen System für den Ausfall der Landeklappen und des Fahrgestells. Von Braun mußte also versuchen, die Maschine beim Aufsetzen auf der Landepiste auszubalancieren und auf einem einzigen Rad bei hoher Geschwindigkeit heil davonzukommen. Zoike weiß heute noch genau, daß er mit von Braun überlegte, ob sie mit dem Fallschirm abspringen oder die riskante Bruchlandung wagen sollten. Sie entschieden sich für das letztere. Von Braun erteilte Zoike und den anderen an Bord befindlichen Peenemündern, während er noch in der Luft kreiste, die Anweisung, die Fallschirme zu öffnen, Turbane daraus zu machen und sie sich um den Kopf zu wickeln. Dann entschloß er sich, den Flugplatz in Kassel anzusteuern, weil er wußte, daß dort Ambulanzen und Feuerwehren in ausreichender Zahl vorhanden waren. Er versuchte vergeblich, mit dem Flugplatz Funkverbindung aufzunehmen, mußte dann aber feststellen, daß auch das Funkgerät inzwischen ausgefallen war. Zu alledem meldete der Flugingenieur noch, daß der Öldruck beider Motoren zurückginge. Das bedeutete, daß von Braun sofort landen mußte! Die Situation war mehr als kritisch, aber von Braun behielt die Nerven und setzte sicher mit der beschädigten Maschine auf. Das halb ausgefahrene Rad sprang heraus und funktionierte plötzlich, als das andere den Boden berührte. Ich glaube, diese Story ist ein Beweis dafür, daß er auch in einer Streßsituation kühles Blut bewahrt.«

»Da hast du vollkommen recht«, bemerkte Jack. »Also ich glaube nicht, daß du als sein Biograph aus dem Grunde nicht in Frage kommst, weil du einer seiner besten Freunde bist und ihn durch und durch kennst. In meinen Augen macht das das Buch glaubwürdiger.«

»Man muß einfach aufrichtig sein, wenn man mit ihm zu tun hat«, sagte ich. »Wir sind so eng befreundet, daß ich ihm sagen kann, daß er mal wieder zum Friseur gehen muß oder daß er seine Schuhe putzen lassen sollte, bevor er als Gast bei einem Bankett eine Rede hält. Er liebt diese Offenheit, weil er wirklich kein Snob oder Hitzkopf ist. Dafür ist er ständig hinter mir her, ich solle mit dem Rauchen aufhören. Er wird nicht müde, mich daran zu erinnern, daß er 1955 mit dem Rauchen aufgehört hat – so mir nichts dir nichts von einem Tag zum anderen. Wenn er es fertiggebracht hat, warum kann ich es dann nicht auch? Er rauchte damals 2 Schachteln pro Tag und wurde von lästigem Husten geplagt. Aber er gesteht, daß er noch ein ganzes Jahr, nachdem er das Rauchen aufgegeben hatte, sich sehr nach einem Glimmstengel sehnte. Heute kann er Zigarettenqualm nicht mehr ausstehen. Ich muß immer daran denken, daß ich mir in seiner Gegenwart eine Zigarette nur anstecken kann, wenn ich gewillt bin, mir eine anschließende Strafpredigt anzuhören.«

»Übrigens, willst du auch etwas über seine Moral im Geschäftsleben schreiben?«

»Wo wir gerade von Moral sprechen – ich war einmal in seinem Büro, als Kayren Governale die Post hereinbrachte. Wernher fand unter den Briefen eine auf Büttenpapier gedruckte Einladung zu einem großen Essen mit seinem alten Freund, dem Astronauten John Glenn, der sich damals um einen Sitz im US-Senat bewarb. Wenn ich mich recht entsinne, kostete ein Essen 100 Dollar. Der Erlös sollte dem Wahlkampffonds Glenns zufließen. Weißt du, was Wernher tat? Er bat Kayren, in der Rechtsabteilung von Fairchild nachzufragen, ob es in Ordnung wäre, ein Ticket zu kaufen...«

»Aber was ist mit den kritischen Berichten in den Zeitungen, in denen es fälschlich geheißen hatte, von Braun habe Professor Oberth in die USA geholt, um Spiegel im Weltraum zu konstruieren, die Todesstrahlen aussandten und anderen Berichten, in denen von Braun vorgeworfen worden war, Goddards Patente gestohlen zu haben?«

»Na hör mal, Jack«, sagte ich grinsend, »was ist mit der Geschichte über ihn in der größten Kopenhagener Zeitung gewesen? Die hatte doch geschrieben, er sei in Norwegen vom Flugzeug aus mit einem Maschinengewehr auf Rentierjagd gewesen! Weißt du noch, du warst doch dabei!«

»Natürlich, ich weiß auch noch, daß einer der norwegischen Wildhüter erklärte, er ›werde es diesem alten Nazi da schon zeigen‹ – aber natürlich war das alles Unsinn. Aber was war mit Oberth und Goddard?«

»Laß uns erst mal essen. Dann kommst du mit zu mir nach Hause, und ich zeige dir einige Unterlagen aus meinem Archiv.«

Wir gingen ins Restaurant und bestellten das Freitagsmenu – Hummer à la Newburg – trotz der Tatsache, daß er schon wieder im Preis gestiegen war. Nach dem Essen fuhren wir in mein Haus in Virginia und stöberten sofort in meinen Archivmappen. Während ich noch einen bestimmten Brief suchte, in dem von Professor Goddards Patenten die Rede war, erzählte ich Jack Einzelheiten über Professor Oberths Weltraumspiegel...

Von Brauns Gründe, seinen Mentor in die USA zu holen, sind an anderer Stelle geschildert worden. Manche Kritiker von Brauns fanden sie nicht sehr überzeugend und wiesen darauf hin, daß von Braun so enttäuscht worden sei durch die Offiziellen im Pentagon, wo man seine Pläne für den Bau einer Raumstation immer wieder zurückstellte, daß er glaubte, das Verteidigungsministerium werde auf einen anderen Vorschlag positiver reagieren. Nachdem Oberth nach Amerika gekommen war, munkelte man, er wolle mit Unterstützung von Brauns ein Waffensystem entwickeln, wie es schrecklicher gar nicht vorstellbar sei: einen parabolischen Weltraumspiegel, der in einer synchronen Umlaufbahn in 35 000 Kilometer Höhe die Erde umkreise. Durch Fernlenkung von der Erde aus (vielleicht aus dem Keller des Pentagon!) würde der große Spiegel dann die Sonnenstrahlen sammeln und sie in einem konzentrierten Todesstrahlenbündel auf eine feindliche Stadt werfen, die dann durch ein riesiges Feuer zerstört würde.

Zwar stimmt es, daß Oberth dieses System bereits im Jahre 1923 als eine der vielen Anwendungsmöglichkeiten eines Weltraumspiegels aufzählte. Es hatte damals viel Beachtung gefunden und war in den darauffolgenden Jahren immer wieder gern von Sciencefiction-Autoren aufgegriffen worden. So fand sich der Raumspiegel in einer Reihe von Geschichten, die von Weltraumkriegen und ähnlichen Verwicklungen im All handelten. Die anderen Verwendungszwecke, die Oberth damals aufgezählt hatte, waren sämtlich friedlicher Art, so zum Beispiel die Beheizung und Beleuchtung landwirtschaftlicher Nutzflächen in den Wintermonaten, das Schmelzen von Eisbergen und das »Abbrennen« von Sturmzentren.

Inzwischen war jedoch das moderne Raketenwesen längst zu einer anerkannten Wissenschaft geworden, und besonders Anfang der fünfziger Jahre, als von Braun an modernen Geschossen und Raketen in Huntsville zu arbeiten begann, wußten er und seine führenden Mitarbeiter inzwischen längst, daß Oberths Weltraumspiegel nie die ihm zugeschriebenen Aufgaben erfüllen konnte und mit Sicherheit ohne militärischen Wert waren.

Dr. Ernst Stuhlinger, der Oberths unmittelbarer Vorgesetzter im Redstone-Arsenal war und als einer der führenden Raumfahrtwissenschaftler der Welt gilt, erklärte mir unlängst, die Idee, Wälder oder Städte mit solch einem Spiegel in Brand zu setzen, sei absurd. Professor Oberth sei auch nicht nach Amerika gekommen, um seine Raumspiegelstation als Waffe zu entwickeln, sondern er habe sich mit Orbitalpositionen, Antriebsbedarf für Transfers in der Erdumlaufbahn, Flugbahnberechnungen und ähnlichen Dingen beschäftigt. Das Spiegel-Projekt wurde Stuhlinger zufolge nie erwähnt.

Inzwischen hatte ich die Kopie eines Briefes gefunden, den von Braun am 13. Februar 1975 an einen Kadetten in West Point geschrieben hatte. Ich gab ihn Jack zu lesen. Der junge Mann hatte von Braun brieflich um Informationen gebeten, die er für eine Arbeit über Dr. Robert H. Goddard und den »Diebstahl der Patente Goddards durch die Deutschen« benötigte.

Jack las den Brief Zeile für Zeile und sagte dann: »Oha! Das mußt du aber in deinem Buch anführen!«

Er reichte mir das Schreiben zurück, und ich las noch einmal die wichtigsten Stellen daraus:

»Sie fragen mich, ob und in welchem Ausmaß das deutsche V2-Raketenteam Dr. Goddards Patente verwendet hat. Meine Antwort ist ziemlich ausführlich, wie Sie sehen, da sie nicht in einem einfachen ja oder nein bestehen kann. Um 1930, als ich 18 Jahre alt war und dem deutschen »Verein für Raumschiffahrt« als Mitglied angehörte, war Dr. Goddard international durch sein Konzept der Raumflüge bekannt, und ich zählte ihn zu den Helden meiner Jugend. Ich hatte sein Buch ›Eine Methode zur Erzielung extremer Höhen‹ gelesen, in dem das Vielstufenprinzip beschrieben war und moderne Ideen über die Verbesserung der Leistungen von Flüssigkeitsraketen dargelegt wurden. In den Jahren danach, als ich Flüssigkeitsraketen für das deutsche Heereswaffenamt entwickelte, aus denen später die V2 wurde, sah ich gelegentlich Abbildungen, wie zum Beispiel einen von Goddard vorgeschlagenen Luftraketentorpedo oder Erklärungen – Goddard sagte bekanntlich: ›Der Mensch kann auf den Mond gelangen!‹ – in Luftfahrtzeitschriften. Ich und alle meine Kollegen haben jedoch nie im Leben ein Goddard-Patent gesehen; ich wußte nicht einmal, daß Goddard auf dem von mir so geliebten Gebiet der Flüssigkeitsraketen arbeitete, geschweige denn, daß er bereits 1926 die erste Flüssigkeitsrakete der Welt erfolgreich gestartet hatte... Erst im Jahre 1950 bekam ich, fünf Jahre nach meiner Ankunft in Amerika, diese Patentschriften zu sehen, als ich aufgefordert wurde festzustellen, ob und wie viele Konstruktionsmerkmale beim Bau der V2 den Gedanken Goddards entlehnt worden waren. Ich erklärte, eine Reihe von Konzepten, wie zum Beispiel die Verwendung von Gyroskopen für die Flugbahnkontrolle von Raketen und der Einbau von Turbopumpen zur Beförderung der Flüssigtreibstoffe aus den Niedrigdrucktanks in die Hochdruck-Brennkammer, sei von uns unabhängig von Goddard entwickelt worden, wenn dieser auch jenseits des Atlantiks die gleichen Ideen gehabt habe, ohne von uns zu wissen.«

Ich legte die Briefkopie in meine Archivmappe zurück, zündete mir eine Zigarette an und setzte mich neben Jack.

»Erinnerst du dich, daß von Braun als erster die Goddard-Gedächtnis-Trophäe erhielt?« fragte ich ihn.

»Ja, natürlich.«

»Weißt du denn noch, wer ihm die Auszeichnung beim ersten Goddard-Bankett überreicht hat?«

»Nein.«

»Mrs. Esther C. Goddard«, sagte ich.

»Im Laufe der Jahre bin ich mit einer Reihe von Leuten ins Gespräch gekommen, die keine gute Meinung über von Braun hatten. Meist waren sie eifersüchtig und neidisch«, erzählte ich. »Ich vergesse niemals, was mir eines Tages in einem Büro der Western Union in der 14th Street in Washington passierte. Am Vorabend war von Braun von drei oder vier Fernsehleuten, darunter ich selbst, für verschiedene Fernsehprogramme interviewt worden. Am Schalter der Telegrafengesellschaft füllte ich ein Formular für ein Überseetelegramm aus. Als ich es dem Angestellten zuschob, blickte er mich an und fragte: ›Habe ich Sie gestern abend nicht im Fernsehen gesehen?‹ ›Das ist gut möglich‹, erwiderte ich. ›Na klar‹, sagte er mit einem breiten Grinsen. ›Sie haben sich doch mit diesem Weltraumirren Warner Von Bronn unterhalten. Der ist doch verrückt, Mann! Der muß doch völlig übergeschnappt sein! Geben Sie zu, der spinnt doch! Meinen Sie nicht auch, daß er dieses Land in die Pleite treibt?‹«

»Was haben Sie ihm denn geantwortet?« wollte Jack wissen.

»Sir, Dr. Wernher von Brauns Vorschläge für Raumfahrtprogramme werden die Nation nicht mehr kosten als unser gegenwärtiges Auslandshilfeprogramm.« Dann drehte ich mich um und verließ die Schalterhalle.

Wo wir einmal dabei waren, suchten wir auch nach weiteren Begebenheiten aus dem Leben unseres berühmten Freundes. Jack und ich und vermutlich alle, die von Braun kennen, wundern sich immer wieder darüber, welch ein Arbeitsprogramm er abwickelt, daß er nie müde wird und immer mit Begeisterung bei der Sache ist. Da ich in letzter Zeit öfter in seinem Büro gewesen war, war ich in der Lage, eine typische Arbeitswoche von Brauns zu schildern.

Am Montagmorgen begann sie mit ein paar Runden in seinem geheizten Swimmingpool, der hinter seinem Haus zwischen dem Innenhof und dem leuchtend weißen Mini-Observatorium lag. Steve Whitmore, sein Fahrer bei Fairchild, holt ihn und sein Gepäck um Punkt acht Uhr ab. Von Braun läßt sich auf den Rücksitz des bescheidenen Ford seiner Gesellschaft fallen und setzt eine schwarzgeränderte Brille auf, nachdem er mit Steve ein paar freundliche Bemerkungen ausgetauscht hat. Er geht dann sofort an die Arbeit und liest konzentriert Einzelheiten über das Katapultsystem des Cockpit des taktischen Kampfflugzeuges A-10, das Fairchild für die US-Luftwaffe baut.

Um neun Uhr kommt er dann strahlend in sein Büro gestürmt, unterhält sich kurz mit Irvin Singer, dessen Büro dem seinen gegenüberliegt, hält einen kleinen Schwatz mit seiner Sekretärin Kayren, die nicht nur tüchtig, sondern auch ausgesprochen hübsch ist und mit ihm die Termine für den laufenden Tag durchspricht. Der Vizepräsident der Firma und Marketing-Chef Tom Turner steht als erster Besucher für halb zehn auf dem Programm. Er will mit ihm eine bevorstehende Reise in den Iran besprechen, und Tom denkt dabei an eine Begegnung mit dem Schah, die er herbeizuführen hofft. Um zehn Uhr wollen von Braun und Ed Uhl ins Capitol gehen und mit Senator Barry Goldwater über das A-10-Cockpit beraten.

Möglicherweise ist er dann rechtzeitig zurück, um mit anderen Fairchild-Direktoren zu Mittag zu essen. Viel Zeit darf er sich dabei nicht lassen. Um drei Uhr will er im Flugzeug nach New York sitzen und direkt nach der Landung ins berühmte Waldorf-Astoria-Hotel zu einem Empfang für einige Astronauten fahren. Am gleichen Abend wird er dann zu einer technischen Konferenz einer Tochtergesellschaft von Fairchild nach Los Angeles fliegen. Während seines kurzen Aufenthalts in Kalifornien wird er auch einen Vortrag über die praktischen Anwendungen der Raumfahrttechnologie vor Studenten halten. Den Vortrag will er im Flugzeug ausarbeiten, während er den Kontinent überquert.

Am Mittwochabend kehrt er nach Washington zurück, ist aber nach zwei Bürotagen schon wieder auf dem Weg nach Chicago, wo er eine Gruppe von Nachrichtensatellitenleuten trifft um mit ihnen dann nach Anchorage (Alaska) zu fliegen. Im Verlauf seines einwöchigen Aufenthalts waren Besprechungen mit dem Gouverneur von Alaska und dem Fernsehdirektor dieses Bundesstaates vorgesehen. Außerdem wollte von Braun ein Eskimodorf besuchen und einer Vorführung des Schulfernsehens über Satelliten beiwohnen.

Nach einer Woche kehrt er dann nach Hause zurück. Er wählt für den Abflug aus Alaska den Mittwochabend und nimmt einen Nachtflug via Seattle, der ihn am Donnerstagmittag nach Washington bringt. Vom National Airport nimmt er ein Taxi für die Fahrt in sein gemütliches Haus in Alexandria (Virginia), wo ihn die Familie sehnsüchtig erwartet. Während der ganzen Flugzeit hat er Unterlagen für seine Firma bearbeitet, diffizile technische Papiere studiert und Memoranden und Analysen verfaßt. Das heißt, fast während der ganzen Reisedauer. Auf der letzten Etappe zwischen Chicago und Washington kann es vorkommen, daß er ein Buch über griechische Mythologie liest.

Am Samstagvormittag fährt er zur Abwechslung nach Cumberland im nahen Bundesstaat Maryland und verbringt fast den ganzen Tag in einem Segelflugzeug in Höhen zwischen 1 000 und 2 000 Meter über den Bergen von Maryland. Während sein Körper sich entspannt, arbeitet sein stets reger Geist neue Ideen aus: wie die finanziellen Mittel für das neue »National Space Institute«, das Nationale Weltraum-Institut, zu beschaffen sind, wie man die Raumfahrttechnologie zur Lösung der Energiekrise des Landes einsetzen kann und was er seiner Tochter Iris zu Weihnachten schenken soll.

Am Sonntagvormittag verbringt er mit seiner Familie mehrere Stunden im Swimmingpool. Nach dem Essen hört er sich eine Reihe von Mozart-, Beethoven- und Grieg-Kassetten an und sitzt den Rest des Tages über einem Artikel, um den ihn die Zeitschrift *Popular Science* gebeten hat. Er hat für dieses ausgezeichnete Blatt seit 1963 Beiträge geschrieben. Während der ersten zehn Jahre verfaßte er monatlich einen Artikel; seit Juni 1973 liefert er alle zwei Monate eine Story.

Am frühen Abend hilft er oft seinem Sohn Peter bei einer schwierigen Hausaufgabe. Später sitzt er dann mit seiner Frau Maria im geschmackvoll eingerichteten Wohnzimmer und bespricht mit ihr Familienprobleme, häusliche Dinge und Pläne für ihren Weihnachtsurlaub auf den Bahamas. Wenn der Himmel wolkenlos ist, verbringt er dann noch einige Stunden in seinem Observatorium und macht Aufnahmen vom Orionnebel mit der auf seinem Teleskop aufgeschraubten Kamera. Wenn er endlich zu Bett geht, nimmt er vielleicht noch ein Exemplar von Immanuel Kants ›Kritik der reinen Vernunft‹ zur Hand und liest ein Kapitel, bevor er einschläft. Manchmal schnarcht er ein bißchen, manchmal nicht...

In der Woche darauf hält er sich zu Kayrens Entsetzen volle drei Tage in Washington, oder, genauer gesagt, in seinem Büro bei der Hauptverwaltung von Fairchild in Germantown auf. Er ist ungefähr eine Woche mit der Korrespondenz in Rückstand, und zwanzig wichtige Leute haben sich – einer nach dem anderen – bei ihm angesagt und suchen ihn an den drei Tagen von morgens bis Mitternacht auf. Kayren ist der Boß. Sie macht sich nichts daraus, in eine Besprechung einzudringen und ihren Chef auf die nächste Verabredung aufmerksam zu machen. Viele Leute sind ihr deshalb böse. Schließlich haben sie möglicherweise monatelang auf den Termin gewartet, und es kann sein, daß sich von Braun sehr gesprächig und an ihrem Problem interessiert gezeigt hat. Eine herzliche Unterhaltung ist in Gang gekommen. Der Besucher hat das Gefühl, daß er bei von Braun »landen« kann, und dann geht – päng! – die Tür auf, Kayren kommt herein und sagt: »Tut mir leid, aber Dr. von Braun muß jetzt zu seiner nächsten Verabredung!«

Von Braun sagt dann möglicherweise: »Also gut, Kayren, vielleicht noch zwei Minuten, ja?«

Kayren schließt dann die Tür, nimmt Hut und Mantel des Besuchers in die Hand, stellt sich vor die Tür, schaut auf ihre Uhr und betritt nach genau zwei Minuten erneut das Büro ihres Chefs, wobei sie etwa sagt: »Es wäre schön, Sie mal wiederzusehen, Mr. Smith.« Dabei reicht sie ihm Hut und Mantel und schaut von Braun mit festem Blick an. Er steht auf und sagt: »Also, Bill, du hast doch Verständnis dafür, daß Kayren hier der Boß ist.« Das war's denn auch. Mr. Smith verläßt das Büro, und Mr. Jones kommt herein.

Hetze, Hektik, immerwährendes Tempo. Sein Arbeitstag bei Fairchild sieht fast ebenso aus wie früher der bei der NASA und der Armee. Ich habe bei Fairchild für von Braun gearbeitet und war ihm dabei direkt unterstellt. So habe ich die Gelegenheit gehabt, aus erster Hand festzustellen, daß seine Programme und Zeitpläne ihn ständig auf Trab hielten.

»Was mir auch noch auffällt«, sagte Jack Pruitt, bevor er mich an jenem heißen Sommertag verließ, »er kann ungeheuer viel Arbeit leisten, mit diesen verrückten Zeitplänen klarkommen, so enorm viel herumreisen, so viele Reden halten, Zeitungs- und Zeitschriftenartikel sowie Bücher verfassen, mit Wissenschaftlern konferieren, Sporttauchen und Segelfliegen... Schließlich hat der Tag nur vierundzwanzig Stunden. Sein Herz muß aus Eisen sein.«

»Und noch eins«, antwortete ich, »wie kommt es, daß er mit schlichten Leuten wie du und ich auf Safari nach Afrika geht oder im

Hillbilly-Country von West Virginia herumstreift und sich dabei, wie du weißt, auch noch amüsiert. Er unterhält sich gern mit echten Leuten vom Land: Farmern und ihren Gehilfen und einfachen Menschen. Du solltest ihn mal bei den Trappern und Indianern in Alaska erlebt haben! Er hat unter sechs US-Präsidenten gearbeitet und mit allen außer Harry S. Truman gesprochen. Er ist mit Königen und Regierungschefs und Gouverneuren zusammengetroffen. Du kannst ihn vielleicht morgen auf einer chicen Partie im Weißen Haus treffen, und übermorgen fährt er mit dir und mir in einem alten Kombiwagen ins Shenandoah County, um Truthähne zu jagen!«

»Und das erste, was er tut, wenn er ins Jagdlager kommt: er hackt Holz«, erklärte Jack lachend.

»Immerhin kann er das besser als Eis für die Getränke zu zerhakken«, erwiderte ich und stimmte in sein Lachen ein.

Nachdem Jack nach Hause gefahren war, fühlte ich mich an jenem Tag zu müde, um weiter an meinem Buch zu arbeiten. Es war Abend geworden, und ich ging nach unten, um nachzusehen, was meine Frau machte. Sie sah sich im Fernsehen die Merv Griffin-Show an.

»Bist du vorangekommen«, fragte sie.

»Ich habe noch ein Kapitel zu schreiben«, sagte ich. »Was siehst du dir an?«

»Merv Griffin interviewt gerade eine Astrologin aus Kalifornien«, antwortete sie.

»Wernher glaubt nicht an diesen Unsinn, tust du es etwa?«

»Nein, nicht direkt – aber ich weiß nicht so ganz...«

»Was hat sie denn zum Beispiel gesagt?« wollte ich wissen.

»Sie hat prophezeit, daß dieses Jahr für Widder besonders erfolgreich sein wird!«

33. Kapitel
Gibt es wirklich fliegende Untertassen?

Mitte Juli 1975 war Wernher von Braun wieder einmal auf Kap Canaveral dabei, um dem Start einer seiner *Saturn*-Raketen und der Geburt eines neuen, einzigartigen Zeitalters der Raumfahrt beizuwohnen. Er war gekommen, um zuzusehen, wie die amerikanischen Astronauten Thomas P. Stafford, Vance Devoe Brand und Donald K. (»Deke«) Slayton zu ihrem Rendezvous mit zwei sowjetischen Kosmonauten, die schon die Erde umkreisten, ins Weltall katapultiert wurden. Alexej Archipowitsch Leonow und Valeri Nikolajewitsch Kubasow waren die Vertreter der Nation, deren Vorsprung aufzuholen man vor fast drei Jahrzehnten von Braun zu Hilfe gerufen hatte.

Millionen und Abermillionen Menschen schickten sich an, Zeugen dieses Exerzierens in Sachen Entspannung zu werden, das einige Leute für nichts weiter als eine politische Extravaganz hielten, die mehrere hundert Millionen Rubel und Dollar an Steuergeldern verschlang. Andere behaupteten, der gemeinsame Raumflug sei in Wirklichkeit ein Duell, bei dem jede Seite versuche, die technischen Geheimnisse der Gegenseite zu enthüllen, um die Überlegenheit im Weltraum zu erlangen.

»Wegen ihrer zweitrangigen Stellung in der Raumfahrttechnologie bemüht sich die Sowjetunion, während dieses Fluges amerikanische Geheimnisse zu stehlen«, urteilte die Pekinger »Volkszeitung«. »Was die Vereinigten Staaten betrifft, so suchen sie technische Informationen von den Sowjets zu erhalten in der Hoffnung, dadurch ihre Überlegenheit auszubauen. Kann ein oberflächlicher Händedruck im Weltraum die erbitterte Auseinandersetzung zwischen den beiden Supermächten auf der Erde kaschieren? Selbst im All treffen sie sich als geschworene Feinde!«

Die meisten Menschen in der westlichen Welt begrüßten jedoch das Experiment als aufsehenerregendes Ereignis. Übereinstimmend wurde die Ansicht vertreten, daß diese Mission tatsächlich dazu diente, den Beweis zu erbringen, daß die rivalisierenden Supermächte zusammenarbeiten und eine außerordentlich schwierige Aufgabe lösen konnten. Für von Braun war dieses Unternehmen mehr als eine Art Händedruck am Firmament. Unnötig zu sagen, daß er zu allererst einmal gespannt war, zu beobachten, wie die letzte Rakete aus der Serie *Saturn 1 B* gen Himmel donnerte. Würde die gute alte Mühle noch einmal das leisten, was man von ihr erwartete? Ein tadelloser Abschuß bedeutete zugleich die Krönung des erfolgreichen *Saturn*-Programmes. Als er von dem berühmten TV-Kommentator Walter Cronkite kurz nach dem erfolgreichen Abheben der riesigen Rakete interviewt wurde, sagte er: »Ich konnte mir einfach nicht helfen, zu sagen: ›Mach zu, Liebling, mach zu!‹, als die Triebwerke gezündet wurden.«

Die sowjetische *Sojus*-Raumkapsel begann ihre Reise am 15. Juli um 1.20 Uhr früh Ortszeit auf dem Kosmodrom in Tjuratam, und die *Saturn 1 B* mit der *Apollo*-Kapsel »oben drauf« startete am selben Tag um 15.50 Uhr Floridazeit. Am Donnerstag, dem 17. Juli, um 12.15 Uhr Floridazeit wurden die beiden Raumfahrzeuge dann ohne Schwierigkeit miteinander gekoppelt. Sollte von Braun Zweifel daran gehabt haben, ob die *Saturn 1 B* die Erwartungen erfüllte, so erwähnte er das jedenfalls mit keinem Wort. Das offizielle Amerika sah es als selbstverständlich an, daß die Startrakete einwandfrei funktionieren würde. Präsident Gerald Ford erklärte, die Astronauten und Kosmonauten »eröffnen eine neue Ära... und bahnen der internationalen Zusammenarbeit in der Raumfahrt einen neuen Pfad«. Er prägte diese Worte im großen Konferenzsaal des Außenministeriums vor dem vom Fernsehen übertragenen Start der sowjetischen Kosmonauten.

Als die *Saturn 1 B* ihre Aufgabe erfüllt und das *Apollo*-Raumfahrzeug in seine Umlaufbahn getragen hatte, verließ von Braun Kap Canaveral und flog incognito über den Atlantik nach Stuttgart, wo er seine Wahl zum Aufsichtsratsmitglied bei Daimler-Benz annahm. Innerhalb von achtundvierzig Stunden war er jedoch wieder zurück.

»Wie ist denn das gekommen?« wollte ich wissen.

»Na, du weißt ja«, sagte er mit verschmitztem Lächeln, »man hat mir schon immer vorgeworfen, ich jagte den Sternen nach!«

Mit Feuereifer machte er sich dann daran, dem *Nationalen Weltraum-Institut* ans Licht der Welt zu verhelfen. Er war zu dessen erstem Präsidenten ernannt worden.

Trotz seiner überragenden Leistungen im Weltraum während der vergangenen fünfundzwanzig Jahre besaß Amerika keine nationale Organisation, der alle Raumfahrtbegeisterten und Nutznießer von technischen »Ablegern« der Raumfahrt hätten beitreten können. Während NASA und Streitkräfte mit Unterstützung eines riesigen industriellen Potentials die Technologie entwickelt hatten, die erforderlich war, um den Weltraum zu erforschen, war nicht genug getan worden, um in der Öffentlichkeit bekanntzumachen, welche neuen Erkenntnisse dadurch gewonnen wurden, so daß der Durchschnittsamerikaner die Bedeutung der Raumfahrttechnologie für die Verbesserung der Lebensqualität in seinem Land erkannte.

Das *Amerikanische Institut für Astronautik und Astronomik* (AIAA), das vor rund fünfzehn Jahren die Mitglieder der *Amerikanischen Raketengesellschaft* übernommen hatte, ist der größte nationale Zusammenschluß von Luft- und Raumfahrtingenieuren in der Welt, eine berufliche Interessengemeinschaft, deren Mitglieder großen Anteil an den amerikanischen Raumfahrterfolgen hatten. Ihre hervorragenden Veröffentlichungen richteten sich an eine aus Physikern und Ingenieuren zusammengesetzte Leserschaft, erreichten jedoch nicht die landwirtschaftlichen, medizinischen, meteorologischen, geologischen oder Erdölexperten und -organisationen, die außerordentlich viel von der Raumfahrt profitieren konnten.

Daher nahm von Braun freudig die Gelegenheit wahr, an die Spitze einer neuen Organisation zu treten, die als ihr Hauptziel die Steigerung des öffentlichen Verständnisses für das Raumfahrtprogramm der USA betrachtete. »Wenn unser Land weiterhin die führende Nation der Welt bleiben und Fortschritte machen soll«, führte von Braun bei der Annahme des Präsidentenamtes des *Nationalen Weltraum-Instituts* am 5. August 1974 aus, »dann müssen wir alle Anstrengungen unternehmen, um eine weitere Verbesserung der Raumfahrttechnologie zu erreichen. Um seine Aufgabe zu erfüllen, noch mehr das Verständnis der Öffentlichkeit für die Raumfahrt zu wecken, wird das *Nationale Weltraum-Institut* daher Unterrichtsprogramme einrichten, die in der Bevölkerung die Vorteile unseres nationalen Raumfahrtprogrammes propagieren.«

Mehr als fünfzehn Jahre zuvor hatte von Braun bereits ein staatliches Förderungsprogramm empfohlen, das junge Amerikaner zur Gründung von Raketenforschungsklubs überall im Land anregen sollte und die Einführung von Sonderunterricht neben nicht naturwissenschaftlichen technischen Lehrfächern an den Oberschulen und Colleges vorsah, in dessem Rahmen die Auswirkungen der Raumfahrttechnologie auf die Gebiete wie Volkswirtschaft, Landwirtschaft, Medizin, Rohstoffe und ihre Verarbeitung et cetera durchgenommen werden sollte. Das war genau das, was das *Nationale Weltraum-Institut* nun auf der Ebene der Erwachsenenbildung tun wollte. Das Grundkonzept hatte von Braun seit jeher am Herzen gelegen.

Eine Gruppe interessierter Amerikaner, die an den Nutzen der Raumfahrttechnologie glaubten, untersuchte die Möglichkeit der Einrichtung einer solchen gemeinnützigen, der wissenschaftlichen Weiterbildung dienenden Organisation. Thomas Turner, der für Marketingfragen zuständige Vizepräsident der Fairchild Industries, als Förderer von Raumfahrtdingen mit Public Relations-Wert bekannt, ergriff die Initiative. Er führte eine gründliche dreimonatige Studie durch und stellte einen Plan für eine, wie er sie nannte, Nationale Weltraum-Vereinigung auf. Er konnte dabei auf die Erfahrung und Mitarbeit von Eugene Bradley von der Boeing Company und einer Reihe von Mitgliedern des *Nationalen Raumfahrt-Clubs* bauen, der in Washington ansässigen Organisation, bei deren Gründung ich im Sog des *Sputnik* behilflich gewesen war. Obwohl dieser Zusammenschluß aus Repräsentanten der Industrie, der Regierung, der Bildungsinstitutionen und der Presse aus allen Teilen der USA bestand, deren Anliegen es war, die Führungsrolle der Nation auf dem Gebiet der Raketentechnik und Astronautik auszubauen, war er immer eine in der Hauptstadt ansässige Gruppe geblieben, die sich hauptsächlich der Ausrichtung des Robert H. Goddard-Gedächtnisbanketts und der Verleihung der Goddard-Trophäe widmete. Sie hatte nie den Versuch gemacht, durch Einstellung von zusätzlichem Personal eine Organisation aufzubauen, die sich über das ganze Land ausbreiten und wirkungsvolle Bildungsprogramme initiieren konnte.

Turners Plan wurde mit Begeisterung von dieser Gruppe aufgenommen und führte am 13. Juni 1974 zur Gründung der *Nationalen Weltraum-Vereinigung*. Von Braun wurde am 5. August zum Präsidenten gewählt, und am 1. Dezember desselben Jahres wurde der

Rechtsanwalt Charles C. Hewitt, der frühere geschäftsführende Direktor der *Amerikanischen Medizin-Studenten-Gesellschaft,* zum hauptberuflichen Geschäftsführer bestellt. Der in der Luft- und Raumfahrtbranche angesehene William B. Bergen, der Vizepräsident von Rockwell International und ehemalige Präsident der Martin Company, wurde zum Vorstandsvorsitzenden gewählt. Ein Aufsichtsrat wurde aus prominenten Amerikanern aller beruflichen Bereiche gebildet, und im Frühjahr 1975 konnte die neue Organisation schon stetige Fortschritte vermelden. Am 24. April 1975 wurde ihr Name in *Nationales Weltraum-Institut* umgeändert, um eindeutig ihre pädagogischen Ziele und Aufgaben hervorzuheben.

Von Brauns alte Freunde Arthur C. Clarke und Dr. James Van Allen wurden ebenfalls Aufsichtsratsmitglieder. Hinzu kamen nach und nach noch Dr. Albert Kelley vom Boston College, der Schauspieler Hugh O'Brian, der Fernsehreporter Hugh Downs und der Maler James Wyeth, ferner General Samuel S. Phillips vom *Apollo-*Programm und Dr. Robert Jastrow, der Direktor des Goddard-Instituts für Raumfahrtforschung. Die Industrie war in diesem Gremium mit Dr. Oskar Morgenstern, dem Vorstandsvorsitzenden der Firma Mathematica Inc., Arthur F. Kelly, dem Präsidenten der Western Air Lines, George Trimble, dem Präsidenten der Bunker-Ramo Corporation, Benjamin Woodson, dem Präsidenten der American General Insurance Company und T. F. Walkowicz, dem Präsidenten der National Aviation Corporation vertreten.

Das Institut richtete ebenfalls einen Ältestenbeirat ein, der aus den drei ehemaligen NASA-Administratoren Dr. Keith Glennan, James E. Webb und Dr. Thomas O. Paine bestand. Darüber hinaus gehörten ihm noch Dr. Homer E. Newell, Dr. Richard E. Horner und Dr. Robert R. Gilruth an – alle frühere Direktoren der NASA, die jahrelang eng mit von Braun zusammengearbeitet hatten.

Im Frühjahr 1975 schlug das Institut sein ständiges Hauptquartier unter der Adresse 1911, North Fort Myer Drive in Arlington (Virginia) auf. Zur selben Zeit trat Lou A. Villegas in das *Weltraum-Institut* als stellvertretender Direktor ein.

»Zögern Sie nicht, an die Mitarbeiter oder an mich persönlich unter dieser Anschrift zu schreiben«, sagte von Braun, »falls Sie an der Raumfahrt interessiert sind und Mitglied des Institutes werden wollen.«

In einer offiziellen Verlautbarung, die von Braun am 15. Juli 1975 auf Kap Canaveral der Presse übergab, erklärte er ferner: »Wir laden die gesamte Öffentlichkeit ein, Mitbegründer dieser Organisation zu werden. Ich für meine Person habe vor, meine ganze Energie dem Ausbau des *Nationalen Weltraum-Instituts* zu einem anerkannten Katalysator für Kenntnis und Verständnis von Zukunft und Raumfahrttechnologie zu widmen.«

Unter vier Augen erzählte mir von Braun, daß es seine Sorge um die Zukunft Amerikas im Weltraum sei, die ihn so versessen darauf mache, »alle raumfahrtbegeisterten Amerikaner« dem NSI beitreten zu sehen.

»Bis jetzt sind wir nur an der Oberfläche geblieben«, sagte er wörtlich. »Jedoch befinden wir uns auf bestem Wege, einen tollen Erfolg nach dem anderen in der Raumfahrt zu verbuchen. Daher ist der Beitritt von Hunderttausenden von Mitbürgern zum Institut so ungemein wichtig. Ich halte es sogar für eine höchst patriotische Angelegenheit!«

Nach der Übernahme des Braunschen Teams durch die NASA hatte sich seine primäre Aufgabe über Nacht geändert. Die Raketenfachleute hatten nicht länger den Auftrag, Langstreckenraketen für die Landesverteidigung zu konstruieren und zu entwickeln, sondern sollten künftig für die Bereitstellung von Transportsystemen sorgen, die Voraussetzung für ein amerikanisches Weltraumforschungsprogramm waren. »Für uns«, so schilderte es mir von Braun, »ist das die Erfüllung eines Traums, der bis in die Anfänge unserer Raketenentwicklungsarbeit in Deutschland vor vielen Jahren zurückreicht. Ich möchte dir eine kleine Begebenheit erzählen, die das anschaulich illustriert. Ein Journalist, der Ernst Stuhlinger aufsuchte, erklärte diesem: ›Ich komme einfach nicht darüber hinweg – Sie sitzen hier in aller Seelenruhe und sprechen von Flügen zum Mond und der Erforschung anderer Planeten, als sei das etwas Selbstverständliches. Ich weiß zwar, wovon Sie sprechen, doch ich kann es einfach nicht glauben!‹ Ernst Stuhlinger antwortete sinngemäß etwa so: ›Der Unterschied ist der, daß diese Überlegungen für Sie relativ neu sind – und für mich ein alter Hut. Wir haben über diese Vorgänge seit 25 Jahren nachgedacht und sie geplant!‹«

»Das ist natürlich ein ganz grundlegender Unterschied. Niemand sollte darüber erstaunt sein. Mit Ausnahme von Science-Fiction-Schriftstellern und phantasiebegabten Kindern haben nur wenige Menschen überall auf der Welt bis vor recht kurzer Zeit ernsthafte Vorstellungen von bemannten Flügen durch den Weltraum gehabt. Natürlich sind das merkwürdige Vorgänge. Aber das Bemerkenswerte daran ist, wie rasch so viele Menschen sie als logische und notwendige Fortbewegung in Richtung auf ein Abenteuer akzeptiert haben, wie es der Mensch noch nie zuvor erlebt hat.«

Heute streiten wir weiter über den Nutzen der Raumfahrt in Dollars und Cents und knausern weiterhin mit Ausgaben, die keine unmittelbare Verzinsung zu bringen scheinen. Aber, wie Arthur C. Clarke betont hat, eine ganze Generation wächst jetzt heran, die, von der Romantik der Raumfahrt angezogen, zu den schwierigen Disziplinen der Naturwissenschaft und Technik gelangt ist. »Dieses Reservoir vollausgebildeter Männer und Frauen wird in den kommenden Jahrzehnten einer der größten Aktivposten der Welt sein, dessen Wert gar nicht hoch genug zu bemessen ist«, sagte Clarke. »Die heranwachsende Jugend von heute, die mit glänzenden Augen die Fernsehübertragungen vom Mond verfolgt, wird die Erfinder, Entdecker und technischen Führungskräfte von morgen stellen. Anders als der Bau der Pyramiden und der Kathedralen wird die Erforschung des Weltalls so viele praktische Rechtfertigungen haben, daß unsere Nachkommen uns für verrückt halten werden, weil wir ihren Wert in Zweifel gezogen haben...«

»Arthur Clarke sagte den kommerziellen geosynchronen Nachrichtensatelliten bereits vor 30 Jahren voraus«, erklärt von Braun. »Heute ist er eine Goldmine, vielleicht nicht für Arthur, aber doch für die über hundert nationalen und internationalen Nachrichtenträgerorganisationen, die seine Idee verwenden. Clarke hat ein sehr feines Gespür für künftige Dinge. Heute glaubt er fest daran, daß bemannte Raumfahrtunternehmen in nicht allzuferner Zukunft kommerziell nutzbar werden. Die Geschichte der Luftfahrt hat uns gezeigt, wie sich aus dem ersten Motorflugzeug der Gebrüder Wright sprunghaft das kommerziell erfolgreiche, propellergetriebene Flugzeug der fünfziger Jahre entwickelte. Aber dann setzte sich der Düsenantrieb durch, und innerhalb weniger Jahre erreichten Geschwindigkeit, Frachtkapazität, Wirtschaftlichkeit und Komfort einen neuen Höchststand. Dasselbe wird notwendigerweise bei der Weiterentwicklung der Raumfahrt eintreten. Daß das nicht bloßes Wunschdenken ist, geht aus der Tatsache hervor, daß wir bereits die möglichen Gebiete für solche Durchbrüche angeben können, zum Beispiel neue Werkstoffe wie Kohlenstoff- und Borverbindungen, die weitaus härter als Stahl sind, aber leichter als Aluminium.«

Von Braun schließt schnell den Hinweis an, daß es heute viel weniger kostet, eine bestimmte Nutzlast in eine Erdumlaufbahn zu bringen als 1958, als sein erster *Explorer*-Satellit gestartet wurde. Damals beliefen sich die Kosten für den Transport eines halben Kilogramms noch auf eine halbe Million Dollar. Zehn Jahre später machte es eine *Saturn V* für 500 Dollar, also ein bloßes tausendstel des ursprünglichen Tarifs.

»Du weißt ja«, sagte von Braun zu mir, »daß dieser Preis mit dem wiederverwendbaren Raumtransporter noch weiter gesenkt werden kann, möglicherweise auf 160 Dollar. Mit der Einführung des ungefährlichen nuklearen Raketenantriebs werden wir dann wirklich imstande sein, wirtschaftlich zu operieren, besonders im tiefen Weltraum. Kernreaktionen setzen millionenfach mehr Energie frei als chemische Reaktionen. Die 3000 Tonnen Treibstoff einer *Saturn V* könnten – wenn wir erst die entsprechenden Raketentriebwerke haben – durch ein paar Kilogramm nuklearen Treibstoff ersetzt werden. Bei der Untersuchung der künftigen Entwicklung der Kosteneffektivität in der Raumfahrt meint Arthur C. Clarke völlig zu recht: ›Die Kosten für die Raumfahrt waren vor einem Jahrzehnt wahnwitzig; heute sind sie noch übermäßig hoch. In ein paar Jahren werden sie überspannt sein und gegen Ende dieses Jahrhunderts nur mehr teuer!‹ Daher stimme ich Clarke zu, wenn er prophezeit, daß Flüge zwischen Erde und Mond zu Beginn des 21. Jahrhunderts ein ganz alltäglicher Geschäftsvorgang sein werden.«

Eine Organisation wie das *Nationale Weltraum-Institut* kann von Braun zufolge dazu beitragen, »die Amerikaner seelisch« auf diese bevorstehende Ära »vorzubereiten«. »Wir sehen uns nun einmal einer paradoxen Situation gegenüber«, erläutert er. »Auf der einen Seite wird die Notwendigkeit einer Einrichtung wie des NSI durch den Mangel an öffentlichem Verständnis für die wissenschaftliche und technologische Bedeutung des nationalen Raumfahrtprogramms augenscheinlich demonstriert. Es mangelt in der Öffentlichkeit auch sowohl am Verständnis für die Möglichkeiten des Programms und seine Beiträge zur Verbesserung der Lebensqualität auf unserem eigenen Planeten als auch am Verständnis für die Bedeutung von Wissenschaft und Technologie allgemein für das wirtschaftliche Wohlergehen der Nation. Das Ergebnis ist, daß wir infolge der Gleichgültigkeit in weiten Kreisen der Bevölkerung einen Mangel an Unterstützung für das zu spüren, was man eine ›kosmische Perspektive‹ nennen könnte.

In gewisser Weise besteht tatsächlich enormes Interesse an Weltraum und Raumfahrt und einer umfassenden kosmischen Perspektive. Beweis dafür sind die Aufgabe alter Glaubenssätze und das Verlangen der Menschen nach einer kosmischen Philosophie, einem Bedürfnis, zu erfahren, wer wir sind und wo wir herkommen. Ich glaube, daß das neue Interesse an diesen fundamentalen Fragen durch unsere Leistungen im Weltraum ausgelöst worden ist, besonders durch den Besuch von Menschen auf dem Mond und durch die Entsendung von Sonden zu den Nachbarplaneten.

Das Phänomen des wachsenden Bedürfnisses einer Expansion unserer kosmischen Perspektive hat Professor Carl Sagan, ein hervorragender Astronom, Planetologe und Exobiologe der Cornell Universität, glänzend beschrieben. Er berichtet von einem enormen Interesse der College-Studenten an einer Reihe pseudowissenschaftlicher Fächer oder Grenzwissenschaften – so an der Astrologie, dem Studium unbekannter Flugobjekte, der Analyse der Arbeiten vom Immanuel Welikowski und sogar an den Superhelden der Science-fiction-Serien – die alle einen Versuch darstellen, und zwar einen überwiegend erfolglosen in Sagans Augen, eine kosmische Perspektive für die Menschheit zu eröffnen.

Das gegenwärtig neu erwachende Interesse an der Ökologie ist nach Professor Sagan ebenfalls im Zusammenhang mit diesem Verlangen nach einer kosmischen Perspektive zu sehen. Viele Anwälte der Umweltschutzbewegung in den Vereinigten Staaten sind ursprünglich durch Fotos der Erde, die aus dem Weltraum aufgenommen wurden, zum Handeln bewogen worden, Bilder, die eine winzige, empfindliche und zerbrechliche Welt enthüllten, äußerst anfällig gegen den Raubbau des Menschen – ›eine Wiese mitten im Himmel‹, wie Sagan sie nennt.

Er ist auch der Ansicht, daß eine oberflächliche Erkundung allein noch kein tiefgreifendes öffentliches Interesse am Weltraum motiviert. Für viele waren die vom Mond mitgebrachten Gesteinsproben eine große Enttäuschung. Man sah sie nur als Gesteinsbrocken an. Welche Rolle sie spielen könnten bei der Eruierung der Schöpfungsgeschichte des Erde-Mond-Systems, ist der Öffentlichkeit noch nicht ausreichend erklärt worden – und das ist die Art von Leere, die das *Nationale Weltraum-Institut* versuchen muß auszufüllen, sobald mehr Erkenntnisse gewonnen worden sind.

Vielleicht am deutlichsten zeigt sich das öffentliche Interesse an Weltraumfragen in der Kosmologie und bei der Suche nach außerirdischem Leben. In seinem Buch ›*The Cosmic Connection*‹ (deutsch etwa: Beziehungen zum Kosmos, Anm. d. Ü.) schreibt Carl Sagan, daß diese Themen ›bei einem bedeutenden Teil der Menschheit viel Anklang finden‹. Ich stimme ihm völlig zu, wenn er erklärt, daß die Suche nach außerirdischem Leben Grundlage der Befürwortung von Weltraumexperimenten durch die Öffentlichkeit sein könnte – Experimenten, die sowohl innerhalb als auch außerhalb des Sonnensystems stattfinden.«

Auf unserem Rückflug von Florida äußerte sich von Braun noch ausführlicher über die Zukunft der Raumfahrt. Nach dem bemannten *Apollo-Sojus*-Raumflugunternehmen stand als nächstes spektakuläres Ereignis der Start der *Viking*-Sonde zum Mars auf dem Programm.

»Ich glaube, die meisten Leute haben leichte Abweichungen menschlicher Lebewesen vor Augen, wenn sie von außerirdischem Leben sprechen«, bemerkte ich. »Die Entdeckung interstellarer Spektrallinien von Formaldehyd und Blausäure im Mikrowellenbereich ist ja von einigen Wissenschaftlern dahingehend interpretiert worden, daß die Grundbausteine für Leben möglicherweise in großer Menge über das ganze Universum verstreut sind. Nimm doch einmal an, die *Viking*-Sonde würde im nächsten Jahr organische Substanzen auf dem Mars entdecken, meinst du nicht auch, daß solche Dinge immer mehr Leute zu der Überzeugung bringen, daß anderswo im Weltall fühlende Wesen existieren?«

»Ja, davon können wir wohl ausgehen. Und wie du ganz richtig gesagt hast, scheinen sich die meisten Leute eine leicht geänderte Variante des Menschen vorzustellen, wenn sie sich in ihrer Phantasie außerirdische Lebewesen ausmalen. Nun, nach meiner Meinung spricht zwar vieles für das Vorhandensein einer Vielzahl von intelligentem Leben irgendwo im Universum, aber es ist nicht wahrscheinlich, daß außerirdische Wesen aussehen wie wir Menschen – obwohl sie vielleicht in etwa so denken und handeln mögen wie wir. Das kann natürlich nur eine Spekulation sein, bis wir tatsächlich Leben auf anderen Planeten gefunden haben.«

»Dann bist du also dafür, daß wir ein wissenschaftliches Programm zur Suche nach außerirdischem Leben zusammenstellen und energisch verfolgen?«

»Ohne Frage! Wir sollten unbedingt weiter Funksignale von anderen Sonnensystemen abhören. Unbeabsichtigt haben wir bereits Informationen über unsere eigene Existenz an mögliche Monitoren im Weltall übermittelt, seit wir vor fast einem Jahrhundert anfingen, mit drahtloser Telegraphie zu experimentieren. Seither haben wir Milliarden von bruchstückhaften Nachrichten über uns Erdenbewohner in den Raum hinausgejagt, und die Bewohner anderer Welten haben uns vielleicht all die Jahre gehört. Die Notwendigkeit einer breitangelegten Suche nach außerirdischem Leben ist von vielen Nationen bejaht worden. 1971 haben die Sowjetische Akademie der Wissenschaften und die Nationale Akademie der Wissenschaften der USA gemeinsam verkündet, daß die Chancen für das Vorhandensein extraterrestrischer Wesen, die Signale ausstrahlen, und unsere gegenwärtigen technologischen Möglichkeiten, mit ihnen Kontakt aufzunehmen, beide ausreichend groß seien, um eine ernsthafte Suche zu rechtfertigen.

Der Direktor des Radioteleskops von Jodrell Bank in Großbritannien, Sir Bernard Lovell, hat darauf hingewiesen, daß vielleicht eine Milliarde Sterne mit Planetensystemen in der Milchstraße liegen könnten und im Kosmos als Ganzem Billionen. Man könne eine große Anzahl dieser Sterne als mögliche Behausung von Lebewesen ausschließen, meint Sir Bernard, denn die beständigen Temperatur- und Umweltbedingungen, wie wir sie hier auf der Erde haben, seien wahrscheinlich auf diesen Himmelskörper nicht vorhanden. Trotzdem bleibt dann immer noch eine ungeheure große Zahl von Planeten übrig, die auf einer Umlaufbahn Sterne im Kosmos umkreisen und vermutlich Lebensbedingungen aufweisen, die den unseren ähneln. Trotzdem erhebt sich die Frage: ›Wie ist der Ursprung des Lebens auf der Erde zu erklären? Ist er im biologischen Sinne einzigartig?‹

Aufgrund umfangreicher biologischer Forschungsarbeit ist erwiesen, daß verschiedene Prozesse der Evolution von Leben unter Laborbedingungen künstlich vollzogen werden können. Jedoch gibt es in der biologischen Reihenfolge eine entscheidende Lücke. Die natürlichen Grundvoraussetzungen für die Entstehung von Leben wie Wasserstoff, Kohlenstoff und Sauerstoff sind im Weltall genügend vorhanden. Sie konnten sich in den Urmeeren zu komplizierten Molekülen aufbauen.

Was wir aber bis heute noch nicht wissen, ist, ob sich solche komplexen Moleküle regenerieren oder reproduzieren können. Es gibt spärliche Hinweise darauf, geliefert von Meteoriten, die vom Himmel gefallen sind, daß sich solche selbst fortpflanzenden oder, wenn man will, »lebenden« Moleküle tatsächlich an anderen Stellen im Weltraum außerhalb der Erde bilden. Das ganze Thema ist vor kurzem ungeheuer aufregend geworden, weil inzwischen die Möglichkeit besteht, biologische Instrumente zu anderen Planeten des Sonnensystems zu schicken, um dort zumindest nach einigen niederen Formen von Leben zu suchen.«

»Hältst du es für möglich, daß wir dereinst in der Lage sein werden, mit anderen intelligenten Zivilisationen außerhalb unseres eigenen Sonnensystems in Verbindung zu treten und uns zu verständigen?« fragte ich von Braun.

»Du mußt dir vor Augen halten, daß die Entfernungen, um die es dabei geht, so immens groß sind, daß eine Nachricht viele Jahre, vielleicht Hunderte oder Tausende oder sogar Millionen von Jahren braucht, um einen anderen bewohnten Planeten da draußen zu erreichen.

Nachdem wir dann solch einen Planeten geortet und die Sprache seiner Bewohner enträtselt hätten, könnten wir vielleicht die kurze Botschaft auf den Weg schicken ›Grüße von der Erde. Wie geht es Euch?‹ Einige tausend Jahre später käme dann die Antwort zurück: ›Gut, danke, und wie geht es Euch?‹ Es scheint mir logischer zu sein, daß wir – wenn wir einmal eine Welt mit intelligenten Lebewesen ausfindig gemacht haben – ihre Sendungen abhören, aufzeichnen und entziffern und uns darauf konzentrieren, was wir von diesen Informationen *lernen* können. Sie könnten vor Tausenden von Jahren gesendet worden sein und so zunächst einmal der Beweis dafür sein, daß der neuentdeckte Planet uns weit voraus ist! Wir haben den drahtlosen Funk erst seit knapp hundert Jahren. Sie hätten ihn also bereits seit ein paar tausend Jahren. Ein solcher Lernprozeß wäre von ungeheurer Bedeutung für uns.«

»Wie steht es mit der tatsächlichen physischen Kontaktaufnahme mit einer anderen Welt, also der Möglichkeit, einen anderen Planeten in einem anderen Sonnensystem zu besuchen, oder mit der Wahrscheinlichkeit, daß wir von den Bewohnern eines solchen Planeten besucht werden?«

»Wenn unsere Nachkommen eines Tages die Technik des Photonenantriebs meistern, der sie in die Lage versetzen würde, mit annähernd Lichtgeschwindigkeit zu fliegen, dann scheint es nicht völlig abwegig zu sein, anzunehmen, daß sich der bemannte interstellare Raumflug doch irgendwann in ferner Zukunft realisieren läßt. Doch denk an den Zeitdehnungseffekt, über den wir schon einmal diskutiert haben! Die Astronauten, die zu solchen Reisen aufbrechen, wären vielleicht, von ihnen aus gesehen, einige Jahrzehnte unterwegs, während die Erde in der Zwischenzeit um vielleicht tausend Jahre gealtert wäre.«

»Kann ich daraus schließen, daß du nicht an fliegende Untertassen glaubst?«

»Mir ist jedenfalls kein konkreter Beweis bekannt, daß fliegende Untertassen oder UFO's zu Besuch kommende Raumschiffe von einem anderen Planeten sind. Genau gesagt, war die einzige fliegende Untertasse, die ich je gesehen habe, eine, die Maria bei uns daheim in der Küche bei einer kleinen Auseinandersetzung nach mir warf!«

»Was stimmt denn an dem ganzen Gerede, außerirdische Wesen hätten die Erde in der Vergangenheit besucht, der Beweis dafür seien die Artefakten und Zeichnungen an den Wänden von Höhlen und dergleichen?«

»Ich glaube nicht, daß diese sogenannten Beweise überzeugend genug sind!«

»Aber du nimmst doch an, daß wir Erdenmenschen uns innerhalb unseres eigenen Sonnensystems ausbreiten und vielleicht ein paar von den Planeten kolonisieren werden?«

»Unbedingt!« antwortete von Braun mit Nachdruck. »Ich habe drei klar abgegrenzte Möglichkeiten der Expansion vor Augen. Wenn wir die Kernenergie zur Verfügung haben, wird es durchführbar und rentabel sein, riesige Wüstengebiete und die jetzt noch unbewohnbaren Steppen und Prärien der Erde zu kultivieren. Die

Kernkraft wird uns in die Lage versetzen, geheizte oder gekühlte Lebensräume, Wasser, Nahrung, Wohnungen und Arbeitsplätze für viele, viele Menschen zusätzlich zu schaffen, und wir werden lernen, sie zu nutzen, ohne unseren Planeten zu zerstören oder unsere Umwelt hoffnungslos zu verschmutzen. Danach werden wir, glaube ich, imstande sein, den Mars oder die Venus oder sogar beide zu besiedeln. Schließlich bin ich geneigt, Gerald O'Neill, dem Lehrstuhlinhaber für Physik an der Princeton-Universität, und anderen zuzustimmen, die voraussagen, daß wir eines Tages in der Lage sein werden, Behausungen zu bauen, die irgendwo im Weltraum in der Region zwischen Erde und Mond treiben, nach Möglichkeit in einigen der sogenannten »Lagrangeschen Punkten«, die eine Art von Schweremulden bilden, und wo sie dann in einer extrem konstanten Umlaufbahn bleiben. Diese Habitats könnten riesengroße luftgefüllte Zylinder aus einem Netzwerk von Stahlträgern und Kabeln sein, die langsam rotierten, um künstliche Beschleunigung zu erzeugen. Wenn das Innere mit einer natürlichen Umwelt, also Erdboden, Pflanzen und Bäumen, wie die Erde sie bietet, ausgestattet würde, ergäbe sich so Lebensraum für viele tausend Menschen.«

Ich schwieg eine Weile, bevor ich die nächste Frage stellte.

»Der Mars ist sehr kalt und hat eine sehr dünne Atmosphäre. Und die Atmosphäre der Venus hat keinen Sauerstoff – der Planet ist vollkommen mit Wolken bedeckt, hat einen Oberflächendruck von annähernd hundert Atmosphären, und ein Treibhauseffekt hält die Temperaturen auf etwa 480 Grad Celsius. Stimmt's?«

»Ja, das ist korrekt. Doch das heißt nicht, daß wir nichts daran ändern können. Vor etwa dreißig Jahren behauptete der bekannte Schweizer Professor Fritz Zwicky, daß seiner Ansicht nach die Menschheit irgendwann in der Zukunft imstande sein werde, die klimatischen Gegebenheiten auf anderen Planeten und Himmelskörpern des Sonnensystems zu verändern, ja sogar die Planeten mit einer anderen Atmosphäre und einem anderen Gewicht auszustatten und ihre Umlaufbahnen um die Sonne zu verändern. Vor nicht allzulanger Zeit haben andere angesehene Wissenschaftler, besonders Professor Carl Sagan und Dr. Dimitri Martinow, der Direktor des Sternberg-Instituts der Universität Moskau, die Möglichkeit einer Veränderung der atmosphärischen Bedingungen auf der Venus diskutiert. Sie halten sie für realisierbar, und viele andere Wissenschaftler und

Experten stimmen ihnen zu. Dieses Projekt, das möglicherweise zum unglaublichsten Unternehmen der Menschheit werden könnte, hätte zum Ziel, die Venus in absehbarer Zukunft in einen für den Menschen bewohnbaren Planeten umzuwandeln.

Carl Sagan sagt bei der Darstellung des Treibhauseffektes auf der Venus, er habe sich eines Tages gefragt, wie er ein Treibhaus ›sabotieren‹ könne. Wenn er nicht die Tür öffnen könne, um die Hitze herauszulassen, wie ließe sich das Problem sonst lösen? ›Ganz einfach‹, meinte er, ›ich würde einen Ziegelstein – oder mehrere Steine – durch die Fenster werfen und sie so zerstören. Auf diese Weise könnte die Hitze abweichen; sie würde nach außen dringen und sich auflösen.‹ Daher stellte Sagan die Theorie auf, er könne dasselbe auf der Venus zustandebringen, wenn es ihm gelänge, ›irgendeinen großen Ziegelstein‹ zu finden, um ihn durch die Wolkendecke zu schleudern und die darunter angestaute Hitze abziehen zu lassen.

Man könnte sich vielleicht vorstellen, daß der ›Riesenziegelstein‹, an den Professor Sagan gedacht hat, so etwas wie eine Wasserstoffbombe sein könnte, oder daß es möglich wäre, mit einem starken Bündel Laserstrahlen ein Loch in die Wolkenschicht auf der Venus zu brennen. Doch das ist nicht der Fall. Professor Sagan und andere Gelehrte erkannten, daß es nötig war, die Zusammensetzung der Venus-Atmosphäre zu ändern, die sich hauptsächlich aus biologisch entstandenem Kohlendioxyd zusammensetzt. Sie gingen davon aus, daß eine ähnliche Veränderung einmal bei uns auf der Erde stattgefunden hat. Irgendwann in der Vergangenheit muß auch die Erde eine Atmosphäre gehabt haben, die der der Venus ähnlich war und die sich allmählich durch die Einwirkung von Naturphänomenen geändert hat, um zur sauerstoffreichen Luft zu werden, die wir heute hier haben. Vielleicht, so dachten diese Wissenschaftler, ist es möglich, das Werk der Natur zu kopieren und einen ähnlichen Prozeß auf der Venus in Gang zu setzen, so daß auch unser Nachbarplanet eines Tages bewohnbar wird. Wahrscheinlich hat die Natur Jahrmillionen benötigt, um die atmosphärischen Bedingungen auf der Erde zu verändern. Die große Frage, die Sagan und andere aufwarfen, lautete: Ist der Mensch imstande, unter Verwendung ›synthetischer‹ Mittel eine solche Veränderung auf der Venus in einer erheblich kürzeren Zeitspanne zu bewirken?

Die Wissenschaftler waren sich darüber im klaren, daß die Methode, die für ein solches Unternehmen angewandt werden mußte, auch den Beschuß der Venusatmosphäre mit einer bestimmten Art von Algen einzubeziehen hatte. Die Sporen dieser niederen Pflanzen waren in grauer Vorzeit am Abbau des Kohlendioxyds in der Erdatmosphäre beteiligt gewesen und hatten an der Bildung der sauerstoffreichen Luftschicht Anteil, die jetzt unseren Planeten bedeckt. Einige Algen sind widerstandsfähiger gegen ziemlich extreme Umweltbedingungen. Und Algen haben, wie andere Grünpflanzen, die Fähigkeit, das Sonnenlicht zu nutzen, um sich durch Photosynthese fortzupflanzen.

Algen, die vielleicht am besten als das grünliche pflanzliche Leben in stehendem Wasser bekannt sind, können sogar in den Treibstofftanks eines Düsenflugzeuges existieren, wo sie sich von Kerosin ernähren. Sie gedeihen auch in den arktischen und antarktischen Zonen und überstehen die strengen Winter dort. Eine Algenart kommt im Kühlwasser von Atomreaktoren vor, eine andere – die Nostocacea – ist Carl Sagan zufolge besonders gut für die große Aufgabe geeignet, die Atmosphäre der Venus zu verändern. Andere Wissenschaftler glauben, daß es möglich ist, durch Kreuzungen eine bestimmte Algenart zu züchten – eine Spezies, die für die Verbreitung und gleichzeitige Produktion von Sauerstoff durch Photosynthese in der Venusatmosphäre besonders geeignet wäre.«

»Dann müßten wir also, wie ich vermute, die Algenladungen mit Frachtraketen auf die Venus befördern?«

»Genau. Es ist vorgesehen, daß ganze Kolonien mit Milliarden von Mikroorganismen blau-grüner Algen in die Nutzlasteinheiten einer großen Zahl von Raketen gepackt werden. Eine Flotte bemannter Raumschiffe wird dann von der Erde zur Venus starten und nach einem bestimmten Plan in Umlaufbahnen um den Planeten eintreten. Die Raumschiffe werden so um den Planeten ›kreuzen‹, daß sie ihre Fracht an mit Algen gefüllten Raketen in die darunterliegende Atmosphäre abschießen können. Ein kleiner Zündsatz wird die konischen Spitzen der Raketen absprengen und die Algen veranlassen, sich durch die kühlere, obere Atmosphäre um den ganzen Planeten herum zu verbreiten, so daß sie sich wie Kaninchen vermehren und die Arbeit tun können, die ihre Verwandten in ähnlicher Weise vor etwa drei Milliarden Jahren auf der Erde geleistet haben.«

»Wie lange wird es dauern, bis die Photosynthese stattfindet?«

»Wenn es stimmt, daß die Atmosphäre der Venus zwischen 0,4 und 0,7 Prozent Wasserdampf enthält, glaubt Professor Sagan, daß die Photosynthese sofort einsetzt. Dann läuft folgende Reaktion ab: Kohlendioxyd plus Wasser plus Sonnenlicht wird Kohlenwasserstoffverbindungen und Sauerstoff freisetzen. Da die Algen in den ziemlich kühlen oberen Schichten der Venus-Atmosphäre herumfließen, werden sie das Kohlendioxyd zersetzen und den Sauerstoff vom Kohlenstoff ›spalten‹. Bei diesem Prozeß werden sich die Algen vermehren. Die Kohlenwasserstoffe, die man praktisch als Kombination von Kohlenstoff und Wasser ansehen kann, werden später pflanzliches Leben auf der Oberfläche der Venus entstehen lassen. Doch zuerst muß die Temperatur sinken; dann muß es regnen, und das Wasser muß sich auf der Oberfläche des Planeten halten können.

Sagan vertritt jedoch die Auffassung, das werde tatsächlich geschehen. Sobald der Sauerstoff anfängt, in der Venusatmosphäre den Platz des Kohlendioxyds einzunehmen, wird der Treibhauseffekt sich abschwächen und die Luft sich abkühlen. Das Wasser wird sich in den Wolken kondensieren und beginnen, als wolkenbruchartiger Regen auf der Oberfläche der Venus niederzugehen. Diese Regenfälle werden dann immer häufiger werden. Aber in der heißen Atmosphäre wird der Regen die Oberfläche nicht erreichen. Jedenfalls anfangs nicht. Der Regen wird verdunsten und wieder in die höheren atmosphärischen Schichten aufsteigen. Doch im Verlauf dieses Prozesses wird die Oberfläche des Planeten allmählich kühler werden. Der Regen wird es immer wieder versuchen – und schließlich wird er bis auf die Oberfläche gelangen, wo es seit Milliarden Jahren kein Wasser gegeben hat. Während das passiert, wird die Photosynthese in den oberen Schichten gut vorankommen. Immer mehr freier Sauerstoff wird durch die Zersetzung des Kohlendioxyds entstehen.«

»Und dann wird eine Wanderung von Tausenden und Abertausenden von Erdenbürgern zur Venus einsetzen?«

»Ja«, sagte von Braun grinsend, »das wird dann wohl der Fall sein.«

Wir kamen dann auf den Mars zu sprechen und erörterten die Möglichkeit, auf dem »roten Planeten« ein passendes Klima und eine entsprechende Umwelt für den Menschen durch verschiedene Methoden der Kernenergienutzung zu erzeugen, durch die »fast unbegrenzte Energiemengen« zur Verfügung stehen würden. Von Braun äußerte trotzdem die Auffassung, wir sollten die Möglichkeit nicht ausschließen, das Professor Gerald K. O'Neills »Weltraumzylinder« genauso wirtschaftlich sein könnten.

»Ich schlage vor, daß du dir einige der Veröffentlichungen besorgst, die O'Neill über seine Ideen zur Besiedlung des Weltraums geschrieben hat«, sagte von Braun zu mir, als wir auf dem Inlandsflughafen von Washington landeten. Noch am selben Abend gelang es mir, die September-Ausgabe 1974 der Zeitschrift *Physics Today* aufzutreiben. Fasziniert las ich dann O'Neills ausführlichen Beitrag mit seinem Plan, zur Besiedlung des Weltraums zylindrische Behausungen zu verwenden.

»Neue Ideen sind immer umstritten, wenn sie das Orthodoxe herausfordern, doch das Orthodoxe ändert sich mit der Zeit, oft überraschend schnell«, schrieb O'Neill. »Zum Beispiel ist die Annahme orthodox, daß die Erde der einzige zweckmäßige Wohnraum für den Menschen sei und die menschliche Rasse sich ihren äußersten Wachstumsgrenzen nähere. Ich glaube dagegen, daß wir jetzt einen Wendepunkt erreicht haben und wenn wir nur wollen, neue Habitats bauen können, die weitaus komfortabler, ertragreicher und attraktiver sind als der größte Teil der Erde...«

O'Neill beschrieb, wie er 1969 durch Zufall und anfänglich fast zum Spaß einige Berechnungen über dieses Problem angestellt und sie seinen ehrgeizigsten Studenten bei einer Einführungsvorlesung für Physik als Übungsaufgabe vorgelegt hatte. Wie es manchmal bei den exakten Wissenschaften so geht – was als Scherz begann, mußte ernster genommen werden, als die Berechnungen zusehends aufgingen. Nach mehrjähriger Forschungsarbeit und hartem Ringen um Antworten auf die Fragen nach Meteoritenschäden, geeignetem Arbeitsgerät, Wirtschaftlichkeit und anderen Aspekten kam O'Neill zu dem Schluß, daß:

1. wir den Weltraum besiedeln können, und zwar ohne jemanden zu berauben oder ihm wehzutun und ohne irgend etwas zu verschmutzen;
2. wenn die Arbeit bald aufgenommen wird, nahezu unsere gesamte Industrie innerhalb von weniger als einem Jahrhundert aus der fragilen Biosphäre der Erde entfernt werden kann;
3. die technischen Imperative dieser Art von Wanderung von Men-

schen und Industrie in den Weltraum vermutlich Autarkie, Staatsgebilde von geringer Größe, kulturelle Vielfalt und einen hohen Grad an Unabhängigkeit fördern und daß
4. das äußerste Wachstumslimit der menschlichen Rasse durch die neugeschaffene Siedlungsgrenze mindestens zwanzigtausendmal so groß ist wie gegenwärtig.

Wie kann die Kolonisierung vonstatten gehen? O'Neill schreibt, daß »sie sogar beim heutigen Stand der Technologie möglich ist, wenn sie auf die wirksamste Weise angepackt wird«. Neue Methoden seien dabei erforderlich, betont er, doch gehe keine von ihnen über das Wissen von heute hinaus. Die Aufgabe bestehe darin, jetzt das Ziel der Weltraumbesiedlung ökonomisch zu durchdenken und realisierbar zu machen. Der Schlüssel dazu liege darin, den Raum außerhalb der Erde nicht als Vakuum, sondern als kulturelles Medium anzusehen, das reich an Materie und Energie ist.

»Im Weltraum«, heißt es bei O'Neill, »ist die Sonnenenergie verläßlich und bequem zu nutzen; Mond und Asteroidengürtel können die notwendigen Werkstoffe liefern, und die Rotationsbeschleunigung ersetzt die Anziehungskraft der Erde.«

Die Crux an O'Neills Konzept besteht in der hundert Jahre dauernden Bauzeit und dem Material und der Technologie der siebziger Jahre dieses Jahrhunderts. Die Geometrie jeder Weltraumgemeinschaft ist O'Neill zufolge ziemlich genau definiert, aber die folgenden Bedingungen müssen ohne Ausnahme erfüllt werden: Normale Schwerkraft; normaler Tag- und Nachtzyklus; natürliches Sonnenlicht; eine der Erde ähnliche äußere Umgebung; rationelle Nutzung der Sonnenenergie und der Materialien. Die effektivste geometrische Form, die alle diese Voraussetzungen mitbringt, scheint ein Zylinderpaar zu sein. Wirtschaftlichkeit und rationeller Materialverbrauch zwingen dazu, ihre Größe auf zirka sechs Kilometer Durchmesser und eine Länge von etwa 25 Kilometer zu beschränken. In diesen Zylinderpaaren ist das gesamte Festlandgebiet für Wohnzonen, Parks und Wälder reserviert. Es gibt dort oben Seen, Flüsse, Gras, Bäume, Haustiere und Singvögel: eine Umwelt also wie in den attraktivsten Gegenden der Erde. Die Landwirtschaft wird anderswo betrieben. Die Peripherie gliedert sich abwechselnd in Landstreifen – die Täler – und Gebiete in der Nähe der »Fenster« – die Sonnenterrassen. Die Rotationszeit beträgt zwei Minuten, und die Achsen der Zylinder sind permanent auf die Sonne gerichtet.

Weil der Mond reich an Titan und Aluminium ist, hält es O'Neill für wahrscheinlich, daß diese Metalle in den Weltraumsiedlungen in beträchtlichem Maße verwendet werden. »Aus Gründen der Vorsicht beruht die Kalkulation der Zylinderstruktur jedoch auf der Verwendung von Stahltrossen, die Längsholme (längslaufende Bauteile, die an den Endkappen den atmosphärischen Kräften standhalten müssen) und ›Faßbänder‹ bilden (die dem atmosphärischen Druck und dem durch die Rotation vergrößerten Gewicht des Bodens standhalten und dazu die Längsholme und sich selbst tragen müssen). Die Stahltrossen sind so gebündelt, daß sie in den Fensterzonen ein grobmaschiges Netz bilden. Die Bänder liegen in einem Sehwinkel... etwa entsprechend der Dispersionsgrenze des ans Sonnenlicht gewöhnten menschlichen Auges, und sind so fast unsichtbar. Die Fenster selbst sind aus Glas oder Plastik und in kleine Felder unterteilt«, schreibt Professor O'Neill.

Der Wissenschaftler hat ein System ersonnen, das jeder Siedlung eine Anzahl landwirtschaftlicher Nutzflächen zuteilt und auch billige Transportmöglichkeiten zwischen den Weltraumkolonien einschließt. Er hat ans kleinste Detail gedacht und legt eindrucksvolle Kostenanalysen vor. Eine Siedlung mittlerer Größe könnte nach seinen Berechnungen für etwa dreißig Milliarden Dollar gebaut werden und eine Bevölkerung von zehntausend Menschen aufnehmen. Aber er prophezeit gleichzeitig, daß später einmal Kolonien gebaut werden können, die groß genug sind, um 100 000 oder 200 000 Menschen zu beherbergen, und daß möglicherweise in ferner Zukunft Milliarden von Menschen in Zylinderkolonien im Weltraum leben. Rohstoffe könnten dann vom Mond oder von den Planetoiden herantransportiert werden.

Für mich hatte dieses Konzept entschieden einen Beigeschmack von Science-fiction, doch als ich ein paar Tage darauf mit von Braun darüber sprach, meinte er: »Nein, absolut nicht. Prüf's doch mal nach. O'Neill hat wirklich etwas für sich!«

»Glaubst du tatsächlich daran?«

»Ja, das tue ich«, antwortete er. »Und das tun auch viele Top-Leute bei der NASA. Ich behaupte ja nicht, daß O'Neills Konzept sich als praktikabler herausstellen wid als die Besiedlung von Mars und Venus. Nur die Zeit kann zeigen, ob das der Fall sein wird. Aber ich erkläre ohne Einschränkung, daß O'Neills Plan ausführbar ist und eine Menge Vorzüge hat.«

»Ich finde immer noch, daß es eine erschreckende, ja beinahe furchteinflößende Vorstellung ist, sich auszumalen, daß eines Tages Milliarden von Menschen im Weltraum in riesigen, von Menschenhand erbauten Zylindern leben und wir womöglich schon in fünfzig Jahren mit dem Bau solcher Behausungen beginnen.«

»Überleg' dir mal folgendes«, sagte von Braun. »Die Eroberung des Weltraums hat eben erst begonnen. Aber sie hat bereits wichtige Veränderungen in unserem Leben bewirkt. In den kommenden Jahren werden diese Veränderungen große Auswirkungen auf unsere soziale Struktur, unser politisches Leben und unsere Wirtschaft haben. Die Raumfahrt steckt jedoch noch in den Anfängen. Sie ist in einem Stadium wie damals das Flugzeug ein paar Jahre nach dem ersten gelungenen Flug bei Kitty Hawk. Hätte damals den Gebrüdern Wright jemand gesagt, daß wir einmal ein Transportsystem haben würden, mit dem sich unser Kontinent zwischen zwei Mahlzeiten überqueren ließe, so hätten sie gelacht.

Heute in fünfzig Jahren werden die Wunder des Kosmischen Zeitalters vor den staunenden Augen der Menschheit längst enthüllt worden sein. Verschiedene Expeditionen werden Mars und Venus besucht haben und bemannte Erkundungsflüge bis zu Jupiter und Saturn und ihren natürlichen Satelliten vorgedrungen sein.

Reisen zum Mond werden dann etwas Selbstverständliches sein. Wie bei den Forschungsarbeiten, die gegenwärtig in der Antarktis stattfinden, wird es auf dem Mond beschränkt ortsfeste, von verschiedenen Nationen betriebene Forschungsstationen geben. Schürfarbeiten, Landvermessung, Stollenbau und in beschränktem Umfang sogar Untertageabbau von wertvollen Erz- und Mineralvorkommen werden in großem Umfang angelaufen sein.

An einigen besonders geeigneten Stellen auf dem Mond wird man dauerhafte, komfortable Wohngebäude errichtet haben. Sie werden weiteren Wissenschaftlern und Forschern den Anreiz geben, in den Laboratorien und Observatorien auf dem Erdtrabanten zu arbeiten. All diese Einrichtungen werden selbständige und klimatisierte Einheiten mit Druckausgleich sein. Einige haben vielleicht große Panoramafenster und verglaste Kuppeln, damit ihre Bewohner die großartige Szenerie genießen können.«

»Glaubst du, daß die bemannte Erkundung von Mars und Venus, wenn sie einmal angelaufen ist, möglicherweise in der gleichen

Weise begrenzt sein wird, wie die Zahl der *Apollo*-Flüge zum Mond?«

»Es wird ein Auf und Ab geben wie bei allem, was der Mensch beginnt. Doch wenn wir Leben auf dem Mars finden oder anfangen, die Atmosphäre der Venus zu verändern, dann muß ein regelmäßiges Transportsystem zwischen der Erde und den beiden Planeten geschaffen werden. Solch ein System würde vermutlich Schnellflüge für Passagiere und langsame, unbemannte, automatisch gesteuerte Frachtflüge für sperrige Nutzlasten vorsehen. Beide Arten der Beförderung werden eines Tages mit kernenergiegetriebenen Raumschiffen erfolgen, die speziell für Operationen im luftleeren Weltraum konstruiert worden sind. Die Flüge werden in Umlaufbahnen um die Erde oder den jeweiligen Planeten begonnen und abgeschlossen. Für die Flugverbindungen zwischen der Oberfläche und diesen Umlaufbahnen sorgen besondere Raumtransporter mit Raketenantrieb im Pendelverkehr, die eines Tages vielleicht ebenfalls Kernenergie für ihre Antriebsaggregate verwenden.

Schon jetzt ist die Erde von einer ganzen Familie künstlicher Satelliten umgeben, die alle als Mitglieder unseres Sonnensystems von Rang anerkannt sind. Künftig werden es noch viel mehr sein. Sie werden bemannt oder unbemannt sein, in verschiedenen Größen für eine Vielzahl von Verwendungszwecken gebaut, von einer Reihe von Nationen betrieben werden und unterschiedliche Umlaufbahnhöhen und -neigungen haben. Einige dieser Satelliten, zufälligerweise die gewinnbringendsten unter ihnen, werden dann die Funktionen eines Briefträgers ausüben.

Sie werden Nachrichten speichern, die zu ihnen hinauf gefunkt worden sind, werden in einer geostationären Umlaufbahn anscheinend unbeweglich über einem Punkt auf dem Äquator der sich drehenden Erde stehen und die Nachrichten zu anderen Punkten weitergeben. Schnelle Verschlüsselungstechniken werden zusammen mit großer Bandbreite des Funkverkehrs und einem Netz von Bodenstationen für ein schnelles Haus-zu-Haus-Zustellsystem faksimilierter Briefe sorgen, bei denen absolute Diskretion aller Mitteilungen gesichert ist. Einige wenige solcher Nachrichtensatelliten können das gesamte Aufkommen des privaten und amtlichen Postverkehrs bewältigen, nicht nur innerhalb der Vereinigten Staaten, sondern zwischen allen Punkten auf der Erde. Und keine Mitteilung wird länger als eine Stunde zwischen Absender und Empfänger unterwegs sein.«

»Aber wird das Grundmotiv für die Raumfahrtunternehmen von morgen immer noch unser Wissensdurst sein?«

»Ja, aber um in der Lage zu sein, unsere Suche nach mehr Wissen fortzusetzen, müsen wir Elemente im Weltraumprogramm haben, die dringend menschliche Bedürfnisse erfüllen und andere, die direkte Erträge erbringen. Die Suche nach mehr Wissen ist natürlich schon ein höchst wichtiger Zweck an sich, aber wir müssen uns immer vor Augen halten, daß bei der Realisierung eines genügend breit angelegten, ehrgeizigen Raumfahrtprogramms viele neue Erkenntnisse von großem praktischem Nutzwert zu erwarten sind. Ingenieure und Techniker werden oft zu Hilfe gerufen, um die Leiden der Menschheit dadurch zu kurieren, daß sie das sprichwörtliche Kaninchen aus dem Zylinder zaubern; doch, wie ich dir schon oft gesagt habe, um das tun zu können, muß es andere Programme geben, die dafür sorgen, daß zunächst einmal das Kaninchen in den Zylinder gesteckt wird.

Es ist, wie du weißt, schon jetzt zu erkennen, daß die Nebenprodukte des Hauptstroms der Weltraumforschung unser tägliches Leben beeinflussen. Ohne Zweifel hat die Raumfahrt Auswirkungen auf jeden Mann, jede Frau und jedes Kind in den Vereinigten Staaten gehabt. In vielen Fällen bleibt dieser Einfluß auf die Verfolgung unserer Raumfahrtexperimente in den verschiedenen Nachrichtenmedien beschränkt. Doch selbst diese beschränkte Erfahrung kann bei einigen als zündender Funke dienen. Unsere Weltraumunternehmen haben bestimmt bei allen Amerikanern das Gefühl ausgelöst: *Wir* haben etwas Großes geleistet!

Vieles von dem, was wir im Weltraum vollbringen und vieles von dem, was man von uns erwartet, stellt unsere Technik auf eine Zerreißprobe. Wir entwerfen und bauen Fahrzeuge, die monate- und jahrelang unter Bedingungen funktionieren müssen, die auf der Erde einfach nicht vorhanden sind. Die Ausrüstung, die wir verwenden, ist absolute Luftleere, Strahlungsaktivität und anderen Widrigkeiten ausgesetzt, die nur im Weltraum vorkommen. Daher wird die Raumfahrttechnik auch weiterhin hohe Ansprüche stellen. Sie bildet einen immerwährenden Anreiz und sorgt für eine geistige Beanspruchung, die niemals Langeweile aufkommen läßt.«

»Besteht eigentlich die Möglichkeit, daß wir feststellen müssen, daß die Besiedlung von Mars und Venus oder der Bau von künstlichen Wohnstätten im Weltall technisch gesehen doch eine zu schwierige Aufgabe ist?«

»Wir haben sicherlich heute noch nicht genügend Daten, um einen detaillierten Ingenieur-Plan für die Kolonisierung von Mars und Venus auch nur provisorisch zu erstellen. Und es könnte tatsächlich wesentliche Hindernisse geben, die das ganze Projekt entweder unmöglich oder doch zumindest unattraktiv machen. Der Bau von künstlichen Habitaten im Weltraum à la O'Neill könnte andererseits nicht so sehr eine Frage der technischen Machbarkeit als vielmehr eine Kostenfrage sein. Solange es auf der Erde noch genügend Platz für die menschliche Ansiedlung gibt, werden die Leute die Kosten für die Schaffung von Lebensraum und Ansiedlung in der Wüste, im Dschungel, in den Polarregionen und selbst auf dem Meeresboden mit den Kosten für die Zylinder vergleichen, wie sie O'Neill vorschlägt. Ich bezweifle aber nicht, daß der Mensch es ablehnen wird, sich in die Grenzen zu bescheiden, die ihm auf unserem kleinen Planeten gesteckt sind. Er wird weiter dem Gesetz folgen, von dem er seinen Ausgang nahm, um sich die Erde untertan zu machen. Er wird seinen Aktionsradius genauso selbstverständlich auf andere Planeten ausdehnen, wie er es über die ganze Erde getan hat. Der Mensch hat auch immer versucht, sich jedes nur mögliche Wissen anzueignen. Es wäre unnatürlich und der menschlichen Natur zuwidergehandelt, wollte er jetzt vor den verlockendsten Geheimnissen der ihn umgebenden Natur Halt machen – und das zumal in einem Augenblick, wo ihm die Raumfahrttechnik die nötigen Mittel in die Hand gibt, sie zu enthüllen. Die Tatsache, daß die Erforschung und Besiedlung des Weltraums vielleicht besonders große Schwierigkeiten und Risiken mit sich bringt, wird eine besonders lockende Herausforderung an die stärksten Nationen und die fähigsten Köpfe darstellen.

Nur eine ans Wunderbare grenzende Einsicht hätte den Gelehrten des 18. Jahrhunderts befähigt, die Geburt der Elektrotechnik im 19. Jahrhundert vorauszusehen. Und der gleichen Inspiration hätte es für einen Wissenschaftler des 19. Jahrhunderts bedurft, um die Kernkraftwerke des 20. Jahrhunderts vorauszusehen. Ohne Zweifel wird das 21. Jahrhundert ähnliche Überraschungen bereithalten, und zwar eine ganze Reihe. Aber nicht alles wird eine Überraschung sein. Es scheint festzustehen, daß das 21. Jahrhundert das Jahrhundert der wissenschaftlichen und wirtschaftlichen Aktivitäten im weiteren Weltraum, der bemannten interplanetaren Raumflüge und des Anfangs der Errichtung ständiger menschlicher Stützpunkte außerhalb der Erde sein wird...«

Als ich von Braun an diesem Tag verließ, dachte ich an die Worte, die sein Nachfolger im *Marshall-Raumflugzentrum*, Dr. William R. Lucas, in seiner Laudatio auf von Braun bei den Eröffnungsfeierlichkeiten des *Von Braun-Bürgerhauses* in Huntsville gesagt hatte:

»Einer der Hauptbeiträge Dr. von Brauns für die Welt, in der wir leben, war sein unerschütterlicher Glaube an die Erforschung des Weltraums lange bevor sie Wirklichkeit wurde. Mit einzigartiger Geradlinigkeit verfolgte er diesen Traum durch viele Widerstände hindurch und über Hindernisse hinweg, bis sein unermüdliches Bemühen und sein Genie... sie in greifbare Nähe rückten.

Amerikas Raumfahrtprogramm, für das der Name von Brauns mehr als der jedes anderen ein Synonym geworden ist, hat viel praktischen Nutzen gebracht; es hat die Lebensqualität verbessert; es hat zur rechten Zeit Mut und Tatkraft der Amerikaner und ihrer Freunde gestärkt; es hat dazu geführt, daß der Mensch mehr Achtung vor dem Universum gewann; es erweiterte sein Blickfeld; es gab seiner Wirtschaft neue Impulse, und es forciert auch weiterhin die Entwicklung der Naturwissenschaften wie auch der Geisteswissenschaften...«

In der zweiten Augusthälfte 1975 traten Maria und Wernher von Braun einen dringend benötigten und wohlverdienten Urlaub in Kanada an. Mit seinem Sohn Peter und seinem Neffen Achim, der aus Deutschland zu Besuch gekommen war, konnte von Braun nun Tag für Tag in einem kleinen gemieteten Boot mit Außenbordmotor zum Angeln in die North Bay hinausfahren, die ein paar hundert Kilometer nördlich von Toronto liegt.

»Die angenehme Kühle am frühen Morgen und der frische Duft der schönen Wälder haben mich richtig verjüngt«, berichtete er nach der Rückkehr. »Wieder einmal konnte ich die Wildnis und die jungfräuliche Natur inmitten Kanadas friedvoller Weite genießen. Es war eine neue lohnende und bedeutsame Erfahrung in meinem Leben. Und es war besonders schön, daß ich sie mit zwei jungen Leuten teilen konnte, denen der Naturschutz so am Herzen liegt.«

Von Braun fühlte sich einfach großartig während der ganzen Zeit, die er durch die unberührten Gebiete Ontarios streifte. Um so größer war die Überraschung, als er eines Morgens feststellte, daß bei ihm leichte innere Blutungen eingesetzt hatten. Als die Symptome wieder verschwanden, maß er dem Vorfall keine große Bedeutung mehr bei. Aber zwei Wochen später, bei einem kurzen Besuch in Alaska, trat die Blutung stärker als zuvor auf.

Bei seiner Rückkehr nach Washington sagte er sich schnell zu einer gründlichen Untersuchung im Johns Hopkins-Hospital in Baltimore an. Sie ergab in Verbindung mit einer Reihe von Analysen, daß er an einem bösartigen Tumor im Dickdarm litt. Das bedeutete, daß eine sofortige Operation nötig war.

Man hielt ihn streng isoliert, doch die Nachricht von seiner Erkrankung verbreitete sich in Windeseile um die ganze Welt. Zeitungen und andere Medien versuchten die Öffentlichkeit über seinen Zustand auf dem laufenden zu halten. Hunderte von Genesungswünschen trafen täglich in seinem Büro ein. Er war am 6. August in die Klinik eingeliefert worden und sollte ungefähr vier Wochen später entlassen werden. Nach dem gelungenen Eingriff traten jedoch anhaltendes hohes Fieber und eine Reihe anderer Komplikationen auf. Nach einmonatiger künstlicher Ernährung und dem daraus resultierenden Gewichtsverlust von über zwanzig Pfund gestaltete sich die Genesung beängstigend langwierig.

Erst am 27. Oktober wurde er aus dem Krankenhaus entlassen, und das auch nur unter der strikten Auflage, sich zu schonen. Geistig durchaus rege, hatte er die Zeit im Krankenhaus und die anschließenden vier Wochen Rekonvaleszenz zu Hause dazu benutzt, über ein Dutzend Bücher zu lesen. Er freute sich enorm über die täglichen Besuche seiner Familie. Seine Tochter Iris hatte die weite Reise von Indien nicht gescheut, um bei ihrem kranken Papa zu sein.

Seine außergewöhnlich kräftige körperliche Konstitution und sein starker Wille ermöglichten es von Braun, Anfang Dezember wieder an seinem Schreibtisch in der Hauptverwaltung von Fairchild in Germantown (Maryland) zu sitzen. Und kurz darauf konnte er sich auch wieder um sein *Nationales Weltraum-Institut* kümmern, das einen stetigen Aufschwung nahm. Trotzdem hielten ihn die Ärzte am straffen Zügel und vergewisserten sich, daß er – wenigstens fürs erste – sein tägliches Arbeitspensum auf sechs Stunden beschränkte und auch keine ausgedehnten Reisen und Vortragsverpflichtungen übernahm. Er strich in seinem Terminkalender alle unwichtig erscheinenden Termine und beschnitt auch seine Korrespondenz, die sich zu Bergen häufte, drastisch. Er war sehr viel einsichtiger und gelassener geworden.

Gegenüber seinen besten Freunden gab er ehrlich zu, daß sein Kampf gegen den Krebs ihn doch arg mitgenommen hatte. An einem Leben mit langfristigen Planungen und einen Terminkalender gewöhnt, der Monate im voraus festlegte, was er wo und wann zu tun hatte, fand er es zunächst schwer, sich an die Vorstellung zu gewöhnen, von nun an nur noch die 14 Tage von einer ärztlichen Untersuchung zur nächsten planen zu können. Denn es lag auf der Hand, daß jede neue Operation größere Risiken als die vorangehende mit sich bringen würde und im besten Fall einen erneuten ausgedehnten Klinikaufenthalt.

Nach ein paar Wochen der Gewöhnung an den neuen Lebensstil erzählte er seinen Freunden, daß die Planung für kürzere Zeitabschnitte auch ihre guten Seiten habe. »Jeden Morgen, an dem man aufwacht«, gestand er mir, »nimmt man als ein besonderes Geschenk und Gnade Gottes.« Darüber hinaus hatte seine Krankheit die Familie von Braun näher zusammengebracht als jemals zuvor in seinem hektischen Leben. Wohl wissend, daß er ernsthaft krank war, erklärte er, daß er wahrscheinlich zu den seltenen Menschen gehöre, die wahre Zufriedenheit mit sich und dem Leben gefunden hätten. »Wie viele Leute kannst du aufzählen, die das ganze große Glück hatten, in der Lage zu sein, ihre Jugendträume verwirklichen zu helfen? Wenn ich morgen gehen muß, so habe ich ein erfülltes, aufregendes und zutiefst lohnendes Leben gelebt. Was kann ein Mensch mehr verlangen?«

Doch diese Äußerungen bedeuteten nicht, daß er seinen Kampf gegen den Krebs aufgegeben oder seinen alten Sinn für Humor verloren hätte. Kurz bevor dieses Buch in Druck ging, führte er ein langes Telefongespräch mit dem Astronauten Neil Armstrong. Armstrong sagte, er habe von von Brauns Operation und den darauffolgenden Komplikationen gehört und erkundigte sich dann nach den Aussichten für eine völlige Genesung. Von Braun erwiderte: »Sieh mal, Neil, du weißt doch genausogut wie ich: Wenn die Statistiker und ihre Vorhersagen etwas taugten, wärst du tot und ich wäre im Gefängnis!«

Nachwort

Man hat den Weltraum als jenen Teil des Universums definiert, der den Raum zwischen den Himmelskörpern – und möglicherweise darüber hinaus – umfaßt. Er könnte unendlich und grenzenlos sein. Das Wissen des Menschen ist noch nicht umfassend genug, um ihn erkennen zu lassen, ob es Grenzen gibt. Soweit es den Menschen auf der Erde angeht, beginnt der Weltraum an der oberen Grenze der Erdatmosphäre und dehnt sich bis in die Unendlichkeit aus. Die Atmosphäre oder Gashülle der Erde ist in Schichten gegliedert; die unterste ist die Troposphäre, die oberste die Ionosphäre. Und wo diese sich ins Nichts verlieren, beginnt der Weltraum.

Der Weltraum ist von Sternen und Planeten, von Planetoiden, Meteoriten, Kometen und Satelliten bevölkert. In den vergangenen Jahrmilliarden sind diese Körper, soweit wir wissen, die Schöpfungen der Himmelsnatur gewesen.

Natürliche Himmelskörper im Weltraum variieren in der Größe zwischen mikroskopischer Winzigkeit und riesigen Ausmaßen. Sie zählen nach Milliarden und Abermilliarden. Der Weltraum ist, so glaubt der Mensch, luftleer, mit Ausnahme einiger Planeten, die eine eigene Atmosphäre bilden können. Er könnte Leben enthalten, wie wir es kennen, oder eine Art Leben, das auf der Erde fremd und unbekannt ist. Der Weltraum ist so kalt wie der absolute Nullpunkt auf einigen seiner riesigen Himmelskörper und so heiß wie die Temperatur von zwanzig Millionen Grad Celsius auf anderen Gestirnen. Seit der Mensch die Intelligenz besitzt, die Existenz des Weltraums zu erkennen, hat er davon geträumt, aus den Schichten der Atmosphäre, die seinen Planeten umgeben, auszubrechen und die Weite des Alls zu erkunden, die jenseits liegt.

Die Neugier hat den Menschen seit jeher dazu gedrängt, das Unbekannte zu erforschen und ihn veranlaßt, die Mittel zu erfinden, um diese Untersuchungen anzustellen. Sobald dem Menschen der technologische Durchbruch gelang, der ihm ermöglichte, in den Weltraum zu gelangen, war es undenkbar, daß er ihn nicht erforschen würde. Genauso wie es 1492 unmöglich war, die vorteilhaften Auswirkungen der Reisen von Kolumbus vorauszusehen, ist es auch heute unmöglich, vorauszusagen, was die Menschheit durch die Pioniertaten solcher Forscher wie Wernher von Braun für einen Gewinn erzielt. Sicherlich kann man jedoch die Prophezeiung wagen, daß auf lange Sicht das wichtigste und wertvollste Ergebnis der Weltraumforschung die ungeheure Erweiterung der Wissensreserve des Menschen über den Kosmos sein wird, in dem er lebt, und wahrscheinlich auch Verbesserungen in vielerlei Hinsicht für die gesamte Menschheit daraus resultieren.

Der Mensch wird ständige Stationen im Weltraum einrichten – Laboratorien, Observatorien und Wohnstätten. Den Mond hat er bereits besucht. Jetzt will er Mars und Venus und einige Monde von Jupiter und Saturn besuchen. Er entsendet Sonden zu den entfernten Planeten und sogar über unser Sonnensystem hinaus. Wahrscheinlich wird er entdecken, daß es Leben in den Weiten des Weltraums gibt, und eines Tages vielleicht sogar mit anderen Wesen an Orten jenseits der Horizonte seines eigenen Sonnensystems Verbindung aufnehmen.

Die Leistungen des Menschen im Weltraum seit dem Start des ersten Satelliten Wernher von Brauns vor nur wenigen Jahren sind gewaltig gewesen, aber sie verblassen zu schwachen ersten Gehversuchen in Erwartung künftiger Weltraumunternehmungen. Angesichts dessen, was der Mensch schon vollbracht hat, kann er mit dem fast sicheren Bewußtsein in die Zukunft schauen, daß viele Projekte, die er jetzt ins Auge faßt, sich realisieren lassen. Der Mensch riskiert sogar schon einen Blick auf die anderen Fixsterne unserer Galaxis, der Milchstraße. Eines Tages in ferner Zukunft wird er vielleicht das Universum verstehen lernen...

Danksagung

Die meisten Informationen für dieses Buch sind während eines Zeitraums von fünfundzwanzig Jahren in persönlichen Gesprächen und Unterhaltungen mit Wernher von Braun zusammengetragen worden. Viel Hintergrundmaterial sowie Darstellungen historischer Zusammenhänge und privater Begebenheiten entstammen aber auch zahlreichen anderen Quellen, darunter den Berichten und Schilderungen vieler Freunde und einer Reihe enger Mitarbeiter von Brauns. Ferner stützt sich der Inhalt dieser Biographie auf von Brauns Vorträge, Reden, Denkschriften und Beiträge in Zeitungen, Zeitschriften und Büchern, die bei Tagungen von Fachverbänden gehalten beziehungsweise im Laufe der Jahre veröffentlicht worden sind, so zum Beispiel im *Journal of the British Interplanetary Society*. Einige Informationen lieferten ferner Beiträge über von Braun in *The New Yorker* und eine Artikelserie, die auf Interviews von Curtis Mitchell mit von Braun basierte in *American Weekly*, des weiteren Artikel von Wernher von Braun und Cornelius Ryan in *Colliers* sowie auch das Buch *USA – Second Class Power?** von Drew Pearson und Jack Anderson. Einige Passagen beruhen auf Artikeln von Brauns in der Zeitschrift *Popular Science*.

Teile des Inhalts des vorliegenden Buches sind, soweit er Lebensabschnitte von Brauns vor 1960 umfaßt, meiner früher geschriebenen Biographie über ihn entnommen, die unter dem Titel *Reaching for the Stars*** bei Doubleday & Company in New York erschienen ist. Trotzdem ist dies ein vollkommen neues Buch und nicht nur eine Neuauflage der 1960 veröffentlichten Wernher von Braun-Biographie. Großen Anteil am Zustandekommen hat dank einer hervorragenden Zusammenarbeit die US-Armee und die *National Aeronautics and Space Administration (NASA)*. Besonders herzlicher Dank gebührt meinem Freund Foster Haley, der früher mit der Public Relations-Arbeit des *Marshall Space Flight Center* in Huntsville (Alabama) betraut war

* deutsch: »Die USA – Eine Weltmacht zweiter Klasse?«
** deutsch: »Griff nach den Sternen«

und dessen Unterstützung für mich von unschätzbarem Wert war. Zu weiteren Huntsviller Freunden von Brauns, die mir halfen und denen ich dafür meinen Dank aussprechen möchte, gehören der inzwischen verstorbene Reavis O'Neal junior, Mitchell R. Sharpe und Edward Buckbee. Große Hilfe wurde mir auch von den ehemaligen Sekretärinnen von Brauns, Bonnie Holmes, Julie Kertes und Pat Webb, und nicht zuletzt von seiner gegenwärtigen Sekretärin Kayren Governale, zuteil.

Ich möchte an dieser Stelle auch Dr. Ernst Stuhlinger und all den anderen engen Freunden von Brauns danken, die manch wertvolle Anekdote beisteuerten. Mein besonderer Dank gilt Dr. Walter R. Dornberger für die Erlaubnis, Material aus seinem Buch *V 2** zu verwenden. Dieser heute in Mexiko lebende deutsche General war es, der Mitte der dreißiger Jahre den jungen Ingenieur Wernher von Braun unter seine Fittiche nahm; er war der Vater der deutschen Raketenversuchsanlage Peenemünde und auch der Mann, der den ersten einsatzfähigen Flüssigkeitsraketen der Welt zur Existenz verhalf. Nach seiner Kriegsgefangenschaft in England kam Dr. Dornberger in die Vereinigten Staaten und war in der Geschäftsleitung der Firma Bell Aerosystems in Buffalo (New York) tätig. Die Darstellung des britischen Bombenangriffs auf Peenemünde (2. Kapitel) und der von Himmler angeordneten Verhaftung von Brauns (7. Kapitel) sind zum größten Teil seinem Buch entlehnt.

Meinen ersten Kontakt zu von Braun knüpfte ich Anfang 1951, als ich – beruflich vorübergehend in meiner norwegischen Heimat weilend – die Ehre hatte, ihm mitzuteilen, daß man ihn zum Ehrenmitglied der Norwegischen Interplanetarischen Gesellschaft gewählt hatte, deren Mitbegründer und erster Präsident ich war. Seit meiner Rückkehr in die USA im darauffolgenden Jahr habe ich mit von Braun ständig in enger Verbindung gestanden – beruflich und als guter Freund. Ich benutze diese Gelegenheit, um ihm dafür zu danken, daß er sich die Zeit genommen hat, um das Manuskript auf Richtigkeit der Tatbestände und Genauigkeit hin zu überprüfen.

Erik Bergaust
Washington, D. C.

---

* In Deutschland 1952 im Bechtle-Verlag, Eßlingen, unter dem Titel »V 2 – Der Schuß ins Weltall« erschienen. (Anm. d. Ü.)

Genealogie der Familie von Braun

Das Erbe und die Vorfahren der Familie von Braun sind tief im alten schlesisch-böhmischen Hoch- und Landadel verwurzelt. Der Stammsitz, von dem sich der Familienname herleitet, ist vermutlich Braunau im Kreis Lüben (Sudetenland), etwa dreihundert Kilometer südöstlich von Berlin, das heute Broumov heißt und zum Gebiet der Tschechoslowakei gehört. Ganz in der Nähe verläuft die tschechoslowakisch-polnische Grenze.

Vor fast siebenhundert Jahren – am 6. Januar 1285 und am 27. Juli 1286 – wird der Ahnherr der Familie, Ritter Henimanus (Heynemann) de Bruno (Brunow) zum ersten Mal in den Aufzeichnungen des Landkreises erwähnt. In der Folgezeit lautete der Familienname abwechselnd Bruno, Brunowe, Bronav, de Bronne, Brawnaw, Brawna oder Braun.

Ahnenforscher haben festgestellt, daß der Patriarch Ritter Henimanus de Bruno sechs Jahre lang, nämlich von 1285 bis 1291, in Braunau lebte. Seine Nachfahren finden sich vielerorts in Schlesien und später auch außerhalb Schlesiens, besonders in Ostpreußen. Chroniken weisen nach, daß ein Grundbesitzer namens Hans von Braun 1384 die Ortschaft Weizenrode verkaufte. Seine Kinder und Enkel lebten in Thomaswaldau, Dieban, Dahsau, Krehlau, Glogau, Schwusen, Deichslau, Jauschwitz, Kunern und Gugelwitz (1619–1626). 1521 starb in Kulmikau ein von Braun. Ein anderer Zweig der Familie lebte auf Kammelwitz. 1550 starb dort Kaspar von Braun, 1580 Lorenz von Braun und 1582 Valten von Braun. 1616 verkaufte dann ein jüngerer Kaspar von Braun den Grundbüchern zufolge Kammelwitz.

Die Wahlstatt-Linie der Familie geht auf den genannten Valten von Braun zurück. Hans von Braun zu Wahlstatt starb 1636. Dessen Vorfahr, Hans Christoph von Braun, war 1241 bei der Schlacht von Liegnitz gegen die Mongolen gefallen. Hans Hermann von Braun zu Wahlstatt (1645–1682), ebenfalls Herr auf Hulm, Groß-Polwitz, Stroppen, Seifersdorf und Kummernick, war Provinzältester.

Kaspar von Braun (1470–1499) von der Weichnitz-Linie der Familie war

Kanzler des Herzogs von Glogau, und ein anderer Kaspar von Braun (1493–1536) war Rektor der Domschule von Breslau und Domprediger von Glogau.

Georg von Braun und Ottendorf (geboren 1525) gehörte dem Ottendorfer Zweig der Familie an. Er war Freier Standesherr auf Groß-Wartenberg und Bralin, Oberst im schlesischen Heer und Präsident der Kaiserlichen Kammer (Parlament) von Ober- und Niederschlesien. Zusammen mit seinem Bruder Hans (1528–1589) Kanzler des Herzogs von Liegnitz und Kaiserlicher General, wurde er am 30. Juni 1573 in Wien in den Stand eines erblichen Reichsfreiherrn erhoben.

Die Tradition des Landjunkertums mit dem Besitz zahlreicher Güter und Ländereien scheint sich von Generation zu Generation fortgeerbt zu haben.

Georg von Braun war (in erster Ehe) mit Anna von Schkopp verehelicht, einer Tochter von Christoph von Schkopp zu Kotzenau und dessen Gemahlin Anna Freiin von Kittlitz. Er starb 1585 in Breslau. Hans von Braun starb 1589 in Glogau. Er hatte 1553 Eva von Schkopp geheiratet, eine Tochter von Leonhard von Schkopp zu Heinzendorf und Margarethe Freiin von Kittlitz.

Die Zöllingsche Linie der Familie hatte Joachim von Braun zu Döringau, Zölling und Zobten (1569–1621) zum Ahnherrn. 1590 hatte er die Erbin von Schloß Zobten, Magdalena von Czettritz, geheiratet. Ein Nachkomme aus dieser Ehe, Siegmund von Braun, der 1665 starb, war Herr auf Zölling, Zobten, Braunau, Petersdorf, Langneundorf, Töppendorf, Morschendorf und Nieder-Schellendorf. Er war Provinzältester und Gerichtspräsident des Fürstentums Schweidnitz. Verheiratet war er mit einer Tochter von Heinrich von Haugwitz zu Brodelwitz und Elisabeth von Romnitz.

Weitere Nachfahren derer von Braun finden wir in Ostpreußen, unter anderem in Neucken. Von diesem Besitz stammt Wernher von Brauns Großvater, der Kaiserlich-Preußische Oberstleutnant Maximilian Freiherr von Braun zu Neucken (1833–1918). Das fünfte Kind aus dessen Ehe mit Eleonore von Gostkowski war Magnus Alexander Maximilian Freiherr von Braun (1878–1972), Wernher von Brauns Vater. Er war Reichskommissar für die Osthilfe und Reichsminister für Ernährung und Landwirtschaft in den beiden letzten Kabinetten der Weimarer Republik unter Papen und Schleicher, und wurde abgesetzt, als Hitler an die Macht kam. 1910 hatte er Emmy von Quistorp aus Crentzow im Kreis Greifswald in Pommern geheiratet. Wernher von Brauns Mutter starb im Dezember 1959 73jährig. Sein Vater wurde 94 Jahre alt.

Wernher Freiherr von Braun ist der zweite der drei Söhne, die aus der Ehe von Magnus und Emmy von Braun hervorgingen. Töchter wurden dem Ehepaar nicht geboren. Er erblickte am 23. März 1912 in Wirsitz, einer Kreisstadt im Regierungsbezirk Bromberg der preußischen Provinz Posen, das

Licht der Welt und schloß deshalb mit Schlesien Bekanntschaft, weil seine Familie neben einem Herrensitz in Ostpreußen auch das Rittergut Oberwiesenthal (Kreis Löwenberg) besaß. Drei andere Güter in Ostpreußen gehörten Brüdern und Vettern von Magnus von Braun, der Oberwiesenthal (125 Hektar) als Ruhesitz erworben hatte.

Wernher von Braun (der nie den Freiherrntitel in Deutschland benutzte und ihn völlig wegließ, als er nach Amerika kam) heiratete am 1. März 1947 seine Cousine Maria Louise von Quistorp in Landshut. Sie ist 1928 in Berlin geboren. Die beiden haben drei Kinder: Iris Careen (geboren 1948), Margrit Cecile (geboren 1952) und Peter Constantine (geboren 1960). Iris ist mit Rajiv Khanna in Indien verheiratet und Margrit mit John Adams in Georgia.

Maria von Braun ist die Tochter von Dr. Alexander von Quistorp (gestorben 1974), dem früheren Präsidenten eines angesehenen Berliner Bankhauses und Bruder von Emmy von Braun. Die Quistorps, die ursprünglich aus Schweden stammen, spielten mehrere Jahrhunderte lang in Mecklenburg und Pommern eine bedeutsame Rolle als Pastoren der Lutherischen Kirche und als Universitätsprofessoren. Maria und Wernher von Brauns gemeinsamer Großvater, Dr. Wernher von Quistorp, war ein bekannter Großgrundbesitzer.

Wernher von Brauns ältester Bruder Sigismund (geboren 1911) kann auf eine hervorragende Karriere im Auswärtigen Dienst des Deutschen Reiches und der Bundesrepublik Deutschland zurückblicken. Zuletzt war er deutscher Botschafter in Paris, bevor er Mitte 1976 in den Ruhestand trat. Der jüngere Bruder Magnus (geboren 1919) ist von Hause aus Chemie-Ingenieur. Er ist seit vielen Jahren für die Chrysler Corporation in Detroit (Michigan) tätig und gegenwärtig Abteilungschef dieses Unternehmens in deren Londoner Büro.

Dr. Wernher von Brauns Auszeichnungen, Ehrungen, Orden und Mitgliedschaften in wissenschaftlichen Vereinigungen

1. Preise, Auszeichnungen, Orden und Medaillen

Astronautics Award der American Rocket Society
The Space Flight Award der American Astronautical Society
Hermann-Oberth-Medaille der Hermann-Oberth-Gesellschaft zur Förderung der Erforschung und Erschließung des Weltraums, Hannover
Distinguished Civilian Service Award, US-Verteidigungsministerium
Decoration for Exceptional Civilian Service, US-Heeresministerium
Citation of Merit for Contributions Toward the Advancement of Science of Rocket and Missile Propulsion in the United States der National Military Industrial Conference, Chicago
Award to Great Living Americans, U.S. Chamber of Commerce
First Honor Award of the Nationalities Committee, People-to-People-Program (USA)
Certificate of Merit, William Penn Fraternal Association
The Dr. Robert H. Goddard Trophy
Distinguished Federal Civilian Service Award, überreicht am 21. Januar 1959 von Präsident Dwight D. Eisenhower
The Hamilton Holt Gold Medal, Rollins College (USA)
The Notre Dame Patriotism Award, Notre-Dame-Universität (USA)
The Harrison Award der American Ordnance Association
Honor Citation, The New York Institute of Technology
Man of the Year Award, Industrial Research Association (USA)
Elliot Cresson Medal des Franklin Institute, Philadelphia
Wilhelm-Bölsche-Medaille der Deutschen Kosmos-Gesellschaft
Diesel-Medaille der Deutschen Gesellschaft zur Förderung von Technologie und Erfindungen
Outstanding Contributions to Outer Space Technology Award der Stadt Anchorage (Alaska)

Outstanding Recognition Award der Alabama Agricultural and Mechanical University
Luther-Medaille (Nr. 13 der Originalprägung)
Honorary Doughboy Award des US-Infanterie-Ausbildungszentrums Fort Benning (Georgia)
Outstanding Employee Award (1957, 1958, 1959, 1960) der US-Armee
Twenty Year Service Award, National Aeronautics and Space Administration (NASA)
World Citizenship Award des International Civitan Club
National Space Award and Medal der Veterans of Foreign Wars
Golden Anniversary Award der ENO-Stiftung
National Recognition Award der Freedom Foundation, Valley Forge (USA)
Award of Merit for Accomplishments in the Field of Liquid Fuel Rocketry des German, Ukrainian and Polish Business and Professional Club, Winnipeg (Kanada)
Founders Award, American Institute of Industrial Engineers (USA)
Outstanding Achievement Award, Institute of Electrical and Electronics Engineers (USA)
Engineer of the Century Award, Weltpresse
Certificate of Merit, National Health Agency (USA)
Bundesverdienstkreuz, 1972
Langley Medal (eine der sieben je verliehenen) der Smithsonian Institution
Forrestal Award, National Security Industrial Association
Apollo Achievement Award, NASA
Hermann Oberth Award des American Institute of Aeronautics and Astronautics
Citation of Appreciation as Outstanding Citizen and Public Servant der Stadt Huntsville (Alabama)
Proclamation of Appreciation for Assistance to the Victims of Hurricane Camille, Zivilverteidigungsausschuß, Hancock County (Missouri)
Distinguished Service Award, Ohio Newspaper Association
Academy of Honor, US-Bundesstaat Alabama
Ehrenpräsident auf Lebenszeit, Von Braun Astronomical Society, Huntsville
Honor Award, Junior Chamber of Commerce, Canton (Ohio)
Court of Honor Award der Exchange Clubs, Distrikt Alabama
Citation for Loyal and Exemplary Support, Air Force Association, Tennessee Valley-Sektion
Honor Award, National Space Hall of Fame
American Citizen Award des German American Day Committee of the Federation of American Citizens of German Descent and Sponsoring Societies

Two Thousand Men of Achievement Award for Distinguished Achievement, London
Distinguished Service Award, Southern Association of Science and Industry (USA)
Outstanding Scientific Achievement Award, Electronics Institute (USA)
Distinguished Achievement Award, Chamber of Commerce, Kap Kennedy (Florida)
Deutsche Gedenkmedaille anläßlich der ersten Mondlandung, Juli 1969
Medaille der Stadt Bad Dürkheim (Pfalz)
Gedenkmünze der Universität Rom
Sowjetische Erinnerungsmedaille der Kosmonauten
Medaille des Präsidenten der Vereinigten Staaten für Wernher von Braun und die amerikanischen Astronauten
Americanism Medal der Daughters of the American Revolution
Gold Medal Award der British Interplanetary Society
Verdienstorden für Forschung und Erfindungen, Frankreich
Medal for Outstanding Leadership, NASA
Internationaler Astronautischer Galabert-Preis, Paris
Man of the Year Award, American Society of Mechanical Engineers
Man of the Year in Science Award, Associated Press
Distinguished Service Medal, NASA (Houston)
Medal for Distinguished Service, NASA (Huntsville)
Erinnerungsmedaille *Explorer I Tenth Anniversary*
Ehrenring der Werner-von-Siemens-Stiftung

2. Ehrendoktorhüte

Juni 1958	Doktor der Naturwissenschaften Universität von Alabama, Tuscaloosa
Juni 1958	Doktor der Naturwissenschaften St. Louis-Universität, St. Louis (Missouri)
Juni 1958	Doktor der Rechte Universität von Chattanooga, Chattanooga (Tennessee)
Juni 1958	Doktor der Naturwissenschaften Universität von Pittsburgh, Pittsburgh (Pennsylvania)
Februar 1959	Doktor der Naturwissenschaften Canisius-College, Chester (Pennsylvania)
Juni 1959	Doktor der Rechte Militärakademie von Pennsylvania, Chester
Juni 1959	Doktor der Naturwissenschaften Clark-Universität, Worcester (Massachusetts)

Juni 1959	Doktor der Rechte
	Adelphi-College, Garden City (New York)
Januar 1963	Doktor der Ingenieurwissenschaften
	Technische Universität, Berlin
März 1963	Doktor der Philosophie
	Sunshine-Universität, St. Petersburg (Florida)
Oktober 1963	Doktor der Naturwissenschaften
	National-Universität von Cordoba (Argentinien)
November 1963	Doktor der Rechte
	William Jewell-College, Liberty (Missouri)
Juni 1964	Doktor der Naturwissenschaften
	Iowa Wesleyan College, Mount Pleasant
Juni 1964	Doktor der Raumfahrtwissenschaften
	Brevard-Ingenieurcollege, Melbourne (Florida)
März 1965	Doktor der Rechte
	Iona-College, New Rochelle (New York)
Juni 1965	Doktor der Naturwissenschaften
	Wagner-College, Staten Island (New York)
Juni 1965	Doktor der Naturwissenschaften
	Emory-Universität, Atlanta (Georgia)
November 1965	Doktor der Naturwissenschaften
	Indianapolis (Indiana)
Juni 1966	Doktor der Naturwissenschaften
	Bradley-Universität, Peoria (Illinois)
November 1967	Doktor der Naturwissenschaften
	D'Youville-College, Buffalo (New York)
Januar 1969	Doktor der Naturwissenschaften
	Universität von Süd-Dakota, Vermillion (S. D.)
Februar 1969	Doktor der Naturwissenschaften
	Rollins-College, Winter Park (Florida)
April 1971	Doktor der Rechte
	Pepperdine-College, Los Angeles (Kalifornien)
Mai 1972	Doktor der Altphilologie
	Belmont Abbey-College, Belmont (North Carolina)
April 1974	Doktor der Ingenieurwissenschaften
	Notre Dame-Universität, South Bend (Indiana)

3. Mitgliedschaften in Wissenschaftlichen Vereinigungen und Fachverbänden

Honorary Fellow der British Interplanetary Society, London
Fellow des American Institute of Aeronautics and Astronautics

Fellow des Indiana Institute of Technology
Fellow der American Astronautical Society
Ehrenmitglied der Norwegischen Astronautischen Gesellschaft, Oslo
Ehrenmitglied der Deutschen Gesellschaft für Luft- und Raumfahrt, München
Ehrenmitglied der Hellenischen Astronautischen Gesellschaft, Athen
Ehrenmitglied der Österreichischen Astronautischen Gesellschaft, Wien
Ehrenmitglied der Japanischen Raketengesellschaft, Tokio
Ehrenmitglied der Brasilianischen Raketengesellschaft, Rio de Janeiro
Ehrenmitglied der Argentinischen Raketengesellschaft, Buenos Aires
Ehrenmitglied der Deutschen Raketengesellschaft, Stuttgart
Ehrenmitglied der Deutschen Gesellschaft für Raketentechnik und Raumfahrt
Ehrenmitglied der Hermann-Oberth-Gesellschaft, Hannover
Ehrenmitglied der Deutschen Gesellschaft für Luft- und Raumfahrtmedizin, Marburg/Lahn
Ehren- und Gründungsmitglied der Space Travel Society
Ehrenmitglied der Aerospace Medical Association
Alter Herr der Studentenverbindungen Tau Beta Pi, Pi Mu Epsilon und Omicron Delta Kappa
Ehrenmitglied der U.S. Civil Defense
Ehrenmitglied des Presse-Clubs von Huntsville (Alabama)
Ehrenmitglied der Texas Pioneers
Vorsitzender des internationalen Sponsorausschusses für die Robert-Hutchings-Goddard-Bibliothek an der Clark-Universität, Worcester (Massachusetts)
Altpräsident der Rocket City Astronomical Association, Huntsville (Alabama)
Mitglied der Internationalen Akademie für Astronautik (I.A.F.), Paris
Mitglied bei der National Academy of Engineering, Washington, D. C.
Mitglied der Society of the South Pole
Mitglied der National Geographic Society
Korrespondierendes Mitglied der National Wildlife Federation
Mitglied des Explorers Club, New York
Präsident des National Space Institute, Washington, D. C.

Bibliographie

(Anmerkung: Diese Bibliographie ist eine Kurzfassung der ausführlichen *Bibliography of Wernher von Braun*, die von Mitchell R. Sharpe für das George C. Marshall Space Flight Center erstellt wurde und von der National Aeronautics and Space Administration [NASA] als offizielles Dokument herausgegeben worden ist. Mehrere hundert Vorträge aller Art, über 100 Artikel aus der Zeitschrift *Popular Science* und zirka 450 Beiträge in anderen Publikationen von Dr. Wernher von Braun oder über ihn sind in der vorliegenden Bibliographie nicht enthalten. Interessierte Leser seien jedoch darauf hingewiesen, daß diese Veröffentlichungen mit Ausnahme der Vorträge lückenlos im oben erwähnten NASA-Dokument aufgeführt sind.)

Bücher
(in englischer Sprache)

Across the Space Frontier. (mit J. Kaplan u. a.), herausgegeben von C. Ryan, New York, Viking Press, 1952.
Careers in Astronautics and Rocketry. (mit C. C. Adams and F. I. Ordway III), New York, McGraw-Hill, 1962.
Conquest of the Moon. F. L. Whipple und W. Ley, herausgegeben von C. Ryan, New York, Viking Press, 1953.
Exploration of Mars. (mit Willy Ley), New York, Viking Press, 1956.
First Men to the Moon. New York, Holt, Rinehart and Winston, 1960.
History for Rocketry and Space Travel. (mit F. I. Ordway III), Dritte Auflage 1975, New York, Crowell.
Man on the Moon. London, Sidgwick and Jackson, 1953.
Mars Project. Urbana, University of Illinois Press, 1953.
Space Frontier. New York, Holt, Rinehart and Winston, 1971.
Moon. (mit Silvio A. Bedini und Fred L. Whipple), New York, Harry N. Abrams, Inc., 1974.

Ausgewählte Interviews
(in englischer Sprache)

»Coming Mail by Satellite«, *U.S. News & World Report*, Vol. 44, Nr. 7 vom 14. Febr. 1958, Seiten 34–35

»Engineer and Space«, *American Engineer*, Vol. 28, Nr. 2, Febr. 1958, Seiten 12–21.

»Face to Face with Mr. Space«, *Our Times*, Vol. 24, Nr. 1 vom 8.–12. Sept. 1958, Seite 8.

»From Now On«, *Challenge* (General Electric Co.), Vol. 1, Nr. 3, Winter 1962, Seiten 2–3.

»Has U.S. Settled for No. 2 in Space?« *U.S. News and World Report*, Vol. 65, Nr. 16, 14. Okt. 1968, Seiten 74–76.

»How To Do Business with the George C. Marshall Space Flight Center«, *GSE*, Vol. 2, Nr. 4, Aug.–Sept. 1960, Seiten 70–73.

»Interview«, *Guideposts*, Vol. 15, Nr. 8, Okt. 1960, Seiten 2–3.

»Interview with Dr. Wernher von Braun«, *Sun Magazine*, Vol. 1, Nr. 2, Zweites Quartal 1956, Seiten 10–11.

»Moon and Beyond«, *The Hindustan Times Weekly Review*, 30. Nov. 1969, Seiten 1–2.

»Managing Man's Greatest Adventure«, *The General Electric Forum*, Vol. 5, Nr. 3, Juli–Sept. 1962, Seiten 34–35.

Aerospace Engineering, Vol. 21, Nr. 9, Sept. 1962, Seiten 16–23.

»Man on the Moon How Soon?« *Reader's Digest*, Vol. 90, Nr. 539, März 1967, Seiten 136–138.

»Man on the Moon in 68?« *U.S. News & World Report*, Vol. 61, Nr. 24, 12. Dez. 1966, Seiten 62–67.

»Space Travel Sooner than You Think«, *U.S. News & World Report*, Vol. 43, Nr. 16. 9. Sept. 1955, Seiten 62–66, 70.

»Space Travel, When It is Coming, What It will Be Like«, *U.S. News & World Report*, Vol. 43, Nr. 16, 18. Okt. 1957, Seiten 36–38, 42.

»30 Minutes with Dr. Wernher von Braun«, *Aeronautics Bulletin, Parks College of Aeronautical Technology*, Vol. 9, Nr. 4, Dez. 1958, Seiten 1–4.

»Von Braun at Marshall Tells NASA Booster Plans«, *DATA*, Vol. 9, Nr. 1, Jan. 1964, Seiten 15–20.

»Wernher von Braun Explores Seven Mysteries of Space«, *This Week Magazine*, 13. Sept. 1959, Seiten 18–23, 38–39.

»Wernher von Braun Views Our Space Future«, *The Sales Executive*, 12. Nov. 1968, Seite 5.

»What's Happening in the Race to the Moon?« *U.S. News & World Report*, Vol. 56, Nr. 22, 1. Juni 1964, Seiten 54–57.

Bergaust, E. »Where We Stand and Where We Are Going«, *This Week Magazine*, 30. Sept. 1962, Seiten 4–6.
BeVier, T., »Beyond the Moon«, *Mid-South* (Memphis *Commercial Appeal*), 9. Okt. 1966, Seiten 4–6.
Brandon, Henry, »Road to the Moon and Beyond«, *The Sunday Times* (London), 5. Okt. 1958, Seite 8.
The New Republic, Vol. 139, Nr. 16, Ausgabe 2292, 20. Okt. 1958, Seiten 9–12.
Konkel, C. R., »We Have the Tools«, *The Northwestern Engineer*, Vol. 28, Nr. 3, Mai 1969, Seiten 10–11, 25.
Owen, D., »Space Race Started as a Rat Race in 1945«, *The Washington Post*, 16. Nov. 1969, Seite B 3.
Richey, B. J., »Russian Flight Short of Hopes Says von Braun«, *The Huntsville Times* (Alabama), 1. Nov. 1968, Seite 1.
Wilford, J. N., »Von Braun's Hopes Ride on Saturn 5«, *The New York Times*, 5. Nov. 1967, Seiten 1, 84.

Biographisches Material
(in englischer Sprache)

»Dr. von Braun Space Evangelist«, *Electronic News*, 18. Aug. 1969, Seite 30.
»Making Missiles, He Dreams of Free Space«, *The New Scientist*, Vol. 2, Nr. 41, 29. Aug. 1957, Seiten 24–25.
»No. 1 Space Engineer: Wernher von Braun«, *Reader's Digest*, Vol. 72, Nr. 433, Mai 1958, Seiten 94–98.
»Redstone's Geniuses Prepare to Go Civilian«, *Business Week*, 28. Nov. 1959, Seiten 58–62, 73.
»Reach for the Stars«, *Time*, Vol. 71, Nr. 7, 17. Febr. 1958, Seiten 21–25.
»Space, Here We Come«, *Time*, Vol. 58, Nr. 12, 17. Sept. 1951, Seiten 58–59.
»Spoils of War, The Men Who Turned the Trick«, *Newsweek*, Vol. 51, Nr. 6, 10. Febr. 1958, Seiten 32–33.
»von Braun, Wernher«, *Britannica Book of the Year 1959*, Chicago, Encyclopaedia Britannica Press, 1958, Seite 739.
»von Braun, Wernher«, *Current Biography*, 1952, Seiten 607–609.
»Wernher von Braun«, *Current Biography*, Vol. 13, Nr. 1, Jan. 1962, Seiten 56–58.
»Wernher von Braun«, *Current Biography*, Vol. 13, Nr. 1, Jan. 1962, York, H. W. Wilson, 1953, Seiten 607–609.
»Wernher von Braun: As His Daughter Sees Him«, *The Huntsville Times* (Alabama), 26. Mai 1963.

»Who's Wernher von Braun«. *Reader's Digest*, Vol. 78, Nr. 1, Jan. 1961, Seite 1974.

Barrett, George, »Visit with a Prophet of the Space Age«, *New York Times Magazine*, 20. Okt. 1967, Seiten 14, 86–88.

Bergaust, Erik, *Reaching for the Stars*. New York, Doubleday, 1960.

Bergaust, Erik, *Rocket City*, U.S.A. New York, Macmillan, 1963.

Binder, L. James, »The Night the Army Boosted America into Space«. *Army*, Vol. 18, Nr. 2, Febr. 1968, Seiten 12–14.

Bylinsky, G., »Dr. von Braun's All-Purpose Space Machine«. *Fortune*, Vol. 72, Nr. 5, Mai 1967, Seiten 142–149, 214, 218, 219.

Carter, Hodding, »The Rocket Scientists Settle Down«. *Colliers*, Vol. 132, Nr. 10, 12. Nov. 1954, Seiten 102–105.

Cox, D. W., *America's Explorers of Space*, New York, Hammond, 1967, Seiten 30–33.

Cunz, Dieter, *They Came From Germany*, New York, Dodd, Meade, 1966, Seiten 139–157.

David, Heather, M., *Wernher von Braun*, New York, Putnam, 1967.

Davis, Peter, »A Hero of Our Times«, *Sight and Sound*, Vol. 29, Nr. 4, 1960, Seiten 39–40.

Dornberger, Walter, *V2*, New York, Viking, 1954.

Eddy, Don. »Life Among the Rockets«, *American Magazine*, Vol. 144, Nr. 2, Aug. 1947, Seiten 28, 29, 97, 99–102.

Freedman, Russell, *Teenagers Who Made History*, New York, Holiday House, 1961, Seiten 27–65.

Garner, Phil, »Wernher von Braun: The Peripatetic Genius«, *Atlanta*, Vol. 9, Nr. 4, Aug. 1969, Seiten 50–54, 90–93.

Gartmann, Heinz, *The Men Behind the Space Rockets*, New York, David McKay, 1956, Seiten 136–159.

Gatland, K. W. and A. M. Kunesh, *Space Travel*, New York, Philosophical Library, 1953.

Goodrum, John, *Wernher von Braun: Space Pioneer*, Huntsville, Alabama, Strode, 1969.

Gourlay, W. E., *Picture Book of Today's Scientists*, New York, Sterling, 1962, Seiten 48–51.

Harris, Gordon L., »von Braun: Man Behind the Missile«, *American Mercury*, Vol. 89, Nr. 430, Nov. 1959, Seiten 91–96.

Hemming, Roy, »Pacemakers in Space Travel, Wernher von Braun, Man on the Wrong Planet«, *Scholastic*, Vol. 72, Nr. 8, 28. März 1958, Seite 11.

Huzel, Dieter, *Peenemuende to Canaveral*, Englewood Cliffs, N. J., Prentice-Hall, 1962.

Joubert de la Ferté, Philip, *Rocket*, New York, Philosophical Library, 1957.

Klee, E. und Merk, O., *The Birth of the Missile*, New York, Dutton, 1965.

Lang, Daniel, »A Reporter at Large: White Sands«, *The New Yorker*, Vol. 24, Nr. 22, 24. Juli 1948, Seiten 40–43.

Lang, Daniel, »A Reporter at Large: What's Up There?« *The New Yorker*, Vol. 24, Nr. 23, 31. Juli 1948, Seiten 37–46.

Lang, Daniel, »A Romantic Urge«. *The New Yorker*, Vol. 27, Nr. 10, 21. Apr. 1951, Seiten 75–93.

Lang, Daniel, *From Hiroshima to the Moon*, New York, Simon and Schuster, 1959, Seiten 145–155, 175–193.

Leipold, E. L., *Famous Scientists and Astronauts*, New York, Denison, 1967, Seiten 75–80.

Leonard, Jonathan N., *Flight into Space*, New York, Random House, 1953.

Ley, Willy, »Correspondence, Count von Braun«, *Journal of the British Interplanetary* Society, Vol. 6, Nr. 5, Juni 1947, Seiten 154–156.

Ley, Willy, *Rockets, Missiles, and Men in Space*, New York, Viking, 1968.

McGovern, James, *Crossbow and Overcast*, New York, William Morrow, 1964.

Means, Paul, »von Braun Team from V2 to Saturn, Group Taking on a New Role«, *Missiles and Rockets*, Vol. 6, Nr. 13, 14. März 1960, Seiten 22–24.

Medaris, John B., *Countdown for Decision*, New York, G. P. Putnam's Sons, 1960.

Moderow, Gertrude, *People to Remember*, Glenview, Illinois, Scott Foresman, 1960, Seiten 243–246.

Newlon, C., *Famous Pioneers in Space*, New York, Dodd, Mead, 1963, Seiten 50–58.

O'Hallaren, B., »Reply«, *New Yorker*, Vol. 27, Nr. 15, 26. Mai 1951, Seiten 106–107.

O'Neil, Paul, »The Splendid Anachronism of Huntsville«, *Fortune*, Vol. 65, Nr. 6, Juni 1962, Seiten 150–155, 226, 228, 232, 234, 236, 238.

Pearson, Drew und Jack Anderson, »Wernher von Braun: Columbus of Space«, *True, the Man's Magazine*, Vol. 40, Nr. 261, Febr. 1959, Seiten 19–20, 22–26.

Pizer, Vernon, »Alabama's Adopted Space Man«, *American Legion Magazine*, Vol. 68, Nr. 1, Jan. 1960, Seiten 14–15, 37–38.

Plant, Albert F., »von Braun Selected ›Man of the Year‹ in Research«, *Industrial Research*, Vol. 12, Nr. 1, Jan. 1970, Seiten 27–28.

Pringle, Patrick, *Great Discoveries in Modern Science*, New York, Roy, 1955, Seiten 152–159.

Robertson, T., »The War Against von Braun«, *Macleans Magazine*, 24. März 1962, Seiten 17–21, 42.

Sanders, Walter, »The Seer of Space«, *Life*, Vol. 43, Nr. 21, 18. Nov. 1957, Seiten 133–139.
Sherrill, John L., »The Day He Stopped Dreaming«, *Guideposts*, Vol. 15, Nr. 8, Okt. 1960, Seiten 1–5.
Stommel, Anne M., »Dr. Wernher von Braun Receives D.A.R. Americanism Medal«, *Daughters of the American Revolution Magazine*, Vol. 93, Nr. 8 und 9, Aug.–Sept. 1959 Seiten 638–639.
Stuhlinger, E., F. I. Ordway III, J. C. McCall, G. C. Bucher, *Astronautical Engineering and Science, from Peenemuende to Planetary Space, Honoring the Fiftieth Birthday of Wernher von Braun*, New York, McGraw-Hill, 1963.
Swenson, L. S., J. M. Grimwood, C. C. Alexander, *This New Ocean: A History of Project Mercury*, Washington, National Aeronautics and Space Administration, 1966.
Thomas, Shirley, *Men of Space, Vol. 1*, Philadelphia, Chilton, 1960, Seiten 133–156.
von Braun, Wernher, »Space Man – The Story of My Life«, *The American Weekly*, 20. Juli 1958, Seiten 7–9, 22–25; 3. August 1958.
Ward, Martha E. und D. A. Marquardt, *Authors of Books for Young People*, New York, Scarecrow, 1964, Seite 29.
Walters, Helen B., *Wernher von Braun, Rocket Engineer*, New York, Macmillan, 1964. (Für junge Leser.)
Williams, Beryl und Samuel Epstein, *The Rocket Pioneers on the Road to Space*, New York, Julian Messner, 1958, Seiten 144–170, 204–231.

Register

A 1 70
A 2 70
A-2-Zwillinge *Max und Moritz* 70 f.
A 3 71 ff., 91
A 3, Kreisellenksystem der 71
A 4 (spätere V2) 71, 73, 87, 106, 116
A 5 71, 73, 80, 82 f., 86 f., 91
A 9 71, 113
A-9-/A-10-Projekt („Amerika-Rakete") 114
A 10 114
Abamama-Atoll (Gilbert-Inseln) 295
Aberdeen, Armee-Übungsplatz (Maryland) 161, 168, 242
Abermathy, Ralph 466
ABMA (Army Ballistic Missile Agency), Raketenforschungsstelle der amerikanischen Armee 137, 321, 264, 281, 321, 323 ff., 335, 345—350, 443 f.
Adam, Projekt 338 ff.
Adams, Carsbie 389 ff.
Adler, Isadore 482
Advanced Research Projects Agency s. ARPA
Aerobee-Raketen 322
Aero Digest 268, 302
Äschylus 201
Aircraft Industries Association 303
Air Force Association 303 ff.
Alabama Space and Rocket Center 423, 566
Alaska 134, 391, 402, 415, 574, 568, 603
Aldrin, Edwin „Buzz" 43, 258, 441, 462, 464 f., 467 f., 564
Alexandria (Virginia) 497, 515, 526, 547, 575
Allen, Harry Julian 342
Alpha Centauri 11
American Aviation Publication 303
American General Insurance Company 582
American Rocket Society (ARS) 40, 208 f., 284, 287, 302 ff., 309, 535, 566

American Vikings Rod & Gun Club 17, 147, 538
American Weekly 607
Amerika s. USA
Amerikanisches Institut für Astronautik und Astronomik (AIAA) 580
Amerikanische Medizin-Studenten-Gesellschaft 582
Amerikanisches Nationalkomitee für das internationale Geophysikalische Jahr 294
Ames, Versuchszentrum 348
Amundsen, Roald 510
Amundsen-Scott-Station 404
Anchorage (Alaska) 134, 140, 574
Anchorage Times 141
Anderson, Jack 296, 306 ff., 296, 607
Antarktika 407 ff.
Antarktis 33, 220, 393, 403 ff.
Antarktis-Stationen 405
Antwerpen 113, 162 f.
Apollo-Programm 43, 45 f., 51, 138, 160, 217, 255, 257, 403, 433 f., 436, 441, 449 f., 452 f., 459, 467, 482 ff., 486, 489, 492, 494, 497, 515, 541, 551, 554, 556, 560, 562, 579
Apollo 1 558, 566
Apollo 3 438
Apollo 4 440
Apollo 7 438
Apollo 8 154, 453, 457 f.
Apollo 11 42, 46, 258, 389, 441, 446, 453, 462, 465—471, 475, 479, 492
Apollo 12 468—471, 473, 475, 479, 492
Apollo 13 472, 474 ff., 483
Apollo 14 459, 475 f., 479
Apollo 15 478—481
Apollo 16 483
Apollo 17 441, 458, 482 f., 485, 488 f.
Apollo-Anwendungsprogramm (AAP) 501
Apollo Management Council 458
Apollo-Missionen 453, 458
Apollo-Mondlandung 45

Apollo-Nachfolge-Projekte 491
Apollo-Saturn-System 442
Apollo-Sojus-Raumflugunternehmen 587
Apollo-Teleskopmontierung (ATM) 501 ff.
Argus-Projekt 346
Aristoteles 200
Arlington (Virginia) 582
Armee, US- 120, 124, 296, 299, 302, 321, 349, 371
Armee-Fliegercorps 285
Armee-Forschungsamt 292, 321
Armee-Waffenamt s. Army-(US-Heeres-)Waffenamt
Armeen, sowjetische s. Rote Armee
Armstrong, Frank 391
Armstrong, Neil A. 43, 258, 441, 453, 462, 464 f., 467 f., 479, 564, 604
Army Air Corps 285
Army Ballistic Missile Agency s. ABMA
Army-(US-Heeres-)Waffenamt 161, 251, 286, 291
Army-Waffenamt, Michoud-Rüstungswerk des 451
ARPA (Advanced Research Projects Agency) 283, 334 f., 345, 352, 367, 435, 442 f.
ARS s. American Rocket Society
Associated Press 311 ff.
Atlas-Agena 348 ff.
Atlas-Centaur 351
Atlas-Interkontinentalrakete 114, 255, 297, 315, 345, 348, 356, 364, 428, 431, 443, 453
Atlas-Team 255
ATR-Schein 138
ATS-F-Satellit 516, 521 ff., 524
Ausschuß für Sonderprojekte 281
Ausschuß zur Untersuchung der Möglichkeit von Weltraumraketen (CEFSR) 284

Bad Sachsa 124
Baikonur 484
Ballistisches Raketenamt der US-Armee s. ABMA
Baltikum 123
Baker, Norman L. 308, 317

Barth, Karl 155
Bates, George 24
Bazooka 58, 163, 520
Bean, Alan L. 469 f., 506
Bechtle, Otto Wolfgang 189
Becker, Karl 64, 66, 69, 74 f., 78
Beek, Gerd de 240
Beek, Magda de 240
Behörde für fortgeschrittene Forschungsprojekte s. ARPA
Belew, Leland 450, 459
Bell Aerosystem 608
Bell Telephone Company 182, 255
Benedict, Howard 557
Berchtesgaden 104
Bergaust, Bobby 423
Bergaust, Jean 306, 421 f.
Bergaust, Paul 147, 423, 526
Bergaust, Ragnar 393
Bergen, William B. 582
Berlin 47 f., 50, 61, 64 f., 97, 120 f., 128, 144
Betts, Austin W. 435
Birkenstock, Jack 147
Bleicherode/Thüringen 120, 122 f., 125, 164
Bliss, Kenneth E. 418
Böhm, Josef 346
Boeing Company 439, 448, 479, 515, 581
Bergmann, Harald 372
Borman, Frank 154, 453, 457, 559
Borsig, August (Maschinenfabrik) Berlin Tegel 56
Boston College 582
Bradley, Eugene 581
Brand, Vance Devoe 578
Brauchitsch, Walther von 78, 94
Braun, Achim von 602
Braun, Claudia von 53
Braun, Emmy von 52, 187, 238, 563 f., 611
Braun, Eva 144
Braun, Iris von 410, 413, 415, 417 f., 496, 575, 603, 611
Braun, Magnus von (Bruder von Wernher von Braun) 52, 131, 238
Braun, Magnus von (Vater von Wernher von Braun) 52, 54, 142, 238 f., 563, 610 f.

Braun, Margrit von 410, 413 ff., 417 f., 496, 611
Braun, Maria von, geb. von Quistorp 123, 128, 145, 176, 188, 196 f., 409 f., 411 f., 416, 420, 496, 565, 575, 590, 602, 611
Braun, Peter von 147, 395, 413, 416 f., 496, 526, 547, 575, 602, 611
Braun, Sigismund von 52 f., 611
Braun, Wernher von (Neffe von Wernher von Braun) 52
Breschnew, Leonid 484
Brinkley, David 308, 333
British Interplanetary Society 209, 284, 290, 607
Brucker, Wilber M. 268, 309, 331 ff.
Bruno, Giordano 152
Buchhold, Theodor 241, 255
Buckbee, Edward 608
Büro für bemannten Raumflug 508
Bugflecken 19 f.
„Bumper" 182
Bunker Ramo Corporation 582
Byrd-Station 405 ff.

CAB (Zivile Luftfahrtbehörde der USA) 45
Calais 117
California Institute of Technology (Technische Hochschule von Kalifornien) 181 f., 337, 486
Canaris, Wilhelm 277
Canright, Richard 335
Carney, Robert B. 293
Carr, Gerald P. 507
Casablanca 269 ff.
Case Institute of Technology, Cleveland 337
CSFSR s. Ausschuß zur Untersuchung der Möglichkeit von Weltraumraketen
Centaur-Projekt 255
Centaur-Triebwerke 444
Cernan, Eugene A. 486 ff.
Chaffee, Roger B. 556
Chapman, Sydney 322
Chatfield, Miles 300
Chemisch-Technische Reichsanstalt, Berlin-Plötzensee 60, 249
Cherbourg 118

Chicago 574 ff.
Chiswick-on-Thames 111
Chruschtschow, Nikita S. 314 ff., 361, 469
Chrysler Corporation 267, 437, 552, 561 f., 611
Churchill, Sir Winston 79, 270
Clark-See 29
Clarke, Arthur C. 379 ff., 391, 466, 537, 584 ff.
Clemence, Gerald M. 297
Colliers 196 f., 212, 216, 223 f., 226 f., 229, 243, 245, 291, 493, 565, 607
Collins, J. Lawton 186
Collins, Michael 258, 441, 462, 464 f., 469
Columbia, Apollo-Mutterschiff 463 f.
Conger, Beach 54
Conrad, Charles 469 f., 506
Cook-Inlet 134, 140
Cooper, Gordon 432
Craigsville 147
Cronkite, Walter 381 ff.
Cumberland 575

Dahm, Werner 243
Daily Mail 314
Daimler-Benz 579
Darwin, Charles 29
Daughters of the American Revolution („Töchter der Amerikanischen Revolution") 240
Debus, Kurt 256, 278, 328 ff., 458, 460 f., 463, 554
Deep River 381
Degenkolb, Gerhard 97
Degenkolb-Ausschuß 117
Den Haag 111
Deutsche Gesellschaft für Raketentechnik und Raumfahrt 65
„Die Rakete in den kosmischen Raum" s. Ziolkowski
„Die Rakete zu den Planetenräumen" s. Oberth
„Direktmethode" 444, 446
Diversey Engeneering Company 309
Dobrowolski, Georgi 477
Dobrynin, Anatoli F. 553

Dodds, Ian 545 f.
Dodds, Ruth 545 f.
Dönitz, Karl 270, 278
Dörnten/Harz 124
Donley, E. J. 495
Dopplereffekt 19
Dornberger, Walter, 38, 47—50, 66 f., 78, 80, 84—90, 96 ff., 101—104, 110, 117, 124, 127—132, 276—279, 362 ff., 608
Dornbrand, Harry 523
Douglas Aircraft Company Inc. 267, 285, 437, 443 f., 448, 453
3. Armee (US-) 163
3. Panzerdivision (US-) 129
Drohnen-Flugzeuge 58
Dry Workshop 502
Dryden, Hugh L. 336 ff., 344
Dubin, Maurice 328
Duke, Charles 483
Dulles, John Foster 314 ff.
Durant, Frederick C. III 208 f., 289 ff.
Dynamic Test Tower 455
Dynasoar-Projekt 334, 442

Eagle s. Mondfähre
Earhart, Amelia 144
Edwards-Flugtestgelände (Rogers-Trockensee) 384 f.
Krafft A., Ehricke 255
„Ein Verfahren zur Erreichung extremer Höhen" s. Goddard, R. H.
Einstein, Albert 13 f., 20
Eisenhower, Dwight D. 111, 258 f., 264, 298 ff., 313 ff., 320, 331, 336—341, 344, 350, 376, 444
Ellender, Allan J. 316 ff.
Elliott-Ausschuß 369 ff.
Elmira (New York) 146
El Paso (Texas) 170, 175 f., 232, 237
Engel, Rolf 36
England, Luftschlacht um 96
EOR s. „Erdumlauf-Rendezvous-Methode"
Erdbebenwarnsystem 402
Erdsatelliten 288, 290, 299 f.
Erdsatellitenprogramm, erstes amerikanisches 292
„Erdumlauf-Rendezvous-Methode" (EOR) 444

Ettersburg, Schloß (Hermann-Lietz-Schule) 54
Evans, Ronald 486
Explorer-Programm 51, 193, 273, 327, 331, 368, 388 ff., 411, 533, 585
Explorer 1 (Erdsatellit) 38, 101, 229, 323 ff., 330, 334 ff., 346 ff., 357 ff., 534, 537, 557, 563, 566
Explorer 2 345
Explorer 3 345 ff.
Explorer 4 345 ff.
Explorer 7 346 ff.

F1-Raketentriebwerk 356
FAA (US-Bundesluftfahrtbehörde) 24
Faget, Maxime A. 343
Fairchild, Sherman Mills 517
Fairchild Industries 515—521, 524 f., 573—576, 581, 603
Fairchild Space & Electronics Company (FSEC) 523, 570
s. a. Fairchild Industries
Falloutspektrum, Raumfahrt 400
Farrior, James F. 380
Federation of American Scientists 232
Feinstein, Jack 523
Fernlenkwaffen 116, 124
Fernseh-Direktübertragungssatellit a. ATS-F-Satellit
Feststoffraketen 44, 65 f., 81, 282
Feucht bei Nürnberg 254
Fi 103 143
Fieseler Storch 144
Fixsterne 12, 15
Fletcher, James 500, 512 ff., 545
Fliegercorps der Armee (US-) 285
Flüssigkeitsraketen 59 f., 65, 69, 82, 285
Flüge, interplanetare 476 f.
Flüge, interstellare 11 ff., 18, 22
Flugzeugabwehr-Lenkrakete 250
FOBS (Fractional Orbit Bombardement System) 375
Ford, Elbert L. 262
Ford, Gerald 579
Forrestal, James v. 286
Forschungsinstitut der Universität von Alabama, Huntsville 260
Fort Bliss 167 ff., 170, 172, 174 ff., 188 f., 195, 236, 284

Fort Devens 280
Fort Strong, Boston 167
Französisches Gymnasium 54
Froehlich, Jack 300
Furmas, Clifford C. 297
Fusionsenergie 379
Fractional Orbit Bombardement System, s. FOBS
Fra Mauro-Region 473
Friedrich, Hans R. 255
Friedrichshafen 117

Gagarin, Juri 360, 432, 443, 469
Galapagos-Inseln 522
Gandhi, Indira 524
Garmisch-Partenkirchen 129, 164
Garriott, Owen K. 506
Gavin, James M. 309, 313, 316 ff., 321, 553
Gay, Ward 391
Geissler, Ernst 256, 326 ff.
Gemini-Programm 43, 432 ff., 453, 504, 558
Gemini IV 433
Gemini V 433
Gemini VII 433 f., 559
General Dynamics Corporation 255, 315
General-Electric-Konzern 180, 182 f., 254 f., 297
Generals, Constantine D. 63
Geophysikalisches Jahr s. Internationales geophysisches Jahr
George C. Marshall Space Flight Center (MSFC) s. Marshall Raumflugzentrum
Germantown 515, 575, 603
„Gesamttest"-Konzept 452
Gesellschaft für Weltraumforschung 209
Gestapo 108, 115, 388, 565
Gesundheits- und Erziehungs-Fernsehübertragungsexperiment (HET) 523
Gibson, Edward G. 507
Gilruth, Robert H. 344, 349, 458, 554 ff., 582
Gleitbomber s. Dynasoar
Glenn, John H. 432, 569 f.
Glennan, Dr. T. Keith 337, 348 ff., 352
Goddard, Esther C. 40, 308, 333, 573

Goddard, Robert H. 37, 40, 57 f., 248, 308, 570—573
Goddard-Denkmal 41
Goddard-Gedächtnisbankett 307 ff., 333, 581
Goddard-Gedächtnistrophäe, Robert H. 307 ff., 333, 572, 581
Göring, Hermann 128, 145, 541
Goldwater, Barry 574
Gordon, Richard F. 469
Governale, Kayren 344, 569 f., 574, 576, 608
Gray, Gordon 186
Greifswalder Oie 59, 86
Grein, Robert von 144
Grieg, Edward 16, 31
Grissom, Virgil I. 431, 555 f., 558 f.
Gröttrup, Helmut 104 f., 362 ff.
Gromyko, Andrej 314 ff.
Grünow, Heinrich 69
Grunau/Schlesien 142 f., 145
Guericke, Otto von 76
Guntersville Lake 410, 412, 496
Gyroskopie 72

H1-Triebwerk 355 f., 436, 561
Haase, Charlotte 93
Hadley-Apenninen-Gebiet (Mond) 478
Häussermann, Walter 243, 256, 326, 387
Hagen, John P. 298 f., 534
Haise, Fred W. 472
Haley, Andrew G. 303
Haley, Foster 607
Hallingskarven 10, 15
Halne 17
Halnefjord-See 17, 27
Hamill, James P. 162, 168 f., 170—173, 176 ff., 187
Hardangervidda 10, 18, 27
Harris, Sir Arthur 47
Harris, Gordon 310
Harz 124
Haxden-Planetarium, New York 45
Heaton, Leonhard D. 347
Heckflecken 19 f.
Heeresamt für Ballistische Raketen s. ABMA
Heereswaffenamt (Berlin) 64, 66 f., 69, 75, 87, 91

Heimburg, Karl L.   256, 258, 327, 387, 451
Heinkel, Ernst   74
He(inkel) 112 (propellergetriebenes Jagdflugzeug)   59, 74
He(inkel) 176   59
Henderson, Harvey   258 f.
Hermann, Rudolf   91
Hermann-Lietz-Schule, Schloß Ettersburg   54 f., 142, 377
Hermes-Projekt   182, 286
Hermes II-Versuchsrakete   175, 183
Herter, Christian   314
Hewitt, Charles C.   582
Hiebert, Angie   141
Hilten, Heinz   243
Himmler, Heinrich   40, 79, 97 ff., 103 f., 533
Hirth, Wolf   142
Hitler, Adolf   40, 69, 78—85, 87 f., 96, 113, 128, 144, 168, 565
Hitler, Attentat auf, am 20. Juli 1944   100, 109 f.
Hodding, Carter   243
Hölzer, Helmut   256, 328
Hoffman, Sam   305, 448, 552
Holaday, „Raketenzar"   321
Holiday (Zeitschrift)   508, 512
Holland   118, 122, 278
Holmes, Bonnie   136, 245 ff., 306, 419 f., 497, 534, 544, 608
Hood-See   135, 141
Hoover, George W.   289—292, 294
Horner, Richard E.   582
Houbolt, John   445 f.
Houston   484
Houston, Flugkontrollzentrum   463, 472
Hüter, Hans   256, 278, 327, 409, 450
Hughes, Everett S.   186
Hull, Eddie   317
Hull, Seabrook (Ed)   308 ff.
Huntley, Chet   308
Huntsville   35, 136 f., 161, 197, 211, 230, 232 f., 235, 237—240, 243, 245, 252, 256, 263, 267 f., 288, 323, 332, 335, 352 ff., 397, 409, 414—420, 423 ff., 436, 441, 444 f., 451, 492, 494, 526, 534, 550, 571

Huntsville-Arsenal   185 f., 231
Huzel, Dieter   124
Hydra, Operation   47

IAF (Internationale Astronautische Föderation)   33, 208 f., 289, 303 ff., 371, 394, 410, 536
IBM   449, 515
ICBM-Interkontinentalraketen   65, 342, 361
Industriegasverwertungs-AG., Britz bei Berlin   70
Infanterieraketen   58
Instrumentensatelliten   284
Internationales Geophysikalisches Jahr 1957/58   288, 292, 295—298, 305, 322, 332, 372
IRBM   s. Mittelstreckenraketen
Irwin, James B.   479

J 2-Triebwerk   561
Jacobi, Walter   243
Jalta, Konferenz von   162
James, Lee B.   420, 441, 450, 492
Jastrow, Robert   582
Jet Propulsion Laboratory, Pasadena   s. Laboratorium für Strahlantrieb
Juno 2   345 ff., 353 f.
Jupiter-Rakete   12, 38, 263 ff., 267 ff., 280—283, 300, 307 ff., 321, 324—331, 335, 345—351, 356 ff., 364, 368, 371, 428, 431, 442, 552
Johns-Hopkins-Hospital, Baltimore   603
Johns-Hopkins-Universität, Baltimore   525, 528
Johnson, Louis A.   261 ff.
Johnson, Lyndon B.   257, 339, 438, 461, 553 ff.
Johnson, Roy   335, 352
Johnston, Bill   523
Jones, Davy   459
Josephine III   566
Journal of the American Rocket Society   303
Kaltenbrunner, Ernst   107
Kammler, Hans   99 f., 103, 110, 124, 126, 132
Kampfflugzeug A-10   574
Kant, Immanuel   28, 151 f., 575

Kap Canaveral 139, 246, 300, 327—332, 338, 355, 389, 429, 436 f., 448, 550 ff., 578 f., 583
Kap Kennedy 437, 440, 455, 460, 465, 472
Kaplan, Joseph 297
Karman, Theodore von 535
Karpenko, A. G. 309
Kassel 162, 568
Katapulteffekt 441
Katmandu 390
Kauffmann, Joe 309
Kegeldüse 60
Keitel, Wilhelm 104 ff.
Keller, K. T. 261 ff.
Kelley, Albert 582
Kelly, Arthur F. 582
Kennedy, John F. 137, 195, 256 ff., 432, 438, 446, 451, 482, 494, 557
Kennedy-Raumflugzentrum 451, 487, 503
Kepler, Johannes 152
Kernenergietriebwerk für Raketen 476
Kersten, Doris („Dorette") s. Schlicht, D.
Kertes, Julia („Julie") 497, 544—547, 608
Kerwin, Joseph 506
Kiel 272
Killian, Julius R. 336 ff., 339
Koelle, Heinz Hermann 335, 446
Kraft junior, Christopher Columbus („Christ") 479
Komarow, Wladimir 477
Kooperation, internationale, im Weltraum 208 f.
Kopernikus 200
Kossygin, Alexej 484
Krieg, Kalter 33 f.
Krieger, F. Joe 372
Kroll, Gustav 243
„Küstenbefehlshaber Ostsee" 120
Kummersdorf 67, 69 f., 74 ff., 78, 85, 90 f.
Kurnasowa, Lydia 309
Kyle, Russ 136
KZ „Dora" 100 f.

Laboratorium für Strahlantrieb (Jet Propulsion Laboratory, JPL) 132, 267, 295, 321, 323, 327 f., 337, 349, 408

Lafferenz, Otto 276—280
Laika 316, 320
Landshut (Niederbayern) 165, 175, 187
Laue, Max von 64
Langley, Versuchszentrum 348 ff.
Langstreckenraketen 116, 362
Lanphier, Thomas G. jr. 315
Lauritzen, Charles 297
Lebensqualität 585, 602
Le May, Curtis 285
Lemnitzer, Lyman 309
Lenkraketen, Ausschuß für 261, 286
Lenkraketenprogramm 163
Leonow, Alexej A. 578
Lewandowski, Sekretärin 93
Lewis, James P. 385
Lewis, Versuchszentrum 348
Ley, Willy 59, 392
Liberty-Frachter 163
Library of Congress 319
Lichtgeschwindigkeit 11—15, 19 f., 22
Lietz, Hermann s. Hermann-Lietz-Schulen
Life Support System 406
Link, Ed 381 ff.
Little-Joe-Feststoffraketen 428
Little-Joe-5-Rakete 429
LM s. „Lunor Module"
Loki-Feststoffraketen 289 f., 294, 300
London (V-Waffen-Beschuß) 46, 47, 113, 278
LOR s. Mondumlauf-Rendezvous-Methode
LOR-Konzept 446
Lousma, Jack R. 506
Lovell, Bernard 588
Lovell, James A. 472, 559
Low, George 512, 514
Lowrey, H. D. 552
Lucas, William R. 602
Lührsen, Hannes 239
Lufttorpedos 58
Luftwaffe, deutsche, Oberkommando der 50
Luftwaffe, Dt. 73
Luftwaffe, U. S. 292 ff., 297, 338 ff., 353, 371, 443
„Lunar Module" (LM), Mondlandefahrzeug 463

Lunik 1 35, 353
Lyndon-B.-Johnson-Raumfahrtzentrum (JSC) Houston (Texas) 503, 515

MA-1 s. Mercury-Atlas 1
Maddox, Dan 30, 137
Magdeburg 76 f.
Magirius, Werner 50
Major-Rakete Redstone 286
Manhattan-Projekt 210, 366, 562
Man-in-Space-Programm 430
Manned Earth Reconnaissance (Bemannte Erderkundung) s. MER 1
Manned Space Craft Center, Houston 349
Manring, Edward 328
Marine, dt. Kriegs- 74
Marine, U. S. 285, 287, 292 ff., 296, 322, 338 ff.
Marine, Aeronautisches Amt der U. S. 338
Marine-Forschungsamt (USA) 285, 289, 291, 295
Marine-Forschungslaboratorium 285, 294, 298 ff., 321
Marineschule für Luftfahrtmedizin, Pensacola (Florida) 347
Mars 408, 491, 493 f., 511, 587, 591, 594, 597 ff., 601, 606
Mars, bemannte Expedition 43, 190, 192, 198, 208, 497 f., 500
Mars-Projekt 35, 189, 194, 196 f.
Mars-Projekt, bemanntes 492, 494, 499, 515
Marsraketen 190
Marshall-Raumflugzentrum 137, 139, 187, 255 ff., 352, 419, 425, 427, 432, 439, 446, 449—454, 479, 487, 495 f., 522, 560, 562, 602, 607
Martin, Bill 138
Martin Company 264, 582
Martinez, Raul 139
Martinow, Dimitri 591
Masewitsch, Anna T. 309
Massachusetts Institute of Technology (Technische Hochschule von Massachusetts) 319, 336
Mathematica Inc. 582

Mattingly II, Thomas K. 483
Maul, Alfred 57
Maus, Hans 256, 326
McElroy, Neil 309 ff., 534
McMath, Dr. Robert 297
McMurdo-Station 404 ff.
McNamara, Robert S. 375
McPhillips, Barney 135, 140, 141
Me 109 145
Me 163 59, 143
Medaris, John B. 243, 265, 281, 300 f., 305, 309 ff., 316, 321, 323, 331, 536
Medizinisches Forschungslabor der Armee, Fort Knox (Kentucky) 348
„Meer der Gefahren" (Mare Crisium) 482
„Meer der Ruhe" 464
MER 1 (Manned Earth Reconnaissance — Bemannte Erderkundung) 338, 341
Mercury-Atlas 1 429
Mercury-Redstone 1 (MR-1)-Kapsel 430
Merkur-Programm 43, 340—343, 349, 428—432, 453, 504, 558
Merritt, Prof. Robert 401
Merrill, Grayson 281
Messerschmitt-Jäger 50
Messerschmitt 108-Taifun 109, 145
Michoud-Werk, New Orleans 139, 439
Milchstraßensystem 11
Millikan, Clark B. 286
Minimumraketen (Mirak I und II) 62 f.
Minitrack 294
Minuteman 364
Minuteman-System 450
Mirak s. a. Minimumrakete
Mirak I 63 f., 66 f.
Mirak II 64, 67 f.
Missiles & Rockets 303 ff., 308, 317
Mitchell, Curtis 607
Mitchell, Ed 137
Mittelstreckenraketen (IRBM) 280, 282 ff., 362
Mittelwerk 100 f., 103
Mond 33 f., 198, 216, 473, 511, 584, 598
Mondäquator 479

Mondbasen 33
Mondfähre (Eagle) 445, 463 f., 468, 474
Mondflug 34, 60, 113, 195, 198, 253
Mondflüge, Reservierungen für 45
Mondlandung 208, 464
Mondumlauf-Rendezvous-Methode (LOR) 444 f.
Monte Sano 232, 234, 236, 240
Montgomery (Alabama) 259
Morgenstern, Oskar 582
Mormonen 392
Mosquito-Kampfbomber (brit.) 47 f.
Mount McKinley 30
MOUSE (Minimum Orbital Unmanned Satellite of the Earth) — Satellitenprogramm 290, 309
Mrazek, Willy 256, 325
MSFC s. Marshall-Raumflugzentrum
Mueller, George E. 450 f., 453, 458
Müller, Feuerwerksfabrikant 57
Müller, Heinrich 107 f.
München 104
Mussolini, Benito 128
MX-774-Flüssigkeitsrakete 285

NACA (Nationales Beratungskomitee für Aeronautik) 336 f., 339 ff.
Nachrichtensatelliten 520, 584
Nachtangriff, britischer, auf Peenemünde 119
NAS s. National Academy of Sciences
NASA (National Aeronautics and Space Administration; US-Raumfahrtbehörde) 42 f., 137, 139, 232 f., 337, 339 ff., 343 ff., 348—354, 356 ff., 367, 403 ff., 419, 429, 431 f., 434 f., 439, 442 ff., 446, 448, 450 f., 458, 460, 468, 472,f. 475 f., 481, 485, 490, 499 f., 502 f., 508, 512 ff., 516, 521, 527 f., 538, 540, 545, 547, 554 ff., 558 ff., 580, 583, 607
National Academy of Sciences 294 f., 297, 299, 588
National Aeronautics and Space Administration s. NASA
National Rocket Club 307 ff., 333
National Science Foundation 287 ff., 294, 299, 406
National Space Club 307

National Wildlife Federation 527
Nationale Akademie der Wissenschaften s. National Academy of Sciences
Nationale Stiftung für die Wissenschaft s. National Science Foundation
Nationaler Wissenschaftsrat der USA 406
Navajo 1-Rakete 355
Navy s. US-Marine
Nebel, Rudolf 60 ff., 64, 66 ff., 70, 76, 327
Nehru, Jawaharlal 144
Nernst, Walter 64
NERVA-Raketentriebwerk 493
Nesnejanow, A. N. 288
Neubert, Erich („Maxe") 256, 328
New Citizens Day (Neubürgertag) 241
New Delhi 389
Newell, Homer E. 582
New Orleans 163
Newton, Isaac 152, 200
Nike-Cajun-Raketen 322
Nike-Flugzeugabwehrraketen 183
Nike-Hercules-Flugzeugabwehrraketen 309
Nikolajewitsch, Valeri 578
Nixon, Richard M. 258, 465, 473, 489, 497, 499, 546 f.
Nordfrankreich 119, 122
Nordh, Delmar 147
Nordhausen/Thüringen 117, 162, 568
North American Aviation Inc. (Rockwell International) 286, 305, 439, 448, 453
Northrop 286, 519
Norwegen 15 ff.
Nova-Superrakete 348
NSDAP 40
Nürnberger Prozesse 128

Oberammergau 125, 129, 163
Oberaudorf 53
Oberjoch 128
Oberth, Hermann 55, 58—61, 65, 247—254, 392, 447, 550, 570 f.
O'Connor, Edmond F. 450, 492
Office of Antarctic (USA) 406
Ogorodnikow, Kyril 536
O'Neal, Reavis jr. 211, 608

O'Neal, Gerald 591, 595 ff., 597, 601
Opel, Fritz von 53, 58
Opel-Sonder-Rak 1 58
Oppenheimer, Robert 210
Orbiter 43 f., 296—299, 513 f., 565
Orbiter-Gruppe 294
Orbiter, Nutzlast des 44
Orbiter, Projekt 292 f., 295, 300—304
Orbiter-Team 294
Ostrander, Don R. 350 ff., 435
„Ozean der Stürme" 471, 481

Paine, Thomas O. 492, 497, 499, 582
Pan American World Airways (Pan Am) 45
Paperclip (Operation) 93, 129, 173, 174, 265, 280
Paris 162
Parrish, Wayne 303
Pastorhofer, Willi 243
Patsajew, Viktor 477
Patterson, John 259
Patton, General 126
Paul VI., Papst 466
Pearson, Drew 296, 317, 607
Peenemünde 36, 38, 40, 46—51, 71, 75, 79, 86 f., 91—93, 95, 97, 102, 104, 110, 113, 119, 121, 123 f., 129, 137, 145, 168, 188, 194, 216, 253, 267 ff., 276, 329, 563, 568
Peenemünde, Luftangriff auf 45, 99
Peenemünde-Ost (Heer) 97, 98
Peenemünde-Süd (Reaktor-Arsenal in Huntsville) 97
Peenemünde-West (Luftwaffe) 97, 98
Pegasus-Meßsatelliten 437, 516
Pentagon 292
Perry, John H. 381
Pershing (Mittelstreckenraketen) 38, 350, 357
Petrone, Rocco A. 480
Philippo, Samuel C. 450, 458 f., 555, 582
Photonenrakete 13, 18 ff., 22
Physics Today 595
Pickering, William H. 267, 300, 321, 331 ff., 563
Pioneer („Pionier")-Sonden 193, 389, 566
Pionier 1 353

Pionier 2 353
Pionier 3 353
Pionier 4 35, 347, 354
„Pogo-Effekt" 456
Pogue, William R. 507
Polaris-Unterwasser-Raketen 280, 282, 364, 566
Polaris-Rakete 272
Polarstern 11
Pommern 118
Popular Science 381, 404, 575, 607
Porter, Richard W. 129, 130, 297
Poseidon-Unterwasser-Raketen 280
Pratt & Whitney 435 ff., 443 f., 447
Prawda 312
Presse-Club, Nationaler (USA) 563, 567
Princeton-Universität 591
Project Adam 338
Prudhoe Bay 134
Pruitt, Jack 9 f., 147 f., 152, 567, 569, 570, 571 ff., 573, 576
Pulverrakete 66 f., 163

Quistorp, Alexander v. 187
Quistorp, Emmy von (Wernher v. Brauns Mutter) 610
Quistorp, Wernher v. 187, 611

Raborn, William F. („Red") 281 ff., 308
Raiffeisenorganisation 52
Raketen, interstellare 22
Raketen-Flugplatz Berlin (-Reinickendorf) 76, 77
Raketengesellschaft, Amerikanische 580
Raketen-Kampfflugzeug 74
Raketenkommando des Armee-Waffenamtes (USA) 186 f.
Raketenversuchsflugzeug X 15 339
Rand (Firma) 285 ff., 372
Raumfahrt, interstellare 22
Raumfahrtanwendung, praktische 512
Raumfahrt-Club, Nationaler 581
Raumfahrt-Falloutspektrum 400
Raumfahrtprogramm, technologische „Ableger" des 529
Raumfahrt- u. Raketen-Zentrum, Huntsville (Alabama) 424 f.

Raumflüge, bemannte 196—199, 224, 565
Raumflüge, bemannte interplanetare 590, 602
Raumsonden 353
Raumstation, erste amerikanische s. Skylab (Himmelslabor)
Raumstationen 374
Raumstationen, bemannte 198, 208, 216, 253
„Raumtaxis" 220
Raumtransporter 42—45, 115, 223, 491, 489, 494, 500, 508 ff., 512 f., 515, 517, 599
RDB s. Verteidigungsministerium (USA)
Reader's Digest 243
Redstone-Abschüsse 431
Redstone-Arsenal, Huntsville (Alabama) 35, 97, 135, 185 f., 196, 231, 237, 245, 247, 251, 256, 264 bis 267, 291 f., 300, 419, 496, 563, 565
Redstone-Entwicklung 197
Redstone-Loki-Kombination 291, 300
Redstone-Mercury-Man-in-Space-Projekt 411
Redstone-Raketen 38, 173, 187, 196, 261 f., 286, 288 ff., 293—296, 300, 302, 323 ff., 328—331, 338, 345 ff., 355 ff., 428, 453, 552, 565
Redstone-Programm 409, 411
Reenskaug, Bjarne H. 393
Rees, Eberhard 256, 492, 561
„Regenmeer" (Mare Pluvium) 481
Regulus I/II-Raketen 280
Reichssicherheitshauptamt 107
Reichswehr 69 f.
Reistrup, J. V. 561
Reitsch, Hanna 48 f., 143
Rentenbank, Deutsche 52
Republic Aviation 519
Reuter, Ernst 76 f.
Revolution, technologische 200 ff., 203
Rhesusaffen 224 ff.
Rhett, Harry M. 495
Richthofen, Wolfram v. 74
Ridgway, Matthew B. 186
Riedel, Klaus 60, 62, 64, 67 f., 76, 104 f.

Riedel, Walter 70 f., 92, 278
Ritter, Leiter der Chemisch-Techn. Reichsanstalt 60
Robertson, Reuben B., jr. 281
Rocket City Astronomical Association („Astronomische Gesellschaft der Raketenstadt") 240, 397, 423
Rocketdyne (Tochterges. der North American Aviation) 305, 324, 355, 436 f., 448, 552, 561 f.
Rocketdyne-E-1-Triebwerk 335
Rocketdyne-F-1-Raketentriebwerke 348
Rockoons-Raketen 322
Rockwell International (North American Aviation) 515, 561, 582
Roosevelt, Franklin D. 162, 366
Rosen, Milton W. 286, 296
Rosser, John 297
Rote Armee 118 ff., 144, 279, 292
Roth, Ludwig 92
„Rover" (Mondauto) 479 f.
Royal Air Force (RAF) 45 ff., 50, 99
Royal Dutch Shell 62
Rudolph, Arthur 71, 92, 450, 492, 505
Rügen 142
Rüstungsministerium (Berlin) 100, 120 ff.
Ruud, Arne 25
Ryan, Cornelius 196 f., 291, 607
Ryan, William F. 561

S 1-Raketenstufe 436
S 2-Raketenstufe 439
S 3-Raketenstufe 356
S 4-Raketenstufe 435
S 5-Raketenstufe 435
S 10-Raketenstufe 439
S IVB-Raketenstufe 438 ff.
SA 1-Saturn-Rakete 436
Sänger, Eugen 334
Sagan, Carl 586 ff., 591 ff., 593 ff.
Saljut-Raumstation 484
Sandys, Duncan 46 f.
Satelliten 305 ff., 322
Satelliten, künstliche 284 f., 289, 291, 293, 296, 298
Satellitenstation 116
Satin, Alexander 289, 294

Saturn I 257 f., 436, 438, 447 f., 450 ff., 515
Saturn 1 B 437 f., 450 f., 501, 502, 502, 561, 579
Saturn C-1 434 f.
Saturn IV 446
Saturn IVB-Rakete 463
Saturn V-Rakete 12, 34, 263, 441 f., 446—459, 462, 470, 486, 492 f., 503, 538, 551, 561, 585
Saturn-Apollo-Programm 434, 443, 451, 482
Saturn V-Apollo-Raumfahrzeug 455
Saturn-Programm 38, 335, 356 ff., 435 ff., 444, 460 f., 500, 552, 560, 562, 578 f.
Saturn-Raketen 12, 114, 255, 257, 351—355, 364, 446, 472
Saurma, Ruth G. v. 389
Scott s. Amundsen-Scott-Station
Scott, David R. 479, 481
Scout-Feststoffrakete 348
Scoville, Herbert jr. 376
SD (Sicherheitsdienst) 107, 108
Seamans, Robert 450
Seattle 574
Sedow, Leonid I. 33, 304, 309, 535
Segelfliegerei 399
Segelflieger-Leistungsabzeichen in Silber, Internationales 135, 146
Segelflugzentrum, Cumberland (Maryland) 146
Sergeant-Feststoffraketen 300, 323, 325, 328, 330
Sharpe, Mitchell R. 608
Shea, Joseph F. 558
Shenandoah-Tal 147
Shepard, Alan B. 431
Shepherd, James („Jim") 451
Shipplett, John 147
Siebeneichen, Paul 419
Siemens & Halske 58, 61
Silverstein, Abe 350, 443
Silverstein-Ausschuß 443
Simms, Leroy A. 421
Simon, Leslie E. 262, 291
Singer, Fred 289 ff., 309
Singer, Irwin 29, 134 f., 414, 574
Sisk, B. F. 351

Skylab („Himmelslabor") 43, 223, 453, 489, 491, 494, 500, 502—506, 515, 517
Slayton, Donald K. („Deke") 459, 578
„Slingshot Effect" s. Katapulteffekt
Smith, Paul 297
Sojus-Raumfahrzeug 477, 483 f., 579
Sojus 2 477, 478
Somers, John C. 303
Sonnenforschung 507
Sonthofen/Allgäu 126
Soundley, Sir Robert 47
Sowjetische Akademie der Wissenschaften 588
Sowjetische Kommission für Raumfahrt 364
Space for Peace-Abkommen (Raumfahrt für friedliche Zwecke) 375, 553
Space Institute, National 575
Space Shuttle s. Raumtransporter
Sparkman, John J. 230, 231, 421
Spiegel (Weltraum) 570
Spiekeroog 55, 141, 377, 563
Spragino, M. B. 244
Spritzköpfe-System 91
„Spröde Jungfrau" 98
Sputnik 209, 307 ff., 311 ff., 315—318, 334, 341, 360—362, 365, 376 ff., 469, 477, 534
Sputnik 1 316 ff., 327, 331, 340
Sputnik 2 316, 320, 331, 340
Sputnik 3 336
Sputnik-Trägerraketen 114
SS 40, 97, 101, 109 f., 124 ff., 388
Sudetenland (Sudetenkonflikt) 78
Südnorwegen 9 f.
Südpolen 110
„Super-Apollo-Projekt" 493
Surveyor 3 471
Swigert, John L. 472
Schah von Persien 524
Scheer, Julian 555
Schiller 29
Schirra, Walter 438, 559
Schlesien 75
Schlicht, Doris („Dorette") 93, 422 f.
Schlidt, Rudi 93, 137, 422
Schlitt, Hellmuth 255
Schmitt, Harrison (Jach) 486 ff.

Schneikert, Fred 131
Schröder, Paul 36
Schrödinger, Erwin 64
Schulze, Wilhelm (heute William) 505
Schumann, Erich 65
Schuten (V 2) 122
Schwedt/Oder 104, 108
Schweinfurt 48, 117
Schwidetzky, Walter 241
Stack, John 343, 516
Stafford, Thomas P. 559, 578
Stalin, Josef W. 318
Stamer, Friedrich 59
Stanton, Austin N. 416
Stapp, Oberst 59
Stawanger 16
Steinhoff, Ernst 92, 126, 130, 255, 272 ff., 275
Steinhoff, Fritz 269 ff., 273 ff., 279
Stettin 104, 108
Stettiner Vulkan-Werft 279
Steuding, Hermann 92
Stewart, Homer J. 295, 297, 300
Stewart-Komitee 295, 298
St. Louis 168
Stone, Roy L. 241
Strahlungsgürtel s. van Allen
Strategisches Luftkommando 185, 285, 319
Stroheim, Erich von 132
Stuhlinger, Ernst 130, 229, 239 f., 243, 253, 256, 338 ff., 383, 393 ff., 398, 426, 571, 583, 608
Stuka 145
Stuttgart (Arkansas) 30, 136, 579

Tabernakel (Salt Lake City) 392
Taurus-Littrow-Tal (Mond) 487 f.
Technische Hochschule, Aachen 91
Technische Hochschule, Berlin-Charlottenburg 56, 64
Technische Hochschule, Dresden 250
Technische Hochschule, Zürich 63
„Technologie-Anwendungsprogramm" der NASA 527 f.
Telle, Thorstein 393
Tennessee-Tal-Verwaltung 233
Tessmann, Bernhard 124
Texarkana 169 f.
The New Yorker 39, 607

Thiel, Adolf 241, 255
Thiel, Walter 50, 90
This Week Magazine 193, 375
Thomas, Sylvia Balch 418
Thompson Ramo Woolridge Corporation (TRW) 255, 515
Thor-Raketen 255, 267, 281, 349, 356, 371
Thor-Able 348, 353
Thor-Agena 348 ff.
Tiesenhausen, Georg von 243
Tiling, Reinhold 66
Time 243, 332
Tirol 161
Tischonrawow, M. K. 288, 373
Titan-Raketen 364, 453
Titan-II-Rakete 442, 559
Titan-III-Rakete 442
Titan-Interkontinentalraketen 114
„Todesstrahlen" 570
Toftoy, Holger N. („Ludy") 161, 163 f., 165, 167, 169, 170—177, 184 ff., 231 f., 236 f., 241—244, 262, 265 ff., 286, 291, 295, 552
Tokaty, G. A. 318
Trans World Airlines (TWA) 45
Treibstoffe, hypergole 44
Trimble, George 582
Truman, Harry S. 318, 577
TRW s. Thompson Ramo Woolridge Corporation
Turner, Thomas 574, 581
TWA s. Trans World Airlines 45
Twickenham (Alabama) 234

U 511 269 ff.
U-Boot-Raketen 269, 274 ff., 279, 282
U-Boote 273
„Überschallphänomene" 95
Überschall-Raketenflugzeuge (A9B/A 10) 116
UFO's 590
Uhl, Edward G. (Ed) 29, 134 f., 391, 515 f., 518, 520, 574
„Umbilical tower" 457
United Aircraft Corporation 436
United Press 232, 253, 299
University of Illinois Press 190
Unterseeboot-Offensive, deutsche 271
Untertassen, fliegende 590

USA 34, 37, 43, 133, 483
US-Air Force 63, 372
US-Armee 124, 317
US-Army Ordnance Missile Command 186
US-Atomenergiekommission 476
US-Kriegsministerium 161
US-Luftwaffe s. US-Air Force
US-Marine (Navy) 284, 292, 406
US-Raumfahrtgesetz 39
Usedom 75, 109

V2-Abschüsse 181
V2-Ausschuß 180
V2-Dokumente 167
V2-Einheiten 117
V1-Flügelbombe 98, 111, 231, 280
V2, Massenfertigung der 99
V2-Programm 36, 103, 108, 274
V2-Raketen 40, 54 ff., 51, 85, 87, 88 bis 91, 95 ff., 98, 100—103, 106, 110 ff., 117 f., 123, 130 f., 161 f., 166, 180, 189, 194, 215, 231, 259, 284, 318, 322, 357, 533, 566
V2-Schwimmbehälter 277—280
Vaagen-Fjord 31
Valier, Max 53, 58, 70, 84 f.
Van Allen, James A. 322 f., 563, 582
Van Allenscher Strahlungsgürtel 407, 563
Vandenberg, Hoyt S. 286
Vanguard-Rakete 297—300, 302, 307, 310, 321, 322, 332, 345, 349, 372 ff., 534, 566
V-E Day (Tag der deutschen Kapitulation) 163
Venus 491, 591—595, 597 ff., 601, 606
Venus, Treibhauseffekt auf der 592, 594
Verein für Raumschiffahrt 60, 572
„Vergeltungswaffe Nr. 2) s. V2
Versuch, erster raumfahrtmedizinischer („Mäuseversuch") 63
Versuchszentrum Ames 348
Versuchszentrum Langley 348
Versuchszentrum Lewis 348
Verteidigungsministerium, Forschungs- u. Entwicklungsausschuß 261
Verteidigungsministerium, Amt für Forschung und Technik 435

Via Stellaris 398
Viking-Raketen 264, 285 f., 296 ff.
Viking-Sonde 587
Villegas, Lou A. 582
Vincent, Harry F. 543
Vincent, Thomas 187, 265
Volkssturm 119 f.
Von Braun Astronomical Society 398
Von Braun Civic Center (von-Braun-Bürgerhaus), Huntsville 233, 244, 426 f., 441, 566, 602
„Vorhaben zur besonderen Verwendung" 121, 123, 126
„Vorstoß in den Weltraum" s. Valier, Max
Royager-Raumsonde 408
Vulkan-Werft, Stettin 122, 279
VZBV s. „Vorhaben zur besonderen Verwendung"

Wac Corporal-Rakete 181 f.
Walkowicz, T. F. 582
Wallops Island 429
Walt Disney Productions 196 f.
Walter, Helmut (Kiel) 90
Walters, Ray 539—543
Walther, Erich 50
Warsitz, Erich 59
Washington 168, 211, 492, 515, 526, 534 f., 566 f., 574 ff., 603
Washington Post 318, 561
Wasserfall (Flakrakete) 188
Waterman, Alan T. 299, 287
Watten 117 f.
Weatherby, Roy 10, 25
Webb, James E. 431, 449, 554 ff., 561
Webb, Jim 449, 490, 492, 582
Webb, Pat 525, 544, 548 f., 608
Wege zur Raumschiffahrt (H. Oberth) 249, 253
Weimar 130
Weimarer Republik 52
„Weisheitstag" 94
Weitz, Paul 506
Weltkrieg, Erster 57, 68
Weltkrieg, Zweiter 46, 58 f.
Weltraum 570, 591, 598
Weltraum-Institut, Nationales (USA) 575, 580—583, 585, 587, 603
„Weltraumnot" 484

Weltraumsatellit 287
Weltraumspiegel 570 f.
„Weltraumzylinder" 595 ff.
Wernher von Braun Recognition
  Room, (im Raumfahrt- und Raketen-
  zentrum in Huntsville) 424
Western Air Lines 582
Westinghouse 307
Wet Orbital Workshop 502
Whelan, Joseph G. 319
Whipple, Fred L. 289 ff.
White, Edward H. 555 f.
Whitebait, Operation 47
White Sands 163, 181, 329, 350
Whitmore, Steve 573
Wien 97
Wiener Neustadt 99, 117
Wiesemann, Walter 240, 244
Wiesner, Jerome 446
Wiley, Alexander 378
William-Beaumont-Armee-
  krankenhaus, Dependance des 171
Williams, Frank 454 f.
Williams, Richard 539
Wilson, Bob 403
Wilson, Charles E. 267, 314
Winkler, Johannes 58 f., 72
Wirsitz, (Provinz Posen) 52
Witzenhausen bei Kassel 164
Wolkow, Wladislaw 477

Woodson, Benjamin 582
Worcester (Massachusetts) 40
Worden, Alfred M. 479
Wostok 1 469
Wright, Orville 308, 472
Wright, Gebrüder 89, 584, 598

X15-Raketenflugzeug 341 ff., 516

York, Herbert F. 435
Young, Brigham 392
Young, David 289, 335
Young, John W. 483

Zanssen, Leo 103
Zeitalter, Technisches 200
„Zeitdilation", (Zeitdehnung) 14 f.
Zentrum für bemannte Raumfahrt
  349, 487, 558
Zeppelin L-35 58
Zeppelin-Werke, Friedrichshafen 97,
  99
Zinnowitz 105, 109
Ziolkowski, Konstantin E. 57, 65, 89,
  248, 371 ff.
Zoike, Helmuth M. 568
Zucker, Gerhard 66
Zukas, Al 538 f., 541 f.
Zwicky, Fritz 591
Zylinder 598, 601

Günter Paul
Unsere Nachbarn im Weltall
Auf der Suche nach außerirdischen Intelligenzen
240 Seiten, 8 Seiten Bildteil, gebunden

»Gründlichkeit und eine verständliche Sprache machen die spannende und hochinformative Lektüre zu einem Standardwerk unter den Sachbüchern, die uns das Weltall und die Probleme seiner Erschließung ebenso wie die Suche nach außerirdischen Intelligenzen verständlich machen.«

Das neue Zeitalter

Die dritte Entdeckung der Erde
Das neue Ziel der Raumfahrt
316 Seiten, zahlreiche Abbildungen, gebunden

»Das Buch schildert zunächst die ebenso kurze wie erfolgreiche Geschichte der Erderkundung vom Weltraum aus und berichtet dann eingehend über die einzelnen Anwendungsbereiche von Satelliten, von der Erdvermessung über die militärische Anwendung, Rohstoffversuche, Nachrichtenaustausch und Umweltschutz bis hin zur Erforschung der Gewässer. Eine flüssig geschriebene Darstellung.«

Kosmos

ECON Verlag · Postfach 9229 · 4000 Düsseldorf 1

Werner Büdeler
Raumfahrt in Deutschland
Forschung — Entwicklung — Ziele
248 Seiten, 30 Abbildungen, gebunden

»In knapper und konzentrierter Darstellung stellt Büdeler Grundlagen, Programme und Ziele der deutschen Weltraumtechnik und -forschung mit ihren internationalen Verflechtungen dar. Einer Übersicht über die wissenschaftlichen, technischen und behördlichen Organisationen folgt — mit allen wesentlichen technischen Details — die Darstellung der einzelnen Satelliten- und Raketenprojekte bis hin zum Space Lab, die in der Mehrzahl international verwirklicht wurden.«

Frankfurter Allgemeine Zeitung

Skylab — Das Himmelslabor
204 Seiten, zahlreiche Abbildungen, broschiert

». . . Sachbuch und Nachschlagewerk, Dokumentation und authentische Berichterstattung zugleich.«

Aus Naturwissenschaft und Technik

ECON Verlag · Postfach 9229 · 4000 Düsseldorf 1